Ortwin Buchbender

Das tönende Erz

Deutsche Propaganda gegen die Rote Armee im Zweiten Weltkrieg

Seewald Verlag Stuttgart

Dr. Heinrich Seewald
Stuttgart-Degerloch 1978
Umschlag von
Creativ Shop München
Adolf und Angelika Bachmann
Gesamtherstellung:
Augsburger Druckhaus
Reproduktionen:
Kunstanstalt Willy Berger
Stuttgart
ISBN 3 512 00 473 3
Printed in Germany

Inhalt

»Wenn ich mit Menschen-
Und Engelzungen redete,
Hätte aber die Liebe nicht,
So wäre ich nur ein tönendes Erz
Und eine klingende Schelle ...«

1 Korinther 13

Meinen Eltern
in Dankbarkeit
gewidmet

Einführung

Das Bestreben, den militärischen Gegner mit propagandistischen Mitteln zugunsten der eigenen Zielsetzung zu beeinflussen, ist so alt wie der Kampf in seinen gewaltsamen Formen selbst. Zum ersten Mal wurde Massenpropaganda als ein psychologisches Kampfmittel im Ersten Weltkrieg eingesetzt.

Im Zweiten Weltkrieg, der in einem bisher unbekannten Maß den totalen Einsatz aller Kräfte verlangte, gewann die Propaganda einen überragenden Stellenwert. Besonders die Tatsache, daß die Massenkommunikation und ihre vielfältigen Beeinflussungsformen bereits in der Vorkriegszeit zu einem wichtigen Bestandteil des öffentlichen und privaten Lebens in den Industrieländern geworden war, trug wesentlich zu ihrer vielseitigen und systematischen Anwendung im Dienst der kriegführenden Mächte bei. Der Zweite Weltkrieg kannte als ein »totaler Krieg« keine Bereiche mehr, die nicht von ihm erreicht wurden: die Front war überall. Dabei verlangte der Krieg ein Höchstmaß an persönlichem Einsatz. Das galt vor allem nicht nur für die Zivilbevölkerung, sondern auch für die Soldaten auf dem Gefechtsfeld. Weit mehr als früher beruhte ihr Einsatz an der Front auf der Initiative jedes Einzelnen, auf seiner Bereitschaft, durchzuhalten und auch in schwierigen Lagen Widerstand zu leisten. Gerade deshalb begünstigte die moderne Kriegsführung eine Propaganda oder psychologische Beeinflussung, die sich – nach deutschem Sprachgebrauch – als Aktiv- oder Kampfpropaganda an den einzelnen Soldaten des Gegners richtete und versuchte, seine Kampfmoral zu schwächen.

Da sich besonders im Zweiten Weltkrieg völlig entgegengesetzte Weltanschauungen gegenüberstanden, war auch die Spannweite der Propaganda in ihren inhaltlichen Aussagen gewaltig. Unterschiedliche Staatsformen und Staatsideen, politische, wirtschaftliche und soziale Lebensbedingungen wurden zum Gegenstand der militärisch-propagandistischen Auseinandersetzungen. Dies führte dazu, daß in einem bisher unbekannten Ausmaß die Gefühle und Einstellungen der Betroffenen berührt wurden.

Der Autor hat sich die Aufgabe gestellt, mit der vorliegenden Darstellung einen Teilbereich des Propagandakrieges im Zweiten Weltkrieg zu behandeln. Dabei wählte er einen Kriegsschauplatz, der bisher in dieser Form noch nicht untersucht worden ist: den Kriegsschauplatz Ost. Hier sollen die Organisation und der Einsatz der deutschen Propagandatruppen gegen die Verbände der Roten Armee beschrieben werden. Bei dieser Thematik wird in erster Linie die Gefechtsfeldpropaganda, d. h. die Aktiv- oder Kampfpropaganda der deutschen Propaganda-Kompanien (kurz PK genannt) dargestellt. Die umfangreiche Kriegsberichterstattung der Propagandatruppen in ihren Teilstreitkräften (Heer, Luftwaffe, Marine), die einen wichtigen Teil der Binnenpropaganda im Deutschen Reich bildete, kann daher in diesem Buch nicht behandelt werden[1]. Auch die Propaganda oder Gegenpropaganda der Roten Armee gegen die deutsche Wehrmacht, die eine wichtige Ergänzung der vorliegenden Darstellung bildet, kann aus Raumgründen nicht geschildert und soll daher später in einer eigenen Publikation vorgestellt werden.

Nach der Durchsicht der relevanten Akten bestand eines der überraschenden Ergebnisse für den Autor in der Erkenntnis, daß der Bereich der deutschen Wehrmachtpropaganda nicht isoliert, d. h. lediglich unter militärisch-propagandistischen Kategorien beschrieben werden kann. Der Grund hierfür ist die Tatsache, daß die deutsche Wehrmachtpropaganda bei Kriegsbeginn nicht genügend scharf nach der politischen Seite hin abgegrenzt war[2]. Hieraus ergaben sich vor allem bei dem Einsatz der Propagandatruppen an der Ostfront viele Unklarheiten, Kompetenzschwierigkeiten und aufreibende Machtkämpfe unter den Beteiligten. Von Anfang an wirkten in den Bereich der Wehrmachtpropaganda über ihre Zentrale in Berlin, der Abteilung und späteren Amtsgruppe für Wehrmachtpropaganda im Oberkommando der Wehrmacht, mehr oder minder intensiv verschiedene Reichsbehörden ein. Hier muß an erster Stelle das Reichsministerium für Volksaufklärung und Propaganda mit der Abteilung Ost genannt werden. Aber auch das im Juli 1941 neu eingerichtete Reichsministerium für die besetzten Ostgebiete, das Auswärtige Amt und ab 1944 die Propagandaeinheiten der

Waffen-SS drückten der Wehrmachtpropaganda ihren Stempel auf. Diese Zusammenhänge, die bisher weitgehend unbekannt waren, werden in gesonderten Kapiteln skizziert, um die Vollständigkeit der Darstellung abzurunden.

Propaganda kann ihrem Selbstverständnis nach nur ein Werkzeug oder Hilfsmittel der politischen Führung sein. Diese Abhängigkeit vom Primat der Politik wirkte sich im Osten für die deutsche Propaganda ganz besonders verhängnisvoll aus. Die Ostpolitik Hitlers[3], die von der Konzeption ausging, den sowjetischen Raum als ein Kolonialimperium zu usurpieren, war auf die Ausrottung und Helotisierung großer Bevölkerungsteile ausgerichtet. Bei diesen Kriegszielen kann der Feldzug gegen die Sowjetunion durchaus zu Recht der »ungeheuerlichste Eroberungs-, Versklavungs- und Vernichtungskrieg[4]« der Neuzeit genannt werden. Bei einer solchen Besatzungspolitik gerieten die Propagandisten an der Front und in den besetzten Gebieten sehr bald in eine ausweglose Situation. In diesem Zusammenhang sollte ein Grundsatz für die Propagandisten einen dogmatischen Stellenwert erhalten: unabdingbare Voraussetzung für eine Propaganda, die nicht nur kurzfristig, sondern mittelfristig und langfristig erfolgreich sein will, besteht in ihrer Glaubwürdigkeit oder in dem Realitätswert, den sie besitzt. In dem Spannungsverhältnis, das durch die Beziehung zwischen dem Propagandisten und der von ihm angesprochenen Zielpersonengruppe bestimmt ist, beeinflußt in der Tat das »Sein das Bewußtsein«. Hier versteht der Autor »Sein« als eine neue auf Freiheit und Entfaltungsmöglichkeit des Individuums angelegte »Lebensqualität«, die die Propaganda in ihren Medien nicht nur versprechen, sondern auch verwirklichen muß.

Diese notwendige, fast trivial anmutende Arbeitsvoraussetzung, die sich aus der Propagandapraxis zwingend ergab, begriffen die deutschen Propagandisten sehr bald. Sie verlangten immer wieder nachdrücklich von der militärischen und politischen Führung eine »Propaganda der Tat[5]«, d. h. eine Propaganda, die ihre Propagandaaussagen »in die Tat umsetzen« konnte und sich dadurch von einer rein verbalen Propaganda oder einer »Propaganda des Wortes« grundsätzlich unterschied. Überall dort, wo sich diese Propaganda der Tat nicht nur im Frontbereich, sondern auch in den rückwärtigen Heeresgebieten durchsetzte, verbuchte sie zeitweilig beachtliche Erfolge.

Eine grundlegende Arbeit über den Einsatz der deutschen Propagandatruppen während des Zweiten Weltkrieges ist bisher noch nicht erschienen[6]. Die schwierige Aktenlage ist sicher ein wesentlicher Grund für dieses Versäumnis. Wichtige Dokumente über die deutsche Wehrmachtpropaganda befinden sich in Privatbesitz und sind damit in der Regel für den Historiker nicht zugänglich. Für den Autor war es daher ein einmaliger Glücksfall, daß er bei der Vorbereitung dieses Buches das zur Zeit größte Privatarchiv in der Bundesrepublik mit Beständen aus dem Bereich der Wehrmachtpropaganda benutzen und auswerten konnte. Es ist das Privatarchiv von Herrn Günther Heysing, einem ehemaligen »Höheren Heeresberichter« der deutschen Propagandatruppen, der als Herausgeber des PK-Mitteilungsblattes »Die Wildente« eine Fülle von Details über die deutschen Propagandatruppen in jahrelanger Kleinarbeit zusammengetragen, sie jedoch nur zum Teil veröffentlicht hat. Die »Wildente«, die mit der Nummer 28 im August 1966 ihr Erscheinen einstellte, bildet heute noch eine Fundgrube für die Dokumentation und Analyse der deutschen psychologischen Kriegführung während des Zweiten Weltkrieges[7]. Wesentliche Erkenntnisse über die Organisation und Gliederung, über den Auftrag und Einsatz der deutschen Propagandatruppen an der Ostfront stammen aus den Beständen des »Heysing-Archivs«. Sie fanden vor allem ihren Niederschlag in den zahlreichen Zeichnungen dieses Buches. So können zum ersten Mal nicht nur der gesamte Propaganda-Apparat der Propagandatruppen im Osten auf dem Höhepunkt ihrer Entwicklung, sondern auch die Einsatzwege aller im Osten stehenden Propaganda-Kompanien von der Aufstellung bis zur Auflösung skizziert werden[8]. An dieser Stelle sei Herrn Cornelius Breuer, der mit großem Engagement die Zeichnungen anfertigte, besonders gedankt. Das Buch hätte in der vorliegenden Form ohne die intensive Auswertung des »Heysing-Archivs« nicht publiziert werden können. Für die großzügige Unterstützung bei der Materialbeschaffung und für zahlreiche mündliche und schriftliche Hinweise ist der Autor Herrn Günther Heysing zu großem Dank verpflichtet.

Die Bedeutung, die das Medium Flugblatt für die psychologische Kriegführung während des Zweiten Weltkrieges besaß, wurde nach dem Krieg sehr bald erkannt[9]. Im Gegensatz zu den westalliierten Flugblattserien, die fast lückenlos erfaßt worden sind[10], ist die deutsche Flugblattpropaganda besonders für den Bereich der Ostfront nach Kodierung, Datierung und Inhalt noch nicht registriert. Die Flugblattserien, die die Wehrmacht in enger Zusammenarbeit mit der Abteilung Ost des Propagandaministeriums in mehreren Milliarden Exemplaren produzierte, bilden eine wichtige Quelle, um die unterschiedlichen Themen der deutschen Aktivpropaganda im Osten zu bestimmen. Sie könnten katalogisiert und ausgewertet werden, wenn die entsprechenden Unterlagen in den Archiven gefunden würden. Das ist bisher zum großen Leidwesen der in- und ausländischen Flugblattsammler nicht geschehen. Obwohl sich ein kleiner Teil des deutschen Flugblattmaterials für die Ostfront in den Akten findet[11], mußte der Autor bei der Auswertung weiterer Flugblattserien auf private Flugblattsammlungen zurückgreifen. Hier sei besonders das »Flugblattarchiv Leser« in Karlsruhe genannt, das einen umfangreichen Bestand an deutschem Flugblattmaterial für den Kriegsschauplatz Ost enthält. Aber auch das »Flugblattarchiv Quadflieg« in Bergisch-Gladbach konnte mit Gewinn benutzt werden. Herrn Lothar Leser und Herrn Erich Quadflieg sei für die engagierte Hilfsbereitschaft bei der Beschaffung wichtiger Flugblattunterlagen herzlich gedankt.

Der Autor fühlt sich weiterhin verpflichtet, ebenfalls den zahlreichen Persönlichkeiten seinen Dank abzustatten, die ihm bei der schwierigen quellenmäßigen Erschließung des Materials in einem zum Teil weit über das gewöhnliche Maß hinausgehenden Umfang in den Archiven behilflich waren: Frau Marianne Loenartz: Bundesarchiv Koblenz; Herrn Helmut Forwick und Herrn Alfred Bottler: Bundesarchiv-Militärarchiv Freiburg; Herrn Dr. Weinandy: Politisches Archiv des Auswärtigen Amtes Bonn; Herrn H. Weiß: Institut für Zeitgeschichte München; Herrn Professor Dr. Manfred Messerschmidt und Wiss. Oberrat Herrn Dr. Hans Umbreit: Militärgeschichtliches Forschungsamt Freiburg; Herrn Dr. Müller-Sternberg: Ost-Akademie Lüneburg; Mr. William H. Cunliffe und Mrs. Janet L. Hargett: National Archives and Records Service, Washington D.C.; Herrn Dr. Paul T. Heffron: Library of Congress, Washington D.C.; Herrn Dr. Jacob Robinson, Yivo Institute for Jewish Research, New York; Mrs. Agnes F. Peterson: Hoover Institution Stanford, California und Herrn Professor Dr. Paul W. Blackstock: University of South Carolina, Columbia S.C.

Eine notwendige Ergänzung zur Verifizierung der historischen Vorgänge bildete die Befragung von Persönlichkeiten, die an verantwortlicher Stelle im deutschen Propagandabereich eingesetzt waren und durch ihre mündlichen und zum Teil ausführlichen schriftlichen Informationen das Quellenstudium wesentlich erleichterten. Hier sei vor allem auch denen gedankt, die namentlich nicht genannt werden möchten. Es sei dem Autor erlaubt, ohne Angabe der ehemaligen militärischen oder zivilen Dienstgrade folgenden Persönlichkeiten noch einmal für ihre Hilfsbereitschaft zu danken: Gunther d'Alquen, Rolf d'Alquen, Dr. Baumgärtner, Anton Graf Bossi-Fedrigotti, Eugen Dürksen, Alfred E. Frauenfeld, Dr. G. Gabliani, Alfred Gielen, Dr. Nicolaus von Grote, Dr. Werner Otto von Hentig, Hermann Heiss, Julius Jacobi, Hans Janello, Robert Krötz, Erwin Lehmann, Frau Ellen Meyer, Dr. von und zur Mühlen, Professor Dr. Theodor Oberländer, Dr. Carl Alexander Roos, Frau Maria de Smeth, Georg Schmidt-Scheeder, Dr. Eberhard Taubert, Hans-Joachim Weinbrenner, Frau Melitta Wiedemann, Bernhard Woischnik, ganz besonders aber den folgenden Herren: Professor Dr. Rainer Wohlfeil, Hans-Leo Martin und Gerhard Fechner; Robert Grauer, Georg Greife, Wolfgang Kayser, Hans Moraing, Hans-Werner Müller, Dr. Werner Naumann, Wilhelm Nicolai, Dr. Paul K. Schmidt-Carell, Mr. Bruce H. Siemon, Dr. Werner Stephan und Johannes Weidemann.

Erster Teil
Aufbau und Gliederung der Wehrmachtpropaganda

Bereits in seinem Buch »Mein Kampf« behandelte Adolf Hitler die allgemeinen Grundsätze der Propaganda. Dabei beurteilte er die deutsche »Kriegspropaganda« im Ersten Weltkrieg negativ, indem er feststellte, sie sei »in der Form ungenügend, im Wesen psychologisch falsch[1]« gewesen. Trotz dieser Kritik hat sich Hitler bis zum Kriegsjahr 1939 nicht mehr mit der Theorie und Praxis einer neuen »Wehrmachtpropaganda« befaßt.

Das »Reichsverteidigungsreferat« im Reichsministerium für Volksaufklärung und Propaganda

Bei dem engagierten Interesse für alle Propagandafragen, das der Reichsminister für Volksaufklärung und Propaganda, Dr. Joseph Goebbels, besaß, war sich Goebbels der großen Bedeutung einer speziellen »Kriegspropaganda« erheblich früher bewußt als die führenden militärischen Stellen. So wurde im Propagandaministerium ein gesondertes Referat, das »Reichsverteidigungsreferat« (RV), eingerichtet, das für alle Fragen der Wehrmachtpropaganda und der Propaganda im Kriege zuständig sein sollte. Sein erster Leiter war Major von Wrochem.

Auf der 10. Sitzung des Arbeitsausschusses des RV, die unter Leitung des Generalmajors von Reichenau stattfand, berichtete Major von Wrochem am 26. Juni 1935 im Auftrage des Propagandaministeriums über die wichtigsten Maßnahmen für die Vorbereitung einer besonderen »Kriegspropaganda«. Er betonte dabei, daß es die Aufgabe der Propaganda im Kriege sein müsse, beim Gegner die »Querfronten aufzureißen, so daß sie ihm wichtiger werden als der Kampf nach außen und seine Kriegsführung lähmen[2]«.

In diesem Vortrag wurden die wesentlichen Grundlagen für eine Propaganda im Krieg angesprochen. Allerdings wurde die mögliche Aufstellung von besonderen Propaganda-Kompanien (PK) im militärischen Bereich noch nicht erwähnt, obwohl Major von Wrochem von Kriegsberichterstattern, Bildberichtern, Filmtrupps usw. sprach, die in Zukunft an der Front eingesetzt werden müßten.

Bei dem ausgeprägten Mißtrauen der Generalität gegenüber allen Erscheinungsformen von »Kriegspropaganda« war die erste Reaktion des Generalmajors von Reichenau auf diesen Vortrag verständlich. Der General warnte davor, den angesprochenen Propaganda-Apparat zu groß und zu auffällig aufzuziehen. Im Dezember 1941 sollte er als Generalfeldmarschall und Oberbefehlshaber der Heeresgruppe Süd über »Kriegspropaganda« völlig anders denken.

Die »Propaganda-Einsatzstelle«

Trotz dieser Bedenken wurde auf Anregung des Presseoffiziers beim Wehrbereichskommando II, Hauptmann Dr. Erich Murawski, der Versuch gewagt, bei den Herbstmanövern des Jahres 1936 zum ersten Mal zivile Berichtertrupps einzusetzen[3]. Dieser Berichtereinsatz wurde vom Propagandaministerium befohlen und trug den Namen »Propaganda-Einsatzstelle«. Dieser erste bescheidene Versuch, durch Berichterstattung für eine zukünftige »Kriegspropaganda« Initiativen zu entwickeln, vermittelte den Verantwortlichen eine Reihe von Erkenntnissen, die für die weitere Arbeit wichtig werden sollten.

Das Propagandaministerium und das Reichskriegsministerium einigten sich darauf, erneut die »Propaganda-Einsatzstelle« bei dem Herbstmanöver 1937 einzusetzen. Allerdings bestanden unterschiedliche Vorstellungen über die Einsatzbefugnisse der Berichter. Während das Propagandaministerium den eingesetzten Journalisten versicherte, daß eine militärische Unterstellung nicht beabsichtigt sei, erteilte das Reichskriegsministerium andere Weisungen. Als der zur Führung dieser »Truppe« kommandierte Offizier auf die militärisch-disziplinare Unterstellung hinwies, protestierten die »Kriegsberichter« heftig und setzten sich mit dem Propagandaministerium in Verbindung[4]. Da es einige Tage dauerte, bis zwischen den beiden Ministerien ein Kompromiß ausgehandelt worden war, konnten die Berichter erst am Ende des Manövers mit ihrer Arbeit beginnen. Aber gerade dieser späte Einsatz führte zu der für die Folgezeit wichtigen Erkenntnis, daß im Ernstfall an die Stelle privater Berichterstattung, wie sie noch im Ersten Weltkrieg üblich war, der Berichter »irgendwie« in das Kampfgeschehen integriert werden, und daß diese neue Form für eine Berichterstattung auf dem Gefechtsfeld in den militärischen Bereich überführt werden müßte.

Das bedeutete konkret, daß die auf die Initiative des Propagandaministeriums gegründete »zivile Propagandatruppe« schließlich doch voll in die Truppe eingegliedert wurde. Eine Berichterstattung an der Front war nur dann sinnvoll, wenn die Berichtertrupps von der Truppe nicht als Fremdkörper empfunden wurden. Die militärische Praxis machte es später den Männern der Propaganda-Kompanien nicht immer leicht, von der Truppe verstanden und anerkannt zu werden. Eine Studie des Oberkommandos der Wehrmacht (OKW) vom 19. April 1938 beweist, daß die »Kriegspropaganda« inzwischen auch bei der militärischen Führung an Ansehen gewonnen hatte. Die Studie entstand aus einem Kompetenzstreit über die »Organisation der Wehrmachtführung« zwischen dem Oberkommando des Heeres (OKH) und dem OKW. Im Interesse einer »zentralen Führung« sollte die »Ausrichtung« des Propagandakrieges ausschließlich in den Verantwortungsbereich der Wehrmacht einbezogen werden[5].

Die »Grundsätze für die Propaganda im Kriege«

Ein viertägiger Lehrgang für Presse- und Zensuroffiziere, der in Berlin vom 30. August bis zum 3. September 1938 dauerte, führte zu Ergebnissen, die bereits am 27. September 1938 in einer Verfügung des OKW über die »Grundsätze für die Führung der Propaganda im Kriege[6]« ihren Niederschlag fanden. Diese Verfügung sollte die Kommandobehörde über grundsätzliche Fragen informieren, die in einem Krieg der Zukunft für den neuen Bereich der »Kriegspropaganda« von Bedeutung waren. Zu dem damaligen Zeitpunkt stellten die »Grundsätze für die Führung der Propaganda im Kriege« für die Aufstellung der Propaganda-Kompanien den Stand der Mob-Vorarbeiten dar und waren wichtige Orientierungshilfen für die künftige Führung der »Kriegspropaganda« im militärischen Bereich oder der Wehrmachtpropaganda. Sie wurden zwar im Verlauf des Zweiten Weltkrieges wesentlich erweitert, behielten aber ihre grundsätzliche Bedeutung bei. Als das wichtigste Schlüsseldokument für die Theorie und Praxis der Wehrmachtpropaganda müssen wesentliche Abschnitte dieser Verfügung kurz wiedergegeben werden:

Grundlagen des Propagandakrieges

Der Propagandakrieg ist als politisches Kampfmittel in Friedenszeiten als »Vorläufer des Waffenkrieges« anzusprechen.

Propaganda wirkt durch Wort, Bild, Film und Ton unmittelbar auf die Massen. Sie kann positiv (werbend) oder negativ (zersetzend) eingesetzt werden.

Verhältnis von Wehrmacht und Propaganda

Der militärische Erfolg oder Mißerfolg ist der beste Ausgangspunkt im positiven oder negativen Sinne. Die Propaganda kann die innere Haltung der Menschen beeinflussen und dadurch militärische Erfolge vorbereiten, Mißerfolge in ihrer Auswirkung abschwächen. Im Dienst der Wehrmacht wird die Propaganda eingesetzt:

1. zur Erhaltung der Opferfreudigkeit und der geschlossenen Wehrwilligkeit des eigenen Volkes
2. zur Aufklärung über die das Leben des eigenen Volkes beeinflussenden militärischen Maßnahmen
3. zur Überwindung von Unruhe und Erregung im Volke, die durch feindliche Einwirkung auf das Heimatgebiet hervorgerufen werden
4. zur Tarnung, Verschleierung und Irreführung eigener militärischer Absichten dem Auslande gegenüber.

Grundlagen der Zusammenarbeit zwischen Propagandaministerium und Wehrmacht im Krieg

Zwischen dem OKW und dem Propagandaministerium wurden in den »Grundsätzen« folgende Vereinbarungen festgelegt:

1. Der Reichsminister für Volksaufklärung und Propaganda führt nach den Weisungen des Führers und Reichskanzlers im Krieg wie im Frieden verantwortlich die gesamte Propaganda mit folgenden Ausnahmen:

2. Für die Aufrechterhaltung der seelischen Kampfbereitschaft und des Siegeswillens in der eigenen Wehrmacht ist allein die Wehrmacht verantwortlich. Die Tätigkeit des Propagandaministeriums und der ihm untergeordneten Dienststellen beschränkt sich lediglich darauf,

auf Anforderung Aufklärungsstoff, Frontzeitungen, Frontrundfunk, Frontkinos und Fronttheater zur Verfügung zu stellen.

3. Die aktive Propaganda im Kampfgebiet, also die Propaganda in die Bevölkerung und feindliche Wehrmacht von der Truppe aus, leiten die militärischen Dienststellen mit Hilfe der ihnen unterstellten Propaganda-Kompanien.

4. Die in der feindlichen Wehrmacht oder Arbeiterschaft zu betreibende Aufwiegelung ist eine Aufgabe der Wehrmacht, die nicht unter den Begriff Propaganda fällt.

5. Das OKW sichert durch Richtlinien und laufende Unterweisungen die Übereinstimmung des Propagandakrieges mit dem Waffenkrieg, die vom Reichsminister für Volksaufklärung und Propaganda zu erzielen ist. Dies soll geschehen durch

- allgemeine Weisungen des OKW an den Propaganda-Minister, die die Ausrichtung des Propagandakrieges auf das Ziel des Waffenkrieges zum Inhalt haben
- laufende Orientierungen und Weitergabe von den militärischen, militär-politischen und politischen Nachrichten, die dem OKW zugehen
- enge Zusammenarbeit zwischen Pressegruppe OKW und Pressegruppe des Propagandaministeriums zwecks Durchführung der für die Wehrmacht erforderlichen Propagandaaufgaben in Presse und Rundfunk.

Diese »Grundsätze für die Führung der Propaganda im Kriege« unterstellten zwar eindeutig die militärischen Propaganda-Einheiten dem OKW, räumten dem Propagandaministerium jedoch eine Fülle von Möglichkeiten ein, auf den militärischen Bereich einzuwirken, da die »Übereinstimmung des Propagandakrieges mit dem Waffenkrieg« vom Propagandaminister zu erzielen war.

Das Bemühen von Dr. Goebbels, die Wehrmachtpropaganda unter seine Kontrolle zu bringen, war in der ersten Kriegshälfte besonders stark und führte zu entsprechenden Konflikten.

Die Propagandaorganisation im Operationsgebiet des Heeres

Die »Grundsätze für die Führung der Propaganda im Kriege« bestimmten zunächst die Aufstellung von Propaganda-Kompanien im Bereich des Heeres, die den Armee-Oberkommandos (AOK's) unterstellt wurden. Diese PK sollten das »Zusammenwirken des Propagandakrieges mit dem Waffenkrieg« im Operationsgebiet des Heeres gewährleisten und übernehmen. Die Aufgaben dieser neu aufzustellenden Propaganda-Kompanien bestanden einmal in der Erfassung des Propagandastoffes aus dem Kampfgebiet für die Propaganda des Propagandaministeriums und in der Übernahme der »aktiven Propaganda« in die Bevölkerung des Kampfgebietes und in den kämpfenden Gegner. Die personelle Zusammensetzung der Kompanien erfolgte nach den Richtlinien des OKW, wobei das Propagandaministerium ein entscheidendes Mitspracherecht erhielt.

Die Propaganda-Kompanie eines AOK gehörte zu den sogenannten »Armeetruppen« und wurde dem Armee-Nachrichtenregiment wirtschaftlich unterstellt.

Die militärische Zensur

Die politische Zensur wurde ausschließlich vom Propagandaministerium selbst ausgeübt. Die Ausübung der militärischen Zensur war das alleinige Recht der Wehrmacht. Die Notwendigkeit einer engen Zusammenarbeit zwischen dem militärischen und zivilen Bereich, um die Aktualität und Schnelligkeit der Nachrichtenübermittlung sicherzustellen, wurde vom OKW und Propagandaministerium besonders betont.

Aufgaben und Stellung des Kriegsberichters

In der Verfügung vom 27. September 1938 wurden zum ersten Mal für die Zukunft verbindliche »Grundsätze und Forderungen für die Ausbildung von Kriegsberichtern« aufgestellt. Die Kriegsberichter mußten demnach folgende Voraussetzungen für ihren Einsatz erfüllen:

1. Überblick über die Zusammenhänge der

militärischen Operationen in der militärischen Gesamtoperation
2. Genaue militärische, politische und propagandistische Kenntnisse über den Feind
3. Erfassung von allem neuen und wichtigen Material aus dem Frontbereich für die Zwecke der politischen Propaganda
4. militärische Grundausbildung
5. ständige und intensive Schulung im Sinne des Auftrages

Die Mob-Aufstellung der Propaganda-Kompanien

Die in den »Grundsätzen für die Führung der Propaganda im Kriege« aufgeführten »Richtlinien für die Zusammenarbeit zwischen Wehrmacht und Propagandaministerium« hatten nach einigen Korrekturen bereits am 29. Juli 1938 die Zustimmung des Propagandaministeriums erhalten[7]. In dieser von Staatssekretär Hanke abgezeichneten Schlußfassung wurde noch der Ausdruck »Propaganda-Einsatzstelle« gebraucht. Die am 3. September 1938 an die Reichspropagandaämter ausgegebene Fassung enthielt zum ersten Mal die neue Bezeichnung »Propaganda-Kompanie«. Bei den Verhandlungen über die Kriegsstärkenachweisung der geplanten Propaganda-Einheiten war diese Bezeichnung durch einen Oberst Ludwig vorgeschlagen und Ende Juli 1938 vom OKW und Propagandaministerium genehmigt worden. Mit der ersten Kriegsstärkenachweisung (Heer) Nr. 825 für die Propaganda-Kompanie (mot) vom 1. August 1938 schlägt die Geburtsstunde der Propaganda-Kompanien, deren Dienstanweisung am 19. August 1938 vom OKW herausgegeben wurde.

Am 30. August 1938 befahl das OKH für den laufenden Mob-Abschnitt 1937/38 die Aufstellung von 4 Propaganda-Kompanien (mot) für den Einsatz bei den AOK's 2, 8, 10 und 14. Aufstellungsorte waren Dresden, Breslau, Nürnberg und Wien. Die Fachlisten für die Einberufung PK-Angehöriger waren von den dort ansässigen Reichspropagandaämtern aufgestellt worden. Bis zum 29. August 1938 wurden die Kompanien mit den notwendigen Wehrmachtsfahrzeugen ausgestattet. Die Propaganda-Kompanie 537 wurde am 19. und 20. September 1938 in Breslau aufgestellt. Eine anschließende, zunächst auf zwei Tage berechnete Einsatzübung wurde bis zum Einsatz bei »Fall Grün« (Einmarsch in das Sudetenland) verlängert.

Als sich durch den friedlichen Ablauf dieses Einmarsches der Schwerpunkt der Einsätze in den Raum Karlsbad verlagerte, befahl das OKW am 28. September 1938 die Aufstellung einer weiteren behelfsmäßigen fünften PK. Die Kompanie erhielt die Nummer 558. So konnten bei der Besetzung des Sudetenlandes fünf Propaganda-Kompanien eingesetzt werden: es waren als erste PK der deutschen Wehrmacht die PK 549 (Dresden), die PK 537 (Breslau), die PK 570 (Nürnberg), die PK 521 (Wien) und die PK 558 (Berlin).

Über den Einsatz der Propaganda-Kompanien im Sudetenland stellte ein von Generaloberst von Bock unterzeichneter Bericht des Heeresgruppenkommandos 3 fest, daß der erste Versuch des Einsatzes einer PK als »wohlgelungen« bezeichnet werden könnte. Aufstellung und Einsatz der PK wären mit dem ersten praktischen Versuch, die Grundsätze des Propagandakrieges in Heimat, Front und Feindesland zu verwirklichen, zusammengefallen. In den letzten kritischen Spannungswochen vor dem Einmarsch hätte ein »Trommelfeuer« der Propaganda die Fronten bearbeitet. Es müsse aber in solchen Spannungswochen berücksichtigt werden, daß in derartigen Zeiten ein großer Teil der Bevölkerung Feindsender abhöre. Wenn also die eigene Propaganda über die »Tatsachen hinausschieße«, verlöre sie an Schlagkraft und Wirkung[8].

Die vielfältigen Erfahrungen des Jahres 1938 fanden ihren Niederschlag in der zweiten Fassung der Kriegsstärkenachweisung (Heer) Nr. 825 für die Propaganda-Kompanie (mot) vom 1. März 1939. Die Propaganda-Kompanie, die nach dieser Kriegsstärkenachweisung[9] aus 22 Offizieren, 44 Unteroffizieren und 88 Mannschaften bestand, verfügte über 2 leichte, 1 schweren Kriegsberichter-Zug und 1 Propaganda-Zug nebst Kompanietrupp, Arbeitsstaffel und Troß. In der Folgezeit nahm die Personalstärke der PK bis 1942 stark zu, um dann – der Kriegslage entsprechend – wieder verkleinert zu werden.

Gliederung einer Propaganda-Kompanie

Zeichnung 1

KStN 1.3.1942
Nr. 825

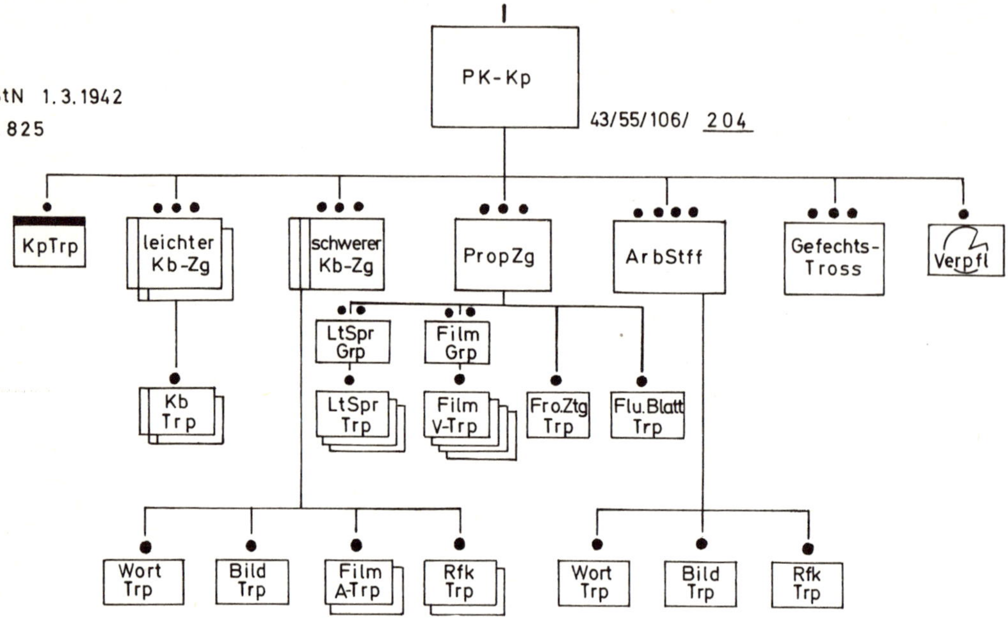

Propagandakompanie (mot 1.3.1942)

Zeichnung 2

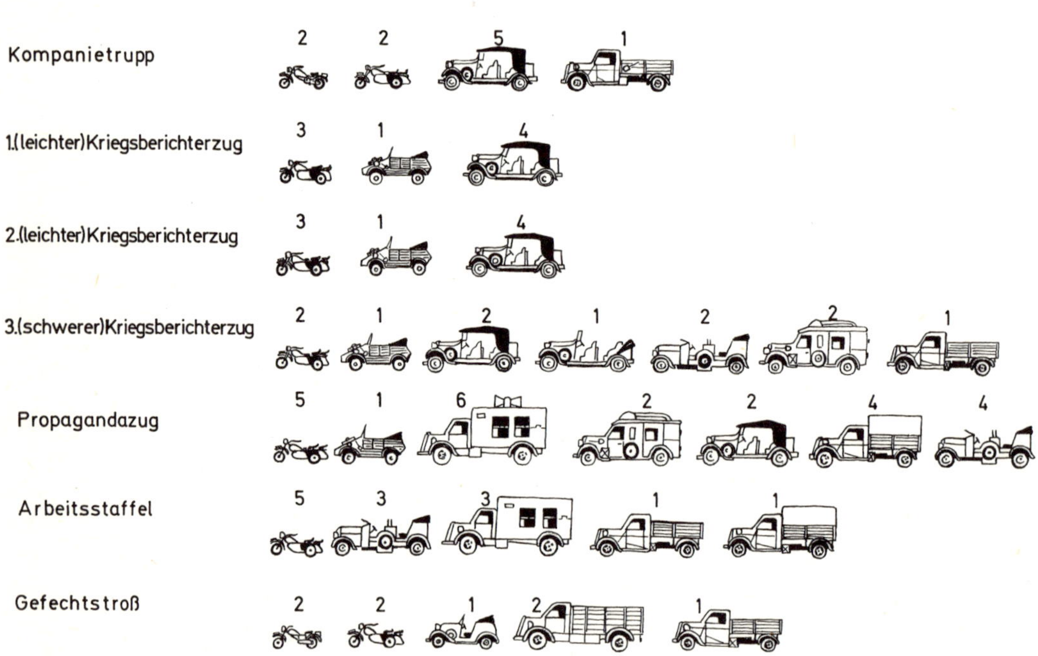

Gliederung einer Propaganda-Kompanie Zeichnung 3

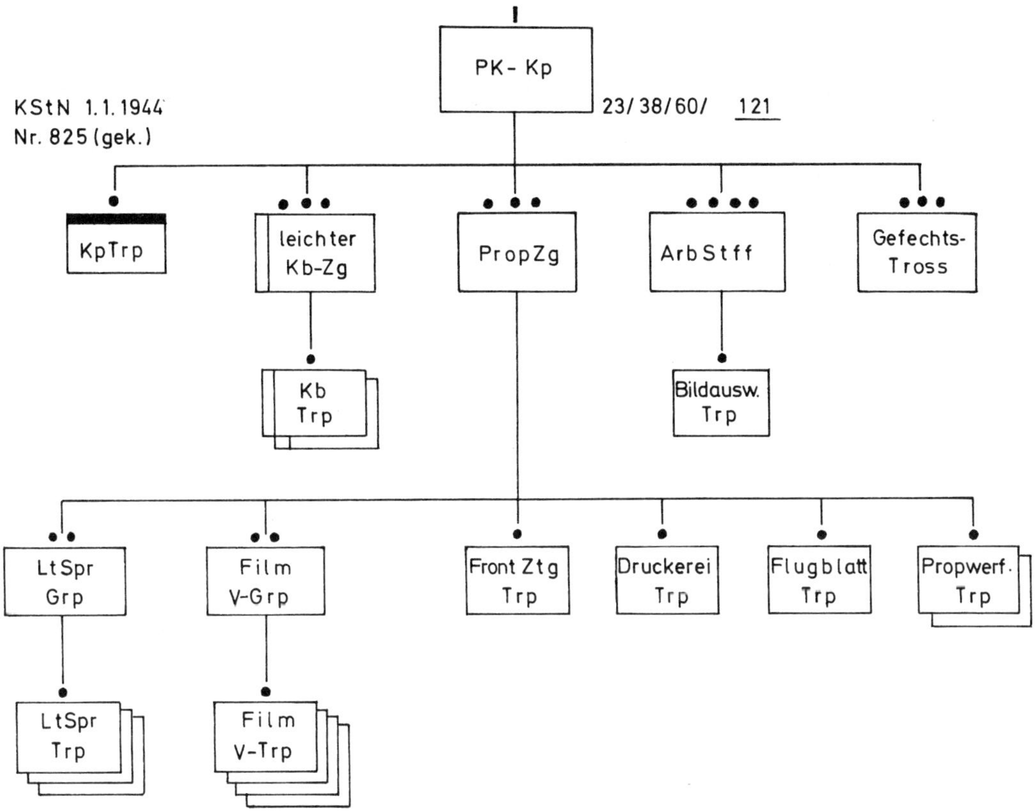

Zur Verdeutlichung dieses Vorgangs sind nachstehend die Personalstärken der Propaganda-Kompanien für vier verschiedene Zeiträume aufgeführt:

	Offiziere	Unteroffz.	Mannsch.	Summe
1. 3. 1939	22	44	88	154
30. 6. 1941	43	55	106	204
1. 3. 1942	47	57	105	209
1. 4. 1944	23	38	60	121

Mitte 1943 standen 23 Propaganda-Kompanien des Heeres an den Fronten im Einsatz. Die große Umorganisation der Propagandatruppen, die noch behandelt werden wird (s. S. 288 ff.), führte Ende 1943 zu einer Reduzierung der Offiziersstellen von 51 Prozent, bei den Unteroffiziers- und Mannschaftsdienstgraden betrug die Verringerung jeweils ca. 33 und 43 Prozent[10].

Ab September 1944 erfuhren die Propaganda-Kompanien »zur Einsparung weiteren Personals für die kämpfende Front« ihre letzte Umgliederung[11]. Jede Armee verfügte nunmehr nur noch über einen »Propaganda-Einsatzführer«, dem ein Kampfpropagandazug und ein Technischer Propagandazug unterstand. Die bisherigen Kriegsstärkenachweisungen verloren mit dem 1. Oktober 1944 ihre Gültigkeit. Das durch die Umgliederung freiwerdende Personal mußte der kämpfenden Truppe zur Verfügung gestellt werden.

Mit dieser neuen Organisationsform der Propaganda-Einheiten büßten diese auch ihre bisherige Bezeichnung als Propaganda-Kompanien ein, die sie vom 30. Juli 1938 bis zum 1. September 1944 geführt hatten. Der Chef einer Propaganda-Kompanie behielt zwar die alte Nummer seiner Einheit, wurde aber in der Folgezeit als »Prop. Einsatzführer Nr.« (z. B. Prop. Einsatzführer 621) tituliert[12].

Die Eingliederung der Propaganda in die Führungsstäbe des Heeres

Die Eingliederung der Propaganda in die Führungsstäbe des Heeres läßt sich aus dem Handbuch für den Generalstabsdienst im Kriege vom 1. August 1939 ermitteln[13]. Hier wurden die Aufgaben des Abwehroffiziers (AO) beim Oberkommando einer Heeresgruppe und einer Armee wie folgt festgelegt:

»Die Aufgaben des AO leiten sich aus den Aufgaben der Abwehr im Frieden ab. Dazu gehören: Abwehr der Spionage, des Landesverrats, der Sabotage und der Feindpropaganda, alle Angelegenheiten der Presse einschließlich Zensur, Proklamationen etc. Für die Durchführung der Zensur des gesamten bei der PK der Armee und beim AO unmittelbar anfallenden Propagandastoffes sind dem AO drei Zensuroffiziere unterstellt. Sie sind auf enge Zusammenarbeit mit dem Führer der PK angewiesen.«

Die besondere Stellung des Führers der Propaganda-Kompanie einer Armee wurde durch die Bestimmung abgesichert, daß er in seiner Eigenschaft als Sachbearbeiter für alle Propagandafragen im Stabe des AOK dem Chef des Stabes unmittelbar unterstand. Der Vertreter des Chefs des Stabes war der Ia. Der Führer der PK mußte den beiden Offizieren regelmäßig über die Propagandalage und über die von seiner Kompanie erzielten Ergebnisse vortragen. Für den Einsatz seiner Kompanie machte er die entsprechenden Vorschläge. Den Anträgen auf technische Unterstützung seiner Propagandatätigkeit durch die Truppe (Flugblattabwurf durch Flugzeuge usw.) mußte entsprochen werden. Dem Ic und AO der Armee war der Führer einer PK nicht unterstellt, sondern auf Zusammenarbeit angewiesen. Diese Bestimmung sollte sich im Verlauf des Krieges voll bewähren (vgl. Zeichnung 4).

Die Abteilung für Wehrmacht-Propaganda (WPr) im Oberkommando der Wehrmacht

Am 1. April 1939 wurde die Abteilung Wehrmacht-Propaganda im Oberkommando der Wehrmacht gegründet[14]. Sie entstand durch die Zusammenfassung und Erweiterung der Pressegruppe der Abteilung Inland im OKW, die die Gruppen WPr II und III bildeten, der Untergruppe Ia Prop. der Abteilung Landesverteidigung im OKW und der Gruppe Völkerpsychologie der Inspektion für Eignungsuntersuchungen im OKW, aus denen die Gruppen WPr I und IV gebildet wurden.

Der damalige Oberstleutnant d. G. und spätere Generalmajor Hasso von Wedel übernahm die Abteilung. Sie unterstand dem Chef der Amtsgruppe Wehrmacht-Führungsstab General Alfred Jodl. In dringenden Dienstangelegenheiten konnte der Chef WPr auch unmittelbar beim Chef des OKW Vortrag halten.

Aufgaben

Der Geschäftsverteilungsplan der Abteilung für Wehrmachtpropaganda vom April 1939 enthält die Gliederung der Abteilung in vier Gruppen[15]. Es waren dies die Gruppe I (Führung), Gruppe II (Anregung für Propaganda), Gruppe III (Militärische Zensur), Gruppe IV (Volkskundliche Unterlagen für die Propaganda). Die Abteilung für Wehrmachtpropaganda bearbeitete in erster Linie mit ihren Gruppen alle Fragen und Probleme der Propaganda, die zum Aufgabenbereich des OKW gehörten und sich in der Truppe selbst in irgendeiner Weise auswirkten. Sie war außerdem für die Steuerung der geistigen Betreuung der Wehrmacht und für die Ausübung der militärischen Zensur in ihrem Bereich verantwortlich. Im Sinne der bereits erwähnten Richtlinien des Jahres 1938 mußte OKW/WPr für den Reichspropagandaminister die von ihm zu erteilenden Richtlinien erarbeiten, nach denen die »Übereinstimmung des Propagandakrieges mit dem Waffenkrieg« gewährleistet werden konnten.

Der Führerbefehl vom 10. Februar 1941

Ein besonderer Befehl Adolf Hitlers vom 10. Februar 1941 definierte zum ersten Mal sehr klar den Stellenwert und die Bedeutung der Abteilung Wehrmachtpropaganda[16]. Dieser Befehl war für OKW/WPr zu diesem Zeitpunkt deshalb so wichtig, weil er eine ganze Reihe von Kompetenzschwierigkeiten

Zeichnung 4

Organisation des Ic-Dienstes u. der Wehrmachtpropaganda

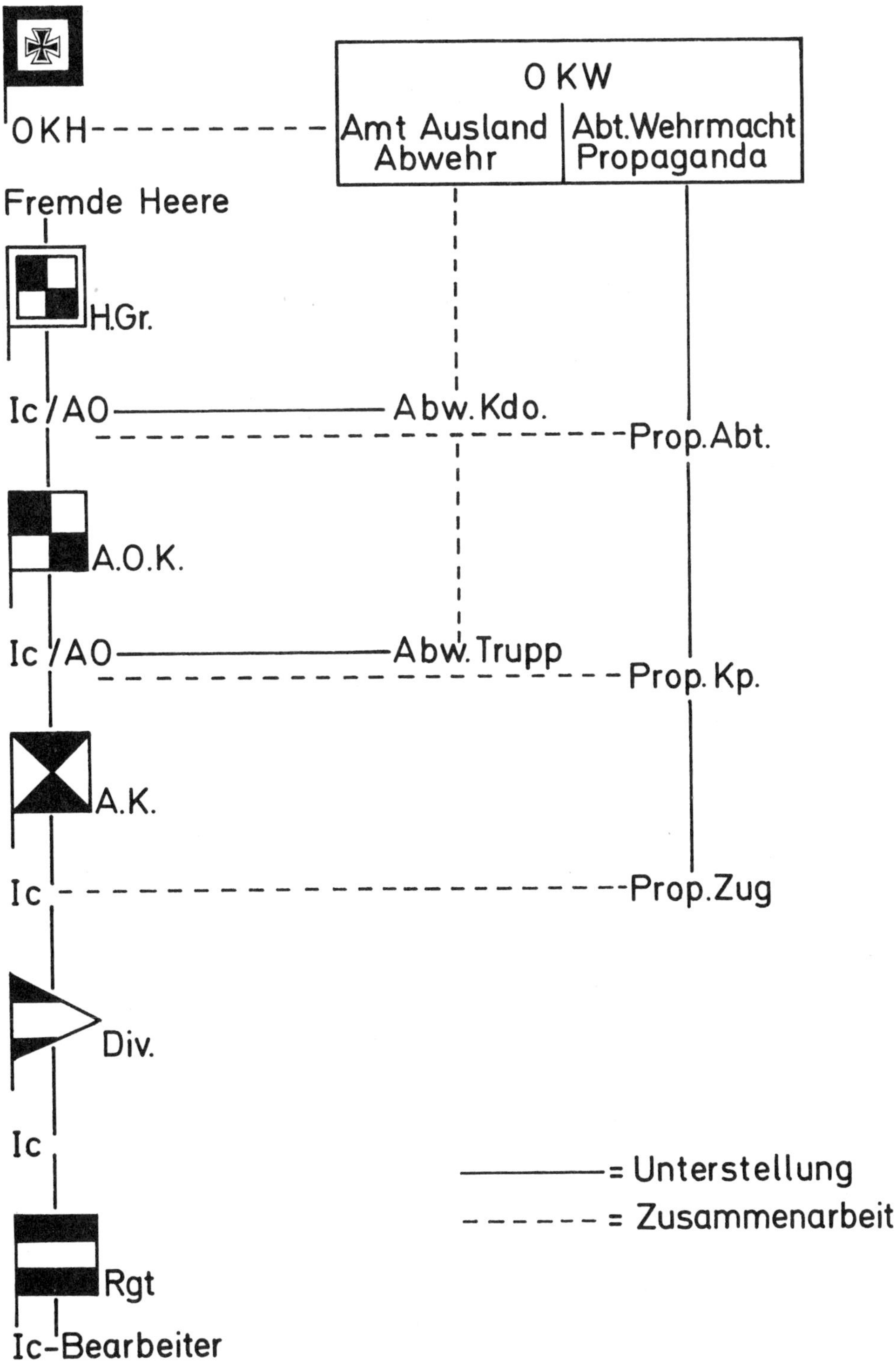

zwischen OKW/WPr, dem Propagandaministerium und den einzelnen Teilstreitkräften beendete. Der Führerbefehl lautete:

Der Führer und Oberste Befehlshaber
der Wehrmacht F.H.Qu., den 10. 2. 1941
WFSt Nr. 75/41 g
Die wirksame Führung des Propagandakrieges erfordert straffe Zusammenfassung und einheitliche Leitung.
Ich ordne deshalb für den Bereich der Wehrmacht an:

1. In Fragen der Propaganda und der militärischen Zensur ist die Vertretung der Gesamtwehrmacht, wie auch der Wehrmachtteile gegenüber allen zivilen Dienststellen und gegenüber der Öffentlichkeit ausschließlich Aufgabe des Oberkommandos der Wehrmacht.
2. Die Propagandatruppen unterstehen hinsichtlich Organisation, Stellenbesetzung, Einsatz im Großen und inhaltliche Gestaltung ihrer Tätigkeit unmittelbar dem Oberkommando der Wehrmacht.
3. Die notwendigen Durchführungsbestimmungen erläßt der Chef des Oberkommandos der Wehrmacht.

Adolf Hitler

In den von Generalfeldmarschall Keitel unterzeichneten Durchführungsbestimmungen vom 17. Februar 1941 wurde im einzelnen erläutert, was unter dem sehr abstrakten Begriff der »Fragen der Propaganda« zu verstehen war. Zu diesen in Ziffer 1 des Führerbefehls aufgeführten »Fragen der Propaganda« gehörten nach den Durchführungsbestimmungen alle die Maßnahmen, die die Beeinflussung der Öffentlichkeit im In- und Ausland in den Medien Presse, Rundfunk, Film und Vortragswesen betrafen, so weit sie sich dabei auf den militärischen Bereich bezogen. Außerdem fielen die geistige Betreuung der Truppe und die Abwehr der feindlichen Propaganda in den alleinigen Zuständigkeitsbereich der Abteilung Wehrmachtpropaganda. Um in Zukunft Mißverständnisse über die Zusammensetzung der in Ziffer 2 des Führerbefehls genannten »Propagandatruppen« zu beseitigen, wurden diese in den Durchführungsbestimmungen genannt. Es waren:
die Propagandakompanien des Heeres (einschließlich der Waffen-SS)
die Luftwaffenkriegsberichterkompanien
die Marinekriegsberichterabteilungen bzw. Marinekriegsberichterkompanien
die selbständigen Propagandazüge, Kriegsberichterstaffeln, Truppenbetreuungszüge bzw. -gruppen usw. aller Wehrmachtteile
die Propaganda-Abteilungen Frankreich und Belgien
die Dienststellen der Wehrpropagandaoffiziere
das Personal zur geistigen Betreuung der Kriegsgefangenen in den Kriegsgefangenenlagern
sowie die Zensurstellen und Zensuroffiziere aller Kommandobehören des Heeres, der Kriegsmarine und der Luftwaffe.
Über den Bereich der Aktivpropaganda, d. h. der Propaganda in den Feind, wurde in den Durchführungsbestimmungen nichts ausgesagt. Dies war unbestritten eine Domäne von OKW/WPr, die widerspruchslos von allen am Propagandakrieg beteiligten Stellen akzeptiert wurde. Allerdings sollte sich dies ab 1944 ändern, als der damaligen Amtsgruppe Wehrmachtpropaganda in der SS-Standarte »Kurt Eggers« ein mächtiger Konkurrent entstand[17]. Durch die Durchführungsbestimmungen wurde vor allem verhindert, daß sich die einzelnen Wehrmachtteile eigene Propagandastellen einrichteten. Die Propagandainteressen von Heer, Luftwaffe und Marine vertrat nun ausschließlich OKW/WPr selbst, indem drei weitere Gruppen V, VI und VII in die Abteilung eingegliedert wurden. Diese Gruppen verfielen jedoch bereits Ende 1942 der Auflösung, da sie zu einer Zersplitterung der Wehrmachtpropaganda mit einer Fülle von Mehrarbeit geführt hatten[18].

Bis Mitte Mai 1942 erreichte die Personalstärke der Abteilung fast 300 Mitarbeiter. Sie war bei einem solchen Umfang von ihrem Chef nur schwer zu führen. So wurde sie Ende 1942 in eine Amtsgruppe umgewandelt; die ehemaligen Gruppen wurden zu Abteilungen (vgl. Zeichnung 5).

Am 1. April 1942 erhielt der damalige Abteilungschef von OKW/WPr zusätzlich die Dienststellung und Befugnisse eines »Chefs der Propagandatruppen (Chef Pr.T.)« mit den Disziplinarbefugnissen eines Divisionskommandeurs. Kurze Zeit später schieden die Propagandatruppen aus der Nachrichtentrup-

Gliederung der Amtsgruppe für Wehrmacht-Propaganda (WPr) Stand Juni 1944

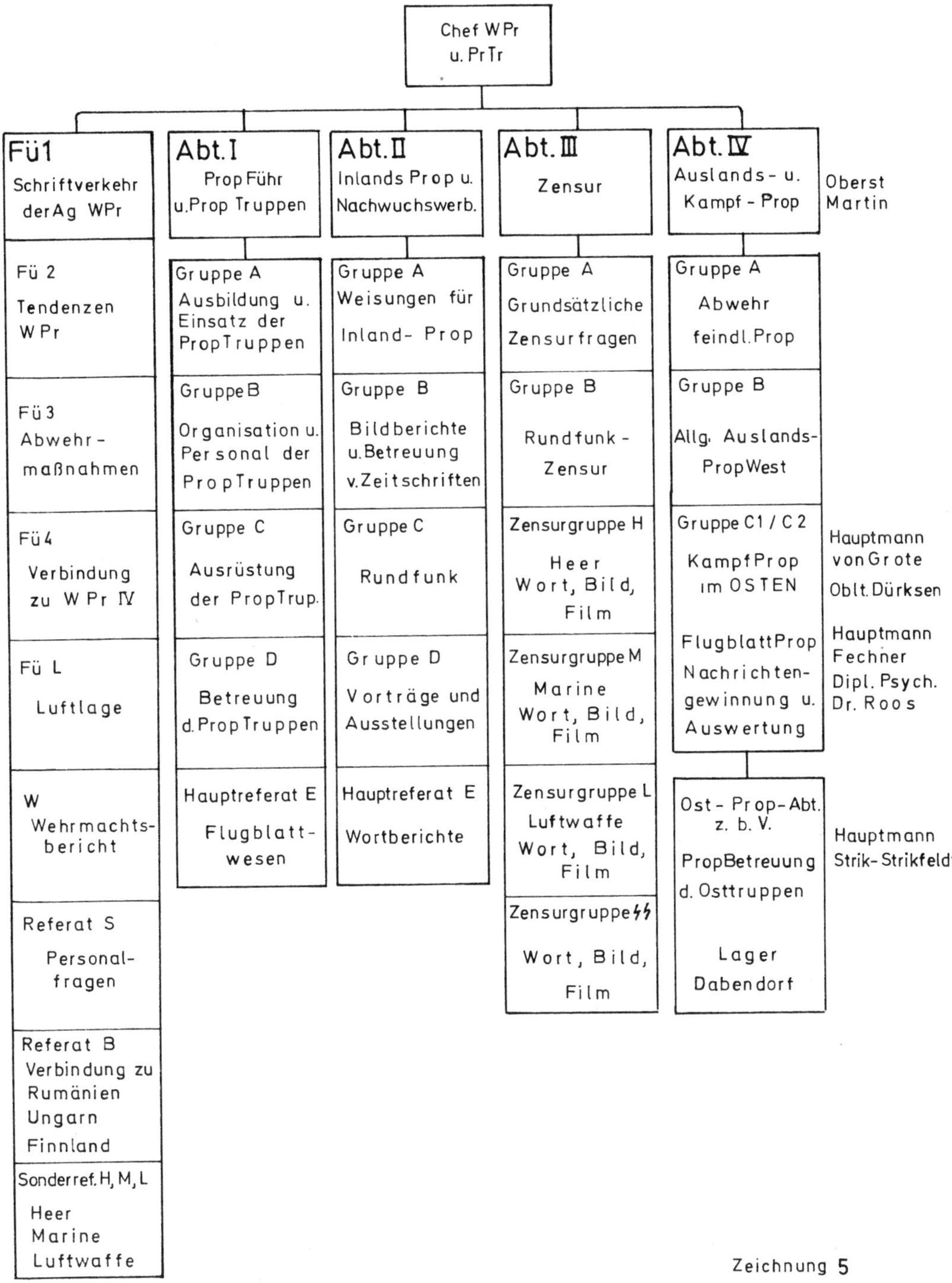

Zeichnung 5

pe aus. Ende Januar 1943 wurden sie eine selbständige Truppengattung mit der Waffenfarbe silbergrau.

Das Ersatz- und Ausbildungswesen der Propagandatruppen

Wie bereits erwähnt erfaßten die Reichspropagandaämter listenmäßig das Fachpersonal für die Propaganda-Kompanien, das je nach Bedarf auf Veranlassung von OKW/WPr den Propaganda-Kompanien zugeführt wurde. Ende 1939 wurde in Potsdam eine Propaganda-Ersatz-Kompanie aufgestellt, die zu dem damaligen Zeitpunkt die im Status eines Sonderführers diensttuenden PK-Angehörigen militärisch ausbildete. Bei dem schnellen Anwachsen der PK weitete sich die Propaganda-Ersatz-Kompanie im Juli 1940 zu einer Propaganda-Ersatz-Abteilung mit vier Kompanien aus. Im Frühjahr 1941 erreichte sie bereits eine Personalstärke von 22 Offizieren, 10 Sonderführern und 750 Unteroffizieren und Mannschaften[19].

Die Vorbereitung auf das »Unternehmen Barbarossa« vergrößerte durch die Neuaufstellungen von PK die Propagandatruppen sprunghaft. Dringend wurde eine große Anzahl von Fachkräften aller Art benötigt, die von den Reichspropagandaämtern nicht mehr zur Verfügung gestellt werden konnten. Die Propagandatruppen mußten daher ihr eigenes Fachpersonal selbst ausbilden. Für diesen Zweck wurde eine spezielle Ausbildungskompanie als zentrale Ausbildungsstätte für das gesamte Fachpersonal aufgestellt. In den einzelnen Fachgruppen dieser Ausbildungskompanie erhielten die zukünftigen Bild-, Wort-, Film-, Rundfunkberichter und das Druckereifachpersonal ihre Ausbildung und Einsatzvorbereitung. Die Filmberichter absolvierten z. B. einen 8- bis 12wöchigen Lehrgang an der Filmschule in Berlin, die Rundfunkberichter eine spezielle Sprechausbildung und eine Sonderschulung für den Bereich der Rundfunktechnik. Die Aktivpropagandisten wurden mit der Handhabung der unterschiedlichen Propaganda-Geräte (Lautsprecher, Ballon, Prop.-Werfer, Prop.-Munition usw.) vertraut gemacht. Außerdem besaß die Ausbildungskompanie eine eigene Lehrdruckerei für die Schulung des Druckereifachpersonals.

Als das Ersatzheer in Ersatz- und Ausbildungstruppenteile gegliedert wurde, teilte sich auch die Propaganda-Ersatz-Abteilung in Potsdam in eine Propaganda-Ersatz-Abteilung und in eine Propaganda-Ausbildungs-Abteilung.

Die beiden ersten Kompanien der neuen Prop.-Ers.-Abt. bildeten den großen »Umschlagplatz« für das Personal der Heeres-PK (1. Kompanie) und der Propaganda-Abteilungen in den besetzten Gebieten (2. Kompanie). Die Kraftfahrer der Propagandatruppen wurden in der 3. Kompanie geschult. In der Propaganda-Ausbildungs-Abteilung bildete die beschriebene Ausbildungskompanie für das militärische Fachpersonal die 2. Kompanie (vgl. Zeichnung 6). Sie wurde den neuen Erfordernissen entsprechend vergrößert. Ab 1942 wurde zusätzlich noch eine Propaganda-Einsatz-Abteilung aufgestellt, die im Jahre 1943 über vier Kompanien verfügte. Sie war im Gegensatz zu den beiden anderen Abteilungen in Potsdam eine mobile Abteilung, die für Direkteinsätze und zur propagandistischen Schwerpunktbildung eingesetzt werden konnte und in der Regel zu 80 Prozent im Einsatz war.

Neben der 1. (Kriegsberichter) Kompanie, die die Einheit der sogenannten »Höheren Berichter« war, konnte die 2. Kompanie als eine Kampfpropaganda-Kompanie mit ihren Prop.-Zügen und Trupps zur Intensivierung der Kampfpropaganda eingesetzt werden. Die Züge waren mit Lautsprecher-, Ballon- und Prop.-Werfer-Trupps ausgestattet, die nach Erfüllung ihrer Kampfpropaganda-Aufträge zu ihrer Einsatz-Abteilung nach Potsdam zurückkehrten. Eine große Bedeutung für die Führung der Propaganda-Truppen besaß die 4. (Prop.-Verbindungs) Kompanie. Mit zwei Flugzeugen (Ju 52) und einem umfangreichen Kraftfahrzeug-Bestand unterhielt die Kompanie mit etwa 250 Mann Personal den wichtigen Kurier- und Verbindungsdienst zu den verschiedenen Propaganda-Einheiten. Die Kompanie beförderte nicht nur mit ihren Transportkapazitäten das Material der Berichter aller Sparten von der Front nach Berlin, sondern ebenso Propaganda-Material und Gerätenachschub von Berlin an die Front.

GLIEDERUNG der 2. Prop. Ausb. Kompanie in der Propaganda-Ausbildungs-Abteilung

Zeichnung 6

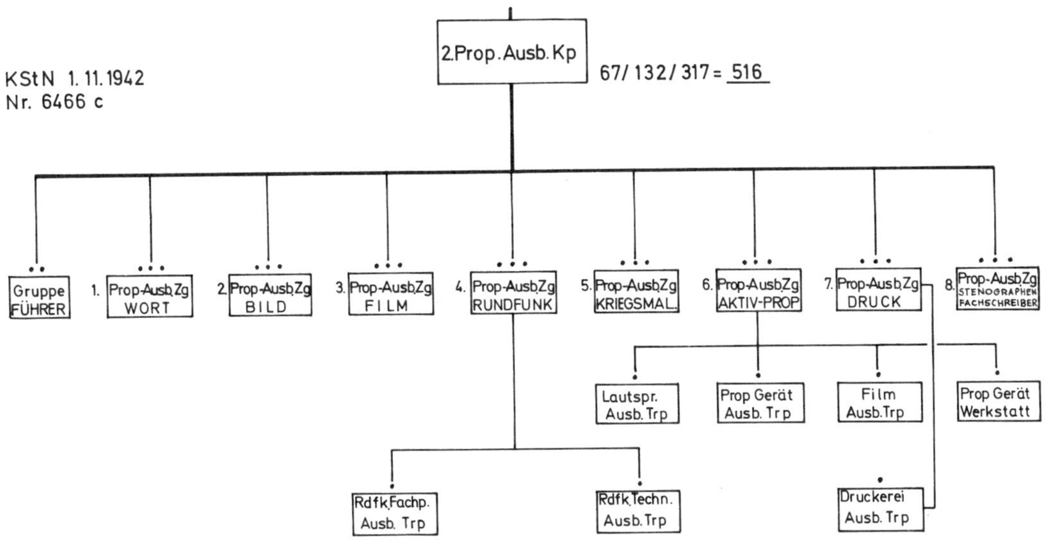

Im September 1944 verfiel die Propaganda-Einsatz-Abteilung der kriegsbedingten Auflösung. Auch die Propaganda-Ersatz- und Ausbildungsabteilung erlebte im selben Jahr einen einschneidenden Schrumpfungsprozeß. Beide Abteilungen endeten in einer stark reduzierten sogenannten »Aktivpropaganda-Abteilung« mit zwei Kompanien.

Zweiter Teil
Der Einsatz der deutschen Propaganda gegen die Sowjetunion

Die Vorbereitung auf das Unternehmen »Barbarossa« durch OKW/WPr

Vier Tage nachdem die »Durchführungsbestimmungen« zum Führerbefehl vom 10. Februar 1941 erlassen worden waren, bestellte General Jodl, der Chef des Wehrmacht-Führungsstabes, den ihm unterstellten Chef der Abteilung Wehrmachtpropaganda zu einer Besprechung von höchster Wichtigkeit in das Führerhauptquartier.

Am 21. Februar 1941 fand während dieser Besprechung die Einweisung von Oberst d. G. Hasso von Wedel über das geplante Unternehmen »Barbarossa«, den Angriff auf die Sowjetunion, statt[20].

Während dieser schicksalhaften Unterredung erteilte General Jodl an die Abteilung Wehrmachtpropaganda eine Reihe von Weisungen, die sich auf die unmittelbaren Vorbereitungen auf »Barbarossa« bezogen:

1. Tarnung des Unternehmens »Barbarossa« durch die militärische Propaganda.
2. Erarbeiten von Richtlinien für das Verhalten der Truppe gegenüber dem Bolschewismus.
3. Vorbereitung und Druck von Flugblättern mit scharfer antibolschewistischer Tendenz für die Verbreitung unter der russischen Bevölkerung und zum Einsatz gegen die Rote Armee.
4. Aufsetzen einer Proklamation an die Truppe.
5. Erlaß von Bestimmungen über das Verhalten gegen befreundete und abhängige Länder.

Mit diesen Weisungen, die die Abteilung Wehrmachtpropaganda völlig überraschend erhielt, begannen für sie die Vorbereitungen auf das Unternehmen »Barbarossa«. Durch den Verbindungsoffizier von OKW/WPr zum Propagandaministerium, dem damaligen Oberstleutnant Hans-Leo Martin, wurde der Propagandaminister persönlich über den bevorstehenden Angriff der Wehrmacht auf die Sowjetunion informiert[21]. Bis zu diesem Zeitpunkt wußte nicht einmal Dr. Goebbels von dem bevorstehenden Feldzug gegen die Sowjetunion.

Täuschungsunternehmen »Seelöwe«

Die erste Aufgabe, die die Abteilung Wehrmachtpropaganda nach den Weisungen von General Jodl mit großer Energie in Angriff nahm, war die Beteiligung bei der Durchführung des größten Täuschungs- und Verschleierungsunternehmens auf deutscher Seite während des Zweiten Weltkrieges, die Tarnung der Vorbereitung des Rußlandfeldzuges. Es lief unter dem gleichen Decknamen »Seelöwe« wie die zunächst durchaus ernsthaft geplante Invasion Englands. Diese Täuschungsoperation größten Stils, an der erst ab 21. Februar 1941 OKW/WPr offiziell beteiligt wurde, wirkte sich dementsprechend nicht nur auf die militärische Propaganda, sondern auch auf zahlreiche andere militärische Ebenen aus: auf die deutschen Kampftruppen in Frankreich und Belgien, auf das Wehrmachtfunk- und Transportwesen, auf die Abwehr und Gegenspionage und auf die Luftwaffe und Kriegsmarine.

Die OKW/WPr-Studie »Sowjetunion« Staatsgebiet und Bevölkerung

Bei der Erarbeitung der geforderten Richtlinien für den Einsatz der Propaganda-Truppen beim Unternehmen »Barbarossa« sah sich die Abteilung Wehrmachtpropaganda mit großen Schwierigkeiten konfrontiert. Trotz der Informationen aus dem finnischen Bereich über den Krieg zwischen Rußland und Finnland verfügte die Wehrmacht wegen der »starken Abschließung des russischen Raumes gegen deutsche Feststellungen[22]« nur über wenige zuverlässige Informationen, die ein umfassendes oder mehr oder minder lückenloses Bild über den potentiellen Gegner abgegeben hätten. Das bedeutete für den Bereich der Wehrmachtpropaganda, daß sie über die zu erwartenden Zielpersonengruppen im zivilen wie im militärischen Bereich in der Sowjetunion praktisch kaum aktuelles Informationsmaterial besaß. Dementsprechend waren ihre Vorbereitungen für den Propagandaeinsatz ein »Tasten im Dunkeln« ohne solide Grundlagen nachrichtendienstlicher Art. Natürlich konnte OKW/WPr auf Erfahrungen zurückgreifen, die die Aktivpropaganda während des Polen- und Frankreichfeldzuges ge-

Oberkommando der Wehrmacht
3 n WFSt/W Pr (IV a)
3600/41 geh.

Berlin, Juni 1941

Geheim!

Sowjet-Union

Staatsgebiet und Bevölkerung

I. Allgemeine Übersicht

1. Raum und Lage

Die Sowjetunion nimmt den Raum zwischen Ostsee und Stillem Ozean (Luftlinie 10 000 km) und zwischen Nördlichem Eismeer und den Hochgebirgen Zentralasiens (2- bis 4 000 km) ein. Ihr Flächenraum macht den sechsten Teil der bewohnbaren Erdoberfläche aus. Die Sowjetunion ist die größte Kontinentalmacht der Welt, doppelt so groß wie die USA. und 25mal so groß wie Deutschland. Freilich sind 48 v. H. des Territoriums Gebiete des äußersten Nordens, die wenig oder kaum bewohnbar sind.

Die Grenzen der Sowjetunion betragen 60 000 km, davon entfallen zwei Drittel auf Seegrenzen. Während sie im Norden, Süden und Osten durch natürliche Grenzen bestimmt ist, fehlt ihr im Westen (zwischen Ostsee und Karpathen) die natürliche Begrenzung. Die Entfernung von der Westgrenze bis zum Ural beträgt 2 400 km.

Die Landschaft im europäischen Teil der Sowjetunion ist in weitestem Maße gleichförmig. Die weite Ebene wird durch Erhöhungen kaum unterbrochen. Abgesehen vom Steppengebiet im Süden und Südosten ist das Land wasserreich. Die größten Ströme fließen in südöstlicher Richtung (Wolga, Don, Dnjepr, Bug, Dnjestr.)

Das Klima ist in den einzelnen Gebieten verschieden. Seinem Charakter nach ist es Kontinentalklima. Die Temperaturen sind großen Schwankungen unterworfen.

2. Bevölkerung

In der Sowjetunion leben auf einem Flächenraum von 21 769 000 qkm etwa 193 Millionen Einwohner. (Nach der letzten Volkszählung vom 17. Januar 1939 zählte die Sowjetunion 170 467 186 Einwohner. Durch die späteren Erwerbungen sind hinzugekommen: 13,5 Millionen Einwohner im ehemaligen Ostpolen, 3,7 Millionen in Bessarabien und Nordbukowina und insgesamt 6 Millionen in den drei baltischen Staaten, Estland, Lettland und Litauen.) Im europäischen Teil der Sowjetunion leben 160 Millionen, im asiatischen 33 Millionen. Die Bevölkerungsdichte beträgt im europäischen Teil 22 und im asiatischen 2,5 Einwohner auf 1 qkm. Am dichtesten besiedelt ist die Ukraine und die Mitte des europäischen Teils, wo bis 130 Einwohner auf 1 qkm kommen.

Die Bevölkerung der Sowjetunion ist nicht einheitlich. Sie verteilt sich auf über 100 Völker und Stämme, von denen 50 Völker über 20 000 Menschen zählen. Die überwiegende Mehrheit (fast 100 Millionen = 52 v. H. der Gesamtbevölkerung) stellt trotzdem das russische Volkstum, das sich über das gesamte Gebiet der S. U. verteilt und in Sprache und Kultur führend ist. Neben ihm

1

Blatt 1 der OKW-Studie
Sowjet-Union: Staatsgebiet und Bevölkerung

macht hatte. Diese bezogen sich allerdings in erster Linie auf das Instrumentarium des technischen Propaganda-Apparates (Einsatz von Flugblatt-Verteilergeräten, Lautsprechern usw.) mit seinen vielfältigen logistischen Problemen. Die Größen »Gegner und Raum« waren allerdings im Gegensatz zu den bisherigen Erfahrungen völlig unterschiedlich.

Die allgemeine Unkenntnis und Ratlosigkeit, die wegen des Informationsdefizits über den sowjetischen Gegner bei OKW/WPr entstanden waren, spiegelte in erstaunlicher Deutlichkeit eine Ausarbeitung über das Staatsgebiet und die Bevölkerung der Sowjet-Union wider, die von der Gruppe IVa unter der Führung von Oberstleutnant Dr. Blau[23] verfaßt worden war. Diese Gruppe, die wie bereits erwähnt aus der ehemaligen Gruppe Völkerpsychologie entstanden war, griff bei der Abfassung dieser Studie sicherlich auf alte Unterlagen zurück, die daher nicht als besonders aktuell einzustufen waren.

Der Inhalt dieser Studie könnte einem Schulbuch für Geographie entnommen sein und enthält in seinen Teilen I–III längst bekannte Fakten über Raum und Lage der Sowjetunion, über die Bevölkerung, über Staat, Verfassung, Verwaltung, Wirtschaft, sozialen Aufbau und über Ideologie und Propaganda. Der abschließende Teil III informiert in drei kleinen Abschnitten über die Mittel der Führung der Massen in der UdSSR.
Auf den letzten beiden Seiten ist ein Standortverzeichnis der im europäischen Teil der Sowjetunion stationierten Rundfunksender mit Frequenztabelle abgedruckt. Die Studie der Gruppe IV a bringt auch einige sehr komprimierte Psychogramme des »Volkscharakters« der Bevölkerungsteile in der Sowjetunion, auf die sich die deutsche Propaganda nach Überschreiten der sowjetischen Grenze zwangsläufig richten mußte.

Über die baltischen Bevölkerungsteile kamen die Spezialisten der ehemaligen Gruppe Völkerpsychologie zu folgenden Erkenntnissen:

»Die drei baltischen Völker zeigen trotz gewisser Gemeinsamkeiten, die sich aus der Natur und aus der Geschichte ergeben, auch wesentliche Unterschiede.

Der Este ist in seinem Auftreten sehr zurückhaltend, besonnen, maßvoll und geduldig. In seinem Temperament ist der Este ruhiger und leidenschaftsloser als der Lette und zeichnet sich durch kein so glühendes und fanatisches Nationalgefühl aus. Auch in religiöser Hinsicht ist der Este nüchtern.

Der Lette ist intelligenter, zeigt aber nicht viele positive Züge. Er ist mißtrauisch und verschlagen und leicht aufsässig. Der Lette ist im allgemeinen Opportunist.

Gegenüber dem Letten ist der Litauer wieder bescheidener. In seinem Leben ist er anspruchsvoll, arbeitsam und fleißig. Charakterlich ist er maßvoll und versöhnlich. Im Umgang zeigt er die östliche Unterwürfigkeit, schülerhafte Schüchternheit und Unsicherheit. Er begnügt sich mit dem, was er hat und neigt nicht zu extremen Ansichten. Die Religiösität hält sich in den Bahnen kirchlicher Frömmigkeit und ist im Volk aufrichtig und tief verwurzelt. Die Neigung zur Musik ist sehr groß.

Der Litauer besitzt keine Organisationsgabe. Er läßt sich eher führen, als daß er selbst die Führung ergreift und entfaltet selten eigene Initiative[24].«

Über die Weißruthenen wird folgendes berichtet:

»Der Weißruthene ist ein fleißiger Arbeiter von seltener Ausdauer. Jahrhundertealte Knechtschaft und Leibeigenschaft haben ihn zu einem genügsamen und willfährigen Menschen gemacht. Der Weißruthene ist weich von Gemüt, weniger widerspruchsvoll als der Russe und in seinen Neigungen ein echter Slawe. Willensmotive sind nicht stark ausgeprägt, Organisationsgabe kaum vorhanden[25].«

Am besten werden aus der Sicht der Völkerpsychologen die Ukrainer beurteilt, über die folgendes Urteil gefällt wird:

»Der Unterschied zwischen Ukrainern und Russen liegt in verschiedener rassischer Zusammensetzung, verschiedener Sprache, verschiedener kultureller Entwicklung und verschiedenem nationalen Wollen.

Der Ukrainer hat eine optimistische Weltanschauung. Seine Gläubigkeit, die sich meist in kirchlichen Formen hält, ist tief und aufrichtig. Der Glaube gibt ihm den sittlichen Halt.

Im Verkehr ist der Ukrainer zunächst zurückhaltend, aber freundlich und aufmerksam. Seine Gastfreundschaft ist sprichwörtlich. Bei aller sprühenden Lebensfreude ist er solide und maßvoller als Russen und Polen. In der Arbeitsamkeit wird er vom Weißruthenen übertroffen.

Als bäuerlicher Mensch hat der Ukrainer Sinn für die Natur und eine ausgesprochen lyrische Veranlagung. Innerlich weich, zeigt er doch gewisse Härte und Zähigkeit, wenn es um sein Eigentum und seine nationale Eigenart geht. Im Kampf ist er tapfer, braucht aber gute Führung[26].«

Es fällt bei diesen undifferenzierten Pauschalaussagen über den »Charakter« der Bevölkerungsgruppen in der Sowjetunion auf, daß sich die Verfasser dieser Ausarbeitung eigenartigerweise über den »Volkscharakter« der Russen nicht äußerten, die die überwiegende Mehrheit der Gesamtbevölkerung in der Sowjetunion bildeten. Aus den nur verstreuten Hinweisen ergab sich ein recht negatives Bild:

»... Amerikanische Arbeitsmethoden wurden übernommen und durch das Stachanowsystem überboten. Trotzdem fehlt es überall an Disziplin und Arbeitseifer. Weitere Hindernisse für die wirtschaftliche Entwicklung sind die schlechte Organisation. (...) Aus der grauen Masse hebt sich nur eine dünne Oberschicht, die sog. ›neue Intelligenz‹ hervor[27].«

Mit diesen Informationen im Tornistergepäck waren die für den Rußlandfeldzug vorgesehenen Propaganda-Truppen sicherlich nicht besonders effektiv für ihre geplanten Propaganda-Einsätze ausgerüstet.

Die Abteilung Ost des Reichsministeriums für Volksaufklärung und Propaganda

Kurz vor Beginn des Feldzuges gegen die Sowjetunion baute Dr. Eberhard Taubert, der bis dahin das Referat 4 (»Antikommunismus«) in der Abteilung II, Propaganda, des RMVP geleitet hatte, auf Befehl des Propagandaministeriums das »Generalreferat Ostraum« auf[28]. Unter einem »Generalreferat« verstand man ein Referat, das nicht zu einer Abteilung gehörte, sondern unmittelbar dem Staatssekretär unterstand. Sobald es eine größere Anzahl von Mitarbeitern umfaßte, wurde es automatisch zu einer Abteilung des Ministeriums. Dr. Taubert, der zunächst als Oberregierungsrat das »Generalreferat Ostraum« aufbaute, leitete ab 1943 die inzwischen entstandene »Abteilung Ost« des Propagandaministeriums als Ministerialrat.

Die Organisation der Abteilung Ost

Der Reichsminister für Volksaufklärung und Propaganda glaubte bei Beginn des Rußlandfeldzuges, daß die Eroberung der Sowjetunion ebenso schnell bewältigt werden könne wie der Blitzkrieg gegen Polen und Frankreich. So sollte die Abteilung Ost mit dem im Juli 1941 eingerichteten Reichsministerium für die besetzten Ostgebiete (RMbO) nach Moskau übersiedeln, um von dort aus die Propaganda in den besetzten Ostgebieten zu leiten[29]. Diesem Auftrag entsprechend gliederte sich die Abteilung Ost[30] wie die Reichspropagandaämter in Deutschland in verschiedene Gruppen für die unterschiedlichen Medien (vgl. Zeichnung 7).

Die Gruppe Aktivpropaganda (II) war für die Massenproduktion der verschiedensten Propagandaerzeugnisse verantwortlich. Plakate, Broschüren, Flugblätter, Schallplatten, Ausstellungen aller Art und Aushang-Bilder wurden in so hohen Auflagen produziert, daß die Abteilung Ost mit der Gruppe Aktivpropaganda unter ihrem Referenten Wiebe der wichtigste Produzent von Propagandaerzeugnissen für alle am Propagandakrieg gegen die Sowjetunion beteiligten Instanzen wurde, d. h. in erster Linie für den gesamten Bereich der Wehrmachtpropaganda und bis 1943 für das Reichsministerium für die besetzten Ostgebiete. In den zahlreichen Lagerhallen der »Aufbau GmbH« lagen gewaltige Mengen von Plakaten, Broschüren und anderen Druckerzeugnissen in den verschiedenen Ostsprachen, die von dort in der Regel per Bahntransport an die unterschiedlichen Empfänger geliefert wurden. Für den Druck dieser Erzeugnisse war ein privater Verlag, die Druck Firma Woischnik, zuständig, die auf diesem Gebiet eine Monopolstellung besaß[31].

Die Gruppe Politik (IV), die Dr. Kurtz leitete, stand in enger Verbindung zum Ostministerium, um die Propaganda der Abteilung Ost mit den politischen Richtlinien dieses

ARBEITSPLAN DER ABTEILUNG OST

IM PROPAGANDAMINISTERIUM

LEITER
- MinRat Dr. Taubert
- Stellv. A. Gielen

I VERWALTUNG
- Haushalt und Personal

II AKTIVPROPAGANDA
- Ref. Wiebe
  1. Herstellung von Propmaterial
  2. Ausstellungen
  3. Schallplatten
  4. Bildwesen
  5. Propagandareisen
  6. Prop unter den Ostarbeitern, Kriegsgef. u. Hilfswilligen
  7. Ausbildung fremdvölkischer Hilfspropagandisten
  8. Prop unter den Volksdeutschen
  9. Prop in den Feind
  10. Ostpropaganda - Dienst

III AUFBAU GmbH
- Kuhn

IV POLITIK
- Ref. Dr. Kurtz
- Politische Ausrichtung der Prop.
- Verbindung zum Ostministerium

V + VI VERBINDUNG
- Ref. Huxhagen
- Verbindung zu den Ämtern im Ostraum und koordinierung der kulturellen Sektoren

VII RUNDFUNK
- Ref. Jacobi
- Programmaufbau im Osten
- Personaleinsatz
- Senderkontrolle

VIII FILM
- Ref. von Engelhardt
- Propfilme für Propabteilungen
- Filmbetreuung für Kriegsgefangene und Ostarbeiter

IX BESCHAFFUNG TRANSPORT

Zeichnung 7

Ministeriums abzustimmen. Die Gruppe Politik arbeitete mit der Presseabteilung der Antikomintern eng zusammen, die einen Artikel-, Bilder- und Materndienst veröffentlichte[32]. Hierbei übernahm der »Ostwelt-Verlag« die Abfassung, den Druck und Versand der Artikel, die in den verschiedenen Ostsprachen publiziert wurden. Mit Hilfe der nachgeordneten Dienststelle Vineta (s. S. 36 ff.) wurde auf Kurzwelle ein Presse-Diktat-Dienst in russischer und ukrainischer Sprache ausgestrahlt. Diese Sendungen erfolgten in sehr langsamen Sprechtempo zu festgelegten Zeiten, damit die lokalen Zeitungsredaktionen in den besetzten Ostgebieten mitschreiben konnten.

Gruppe Rundfunk

Im Dritten Reich waren sämtliche Rundfunkanstalten (Reichssender) in die Reichsrundfunkgesellschaft eingegliedert, an deren Spitze der Reichsintendant stand. Er unterstand seinerseits dem Leiter der Abteilung Rundfunk des Propagandaministeriums.

Der Leiter der Gruppe Rundfunk (VII) der Abteilung Ost war gleichzeitig der Sendeleiter Ost der Reichsrundfunkgesellschaft. Die unmittelbare Folge dieser Personalunion bestand in der Tatsache, daß der »Leiter Ost« die unmittelbare Exekutive über die Rundfunksender in den zivil verwalteten besetzten Ostgebieten hatte. Diese Sender waren nämlich ebenfalls in die Reichsrundfunkgesellschaft eingegliedert und unterstanden damit direkt dem »Sendeleiter Ost« der Reichsrundfunkgesellschaft, Julius Jacobi.

In den militärisch verwalteten Ostgebieten unterstanden die verschiedenen Sender dem Oberkommando der Wehrmacht. Da ihr Personal sich aus Männern rekrutierte, die im Zivilberuf der Reichs-Rundfunk-Gesellschaft angehörten, war trotz der militärischen Unterstellung dieser Sender der Einfluß der Abteilung Ost des Propagandaministeriums spürbar. So übernahmen diese Sender insbesondere die Nachrichten- und Propagandasendungen der Gruppe Rundfunk, die in den unterschiedlichen Ostsprachen gesendet wurden. Die zunächst in sechs, später in neun Ostsprachen getexteten Nachrichtensendungen wurden in Berlin im Funkhaus gesprochen und gingen über Kabel an die Reichssender Königsberg, Breslau und Warschau, von denen sie ausgestrahlt wurden. Die »Ost-Sender« (Riga, Kiew, Charkow usw.) nahmen diese Sendungen im »Ball-Empfang« auf und strahlten sie ihrerseits wieder aus. Eigene Tagesnachrichten-Sendungen durften sie nicht produzieren. Durch dieses Verbot war die einheitliche Abstimmung der gesamten Rundfunkpropaganda in den besetzten Ostgebieten sichergestellt.

Dr. Taubert empfing als Leiter der Abteilung Ost täglich in der »Ministerkonferenz« die Weisungen des Propagandaministers Dr. Goebbels[33]. In einer anschließenden Konferenz mit den zuständigen Mitarbeitern der Abteilung Ost erhielt der Leiter der Dienststelle Vineta die entsprechenden Weisungen für die Nachrichtensendungen in den Ostsprachen. Er gab diese an die zuständigen Redaktionen weiter, die nun die Sendungen in den gewünschten Ostsprachen verfaßten und im Funkhaus sprachen.

Die Geheim-Sender »V« und »Y«

Die Abteilung Ost war für den Einsatz von zwei Geheim-Sendern verantwortlich, die zu der Sendergruppe Concordia gehörten und ihre Programme über Kurzwelle ausstrahlten[34].

Der Geheim-Sender Concordia »V« tarnte sich als ein Sender der »Leninisten« (»Alte Garde Lenins«). Der Sender strahlte eine gegen Stalin gerichtete leninistische Zersetzungspropaganda aus. Aus der Sicht der Sowjets wurde damit eine »linke Abweichung« verfolgt, die in etwa einer trotzkistischen Linie entsprach. Verantwortlich für diesen Sender, der am 29. Juni 1941 seine Sendungen zum ersten Mal ausstrahlte, war der frühere stellvertretende Volkskommissar in der Sowjetunion, Karl I. Albrecht. Er war Autor des Buches »Der verratene Sozialismus«, das nicht nur im Deutschen Reich, sondern auch in den besetzten Ostgebieten hohe Auflagen erzielte[35]. Außerdem unterstützte der frühere kommunistische Reichstagsabgeordnete und Vorsitzende der kommunistischen Reichstagsfraktion Ernst Torgler die redaktionelle Arbeit dieses Geheim-Senders, dessen tägliche Sendezeit auf Kurzwelle (43,8 m und 31,82 m) eine Stunde betrug[36].

Der Geheim-Sender Concordia »Y« war der

Sender einer angeblich nationalen Widerstandsgruppe (»Für Rußland«). Der G-Sender »Y« strahlte eine gegen den Bolschewismus gerichtete nationale, großrussische Zersetzungspropaganda aus und begann seine Sendungen auf Kurzwelle (26,39 m) am 30. Juni 1941 mit einer täglichen Sendezeit von 40 Minuten. Der Rußlandexperte Alex Birk war der Sendeleiter des G-Senders »Y«.

Gruppe Film

In den besetzten Ostgebieten, die von der Zivilverwaltung übernommen wurden, ersetzte die deutsche Neugründung der »Zentralfilmgesellschaft Ost« (ZFO) das sowjetische staatseigene Filmwesen. Das Reichsministerium für die besetzten Ostgebiete und die Abteilung Ost übernahmen die Leitung der ZFO. In diese neue Gesellschaft wurde das gesamte vorhandene Filmwesen überführt. In den beiden Reichskommissariaten übernahmen die Aufgaben der ZFO ihre beiden Tochtergesellschaften, die »Ostland-Film GmbH« mit Sitz in Riga (Zweigstellen in Riga, Reval, Kauen, Minsk und Wilna) und die »Ukraine-Film GmbH« mit ihrer Zweigstelle in Brest-Litowsk. Die Tochtergesellschaften verwalteten sämtliche Sparten des Filmwesens treuhänderisch für die Reichskommissariate. Im rückwärtigen Heeresgebiet setzten die dortigen militärischen Propaganda-Abteilungen die Filme ein, die von der Abteilung Ost über das OKW geliefert wurden.

Die Gruppe Film (VIII) übernahm die laufende Herstellung von Propagandafilmen, die Überwachung der Untertitelungs- und Synchronisationsarbeiten der für die besetzten Ostgebiete zugeteilten Spiel-, Kultur- und Propagandafilme. Ein wichtiger Aufgabenbereich war die Produktion einer speziellen Auslandswochenschau (»Ost-Wochenschau«), deren Synchronisation die Dienststelle Vineta besorgte.

Die Dienststelle Vineta:
Propagandadienst Ostraum e. V.

Einige Wochen vor Beginn des deutschen Angriffs auf die Sowjetunion fand in dem Gebäude des späteren Ostministeriums eine Besprechung zwischen den Vertretern der im Aufbau begriffenen Ressorts statt[37]. Um zu verhindern, daß jedes Ministerium und jede Dienstsstelle für die zu erwartenden Aufgaben im Osten einen eigenen Übersetzerstab aufstellte, schlug das Propagandaministerium vor, einen zentralen Übersetzer-Apparat einzurichten, der alle Ressorts beliefern sollte. Damit schlug die Geburtsstunde der Vineta. Dr. Taubert, der mit dieser Aufgabe betraut wurde, wählte für diesen neuen zentralen Dolmetscher-Apparat den Decknamen Vineta, weil diese Dienststelle im Zuge der streng geheimen Vorbereitungen auf den Rußlandfeldzug ebenfalls in Klausur im Verborgenen arbeiten mußte und unbekannt bleiben sollte »wie weiland die sagenhafte Stadt im Meer«.

In aller Eile wurden Sprachstäbe für die wichtigsten Ostsprachen zusammengestellt und in der Villa der ehemaligen persischen Gesandtschaft in der Viktoriastraße 10 in Berlin einquartiert[38]. Die Dolmetscher und Übersetzer durften das Gebäude nicht verlassen und waren von der Außenwelt völlig abgeschlossen. Sie erarbeiteten die Rundfunktexte, die bei Beginn der Kampfhandlungen über die Sender gehen sollten und texteten Plakate, Aufrufe und Broschüren für die Bevölkerung in den zu besetzenden Ostgebieten.

Als im Morgengrauen des 22. Juni 1941 die deutschen Truppen die sowjetische Grenze überschritten, begannen schlagartig zahlreiche Rundfunksender mit ihren ostsprachlichen Programmen. Die vorrückenden Truppen verteilten das von Vineta produzierte Propagandamaterial unter die Zivilbevölkerung. Die ersten drei Plakate, die von der Dienststelle Vineta vor dem Einmarsch an die Truppe geliefert wurden, waren zwei Portraits von Adolf Hitler. Während der ersten Kampftage wurden sie bereits in den besetzten Gebieten angeschlagen. Auf Klebestreifen stand in russischer, ukrainischer, weißruthenischer, lettischer und estnischer Sprache: »Adolf Hitler, der Befreier!«

Satzung der Dienststelle Vineta

Am 20. Juli 1942 erhielt die Dienststelle Vineta eine offizielle Satzung[39]:

»§ 1

Der Verein »Vineta, Propagandadienst Ostraum e. V.« hat seinen Sitz in Berlin. Er soll in das Vereinsregister eingetragen werden.

Plakat P 2 A
Format: DIN A 1
Sprachen: Russisch, Ukrainisch, Weißruthenisch, Litauisch, Lettisch, Estnisch, Georgisch, Armenisch, Aserbaidschanisch, Kumückisch
Übersetzung des Textes: Hitler, der Befreier

§ 2
Der Zweck des Vereins ist, die Abteilung Ost des Propagandaministeriums in ihrer politischen Propaganda zu unterstützen.
§ 3
Mitglieder des Vereins können nur Einzelpersonen werden. Über das Aufnahmegesuch entscheidet der Vorsitzende ohne Angabe von Gründen.

Mitgliedsbeiträge werden nicht erhoben. Der Austritt aus dem Verein steht jedem Mitglied jederzeit frei. Er erfolgt durch Erklärung gegenüber dem Vorsitzenden.
§ 4
Der Vorsitzende wird von der Mitgliederversammlung auf begrenzte Zeit bestellt.

Eine Abberufung des Vorsitzenden durch die Mitgliederversammlung ist nur aus wichtigen Gründen und nur unter Zustimmung der Abteilung II des Propagandaministeriums möglich. Im Falle des Ausscheidens des Vorsitzenden oder einer etwaigen Abberufung erfolgt die Wahl des Vorsitzenden durch die von dem Stellvertreter des Vorsitzenden unverzüglich einzuberufende neue Mitgliederversammlung.

Der Vorsitzende ernennt seinen Stellvertreter sowie den Schriftführer. Der Vorsitzende oder, im Falle seiner Behinderung, der Stellvertreter, vertritt den Verein nach außen und innen und bildet den Vorstand im Sinne des § 26 Absatz II BGB.«

Die Paragraphen 5 bis 7 regelten die Modalitäten der Mitgliederversammlung, den Ausschluß von Mitgliedern und die Dienstverhältnisse von Angestellten des Vereins. Der Leiter der Abteilung Ost, Dr. Eberhard Taubert, sein Stellvertreter Alfred Gielen, der Gruppenleiter Politik (IV), Dr. Heinrich Kurtz, der Gruppenleiter Rundfunk (VII), Julius Jacobi und der Gruppenleiter Film (VIII) Georg von Engelhardt gehörten zu den Unterzeichnern dieser Satzung, die einen unabhängigen Verein deklarieren sollte. Die Tatsache, daß Vineta (Propagandadienst Ostraum e. V.) eine nachgeordnete Dienststelle der Abteilung Ost des Propagandaministeriums war, ging aus dieser Satzung nicht hervor.

Die Aufgaben der Dienststelle Vineta

Die Dienststelle Vineta erledigte mit ihren zwölf Gruppen[40] sämtliche technischen Durchführungsarbeiten, die sich aus dem Auftrag und der Arbeit der Abteilung Ost ergaben. Vineta übersetzte regelmäßig für OKW/WPr, da der Übersetzungsstab des OKW dem gewaltigen Arbeitsanfall in den verschiedenen Ostsprachen nicht gewachsen war.

Im Verlauf des Ostfeldzugs textete Vineta nach den täglichen Weisungen der Abteilung Ost Rundfunksendungen in folgenden Sprachen: Russisch, Ukrainisch, Weißruthenisch, Lettisch, Estnisch, Litauisch sowie in zehn kaukasischen Sprachen. Die Gruppen III, IV und V verfaßten und sprachen mit ihren Redaktionsstäben die Sendungen, die sich zum Beispiel im Jahre 1943 über einen Zeitraum von 24 Stunden erstreckten und in 18 Ostsprachen ausgestrahlt wurden. Alle Sendungen hintereinander gesprochen ergaben dabei eine Sendezeit von achteinhalb Stunden.

Die Neuorganisation der Vineta

Ab Januar 1943 befand sich die Dienststelle Vineta in einem organisatorischen Veränderungsprozeß, der im April 1943 als abgeschlossen gelten konnte. Der immer intensiver werdende Krieg gegen die Sowjetunion führte zu einer ständigen Erweiterung der Sendungen, die an die Gruppe Aktivpropaganda immer neue Forderungen stellte. Um die Leistungsfähigkeit von Vineta zu erhöhen, wurden die einzelnen Aufgabengebiete der Gruppen klar gegeneinander abgegrenzt. Aus den zwölf Gruppen wurden nunmehr vier Gruppen gebildet, die auch räumlich von einander getrennt wurden. Folgende Gruppen bildeten ab April 1943 die Dienststelle Vineta:

1. Gruppe Sendungen
2. Gruppe Aktivpropaganda
3. Gruppe Übersetzerstäbe
4. Gruppe Propaganda für Kriegsgefangene und Ostarbeiter

Die Gruppe Sendungen war von ihrer Aufgabenstellung her die wichtigste Gruppe der Dienststelle. Sie besaß einen eigenen Informationsapparat (Information I und Information II) und einen Abhördienst. In der Information I wurden die offiziellen Nachrichtendienste (DNB; Abhördienste Seehaus usw.) ausgewertet. Etwa 100 Meldungen erreichten die einzelnen Rundfunkredaktionen täglich

DIENSTSTELLE VINETA Propagandadienst Ostraum e. V.
IM PROPAGANDAMINISTERIUM

Zeichnung 8

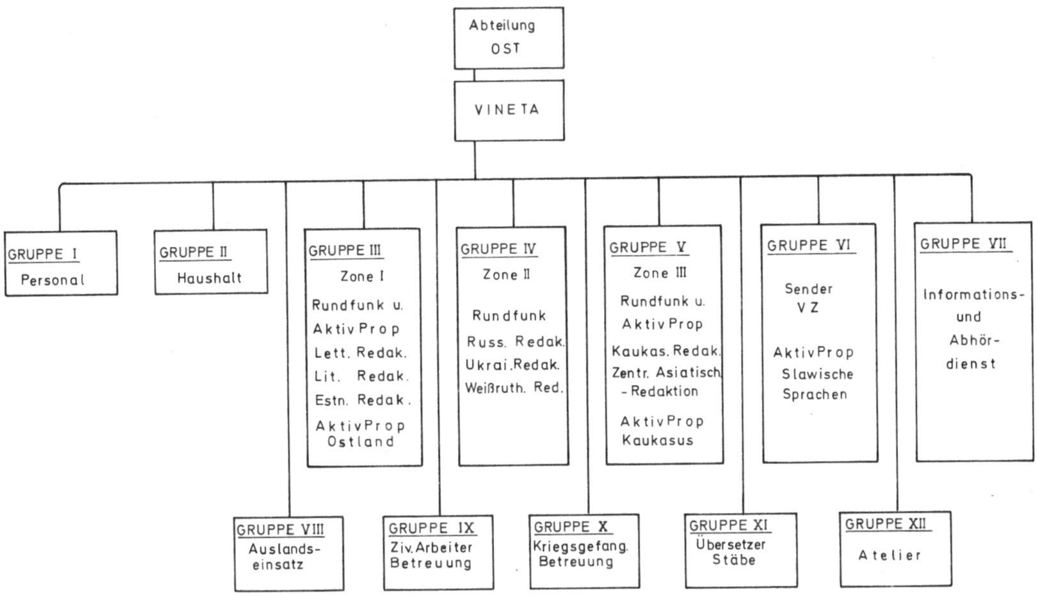

in einem 18-Stunden-Dienst. Die Information II erhielt die Sonderaufgabe, Vernehmungsprotokolle von Gefangenen und Fremdsprachenabhördienste auf ihre Verwertbarkeit in den Rundfunksendungen auszuwerten und nach bestimmten Themenschwerpunkten zu systematisieren. Durch den hohen aktuellen Wert, den diese Informationen besaßen, konnten die Redaktionen der Slawischen Zone ihre polemischen Sendungsbeiträge zusammenstellen. Der Abhördienst nahm in einem 24-Stunden-Dienst das Tastdiktat des Moskauer Senders auf.

Diese Sendungen enthielten auch den bereits erwähnten Diktatdienst in russischer und ukrainischer Sprache, der die gesamte Ostraumpresse mit Nachrichten versorgte. Die Gruppe Sendungen bearbeitete ebenfalls die Programme der beiden Geheim-Sender »V« und »Y«. Die aus der ehemaligen Gruppe IV hervorgegangene neue und vergrößerte Gruppe Aktivpropaganda stellte den Arbeitsstab der Gruppe Aktivpropaganda (II) in der Abteilung Ost. Nach den von der Abteilung Ost aufgestellten Plänen verfaßte sie Plakate, Broschüren, Flugblätter und produzierte Sprech- und Musikschallplatten. Sie stellte ebenso die Schriftleitung für die illustrierte Ostarbeiter-Zeitschrift, die in russischer und in ukrainischer Sprache (»Dosvillja« und »Na Dasuge«) im Herbst 1943 in einer Auflage von 150 000 Exemplaren erschien. Weiterhin wurden die begehrten Abreißkalender in russischer und ukrainischer Sprache hergestellt.

Die Zusammenarbeit zwischen der Abteilung Ost und OKW/WPr war auf dem Gebiet der Propaganda von Beginn des Ostfeldzuges an sehr eng. Die technischen Voraussetzungen dieser Zusammenarbeit wurden von den Vineta-Gruppen abgedeckt. Die zahlreichen von der Abteilung Ost in Abstimmung mit OKW/WPr entworfenen und gedruckten Flugblätter wurden in der Vineta übersetzt, zum Teil dort selbst in den gewünschten Ostsprachen getextet und auch zeichnerisch bearbeitet. Die Masse der mehrfarbigen und mehrseitigen Flugblätter, die von der Wehrmachtpropaganda an der Ostfront gegen sowjetische Truppen eingesetzt wurden, stammten von der Dienststelle Vineta. Das erste mehrfarbige Flugblatt, das die Abteilung Ost an OKW/WPr für den Abwurf an der Ostfront lieferte, war das Überläuferflugblatt 140 RA. Es wurde im Juli 1941 von der Luftwaffe abgeworfen (vgl. S. 76/77).

Vineta lieferte außerdem einen erheblichen Prozentsatz der von OKW/WPr herausgegebenen Zeitungen und Zeitschriften für die sowjetischen Kriegsgefangenen. Die Gruppe XI von Vineta übersetzte mit ihren Stäben vorrangig die Texte der Aktivpropaganda, die von Deutschen entworfen wurden. Das waren in erster Linie Texte für Flugblätter und Broschüren. Die Herausgabe des Ostraum-Artikel-Dienstes und des Propaganda-Materialdienstes, die wöchentlich zweimal in sechs Sprachen erschienen, erforderte umfangreiche Übersetzungsarbeiten.

Bei dem beschriebenen Aufgabenkatalog der Vineta nahm ihre Personalstärke im Laufe des Krieges erheblich zu. Am 1. Januar 1943 verfügte die Dienststelle über 395 Mitarbeiter, deren Zahl sich bis zum 1. Januar 1944 sogar noch auf 932 Mitarbeiter erhöhte. Sie fiel dann wegen der verschiedenen »Auskämm-Aktionen« des totalen Kriegseinsatzes bis zum 1. September 1944 auf 306 Beschäftigte. Außerdem arbeiteten für Vineta noch zusätzlich zahlreiche fremdvölkische Künstler und Künstlerinnen. Im Sommer 1944 waren es 1400 Männer und Frauen. Die Abteilung Ost verfügte über erheblich weniger Mitarbeiter als ihre nachgeordnete Vineta: am 1. Januar 1943 arbeiteten in der Abteilung Ost 73, am 1. Januar 1944 106 und am 1. September 1944 nur noch 19 Angehörige des Propagandaministeriums[41].

Als das Propagandaministerium im Herbst 1943 den gesamten Propaganda-Apparat in den besetzten Ostgebieten übernahm[42], betrug die Zahl der in den Landespropagandaämtern und Propagandaämtern bei den Reichs- bzw. Generalkommissariaten Beschäftigten der Abteilung Ost am 1. Januar 1944 600 Mitarbeiter. Diese Zahl sank allerdings sehr bald durch den Verlust der Gebiete im Osten im September 1944 auf 120. In der letzten Phase des Krieges produzierte Vineta die Rundfunksendungen in sechzehn Ostsprachen. Die Propagandaarbeit bei den Ostarbeitern, den 1,2 Millionen Freiwilligen der Ostvölker und der 1 Million aus dem Osten Evakuierten nahm zu diesem Zeitpunkt einen wichtigen Stellenwert ein.

Die Antikomintern

Als eine weitere nachgeordnete Dienststelle der Abteilung Ost erfüllte auch die Antikomintern[43] für die Propaganda gegen die Sowjetunion eine wichtige Aufgabe. Die Mitglieder der Antikomintern waren gleichzeitig Referenten der Abteilung Ost. Wie die Dienststelle Vineta tarnte sich die Antikomintern als ein normaler eingetragener Verein mit einer entsprechenden »Satzung« (»übliche Schema F-Satzung gemäß BGB, bei der alle rechtlichen Möglichkeiten ausgeschöpft sind, um den Verein nach dem Führerprinzip zu leiten«[44]). Die Antikomintern e. V. wurde als »Gesamtverband deutscher Antikommunistischer Vereinigungen« in das Vereinsregister eingetragen. Nach § 1 der Vereinssatzung bezweckte der Verein »die Zusammenfassung und Vereinheitlichung des ideellen Kampfes gegen den Kommunismus sowie die Aufklärung über den Bolschewismus im In- und Auslande«.

Die Antikomintern war die antibolschewistische Informations- und Forschungszentrale des Propagandaministeriums. Sie wurde im Sommer 1933 von Dr. Taubert gegründet. Zu Beginn des Rußlandfeldzuges gliederte sie sich in die Abteilungen Sowjetunion, Presse, Ausland, Antijüdische Aktion und Verwaltung.

Die Abteilung »Sowjetunion«

Wichtigste Aufgabe der Abteilung »Sowjetunion« bestand in der Herstellung von antibolschewistischen Büchern und Broschüren, die nicht nur im In- und Ausland, sondern auch in den von den deutschen Truppen besetzten Gebieten eingesetzt wurden. Außerdem produzierte die Abteilung Plakate und Flugblätter für die unter Zivilverwaltung stehenden besetzten Ostgebiete. Ein weiterer Arbeitsschwerpunkt waren die Vorbereitung und Durchführung antibolschewistischer Ausstellungen. Außerdem publizierte die Abteilung eine Fülle von Grundlagenmaterial und wissenschaftlicher Arbeiten über den Bolschewismus für die verschiedenen Bedarfsträger des Propagandaministeriums, für andere Ministerien, insbesondere für das Auswärtige Amt, das Oberkommando der Wehrmacht und für das Oberkommando des Heeres. Um diese Informations- und Propagandaaufgaben erfolgreich erfüllen zu können, standen der Abteilung »Sowjetunion« folgende Einrichtungen zur Verfügung:

Plakat P 9
Format: DIN A 1
Sprachen: Russisch, Ukrainisch, Weiß-ruthenisch
Übersetzung des Textes: Die entwetzten Kommissare kehren nicht mehr zurück

Plakat P 19
Format: DIN A 1
Sprachen: Russisch, Ukrainisch

Übersetzung des Textes: Worauf wartest Du? – Hilf mit! Zerstörte Brücken bringen Hunger in Städte und Dörfer

Plakat P 81
Format: DIN A 2
Sprachen: Russisch, Ukrainisch, Weißruthenisch, Litauisch, Lettisch, Estnisch

Übersetzung des Textes: Sieg, Arbeit, Aufbau. Europas Parole im Kampf gegen Bolschewismus und Weltjudentum!

1. Eine Bibliothek von ca. 40 000 Bänden, die ständig erweitert wurde.
2. Ein umfangreiches Sowjet-Presse-Archiv.
3. Ein Bildarchiv, das wie das Pressearchiv und die Bibliothek auch von anderen Dienststellen intensiv benutzt wurde.
4. Eine umfangreiche Plakatsammlung.
5. Ein eigener Abhördienst feindlicher Sender mit einem Archiv.
6. Eine Beutegutsammelstelle, die gewaltige Mengen von beschlagnahmten und erbeuteten Druckerzeugnissen aus dem Reichsgebiet und den besetzten Gebieten einverleibte, sie sortierte, auswertete und an andere Dienststellen weiterreichte.

Die Abteilung »Sowjetunion« war das Informationszentrum für die Abteilung Ost und belieferte u. a. auch die Dienststelle Vineta mit aktuellen Nachrichten, die die notwendige Voraussetzung für eine erfolgreiche Propaganda waren. Von diesen Nachrichten profitierte in besonderer Weise die Presseabteilung der Antikomintern.

Die Abteilung Presse

Die Presseabteilung konnte sich für ihre Arbeit auf die Informationen stützen, die aus den erreichbaren offenen publizistischen Quellen der Sowjetunion gewonnen wurden. Die beiden Archive der Antikomintern lieferten das notwendige Grundlagenmaterial über alle wichtigeren führenden Persönlichkeiten der Sowjetunion, das in speziellen Akten und Kartotheken erfaßt wurde. Außerdem sammelten Spezialisten alle erreichbaren Hinweise über die Zwangsarbeitslager in der Sowjetunion, über den NKWD, über die Verfolgung der Religion, Kirche und Geistlichkeit, über das Terrorsystem im allgemeinen, über die Hungersnöte in der Ukraine und in anderen Gebieten der Sowjetunion, über die Lage der Arbeiter und Bauern und über viele andere Bereiche. Die Informationsergebnisse konnten in der Regel aktuell gehalten werden. Ferner beobachteten die Länder-Referenten der Abteilung Ausland die Aktivitäten der Kommunisten im nichtsowjetischen Ausland sehr genau.

Die Presseabteilung verarbeitete und wertete das Nachrichtenmaterial aus. Sie belieferte die in- und ausländischen Zeitungen und die der besetzten Gebiete regelmäßig mit Informationen und Artikeln, die zum Aufgabenbereich der Antikomintern gehörten. Außerdem wurden den Rundfunksendern Materialzusammenstellungen und ausgearbeitete Vorträge zugeleitet. Die Presseabteilung veröffentlichte überdies einen eigenen Nachrichtendienst in deutscher und französischer Sprache in einer Auflage von 800 bzw. 150 Stück. Ein wesentlicher Arbeitsschwerpunkt bestand in der laufenden Produktion von Büchern und Broschüren, die nicht nur in deutscher Sprache, sondern auch in Fremdsprachen verlegt wurden. Diese Publikationen wurden im Nibelungen-Verlag gedruckt. Dieser Verlag, der Reichseigentum war, druckte als Verlag der Antikomintern eine umfangreiche antibolschewistische Literatur.

Als zusätzliche Informationsquelle besaß die Presseabteilung ein umfangreiches Ausschnittarchiv, das auch von anderen Ministerien und Dienststellen benutzt wurde.

Das Deutsche Propaganda-Atelier (DPA)

Das Deutsche Propaganda-Atelier in Berlin-Lichterfelde, Kamillenstraße 4, war mit seiner Versuchsanstalt Rüdersdorf die Produktions- und Entwicklungszentrale von Propagandamaterial des Reichsministeriums für Volksaufklärung und Propaganda[45].

Ab Oktober 1942 erhielt das Deutsche Propaganda-Atelier eine Monopolstellung für die Herstellung aller Propagandamittel auf dem staatlichen Sektor, insbesondere für die Auslieferung von Ausstellungen aller Art, die vom Propagandaministerium geplant wurden. Sein Tätigkeitsbereich erstreckte sich auf das deutsche Reichsgebiet, auf das Protektorat, Generalgouvernement und auf die besetzten Ostgebiete. Das DPA arbeitete bei der »propagandistischen, politischen und künstlerischen Ausrichtung der Propaganda nach den Richtlinien des Propagandaministers« mit einer Reihe von Firmen mehr oder minder eng zusammen.

In der Versuchsanstalt Rüdersdorf entwickelte das DPA auch eine Reihe von technischen Systemen, mit deren Hilfe der Abwurf von Flugblättern verbessert werden konnte. Die sogenannten »Rechteckigen Abwurfstangen« und die »Zylindrischen Lufthüllen« für

Plakat P 6
Format: DIN A 1
Sprachen: Russisch, Ukrainisch, Weißruthenisch, Lettisch, Estnisch, Litauisch
Übersetzung des Textes: Der Mörder und Brandstifter Stalin hat ausgespielt!
Auf dem Schriftblatt:
Programm des Mordbrenners Stalin!

Vernichtung Eurer Vorräte, damit Ihr verhungert!
Brandstiftung in Euren Städten und Dörfern, damit Ihr kein Dach über dem Kopf habt!
Zerstörung Eurer Arbeitsplätze und Fabriken, von denen Euer täglich Brot abhängt!
Zerstörung der Straßen und Brücken, damit Ihr in den Städten keine Lebensmittel bekommt!
Das war das Programm des Verbrechers Stalin!

Flugblätter wurden vom DPA entwickelt und an OKW/WPr ausgeliefert.

Die Produktion von Propagandaerzeugnissen durch die Abteilung Ost

Nach der Darstellung der Abteilung Ost mit ihren nachgeordneten Dienststellen soll einmal exemplarisch an einem Plakatbeispiel die »Entstehungsgeschichte« eines Propaganda-Produktes[46] geschildert werden:

Die Idee für das herzustellende Plakat konnte durchaus direkt von Hitler, Goebbels, der Abteilung Ost, Vineta, der Antikomintern, dem OKW oder dem Ostministerium kommen. Der graphische Entwurf stammte entweder vom Deutschen Propaganda-Atelier oder vom Atelier der Vineta, ggf. aber auch von freien Künstlern, sofern er nicht bereits mit der Idee vorgelegt wurde.

Für die Druckfirma Woischnik arbeiteten eine Reihe von freischaffenden Künstlern, mit denen der Leiter Ost, Dr. Eberhard Taubert, von Zeit zu Zeit eine Konferenz abhielt, auf der er den Künstlern propagandistische Ziele und Absichten erläuterte und um das Vorlegen von entsprechenden Entwürfen bat.

Die Genehmigung erteilte zunächst Dr. Taubert selbst. Anschließend ging der Entwurf zu dem zuständigen Übersetzer in der Vineta.

Nun mußte die Abteilung Ost ihrerseits die Genehmigung der Informations-Abteilung des Ostministeriums und von OKW/WPr IV für ihr Propagandaerzeugnis einholen. Dabei äußerten die betreffenden Instanzen oft Änderungswünsche. Nachdem man sich auf eine »Lösung« geeinigt hatte, wurde dies auf einem speziellen Formblatt durch Abzeichnung aller Beteiligten aktenkundig gemacht.

Nun wurde ein verkleinertes Foto des zur Diskussion stehenden Plakates angefertigt und an alle »Außenstellen« versandt. Auf diese Weise erfuhren die Propaganda-Kompanien an der Front, die Propaganda-Abteilungen, die Propaganda-Ämter bei den Reichs- und Generalkommissariaten und andere im Osten eingesetzte Dienststellen, die mit Propaganda-Aufgaben betraut waren, von der Existenz eines neuen Plakates. Dieses neue Plakat erhielt eine rote Bestellnummer und ein Kennwort, die in den großen Katalog oder in das Lagerverzeichnis OSTPROPAGANDA[47] der Abteilung Ost aufgenommen wurden. Dieses Lagerverzeichnis enthielt sämtliche lieferbaren Plakate, Broschüren, Flugblätter, Wander-Ausstellungen, Aushang-Bilderdienste, Bildreihen für Bildwerfer, die von den »Außenstellen« bestellt werden konnten.

Die Gruppe Aktivpropaganda verschickte das Foto des neuen Plakates mit dem Hinweis, daß es in einem bestimmten Format, in bestimmten Farben und in bestimmten Sprachen ausgeliefert werden könne.

Die »Außenstellen« bestellten nun – meist telegrafisch – das Plakat (»... Sendet P : 10 000 russisch; 20 000 ukrainisch!«). Aus der Gesamtzahl der Bestellungen errechnete die Abteilung Ost die Auflagenhöhe des Plakates, so daß nummehr der Druckauftrag an die Vertrags-Firma Woischnik vergeben wurde.

Die Auflagenhöhe wurde gleichzeitig an die Aufbau GmbH gemeldet. Die gedruckten Plakate wurden an die Aufbau GmbH transportiert und in großen Lagerhallen gelagert. Von hier aus erfolgte der Versand zu den »Außenstellen« in den besetzten Ostgebieten mit Eisenbahn- oder Lastwagentransport, einer Transportart, die im weiteren Verlauf des Krieges immer schwieriger wurde.

Damit war die Arbeit der Abteilung Ost abgeschlossen. Den Einsatz der Propagandaerzeugnisse übernahmen die »Außenstellen«.

Der Entstehungsprozeß einer Broschüre, eines Flugblattes, einer Wander-Ausstellung oder eines anderen Propagandaprodukts verlief auf ähnliche Weise, allerdings war der Arbeitsanteil bei diesen Produkten für die Dienststelle Vineta erheblich höher.

Leistungsergebnisse der Abteilung Ost

Der erste Rechenschaftsbericht über die Arbeitsergebnisse des zu diesem Zeitpunkt noch bestehenden Generalreferats Ostraum stammte von Dr. Taubert vom 20. März 1942. Unter der Rubrik Aktivpropaganda fanden sich folgende Angaben[48]:

In die Ukraine lieferte das Generalreferat Ostraum 83 Prozent des versandten Propagandamaterials; das OKW dagegen nur 17 Prozent. Diese Zahlen zeigen deutlich, welche Bedeutung das Generalreferat Ostraum bzw. die Abteilung Ost als Hauptlieferant von

Plakat P 34
Format: 63 x 94 cm
Sprachen: Russisch, Ukrainisch, Weiß-ruthenisch. Übersetzung des Textes: Vor einem Jahr begann der Kampf für Eure Befreiung! Euer Dank – Eure Arbeit!

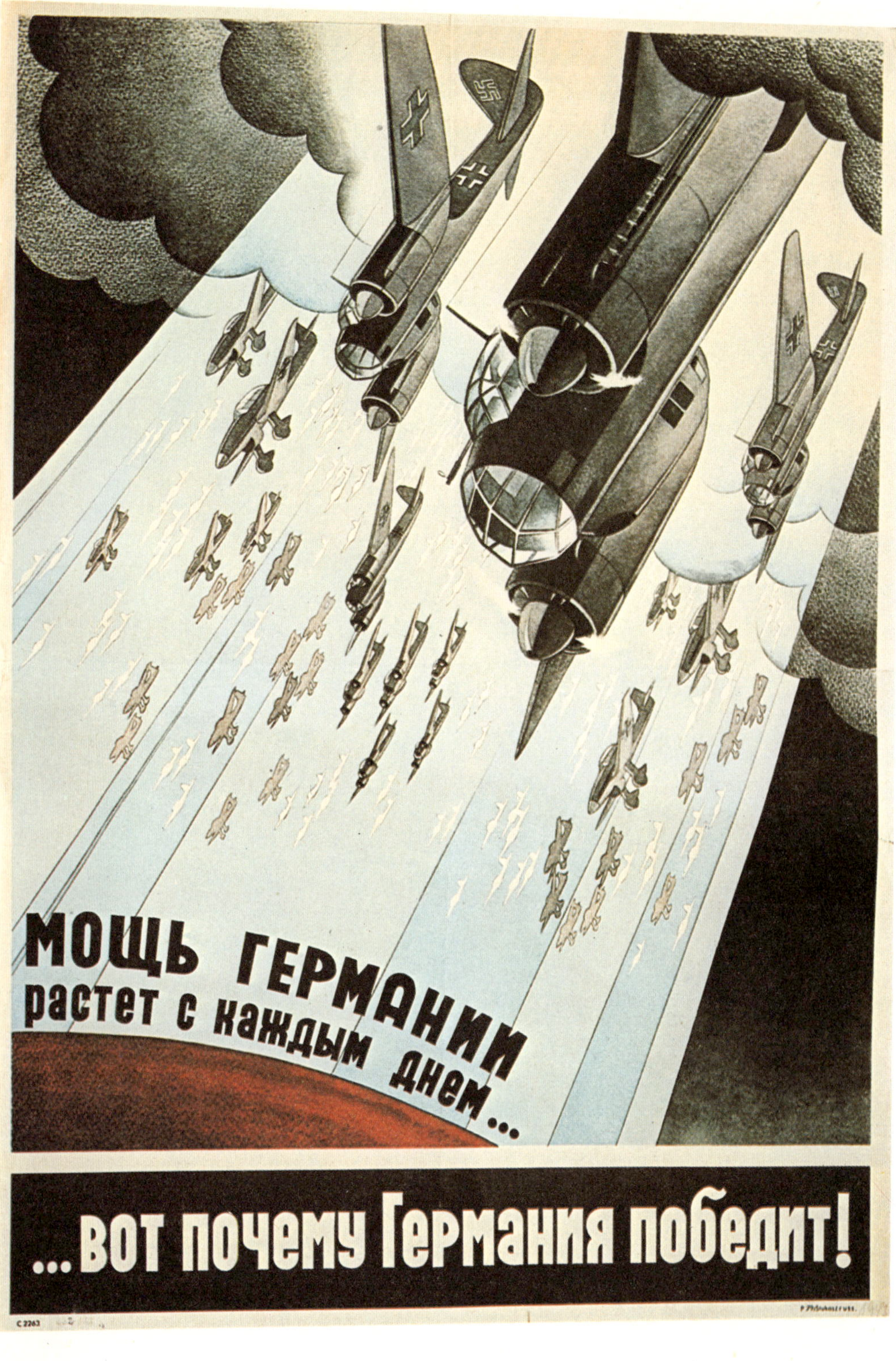

Plakat P 79
Format: DIN A 2
Sprachen: Russisch, Ukrainisch

Übersetzung: Deutschland wird stärker mit jedem Tag . . .
. . . Darum gewinnt Deutschland den Krieg!

Propagandaerzeugnissen aller Art in den besetzten Ostgebieten hatte.

Bis zum 20. März 1942 wurden zehn Plakate in einer Auflagenhöhe von 6,6 Millionen Exemplaren gedruckt und ausgeliefert. Sechs Plakate in einer Auflage von 2,5 Millionen Stück und drei Wandzeitungen in einer Auflage von einer Million waren zum Zeitpunkt der Meldung in Druck.

Das Generalreferat produzierte 16 Broschüren und Leporellos in einer Gesamtauflage von 23 Millionen, die in mehreren Ostsprachen gedruckt und inzwischen verteilt wurden. 22,4 Millionen Flugblätter empfingen die »Außenstellen« zur Verteilung. Dieses Material rollte in 32 Waggons in die besetzten Ostgebiete. Bis Ende April 1942 sollten weitere 15 Waggons versandt werden.

Der eigentliche Aufbau des Propaganda-Apparates durch das Generalreferat-Ostraum war im März 1942 abgeschlossen. In den folgenden beiden Jahren sollten die Produktionsziffern der Abteilung Ost eine gewaltige Steigerung erfahren. Bis Mitte Juli 1943 erhöhte die Abteilung Ost die Produktionsziffern für Flugblätter und Abwurfbroschüren auf 500 Millionen Exemplare. Einige Broschüren und Flugblätter, die die Flugblattpropaganda von OKW/WPr nachhaltig ergänzten, erreichten Auflagenhöhen zwischen einer und elf Millionen Exemplaren.

Ganz besonders aufschlußreich für die Produktionsleistung der Abteilung Ost war ihr Haushaltsvoranschlag[49] für den Zeitraum vom 1. April 1943 bis 31. März 1944 in Höhe von 37 270 000 RM.

Die Produktion der Druckerzeugnisse erfolgte demnach in folgendem Verhältnis:

35 Prozent für Broschüren
35 Prozent für Flugblätter
30 Prozent für Plakate

Die Einzelpreise für Broschüren waren unterschiedlich und entsprachen dem Umfang, dem Format, der technischen Herstellung und der Auflagenhöhe. Sie lagen zwischen 19 Pfg. (Abwurfbroschüren, 16 Seiten Umfang, Format DIN A 7, in zweifarbigem Kupferdruck; Auflage 10 Mill.) und 35 Pfg. (für 32seitige, zweifarbige Tiefdruckbroschüren: Format DIN A 4, Auflage 500 000 Stück in 3 Sprachen). 17 Broschüren befanden sich noch in der Produktion, 50 Broschüren in der Planung: die Gesamtkosten für die Broschüren wurden mit 2 100 000 RM angegeben.

Bei den Plakaten schwankten die Einzelpreise wegen der unterschiedlichen Formate (zwischen DIN A 2 und DIN A 3) zwischen 3 und 16 Pfg. Die vorgesehene Gesamtauflage für das Haushaltsjahr 1943/1944 betrug zwischen sieben und zwölf Millionen Stück bei einem Gesamtkostenvoranschlag von 1 300 000 RM.

An Flugblättern sollten fünfzig neue Exemplare zwischen den Formaten DIN A 8 und DIN A 4 mit Auflagen bis zu 30 Millionen gedruckt werden. Die Preise schwankten zwischen 0,6 RPf. (DIN A 8) und 2 RPf. (DIN A 4) bei kleineren Aufträgen. Bei der geplanten Gesamtauflage von 120 Millionen Stück betrugen die errechneten Kosten 1 100 000 RM.

Diesem Kostenvoranschlag, der eine Fülle von unterschiedlichen Propagandaposten enthielt, ist zu entnehmen, daß die Abteilung Ost mit einer eigenen Firma, der Akuston GmbH, Lautsprecherwagen für den Einsatz im Osten baute. Die Produktionskapazität dieser Firma betrug 20 Wagen im Monat zuzüglich der Durchführung von Reparaturen an defekten Fahrzeugen.

240 Wagen sollten im Haushaltsjahr an die Propagandaorgane im Osten ausgeliefert werden. Die Kosten für dieses Kontingent betrugen 3 600 000 RM.

Außerdem lieferte die Abteilung Ost an die Ostpropaganda-Ämter dringend benötigte PKW's und LKW's, zum Teil mit Spezial-Fahrgestellen. 120 PKW's (für 445 840 RM), 72 LKW's (für 536 400 RM) und 240 Borgward LKW-Fahrgestelle (für 1 215 840 RM) sollten zum Einsatz kommen.

Die häufige Sperrung der Schienenwege nach dem Osten durch Partisanen- und Kriegseinwirkungen führte sehr oft zu monatelangen Transportverzögerungen des Propagandamaterials. Aus diesem Grunde erteilte die Abteilung Ost der Speditionsfirma Rudolf Bauer KG den Auftrag, mit Holzgas getriebenen Lastwagen regelmäßige Transporte für das Propagandaministerium in die besetzten Ostgebiete durchzuführen. Die Speditionsfirma setzte hauptsächlich Eiltransporte kleineren Umfanges ein, deren Zahl von 20

Plakat P 124
Format: DIN A 2
Sprache: Russisch

Übersetzung des Textes: Kämpfend und arbeitend zusammen mit Deutschland schaffst Du Dir eine glückliche Zukunft.

auf 25 Wagen erhöht werden sollte. An die Firma mußten laut Kostenvoranschlag 1 600 000 RM gezahlt werden.

Für die Dienststelle Vineta betrugen die gesamten Kosten für das Haushaltsjahr 1943/1944 4 800 000 RM, von denen 2 400 000 RM auf die Zahlung von Gehältern und 300 000 RM auf Honorarforderungen entfielen.

Die Propaganda-Abteilungen in den besetzten Gebieten der Sowjetunion

Im Zusammenhang mit den Vorbereitungen auf den Rußlandfeldzug erarbeiteten nicht nur die Abteilung Wehrmachtpropaganda, sondern auch das Reichsministerium für Volksaufklärung und Propaganda Pläne, wie die Bevölkerung in den zu besetzenden Ostgebieten propagandistisch betreut werden könne.

Die Propaganda-Kompanien, die im Polen- und Frankreichfeldzug als Fronteinheiten in ihren Armeebereichen eingesetzt worden waren, hatten vorrangig die vielfältigen Aufgaben der Berichterstattung erfüllt und sich nur in geringem Maße mit der Aktivpropaganda in den Feind beschäftigen können.

Analog zu den bereits im Westen bestehenden Propaganda-Abteilungen Frankreich und Belgien entschloß sich die Abteilung Wehrmachtpropaganda dazu, ebenfalls spezielle Propaganda-Abteilungen im Osten aufzustellen. Diese sollten die Bevölkerungsmassen in den weiträumigen Gebieten der Sowjetunion, mit deren zügiger Besetzung gerechnet wurde, propagandistisch im Sinne der militärischen und politischen Führung beeinflussen. Die Erfahrung, die die Führung der Propagandatruppen bei dem Einsatz ihrer Propaganda-Kompanien und Propaganda-Abteilungen vor allem im Frankreich-Feldzug gemacht hatte, führte bereits 1940 zu einer klaren Abgrenzung ihrer Aufgabengebiete, über die es bei den Beteiligten immer wieder Mißverständnisse gegeben hatte. Eine Verfügung des Oberkommandos der Wehrmacht Nr. 4910/40 g. WFA/W Pr. (Id) vom 4. Juli 1940 über die Abgrenzung der Aufgabenbereiche der im Westen eingesetzten Propaganda-Einheiten des Heeres legte fest, daß in Zukunft ganz bestimmte Aufgabengebiete nur durch die Propaganda-Kompanien und andere nur durch die Propaganda-Staffeln bzw. späteren Abteilungen erfüllt werden mußten[50].

Die Aufgabengebiete, die ausschließlich den PK vorbehalten blieben, waren die gesamte Berichterstattung ihrer Kriegsberichterzüge, die Herausgabe von Armeezeitungen und die Aktivpropaganda in den Feind, die allerdings nach dem gewonnenen Westfeldzug ihren bisherigen Stellenwert verlor[51]. Die Propaganda-Staffeln sollten ihrerseits die »landeseigene Presse« betreuen und zensieren, den gesamten Rundfunkapparat übernehmen und die Filmindustrie mit den anderen kulturellen Einrichtungen unter ihre Kontrolle bringen.

Gemeinsame Aufgaben entstanden durch die Aktivpropaganda in die Bevölkerung der besetzten Gebiete und durch die Betreuung der Truppe. Die Überlappung der Aufgaben fand hierbei in den Gebieten des rückwärtigen Armeegebietes statt, in denen sowohl die Propaganda-Kompanien als auch die Propaganda-Abteilungen entsprechend tätig wurden. Dies sollte in den besetzten Gebieten der Sowjetunion in der gleichen Weise geschehen.

Am 4. Juli 1941, als die deutschen Verbände bereits in den sowjetischen Gebieten zügig vormarschierten, befahl das Oberkommando des Heeres die Aufstellung von drei Propaganda-Abteilungen bei der Propaganda-Ersatz-Abteilung in Potsdam durch das Wehrkreiskommando III. Voraustrupps sollten beschleunigt eingesetzt, die Feldverwendungsbereitschaft der neuen Propaganda-Abteilungen Ostland, Weißruthenien und Ukraine bis zum 1. August 1941 gemeldet werden[52]. Im September und November 1942 wurden außerdem noch die Propaganda-Abteilungen Kaukasus und Don aufgestellt.

Die im Westen mit den dortigen Propaganda-Abteilungen gewonnenen Erfahrungen fanden in dem Gliederungsschema und dem Aufgabenkatalog der ersten drei Abteilungen für die sowjetischen Gebiete ihren Niederschlag.

Zeichnung 9

Einsatzbereiche der deutschen Propaganda-Dienststellen in der UdSSR (Schema)

Gliederung und Aufgaben

Der Stab der drei Propaganda-Abteilungen gliederte sich in sieben Gruppen, und zwar in die Gruppen Presse, Aktivpropaganda, Kultur, Schrifttum, Film, Rundfunk und in eine Führungsgruppe.

Die Gruppe Presse war für die Ausübung der Pressezensur in ihrem Bereich verantwortlich und sollte vor allem notwendige Maßnahmen ergreifen, um die Wiederinbetriebnahme und Nutzung der ortsansässigen Druckereien und Verlage zu ermöglichen.

KStN vom 1. 5.1942 Nr. 910 — Zeichnung 10

Propagandaabteilung OSTLAND

" WEISSRUTHENIEN

" UKRAINE

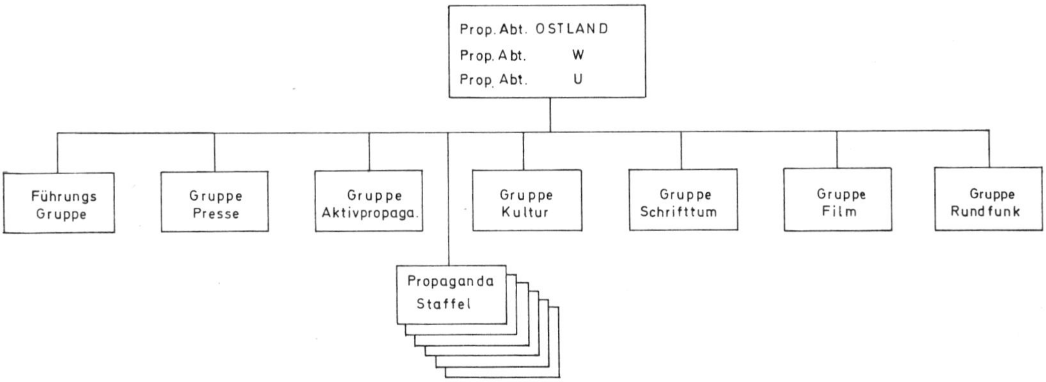

STÄRKE

Abteilungsstab	42 Offz	50 Uffz	37 Mannsch.
1. Propaganda-Staff.	14	14	10
2. " "	14	14	10
3. " "	14	14	10
4. " "	14	14	10
5. " "	14	14	10
6. " "	14	14	10
Gesamtst. Prop. Abt. OSTLAND / Prop. Abt. U / Prop. Abt. W	126	134	97

Der Auftrag an die Gruppe Aktivpropaganda bestand darin, die Stimmung der Bevölkerung in eine Richtung zu lenken, die im »Reichsinteresse sowie im Interesse der deutschen Wehrmacht« lag. Dies sollte durch eine Reihe von Maßnahmen geschehen, die bereits im Westen mit Erfolg angewandt worden waren:

1. Unterrichtung und Aufklärung der Bevölkerung durch Lautsprecher, Plakate, Flugblätter, Broschüren und Bildschaudienste.
2. Zusammenarbeit zur Aktivierung besonderer Propagandaaktionen mit den Presse-, Rundfunk- und Filmgruppen.
3. Vorbereitung und Durchführung von besonderen Propagandaaktionen unter propagandistischer Ausnutzung politischer und militärischer Ereignisse.
4. Ständige Erkundung und laufende Überwachung der Stimmung der Bevölkerung in Zusammenarbeit mit allen Abwehrorganen.
5. Geschickte Einflußnahme auf deutschfreundliche Bevölkerungsgruppen, die »unauffällig« zur Gründung von entsprechenden Gruppen oder Organisationen angeregt werden sollten.
6. Unterstützung und Pflege des in der Sowjetunion noch bestehenden deutschen Volkstums.

Die Gruppen Kultur und Schrifttum übten gleichzeitig eine Überwachungs- und Lenkungsfunktion des vorhandenen Kulturgutes (Theater, Ballett, Varieté) aus und sollten die Erzeugnisse der Druckereien, Verlage, Buchhandlungen und Bibliotheken überprüfen und ggf. »sicherstellen«. Der Vertrieb von nicht zensierten Presseerzeugnissen war strengstens verboten. Das gesamte kulturelle Leben mußte den deutschen Interessen entsprechend beeinflußt und gelenkt werden.

Die Gruppe Film sollte alle in ihrem Bereich vorhandenen Lichtspieltheater mit dem gesamten Inventar zunächst einmal »sicherstellen« und nach Möglichkeit der eigenen Filmpropaganda nutzbar machen. Eine strenge Zensur aller für die Bevölkerung bestimmten Filme war dabei selbstverständliche Voraussetzung.

Die Gruppe Rundfunk war für die Wiederherstellung und den Betrieb der in ihrem Gebiet vorhandenen Sender verantwortlich. Dabei wurde ihr in Aussicht gestellt, sich auf fahrbare Sender »in beschränkter Zahl« stützen zu können. Die betriebenen Sender sollten »reine Propagandasender in deutscher Hand« werden. Sie mußten für die Programmgestaltung den offiziellen deutschen Nachrichtendienst, wichtige politische Meldungen und vor allem die vom Propagandaministerium als »erwünscht bezeichneten Sendungen« durch Ballempfang oder Draht übernehmen.

Die Propaganda-Abteilungen setzten in den großflächigen Gebieten ihres Wirkungskreises jeweils 6 Propaganda-Staffeln ein, die im Sinne des Auftrages wirkten. Durch regelmäßige Lage- und Tätigkeitsberichte mußten die Propaganda-Abteilungen ihre vorgesetzte Dienststelle, die Abteilung Wehrmachtpropaganda, und das Propagandaministerium über ihre Arbeit unterrichten.

Die Propaganda-Abteilung Ostland war die erste Abteilung, die den Zeitplan der Aufstellungsverfügung vom 4. Juli 1941 einhalten konnte. Bereits im August 1941 erhielt OKW/WPr die ersten beiden Tätigkeitsberichte aus den neuen Einsatzräumen[53]. Die Propaganda-Abteilung Weißruthenien und Ukraine trafen allerdings erst einige Monate später in ihren Gebieten ein.

Eine Woche, nachdem Hitler durch seinen Reichspressechef Dr. Dietrich am 9. Oktober 1941 vor den Vertretern der deutschen Presse in Berlin verkünden ließ, daß der »Feldzug im Osten mit der Zertrümmerung der Heeresgruppe Timoschenko entschieden« sei[54], setzte sich am 15. Oktober 1941 die Propaganda-Abteilung Weißruthenien in einer Stärke von zwei Offizieren, einem Beamten, 17 Sonderführern, acht Unteroffizieren und 35 Mann mit zehn PKW, einem LKW, einem Lautsprecherwagen, einem Krad und einer Feldküche von Potsdam aus mit der Bahn nach Smolensk in Marsch. Sie traf dort bei heftigem Schneetreiben am 29. Oktober 1941 ein. Trotz der programmatischen Erklärung des Reichspressechefs war die Zukunft für die Abteilung zu diesem Zeitpunkt mehr als ungewiß.

Die »Weisungen für die Handhabung der Propaganda im Falle ›Barbarossa‹«

Dem Auftrag des General Jodl entsprechend erarbeitete die Abteilung Wehrmachtpropaganda grundlegende Propaganda-Richtlinien für den Krieg gegen die Sowjetunion. Sie wurden in der ersten Junihälfte 1941 unter der Bezeichnung »Weisungen für die Handhabung der Propaganda im Falle ›Barbarossa‹« an alle im Osten eingesetzte Heeresgruppen, Armeen, Panzergruppen, Propaganda-Kompanien und an viele andere militärische Dienststellen verschickt[55].

Diese »Weisungen« enthielten einen »psychopolitischen«, einen »organisatorischen« und einen »aktivpropagandistischen« Teil. Sie sollten den Propaganda-Einheiten im Osten als Arbeitshilfe dienen.

Die »Weisungen« wurden vom Chef der Abteilung Wehrmachtpropaganda in enger Teamarbeit mit seinem Stellvertreter Oberstleutnant i. G. Rolf Kratzer (Gruppenleiter I) und den anderen Gruppenleitern erarbeitet[56].

Der »psychopolitische« Teil formulierte die Grundsätze der deutschen Propagandalinie gegen die Sowjetunion:

1. Gegner Deutschlands sind nicht die »Völker der Sowjetunion«, sondern nur »die jüdisch-bolschewistische Sowjetregierung mit ihren Funktionären und der kommunistischen Partei«.
2. Die deutsche Wehrmacht kommt nicht als »Feind der Bevölkerung« ins Land. Sie will vielmehr die Bevölkerung »von der Tyrannei der Sowjets erlösen«.
3. Jeder Widerstand wird rücksichtslos gebrochen.
4. Die Propaganda darf nicht mit dem Klischee eines Vielvölkerstaates (»Zerfall der Sowjetunion in Einzelstaaten«) agitieren.
5. Aus »wirtschaftlichen Gründen« ist die Abschaffung der Kolchosen (»Zerschlagung der Kollektivbetriebe«) vorerst noch nicht geplant.

Im »organisatorischen« Teil wurde der geplante Kurier- und Verbindungsdienst der Propaganda-Truppen an der Ostfront beschrieben. Dadurch sollte das schnelle Eintreffen der Berichte bei OKW/WPr in Berlin gewährleistet werden.

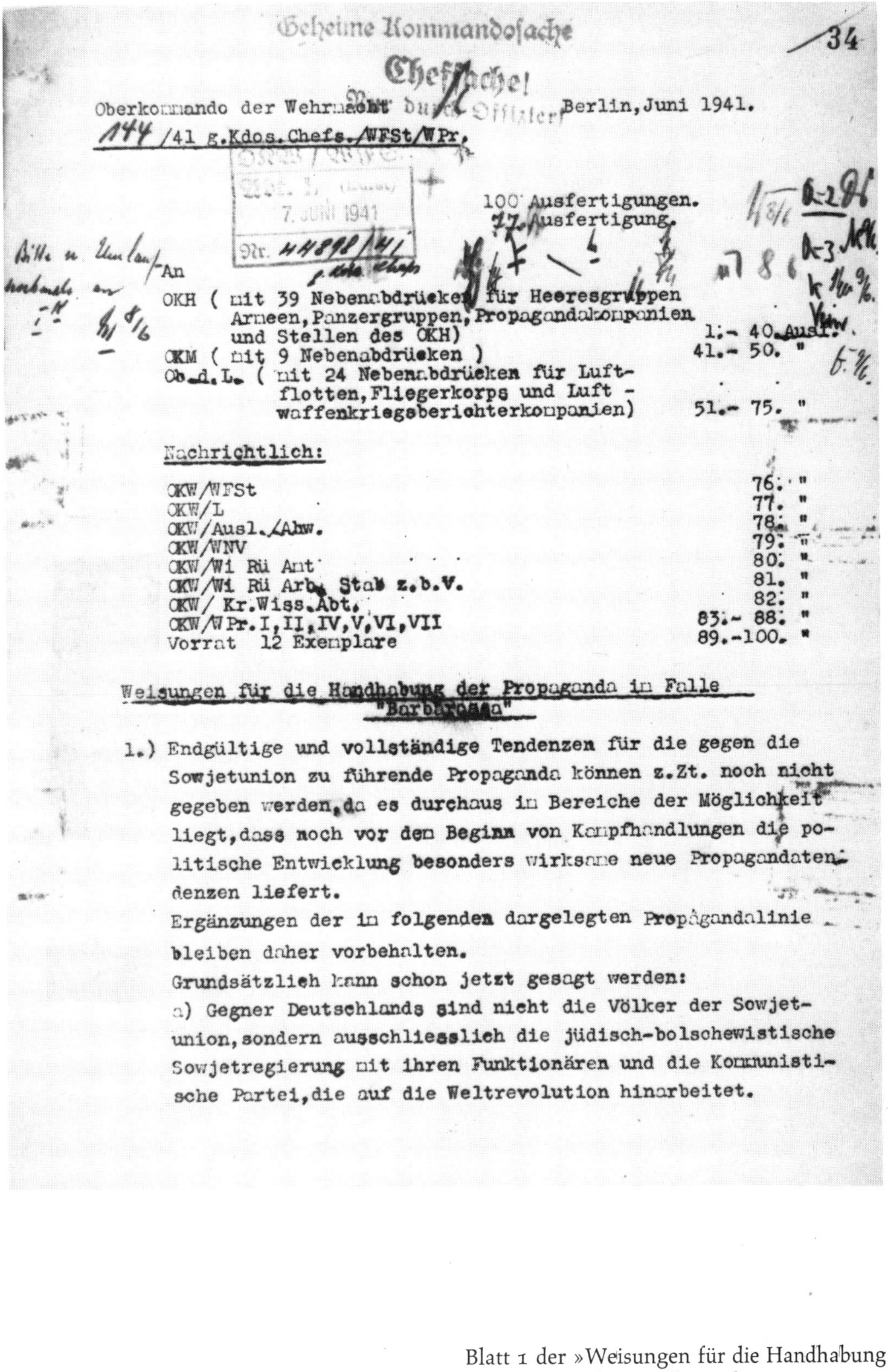

Geheime Kommandosache 34

Chefsache!

Nur durch Offizier!

Oberkommando der Wehrmacht Berlin, Juni 1941.

144/41 g.Kdos.Chefs./WFSt/WPr.

Abt. L (I Prop.) 7. JUNI 1941 Nr. 44898/41 g.Kdos. Chefs.

100 Ausfertigungen.
77. Ausfertigung.

An

OKH (mit 39 Nebenabdrücken für Heeresgruppen Armeen, Panzergruppen, Propagandakompanien und Stellen des OKH)	1.– 40. Ausf.
OKM (mit 9 Nebenabdrücken)	41.– 50. "
Ob.d.L. (mit 24 Nebenabdrücken für Luftflotten, Fliegerkorps und Luftwaffenkriegsberichterkompanien)	51.– 75. "

Nachrichtlich:

OKW/WFSt	76. "
OKW/L	77. "
OKW/Ausl./Abw.	78. "
OKW/WNV	79. "
OKW/Wi Rü Amt	80. "
OKW/Wi Rü Arb. Stab z.b.V.	81. "
OKW/ Kr.Wiss.Abt.	82. "
OKW/WPr. I, II, IV, V, VI, VII	83.– 88. "
Vorrat 12 Exemplare	89.–100. "

Weisungen für die Handhabung der Propaganda im Falle "Barbarossa"

1.) Endgültige und vollständige Tendenzen für die gegen die Sowjetunion zu führende Propaganda können z.Zt. noch nicht gegeben werden, da es durchaus im Bereiche der Möglichkeit liegt, dass noch vor dem Beginn von Kampfhandlungen die politische Entwicklung besonders wirksame neue Propagandatendenzen liefert.
Ergänzungen der im folgenden dargelegten Propagandalinie bleiben daher vorbehalten.
Grundsätzlich kann schon jetzt gesagt werden:
a) Gegner Deutschlands sind nicht die Völker der Sowjetunion, sondern ausschliesslich die jüdisch-bolschewistische Sowjetregierung mit ihren Funktionären und die Kommunistische Partei, die auf die Weltrevolution hinarbeitet.

Blatt 1 der »Weisungen für die Handhabung der Propaganda im Falle ›Barbarossa‹«

Der »aktivpropagandistische« Teil begann mit der Feststellung, daß der »Einsatz aller Mittel der aktiven Propaganda« gegenüber der Roten Armee erfolgreicher sei als gegen die bisherigen Gegner. Er sei daher intensiv mit allen verfügbaren Mitteln zu führen. Auch gegen die zweite wichtige Zielpersonengruppe der Aktivpropaganda, die Bevölkerung, sollten alle Medien (Plakate, Lautsprecher usw.) eingesetzt werden. Der letzte Teil erwähnte den geplanten Einsatz der drei Propaganda-Abteilungen Ostland (»Baltenland«), Weißruthenien (»das eigentliche Rußland«) und Ukraine mit ihren bereits bekannten Aufgabenbereichen.

Die »Weisungen für die Handhabung der Propaganda im Falle ›Barbarossa‹« behielten ihren grundsätzlichen Stellenwert als Orientierungshilfen für die Propaganda-Truppen im Osten auch in den kommenden Jahren, obwohl sie von Fall zu Fall der veränderten Lage entsprechend modifiziert oder geändert wurden. Zum Zeitpunkt ihrer Abfassung kurz vor dem Angriff auf die Sowjetunion konnten ihre Verfasser den wirklichen Bedeutungsinhalt des politischen Teils noch nicht übersehen.

Die Propaganda-Truppen in der Bereitstellung »Barbarossa«

Im Zuge des gigantischen Aufmarsches von 7 Armeen, 4 Panzergruppen und 3 Luftflotten mit insgesamt 153 Divisionen und 3 000 000 Soldaten auf einer 1600 Kilometer langen von der Ostsee bis zum Schwarzen Meer reichenden Front befanden sich 11 Propaganda-Kompanien des Heeres mit etwa 2244 Mann in den Bereitstellungsräumen ihrer Armeen.

Diese 11 Propaganda-Kompanien verteilten sich bei den drei Heeresgruppen wie folgt:

Heeresgruppe Nord:
PK 621 (AOK 18); Pz PK 694 (Panzergruppe 4); PK 501 (AOK 16)
Heeresgruppe Mitte:
Pz PK 697 (Panzergruppe 3); PK 612 (AOK 9); PK 689 (AOK 4); Pz PK 693 (Panzergruppe 2)
Heeresgruppe Süd:
Pz PK 691 (Panzergruppe 1); PK 637 (AOK 6); PK 666 (AOK 17); PK 649 (AOK 11)

Anfang Juni setzte die dringend benötigte Versorgung der PK mit Propagandamaterial ein. Die Zentrale in Berlin lieferte in erster Linie Spezialflugblätter, die mit dem Beginn des Angriffs schlagartig gegen die Rote Armee eingesetzt werden sollten. Diese ersten in russischer und ukrainischer Sprache verfaßten Flugblätter produzierte die Gruppe IV der Abteilung Wehrmachtpropaganda in Berlin. Transportmaschinen der Luftwaffe flogen diese Flugblätter in die Einsatzräume der PK.

Zur großen Enttäuschung von OKW/WPr erklärte die Luftwaffe, daß sie unmittelbar nach Angriffsbeginn bei ihren ersten taktischen Einsätzen keine Flugblätter abwerfen könne[57]. Da damit wenigstens für die ersten Angriffstage die wichtige Abwurfsmöglichkeit vom Flugzeug aus entfiel, mußten die Propaganda-Truppen ihre Flugblätter mit »erdgebundenen Einsatzmitteln« verschießen. Mit Hilfe von inzwischen entwickelten Spezialgranaten (Weiß-Rot-Geschosse: Kaliber 10,5 cm), die durch die leichte Feldhaubitze 18 (lFH 18) verschossen wurden, war dies möglich. Da die Weiß-Rot-Geschosse in der Regel als Leermunition geliefert wurden, mußten sie vor dem Verschuß erst »laboriert«, d. h. mit Flugblättern gefüllt werden. Aus diesem Grunde erhielten die drei Verteiler- bzw. Außenstellen der Propaganda-Truppen in Königsberg, Warschau und Reichshof (Rzeszow) fast das gesamte erste Flugblattmaterial in »Flugblattrollen«. Die »Fülltrupps« der Propaganda-Kompanien laborierten die für sie bestimmte Artilleriemunition der lFH 18 selbst. Das geschah zunächst noch aus Sicherheitsgründen in den Heeresmunitionslagern, die in der Nähe der Außenstellen lagen[58].

So gingen z. B. am 11. Juni 10 000 ungefüllte Weiß-Rot-Geschosse an das Heeresmunitionslager »Maud« bei Rembertow ab, denen die zum Verschuß bestimmten Flugblätter kurze Zeit später per Lufttransport folgten. Dieses Kontingent war für die PK im Bereich der Heeresgruppe Süd bestimmt. In der Zeit vom 13. Juni bis 15. Juni erhielt die

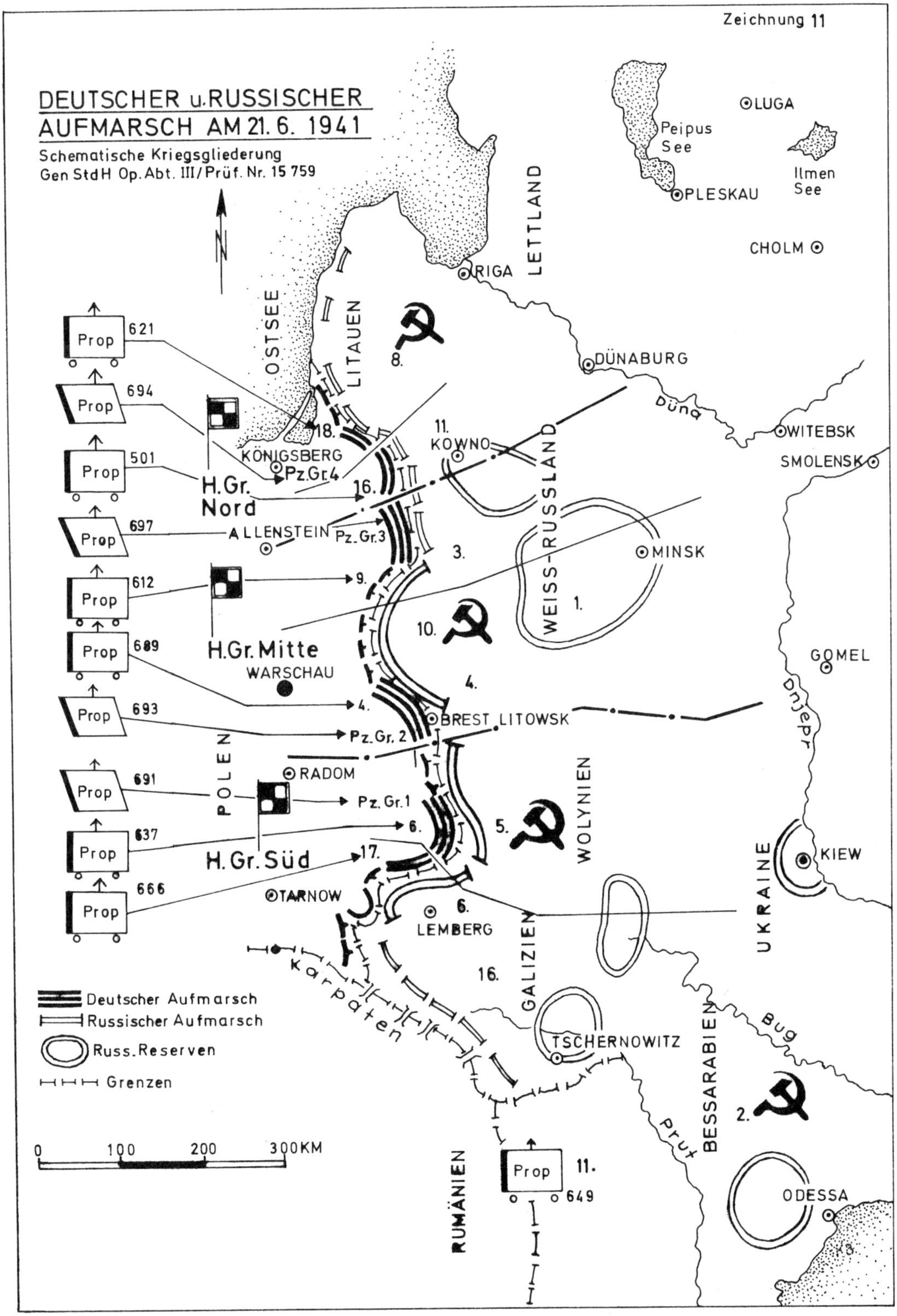
Zeichnung 11
DEUTSCHER u. RUSSISCHER AUFMARSCH AM 21. 6. 1941
Schematische Kriegsgliederung
Gen StdH Op. Abt. III/Prüf. Nr. 15 759
OSTSEE
LITAUEN
LETTLAND
RIGA
Peipus See
Ilmen See
LUGA
PLESKAU
CHOLM
DÜNABURG
Düna
WITEBSK
SMOLENSK
KÖNIGSBERG
KOWNO
WEISS-RUSSLAND
MINSK
ALLENSTEIN
WARSCHAU
BREST LITOWSK
GOMEL
Dnjepr
POLEN
RADOM
WOLYNIEN
KIEW
UKRAINE
TARNOW
LEMBERG
GALIZIEN
Karpaten
TSCHERNOWITZ
BESSARABIEN
Bug
Prut
RUMÄNIEN
ODESSA
H.Gr. Nord
H.Gr. Mitte
H.Gr. Süd
Pz.Gr.4
Pz.Gr.3
Pz.Gr.2
Pz.Gr.1
Prop 621
Prop 694
Prop 501
Prop 697
Prop 612
Prop 689
Prop 693
Prop 691
Prop 637
Prop 666
Prop 11. 649
18.
16.
9.
4.
6.
17.
8.
11.
3.
1.
10.
4.
5.
6.
16.
2.
Deutscher Aufmarsch
Russischer Aufmarsch
Russ. Reserven
Grenzen
0 100 200 300KM

PK 621 über die Heeresmunitionsanstalt Königsberg 1470 Rollen, die PK 501 über dieselbe Verteilerstelle 3120 Flugblatt-Rollen für das Laborieren der Weiß-Rot-Granaten[59].

Eine weitere Möglichkeit, unabhängig von der Luftwaffe über dem Feind Flugblätter abzuwerfen, ergab sich aus dem schon im Ersten Weltkrieg praktizierten Einsatz von Ballons, die besonders nach dem Westfeldzug auf deutscher Seite ihre Bewährungsprobe durch die Balloneinsätze gegen England bestanden hatten[60].

Die Ersatzabteilung in Potsdam stellte Anfang Juli drei neue Ballon-Trupps auf, die in der Sowjetunion eingesetzt werden sollten[61]. Um die Ballonkapazität der Propaganda-Kompanien zu erhöhen, lieferte die PK 670 (AOK 7) 300 Ballons über Potsdam an die Außenstelle in Königsberg, die für die PK 621 und PK 501 bestimmt waren. Weitere Ballontransporte aus Frankreich und Westdeutschland ergänzten die Ballonbestände anderer PK[62].

Ein weiteres wichtiges Medium für die Aktivpropaganda gegen die sowjetischen Truppen bildeten die Lautsprecher, die sich in den Propagandazügen der PK befanden.

Als in Verbindung mit den ersten Flugblatteinsätzen die Rotarmisten von den deutschen Lautsprechern zur Aufgabe ihres Widerstandes aufgefordert wurden, hatte nicht nur der Waffenkrieg, sondern auch der Propagandakrieg gegen die Sowjetunion auf dem Gefechtsfeld begonnen.

Dritter Teil
Die Dynamik des Erfolges: Das Jahr 1941

Die ersten Flugblatteinsätze gegen die Rote Armee

Im Morgengrauen des 22. Juni 1941 leitete um 03.15 Uhr die deutsche Artillerie mit einem gewaltigen Feuerschlag den Angriff gegen die Sowjetunion ein. In den folgenden Tagen verließen Tausende von Weiß-Rot-Geschossen die Rohre der Geschütze und zerplatzten mit ihrem charakteristischem dumpfen Detonationsknall über den Stellungen der sowjetischen Verbände.

Bis zum 6. Juli 1941 wurden durch Artillerie die ersten 9 Flugblätter verschossen, die in einer Gesamtauflage von 22 Millionen Stück in Berlin gedruckt worden waren. Nun stellte sich auch die Luftwaffe, die bis zu diesem Zeitpunkt für den Flugblattabwurf noch nicht eingesetzt werden konnte, für Propaganda-Einsätze zur Verfügung. Dies führte zu einer erheblichen Steigerung der Abwurfquoten in den folgenden Monaten, die in der Zeit vom 15. September bis zum 15. Oktober ihren Höhepunkt für das Jahr 1941 erreichten.

Ende Juli 1941 rollten täglich aus Berlin drei Tonnen Flugblattmaterial mit der Eisenbahn zu den »Meldeköpfen« (Außenstellen) der Propaganda-Truppen in Königsberg, Warschau und Reichshof. Von dort aus übernahmen Transportflugzeuge der Luftwaffe die Weiterleitung zu den Armeen[63].

In der Anfangsphase des Rußlandfeldzuges gab es immer wieder Organisationsschwierigkeiten beim Nachschub von Flugblättern an die Front. Aus diesem Grunde trat Ende Juli zu den drei Außenstellen je ein »Flugblatt-Offizier«, der in Zukunft für den Empfang und die schnelle und gezielte Weiterleitung der Flugblattserien verantwortlich war. Außerdem lief über diesen Flugblatt-Offizier der gesamte Transport von Weiß-Rot-Geschossen mit dem dazugehörigen Füllmaterial[64].

Das Flugblatt 000 111 RA

Das erste Flugblatt, das an der Ostfront verschossen wurde, war das von der Gruppe IV der Abteilung Wehrmachtpropaganda in Berlin hergestellte Flugblatt mit der Kodierung (Seriennummer) 000 111 RA[65]:

Von Hand zu Hand weitergeben!
Kameraden der Roten Armee,
Kommandeure der Roten Armee!

Die jüdisch-kommunistische Regierung mit Dschugaschwili-Stalin an der Spitze hat die mit Deutschland geschlossenen Verträge verletzt. Das Ergebnis ist der Krieg. Der kurzsichtigen und verbrecherischen Politik Eurer Regierung habt Ihr es zu verdanken, daß Ihr Euer Blut für die 3. Internationale vergießen müßt.

Stalin glaubte, daß Deutschland durch den Kampf mit dem kapitalistischen und imperialistischen England geschwächt sei und griff daher zur Erpressung. Trotz des sowjetisch-deutschen Nichtangriffsvertrages versuchte er, Bulgarien gegen Deutschland aufzuhetzen und mobilisierte die serbischen Putschisten gegen Deutschland. Mit diesen verbrecherischen Machenschaften der jüdischen Clique wird jetzt Schluß gemacht. Die deutschen Truppen haben den Befehl, die Kommunisten zu verjagen, die die Völker der Sowjetunion quälen und ausbeuten. Die deutsche Wehrmacht kommt als Befreier aller ehrlich Schaffenden von dem grausamen Despotismus, von der Willkür der Mörder und Lügner. Als das korrupte Zarenregime zusammenbrach, haben die Kommunisten Euch Land und Freiheit versprochen. Und wie haben sie Euch alle betrogen! Statt des Landes gaben sie Euch untragbar schwere Arbeit, Ihr wurdet zu Leibeigenen Stalins und seiner jüdischen Kommissare. Ihnen macht es natürlich nichts, daß Ihr Euch in den Kolchosen schindet, daß Ihr unter der Last des Stachanow-Systems zusammenbrecht oder in den Konzentrationslagern umkommt. Statt der Freiheit erhieltet Ihr ein Regime, das hundertmal schlimmer ist als die zaristische Willkür. Man hat Euch Sozialismus und Gerechtigkeit versprochen, Ihr aber erhieltet Armut und man machte sich über Euch lustig. Diejenigen aber, die erkannten, wohin Stalin das Land geführt hat, wurden verfolgt und gemartert. Die jüdischen Machthaber ließen Patrioten schonungslos erschießen. Die besten Offiziere der Roten Armee hat man in Gefängnissen umkommen lassen. Wozu taugt ein solches Regime?

Kommandeure und Soldaten der Roten Armee! Wendet Eure Geschütze und Bajonette

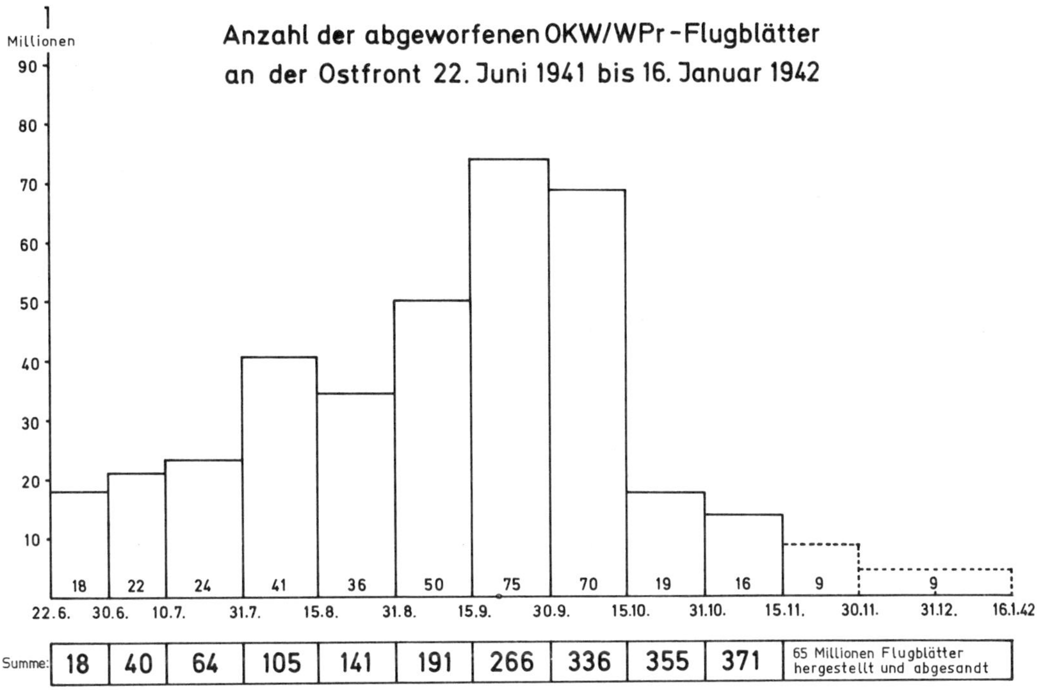

Zeichnung 12

gegen dieses Regime und befreit die Welt von den Feinden der Menschheit. Hitler hat die Schmarotzer aus seinem Land vertrieben. Folgt seinem Beispiel. Zum Teufel mit allen Juden und Kommunisten. Laßt uns zusammen gegen Moskau und Kiew marschieren. Laßt uns zusammen alle Völker der Sowjetunion von dem kommunistischen Joch, von den verdammten Juden, von den Blutsaugern und Peinigern der Bauern und der Arbeiter befreien! Der Frieden ist in Europa und in Eurer Heimat erst dann möglich, wenn der jüdischen Komintern der Kopf abgeschlagen ist. Vereinigt Euch mit den revolutionären deutschen Heeren! Auf für den Frieden und den Wohlstand Eures Landes! Fort mit Stalin und den Kommunisten! Es lebe die Freiheit für alle Schaffenden!

Passierschein
Vorzeiger dieses wünscht kein sinnloses Blutbad. Er verläßt freiwillig die Rote Armee und geht zu den deutschen Behörden über. Er ist überzeugt, daß ihm gute Behandlung zuteil wird.

Dieses Flugblatt 000 111 RA wandte sich an die »Kommandeure und Soldaten der Roten Armee«. Es enthielt eine Reihe von Propaganda-Themen, die in den folgenden Flugblattserien in unterschiedlicher Intensität immer wieder behandelt wurden.

Dies waren mit einer Ausnahme die durch die »Weisungen für die Handhabung der Propaganda im Fall Barbarossa« vorgeschriebenen Propagandainhalte:

1. Der Grund für den plötzlichen Kriegsausbruch zwischen Deutschland und der Sowjetunion
2. Der Befreiungsauftrag der deutschen Wehrmacht
3. Die Lage in der Sowjetunion
4. Der gemeinsame Kampf gegen ein verbrecherisches Regime

Als Begründung für den Angriff der deutschen Wehrmacht auf die Sowjetunion wurde zu Beginn des Textes lediglich ausgeführt, der Krieg sei das unmittelbare Ergebnis der »kurzsichtigen und verbrecherischen Politik der jüdisch-kommunistischen Regierung unter Dschugaschwili Stalin« gewesen, die die »Verträge verletzt« habe. An zusätzlichen Informationen zu dieser sehr abstrakten Formel wurde weiterhin behauptet, Stalin habe die vermeintliche durch den »Kampf mit dem

Товарищи Красноармейцы, Командиры Красной Армии!

Передавайте из рук в руки!

Жидовско-коммунистическое правительство, возглавляемое Джугашвили-Сталиным, нарушило договоры заключенные с Германией.

Дело дошло до войны!

Близорукой и преступной политикой ваших правителей вы доведены до того, что **должны проливать кров за III интернационал.**

Сталин решил, что Германия ослабела от борьбы с капиталистической и империалистической Англией и потому прибегнул к шантажу: несмотря на наличие советско-германского договора о ненападении он старался настроить Болгарию против Германии, он же мобилизовал против нее сербскую чернь. Теперь решено положить конец мошенническим затеям жидовской клики. Германским войскам приказано прогнать коммунистов, которые мучают и эксплоатируют народы СССР. Вооруженные силы Германии являются освободителями всех честных трудящихся сынов своей родины от жестокого деспотизма, от пройзвола убийц и лгунов.

Когда рухнул продажный царский режим, коммунисты обещали вам землю и свободу.

Но как они вас всех обманули!

Вместо земли они вам дали **непосильную работу,** вы стали **крепостными рабами Сталина** и его жидовских комиссаров, которым, конечно, не жалко, что вы надрываетесь в колхозах, гнетесь под тяжестью стахановщины или гибнете в концлагерях.

Пропуск

Предявитель сего не желая бессмысленного кровопролития добровольно оставляет Красную Армию и переходит к германским властям будучи уверен, что его ожидает хорошее обращение.

(Перевод на немецкий язык на обороте)

Das Flugblatt 000 111 RA

Вместо свободы

вы получили режим во сто крат

хуже царского самоуправства.

Вам обещали социализм и справедливость, получили же вы нищету и издевательство.

Тех, кто понял, в какой тупик загнал Сталин страну — **подвергали преследованиям и пыткам.**

Патриотов своего отечества жидовская власть безжалостно расстреляла. Лучших краскомов сгноили в тюрьмах.

На какой же хрен такая власть!

Красные командиры, красноармейцы, поверните ваши оружия и штыки против этой власти и вы освободите мир от врагов человечества.

Гитлер прогнал паразитов из своей страны. Последуйте его примеру!

Ко всем чертям жидов и коммунистов!

Вместе пойдем на Москву и Киев. **Дружными совместными усилиями освободим все народы СССР от коммунистического ига, от проклятых жидов,** кровопийц и угнетателей крестьянства и рабочего класса.

Мир в Европе и на вашей родине настанет только тогда, когда будет отрублена голова жидовского коминтерна.

Соединяйтесь с революционными германскими войсками и вперед за мир и благосостояние вашей родины.

Долой Сталина и коммунистов!
Да здравствует свобода для всех трудящихся!

Übersetzung

Passierschein

Vorzeiger dieses wünscht kein sinnloses Blutbad. Er verläßt freiwillig die Rote Armee und geht zu den deutschen Behörden über. Er ist überzeugt, daß ihm gute Behandlung zuteil wird.

000111 RA

kapitalistischen und imperialistischen England entstandene Schwäche« Deutschlands ausnutzen wollen und daher zur »Erpressung« gegriffen: er versuche, »Bulgarien gegen Deutschland aufzuhetzen« und »mobilisierte die serbischen Putschisten«.

In diesem von Stalin aufgezwungenen Krieg komme der Wehrmacht eine wichtige Aufgabe zu. Sie betrete die Sowjetunion nicht als Feind, d. h. sie bekämpfe nicht die »Völker der Sowjetunion«, sondern wolle sie vielmehr von der Qual und Ausbeutung eines »grausamen Despotismus« befreien. Die Völker der Sowjetunion und die deutsche Wehrmacht hätten demnach einen gemeinsamen Gegner, mit dem jetzt »Schluß gemacht« werden müsse. Dies sei »Stalin und die Kommunisten«, das »kommunistische Joch«, die »Peiniger der Bauern und Arbeiter«.

Der folgende Abschnitt beschreibt die Situation, in der sich die Bevölkerung in der Sowjetunion befände. Sie sei durch »Leibeigenschaft« im Kolchossystem, durch die Ausbeutung des »Stachanow-Systems« und durch das Massensterben in den Konzentrationslagern bestimmt. Armut, Verfolgung und Mord seien die zwingenden Folgen dessen, was das »Regime« als »Sozialismus und Gerechtigkeit« versprochen habe.

Nur der Aufstand gegen das eigene System könne die Verhältnisse ändern. Bis zu dieser emphatischen Aussage hielten sich die Verfasser des Flugblattes an die Richtlinien der »Weisungen«. Die folgenden Imperative standen aber in einem krassen Gegensatz zu den Vorstellungen der politischen Führung. Sie bewiesen, daß die Abteilung Wehrmachtpropaganda offensichtlich zu diesem Zeitpunkt über die Vorstellungen der Hitlerschen Ostpolitik noch nicht informiert war. ». . . Laßt uns zusammen gegen Moskau und Kiew marschieren. (. . .) Vereinigt Euch mit den revolutionären deutschen Heeren!« Von einer Waffenbrüderschaft zwischen deutschen und russischen Truppen konnte zu Beginn des Rußlandfeldzuges noch nicht die Rede sein. Sie sollte erst viel später für die deutsche Propaganda zu einem vorrangigen Problem werden.

Dieses erste Flugblatt wurde von verschiedenen Stellen heftig kritisiert, was seine sprachliche und inhaltliche Qualität betraf[66]. Formale wie inhaltliche Gestaltung dieses Blattes verraten die überstürzte und hektische Abfassung, die für den Arbeitsstil der Verfasser kurz vor Beginn des Rußlandkrieges charakteristisch war. So gehörte vor allem das Flugblatt 000 111 RA zu den schwächsten Produkten der deutschen Flugblattpropaganda, die im Osten eingesetzt wurden.

Themen der Flugblattpropaganda: Der »teuflische Plan«

Das für die Propagandisten äußerst schwierige Thema einer überzeugenden Begründung für den Angriff der deutschen Wehrmacht auf die Sowjetunion wurde dementsprechend in den Flugblättern des Jahres 1941 nur noch vier Mal behandelt[67].

Das Flugblatt 1 BR, das sich an die »Völker der Sowjetunion« richtete, behauptete, der Krieg sei das »Resultat kommunistischer Agitation gegen Deutschland«. Das Flugblatt 000 112 RA stellte lediglich fest, die »jüdisch-kommunistische Regierung habe den Krieg gegen Deutschland begonnen« und äußerte sich im übrigen nicht mehr zu den Hintergründen des Kriegsausbruchs. Nach diesen mehr als dürftigen Informationen ging erst wieder das in der zweiten Augusthälfte abgeworfene Blatt 145 RAB, das die »Arbeiter, Bauern und Rotarmisten!« ansprach, auf diese heikle Theamtik ein:

»In dem Wahn, einen günstigen Augenblick auszunutzen, wo Deutschland mit England Krieg führte, begann Stalin seine Truppen an der deutschen Grenze zu konzentrieren. Deutschland hat jedoch den teuflischen Plan rechtzeitig erkannt und ist dem ihm zugedachten Stoß zuvorgekommen.«

In der zweiten Oktoberhälfte fand sich in einer ab September abgeworfenen 4seitigen Flugblattzeitung ein ausführlicher Hinweis auf den Kriegsausbruch. Die Flugblattzeitung 193 Z erläuterte die Theorie eines Präventivkrieges gegen die Sowjetunion auf folgende Weise:

»Das größte und schlimmste Verbrechen beging die Sowjetregierung am Volke, als sie diesen Krieg hervorrief. Wer hat Schuld an ihm? Die Schuld an allem trägt Stalin!

Als Stalin im Sommer 1939 den Nichtangriffspakt mit Deutschland schloß, rechnete er damit, daß es sich in einem Krieg gegen Frankreich, England, Polen und deren Verbündete stark schwächen würde. Ebenso auch dessen Gegner. Dann wollte er diese geschwächten und kriegsmüden Völker überfallen, um seine Herrschaft unter ihnen zu errichten.

Aber Stalin hat sich verrechnet und ist zu spät gekommen. Erst nachdem ganz Europa von den kapitalistischen und kommunistischen Parasiten und deren Verbündeten und Helfern gesäubert war, fing er an, die Roten Truppen an der Westgrenze der UdSSR zusammenzuziehen. Deutschland konnte 160 Sowjetdivisionen im Rücken, die zu einem plötzlichen Überfall jederzeit bereit waren, nicht zulassen.

So kam es zum 22. Juni.«

Mit diesen Interpretationen fand die Behandlung des 22. Juni 1941 in der Flugblattpropaganda ein vorläufiges Ende.

»Bilder lügen nicht«: Die »Anti-Greuelpropaganda«

Mit dem Beginn der Kampfhandlungen im Osten setzte in den Verbänden der Roten Armee eine intensive Greuelpropaganda ein, die behauptete, gefangene Rotarmisten würden in deutscher Kriegsgefangenschaft auf bestialische Weise mißhandelt und sogar umgebracht. Die Widerlegung dieser Greuelpropaganda sollte während des gesamten Rußlandfeldzuges eines der wichtigsten Themen der deutschen Propaganda in allen zur Verfügung stehenden Medien werden. Im Gegensatz zur propagandistischen Darstellung der Konzeption eines deutschen Präventivkrieges gegen die Sowjetunion konnte sich die deutsche Flugblattpropaganda in den ersten Kriegsmonaten völlig unbefangen auf ihren Auftrag, die Greuelpropaganda der Sowjets zu widerlegen, konzentrieren.

Das Flugblatt 000 113 eröffnete diese Propagandakampagne mit der Feststellung: »Es ist nicht wahr, daß die Deutschen ihre Gefangenen mißhandeln oder sogar erschießen. Das ist eine freche Lüge! Die Deutschen behandeln ihre Gefangenen gut!« Die folgenden Flugblätter 000 114 RA, 000 115 RA, 000 116 RA, 000 117 RA und 000 118 RA verfolgten die gleiche Tendenz. Die beiden Bildflugblätter 000 119 RA und 121 RA verliehen dieser Aussage eine größere Anschaulichkeit durch den Abdruck von Aufnahmen kriegsgefangener Rotarmisten, die von deutschem Sanitätspersonal fürsorglich betreut wurden.

Als der Sohn Stalins am 16. Juli 1941 bei Witebsk im Bereich der 4. Armee in deutsche Kriegsgefangenschaft geriet, wurde dieses Ereignis umgehend für die Flugblattpropaganda ausgenutzt, die zwei Spezialflugblätter, die Blätter 134 St und 135 St, in einer Auflage von 14 Millionen Stück druckte und von der Luftwaffe über dem Frontgebiet abwerfen ließ. Das Flugblatt 134 St kommentierte die spektakuläre Gefangenschaft des Sohnes Stalins: »Um Euch zu erschrecken, lügen Euch die Kommissare vor, daß die Deutschen schlecht mit den Gefangenen umgehen. Der eigene Sohn Stalins hat durch sein Beispiel bewiesen, daß das Lüge ist. (. . .) Folgt dem Beispiel des Sohnes Stalins. Er ist am Leben, gesund und fühlt sich ausgezeichnet.«[68]

Im Flugblatt 142 RA richteten zum ersten Mal eine Anzahl gefangener Rotarmisten einen Appell an ihre »Kameraden, Rotarmisten und Kommandeure der Roten Armee«. Nach einer Schilderung der bedrückenden Verhältnisse in der Sowjetunion betonten sie ausdrücklich: »In der Gefangenschaft werden wir gut verpflegt und geachtet, wir werden wie Kameraden verstanden, wir erhalten, was wir brauchen, wir leben gut und werden nicht verhöhnt.« Das im September 1941 abgeworfene Bildflugblatt 157 RA zeigte in deutsche Gefangenschaft gehende Rotarmisten, die ihren Widerstand einstellten, da sie wußten, daß die deutsche Wehrmacht mit den Gefangenen »gut umginge«.

Aber erst das erfolgreiche Flugblatt dieser Tendenzserie, das 4seitige Bildflugblatt 190 RA, brachte in seiner Gestaltung das ganze Instrumentarium dieser Informationskampagne, die die deutsche Gefangenschaft als eine positive Alternative zu dem düsteren Schicksal des Rotarmisten im Kampf anpries. Das Titelbild zeigte einen lachenden russischen Gefangenen, der sich offensichtlich »wohl fühlte«.

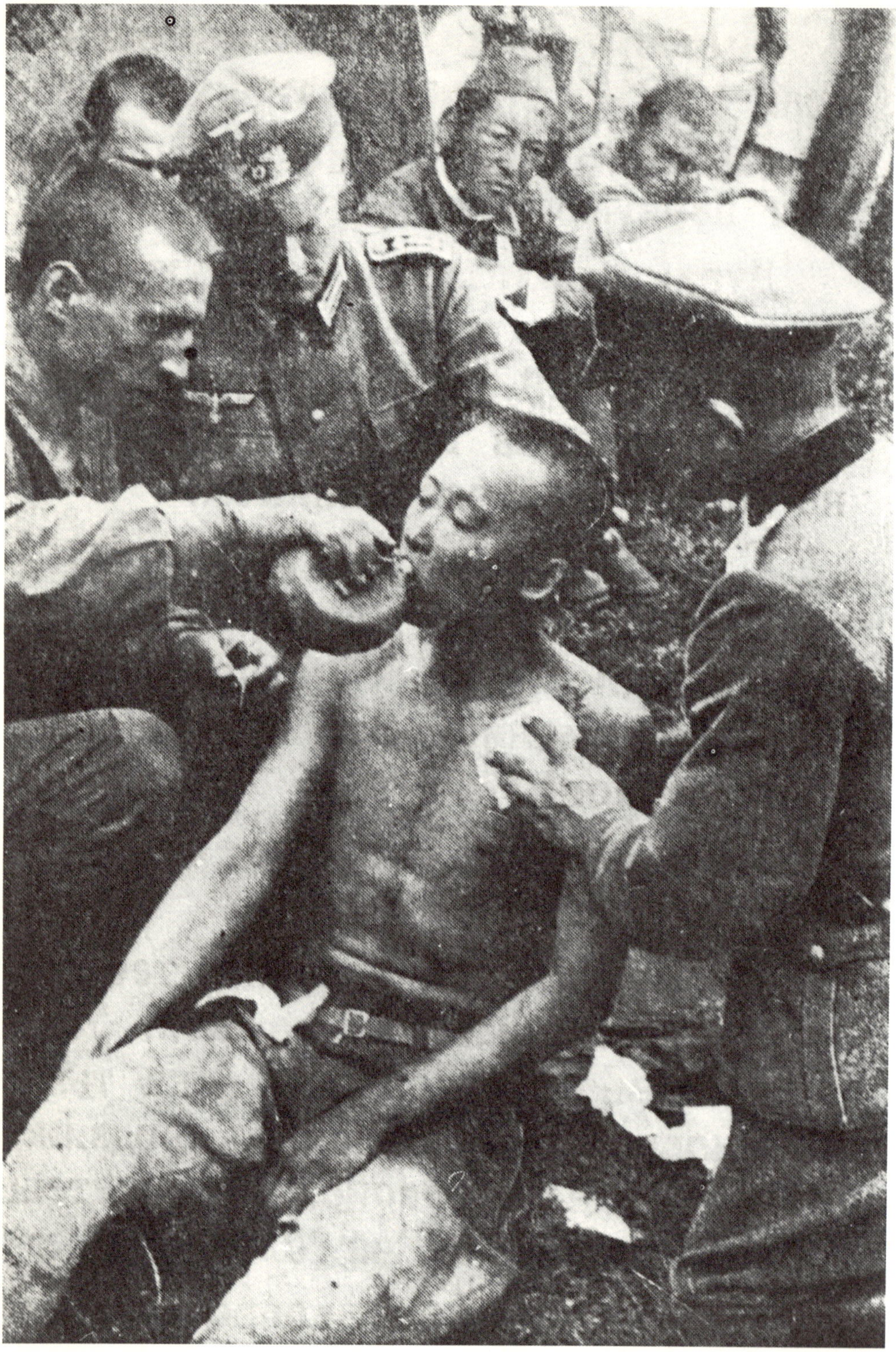

Flugblatt 121 RA

Товарищ Красноармеец!

Спокойно переходи к немцам. Если ты голоден, тебя накормят. Если ты ранен, немецкие врачи тебе окажут первую помощь.

Дураки-политруки советуют тебе одеться в штатское, если ты отстанешь от твоей части. Предупреждаем тебя! Солдат в штатском считается не солдатом а разбойником.

С разбойником не церемонятся!

Политруки врут, будто немцы посылают пленных на каторжную работу в Германию. Это наглая ложь! Гони лгунов!

Немцы всегда хорошо относятся к пленным.

Политруки приказывают тебе при отступлении все уничтожать. Уничтожением припасов и урожая ты не остановишь победоносного продвижения германских войск, а обретешь себя и твою семью на голод и нищету.

Береги народное добро — переходи к немцам!

121 RA

Flugblatt 134 St

ЭТО ЯКОВ ДЖУГАШВИЛИ, СТАРШИЙ СЫН СТАЛИНА, командир батареи 14-го гаубичного артил. полка, 14-ой бронетанковой дивизии, который 16-го июля сдался в плен под Витебском вместе с тысячами других командиров и бойцов.

По приказу Сталина учат вас Тимошенко и ваши политкомы, что большевики в плен не сдаются. Однако Красноармейцы все время переходят к немцам. Чтобы запугать вас комиссары вам лгут, что немцы плохо обращаются с пленными.

Собственный сын Сталина своим примером доказал, что это ложь. Он сдался в плен

потому что всякое сопротивление Германской Армии отныне бесполезно!

Следуйте примеру сына Сталина — он жив, здоров и чувствует себя прекрасно. Зачем вам приносить бесполезные жертвы, итти на верную смерть, когда даже сын вашего [illegible]ного заправилы уже сдался в плен.

Переходите и вы!

Пропуск действителен для неограниченного количества переходящих на сторону германских войск командиров и бойцов РККА

Пропуск

Пред'явитель сего, не желая бессмысленного кровопролития за интересы жидов и комиссаров, оставляет побежденную Красную Армию и переходит на сторону Германских Вооруженых Сил. Немецкие офицеры и солдаты окажут перешедшему хороший прием, накормят его и устроют на работу.

(Перевод на немецкий язык смотри ниже)

Passierschein

Vorzeiger dieses wünscht kein sinnloses Blutbad im Interesse der Juden und Kommissare. Er verläßt die geschlagene Rote Armee und geht auf die Seite der deutschen Wehrmacht über. Die deutschen Offiziere und Soldaten werden den Überläufer gut behandeln, ihn verpflegen und für Beschäftigung sorgen.

Der Passierschein gilt für eine unbeschränkte Anzahl von Offizieren und Soldaten der Roten Armee, die zur deutschen Wehrmacht übergehen.

Немецкие офицеры беседуют с Яшей Джугашвили

Сын Сталина, Яков Джугашвили, старший лейтенант, командир батареи 14-го гаубичного артиллерийского полка, 14-ой бронетанковой дивизии сдался в плен немцам.

Если уже такой видный советский офицер и красный командир сдался в плен, то это доказывает с очевидностью, что всякое сопротивление Германской Армии совершенно бесцельно.

Поэтому кончайте все войну, пользуйтесь нашими пропусками и переходите к нам.

Пропуск

Пред'явитель сего, не желая бессмысленного кровопролития за интересы жидов и комиссаров, оставляет побежденную Красную Армию и переходит на сторону Германских Вооруженных Сил. Немецкие офицеры и солдаты окажут перешедшему хороший прием, накормят его и устроют на работу.

Flugblatt 135 St
(Vorder- und Rückseite)

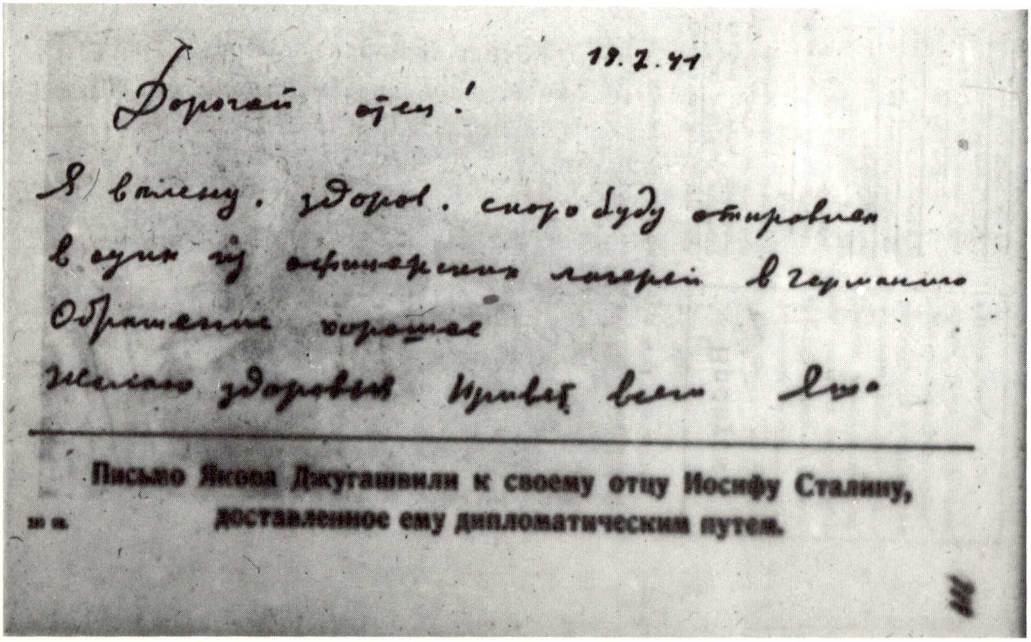

19.7.41

Дорогой отец!

Я в плену. здоров. скоро буду отправлен
в один из офицерских лагерей в Германию
Обращение хорошее
Желаю здоровья Привет всем Яша

Письмо Якова Джугашвили к своему отцу Иосифу Сталину, доставленное ему дипломатическим путем.

Der Überdruck verkündete: »Kommandeure und Soldaten der Roten Armee! Seht Euch diese Bilder aus deutscher Gefangenschaft an! So sieht es in Wirklichkeit in deutscher Gefangenschaft aus. Bilder lügen nicht, aber Eure Kommissare belügen Euch. Gebt den sinnlosen Widerstand auf! Kommt zu uns!« Die Bilder dieser Flugblattillustrierten zeigten eine »heile Welt«, in der es sich leben ließ: die offizielle deutsche Übersetzung schrieb zu den folgenden Seiten: »3. Seite: Bilder: Der Stier wird geschlachtet / Essende russische Gefangene / Beifall wegen des guten Essens«. Der Text kommentierte: »Deutschland hat unbegrenzte Reserven an Lebensmitteln, daß niemand, der zur deutschen Wehrmacht übertritt, zu hungern braucht«. Weiterhin wurden »Zigaretten verteilt«, nach Herzenslust »musiziert«, mit deutschen Soldaten »zusammen gearbeitet«, und die ärztliche Betreuung war ausgezeichnet.

Das Bildflugblatt 190 RA fand bei den Bedarfsträgern an der Front einen reißenden Absatz. Es gehörte in der Tat zu den eindrucksvollsten Flugblättern des ganzen Krieges und wurde von der Abteilung Ost des Propagandaministeriums hergestellt. Als es zum ersten Mal im Oktober 1941 zu Boden flatterte, ahnte noch keiner der deutschen Aktivpropagandisten, daß bereits wenige Monate später eine Propaganda-Abteilung im Osten sich weigern würde, diesen »Bestseller« der deutschen Flugblattpropaganda überhaupt noch einzusetzen.

Der »Wanderer zwischen zwei Welten«: Die Überläufer-Propaganda

Eng verbunden mit dem »Werbefeldzug« für die deutsche Kriegsgefangenschaft verlief die zweite Propagandawelle des Jahres 1941, die nicht nur in den Flugblattserien, sondern ebenso über Lautsprecher und Rundfunk die Rotarmisten zum Überlaufen aufforderte. Diese Überläuferpropaganda war das Kardinalthema der deutschen Propaganda im Osten bis zum Jahr 1945. Unmittelbar nach dem Ausbruch der Feindseligkeiten führte die deutsche Propaganda die Unterscheidung zwischen »Gefangenen« und »Überläufer« ein. Eine Definition des Begriffs Überläufer[69] aus dem Jahr 1942 soll verdeutlichen, was unter einem »Überläufer« verstanden wurde:

»Für das Erkennen von Überläufern ist es entscheidend, daß der Überläufer seine Absicht, sich zu ergeben, durch sein Verhalten eindeutig bekräftigt. Ein Verstehen etwa gerufener ›Parolen‹ aus deutschen Flugblättern ist dann nicht unbedingt erforderlich. Nicht als Überläufer sind feindliche Soldaten anzusehen, die sich während des Kampfes oder innerhalb des deutschen Machtbereiches ergeben.«

Das Flugblatt 000 113 RA eröffnete die Überläuferpropaganda etwas verhalten mit der Aufforderung: »Vermeidet das unnütze Blutvergießen und geht ruhig zu den Deutschen über!« Die Blätter 000 116 RA, 000 118 RA, 000 119 RA, 121 RA brachten keine wesentlichen Ergänzungen zu der lapidaren Feststellung von 000 115 RA: »Folgt dem Beispiel Eurer Kameraden: Lauft ruhig zu uns über!«

Das Blatt 128 RAK sprach die Offiziere der Roten Armee unmittelbar an: »Rote Offiziere! Kommt zu uns, führt Eure Soldaten mit zu uns herüber!« 132 RA beantwortete die »Frage der Stunde« »Wann wird der Krieg zu Ende sein?« mit der richtungsweisenden Antwort: »Für Euch, Offiziere und Soldaten der Roten Armee dann, wenn Ihr zu den Deutschen übergeht!«

Das erste farbige Bildflugblatt dieser Serie stammte aus der Produktionsstätte der Abteilung Ost. Es zeigte die einzelnen Stationen eines Überläufers in 5 Zeichnungen: 1. Kampf; 2. Überlaufen; 3. »Freundlicher« Empfang bei der deutschen Truppe. 4. Gute Verpflegung und 5. Der Überläufer als Propagandist der Deutschen (»... Kameraden, lauft auch Ihr über, wir sind hier in Sicherheit!«).

Das von der Propaganda immer wieder verlangte Überlaufen war für den angesprochenen Soldaten allerdings ein höchst ungewisses und mit einer Fülle persönlicher Risiken verbundenes Unternehmen. Es war für ihn vor allem deshalb so gefährlich, weil er von beiden Seiten der Front niedergeschossen oder bei einem Mißlingen seiner Flucht vor ein Kriegsbericht gestellt oder sofort an Ort und Stelle liquidiert werden konnte. Daher mußte die Überläuferpropaganda die subjektive Gefahrensituation des potentiellen

Flugblatt 157 RA
(Vorder- und Rückseite)

КОМАНДИРЫ И БОЙЦЫ!

Германские войска стоят под Ленинградом. Киев ими уже взят. Москва эвакуируется. Положение Красной армии безнадежно. Скоро советская власть исчезнет!

Прекращайте бессмысленное кровопролитие! Подумайте о вашем будущем. Уничтожая при своем отступлении города и села, мосты, железные дороги и склады, вы уничтожаете тем самым средства, необходимые для восстановления вашей родины.

ГЕРМАНСКАЯ АРМИЯ

борется исключительно против террора и произвола коммунистов. Германская армия обещает вам хорошее обращение. Бросайте оружие и переходите на нашу сторону!

Гоните в шею комиссаров, которые снова восстановлены в правах, для того чтобы сорвать дело мира!

Да здравствует мир и процветание свободных народов вашей родины!

157.RA

Пропуск действителен для неограниченного количества переходящих на сторону германских войск командиров и бойцов РККА.

ПРОПУСК

Пред'явитель сего, не желая бессмысленного кровопролития за интересы жидов и комиссаров, оставляет побежденную Красную Армию и переходит на сторону Германских Вооруженных Сил. Немецкие офицеры и солдаты окажут перешедшему хороший прием, накормят его и устроят на работу.

(Перевод на немецкий язык смотри рядом)

Passierschein

Vorzeiger dieses wünscht kein sinnloses Blutbad im Interesse der Juden und Kommissare. Er verläßt die geschlagene Rote Armee und geht auf die Seite der deutschen Wehrmacht über. Die deutschen Offiziere und Soldaten werden den Überläufer gut behandeln, ihn verpflegen und für Beschäftigung sorgen.

Der Passierschein gilt für eine unbeschränkte Anzahl von Offizieren und Soldaten der Roten Armee, die zur deutschen Wehrmacht übergehen.

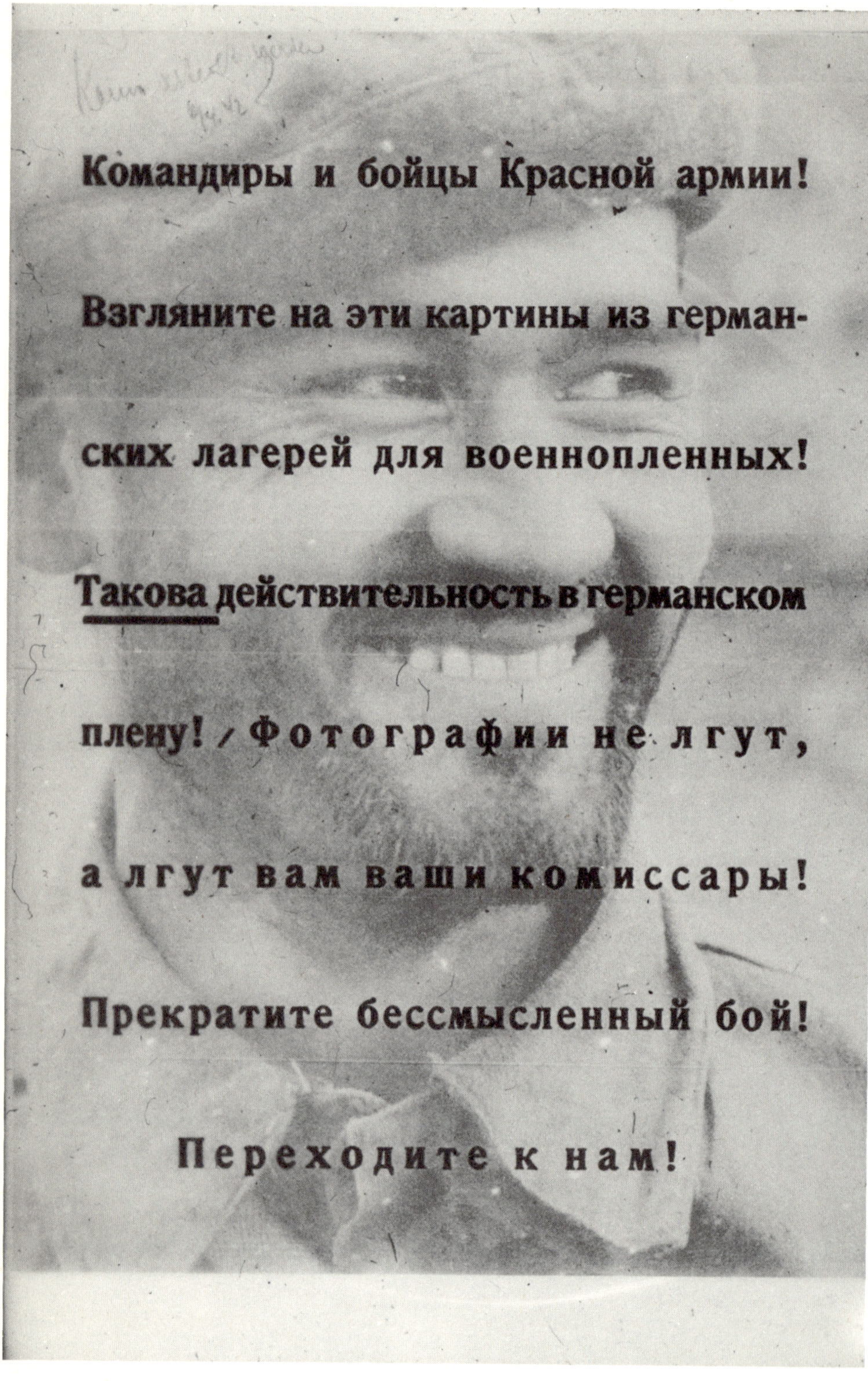

Flugblatt 190 RA
(Vorder- und Rückseite)

МИР!
МИР!
Боец Красной армии! Переходи и ты к германским войскам, как твои товарищи здесь. Тогда и для тебя война будет окончена!
Вырежьте и сохраните прилагаемый пропуск. С одним пропуском на сторону германских войск может перейти неограниченное количество командиров и бойцов РККА! Приказ Сталина о преследовании семей переходящих на нашу сторону командиров и бойцов — невыполним. Германское командование не публикует списков пленных. Их имена об'являются только по их личному желанию.
Поэтому не бойтесь сталинских запугиваний.
ПРОПУСК
Пред'явитель сего, не желая бессмысленного кровопролития за интересы жидов и комиссаров, оставляет побежденную Красную Армию и переходит на сторону Германских Вооруженных Сил.
Немецкие офицеры и солдаты окажут перешедшему хороший прием, накормят его и устроят на работу.
Переходить на сторону Германских войск можно и без пропуска: мы и в этом случае гарантируем хороший прием.
Der Befehl Stalins, die Angehörigen der Überläufer zu verfolgen, ist undurchführbar. Das deutsche Oberkommando veröffentlicht keine Gefangenenlisten. Die Namen von Gefangenen werden nur mit ihrem ausdrücklichen Einverständnis bekanntgegeben.
Passierschein
Vorzeiger dieses wünscht kein sinnloses Blutbad im Interesse der Juden und Kommissare. Er verläßt die geschlagene Rote Armee und geht auf die Seite der deutschen Wehrmacht über. Die deutschen Offiziere und Soldaten werden den Überläufer gut behandeln, ihn verpflegen und für Beschäftigung sorgen.
Der Passierschein gilt für eine unbeschränkte Anzahl von Offizieren und Soldaten der Roten Armee, die zur deutschen Wehrmacht übergehen
190 RA

Das erste farbige Bildflugblatt der Abteilung Ost (Generalreferat Ostraum): 140 RA (Vorder- und Rückseite)

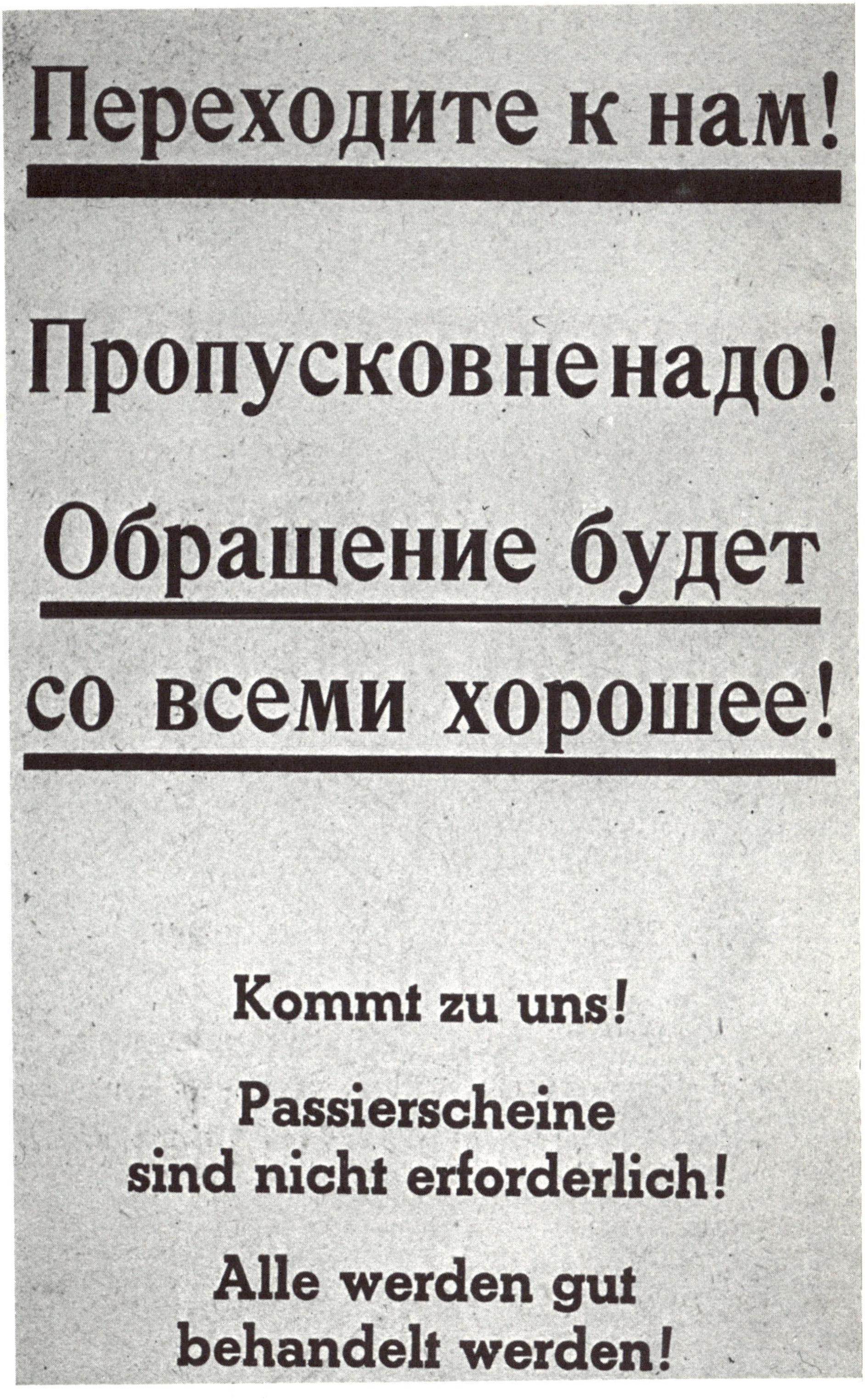
Переходите к нам!

Пропусковненадо!

Обращение будет

со всеми хорошее!

Kommt zu uns!

Passierscheine
sind nicht erforderlich!

Alle werden gut
behandelt werden!

Überläufers berücksichtigen und ihm ganz konkrete Vorschläge oder Tips liefern, wie er sich bei seiner freiwilligen Flucht nach vorn am besten, d. h. am risikofreiesten, verhalten sollte. So brachte als erstes Flugblatt dieser Art, dem noch einige andere in den späteren Jahren folgen sollten, die Seriennummer 183 RA eine detaillierte Anweisung für ein »erfolgreiches« Überlaufen in 11 Punkten:

Genau durchlesen und weitergeben!
Wichtig für alle, die ihre Heimat und
ihre Familie gesund wiedersehen wollen!

Russischer Soldat!
Der Zusammenbruch und das ruhmlose Ende der Roten Armee steht bevor. Bedenke, daß schon Millionen deiner Kameraden wohlbehalten die deutschen Linien erreicht haben und sich in den deutschen Lagern der besten Gesundheit erfreuen!

Zögere nicht mehr länger! Wenn du zu uns kommst, beachte folgende Gesichtspunkte:

1. Nicht ängstlich werden, wenn du dich unseren Soldaten näherst!
2. Versteck dich nicht in letzter Sekunde, dadurch entstehen Zweifel an der Aufrichtigkeit deiner Absicht!
3. Komm offen, unübersichtliches Gelände ist gefährlich!
4. Rechtzeitig Arme hoch!
5. Auf Anruf nicht erschrecken, sofort stehen!
6. Keine Waffen in der Hand, am besten umgehängt, Gewehrlauf nach unten!
7. Die beste Gelegenheit bietet sich, wenn du zu einer Nachhut oder einem Spähtrupp gehörst.
8. Bei Nacht und Nebel kannst du dich leichter entfernen als bei Tageslicht. Sodann Helligkeit abwarten, damit deine Annäherung nicht falsch verstanden wird.
9. Versäume nicht, dich unverzüglich bei den deutschen Truppen zu melden.
10. Meide die Partisanen, du gerätst sonst von einer Gefahr in die andere!
11. Verleugne deine Uniform nicht, gib dich auch äußerlich als Soldat zu erkennen! Die Uniform verleiht dir erhöhten Schutz durch das Völkerrecht, dessen Regeln dem deutschen Soldaten heilig sind.

Die ersten Passierscheine

Wirkungsvoll und überzeugend wurde die Überläuferpropaganda erst durch einen wichtigen Zusatz, den sie von Beginn an erhielt: durch den Abdruck sogenannter Passierscheine.

Der Passierschein sollte als ein offizielles Dokument der deutschen Wehrmacht den Rotarmisten eine zusätzliche Garantie geben, tatsächlich in deutscher Gefangenschaft anständig behandelt zu werden.

Bereits auf dem ersten Flugblatt 000 111 RA war ein Text abgedruckt, der als Passierschein deklariert wurde:

»Passierschein
Vorzeiger dieses wünscht kein sinnloses Blutbad. Er verläßt freiwillig die Rote Armee und geht zu den deutschen Behörden über. Er ist überzeugt, daß ihm gute Behandlung zuteil wird.«

Dieser Text erfüllte noch nicht die Bedingungen eines offiziellen Passierscheines, die darin bestanden, daß der Aussteller des Passierscheines, d. h. in diesem Fall die Deutsche Wehrmacht, von sich aus die Verpflichtung, die Bereitschaft und das Versprechen dokumentierte, den Besitzer des Passierscheines anständig zu behandeln. Der Passierschein-Text des Flugblattes 000 111 RA verpflichtete den Aussteller zu nichts. Bis zum Flugblatt 126 RA änderte sich der Text der Passierscheine (ab 000 116 RA Abdruck des Reichsadlers) nicht. Erst das Blatt 126 RA präsentierte einen veränderten Passierschein-Text, der auch die Deutsche Wehrmacht zu einem bestimmten Verhalten verpflichtete:

«Passierschein
Vorzeiger dieses wünscht kein sinnloses Blutbad im Interesse der Juden und Kommissare. Er verläßt die geschlagene Rote Armee und geht auf die Seite der deutschen Wehrmacht über. Die deutschen Offiziere und Soldaten werden den Überläufer gut behandeln, ihn verpflegen und für Beschäftigung sorgen.«

Außerdem erhielten die Passierscheine den Zusatz: »Der Passierschein gilt für eine unbeschränkte Anzahl von Offizieren und Soldaten der Roten Armee, die zur deutschen Wehrmacht übergehen.«

Прочти и передай другому!

Что должен знать тот, кто свою Родину, свою семью хочет увидеть снова.

Красноармеец!

Красная армия накануне развала и бесславного конца. Подумай о том, что уже больше трех миллионов твоих братьев, бойцов и командиров, находится с этой стороны фронта. Все они целы, невредимы и здоровы живут в немецких лагерях. Не медли дальше и ты!

Когда ты пойдешь к нам, чтобы избежать недоразумений, соблюдай следующее:

1. Не бойся, приближаясь к нашим солдатам.
2. Не прячься в последнюю минуту, чтобы не вызывать сомнений в честности твоих намерений.
3. Переходи смело и открыто, подкрадываться для тебя опасно.
4. Подними своевременно руки.
5. При оклике не пугайся и сразу остановись.
6. Не держи в руках оружия. Винтовку повесь через плечо стволом вниз.
7. Уйти незаметно из своей части тебе легче всего, если ты в патруле или дозоре.
8. Ночью или в тумане тебе легче отстать от своей части, чем днем. Обожди рассвета, чтобы перейти. Таким образом твое приближение к нашим линиям не вызовет подозрения у наших солдат.
9. Не забудь немедля явиться в ближайшую германскую часть.
10. Избегай партизан, иначе ты из одной опасности попадешь в другую.
11. Не снимай своей формы: она тебя защищает по международному праву. Немецкие солдаты уважают его постановления.

183 RA

Das Überläufer-Flugblatt 183 RA

Пропуск!

Красный командир или красноармеец, обладающий этим пропуском, имеет право перейти фронт германских войск.

Этот пропуск надлежит пред'явить первому встречному германскому солдату, посту, или командиру, которые обязаны проводить сдающихся в ближайший штаб.

Этот пропуск годен для:

1 командира
и 50 (или меньше) бойцов.

Этим пропуском гарантируется:

1. ХОРОШЕЕ ОБРАЩЕНИЕ ВО ВРЕМЯ ПРЕБЫВАНИЯ В ПЛЕНУ,
2. СКОРОЕ ВОЗВРАЩЕНИЕ НА РОДИНУ ПОСЛЕ ОКОНЧАНИЯ ВОЙНЫ.

Ausweis!

Jeder Sowjet-Kommandeur oder Rotarmist, der im Besitz dieses Ausweises ist, hat das Recht, die Front der deutschen Truppen zu passieren.

Dieser Ausweis ist dem ersten deutschen Soldaten oder Posten oder Kommandeur vorzuzeigen, der verpflichtet ist, alle Angehörigen der Sowjetarmee zum nächsten deutschen Stab zu begleiten.

Dieser Ausweis ist gültig für:

1 Führer und bis zu 50 Mann.

Mit dem Ausweis wird garantiert:

1. **gute Behandlung während der Gefangenschaft**
2. **baldige Rückkehr in die Heimat nach Kriegsschluß.**

Passierschein-Text:
Rückseite des Flugblatts 138 RAK

Die Flugblätter 128 RAK, 129 RAB, 130 RA, 131 RA, 132 RA und 134 St sind mit dem neuen Passierscheintext ausgestattet. Das Flugblatt 138 RAK brachte erneut eine Änderung des Passierscheintextes, der auf eine bestimmte Anzahl von Rotarmisten ausgedehnt wird:

»Ausweis!

Jeder Sowjet-Kommandeur oder Rotarmist, der im Besitz dieses Ausweises ist, hat das Recht, die Front der deutschen Truppen zu passieren.

Dieser Ausweis ist dem ersten deutschen Soldaten oder Kommandeur oder Posten vorzuzeigen, der verpflichtet ist, alle Angehörigen der Sowjetarmee zum nächsten deutschen Stab zu begleiten.

Dieser Ausweis ist gültig für:
1 Führer und bis zu 50 Mann.

Mit dem Ausweis wird garantiert:
1. gute Behandlung während der Gefangenschaft
2. baldige Rückkehr in die Heimat nach Kriegsschluß.«

Dieser Passierschein-Text, der aus nicht mehr feststellbaren Gründen die inzwischen gebräuchliche Formel (»... gilt für eine unbeschränkte Anzahl von Offizieren und Soldaten der Roten Armee ...«) auf eine bestimmte Gruppe einschränkte, erwies sich aus diesem Grunde als unpraktisch und wurde lediglich bei den unmittelbar folgenden Flugblättern 141 RA und 143 B auf die Rückseite gedruckt.

Obwohl die Passierscheine in den folgenden Jahren eine Reihe von formalen und vor allem inhaltlichen Veränderungen erfuhren, bildete der Passierscheintext des im Juli 1941 abgeworfenen Flugblattes 126 RA den Basistext für die vielen Passierscheine, die von der Abteilung Wehrmachtpropaganda und schon bald nach Ausbruch des Rußlandfeldzuges von der Truppe selbst gedruckt wurden.

Der »Schatten Tuchatschewskis«: Die Gründe für die Niederlage der Roten Armee

Das Leitmotiv der deutschen Propaganda an der Ostfront, auf das alle anderen Propagandathemen in den unterschiedlichen Medien hinarbeiteten, war und blieb die Überläuferpropaganda. Zu Beginn des Rußlandfeldzuges noch im Stadium des Experimentierens, sollte sie erst in den beiden folgenden Jahren ihre formale und inhaltliche Verfeinerung und ihren Höhepunkt erreichen. In enger Abstimmung mit der Überläuferpropaganda versuchten die Flugblätter eine Frage zu beantworten, die ganz besonders im Sommer 1941 nach übereinstimmenden Gefangenenaussagen die Rotarmisten bewegte: »Warum wurde die Rote Armee so vernichtend geschlagen?« Die Flugblätter gaben auf diese Frage in erster Linie zwei Antworten: der erste Grund für diese spektakulären Niederlagen war die Tatsache, daß Stalin die »fähigen Führer« der Roten Armee umbringen ließ, und die Truppe daher nicht qualifiziert geführt werden konnte. Der zweite Grund bestand in der höheren Kampfmoral der deutschen Wehrmacht.

So enthielt das Flugblatt 158 RAS zu diesem Thema folgende Stellungnahme:

»Heldentum und Opferbereitschaft allein reichen zur Kriegsführung nicht aus. Alle Eure Anstrengungen werden zunichte gemacht durch die Unfähigkeit Eurer Obersten Führung. Stalin hat Tuchatschewski, Jegerow, Blücher, Orlow, Uborewitsch und Zehntausende mittlerer Offiziere erschossen, die die wahren Köpfe und Führer der Armeen waren. Dadurch hat er Euch der unvermeidlichen Vernichtung und Millionenopfern ausgeliefert. Der Schatten Tuchatschewskis erhebt sich rächend für den Mord des begabtesten militärischen Führers der Sowjetunion.«

In dem emphatischen »Aufruf an die roten Offiziere von ihren Frauen und Müttern« des Flugblattes 163 RAS hieß es mahnend: »... Wenn Ihr diese Seelenverderber schützen werdet, so werdet Ihr dieselbe Belohnung erhalten, wie sie die besten Offiziere in den Jahren 1937 und 1938 erfuhren.«

Das Flugblatt 178 RA brachte die erste ausführlichere Behandlung dieses Themas, das mit seinen beiden bekannten Argumenten während der großen Kesselschlachten im Osten bei den Zielpersonengruppen einen starken Eindruck auslöste:

Offiziere und Soldaten der Roten Armee!
Wißt Ihr, warum die Rote Armee seit den ersten Tagen des Krieges ungeachtet eurer verbissenen Gegenwehr Niederlagen auf Niederlagen erleidet und ständig zurückgeht?
Weil das deutsche Oberkommando, die mittleren und unteren Befehlsstellen in der Kriegskunst ausgezeichnet bewandert sind. Hingegen hat Stalin die fähigen Führer der Roten Armee in den Jahren 1937–1938 erschossen, damals, als zusammen mit Tuchatschewski, Kork, Jegorow, Orlow und anderen in den Stalinschen Gefängnissen über 30 000 Offiziere zu Tode gequält wurden.
Weil Deutschland und seine Verbündeten einig sind; in der Sowjetunion aber kann zwischen der Regierung und dem Volke keine Einigung bestehen, weil die Regierung das Volk 23 Jahre ausgebeutet und gequält hat.
Weil in der deutschen Wehrmacht das Verhältnis zwischen den Offizieren und Soldaten auf Achtung, Vertrauen und gegenseitiger Anhänglichkeit beruht. In der Roten Armee aber kann niemand jemandem vertrauen, da überall die Spione und Verräter des NKWD sitzen, da »die Augen und Ohren« Stalins bei der Truppe (die politischen Leiter und Propagandisten) die Offiziere und Soldaten der Roten Armee überwachen und über sie berichten; da sogar in den vordersten Linien Kriegstribunale, Organe des NKWD, Vernichtungsabteilungen usw. ihr Unwesen treiben.
Weil die deutsche Wehrmacht und ihre Verbündeten für eine gerechte Neuordnung in Europa kämpfen, die wir auch den Völkern der UdSSR bringen, während Stalin ihr Leben opfert für ein Regime, das bereits dem Untergange anheimgefallen ist.

Rückseite:

Hört mal zu, Soldaten und Offiziere
der Roten Armee!

Mit diesem sinnlosen Blutvergießen muß Schluß gemacht werden! Schützt das Volksvermögen, mit dem ihr nach dem Kriege ein neues freies Leben beginnen wollt. Glaubt nicht der Stalinschen Propaganda; ihr habt euch doch schon so oft davon überzeugt, daß sie lügt. Kommt zu uns herüber! Die Deutschen behandeln gefangene Offiziere und Soldaten gut!

Passierschein.

Eine notwendige Ergänzung für die intensiver werdende Überläuferpropaganda mit ihren einfachen Überläufer-Appellen und Passierscheinen bestand gleichzeitig in dem Bemühen der Propaganda, den Rotarmisten zu einer Verhaltens- und Einstellungsänderung zu motivieren und ihm dabei die Gründe zu nennen, die er zur Rechtfertigung seines Verhaltens vor sich selbst und seiner sozialen Umwelt dringend benötigte. Demnach mußte eine Aufforderung zum Überlaufen, die sich nicht unmittelbar auf eine extreme Gefechtsfeldsituation bezog, mittel- oder langfristig den angesprochenen Zielpersonengruppen plausible Argumentationsmuster anbieten. Sie sollten es diesen Gruppen erleichtern, sich einfacher aus ihrer Treueverpflichtung der politischen wie militärischen Führung gegenüber lösen zu können.

Diese wichtige »Rechtfertigungspropaganda«, in deren Bereich z. B. die deutsche Interpretation der sowjetischen Niederlagen erst ihren sinnvollen Stellenwert erhielt, wandte sich nicht nur an die sowjetischen Soldaten, sondern ebenso an die russische Bevölkerung. Sie ließ sich auf einen einfachen Nenner bringen: die deutsche Propaganda versuchte mit allen ihr zur Verfügung stehenden Mitteln, das Regime in der Sowjetunion als die Inkarnation des Bösen schlechthin darzustellen.

Der »Blick über die Grenze«

Diese Diffamierungskampagne richtete sich zunächst einmal auf den Repräsentanten des Regimes, auf die Persönlichkeit Stalins.

Ein besonders eindrucksvolles Beispiel für die »Entmythologisierung« Stalins liefert der Inhalt des Flugblatts 145 RAB. Es wurde vom Auswärtigen Amt getextet und in seinem Entwurf sogar Hitler persönlich vorgelegt[70]. Anschließend ging die russische Fassung an die Abteilung Wehrmachtpropaganda, die die Herstellung und den Abwurf des Blattes veranlaßte, der Ende August 1941 durch die Luftwaffe erfolgte:

»Arbeiter, Bauern, Rotarmisten!

Die Handlanger Stalins trompeten in allen Tonarten, daß Stalin ein Genie sei und als

Staatsmann, Wirtschaftler und Feldherr nicht seinesgleichen habe.

Das alles ist Lüge und gemeine Speichelleckerei, denn die Tatsachen beweisen das Gegenteil.

Stalin – ein dreister Lügner!

Welcher Lärm wurde seinerzeit um die sogenannte große Stalin'sche Verfassung geschlagen! Und was war in Wirklichkeit daran? Alle durch die Verfassung verbrieften Freiheiten blieben auf dem Papier.

Versucht es doch, in der Sowjetunion ein »freies Wort« zu sagen (Art. 125), riskiert es mal, von der »Gewissensfreiheit« Gebrauch zu machen (Art. 124), das Innenkommissariat wird Euch schon zeigen, was unter der »Unverletzlichkeit der Person zu verstehen ist (Art. 127).

Ebenso haben sich alle übrigen Versprechungen Stalins als dreiste Lüge erwiesen! Der werktätigen Bauernschaft wurde Land versprochen, statt dessen wurde sie in den Kollektivwirtschaften versklavt. Die Arbeiter erhielten statt freier Arbeit und statt der versprochenen Hebung ihres Lebensniveaus das Stachanow'sche Zwangssystem.

Stalin – ein grausamer Tyrann!

Stalin verhöhnt Euch, indem er sagt: »Das Leben ist leichter, das Leben ist fröhlicher geworden«. Es fragt sich für wen? Die Kremlmachthaber und ihre Handlanger, denen es an nichts mangelt, haben fürwahr ein fröhliches Leben. Und wie steht es damit fürs Volk? Allein in der Ukraine sind an der Zwangskollektivierung 6 Millionen Menschenleben zu Grunde gegangen! Und wieviel unschuldige Opfer hat der Terror des Innenkommissariats gefordert? Das ist Stalin'sche »Sorge um den Menschen«!

Stalin – ein kläglicher Feigling!

Warum versteckt sich Stalin hinter den Kremlmauern und den breiten Rücken seiner Leibwächter? Er zittert vor seiner eigenen Umgebung, die nach Rache ruft für die erschossenen Freunde und Genossen. Ihm graut vor dem Zorne des Volkes und der Stunde der Vergeltung.

Stalin – ein unfähiger Administrator!

Besteht noch ein Zweifel, daß das Stalin'sche politische und wirtschaftliche System endgültig zusammengebrochen ist? Während als Folge der drei Stalin'schen Fünfjahrespläne das Volk in Not und Entbehrung lebt, ist den Kremlmachthabern nichts besseres eingefallen, als einen Krieg mit Deutschland heraufzubeschwören. Alle Opfer, die das Volk für die sinnlose Aufrüstung gebracht hat, sind vergeblich. Gegen Deutschland kann Stalin nicht an!

Stalin – ein verkrachter Feldherr!

In dem Wahn, einen günstigen Augenblick auszunutzen, wo Deutschland mit England Krieg führt, begann Stalin seine Truppen an der deutschen Grenze zu konzentrieren. Deutschland hat jedoch den teuflischen Plan rechtzeitig erkannt und ist dem ihm zugedachten Stoß in den Rücken zuvorgekommen. Stalin rühmte sich immer, daß er den »Feind auf dessen Territorium schlagen« würde. In Wirklichkeit ist es aber anders gekommen. Die deutschen Truppen, von ihrer gerechten Sache überzeugt, schlagen die Rote Armee fortgesetzt und besetzen eine sowjetische Provinz nach der anderen.

Das ganze Baltikum, Weißruthenien, die Stadt Smolensk, der größte Teil der Ukraine einschließlich der Städte Odessa und Nikolajew und des Erzgebietes vom Kriwoi Rog sind von deutschen Truppen und ihren Verbündeten besetzt. Leningrad, Moskau und Kiew sind unmittelbar bedroht. Jeder weitere Widerstand ist nutzlos!

Folgt Überläufer-Ausweis.«

Die Informationen, die das Flugblatt 145 RAB lieferte, wurden durch eine Statistik ergänzt, die die Flugblattzeitung 154 Z auf ihrer letzten Seite veröffentlichte:

»Dein Feind hinter der Front – ist Stalin,
Beria und ihr blutiges NKWD!
Wißt ihr, daß . . .

. . . die Gesamtzahl der von der Sowjetmacht in den Konzentrationslagern Gefangenen 6,5 bis 7 Millionen Menschen beträgt?

. . . daß von 1821 bis 1906 in Rußland nach Aburteilung 997 Menschen hingerichtet wurden, während die Sowjetmacht in den Jahren 1918–1923 mehr als 1,5 Millionen Menschen erschießen ließ?

. . . seit Mai 1937 auf Befehl Stalins das

Рабочие, крестьяне, красноармейцы!

Прислужники Сталина твердят на все лады, что Сталин великий гений человечества и что нет равного ему государственного деятеля, хозяйственника и полководца.

Все это ложь и низкое подхалимство,

ибо факты доказывают прямо противоположное.

Сталин — наглый обманщик!

Какая шумиха была поднята в свое время вокруг так называемой великой сталинской конституции! А что получилось на деле? Все гарантированные конституцией свободы остались на бумаге. Попробуйте в Советском Союзе сказать „свободное слово" (ст. 125-ая), рискните воспользоваться „свободой совести" (ст. 124-ая), НКВД вам живо покажет, что означает „неприкосновенность личности" (ст. 127-ая).

Все прочие обещания Сталина точно также оказались наглым обманом! Трудовому крестьянству сулили землю, а взамен закрепостили его в колхозах. Рабочим взамен свободного труда и поднятия жизненного уровня уготовили стахановскую кабалу.

Сталин — жестокий тиран!

Сталин издевается над народом, заявляя, что „жить стало лучше, жить стало веселее". Кому как! У кремлевских заправил и их прислужников всего вдоволь, потому им и жить весело. А как дело обстоит для народа? На одной Украине принудительная коллективизация стоила жизни шести миллионам крестьян! А сколько невинных жертв было раздавлено его „ежовыми" рукавицами, замучено в застенках НКВД или сослано в отдаленные места на верную гибель? Такова сталинская „забота о живом человеке!"

Сталин — жалкий трус!

Почему Сталин прячется в кремлевских стенах за широкими спинами своих телохранителей? Он боится своего собственного окруже-

145 RAB

Flugblatt 145 RAB:
Das erste Flugblatt,
das vom Auswärtigen Amt getextet wurde

ния, жаждущего мести за расстреленных друзей и товарищей. Он страшится народного гнева, ждущего часа расплаты.

Сталин — горе-администратор!

Можно ли еще сомневаться в том, что сталинская политическая и хозяйственная система потерпела окончательный крах? В результате трех сталинских пятилеток народ ходит разутым и раздетым и терпит нужду и лишения. Кремлевские же заправилы не сумели придумать ничего лучшего, как спровоцировать войну с Германией. Однако, все жертвы, принесенные народом в пользу бессмысленного вооружения страны. оказались бесполезными. Против Германии Сталину не устоять!

Сталин — провалившийся полководец!

Рассчитывая использовать момент, Сталин в разгар войны между Германией и Англией начал концентрировать свои войска на германской границе. Однако, дьявольский план был своевременно распознан Германией, предупредившей готовящийся ей удар в спину. Сталин хвалился, что будет „бить врага на его собственной территории". Но на деле получилось иначе! Германские войска, убежденные в правоте своего дела, продолжают бить Красную Армию и занимать одну советскую область за другой.

Вся Прибалтика, Белоруссия, город Смоленск, большая часть Украины включая Николаев и Криворожье заняты германскими войсками.

Ленинград, Москва, Киев находятся под непосредственной угрозой.

Дальнейшее сопротивление бесполезно!

Пропуск действителен для неограниченного количества переходящих на сторону германских войск командиров и бойцов РККА:

ПРОПУСК

Пред'явитель сего, не желая бессмысленного кровопролития за интересы жидов и комиссаров, оставляет побежденную Красную Армию и переходит на сторону Германских Вооруженных Сил. Немецкие офицеры и солдаты окажут перешедшему хороший прием, накормят его и устроят на работу.

(Перевод на немецкый язык смотри рядом)

Passierschein

Vorzeiger dieses wünscht kein sinnloses Blutbad im Interesse der Juden und Kommissare. Er verläßt die geschlagene Rote Armee und geht auf die Seite der deutschen Wehrmacht über. Die deutschen Offiziere und Soldaten werden den Überläufer gut behandeln, ihn verpflegen und für Beschäftigung sorgen

Der Passierschein gilt für eine unbeschränkte Anzahl von Offizieren und Soldaten der Roten Armee, die zur deutschen Wehrmacht übergehen

NKWD erschießen ließ:
3 Marschälle
3 von 6 Armee-Oberbefehlshabern 1. Ranges
10 von 13 Armee-Oberbefehlshabern 2. Ranges
57 von 85 Korpskommandeuren
110 von 195 Divisionskommandeuren
220 von 406 Brigadekommandeuren
... daß während des Hungerjahres 1933 bis 1934 die Bauernschaft 7 910 000 Menschen durch den Hungertod verloren hat?«

Diese erste in einer Auflage von 250 000 Stück im September abgeworfene Flugblattzeitung 154 Z, die in der Folgezeit unter dem Titel »Der Kriegspfad« an der Ostfront bekannt werden sollte, versuchte besonders durch ihr »Tatsachenmaterial« den Eindruck zu vertiefen, daß sich in dem »gegenwärtigen Kampf« »zwei Welten« gegenüberständen. Die eine Welt sei die »alte sterbende Welt der kommunistischen Knechtschaft«, die andere die »neue Welt unter der Führung Deutschlands«. Dies sei die »Welt der Gerechtigkeit und der Freiheit«, eine »Welt ohne Ausnutzung des Menschen durch seinen Nächsten«.

Flugblattzeitungen dieser Art mit ergänzenden Flugblättern sollten die totale sowjetische Informationssperre durchbrechen. Die Zielpersonengruppen sollten die Informationen erhalten, die ihnen durch ihre eigenen Medien nicht geliefert wurden. Das Flugblatt 148 SU stellte die Frage nach den Gründen für die totale Isolierung der russischen Bevölkerung: »Warum sind die Grenzen für Euch geschlossen?« Die überraschende Antwort bestand in der Feststellung, daß die russische Bevölkerung nicht erfahren solle, »wie gut die Deutschen lebten«. Die Unkenntnis über die wirklichen Verhältnisse in Deutschland sollte im Hinblick auf die neue »Zwei-Welten-Theorie« durch eine entsprechende Informationskampagne beseitigt werden. Sie setzte im Herbst 1941 ein und erreichte ihren Höhepunkt in den Jahren 1942 und 1943.

So brachten zunächst einmal die folgenden Nummern des »Kriegspfades« einen Vergleich der Landwirtschaft in Deutschland und in der UdSSR (193 Z) und einen Bericht über den unterschiedlichen Lebensstandard in den beiden Ländern (228 Z)[71]. Im Anschluß an diese ersten Übersichten befaßten sich die speziellen Bildflugblätter der Serie 242 B (Das Leben des deutschen Arbeiters), 243 B (So lebt die deutsche Jugend), 244 B (So lebt der deutsche Bauer) eingehender mit dem Deutschland-Thema.

Mit der Abwurfbroschüre 211 (Unter Adolf Hitlers Joch) erreichte die Informationspropaganda über Deutschland ihren ersten Höhepunkt. Die von der Abteilung Ost wiederum produzierte und drucktechnisch hervorragend ausgestattete Broschüre in Kleinformat (11 x 7,5 cm) brachte auf 16 Bild- und Textseiten die Informationen über Deutschland, die »Stalin und seine jüdischen Helfershelfer« der Bevölkerung vorenthielten (»... Was wißt Ihr über Deutschland und das Leben seiner Arbeiter und Bauern? Nichts!«). Über die Lage des Arbeiters in Deutschland wurde z. B. folgendes berichtet:

»Selbstverständlich bekommt jeder Arbeiter seinen bezahlten Urlaub, und die Millionenorganisation ›Kraft durch Freude‹ führt den Arbeiter in ferne Länder auf eigenen Schiffen, hat ein Auto für den Arbeiter gebaut, schafft ihm Bäder, Erholungsstätten und Heime. Für einen halben Wochenlohn kann jeder Arbeiter einen Radio-Apparat erwerben, das Auto für den Arbeiter kostet etwa 3 Monatslöhne, und dabei braucht er in jedem Monat nur Pfennigbeträge dafür zu bezahlen.«

Derartige Berichte über die »Wunderwelt Deutschland« sollten die unüberbrückbare Kluft zwischen den »beiden Welten« besonders tief erscheinen lassen.

In Verbindung mit der bereits erwähnten »Rechtfertigungspropaganda« behandelten die deutschen Flugblattserien ein Thema, das im Sommer und Herbst 1941 die Tendenz der deutschen Propaganda im Osten entscheidend mitgestalten sollte.

Das »Morgenrot eines neuen Lebens«: Die Stunde der Befreiung

Diese im Juni 1941 einsetzende Propagandakampagne, die sich an unterschiedliche Zielpersonengruppen richtete, hielt sich in ihrer Aussage eng an die »Weisungen für die Handhabung der Propaganda im Fall ›Barbarossa‹«. Sie arbeitete mit der »Befreiungskonzeption« der Wehrmacht, die den Krieg

Так живет новая Германия

Рабочий поселок около большой фабрики. В каждом домике живет одна семья.

Столовая в доме рабочего.

Праздник в деревне.

Что мы вам несем!

Раскрепощение от коммунистического ярма, уничтожение советского режима, виновника террора, произвола и нищеты.

Создание нового строя на основах свободного вероисповедания и частной собственности.

Новое разрешение земельного вопроса. Ликвидацию колхозов. Передачу приусадебных участков крестьянам в собственность, освобожденную от налогов. Это первые шаги к переустройству крестьянского хозяйства.

Новый порядок работы с оплатой труда, дающей возможность человеческой жизни, а не подсоветского прозябания.

О восстановлении реакции, возвращении помещиков и власти капитала не может быть и речи!

Мы несем вам мир и свободу!

А что скажет на это Сталин?

Когда лорд Черчилль был более спокоен и уверен в завтрашнем дне (а это было еще год тому назад), он так отозвался о большевизме:

«Большевизм — не политика, это болезнь. Это не мировоззрение, а эпидемия».

О своем сегодняшнем друге Сталине он говорил еще определеннее:

«Сталин и его приспешники — коммунистический преступный мир, по своему развитию ниже чем дикие звери».

Лорд Черчилль, конечно, и сегодня не переменил своего мнения, но... не все ли ему равно, кто его защищает, дикие звери, так дикие звери. Главное, чтобы Англия сохранила свою империю, рабовладельческие плантации в колониях и капиталы. Тем более, что он Англия, за последние полтор ста лет уже привыкла обороняться до последней капли крови... русского солдата.

Так что Черчилля можно понять, а вот Сталина?..

Твой враг в тылу, это Сталин, Берия и их кровавый НКВД!

Знаете-ли Вы, что ...

... советское правительство отбирая хлеб от крестьян по 6 коп. килограмм, продавало его трудящимся в городе по 75-150 коп. Этой спекуляцией оно «зарабатывало» от 1 250 до 2 500%. Все эти деньги шли на содержание компартий в Европе и Америке.

... общее число заключенных советской властью в концлагерях от 6 500 000 до 7 миллионов человек.

... с 1821 года по 1906 в России было казнено по суду 997 человек, а советской властью с 1918 по 1923 было расстреляно более полутора миллионов человек.

... с мая 1937 года по приказу Сталина НКВД было расстреляно:

3 маршала из 5,
3 командарма I ранга из 6,
10 командармов II ранга из 13,
57 комкоров из 85,
110 комдивов из 195,
220 комбригов из 406...

... партийный фонд ВКП(равняется 200 миллионам франков и находится за границей.

... во время голода 1933-1934 года крестьянство потеряло 7 910 000 человек, умерших голодной смертью.

Вырежь и сохрани этот пропуск: с ним тебя ожидает на нашей стороне хороший прием

Пропуск действителен для **неограниченного количества** переходящих на сторону германских войск командиров и бойцов РККА.

ПРОПУСК

Пред'явитель сего, не желая бессмысленного кровопролития за интересы жидов и комиссаров, оставляет побежденную Красную Армию и переходит на сторону Германских Вооруженных Сил. **Немецкие офицеры и солдаты окажут перешедшему хороший прием, накормят его и устроят его на работу.**

(Перевод на немецкий язык смотри рядом)

Passierschein

Vorzeiger dieses wünscht kein sinnloses Blutbad im Interesse der Juden und Kommissare. Er verläßt die geschlagene Rote Armee und geht auf die Seite der deutschen Wehrmacht über. Die deutschen Offiziere und Soldaten werden den Überläufer gut behandeln, ihn verpflegen und für Beschäftigung sorgen.

Der Passierschein gilt für eine unbeschränkte Anzahl von Offizieren und Soldaten der Roten Armee, die zur deutschen Wehrmacht übergehen.

в немецком плену у красноармейцев и командиров открываются глаза на мир. Германская армия — непобедима. В этом убедились мы сами — это стало очевидным. Германская армия шаг за шагом идет к победе. Сводки советского информбюро скрывают от нас, товарищи, истинное положение на фронте ...

Бросайте оружие, сдавайтесь в плен! Товарищи командиры возглавьте это разумное дело! Товарищи политработники, прекращайте всякую агитацию за дальнейшее ведение войны.

Русские люди должны понять, что война им не нужна — ее нужно кончить, как можно скорее'...»

Так говорят сдавшиеся в плен политруки. Искренно или нет — определить трудно. Во всяком случае, за эту искренность говорит то, что они перешли к немцам и то что они не побоялись подписать воззвание своими полными именами.

Прочти и передай другому!

C/2765 154 Z

Die letzte Seite der ersten Flugblattzeitung 154 Z

nur gegen das »verbrecherische Regime im Kreml« führte.

Die ersten Flugblattserien enthielten zu diesem Thema folgende Aussagen:

»Die deutschen Soldaten werden Euch von der kommunistischen Tyrannei befreien und Euch den Weg zum wahren Sozialismus zeigen (000 112 RA)«; »Eure Freiheit ist nahe! Wir bringen Euch nicht einen Zaren, sondern die Freiheit (120 RA)«; »Bevölkerung Moskaus! Die deutsche Wehrmacht kommt nicht als Feind des Volkes. Sie kämpft nur gegen die kommunistische Anarchie und gegen die Verbrecher, die im Kreml sitzen (127 M)«; »Bürger der Sowjetunion! Soldaten und Offiziere der Roten Armee! Die deutsche Wehrmacht kämpft für eine neue Ordnung anstelle des alten Regimes, anstelle der kommunistischen Mißwirtschaft, für Brot statt Hunger und Elend. (...) Außerdem stellen die Deutschen die Freiheit der Religion wieder her (143 B; 149 R; 149 U)«; »Die Stunde der Befreiung hat geschlagen für alle Völker der an Völker so reichen UdSSR. Die siegreiche deutsche Wehrmacht zerbricht die Ketten des jüdisch-kommunistischen Joches. (...) Die Völker der UdSSR wurden versklavt. Wollt Ihr denn wirklich diese Sklaverei mit Eurem Leben verteidigen? Das Morgenrot eines neuen kulturvollen Lebens und Arbeitens steigt auf. Lauft zu uns über! Damit beschleunigt Ihr Eure Befreiung und unterbindet das weitere sinnlose Blutvergießen (153 P)«; »Offiziere und Soldaten der Roten Armee! Was wir Euch bringen! Wir befreien Euch von dem kommunistischen Joch, wir beseitigen das Sowjetsystem, die Quelle des Terrors, der Willkür und der Armut. Ein neues System mit freier Religion und Eigenbesitz als Grundlage. (...) Wir bringen Euch Frieden und Freiheit! (154 Z)«; »Die deutsche Wehrmacht kämpft ausschließlich gegen den Terror und die Willkür der Kommunisten (157 RA)«; »Die Deutschen kämpfen nicht gegen die Völker der UdSSR, sie kämpfen nur gegen ihre Unterdrücker, gegen Stalin und seinen NKWD (160 P)«; »Mütter, Frauen, Mädchen! Die deutsche Wehrmacht kämpft für eine Befreiung von dem schweren Stalinschen Joch. Wir bringen Frieden und Freiheit Euch und Euren Kindern (175 BF)«. »Schaffende Arbeiter der Ölindustrie! Die deutschen Soldaten kämpfen nicht gegen die Schaffenden, sondern gegen ihre Bedrücker, gegen die Kapitalisten und Kommunisten. Sie kämpfen für eine gerechte Ordnung, für Frieden, Freiheit, für Brot, und freie Arbeit für alle, für eine glückliche Zukunft! (195 Min)«; »Völker der Sowjetunion! Wir kämpfen nicht gegen die Völker der UdSSR, sondern gegen die verbrecherische jüdische Stalinherrschaft. Wir kämpfen für Eure Befreiung, für die Freiheit der Religion, für die Befreiung der Bauern, für die Befreiung von sieben Millionen Menschen, die durch Stalin und sein blutrünstiges NKWD in Konzentrationslagern und Gefängnissen gequält werden (214 B)«.

Es wird in einem anderen Kapitel untersucht werden müssen, ob die Versprechungen der Befreiungspropaganda nur klingendes Pathos blieben oder in die Tat umgesetzt werden konnten.

Die »Ergänzenden Weisungen für die Handhabung der Propaganda gegen die Sowjetunion«

Fast auf den Tag zwei Monate nach dem Beginn des Angriffs auf die Sowjetunion erschienen die »Ergänzenden Weisungen für die Handhabung der Propaganda gegen die Sowjetunion«. Sie sollten die inzwischen gewonnenen Erfahrungen der ersten Wochen für die Propaganda nutzbar machen[71].

Die »Ergänzenden Weisungen« vom 21. August 1941 bestimmten, daß weiterhin die Aktivpropaganda in den Gegner die »Hauptaufgabe« der deutschen Propaganda bleiben sollte. Die inzwischen benutzten Propagandaparolen sollten ebenfalls beibehalten werden. Neu jedoch war die Betonung der Tatsache, daß sich die politischen Kommissare als »besondere Träger des Widerstandswillens« erwiesen hätten und daher ganz besonders von der Propaganda angegriffen werden müßten. Die Kommissare sollten »bei der Sowjettruppe noch verhaßter und verächtlicher« gemacht werden durch die Behauptung, daß sie zwar die Rotarmisten rücksichtslos in den Einsatz trieben, sich selbst aber durch die Flucht retteten.

Den wichtigsten Teil dieser Weisung bilde-

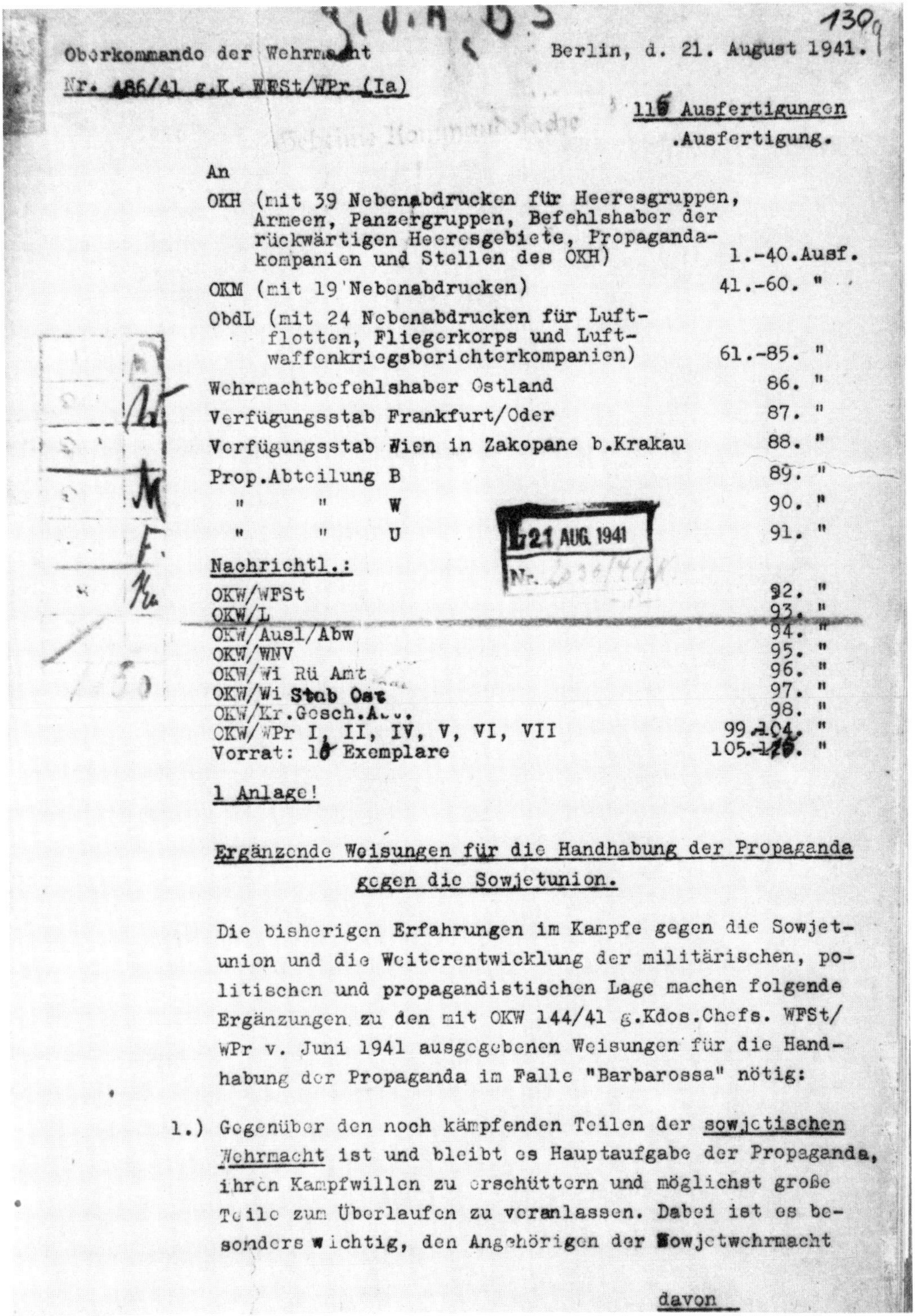

Oberkommando der Wehrmacht Berlin, d. 21. August 1941.

Nr. 486/41 g.K. WFSt/WPr (Ia)

116 Ausfertigungen

.Ausfertigung.

An

OKH (mit 39 Nebenabdrucken für Heeresgruppen, Armeen, Panzergruppen, Befehlshaber der rückwärtigen Heeresgebiete, Propagandakompanien und Stellen des OKH)	1.-40.Ausf.
OKM (mit 19 Nebenabdrucken)	41.-60. "
ObdL (mit 24 Nebenabdrucken für Luftflotten, Fliegerkorps und Luftwaffenkriegsberichterkompanien)	61.-85. "
Wehrmachtbefehlshaber Ostland	86. "
Verfügungsstab Frankfurt/Oder	87. "
Verfügungsstab Wien in Zakopane b.Krakau	88. "
Prop.Abteilung B	89. "
" " W	90. "
" " U	91. "
Nachrichtl.:	
OKW/WFSt	92. "
OKW/L	93. "
OKW/Ausl/Abw	94. "
OKW/WNV	95. "
OKW/Wi Rü Amt	96. "
OKW/Wi Stab Ost	97. "
OKW/Kr.Gesch.A...	98. "
OKW/WPr I, II, IV, V, VI, VII	99.-104. "
Vorrat: 12 Exemplare	105.-116. "

1 Anlage!

Ergänzende Weisungen für die Handhabung der Propaganda gegen die Sowjetunion.

Die bisherigen Erfahrungen im Kampfe gegen die Sowjetunion und die Weiterentwicklung der militärischen, politischen und propagandistischen Lage machen folgende Ergänzungen zu den mit OKW 144/41 g.Kdos.Chefs. WFSt/WPr v. Juni 1941 ausgegebenen Weisungen für die Handhabung der Propaganda im Falle "Barbarossa" nötig:

1.) Gegenüber den noch kämpfenden Teilen der sowjetischen Wehrmacht ist und bleibt es Hauptaufgabe der Propaganda, ihren Kampfwillen zu erschüttern und möglichst große Teile zum Überlaufen zu veranlassen. Dabei ist es besonders wichtig, den Angehörigen der Sowjetwehrmacht

davon

Blatt 1 der »Ergänzenden Weisungen für die Handhabung der Propaganda gegen die Sowjetunion«

ten die Richtlinien zur Behandlung der Kollektivfrage, die erst nach sehr schwierigen Verhandlungen zwischen OKW/WPr, dem Auswärtigen Amt, dem Ostministerium und dem Reichsernährungsministerium als Kompromiß erlassen wurden[72]. Bei den klingenden Versprechungen der »Befreiungspropaganda« erhoffte sich die Bevölkerung eine schnelle Beseitigung der verhaßten Kolchoswirtschaft und die Einführung des freien bäuerlichen Besitzes. Eine derartige »übereilte Maßnahme« lehnten zu diesem Zeitpunkt weniger die Verantwortlichen der Abteilung Wehrmachtpropaganda als die Vertreter des Reichsernährungsministeriums aus wirtschaftlichen Erwägungen kategorisch ab. Man befürchtete hierdurch eine drastische Reduzierung der landwirtschaftlichen Produktion in den besetzten Ostgebieten.

Die deutsche Wehrmachtpropaganda erhielt durch die »Ergänzenden Weisungen« die undankbare Aufgabe, die neuen Bestimmungen der Bevölkerung »in sehr vorsichtiger und doch eindringlicher Form« verdeutlichen zu müssen. Ihre vorrangige Aufgabe bestand in dem Auftrag, durch eine entsprechende Propaganda die Arbeitsmoral der Bevölkerung so zu steigern, daß die Ernte des Jahres 1941 zur vollen Zufriedenheit eingebracht und die Herbstbestellung erfolgreich abgeschlossen wurde. Durch den psychologischen Trick der Umbenennung der Kolchosen und Sowchosen in »Gemeindewirtschaft« und »Domänen« und dem Versprechen, der zur privaten Bewirtschaftung überlassene »Hof« mit dem dazugehörigen Land werde »Eigentum der Bauern«, sollte dieser Arbeitseifer geweckt werden. Im Prinzip wurde der alte Zustand nicht geändert. Die Gewährung der Religionsfreiheit war bei der zunächst beibehaltenen Kolchoswirtschaft unter verändertem Namen sicherlich nur ein geringer Trost für die betroffenen Bevölkerungsteile.

Die »Ergänzenden Weisungen« lieferten eine Reihe neuer Propagandaparolen, die sich kurze Zeit später in dem Flugblatt 143 B niederschlugen:

»Bürger der Sowjetunion,
Soldaten und Offiziere der Roten Armee!

Die deutsche Wehrmacht kämpft für eine neue Ordnung anstelle des alten Regimes, anstelle der kommunistischen Mißwirtschaft und Willkür, für Brot statt Hunger und Elend. Die Rückkehr der Gutsbesitzer-Kapitalisten wird nicht zugelassen. Obgleich der Krieg noch andauert, führen die Deutschen bereits folgende Maßnahmen durch:

Die den Kolchosmitgliedern bisher zu persönlichen Nutznießung zur Verfügung stehenden Höfe und das dazugehörende Land werden Eigentum der Bauern und sind steuer- und lastenfrei.

Vorausgesetzt, daß die Ernte gut eingebracht und die Herbstbestellung gut durchgeführt wird, wird der Privatbesitz bis zur Verdoppelung vermehrt. Damit ist den Bauern die Möglichkeit gegeben, den Viehbestand entsprechend zu vergrößern.

Für die von den Gemeindefeldern und eigenen Landstücken gelieferten landwirtschaftlichen Erzeugnisse werden die deutschen Behörden feste und gerechte Preise zahlen, die wesentlich höher sind, als die bisherigen Bereitstellungspreise.

Außerdem stellen die Deutschen die Freiheit der Religion her.

Der, der den Krieg fortsetzt, kämpft für die eigene Versklavung. Durch Beendigung des sinnlosen Widerstandes helft Ihr der Neuordnung der Landwirtschaft und der Besserung der Arbeitsbedingungen und Eures ganzen Lebens.«

Das ungute Gefühl der Propagandisten, durch eine bewußte Irreführung der Bevölkerung ein Höchstmaß an Arbeitseinsatz mobilisieren zu müssen, wurde jedoch sehr bald schon durch neue spektakuläre Siegesmeldungen von der Ostfront beseitigt. Auftretende Skrupel, die Propaganda könne durch allzu massive Manipulation an Glaubwürdigkeit verlieren, verschwanden zunächst noch durch die Euphorie der Siegesgewißheit.

Propaganda auf dem Prüfstand

Mit Spannung wartete die Abteilung Wehrmachtpropaganda auf die ersten Meldungen über die Wirkung der Propaganda an der Ostfront. Sie liefen ab Juli 1941 bei der Zentrale in Berlin ein und wurden bereits in dem

Sowjetische Überläufer im Bereich der 18. Armee (PK 621)

alle 14 Tage erscheinenden Wehrmacht-Propaganda-Lagebericht[73] für die Zeit vom 1. Juli bis 15. Juli 1941 eingearbeitet:

»Besonders bewährt haben sich alle Arten von Flugblättern, denen ein Ausweis für die Überläufer beigedruckt war, der ihnen gute Behandlung in deutscher Kriegsgefangenschaft zusichert.

Nach den sehr zahlreichen bei WPr vorliegenden Meldungen der Front übertrifft der Erfolg der Flugblattpropaganda gegen die Sowjet-Armee alle Erwartungen. Es wurde erreicht, daß neben ungezählten einzelnen Überläufern sogar Truppenteile bis zur Bataillonsstärke geschlossen unter der Führung ihrer Offiziere überliefen.«

Nicht nur die deutschen Truppen, sondern auch die deutsche Propaganda befand sich auf siegreichem Vormarsch. Die 30. Infanterie-Division meldete am 10. Juli 1941 von ihrem Divisionsgefechtsstand Masslowa, daß alle bisher gefangenen Rotarmisten die Wirkung der deutschen Flugblätter lobten. Die Division bedauerte jedoch, daß die Höhe der Abwurfzahlen bei der gewaltigen Nachfrage nach deutschem Propagandamaterial zu gering sei (». . . es müssen einfach so viele Flugblätter abgeworfen werden, daß die Soldaten darüber stolpern und die Offiziere keine Möglichkeit haben, die Flugblätter aufzusammeln[74].«)

Das Pz AOK4 erwähnte in seinem Feind-Nachrichten-Blatt Nr. 3, vor dem eigenen Bereich wären über 1 Million WPr-Flugblätter und 500 000 eigene in der Armee-Kartenstelle hergestellte Blätter »mit vollem Erfolg« abgeworfen worden. Die Truppe verlange dringend erhöhten Abwurf.

Auch die Panzer-Gruppe 1 berichtete, daß die Flugblattpropaganda in ihrer Kampfzone »sehr erfolgreich« wäre. Überläufer kämen »mit den Flugblättern in größeren

Trupps«. Die Panzer-Kompanie 691 bei dieser Panzer-Gruppe meldete am 25. Juli 1941 direkt an OKW/WPr, daß beeindruckende Erfolgsmeldungen über Überläufer, die Flugblätter mit Passierscheinen vorzeigten, aus allen Korps eingingen. In einem Fall wären sogar 6 Rotarmisten übergelaufen, die ein einziges Flugblatt in 6 Teile zerrissen hätten, um sich einzeln ausweisen zu können. Eine Intensivierung des Flugblattabwurfs wurde nachdrücklich verlangt[75].

Allerdings bedauerte die 9. Armee in ihrem Bericht an OKW/WPr, daß die Überläufer und Rotarmisten, die sich durch die Flugblattpropaganda motiviert in deutsche Gefangenschaft begeben hätten, ohne Ausnahme als »Gefangene« bezeichnet würden. Ein unmittelbarer Erfolg der Flugblattpropaganda in bezug auf echte Überläuferzahlen könne bei diesem undifferenzierten Verfahren »zahlenmäßig« nicht erfaßt werden. Dennoch ließe sich die Höhe der Gefangenenzahlen eindeutig auf den Einfluß der Flugblattpropaganda zurückführen. In einem der ersten umfangreicheren Berichte über die »Bewährung der Flugblattpropaganda im Bereich der 9. Armee für die Zeit vom 22. Juni bis 26. Juli 1941« betonte allerdings die 9. Armee, daß die deutsche Aktivpropaganda bisher nur bei »versprengten oder bei eingeschlossenen Verbänden« zu einem durchschlagenden Erfolg geführt hätte. Die »hoffnungslose Lage« und die »aussichtslos erscheinende Verteidigung«, die dem Rotarmisten noch zusätzlich durch die deutsche Propaganda bewußt gemacht würde, hätten zu einer schnellen Einstellung des sinnlos erscheinenden Widerstandes geführt. Bei Verbänden jedoch, die sich noch »fest in der Hand der Führung« befänden, könne man von einem »sichtbaren Erfolg« nicht sprechen. Revolten, Meutereien oder »allgemeine Zersetzungserscheinungen« gäbe es offensichtlich noch nicht in der Roten Armee. Vor allem aber hätten die Erfahrungen gezeigt, daß der »vaterländische Gedanke als Rückgrat des Kampfwillens« in der Roten Armee nicht unterschätzt werden dürfe[76].

Zu ähnlichen Erkenntnissen kam die 2. Armee. Auch hier bewährte sich die Flugblattpropaganda so, daß in zahlreichen Fällen Offiziere und Soldaten der Roten Armee mit den Flugblättern in der Hand überliefen und sich auf die Passierscheine beriefen. Besonders anfällig zeigten sich wie beim AOK9 angeschlagener Feind und versprengte und eingekreiste Feindteile[77].

Als besonders wirkungsvoll erwies sich in der ersten Phase des Rußlandfeldzuges eine Methode, die in einem Bericht des XXIII. AK vom 16. September 1941 beschrieben wurde[78]:

»Es besteht die Möglichkeit, einzeln geeignet erscheinende Gefangene oder Überläufer mit Propagandamaterial wieder zu ihren Truppenteilen zurückzuschicken, insbesondere, wenn diese aussagen, daß in ihrem Truppenteil viele zum Überlaufen geneigt wären.

Der Einwand, daß die Gefangenen bei ihrem Zurückkehren doch erschossen würden, kann dabei in Kauf genommen werden. Es erscheint jedoch durchaus möglich, daß gleich nach ihrer Gefangennahme zurückgeschickte Leute auch heil drüben wieder ankommen. Es wird anheim gestellt, hierzu auch kurze, der augenblicklichen Situation angepaßte Flugblätter zu verwenden.«

Diese auch bereits im August 1941 von der Heeresgruppe Mitte empfohlene Methode, Gefangene oder Überläufer nach guter Behandlung zu ihrer Truppe zurückzuschicken und sie zu beauftragen, diese ebenfalls zum Überlaufen oder zur Einstellung ihres Widerstandes zu bewegen, wurde mit besonderem Erfolg von der PK 689 beim AOK4 angewandt. Stellvertretend für eine Reihe anderer Einsätze dieser Art sei im folgenden geschildert, wie der ehemalige Sekretär Timoschenkos und Direktor eines Industriekonzerns in Moskau, der sowjetische Oberstleutnant Tichomirow, einen solchen Auftrag im Kessel von Wjasma erfüllte. Tichomirow war in deutsche Gefangenschaft geraten und nach hervorragender Behandlung bereit, in den Kessel zurückzukehren, um weitere Rotarmisten zum Überlaufen zu bewegen. Das für Tichomirow risikoreiche Unternehmen verlief nach den Aufzeichnungen der PK 689 auf folgende Weise:

»Nachdem Tichomirow an der HKL abgesetzt worden war, versuchte er, in den Kessel zurückzugelangen. Er stieß schon bald auf sowjetische Vorposten und rief diesen zu, daß er zu den Versprengten der 60. Infanterie Division gehöre. Er wolle sich den Eingeschlossenen anschließen, um einen Durchbruch nach Osten bei Wjasma zu versuchen. Hierauf wurde ihm erklärt, daß Wjasma schon längst in deutscher Hand wäre, und daß es dort kein Entkommen für die eingeschlossenen Verbände gäbe. Auf die Frage Tichomirows, was nunmehr geschehen solle, sagten die Rotarmisten ihm, sie wollten nach Westen in den Rücken der Deutschen durchstoßen, um dort einen Partisanenkrieg zu führen.

Daraufhin beschwor Tichomirow die Eingeschlossenen, von diesem Plan Abstand zu nehmen, da ein solches Vorhaben in der augenblicklichen Lage einem Selbstmord gleichkäme. Auf ein solches Abenteuer könne er sich nicht einlassen. Im übrigen sähe er jetzt erst besonders deutlich, daß ein weiterer Widerstand sinnlos sei. Er habe sich daher entschlossen, zu den Deutschen überzugehen, da er genau beobachtet hätte, daß die Gefangenen von den Deutschen tadellos behandelt und verpflegt werden würden. Die sowjetische Greuelpropaganda habe sich als eine ungeheure Lüge erwiesen.

Nach dieser Feststellung schlug Tichomirow den Eingeschlossenen vor, ohne Hemmungen seinem Beispiel zu folgen und im Morgengrauen mit ihm zusammen zu den Deutschen überzulaufen. Sein Vorschlag stieß bei dem 1. Bataillon, das von einem jüdischen Hauptmann geführt wurde, auf aggressive Ablehnung, während er bei den Kommandeuren des 2. und 3. Bataillons auf lebhaften Beifall und sofortige Zustimmung stieß.

Kurze Zeit später liefen diese beiden Bataillone mit 1500 Mann unter Führung von Tichomirow zu den Deutschen über. Sie wurden von der Fronttruppe freundlich empfangen und wie versprochen gut behandelt.

Nach dem erfolgreichen Abschluß seines Auftrages wurde Tichomirow sofort von den anderen Rotarmisten abgesondert und herzlich empfangen. Selbst die deutschen Mannschaften brachten ihre Freude über das gelungene Unternehmen durch ›lebhafte Worte und Gestikulationen‹ zum Ausdruck. Tichomirow erhielt als Anerkennung für seinen großartigen Erfolg ›Schokolade, ein Fläschchen Likör und ein Taschentuch‹.«

Der Tichomirow-Bericht[79] zeigt deutlich, wie stark sich die psychologischen Folgen einer anständigen Behandlung auswirken konnten.

Das AOK2 vertrat in diesem Zusammenhang die Auffassung, daß fast noch wichtiger als das spektakuläre Überlaufen die Schwächung des Kampfwillens der Rotarmisten wäre. Ein erster Beweis hierfür sei die Tatsache, daß bei den sehr schweren Kämpfen bei Mogilew trotz des ausdrücklichen Verbots der militärischen Führung schließlich doch 35 000 Sowjetsoldaten kapitulierten und nicht bis zum Letzten kämpften[80].

Die erste »Propaganda-Großaktion«

Die erste sogenannte »Propaganda-Großaktion« wurde auf Befehl von OKW/WPr am 15. Juli 1941 gestartet[81]. Die psychologische Wirkung, die mit der Überwindung der Stalin-Linie durch die deutsche Wehrmacht verbunden war, sollte durch diese Propaganda-Aktion vertieft werden. Zur Unterstützung dieser Großaktion, die mehrere Tage dauerte, strahlten 10 Sender auf Mittel- und Kurzwelle von Deutschland, Finnland, Ungarn, Rumänien und vom bereits besetzten Gebiet im Osten spezielle Programme aus. Die gesamte Aktivpropaganda der Flugblatt- und Lautsprechereinsätze arbeitete mit der Tendenz, daß nach der Vernichtung der »letzten Verteidigungsstellung im Osten« jeder weitere Widerstand der Roten Armee sinnlos sei. Für diese »großangelegte und schlagartig einsetzende Propagandaoffensive« zur Zermürbung des Widerstandswillens der Sowjettruppen wurden in erster Linie die beiden Flugblätter 124 RA und 125 RA in einer Auflage von 6 Millionen Stück abgeworfen.

Das Flugblatt 125 RA lautete:

»Soldaten und Kommandeure
der Roten Armee!
Völker der Sowjetunion!
Eure letzte Verteidigungsfront ist durchbrochen. Eure Truppen fliehen oder sind zu den Deutschen übergegangen. Der Sieg ist den Deutschen sicher. In ihrer Ratlosigkeit klammern sich Eure Führer an leere Drohungen. Timoschenko droht jedem mit Kriegsgericht, der von Zurückweichen spricht.

Kommandeure und Soldaten der Roten Armee!

Überlegt es Euch. Die Drohungen Timoschenkos können Euch nichts anhaben. Kämpft Ihr aber weiter, dann werden Euch die deutschen Geschosse niedermähen. Niemals mehr werdet Ihr Eure Familien dann noch wiedersehen. Darum beendet diesen grausigen Krieg. Legt die Waffen nieder, macht Euch frei.

Umsonst habt Ihr schuften und hungern müssen für den Militarismus Eurer Moskowiter Führung. Schluß damit! Von jetzt ab soll Eure Arbeit Eurem Wohlergehen und dem Glück Eurer Familien dienen. Denkt an den kommenden Winter! Schützt Euer Getreide, Eure Maschinen und Euer Vieh, sonst werdet Ihr Hunger und Elend leiden. Die Drohungen Timoschenkos sind dumm, der Befehl Stalins, alles zu vernichten, ist ein Verbrechen gegen Euch. Besinnt Euch, ehe es zu spät ist. Steht auf gegen die Willkür, geht zu den Deutschen, den Kämpfern für Ordnung und Freiheit, über. Nieder mit den Juden und Kommissaren. Es lebe Ehre und Freiheit!«

Auf ausdrücklichen Befehl Hitlers flog die Luftwaffe noch zusätzlich einen Flugblatt-Sondereinsatz gegen Moskau, bei dem in der zweiten Julihälfte eine Million Exemplare des Flugblatts 127 M abgeworfen wurden. Das Flugblatt enthielt einen Aufruf an die »Bevölkerung Moskaus«, in dem in der bereits bekannten Weise zum Kampf gegen die »Verbrecher im Kreml« aufgerufen wurde[82].

Diese »Großaktionen«, die im Vergleich zu späteren Propaganda-Aktionen unbedeutend waren, führten zu keinen nennenswerten Erfolgen. Die von der Propaganda als »entscheidender Durchbruch« gefeierte Überwindung der Stalin-Linie bezog sich auf eine Verteidigungsstellung der Roten Armee, die sich noch in einem provisorischen Zustand befand und daher nur zum Teil ein ernstzunehmendes Hindernis bot. Beide Flugblattaktionen besaßen in erster Linie den Stellenwert von Experimenten, um zu testen, ob in einem gewissen Zeitraum bestimmte Flugblattmengen von der Luftwaffe über dem Gegner abgeworfen werden konnten.

Engpässe im Propaganda-Nachschub

Aber nicht nur Erfolgsmeldungen über den Einsatz der Propaganda, sondern auch kritische Stellungnahmen der Heeresgruppen und Armeen gingen schon sehr bald in steigendem Maße bei OKW/WPr ein.

Alle Propaganda-Einheiten an der Ostfront beklagten sich darüber, daß der Flugblattnachschub von Berlin über die drei Meldeköpfe aus an die Front nicht in der gewünschten und erhofften Weise »funktioniere«. So konnten viele dringend notwendige Flugblattaktionen aus Materialmangel nicht durchgeführt werden, eine Tatsache, die nicht nur die Propagandisten selbst, sondern auch die Truppe verbitterte. Bis zum 16. Juli 1941 erhielt das AOK2 z. B. aus Berlin nur 100 000 Stück des Flugblatts 125 RA, das für die »Großaktion« vorgesehen war. Zwar lagerten auf dem Flugplatz bei Warschau größere Flugblattbestände für das AOK2, sie konnten aber durch die notwendigen Transportmaschinen der Luftwaffe nicht weiterbefördert werden. Ein Bahn- oder LKW-Transport war zu diesem Zeitpunkt aus verkehrs- und versorgungstechnischen Gründen nicht möglich. Eine schnelle und gezielte Versorgung mit Flugblättern war nur mit Hilfe von Transportflugzeugen möglich, an denen fast immer ein chronischer Mangel bestand. Die Transporte waren jedoch in der ersten Phase des Angriffs nur dann sinnvoll, wenn sie auf die jeweiligen Kurierflugplätze der Heeresgruppen oder Armeen (». . . so weit nach vorn wie nur eben möglich«) erfolgten[83].

So stellte die 9. Armee nach den Erfahrungen der ersten vier Wochen des Feldzuges fest, daß ein »zeitgerechter Abwurf« nur dann möglich wäre, wenn die vorgesehenen Flugblätter durch die Kurierstaffel von OKW/WPr auf die jeweiligen Armeeflugplätze geflogen würden. Eine Übernahme der Flugblätter im rückwärtigen Armee- oder Heeresgebiet erwies sich bei der angespannten Versorgungslage nur selten und nur mit großer Verzögerung als möglich.

Nach dem bereits erwähnten Bericht der Panzer-Kompanie 691 ergab sich folgende Situation: Erfahrungsgemäß dauerte die Herstellung von Flugblättern, die nach eigenen Textvorschlägen der Kompanie von OKW/WPr in Berlin gedruckt wurden, ca. 2 Wochen. An der Front standen nur in Ausnahmefällen kleine primitive Druckmöglichkeiten zur Verfügung, so daß selbst einfachste Handzettel für ihre abwurffertige Herstellung 3 bis 4 Tage benötigten. Ein propagandistisches Einwirken auf bestimmte örtliche Gefechtsfeldsituationen (Kesselbildung, Kapitulation von Feindverbänden usw.), das besonders schnell erfolgen mußte, war auf diese Weise aus zeitlichen Gründen nicht möglich, obwohl gerade in solchen Fällen durch ein schnelles Reagieren eine starke Wirkung beim Gegner erzielt werden konnte.

Außerdem führte das Fehlen von speziellen Abwurfvorrichtungen für Flugblätter, die in Bündeln verladen wurden, immer wieder zu Unfällen, da sich die Blätter im Leitwerk der Maschinen verfingen und die Landeklappen einklemmten. Das Problem konnte durch die Entwicklung von Abwurfstangen gelöst werden, in denen zu einem späteren Zeitpunkt die Flugblätter von der Luftwaffe abgeworfen wurden.

Bei den beschriebenen Nachschubschwierigkeiten gingen die Propaganda-Einheiten von Beginn des Rußlandfeldzuges an ihrem Auftrag entsprechend dazu über, nicht nur eigene Textentwürfe an OKW/WPr nach Berlin einzusenden und dort Flugblätter in Auftrag zu geben, sondern auch in Eigenverantwortung selbst Flugblätter zu texten und an Ort und Stelle mit den zur Verfügung stehenden Mitteln zu drucken. Am »rührigsten« waren hierbei die PK 637 beim AOK6, die in 8 Wochen 33 eigene Flugblätter produzierte und einsetzte. Auch die PK 612 beim AOK9 und die PK 621 beim AOK18 zeichneten sich durch entsprechende Eigeninitiativen aus und entwarfen 11 bzw. 19 eigene Flugblätter, die in den Gegner verschossen wurden[84].

Durch einen OKW/WPr-Befehl vom 7. Juli 1941, der sich mit dem Einsatz von Flugblättern gegen die Sowjetunion befaßte, wurde den Propaganda-Kompanien ausdrücklich erlaubt, zusätzlich zu den Vorschlägen zur Herstellung von Flugblättern bei OKW/WPr eigene Flugblätter militärischen Inhalts zu produzieren, die der »Erreichung eines begrenzten Kampfzweckes« im Armeebereich dienten. Diese Blätter mußten sich jedoch in ihrer Tendenz eng an die Ziffer 1 der »Weisungen für die Handhabung der Propaganda im Fall Barbarossa« halten, und ausschließlich mit den »Mitteln der Armeen und Panzergruppen« in den Gegner verbracht werden. Der Abwurf dieser Blätter durch die operative Luftwaffe wurde den Kompanien allerdings verboten, so daß die taktischen Flugblätter der PK im Jahr 1941 nur durch erdgebundene Einsatzmittel in entsprechend geringem Umfang in den Feind verschossen oder mit Ballon abgestreut werden konnten[85].

Maßnahmen der Roten Armee gegen die deutsche Propaganda

Die Tatsache, daß die deutsche Aktivpropaganda gegen sowjetische Verbände, die noch fest in der Hand der Führung waren, nur geringe Erfolge aufwies, hatte einen bestimmten Grund. Die militärischen Überwachungsorgane in der Roten Armee unterdrückten vor allem in der Phase schwerer militärischer Niederlagen mit drakonischen Maßnahmen jede Absicht, den Widerstand einzustellen oder überzulaufen. Schon der Besitz deutscher Flugblätter wurde in den Sommermonaten des Jahres 1941 mit Erschießen der Betroffenen bestraft.

Marshall S. Timoschenko erließ im Juli 1941 einen Durchhaltebefehl, gegen den die deutsche Propaganda besonders in den Monaten Juli und August agitierte. Der Wortlaut dieses Befehls[86] war durch den Schock gekennzeichnet, den die schweren Niederlagen der Roten Armee in dieser Zeit bei der militärischen Führung ausgelöst hatten. Nachdem der heldenhafte Kampf der Roten Armee gewürdigt worden war, kam der Befehl zu dem entscheidenden Punkt seiner Aussage:

». . . In unseren Reihen existiert keine Feigheit, keine Panik und keine Überschreitung. Jeder Versuch, seinen Platz auf dem Kampffeld ohne Erlaubnis des ältesten Befehlshabers zu verlassen, ist gemeiner Verrat am ganzen Sowjetvolk und an der Heimat. Macht die Unordnungsstifter im Hinterland, die Deserteure, die Paniker, die Verbreiter von Gerüchten mit allen zu Gebote stehenden Mitteln unschädlich.«

Folgenschwerer für den Rotarmisten als dieser »Timoschenko-Befehl« war der berüchtigte Befehl Nr. 270 des Oberkommandos der

Roten Armee vom 16. August 1941, der vom Vorsitzenden des staatlichen Verteidigungskomitees, Stalin, seinem Stellvertreter Molotow, den Marschällen Budjenny, Woroschilow, Timoschenko, Schaposchnikow und dem Armeegeneral Shukow unterschrieben worden war[87]. Um in Zukunft Auflösungserscheinungen in der Roten Armee, die durch »einzelne Generäle« hervorgerufen wurden, unmöglich zu machen, erließ der Befehl Nr. 270 folgende drakonische Bestimmungen:

»1. Kommandeure und politische Arbeiter, die während des Kampfes ihre Dienstgradabzeichen abreißen und in die Etappe fliehen oder sich dem Feinde ergeben, sind als üble Deserteure zu betrachten, deren Familien zu verhaften sind, als Angehörige von Deserteuren, die ihren Eid brachen und ihr Vaterland verrieten. Alle Vorgesetzten, Kommandeure und Kommissare sind verpflichtet, derartige Deserteure, die dem Offizierskorps angehören, auf der Stelle zu erschießen.

2. Einheiten, die in eine feindliche Einkreisung geraten, haben mit Selbstaufopferung bis zur letzten Möglichkeit zu kämpfen ...

Wenn ein solcher Vorgesetzter oder die Einheit es vorziehen sollte, statt dem Feind zu widerstehen, sich ihm zu ergeben, ist jeder Angehörige der Roten Armee verpflichtet, dieselben mit allen Mitteln zu Lande und aus der Luft zu vernichten, während die Angehörigen der Rotarmisten, die sich in Gefangenschaft begeben, keinerlei staatliche Unterstützung oder Hilfe bekommen werden.«

Mit diesem Befehl war die Sippenhaftung für die Angehörigen von Überläufern oder in Gefangenschaft gehende Rotarmisten offiziell proklamiert, deren Familien überdies keine staatliche Unterstützung erwarten konnten. Gerade dieser Befehl führte daher wie der berühmte Befehl Stalins Nr. 227 vom 28. Juli 1942, der noch behandelt werden wird, zu einer spürbaren Versteifung des Widerstandes der Roten Armee. Die Kampfmoral der sowjetischen Truppe wurde vorrangig durch die Persönlichkeit der Kommissare erhöht, die durch eine Verordnung des Präsidiums des Obersten Rates der Sowjetunion am 16. Juli 1941 im »Institut der politischen Kommissare« ihren festen Stellenwert in der Roten Armee erhielten[88].

Die Vernichtung der »Intelligenz Stalins«: Kommissarbefehl und Propaganda: 1. Phase

Von Beginn des Ostfeldzuges an bildete die Haß- und Diffamierungskampagne gegen die Kommissare der Roten Armee das »Kernstück[89]« der deutschen Propaganda an der Ostfront. Allerdings fand der Kommissarbefehl Adolf Hitlers vom 6. Juni 1941 erst in den »Ergänzenden Weisungen für die Handhabung der Propaganda im Fall Barbarossa« in einem offiziellen Propagandabefehl des Oberkommandos der Wehrmacht seinen Niederschlag.

Der Kommissarbefehl[90] Adolf Hitlers ist in seiner völkerrechtswidrigen Brutalität nur zu verstehen, wenn man das geistige Klima kennt, in dem er entstand. In diesem Zusammenhang sei das bereits in der Einleitung zitierte Urteil von Ernst Nolte über den Rußlandkrieg noch einmal zitiert, das diesen Feldzug als den »ungeheuerlichsten Eroberungs-, Versklavungs- und Vernichtungskrieg[91]« der modernen Geschichte apostrophierte. Diese treffende Aussage weist auf die völlig neue und ungewöhnliche Dimension dieses Krieges hin, die alle bisher bekannten und verbindlichen Normen des Völkerrechts durchbrach.

Die berüchtigte Trias der Ostpolitik Hitlers »... beherrschen – verwalten – ausbeuten ...«, die in der Besprechung vom 16. Juni 1941 von ihm persönlich entwickelt wurde[92], kennzeichnet bereits sehr deutlich den Kurs, der in Zukunft in der Sowjetunion verfolgt werden sollte.

Der Kommissarbefehl, d. h. der Befehl, »politische Kommissare aller Art« als die »entscheidenden Träger« des militärischen Widerstandes der Roten Armee »grundsätzlich sofort mit der Waffe zu erledigen«, besaß für die Wehrmachtpropaganda die Bedeutung eines propagandistischen Dogmas. Er besaß damit für die Propaganda einen größeren Stellenwert als für die Truppe selbst, die in sehr unterschiedlicher Intensität diesen Befehl befolgte.

In der ersten Phase seiner Behandlung war der Kommissar für die deutsche Propaganda neben der sowjetischen Führung »Feind Nr. 1«. In enger Verbindung mit der propagandi-

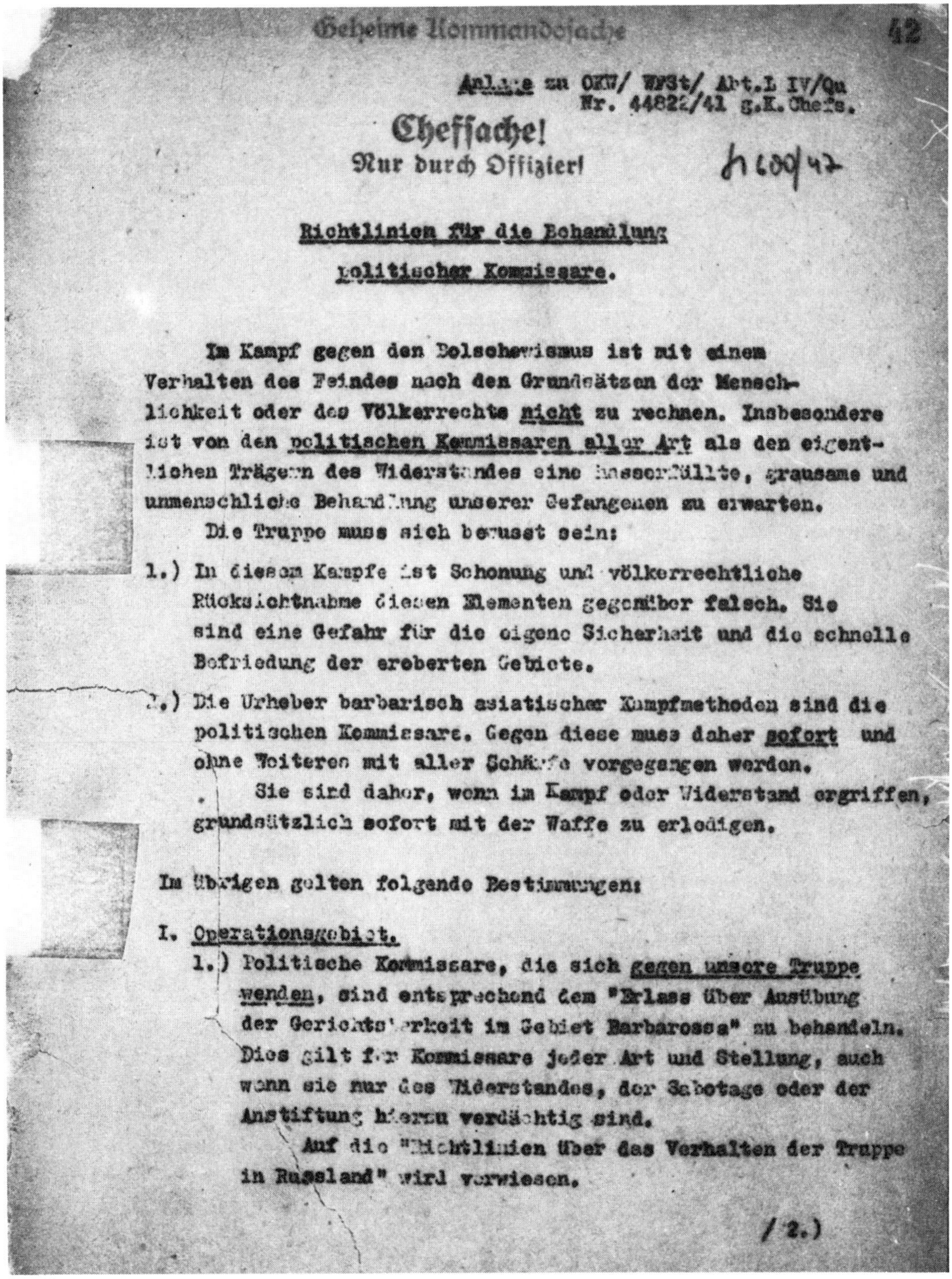

Geheime Kommandosache 42

Anlage zu OKW/ WFSt/ Abt.L IV/Qu
Nr. 44822/41 g.K.Chefs.

Chefsache!
Nur durch Offizier!

h 609/47

Richtlinien für die Behandlung
politischer Kommissare.

Im Kampf gegen den Bolschewismus ist mit einem Verhalten des Feindes nach den Grundsätzen der Menschlichkeit oder des Völkerrechts nicht zu rechnen. Insbesondere ist von den politischen Kommissaren aller Art als den eigentlichen Trägern des Widerstandes eine hasserfüllte, grausame und unmenschliche Behandlung unserer Gefangenen zu erwarten.

Die Truppe muss sich bewusst sein:

1.) In diesem Kampfe ist Schonung und völkerrechtliche Rücksichtnahme diesen Elementen gegenüber falsch. Sie sind eine Gefahr für die eigene Sicherheit und die schnelle Befriedung der eroberten Gebiete.

2.) Die Urheber barbarisch asiatischer Kampfmethoden sind die politischen Kommissare. Gegen diese muss daher sofort und ohne Weiteres mit aller Schärfe vorgegangen werden.

Sie sind daher, wenn im Kampf oder Widerstand ergriffen, grundsätzlich sofort mit der Waffe zu erledigen.

Im Übrigen gelten folgende Bestimmungen:

I. Operationsgebiet.

1.) Politische Kommissare, die sich gegen unsere Truppe wenden, sind entsprechend dem "Erlass über Ausübung der Gerichtsbarkeit im Gebiet Barbarossa" zu behandeln. Dies gilt für Kommissare jeder Art und Stellung, auch wenn sie nur des Widerstandes, der Sabotage oder der Anstiftung hierzu verdächtig sind.

Auf die "Richtlinien über das Verhalten der Truppe in Russland" wird verwiesen.

/ 2.)

Blatt 1 des Kommissarbefehls

stischen Abwehr der rigorosen antideutschen Greuelpropaganda in der Roten Armee, die in erster Linie von den Kommissaren der verschiedenen militärischen Ebenen artikuliert wurde, entwickelte die deutsche Propaganda ihr charakteristisches Vokabular. Sie agitierte und hetzte in ihren Flugblattserien gegen die »jüdischen Kommissare und ihre Lakaien« (Flugblatt 000 112 RA) und benutzte eine Propaganda, die im September 1941 ihren Höhepunkt finden sollte.

Die »Kommissare und politischen Leiter« erschienen zunächst als die skrupellosen Repräsentanten von Lüge und Desinformation. Ihre Funktion bestand darin, die Rotarmisten zu einem Widerstand aufzuhetzen, der grundsätzlich als »sinnlos« bezeichnet wurde, und der den »sicheren Tod« bedeutete.

Mit dem Flugblatt 000 117 RA setzte die Haßpropaganda erst richtig ein. Die Kommissare wurden als »Mörder«, »Peiniger«, »Spitzel« bezeichnet, die der Rotarmist grundsätzlich »beseitigen« müsse. Das Flugblatt 000 118 RA verkündete, daß das »Strafgericht« für sie begonnen habe, und daß »bereits viele Kommissare und Politruks aufgehängt« worden wären. Das Flugblatt 123 RA enthielt nur die beiden Parolen in großen Lettern: »Nieder mit den Kommissaren! Geht zu den Deutschen über!«, eine Formel, die zum festen Repertoire der Flugblätter wurde:

»Schlagt die Kommissare nieder, schlagt die Juden nieder!« (124 RA); »Nieder mit den Juden und Kommissaren!« (125 RA); »Nieder mit Euren Feinden!« (2 BR); »Nieder mit den Kommissaren!« (136 RA); »Opfert Euer Leben nicht der aussichtslosen, verlogenen Sache der Kommissare, sondern rettet es, indem Ihr Euch gefangen gebt.« (139 RA)

Das Flugblatt 133 RAF, das im Anschluß an einen Befehl von OKW/WPr[93] Anfang August 1941 abgeworfen wurde, teilte den Rotarmisten mit, daß »anstelle des Passierscheins« ein besonderes »Losungswort« geschaffen wurde. Es war der Vers: »Bej shida-politruka: morda prossit kirpitscha!«

»Schlagt den Judenkommissar, seine Fresse schreit nach einem Ziegelstein!«

Die neue »Losung«, die auch über Rundfunksender und Lautsprecher verbreitet wurde, sollte bei den verschärften Überwachungsbestimmungen in der Roten Armee verhindern, daß die Besitzer von Passierscheinen von den Kommissaren erschossen würden.

Diese »Losung« ersetzte keineswegs den Passierschein, der sehr bald schon wieder fester Bestandteil der deutschen Flugblätter wurde. Ihr war nur eine geringe Lebensdauer beschieden. Sie tauchte in der Folgezeit lediglich noch auf den Flugblättern 139 RA, 144 P und 150 RA auf und wurde anschließend offensichtlich nicht mehr benutzt.

Das Flugblatt 150 RA

Den Höhepunkt der Propaganda des Jahres 1941 gegen die Kommissare bildete eine von OKW/WPr befohlene »Großaktion«, die Anfang September an der gesamten Ostfront durchgeführt wurde[94].

Für diese »Großaktion« produzierte die Berliner Zentrale das Bildflugblatt 150 RA, das in dieser Höhe in einer bisher wohl einmaligen Massenauflage von 160 Millionen Exemplaren gedruckt wurde. Bis zu diesem Zeitpunkt waren an der Ostfront 141 Millionen Flugblätter gegen sowjetische Verbände eingesetzt worden, so daß die Auflage dieses einzigen Anti-Kommissar-Flugblattes höher war als der gesamte bis Anfang September von OKW/WPr hergestellte Flugblattbestand. Wenn man berücksichtigt, daß während des Frankreichfeldzuges von deutscher Seite nur 12 Millionen Flugblätter abgeworfen wurden, so war die Auflage des Blattes 150 RA in der Tat ungewöhnlich hoch[95].

Das Massenflugblatt 150 RA, das 15 Transportflugzeuge vom Flugplatz Rangsdorf aus in der Zeit vom 3. bis 5. September 1941 an die Ostfront flogen, war als »Vorratsflugblatt« zur Verwendung gegen eingeschlossene Verbände bestimmt und sollte daher »zeitlos« und in den »verschiedensten Lagen« zu verwenden sein. Der erste Abwurf erfolgte im Bereich der Heeresgruppe Nord.

Der Text dieses Blattes lautete in deutscher Übersetzung:

Vorderseite:

Haut den Juden-Kommissar,
Seine Fresse schreit nach einem Ziegelstein.

Zeichnung mit folgendem Text:

Die Kommissare und Politruks zwingen Euch

zu sinnlosem Widerstand.

Zweite Zeichnung mit Text:
Jagt die Kommissare fort und geht zu den Deutschen über.

Weiterer Text:
Geht zu den Deutschen über und bedient Euch hierbei der Parole: »Haut den Juden-Kommissar, seine Fresse schreit nach einem Ziegelstein« oder des Ausweises.

Rückseite:
Überläuferausweis in zwei Sprachen

Weiterer Text:
Offiziere und Soldaten der Roten Armee!
Eure Lage ist hoffnungslos.

Immer enger schließt sich der eiserne Ring der deutschen Truppen um Euch. Euch fehlt es an Munition, Ausrüstung und Verpflegung, Eure Führer sind unfähig, fliehen und überlassen Euch dem Schicksal. Die kommunistischen Machthaber haben viele von Euch bisher gepeinigt und entrechtet, jetzt aber bedienen sie sich Eurer zur Verteidigung ihres Regimes.

Euer Kampf ist nutzlos

Ist es zulässig, daß Eure Führung aus Eigensinn Euch immer noch schonungslos in den unvermeidlichen Tod treibt? Nein!

Ihr wollt leben. Schont Euer Leben für eine bessere Zukunft und für Eure Familie. Geht zu den Deutschen über. Dort erwartet Euch gute Behandlung und Verpflegung und baldige Rückkehr in die Heimat.

Beeilt Euch!

Die Deutschen sind in den von ihnen besetzten Gebieten bereits an die Lösung der Landfrage gegangen.

Rotarmisten, beeilt Euch, daß ihr nicht zu spät kommt, sonst bleibt Ihr ohne Land!

Dieses Flugblatt, das besonders für Gefechtsfeldsituationen bestimmt war, in denen sich die Rotarmisten in einer aussichtslosen Lage befanden, sollte den Gegner in seiner moralischen Substanz empfindlich schwächen. Die deutsche Propaganda, die den Kommissar als die Schlüsselfigur für den sowjetischen Widerstandswillen bei den Rotarmisten verhaßt machen wollte, stilisierte ihn als »Sündenbock« zu einem Objekt, auf das sich die bei den Rotarmisten sicherlich latent vorhandenen Unlustgefühle richten sollten, die in hoffnungslosen Lagen besonders stark waren.

Das Flugblatt stellt eine Kombination zwischen Ressentiment- und Überläuferpropaganda dar. Da das größte Hindernis für ein Überlaufen der Kommissar in seiner moralischen und funktionellen Bedeutung darstellte, mußten diese Hemmungsbarrieren durch den Rotarmisten selbst beseitigt werden. Dabei verfolgt die Argumentation des Flugblattes einen dreifachen Weg:

1. Demonstration der Hindernisse und der Hinweis, wie man diese »beseitigt«,
2. Angebot einer attraktiven Alternative (Überleben, gute Behandlung und Verpflegung, baldige Rückkehr, Landverteilung) zur eigenen hoffnungslosen Lage,
3. Appell und Verhaltensanweisung zum Überlaufen

Da die Versprechungen des Flugblattes zunächst noch nicht auf ihre Glaubwürdigkeit hin überprüft werden konnten, war durch die materielle und psychologische Bedürfnislage der angesprochenen Zielpersonengruppe ein Anreiz zum Handeln durchaus gegeben.

Am 12. September 1941 mußte allerdings OKW/WPr in einem Schreiben an General Jodl feststellen, daß die Propaganda gegen die Kommissare zwar das Hauptthema der derzeitigen Flugblattserien bilde, aber Erfahrungsberichten der Truppe zufolge »bisher nur wenig Wirkung« gezeigt hätte[96]. Damit wurde ein Bericht des AOK2 bestätigt, der bereits am 30. Juli 1941 festgestellt hatte, daß Angaben über die Erledigung einzelner Kommissare durch Rotarmisten »als Einzelfälle« gewertet werden müßten[97].

Die unmittelbaren Auswirkungen des Kommissarbefehls, der zu einem verbissenen Widerstand bei den Betroffenen führte, die »bis zur letzten Patrone« kämpften, da sie keine Schonung zu erwarten hatten, führte sehr bald schon zu einer unterschwelligen Opposition bei der Truppe. Bereits am 23. September 1941 wandte sich der General zbV Müller beim Oberbefehlshaber des Heeres an das OKW mit der Bitte, den »Kommissar-Erlaß« in seiner bisherigen Form im Hinblick auf die Entwicklung der Lage einer Prüfung zu unterziehen:

»Zur Zeit ist es so, daß der Kommissar auf jeden Fall sein sicheres Ende vor Augen sieht; darum kämpft eine große Zahl bis zuletzt

Бей жида-политрука, рожа просит кирпича!

Комисары и политруки принуждають вас
к бессмысленному сопротивлению.

Гоните комисаров и переходите к немцам.

Переходите к немцам пользуясь либо лозунгом:

Бей жида-политрука, рожа просит кирпича!

0 RA

либо пропуском:

Das Flugblatt 150 RA
(Vorder- und Rückseite)

Пропуск действителен для неограниченного количества переходящих на сторону германских войск командиров и бойцов РККА.

ПРОПУСК

Пред'явитель сего, не желая бессмысленного кровопролития за интересы жидов и комиссаров, оставляет побежденную Красную Армию и переходит на сторону Германских Вооруженных Сил. Немецкие офицеры и солдаты окажут перешедшему хороший прием, накормят его и устроят на работу.

(Перевод на немецкий язык смотри рядом)

Passierschein

Vorzeiger dieses wünscht kein sinnloses Blutbad im Interesse der Juden und Kommissare. Er verläßt die geschlagene Rote Armee und geht auf die Seite der deutschen Wehrmacht über. Die deutschen Offiziere und Soldaten werden den Überläufer gut behandeln, ihn verpflegen und für Beschäftigung sorgen

Der Passierschein gilt für eine unbeschränkte Anzahl von Offizieren und Soldaten der Roten Armee, die zur deutschen Wehrmacht übergehen

Командиры и бойцы Красной Армии!

Ваше положение безнадежно.

Все теснее и теснее сжимается железное кольцо германских войск вокруг вас.

Вам не хватает боеприпасов, снабжения и продовольствия, ваши правители и вожди ни к чему не способны, бегут и оставляют вас на произвол судьбы.

Многих из вас комвласть до сих пор угнетала и лишала всех прав, теперь же она пользуется вами для защиты своего режима.

Ваша борьба бесполезна!

Разве это допустимо, чтобы ваше начальство из упрямства все еще беспощадно гнало вас на неизбежную смерть?

Нет — вам ваша жизнь дорога! Сохраните же ее для лучшего будущего и для ваших семей.

ПЕРЕХОДИТЕ К НЕМЦАМ — ТАМ ВАС ЖДЕТ ХОРОШЕЕ ОБРАЩЕНИЕ и пропитание, а также скорое возвращение на родину.

Торопитесь!

Немцы в занятых ими обдастях уже приступают к разрешению земельного вопроса.

Красноармейцы, не опоздайте, иначе вы останетесь без земли!

und zwingt auch die Rotarmisten mit den brutalsten Mitteln zum erbitterten Widerstand.« Eine »Überprüfung der bisherigen Behandlungsweise« wurde zu diesem Zeitpunkt noch von Hitler kategorisch abgelehnt. Eine handschriftliche Notiz des General Jodl enthält auf dem Schreiben des General Müller die lapidare Feststellung: »Der Führer hat jede Änderung der bisher erlassenen Befehle für die Behandlung der polit. Kommissare abgelehnt[98].«

Mit dieser Feststellung war der erste Anlauf der Truppe, den in seinen psychologischen Auswirkungen auf den Gegner katastrophalen »Schießbefehl« einer Überprüfung zu unterziehen, gescheitert. Bei der zunehmenden Opposition der Truppe jedoch, die immer wieder mit entsprechenden Vorlagen gegen diesen Befehl anging, war die Aufhebung dieses Befehls nur noch eine Frage der Zeit.

Die deutsche Flugblattpropaganda jedoch verfolgte zunächst noch die gleiche Tendenz. Auf dem Flugblatt 176 RA war eine Pistole abgebildet, die den folgenden Text enthielt:

»Vor Euch der Tod – hinter Euch der Tod! Abteilungen des NKWD und die politischen Leiter treiben Euch unter Androhung des Erschießens in den Kampf, in das Feuer unserer MG's, unter den Hagel unserer Flugzeuggeschosse, treiben Euch in den sicheren Tod. Ihr werdet gezwungen, ruhmlos für fremde Interessen zu sterben.

Soldaten und Offiziere! Ihr seid doch freie Menschen. Ihr seht doch, daß es ein sinnloses Blutvergießen ist, das weder wir noch Ihr wollt. Genug des Schlachtens! Kommt zu uns herüber. Wir kämpfen für Eure Befreiung von der Zwangsherrschaft und dem Terror Stalins, für die Ehre und die freie Arbeit!«

Die Flugblätter, die an der Front von den Propaganda-Kompanien hergestellt wurden, zeichneten sich ebenfalls in unterschiedlicher Intensität durch die Tendenz der Agitation gegen die Kommissare aus. Ein besonders charakteristisches Beispiel für diese Kategorie war ein Flugblatt der PK 621, das im Herbst 1941 abgeworfen wurde[99]: Auf der Vorderseite ist der Kommissar als Tod mit Mütze und Uniformjacke abgebildet, der einen Rotarmisten niederschießt und in der linken Hand eine Peitsche hält:

Text der Vorderseite:
Fort mit der Peitsche und Pistole. Kämpft für die Freiheit!

Text der Rückseite:

Rotarmisten und Kommandeure!
Die verruchten Verbrecher, Eure Politruks und Kommissare, treiben Euch mit der Knute zu weiterem sinnlosen Kampf, mit dem Revolver in der Hand jagen sie Euch in den sicheren Tod. Sie haben Euch immer belogen. Sie haben Euch von Siegen erzählt, und was habt Ihr erlebt? Unter der vernichtenden Wirkung der deutschen Artl., der Granatwerfer und Panzer gingt Ihr von einer Niederlage zur anderen! Ihr habt tapfer gekämpft, aber Eure Führer, die Kommissare, haben versagt, sonst ständen die Deutschen nicht vor Leningrad und hielten es eisern umklammert. Nun befehlen die Kommissare, daß Leningrad verteidigt werden soll. Eure Frauen und Kinder, Eure Angehörigen werden die unschuldigen Opfer dieses sinnlosen Krieges sein. Sie, sowie auch Ihr, werdet unter den Trümmern Leningrads begraben.

Es gibt nur eine Rettung aus diesem sinnlosen Kampf. Erschlagt Eure Kommissare, sie sind Euer Tod.

Kommt zu uns herüber! Wir werden Euch gut behandeln und verpflegen, so wie es tapfere Soldaten verdienen. Ihr rettet dadurch Euer Leben und Leningrad mit seiner Bevölkerung vor der Vernichtung. Ihr sichert Euch nach dem Kriege ein Anrecht auf einen eigenen Bauernhof und einen guten Lohn in einer wohlgeordneten Fabrik.

Passierschein!

Der siebte Kreis der Hölle: Die Tragödie der sowjetischen Kriegsgefangenen in deutschem Gewahrsam 1941/1942

Erste Übergriffe

Obwohl die Berichte von der Front vor allem im Sommer 1941 die Bedeutung der Flugblattpropaganda auf angeschlagenen Feind (». . . Flugblätter zur Zeit wichtiger als Bomben[100]!«) betonten, ereigneten sich vereinzelt bei der kämpfenden Truppe Vorfälle, die in

Das Flugblatt 176 RA
(Vorder- und Rückseite)

ihren Auswirkungen in einem krassen Gegensatz zu den Versprechungen in den Flugblättern standen.

Bereits am 30. Juni 1941 sah sich der kommandierende General des XXXXVII. Panzerkorps gezwungen, einen Befehl zu erlassen, der in seiner Deutlichkeit und Schärfe zu diesem Zeitpunkt besondere Erwähnung verdient:

»Gen.Kdo. XXXXVII. Pz.Korps
Korps-Gef.Stand, 30. Juni 1941
I c Nr. 80/41 geh.

An alle Angehörigen
des XXXXVII. Pz.A.K.

Trotz meiner Verfügung vom 25. Juni 1941, die anscheinend nicht bis zu den Kompanien durchgedrungen ist, werden immer wieder Erschießungen von Gefangenen, Überläufern und Deserteuren festgestellt, die in unverantwortlicher, sinnloser und verbrecherischer Weise stattfinden. Das ist Mord! Die deutsche Wehrmacht führt diesen Krieg gegen den Bolschewismus, nicht aber gegen die vereinigten russischen Völker.

Der Erlaß des Führers befiehlt ein rücksichtsloses Vorgehen gegen den Bolschewismus (polit. Kommissare) und jedes Freischärlertum! Einwandfrei als hierzu gehörig festgestellte Leute sind abseits zu führen und ausschließlich auf Befehl eines Offiziers zu erschießen. Der russische Soldat aber, der auf dem Schlachtfelde angetroffen wird, und tapfer gekämpft hat, ist kein Freischärler, sondern hat Anspruch auf ehrenvolle, gute Behandlung und Versorgung als Verwundeter.

Unsere Wehrmachtpropaganda bemüht sich, durch Flugblätter und Lautsprecherpropaganda den verhetzten russ. Soldaten zur Übergabe und zum Desertieren zu veranlassen, um die Rote Armee zu schwächen und die Soldaten nach Beendigung des Krieges möglichst schnell und in großer Zahl in Arbeit und Brot zu setzen. Den Überläufern (oft schon in Zivil) werden gute Behandlung, Arbeit und Brot, ja sogar Prämien versprochen. Gerade mit der Lüge vom Erschießen der Gefangenen aber hält der Gegner seine Soldaten bei der Truppe. Die Mundpropaganda ist in Rußland sehr groß und arbeitet sehr schnell. Sowohl die scharfen Maßnahmen gegen Freischärler und kämpfende Zivilisten, wie die befohlene gute Behandlung von Gefangenen und Deserteuren würden dem deutschen Heere viel Blut ersparen. Genau so schnell wird sich aber im gegnerischen Heer das Bild von ungezählten, am Vormarschwege liegenden Soldatenleichen verbreiten, die ohne Waffen, und mit erhobenen Händen eindeutig durch Kopfschüsse aus nächster Nähe erledigt worden sind. Der versprengte Feind versteckt sich daher in Wäldern und Feldern, kämpft aus Angst weiter und wir verlieren unzählige Kameraden.«

Dieser Befehl[101], der in seinen Schlußpassagen eine anständige Behandlung gefangener Rotarmisten mit allem Nachdruck anordnete, zeigte, daß ein Teil der Truppe offensichtlich über den Tenor der deutschen Propaganda der Roten Armee gegenüber nicht entsprechend informiert worden war. Sicher wirkte sich auf ein solches Verhalten zu Beginn des Rußlandfeldzugs der Wortlaut der »Richtlinien für das Verhalten der Truppe in der Sowjetunion« aus, die in ihrer leicht mißverständlichen Formulierung Übergriffe der Truppe dem Gegner gegenüber geradezu provozierten[102].

Hier fanden die Grundsätze der deutschen Propaganda der Sowjetunion gegenüber leider keinen unmittelbaren Niederschlag. Allerdings muß bei diesen völkerrechtswidrigen Übergriffen einem geschlagenen Gegner gegenüber festgestellt werden, daß die verantwortliche militärische Führung sehr bald schon scharfe Gegenmaßnahmen ergriff.

Auch ein Bericht der Heeresgruppe Mitte über den »Propaganda-Einsatz gegen die Rote Armee und die russische Zivilbevölkerung« vom 11. 8. 1941 stellte kategorisch fest, daß Sowjetsoldaten bei ihrer Gefangenahme völlig sinnlos von der Truppe erschossen würden. Ein Beweis dafür wären die »überall nach Kampfhandlungen umherliegenden Soldatenleichen ohne Waffen mit erhobenen Händen und Nahschußverletzungen«. Solche »Bilder« würden eingeschlossenen und versprengten Feindteilen schnell bekannt und führten zu hartnäckigem Widerstand. Aus Angst, in Gefangenschaft zu geraten, kämpfe der Rotarmist »bis zuletzt[103]«.

Der Bericht der Heeresgruppe Mitte beton-

ДОЛОЙ НАГАЙКУ И НАГАН

БОРИТЕСЬ ЗА СВОБОДУ

Красноармейцы и командиры!

Гнусные преступники, ваши политруки и комиссары гонят вас кнутом в дальнейший бессмысленный бой — с наганом в руке они гонят вас на верную смерть.

Они всегда вас обманывали. Они вам рассказывали про победы, — а что вы видите? Под разрушительным действием германской артиллерии, минометов и танков, вы переходили от одного поражения к другому. Вы боролись храбро — но ваши руководители и комиссары предали вас, иначе не стояла бы германская армия под Ленинградом и не держала бы город в железном кольце. Политруки и комиссары приказывают вам защищать Ленинград. Ваши жены и дети, ваши семьи будут безвинными жертвами бессмысленной войны. Они также как и вы лягут под развалинами Ленинграда. Есть только одно спасенье из этой бессмысленной борьбы. Уничтожайте ваших политруков и комиссаров — они ваша смерть. Переходите к нам! Мы вас хорошо примем и накормим как этого заслуживают храбрые бойцы. Этим вы спасете вашу жизнь и город Ленинград со всем его населением и историческим прошлым от уничтожения. Вы обеспечите себе после войны право на собственную землю и хороший заработок в благоустроенном заводе.

Пропуск	**Ausweis**
Пред'явитель сего, не желая бессмысленного кровопролития за интересы жидов и комиссаров, оставляет побежденную Красную Армию и переходит на сторону Германских Вооруженных Сил. Немецкие офицеры и солдаты окажут перешедшему хороший прием, накормят его и устроют на работу. (Перевод на немецкий язык смотри рядом.)	Vorzeiger dieses wünscht kein sinnloses Blutbad im Interesse der Juden und Komissare. Er verlässt die geschlagene Rote Armee und geht auf die Seite der deutschen Wehrmacht über. Die deutschen Offiziere und Soldaten werden den Überläufer gut behandeln, ihn verpflegen und für Beschäftigung sorgen.

Пропуск действителен для неограниченного количества переходящих на сторону германских войск командиров и бойцов РККА.

Der Ausweis gilt für eine unbeschränkte Anzahl von Offizieren und Soldaten der Roten Armee, die zur deutschen Wehrmacht übergehen.

Anti-Kommissar-Flugblatt der PK 621
(Vorder- und Rückseite)

te mit deutlichem Hinweis auf die erwähnten »Richtlinien für das Verhalten der Truppe in der Sowjetunion«, daß »viel Blut gespart« werden könne, wenn diese »mißverstandene Vernichtung des Bolschewismus« energisch unterbunden würde. Gerade wegen dieses brutalen Fehlverhaltens müsse die Überläuferpropaganda in die Rote Armee durch eine Fülle von Informationen (Bildflugblätter) intensiviert, die unglaublichen Übergriffe selbst aber schnellstens beseitigt werden.

Es ist erstaunlich, daß trotz dieser eindeutigen durch die Truppe selbst bezeugten skandalösen Vorfälle auf dem Gefechtsfeld die Zahl der Überläufer nicht schon in den Monaten August und September zurückging. Einer der Gründe für diese Tatsache waren sicherlich die gewaltigen militärischen Erfolge der Wehrmacht, deren Dynamik einer entsprechenden auf sie abgestimmten Propaganda die notwendige und überzeugende Resonanz verlieh. Weiterhin muß in diesem Zusammenhang allerdings noch einmal festgestellt werden, daß trotz der angeführten Beispiele ein solches kriminelles Verhalten an der Front im ganzen gesehen eine bedauerliche Ausnahmeerscheinung blieb. Die gefangenen Rotarmisten oder Überläufer wurden dem Wortlaut der Flugblätter entsprechend bei den Fronteinheiten in der Regel anständig, zum Teil sogar hervorragend behandelt.

»Bilder lügen doch . . .«: Rotarmisten in deutscher Gefangenschaft

Nach den großen Kesselschlachten im Osten befanden sich ca. 3 800 000 sowjetische Soldaten in deutscher Gefangenschaft.

Durch den Erlaß über das »Kriegsgefangenenwesen im Fall Barbarossa« des Oberkommandos der Wehrmacht übernahm die Verantwortung für die Kriegsgefangenen im Operationsgebiet das OKH. Die Abteilung Kriegsgefangene des Allgemeinen Wehrmachtsamtes (AWA) im OKW war für die Gefangenen im »Heimatgebiet einschließlich des Generalgouvernement« verantwortlich. Hier wurden zur Aufnahme der Kriegsgefangenen »aus dem Unternehmen Barbarossa« Lager eingerichtet, die von Kriegsgefangenen anderer Nationen getrennt waren[104]. Über die »Behandlung der Kriegsgefangenen« bestimmte der Erlaß folgendes:

»Der Bolschewismus ist der Todfeind des Nationalsozialistischen Deutschland! Gegenüber den Kriegsgefangenen der Roten Armee ist daher schärfste Wachsamkeit geboten. Mit heimtückischem Verhalten insbesondere der Kriegsgefangenen asiatischer Herkunft ist zu rechnen. Daher rücksichtsloses und energisches Durchgreifen bei dem geringsten Anzeichen von Widersetzlichkeit insbesondere gegenüber bolschewistischen Hetzern. Restlose Beseitigung jedes aktiven und passiven Widerstandes.«

Solche Aussagen waren aus pragmatischen Gründen für die deutsche Überläuferpropaganda nicht brauchbar. Unabhängig von diesem politischen Ballast schilderte sie den Weg in die deutsche Gefangenschaft wie bereits beschrieben in den verlockendsten Tönen. Ihr Erfolg war beachtlich: trotz der intensiven Greuelpropaganda der Überwachungsorgane in der Roten Armee gingen tausende von Rotarmisten mit den deutschen Passierscheinen in die Gefangenschaft. Sie waren alle davon überzeugt, den klingenden Propagandaaussagen entsprechend anständig behandelt zu werden. Sie sollten bitter enttäuscht werden.

Schon auf dem Marsch in die Gefangenenlager begann das Martyrium der sowjetischen Kriegsgefangenen, über das sich zahlreiche Meldungen der Truppe empörten. So meldete die Propaganda-Abteilung Weißruthenien in ihrem Stimmungsbericht für die Zeit vom 1. bis 15. November 1941 an OKW/WPr folgende Vorfälle:

»Es kommt immer wieder vor, daß Gefangene, die infolge völliger Entkräftung ihren Marsch in das rückwärtige Gebiet nicht mehr fortsetzen können, einfach erschossen werden. Soweit dies in abgelegenen Gebieten und außerhalb geschlossener Ortschaften geschieht, dürfte die Bevölkerung davon nichts merken. Die Kunde von Fällen aber, in denen Gefangene innerhalb geschlossener Ortschaften einfach erschossen werden, verbreiten sich mit Windeseile über den ganzen Raum. (. . .) Die Bevölkerung empfindet einen krassen Gegensatz zwischen den in den abgeworfenen Flugblättern gemachten Versprechungen und der tatsächlichen Behandlung von Kriegsgefangenen.«

General Jodl, dem dieser Bericht[105] vorgelegt wurde, fügte handschriftlich mit Bleistift folgende Notiz als Kommentar hinzu:

»Im Hinblick auf die jetzigen Absichten mit den russischen Kriegsgefangenen müssen wir ohnehin bestrebt sein, möglichst viele zurückzubringen. Im übrigen muß aber auch die Gegenpropaganda einsetzen, nämlich, daß es sich dabei um Gefangene handelt, die sich weigern weiterzumarschieren, nicht weil sie nicht mehr können, sondern weil sie nicht mehr wollen.

Aus allen derartigen Berichten fällt mir auf, daß festgestellt wird, durch welche falschen Maßnahmen von uns die fdl. Gegenpropaganda eine Handhabe bekommt; wir können tun, was wir wollen, die fdl. Propaganda wird immer Ansatzpunkte finden. Richtiger wäre es zu melden, welche propagandistischen Gegenmaßnahmen ergriffen worden sind.«

Diese Notiz des Chefs des Wehrmachtführungsstabes dokumentiert, daß der General zu diesem Zeitpunkt die angesprochene Tragödie der sowjetischen Kriegsgefangenen in ihrer schrecklichen Dimension nicht begriffen hatte. Trotz dieser ungewöhnlichen Interpretation krimineller Ausschreitungen der Truppe sollte sich später General Jodl in besonderer Weise für eine anständige Behandlung der sowjetischen Kriegsgefangenen bei Hitler einsetzen[106].

Obwohl bereits am 15. September 1941 Admiral Canaris gegen die brutale Behandlung der sowjetischen Kriegsgefangenen protestiert hatte, fanden sich bisher für den Bereich der Wehrmachtpropaganda in den Akten keine Unterlagen für entsprechende Interventionen. Die Überläuferpropaganda wurde in der gleichen Intensität wie bisher über Rundfunk, Flugblatt und Lautsprecher in die Rote Armee verfolgt, obwohl bereits in den Gefangenenlagern das Massensterben der sowjetischen Kriegsgefangenen eingesetzt hatte, dem 2 Millionen zum Opfer fallen sollten[107].

Über das ganze Ausmaß dieser Katastrophe gaben eine Fülle von Berichten und Meldungen militärischer und ziviler Dienststellen, die empört und erschüttert die Ereignisse registrierten, einen plastischen Überblick. So schrieb z. B. der Vertreter des Auswärtigen Amtes (VAA) beim AOK 16 am 30. Oktober 1941 an seine vorgesetzte Dienststelle[108]:

»Im Lager Staraja Russa sterben nach Aussage des Lagerleiters Feldmeister Schönegger täglich 20 Gefangene an Entkräftung. Die verfügbare Verpflegung für eine Woche entspricht seiner Ansicht nach ungefähr der Menge, die an einem Tage gebraucht würde, um die Leute wirklich satt zu machen! Dennoch sind die Gefangenen willig in der Arbeit, und auch die Offiziere sind leicht zu behandeln. (. . .) Der Lagerleiter ist nicht in der Lage, die Ursachen dieser schlechten Verpflegung abzustellen, da er keinen höheren Verpflegungssatz zugewiesen bekommt. Er äußerte den Wunsch, versetzt zu werden, um die Verantwortung für die Gefangenen bei einer derart unzureichenden Verpflegung nicht länger tragen zu brauchen.«

In den vier Durchgangslagern (Dulags) des rückwärtigen Heeresgebietes Süd hatte die Sterblichkeit der Kriegsgefangenen am 20. Dezember 1941 folgendes Ausmaß erreicht: im Dulag 160 starben von 12 959 Gefangenen durchschnittlich 10 an einem Tag; im Dulag 182 von 7507 Gefangenen 18; im Dulag 205 von 9271 Gefangenen 21 und im Stammlager (Stalag) 346 von 22 776 Gefangenen 50 an einem Tag[109].

Außerdem suchten in den Gefangenenlagern Sonderkommandos der Sicherheitspolizei und des SD nach »untragbaren Elementen« (Juden, Kommissaren, Partisanen, Zigeunern), die der »Aussonderung« verfielen und erschossen wurden[110].

Eine Erklärung für das Massensterben in den deutschen Kriegsgefangenenlagern im Osten sollte das Argument liefern, diese Gefangenenmassen hätten bei den extremen Transportschwierigkeiten während des Winters nur ungenügend verpflegt werden können, weil zeitweilig der Nachschub zusammengebrochen sei. Dieses Argument ist wenig überzeugend, da die Verhältnisse für sowjetische Gefangene in deutschen Lagern, die sich auf dem Reichsgebiet befanden, fast ebenso schlecht waren wie im Frontgebiet. Von Versorgungsengpässen konnte im Jahr 1941 in diesem Bereich noch nicht gesprochen werden. Der folgende Bericht des VAA beim AOK 16 beschreibt die Verhältnisse in diesen Lagern[111]:

»Wie hier bekannt wurde, scheinen in der Heimat die gleichen schlimmen Verhältnisse in den Gefangenenlagern zu herrschen, von denen ich neulich nach hier gesammelten Erfahrungen berichtete. Die Mutter eines beim A.O.K. tätigen Offiziers schreibt vor einigen Tagen, die gefangenen Russen benähmen sich in den Lagern in Schlesien wie die Tiere; in einem Lager in ihrer Nähe hätten sie schon einen der ihren totgeschlagen und aufgefressen, und die Lagerposten könnten nur mit ganz scharfen Hunden unter die Gefangenen gehen. (...) Man kann aber andere Schlüsse aus den betreffenden Angaben von Lagerposten ziehen. Hunger und grundsätzlich falsche Behandlung der Gefangenen dürften auch dort ebenso wie hier an den Zuständen schuld sein, die sich meines Erachtens später schwer rächen müssen ... Ein anderer Offizier hörte, daß eine in Rußland aufgewachsene Bekannte seiner Mutter es ablehne, in einem Gefangenenlager im Rheinland zu arbeiten, weil sie das Elend dort nicht mehr mit ansehen könnte.«

Hinter diesen skandalösen Verhältnissen der Hungerlager im Reich mußte zu diesem Zeitpunkt »System« stecken. Der »lautlose Weg[112]« des Gefangenensterbens war ein Bestandteil der Vernichtungs- und Ausrottungspolitik Hitlers (»... Je mehr von diesen Gefangenen sterben, desto besser für uns.«), die er der Sowjetunion gegenüber verfolgte.

Am 21. Oktober 1941 erließ das Oberkommando des Heeres eine Bestimmung, die für alle in den besetzten sowjetischen Gebieten vorhandenen Kriegsgefangenenlagern Lebensmittelrationen für den Zeitraum einer Woche festsetzte[113].

Diese vorgeschriebenen Verpflegungssätze besaßen jedoch von einigen Ausnahmen abgesehen zunächst nur einen dekorativen Wert, da sie in der überwiegenden Mehrheit der Fälle in dieser Höhe nicht verteilt wurden. Ein Beweis hierfür ist die Tatsache, daß aus den Gefangenenlagern immer wieder Fälle von Kannibalismus gemeldet wurden. Sie spiegeln mit brutaler Deutlichkeit die wirkliche Versorgungslage in der Masse der Kriegsgefangenenlager wider. So mußte Hauptmann Brodersen, der Lageroffizier des Lagers III im Dulag 140 (rückwärtiges Heeresgebiet Nord) am 10. Januar 1942 an seine vorgesetzte Dienststelle folgende grausige Meldung einreichen[114]:

Dulag 140 — O.U., den 10. Januar 1942
ID.Nr. 10/42
Lager III
Der Lager-Offizier

Meldung

Betr.: Kannibalismus im Zivillager

Am 7. Januar 42 früh lieferte der Heizer des Hauses Nr. 21 bei der Lagerführung das Eßgeschirr eines Zivilisten ab mit dem Bemerken, es enthalte Menschenfleisch.

Als ich darauf sofort die Leichen der in den letzten 24 Stunden Verstorbenen besichtigte, ergab sich folgendes grausiges Bild:

Vier Leichen, die in einem Nebenraum des Zivil-Revieres gelegen hatten, waren während der Nacht angeschnitten worden, und zwar fehlten bei der Leiche 1: Beide Unterarme, bei Nr. 2: ein Arm und ein Bein, bei Nr. 3: das Muskelfleisch von Armen und Oberschenkeln, und schließlich waren bei Nr. 4 sogar Herz, Lunge, Magen, Nieren und Leber entfernt.

Der S.D. wurde sofort verständigt.

Die inzwischen von Unteroffizier Böcker und einem Sprachmittler durchgeführte scharfe Vernehmung ergab – ausgehend von dem Besitzer des obenerwähnten Eßgeschirres – sieben Beteiligte. Haupttäter war ein 19jähriger Medizin-Student, der aus der Leiche Nr. 4 die inneren Teile herausgeschnitten und zudem noch seinem im Hause Nr. 17 krankliegenden Vetter die gekochten Nieren gebracht hatte mit dem Bemerken, er habe sie in einem Paket von den Angehörigen geschickt bekommen. Als Grund der Untaten gaben der Student und weitere Mittäter Hunger an. Außerdem behaupteten sie, Menschenfleisch sei genau so gut genießbar wie anderes.

Nach Eintreffen des A.O. und des S.D. und nochmaliger Vernehmung wurden die sieben Übeltäter, die alle ihre Tat zugaben, vom S.D. am 8. 1. 42 zwölf Uhr vor versammeltem Lager durch den Strang hingerichtet. Nachdem sie 24 Stunden als abschreckendes Beispiel für die Lagerinsassen am Galgen gehangen hatten, ließ ich die Leichen entfernen und beerdigen.

gez. Brodersen
Hauptmann und Lager-Offizier

Ein solcher Bericht, der in die Grenzbereiche der menschlichen Existenz führt, ist in seiner erschütternden Tragik der beste Zeuge für die wirkliche Lage in den Gefangenenlagern. An dieser Situation änderte auch die Tatsache wenig, daß das OKH in Ergänzung zu den Verpflegungssätzen vom 21. Oktober 1941 diese am 2. Dezember 1941 weiter erhöhte. Diese erhöhten »Kalorienmengen mit ihren Nährwerten«[115] standen weitgehend nur auf dem Papier und erreichten die Lager nur in extremen Ausnahmefällen. Ein letzter Bericht[116] aus der Feder des VAA beim AOK 2 Graf Bossi-Fedrigotti soll die bedrückende Bilanz dieses Kapitels abschließen:

»Ein eigenes Kapitel bedeutet für den Frontsoldaten auch die Behandlung der Kriegsgefangenen. So hart, so unerbittlich der Frontsoldat den Gegner anpackt, so wenig hat er Verständnis für das Bild des Kriegsgefangenenelends, dessen Augenzeuge er täglich ist. Die tatsächlichen Vorkommnisse von Kannibalismus, die eine Folge des entsetzlichen Hungers der Kriegsgefangenen in den Lagern waren, haben sich mit unerfreulicher Schnelligkeit in der Truppe herumgesprochen und eine allgemeine Ablehnung hervorgerufen. Der Soldat weiß aus ureigenster Erfahrung, wie hart die Versorgung in diesem Lande ist und er weiß auch, daß die Hungersnot, die ihre Anzeichen bereits vorausschickt, eine Folge des bolschewistischen Zerstörungssystems ist.

Aber er empfindet es als für die deutsche Wehrmacht beschämend, wenn unter deren Augen die Gefangenen sterben wie die Fliegen. (...) Seitdem im roten Lager das Massensterben der russischen Kriegsgefangenen bekannt geworden ist, lockt unsere Propaganda keinen Hund mehr hinter dem Ofen bei den Rotarmisten hervor.«

Die Heeresgruppe Mitte sah sich am 7. Dezember 1941, 5 Tage nach der weiteren Erhöhung der Verpflegungssätze des OKH, gezwungen, an das OKH zu melden, daß durch die Kriegsgefangenenlage die Truppe vor Schwierigkeiten stände, die mit »normalen Mitteln« nicht bewältigt werden konnten. Der Gesundheitszustand der Gefangenen verschlechtere sich zusehends, so daß die Sterblichkeitsquote in den Gefangenenlagern auf längere Zeit »außergewöhnlich hoch« bleiben müsse. Im übrigen habe der »Zwang zu rücksichtslosem Durchgreifen« gegenüber den Gefangenen zu einer Mißachtung des Wertes eines Menschenlebens und zu der Auffassung geführt, daß »Wehrlosen gegenüber alles erlaubt« sei. Eine solche Gesinnung, die deutschen Soldaten bisher »fremd« wäre, müßte mit allen Mitteln bekämpft werden[117].

»Leib und Buße«: Die Propaganda auf dem »grünen Tisch«

Das größte Problem, das in dieser Situation die Abteilung Wehrmachtpropaganda zu lösen hatte, bestand in der Frage, wie unter den geschilderten Umständen überhaupt noch Propaganda an der Front durchführbar wäre. Obwohl die Verhältnisse in den Kriegsgefangenenlagern eine Bankrotterklärung für die deutsche Aktivpropaganda im Osten darstellten, veröffentlichte die Abteilung Wehrmachtpropaganda am 10. November 1941 einen Propagandaerlaß, der sich an die für die Kriegsgefangenen Verantwortlichen im Osten wandte. Wenn von der Voraussetzung ausgegangen werden kann, daß OKW/WPr über die wirkliche Situation in den Gefangenenlagern sehr genau informiert war, ist ein solcher Erlaß einer der ungewöhnlichsten Dokumente der deutschen Propaganda während des Zweiten Weltkriegs und soll daher fast im vollen Wortlaut vorgestellt werden:

»Die sowjetischen Kriegsgefangenen sind zum großen Teil bei ihrer Gefangennahme zunächst angenehm überrascht, daß sie weder mißhandelt noch erschossen werden, zum andern Teil haben sie dies allerdings erwartet, weil sie an die Richtigkeit der ihnen durch die deutsche Flugblatt- und Lautsprecherpropaganda gemachten Zusagen glaubten. Im größten Teil der von WPr ausgegebenen Flugblätter wird Gefangenen und Überläufern ja ausdrücklich gute Behandlung und Arbeitseinsatz zugesagt. Die Versprechungen in einzelnen von der Truppe gemachten Flugblättern gingen sogar noch darüber hinaus.

Es ist unbedingt notwendig, daß die Glaubwürdigkeit dieser Zusicherungen nicht erschüttert wird. Andererseits wird es sich nicht immer vermeiden lassen, daß sich bei den zunächst in Lagern in der Nähe der Front und

Abschrift

Oberkommando der Wehrmacht Berlin, den 10.11.1941
Nr. 9965/41 WFSt/WPr (AP)

An
OKH/GenStdH/GenQu
OKH/GenStdH/Heerwesenabt.

Nachr.: Wehrmachtbefehlshaber Ostland
Wehrmachtbefehlshaber Ukraine
Befehlshaber des rückwärtigen Heeresgebietes Nord
Befehlshaber des rückwärtigen Heeresgebietes Mitte
Befehlshaber des rückwärtigen Heeresgebietes Süd
OKW/Abt.Kriegsgef.Wesen

Betr.: Propaganda in den Kriegsgefangenenlagern in der Nähe der Front.

Die sowjetischen Kriegsgefangenen sind zum grossen Teil bei ihrer Gefangennahme zunächst angenehm überrascht, dass sie weder misshandelt noch erschossen werden, zum andern Teil haben sie dies allerdings erwartet, weil sie an die Richtigkeit der ihnen durch die deutsche Flugblatt- und Lautsprecherpropaganda gemachten Zusagen glaubten. Im grössten Teil der von WPr ausgegebenen Flugblätter wird Gefangenen und Überläufern ja ausdrücklich gute Behandlung und Arbeitseinsatz zugesagt. Die Versprechungen in einzelnen von der Truppe gemachten Flugblättern gingen sogar noch darüber hinaus.

Es ist unbedingt notwendig, dass die Glaubwürdigkeit dieser Zusicherungen nicht erschüttert wird. Andererseits wird es sich nicht immer vermeiden lassen, dass sich bei den zunächst in Lagern in der Nähe der Front und auch in den rückwärtigen Heeresgebieten untergebrachten Gefangenen sehr bald eine mehr oder minder grosse Enttäuschung über ihre Behandlung und insbesondere ihre Verpflegung einstellt.

Da die Stimmung in den Gefangenenlagern der zivilen Bevölkerung und den Partisanen nicht verborgen bleibt und dadurch auch dem Gegner bekannt wird, muss eine sorgfältige propagandistische

- 2 -

77

Die erste Seite des »Leib und Buße«-Erlasses

auch in den rückwärtigen Heeresgebieten untergebrachten Gefangenen sehr bald eine mehr oder minder große Enttäuschung über ihre Behandlung einstellt.

Da die Stimmung in den Gefangenenlagern der zivilen Bevölkerung und den Partisanen nicht verborgen bleibt und dadurch auch dem Gegner bekannt wird, muß eine sorgfältige propagandistische Gegenwirkung gegen diese Enttäuschung erfolgen. Für diese Propaganda können eigene Propagandafachkräfte nicht zur Verfügung gestellt werden. Es ist deshalb notwendig, daß die Lagerkommandeure sich die folgenden, den Gefangenen gegenüber zum Ausdruck zu bringenden Propagandatendenzen zu eigen machen:

Die deutsche Wehrmacht kämpft nicht gegen die Bevölkerung der Sowjetunion, sondern gegen das bolschewistische Regime Stalins. Es ist auch nicht Absicht der deutschen Wehrmacht, die Kriegsgefangenen ungenügend zu ernähren oder ihren Arbeitseinsatz zu verzögern. Die Schuld am Kriege und somit auch an den Entbehrungen, die die Kriegsgefangenen ertragen müssen, tragen die Moskauer Machthaber. Stalin hat den verbrecherischen Befehl zur Vernichtung der Nahrungsmittelvorräte, der Erzeugungs- und Transportmittel gegeben. Die eigenen Landsleute der Gefangenen haben diesen teuflischen Befehl zum Teil durchgeführt. Stalin hat sich eingebildet, daß er dadurch den deutschen Vormarsch aufhalten werde. Das war ein Trugschluß. Die deutsche Wehrmacht verfügt über einen geregelten Nachschub und ist mit allem versorgt, was sie benötigt. Niemand kann aber erwarten, daß sie darüber hinaus noch große Nahrungsmitteltransporte für die Gefangenen durchführt, so lange noch Kampfhandlungen im Gange sind.

Die angespannte Versorgungslage und notdürftige Unterbringung kennzeichnet vor allem die Durchgangslager in der Nähe der Front. Mit dem weiteren Abtransport der Gefangenen nach Westen verbessert sich ihre Lage. Ebenso beginnt weiter westlich der Arbeitseinsatz und damit eine produktive Betätigung und bessere Ernährung.

Die Gefangenen müssen an ihrem Leibe die falsche Politik der Moskauer bolschewistischen Regierung büßen, die seit Jahren unter Außerachtlassung der Volksinteressen eine blinde Aufrüstungspolitik betrieben hat, um ihre Weltrevolutionspläne durchzuführen. Durch diese verbrecherische Haltung hat vor allem Stalin verhindert, daß die Sowjetunion an dem Aufbau teilgenommen hat, der das übrige Europa, vor allem das nationalsozialistische Deutschland kennzeichnet. Auch in Deutschland ist durch den von Stalin hervorgerufenen Krieg der Aufbauprozeß zeitweise unterbrochen worden. Es liegt im Interesse der Gefangenen, daß dieser Aufbauprozeß baldmöglichst wieder in vollem Umfang aufgenommen wird. Auch sie müssen durch Disziplin und ruhige Haltung dazu beitragen, daß der Krieg schnell beendet werden kann.«

Dieser »Leib und Buße«-Erlaß[118] beweist in seinen utopischen Propagandavorschlägen eine Hilflosigkeit den wirklichen Verhältnissen gegenüber, die in der Tat »erdrückend« ist. Die Propagandavorschläge dieses Erlasses waren für die Kommandanten der Dulags und Stalag wertlos und unbrauchbar und lösten keine propagandistische Agitation, sondern höchstens Verbitterung bei den Empfängern aus. So verschwand dieser Erlaß sehr bald in den Papierkörben der militärischen Dienststellen. Eine Propaganda in den Kriegsgefangenenlagern war durch die Gegenwart von Hunger und Tod auch als hypothetische Größe unmöglich geworden.

Am 30. November 1941 meldete die Propaganda-Abteilung Weißruthenien in ihrem Propaganda- und Tätigkeitsbericht für die Zeit vom 16. bis 30. November an OKW/WPr, daß es zur Zeit unmöglich sei, das Bildflugblatt 190 RA zu verteilen. Eine solche Propaganda, die sich mit den großartigen Verhältnissen in deutschen Kriegsgefangenenlagern befasse, könne der Bevölkerung nicht zugemutet werden. Sie verfolge das Schicksal der Kriegsgefangenen mit Aufmerksamkeit und müsse eine solche Propaganda bei der wirklichen Lage als eine unerträgliche Provokation bewerten[119].

Mit dieser Unfähigkeitserklärung einer deutschen Propaganda-Dienststelle im Osten, aus psychologischen Gründen ein Propagandaerzeugnis ihrer Berliner Zentrale nicht einsetzen zu können, erreichte die deutsche Wehrmachtpropaganda ihren absoluten Tiefpunkt. Als im Dezember 1941 die Winteroffensive der Russen die deutschen Truppen überraschend traf und in schwere, verlustreiche Abwehrkämpfe verwickelte, war ein Einsatz der Aktivpropaganda schon aus taktischen Gründen nicht mehr möglich.

Damit hatte die deutsche Propaganda nicht nur das durch die Jahreszeit, sondern auch das durch die taktische und psychologische Lage bedingte Ende im Osten gefunden.

Vierter Teil
Wie ein Phönix aus der Asche: Das Jahr 1942

»Einer äußerst wendigen und intensiven Feindpropaganda steht von deutscher Seite nichts oder fast nichts gegenüber[120] . . .«

Propaganda in der Defensive

Die Molotow Note

Die Reaktion der sowjetischen Regierung auf die skandalöse Behandlung der sowjetischen Gefangenen durch die deutsche Wehrmacht erfolgte erstaunlich schnell. Bereits am 25. November 1941 protestierte die Sowjetunion offiziell gegen das Gefangenenelend bei den Regierungen, mit denen sie diplomatische Beziehungen unterhielt. Dieser Protest fand seinen spektakulären Niederschlag in der berühmten »Note des Volkskommissars für Auswärtige Angelegenheiten W. M. Molotow über die empörenden Bestialitäten der deutschen Behörden, die an sowjetischen Kriegsgefangenen verübt werden«[121].

Der Text dieser Note wurde noch am selben Tage zum ersten Mal in der Zeit von 18 bis 18.20 Uhr von Radio Moskau in russischer Sprache ausgestrahlt und vom Sonderdienst Seehaus, dem Abhördienst des Auswärtigen Amtes, aufgezeichnet[122]. Kurze Zeit später warfen bereits sowjetische Flugzeuge Millionen von deutschsprachigen Flugblättern mit dem Wortlaut der Molotow Note über den deutschen Linien ab.

Die Molotow Note gab einen ausführlichen Bericht über das Schicksal der sowjetischen Soldaten in deutschen Kriegsgefangenenlagern. Ihr entscheidender Mangel bestand in der Tatsache, daß einige ihrer Abschnitte das Phantasieprodukt eines propagandistischen Gruselkabinetts und gleichzeitig ein Musterbeispiel für das spezifische Vokabular einer typischen Greuelpropaganda darstellten:

»Sowjetische Rotarmisten werden mit glühenden Eisen gefoltert, ihnen werden die Augen ausgestochen, Beine, Arme, Ohren und Nasen abgehackt, die Bäuche aufgeschlitzt, sie werden an Panzerwagen gebunden und in Stücke gerissen . . .«

Diese maßlosen Übertreibungen, die die Aussagekraft der Note völlig unnötig verringerten, sollten als formelhafte Stereotypen und typische Allgemeinplätze auch in der Folgezeit einen festen Stellenwert in der sowjetischen Greuelpropaganda erhalten. Trotz dieser Mängel fanden sich in der Molotow Note eine Reihe von Aussagen, die den tatsächlichen Verhältnissen in vollem Umfang entsprachen:

»Viele Kriegsgefangene sterben vor Erschöpfung. Während die Gefangenen nach ihrem Bestimmungsort abtransportiert werden, erschießt man die Geschwächten auf der Stelle . . .

In den deutschen Kriegsgefangenenlagern erhalten die kranken und verwundeten Rotarmisten keine ärztliche Hilfe, so daß sie verurteilt sind, an Typhus, Ruhr, Lungenentzündung und anderen Krankheiten zugrunde zu gehen . . .«

Diese Berichte fanden durch die bereits bekannten deutschen Meldungen ihre überzeugende Bestätigung.

Die an der Ostfront im Dezember einsetzende große sowjetische Propagandaoffensive, deren Flugblattserien sich intensiv mit der Molotow Note befaßten, traf mit ihrer »bewundernswerten Realistik«[123] die in Berlin für die deutsche Propaganda Verantwortlichen völlig überraschend. Sie löste zunächst Bestürzung und Ratlosigkeit aus, da der Tenor der sowjetischen Propaganda durch die Berichte der Truppe von der Front weitgehend bestätigt wurden. Nach einem zaghaften Versuch, in der Flugblattzeitung »Der Kriegspfad« (Nr. 262 z) die Aussage der Molotow Note durch »frisierte« Berichte »glücklicher« sowjetischer Überläufer zu widerlegen, verzichtete die deutsche Propaganda zunächst darauf, dieses heikle Thema weiterhin zu behandeln. Es wurde »verdrängt« und durch andere Themen ersetzt. Erst als die Winterkrise an der Ostfront überwunden und die sowjetische Offensive zum Stillstand gekommen war, rückte die Molotow Note vom 25. November 1941, der am 6. Januar 1942 eine zweite Note über die »allgemeinen Plünderungen, Ausraubung der Bevölkerung und ungeheuerlichen Bestialitäten der deutschen Behörden in den von ihnen besetzten Sowjetgebieten« folgte[124], wieder in den Mittelpunkt des Interesses. So erarbeitete am 25. März 1942 die Abteilung Presse und Aufklärung des Reichsministeriums für die besetzten Ostgebiete eine Reihe von Propagandarichtlinien, die für die deutsche Propaganda Argumentationshilfen gegen die sowjetischen und inzwischen auch englischen Meldungen über die »angeblich« schlechte Behandlung der »bolschewistischen Kriegsgefangenen« liefern sollten[125]. Diese Propagandarichtli-

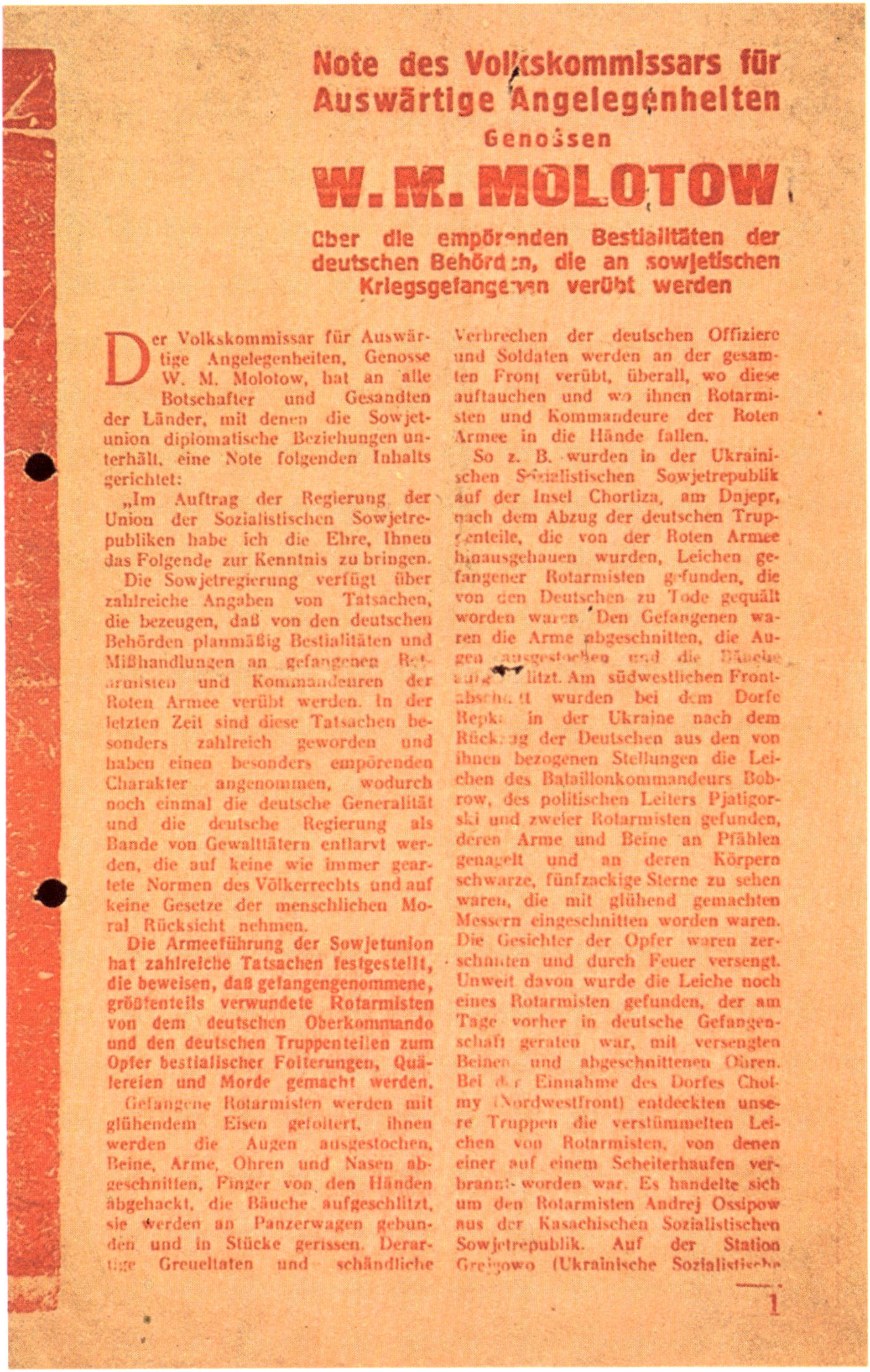

Note des Volkskommissars für Auswärtige Angelegenheiten

Genossen

W. M. MOLOTOW

Über die empörenden Bestialitäten der deutschen Behörden, die an sowjetischen Kriegsgefangenen verübt werden

Der Volkskommissar für Auswärtige Angelegenheiten, Genosse W. M. Molotow, hat an alle Botschafter und Gesandten der Länder, mit denen die Sowjetunion diplomatische Beziehungen unterhält, eine Note folgenden Inhalts gerichtet:

„Im Auftrag der Regierung der Union der Sozialistischen Sowjetrepubliken habe ich die Ehre, Ihnen das Folgende zur Kenntnis zu bringen.

Die Sowjetregierung verfügt über zahlreiche Angaben von Tatsachen, die bezeugen, daß von den deutschen Behörden planmäßig Bestialitäten und Mißhandlungen an gefangenen Rotarmisten und Kommandeuren der Roten Armee verübt werden. In der letzten Zeit sind diese Tatsachen besonders zahlreich geworden und haben einen besonders empörenden Charakter angenommen, wodurch noch einmal die deutsche Generalität und die deutsche Regierung als Bande von Gewalttätern entlarvt werden, die auf keine wie immer gearteten Normen des Völkerrechts und auf keine Gesetze der menschlichen Moral Rücksicht nehmen.

Die Armeeführung der Sowjetunion hat zahlreiche Tatsachen festgestellt, die beweisen, daß gefangengenommene, größtenteils verwundete Rotarmisten von dem deutschen Oberkommando und den deutschen Truppenteilen zum Opfer bestialischer Folterungen, Quälereien und Morde gemacht werden.

Gefangene Rotarmisten werden mit glühendem Eisen gefoltert, ihnen werden die Augen ausgestochen, Beine, Arme, Ohren und Nasen abgeschnitten, Finger von den Händen abgehackt, die Bäuche aufgeschlitzt, sie werden an Panzerwagen gebunden und in Stücke gerissen. Derartige Greueltaten und schändliche Verbrechen der deutschen Offiziere und Soldaten werden an der gesamten Front verübt, überall, wo diese auftauchen und wo ihnen Rotarmisten und Kommandeure der Roten Armee in die Hände fallen.

So z. B. wurden in der Ukrainischen Sozialistischen Sowjetrepublik auf der Insel Chortiza, am Dnjepr, nach dem Abzug der deutschen Truppenteile, die von der Roten Armee hinausgehauen wurden, Leichen gefangener Rotarmisten gefunden, die von den Deutschen zu Tode gequält worden waren. Den Gefangenen waren die Arme abgeschnitten, die Augen ausgestochen und die Bäuche aufgeschlitzt. Am südwestlichen Frontabschnitt wurden bei dem Dorfe Repki in der Ukraine nach dem Rückzug der Deutschen aus den von ihnen bezogenen Stellungen die Leichen des Bataillonkommandeurs Bobrow, des politischen Leiters Pjatigorski und zweier Rotarmisten gefunden, deren Arme und Beine an Pfählen genagelt und an deren Körpern schwarze, fünfzackige Sterne zu sehen waren, die mit glühend gemachten Messern eingeschnitten worden waren. Die Gesichter der Opfer waren zerschnitten und durch Feuer versengt. Unweit davon wurde die Leiche noch eines Rotarmisten gefunden, der am Tage vorher in deutsche Gefangenschaft geraten war, mit versengten Beinen und abgeschnittenen Ohren. Bei der Einnahme des Dorfes Cholmy (Nordwestfront) entdeckten unsere Truppen die verstümmelten Leichen von Rotarmisten, von denen einer auf einem Scheiterhaufen verbrannt worden war. Es handelte sich um den Rotarmisten Andrej Ossipow aus der Kasachischen Sozialistischen Sowjetrepublik. Auf der Station Greigowo (Ukrainische Sozialistische

1

Die erste Seite des Flugblatt-Textes der Molotow-Note

nien, die am 30. April 1942 durch das Auswärtige Amt ergänzt wurden, enthielten folgende Feststellungen:

1. Ein erheblicher Teil von Kriegsgefangenen ist bereits entlassen worden. Sie haben daher die Möglichkeit, am Wiederaufbau ihrer Heimat teilzunehmen, weil es sich erwiesen hat, daß sie nie Bolschewisten gewesen sind.
2. Ein großer Teil der Kriegsgefangenen ist in den Arbeitsprozeß eingereiht worden. Der Arbeitseinsatz erfolgt in ihren eigenen Berufen.
3. In der Verpflegung traten vorübergehend zwar Schwierigkeiten auf, die aber inzwischen behoben sind. Sie waren die Folge des harten Winters und vor allem des allgemeinen Vernichtungsbefehls, für den Stalin die alleinige Verantwortung trägt.
4. Die Lager verfügen über tadellose hygienische Verhältnisse. Die ärztliche Versorgung ist sichergestellt.
5. Die Gefangenen erhalten volle Religionsfreiheit.
6. Die kulturelle Betreuung der Gefangenen ist in jeder Beziehung gewährleistet.
7. Es werden von deutscher Seite grundsätzlich keine Namen von Kriegsgefangenen veröffentlicht, damit ihre Angehörigen vor dem Zugriff der GPU (Sippenhaftung) geschützt sind.

Bei der propagandistischen Bearbeitung der Molotow Noten sollte nach der Taktik verfahren werden, sie nicht im einzelnen zu widerlegen, sondern vielmehr durch eine großangelegte Informationskampagne über die veränderten Verhältnisse in den deutschen Gefangenenlagern zu berichten und die Note selbst damit als überholt erscheinen zu lassen.

Zu diesem Zeitpunkt setzte in den deutschen Lagern eine langsame Veränderung der Verhältnisse ein, die allerdings noch nicht den Aussagen der Propaganda entsprachen. Immerhin hörte jedoch das Massensterben der sowjetischen Kriegsgefangenen im Jahre 1942 auf. Zu einer entscheidenden Verbesserung der Lebensverhältnisse in den deutschen Kriegsgefangenenlagern sollte es erst im Jahre 1943 kommen[126].

Wie groß der Schock auf die deutschen Propagandisten gewesen sein muß, zeigt die Tatsache, daß erst im Juni 1942 an der Ostfront ein vierseitiges Spezialflugblatt abgeworfen wurde, das die Molotow Greuelnoten widerlegen sollte. Der Abwurf erfolgte zu einer Zeit, als die deutsche Propaganda ihre Winterkrise bereits überwunden hatte und sich nun relativ gelassen vor dem Hintergrund neuer Erfolge mit dem Tenor der Molotow Noten auseinandersetzen konnte[127].

Propaganda auf dem Nullpunkt

Als in Verbindung mit der Winteroffensive 1941 auch die Propagandaoffensive der Russen an der Ostfront einsetzte, erließ als erste Reaktion darauf die Abteilung Wehrmachtpropaganda am 10. Dezember 1941 »Propagandaanweisungen«. Die Weisungen[128] stellten fest, daß die deutschen Operationen an der Ostfront »zum Stillstand« gekommen wären. Diese äußerst optimistische Lagebeurteilung, die in Wirklichkeit durch schwerste Abwehrkämpfe gekennzeichnet war, kam immerhin zu dem Ergebnis, daß die Sowjetpropaganda nunmehr die Initiative ergreife und ggf. einen »Durchbruch« erzielen könne.

Durch den überraschenden Kriegsausbruch zwischen Japan, den Vereinigten Staaten und dem Britischen Empire am 8. Dezember 1941 erhielt die deutsche Propaganda neue Ansatzpunkte, die sie zu diesem Zeitpunkt dringend benötigte. Die »Propagandaweisungen«, die unter dem unmittelbaren Eindruck der militärischen Ereignisse in Ostasien verfaßt wurden, wollten die Niederlagen der Alliierten sofort für die eigene Propaganda ausnutzen, indem sie den Kriegsausbruch im Pazifik wie folgt interpretierten:

1. Der Hauptschuldige an dem Konflikt ist Roosevelt.
2. Eine materielle Unterstützung der Sowjetunion durch die Vereinigten Staaten ist durch diesen Krieg unmöglich geworden, da diese ihr Kriegsmaterial dringend selbst benötigen.
3. Das trifft im gleichen Umfang auch auf die englischen Lieferungen zu.
4. Mit dem Kriegseintritt Japans hat das Deutsche Reich einen mächtigen Verbündeten erhalten, der zu der weiteren Schwächung seiner Gegner wesentlich beitragen

wird.

Nach dieser strategischen Lagebeurteilung, die für die Aktivpropaganda nutzbar gemacht werden sollte, mußte das schwierige Problem gelöst werden, überzeugende Gründe für die militärische Lage an der Ostfront selbst zu finden. Der operative Gegenangriff von ca. 100 russischen Divisionen bei extremen Kältetemperaturen auf die deutschen Verbände, die ohne ausreichende Winterbekleidung in die weitaus härtesten Abwehrkämpfe des Krieges verwickelt waren, wurde von der deutschen Propaganda trotz der Dramatik des Geschehens als »Winterpause« interpretiert, die durch die Jahreszeit entstanden wäre. Adolf Hitler nutzte diese Pause für die Vorbereitung »neuer entscheidender Schläge«. Im übrigen seien die Kerntruppen der Sowjetunion bereits zerschlagen. Eine Aufstellung neuer schlagkräftiger Armeen in der kurzen Winterpause sei nicht möglich. Die jetzige Situation könne im übrigen mit der Lage Napoleons im Winter 1812/13 nicht verglichen werden, da sich die Armeen Napoleons zu diesem Zeitpunkt auf der Flucht befunden hätten, die deutschen Armeen aber »unerschüttert tief im Herzen der Sowjetunion« stünden[129].

Diese »Propagandaweisungen« vom 10. Dezember 1941 fanden einen knappen Monat später eine umfangreiche Ergänzung in einer neuen Richtlinie von OKW/WPr über die »Propaganda gegen die Sowjettruppen während des Winters« vom 8. Januar 1942. Diese Richtlinie brachte keine neuen über die »Propagandaweisung« vom 10. Dezember 1941 hinausgehenden Ansatzpunkte für die deutsche Propaganda, sie betonte aber ganz besonders die Tatsache, daß sich bei der »veränderten militärischen Lage« die Aktivpropaganda in den Feind »schwieriger« erweise als in den vorhergehenden Monaten. Sie müsse daher den »veränderten Umständen angepaßt« und mit Beharrlichkeit weiter verfolgt werden[130].

Diese sehr allgemein gehaltenen Formulierungen bewiesen nicht nur die Ratlosigkeit ihrer Verfasser, sondern auch die Tatsache, daß die deutsche Aktivpropaganda der allgemeinen Lage entsprechend auf dem Nullpunkt angelangt war.

Der Wehrmacht-Propaganda-Lagebericht meldete für die Zeit vom 1. Dezember bis 15. Dezember 1941 lediglich, daß in der Berichtszeit 19 neue Flugblätter mit »kurzgefaßtem Inhalt« in Druck gegeben worden seien[131]. Im übrigen standen die politischen und militärischen Ereignisse in Ostasien im Mittelpunkt der Darstellung. Für die Zeit vom 16. Dezember 1941 bis 15. Januar 1942 informierte der Lagebericht wiederum über die Ereignisse im Fernen Osten mit den japanischen Erfolgen, hinter denen die Behandlung der Lage an der Ostfront »bewußt zurücktrete«.

Für den Einsatz an der Ostfront wurden in Berlin 9 Millionen Flugblätter besonders für die Werbung »tartarischer Freiwilliger« hergestellt, während 9,7 Millionen WPr-Flugblätter an die Front geliefert wurden. Der Bericht betonte, daß die Propaganda-Truppen im Einsatz eigener Flugblätter »sehr rührig« seien und vielfach »recht gut abgefaßte« Flugblätter eingesetzt hätten[132].

Der Wehrmacht-Propaganda-Lagebericht dieser Zeit war seinerseits weniger ein Bericht als ein Produkt der Propaganda selbst. Derjenige, der zwischen den Zeilen lesen konnte, merkte sehr bald an den völlig unbedeutenden Auflagehöhen der gedruckten Flugblätter und an den dürftigen Informationen über die deutsche Aktivpropaganda im Osten, daß alle diese Details nur »im Osten nichts Neues« bedeuten konnten. Die wirkliche Situation, in der sich die Aktivpropaganda befand, beschrieb der Tätigkeitsbericht des Befehlshabers des rückwärtigen Heeresgebietes Mitte für den Monat Januar 1942, in dem es kurz hieß:

»Die deutsche Propaganda ist bezüglich Nachlieferung aus der Heimat gänzlich zusammengebrochen, das Wenige, was herangekommen ist, ist einseitig und nicht zugkräftig . . .«[133]

Ein »Mangel an Ideen, Druckereien, Papier und Fliegern« mache sich zusehends bemerkbar und erschwere die Propagandaarbeit.

Wie groß die Kluft zwischen der Theorie der Propaganda, die sich in den »Richtlinien« niederschlug, und der Praxis der Propagandamöglichkeiten im Osten in dieser Zeit war, soll ein kurzer Abschnitt aus dem Propagandalage- und Tätigkeitsbericht vom 15. bis 31. Januar 1942 der Propaganda-Abteilung

Weißruthenien verdeutlichen:

»Seit Tagen ist die Abteilung bei durchschnittlichen Minustemperaturen von 20–30 Grad ohne Feuerholz. Da der einzige abteilungseigene LKW hier nicht repariert werden kann, ist die Abteilung auf die Hilfe benachbarter Einheiten angewiesen, die aber infolge der anhaltenden Schneestürme, die ein Steckenbleiben der Wagen voraussehen lassen (...), nicht mehr bereit sind, Transporte auszuführen. Die vollständig ausgekühlten Unterkünfte machen jede Arbeit illusorisch...«[134]

Unter diesen Verhältnissen war die deutsche Propaganda im Osten in der Tat auf dem Nullpunkt angelangt.

General Winter

In dem Augenblick, in dem sich die militärische Lage an der Ostfront für die Wehrmacht stabilisierte, d. h. die Winteroffensive der Roten Armee ihr Ende gefunden hatte, ergriff die deutsche Propaganda neue Initiativen und wurde im Osten wieder offensiv.

Die Flugblattserien, die inzwischen von OKW/WPr in Berlin gedruckt und über die Propaganda-Außenstellen mit großen Verzögerungen an die Ostfront geliefert wurden, konnten der Lage entsprechend zunächst nur in sehr unterschiedlicher Intensität von den Propaganda-Einheiten zum Einsatz gebracht werden.

Den Propaganda-Richtlinien entsprechend wurden bereits vor dem endgültigen Scheitern der russischen Winteroffensive in Perspektivflugblättern, die auf eine mittelfristige Wirkung angelegt waren, folgende Propagandathemen entwickelt:

1. »Winterpause« im Osten als flexible Verteidigung der Wehrmacht
2. »Winterpause« im Osten als Vorbereitung neuer Angriffspositionen
3. Scheitern der sowjetischen Offensive:
   3.1. hohe Verluste an der »deutschen Blutmauer«
   3.2. geringe Verluste der deutschen Verteidiger
4. die wichtigsten Verbündeten Stalins fehlen:
   4.1. »General Winter« (durch Frühlingsbeginn)
   4.2. die Alliierten (durch Krieg in Ostasien)

Die Winteroffensive der Roten Armee, die für sie mit hohen Verlusten verbunden war, wurde in den deutschen Flugblättern als ein »sinnloses Blutvergießen« (277 RAF) dargestellt, bei dem der Rotarmist sich die Frage stelle müsse, warum er eigentlich in »die Kälte, in den Schnee und in den Tod« getrieben würde (276 RA). Der Erfolg einer solchen Offensive seien »abgefrorene Füße« und das hoffnungslose Schicksal eines Krüppels im »Stalinschen Paradiese«.

Im Gegensatz zu Hitler, der seine Soldaten vor unnützen Verlusten schone, würden die Rotarmisten immer wieder in das mörderische Abwehrfeuer der deutschen Waffen getrieben:

Flugblatt Nr. 292 RA

Soldaten und Offiziere

In welch eine Lage seid Ihr geraten?

Die euch von eurer Führung versprochene Siegesoffensive nach dem Westen hat sich nicht erfüllt. Stattdessen verbluten eure Einheiten in erfolglosen Angriffen gegen die deutschen Linien. Eurer werden immer weniger. Schließlich dürft ihr nicht vergessen, daß die Rote Armee in sechs Monaten Krieg rund vier Millionen Gefangene verloren hat, während die Zahl der Toten und Verwundeten noch höher liegt.

Währenddessen ist die deutsche Wehrmacht auch unter den Bedingungen eines harten Winters unerschüttert geblieben. Ihr habt das selbst erproben können.

Das bedeutet also, daß eure Führung sich verrechnet hat. Sie glaubte ursprünglich, im Winter die deutsche Wehrmacht sozusagen mit der linken Hand erledigen zu können. Was aber hat sich tatsächlich ereignet?

Bei Einbruch des Winters gab Hitler seinen Truppen den Befehl, zur Verteidigung überzugehen, um Menschenleben zu schonen. Stalin dagegen befahl der Roten Armee anzugreifen, koste es, was es wolle. In unsere Hände ist ein Befehl des Oberbefehlshabers der Kalinin-Front, des Generalobersten Konjew, gefallen, in dem er angesichts der zahlreichen Fälle von »Verweigerung von Ge-

ЕЖЕДНЕВНО СООБЩАЕТ СОВЕТСКОЕ ИНФОРМАЦИОННОЕ БЮРО О БОЛЬШИХ ПОБЕДАХ КРАСНОЙ АРМИИ. НО ВОТ КАК ВЫГЛЯДЯТ ЭТИ ПОБЕДЫ!

ЭТО ЗИМНИЕ ПОБЕДЫ СТАЛИНА!

Das Flugblatt 307 RA
(Vorderseite)

«**Немцы надеются на наши большие потери. Как велики бы они ни были, наши людские резервы неизсякаемы.»** Так говорят советские газеты.

Да! Сталин и Каганович никогда не щадили человеческих жизней. Им все равно — **сотни тысяч или миллионы красноармейцев погибнут в кровавых боях.**

Но так ли это безразлично и Тебе — Боец и Командир Красной Армии? Безразлично ли Тебе, если Твою жизнь отнимут у Тебя за интересы, которые **никогда не были и не будут Твоими?**

Смерть протягивает к Тебе свои руки. Подумай об этом! Подумай о своей семье! В освобожденных от большевиков областях упразднены колхозы. Не опоздай к разделу земли! **Твоя земля ждет Тебя!**

307 RA

Пропуск — **Passierschein** **Пропуск действителен для неограниченного количества, переходящих на сторону германских войск, командиров и бойцов РККА.**	Пропуск — **Passierschein** **Пропуск действителен для неограниченного количества, переходящих на сторону германских войск, командиров и бойцов РККА.**
Пропуск — **Passierschein** **Пропуск действителен для неограниченного количества, переходящих на сторону германских войск, командиров и бойцов РККА.**	Пропуск — **Passierschein** **Пропуск действителен для неограниченного количества, переходящих на сторону германских войск, командиров и бойцов РККА.**

Das Flugblatt 307 RA
(Rückseite)

fechtsbefehlen« die »Anwendung von Repressalien« befiehlt. Das bedeutet also: Angreifen um jeden Preis! Menschenleben spielen keine Rolle. Wenn schon in 24 Jahren jüdisch-bolschewistischer Herrschaft einige Dutzend Millionen Männer, Frauen und Kinder vor Hunger und in Konzentrationslagern gestorben sind, welche Rolle spielt es dann, wenn jetzt fünf oder zehn Millionen Soldaten und Offiziere der Roten Armee für die Verlängerung des Stalin-Kaganowitsch-Regimes sterben!

Soldaten und Offiziere!

Jeder von euch, der durch die Fortsetzung dieses sinnlosen Kampfes die dem Volke verhaßte jüdisch-bolschewistische Herrschaft stützt, wird vor seinem Volke die Ströme nutzlos vergossenen Blutes mitverantworten müssen.

Besinnt euch! Eure Heimat beginnt ihre Wiedergeburt ohne Juden, ohne Kapitalisten, ohne Kommunisten! Sie erwartet eure Hilfe!

Wer für Stalin ist, der ist gegen das Volk!

Passierschein

Die Tatsache, daß den Angriffen der Roten Armee der durchschlagende Erfolg versagt blieb, führte zur Thematik der sogenannten »Blutmauer« in der deutschen Propaganda[135]. Diese »Blutmauer«, vor der die Offensive der Roten Armee nach Aussagen der Propaganda zusammengeschossen wurde, erschien zum ersten Mal auf einem eindrucksvollen Bildflugblatt, das eine Ergänzung zum Bildflugblatt 307 RA »Das sind Stalins Wintersiege« darstellte:

Flugblatt 329 RA

Vorderseite:
Bild mit Unterschrift »Die Blutmauer«.

Rückseite:
Du fällst umsonst. Deine Führung opfert dich schonungslos. Wer die deutschen Stellungen, diese Blutmauer, angreift, wird vernichtet.

Rotarmist! Wirf die Waffen weg. Mach Schluß mit dem sinnlosen Krieg. Die deutschen Offiziere und Soldaten werden dich gut aufnehmen, dich verpflegen, und du erhältst die Möglichkeit, zu arbeiten.

Man kann auch ohne Passierschein zu den deutschen Truppen übergehen.

Dieses Flugblatt, das mit der Abbildung der durch Maschinengewehr-Garben zerfetzten Leichen gefallener Rotarmisten vor den deutschen Stellungen (»Blutmauer«) den Sowjetsoldaten schockieren und zur Einsicht in die Sinnlosigkeit seiner Angriffe bringen wollte, enthielt alle formalen Details einer »Schockpropaganda«, die in ähnlicher Weise mit umgekehrter Tendenz von der sowjetischen Propaganda gegen die deutschen Truppen verwandt wurde.

Das Bildflugblatt 329 RA ist ein Flugblatt, das besonderes Interesse verdient, da es im Gegensatz zu anderen Produkten der Schockpropaganda offensichtlich eine spürbare Wirkung auf die angesprochene Zielpersonengruppe ausübte[136].

In der Regel erwiesen sich angsterregende Appelle in ihrer Wirkung als wenig erfolgreich, da ihre furchtauslösenden Darstellungen zwar einen hohen Grad von Aufmerksamkeit auslösten, aber gleichzeitig einen psychischen Widerstand (Ekel, Abscheu) bei den Betroffenen hervorrief und damit das von der Schockpropaganda empfohlene Verhalten in Frage stellte. Da die Wirkung einer angstauslösenden Darstellung von dem vorgegebenen Angstniveau der durch die Propaganda angesprochenen Zielpersonen abhing, war die deutsche Schockpropaganda zu dem Zeitpunkt ihres Einsatzes in der Lage, Angstgefühle bei den Rotarmisten zu artikulieren, die durch die täglichen Verluste einer im Scheitern befindlichen Offensive sicherlich außerordentlich stark waren[137].

In Verbindung mit der »Blutmauer«-Thematik entwickelte die deutsche Aktivpropaganda eine zusätzliche Propaganda-Aussage, die dem Rotarmisten die Hoffnungslosigkeit der militärischen Lage verdeutlichen sollte, die durch den beginnenden Frühling eingetreten war. Diese Aussage bestand in der Propagandathese, daß der wichtigste Verbündete Stalins, der »General Winter« seine Aufgabe nicht erfüllt habe:

General Winter schmilzt . . .

Er hat seine Aufgabe nicht erfüllt. Die deutschen Waffen waren auch im Winter stärker als die sowjetischen. Der Frühling bedeutet das Ende Stalins!

Ты гибнешь зря!

Твое командование жертвует тобою без сожаления!

Кто атакует германские позиции, эту „стену крови", тот гибнет!

Красноармеец! Бросай оружие!

Кончай бессмысленную войну!

Немецкие командиры и бойцы тебя хорошо примут, накормят тебя, и ты получишь возможность работать.

На сторону немецких войск можно переходить и без пропуска.

329 RA.

Deutsches Flugblatt für Offiziere und Mannschaften der Sowjetarmee.

Flugblatt 329 RA
(Vorder- und Rückseite)

Dieser immer wieder auf den Flugblättern abgedruckte Refrain (Flugblätter 305/II Part; 328 RA; 330 Br; 334 RA Mi usw.) sollte mit einer entsprechenden Zeichnung den Rotarmisten noch einmal zusätzlich verdeutlichen, daß die durch den Winter jahreszeitlich bedingten Vorteile der Roten Armee numehr beendet seien und damit die »Winter-Offensive« ihr Ziel nicht erreicht habe.

Gleichzeitig betonte die deutsche Aktivpropaganda die Tatsache, daß mit dem Kriegsausbruch in Ostasien die Sowjetunion zwei weitere wichtige Verbündete verloren habe, die Vereinigten Staaten und England. Die »Folgen« dieses Kriegsausbruchs für die Sowjetunion beschrieb das Flugblatt 261 RA:

Soldaten und Offiziere der Roten Armee!
Zwischen Japan einerseits und den USA und Großbritannien andererseits ist der Krieg entbrannt.
Was bedeutet das für die Sowjetunion?
Denkt an die Reden Stalins vom 6. November! Er sagte:
»Ungünstig für uns ist es, daß zur Zeit weder Engländer noch Amerikaner auf dem europäischen Kontinent gegen die Deutschen kämpfen und Deutschland somit nicht gezwungen ist, sich an zwei Fronten zu schlagen. Deshalb können die Deutschen alle ihre Truppen und die Truppen ihrer Verbündeten gegen uns werfen.«

Jeder von Euch wird sofort verstehen, daß diese »ungünstige Lage« sich durch den Krieg zwischen Japan und den USA nur noch verschlechtert. (...)

Die USA haben bisher England in solchem Ausmaß mit Waffen unterstützen müssen, daß sie ihr Hilfeversprechen der Sowjetunion gegenüber so gut wie gar nicht einlösen konnten. Jetzt stehen die USA vor der Aufgabe, selbst Krieg zu führen. (...)
Woher kann die Sowjetunion jetzt noch Hilfe erwarten?

Amerika brauche nach den ersten gewaltigen Verlusten »jede Granate, jedes Flugzeug und jedes Schiff« für sich selbst. Nicht einmal England könne in dieser Lage beliefert werden, noch viel weniger die Sowjetunion.

Zu dem Zeitpunkt der ersten sensationellen japanischen Erfolgsmeldungen aus dem pazifischen und ostasiatischen Raum konnte die deutsche Propaganda zur »atmosphärischen Abrundung« aus dem Krieg im Pazifik in der zitierten Weise propagandistisches Kapital schlagen. Die voreiligen Schlüsse, die sie aus diesem Kriegsausbruch zog, konnten bereits wenige Monate später in der Propaganda nicht mehr benutzt werden.

Der »besondere Ausweis«

Die Tatsache, daß die deutsche Aktivpropaganda im Osten während der Winterkrise ihre Aktivitäten einstellen mußte, führte dazu, daß aus dem Bereich der Truppe zahlreiche Vorschläge und Lagebeurteilungen bei OKW/WPr einliefen. Alle diese Eingaben versuchten die Frage zu beantworten, wie die deutsche Wehrmacht im Osten wieder propagandistisch offensiv werden könne.

Diese Berichte lassen erkennen, daß es nach dem Verstummen der deutschen Propaganda keine Überläufer mehr gab. Durch die grauenhaften Verhältnisse in den deutschen Gefangenenlagern schockiert, über die die sowjetischen Soldaten sehr genau informiert waren, kämpften die Verbände der Roten Armee mit einem fanatischen Widerstandswillen[138]. Die Verluste bei den deutschen Truppen erhöhten sich hierdurch beträchtlich. Die Internpropaganda in der Roten Armee erwies sich vor allem durch die Tatsache des Massensterbens in den deutschen Lagern, das sie entsprechend behandelte, als ganz besonders erfolgreich.

Trotz dieser für die deutsche Propaganda ungünstigen Lage ergaben zahlreiche Kriegsgefangenenaussagen, daß bei der sich abzeichnenden erfolglosen Winteroffensive der Roten Armee eine gewisse Bereitschaft bei den Rotarmisten bestand, sich mit den Aussagen der deutschen Propaganda erneut auseinanderzusetzen. Diese Bereitschaft entstand nicht nur durch die taktischen Rückschläge an der Front, sondern auch durch die schlechte Versorgungslage bei vielen sowjetischen Einheiten.

Da durch diese Faktoren die Kampfmoral der Roten Armee offensichtlich angeschlagen war, rückte die Überläuferpropaganda zwangsläufig wieder in den Mittelpunkt des

Flugblatt 328 RA
(Vorder- und Rückseite)

Вырежьте и сохраните прилагаемые пропуска. С одним пропуском на сторону германских войск может перейти неограниченное количество командиров и бойцов Красной Армии и Красного Флота! Приказ Сталина о преследовании семей переходящих на нашу сторону командиров и бойцов — невыполним. Германское командование не публикует списков пленных. Их имена об'являются только по их личному желанию. Поэтому не бойтесь сталинских запугиваний.

ПРОПУСК

Пред'явитель сего, не желая бессмысленного кровопролития за интересы жидов и комиссаров, оставляет побежденную Красную Армию и переходит на сторону Германских Вооруженных Сил.

Немецкие офицеры и солдаты окажут перешедшему хороший прием, накормят его и устроят на работу.

Переходить на сторону Германских войск можно и без пропуска: мы и в этом случае гарантируем хороший прием.

Dieser Passierschein gilt für Offiziere und Mannschaften der Sowjetarmee

ПРОПУСК

Пред'явитель сего, не желая бессмысленного кровопролития за интересы жидов и комиссаров, оставляет побежденную Красную Армию и переходит на сторону Германских Вооруженных Сил.

Немецкие офицеры и солдаты окажут перешедшему хороший прием, накормят его и устроят на работу.

Переходить на сторону Германских войск можно и без пропуска: мы и в этом случае гарантируем хороший прием.

Dieser Passierschein gilt für Offiziere und Mannschaften der Sowjetarmee

ПРОПУСК

Пред'явитель сего, не желая бессмысленного кровопролития за интересы жидов и комиссаров, оставляет побежденную Красную Армию и переходит на сторону Германских Вооруженных Сил.

Немецкие офицеры и солдаты окажут перешедшему хороший прием, накормят его и устроят на работу.

Переходить на сторону Германских войск можно и без пропуска: мы и в этом случае гарантируем хороший прием.

Dieser Passierschein gilt für Offiziere und Mannschaften der Sowjetarmee

ПРОПУСК

Пред'явитель сего, не желая бессмысленного кровопролития за интересы жидов и комиссаров, оставляет побежденную Красную Армию и переходит на сторону Германских Вооруженных Сил.

Немецкие офицеры и солдаты окажут перешедшему хороший прием, накормят его и устроят на работу.

Переходить на сторону Германских войск можно и без пропуска: мы и в этом случае гарантируем хороший прием.

Dieser Passierschein gilt für Offiziere und Mannschaften der Sowjetarmee

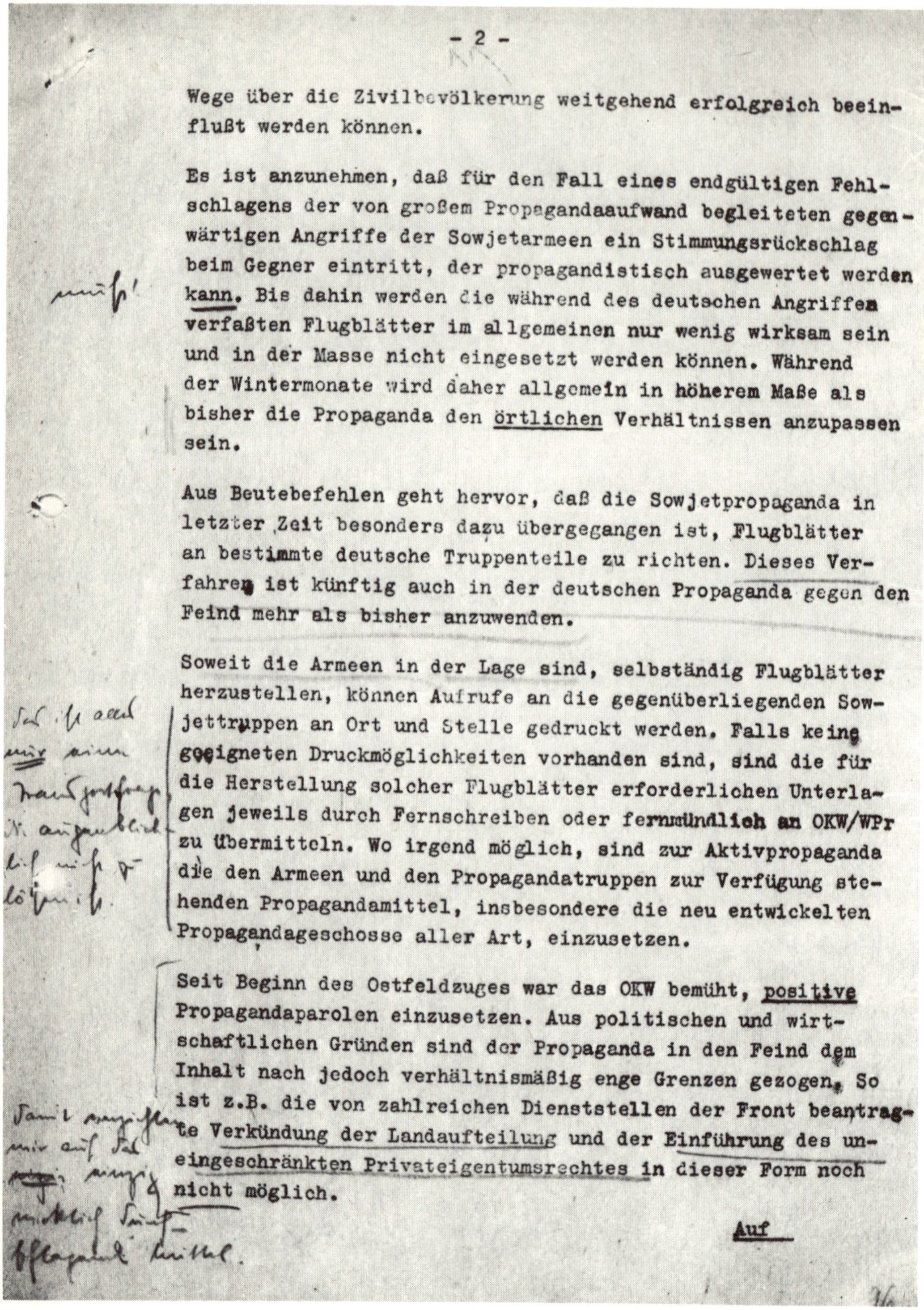

- 2 -

Wege über die Zivilbevölkerung weitgehend erfolgreich beeinflußt werden können.

Es ist anzunehmen, daß für den Fall eines endgültigen Fehlschlagens der von großem Propagandaaufwand begleiteten gegenwärtigen Angriffe der Sowjetarmeen ein Stimmungsrückschlag beim Gegner eintritt, der propagandistisch ausgewertet werden kann. Bis dahin werden die während des deutschen Angriffes verfaßten Flugblätter im allgemeinen nur wenig wirksam sein und in der Masse nicht eingesetzt werden können. Während der Wintermonate wird daher allgemein in höherem Maße als bisher die Propaganda den örtlichen Verhältnissen anzupassen sein.

Aus Beutebefehlen geht hervor, daß die Sowjetpropaganda in letzter Zeit besonders dazu übergegangen ist, Flugblätter an bestimmte deutsche Truppenteile zu richten. Dieses Verfahren ist künftig auch in der deutschen Propaganda gegen den Feind mehr als bisher anzuwenden.

Soweit die Armeen in der Lage sind, selbständig Flugblätter herzustellen, können Aufrufe an die gegenüberliegenden Sowjettruppen an Ort und Stelle gedruckt werden. Falls keine geeigneten Druckmöglichkeiten vorhanden sind, sind die für die Herstellung solcher Flugblätter erforderlichen Unterlagen jeweils durch Fernschreiben oder fernmündlich an OKW/WPr zu übermitteln. Wo irgend möglich, sind zur Aktivpropaganda die den Armeen und den Propagandatruppen zur Verfügung stehenden Propagandamittel, insbesondere die neu entwickelten Propagandageschosse aller Art, einzusetzen.

Seit Beginn des Ostfeldzuges war das OKW bemüht, positive Propagandaparolen einzusetzen. Aus politischen und wirtschaftlichen Gründen sind der Propaganda in den Feind dem Inhalt nach jedoch verhältnismäßig enge Grenzen gezogen. So ist z.B. die von zahlreichen Dienststellen der Front beantragte Verkündung der Landaufteilung und der Einführung des uneingeschränkten Privateigentumsrechtes in dieser Form noch nicht möglich.

Auf

OKW/WPr-Befehl vom 8. Januar 1942:
»Propaganda gegen die Sowjettruppen während des Winters«, Seite 2

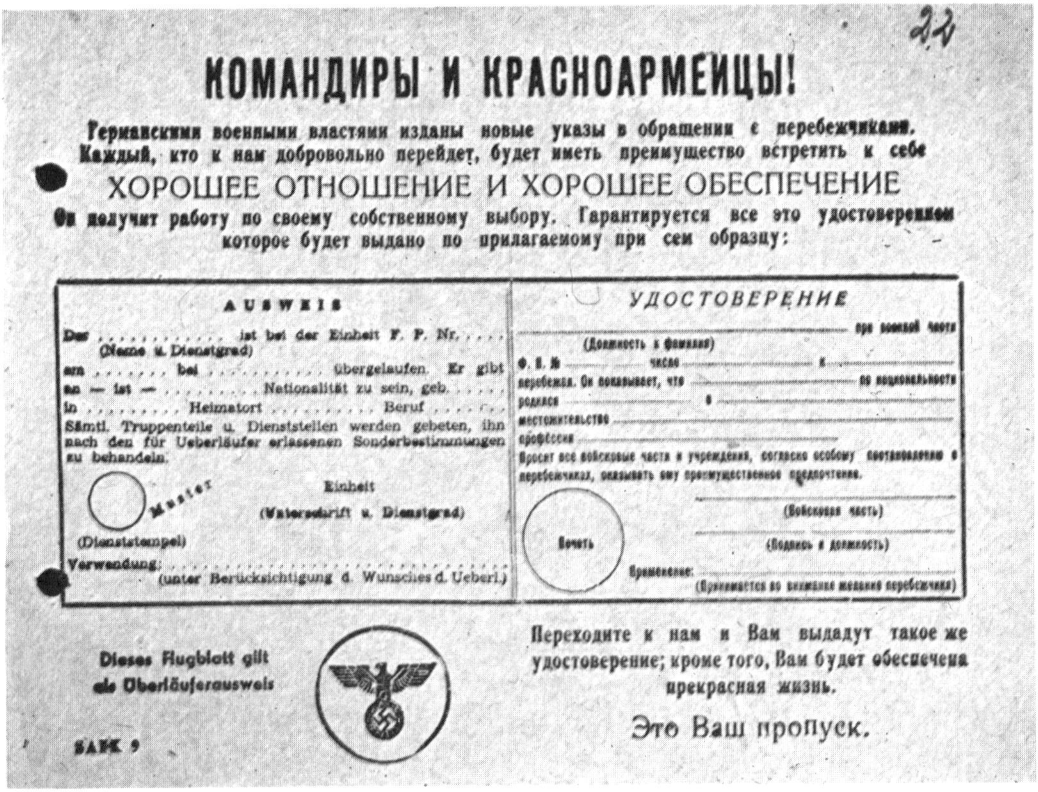

КОМАНДИРЫ И КРАСНОАРМЕЙЦЫ!

Германскими военными властями изданы новые указы в обращении с перебежчиками. Каждый, кто к нам добровольно перейдет, будет иметь преимущество встретить к себе

ХОРОШЕЕ ОТНОШЕНИЕ И ХОРОШЕЕ ОБЕСПЕЧЕНИЕ

Он получит работу по своему собственному выбору. Гарантируется все это удостоверением которое будет выдано по прилагаемому при сем образцу:

AUSWEIS

Der .... ist bei der Einheit F. P. Nr. ....
(Name u. Dienstgrad)
am .... bei .... übergelaufen. Er gibt an — ist — .... Nationalität zu sein, geb. .....
in .... Heimatort .... Beruf ......
Sämtl. Truppenteile u. Dienststellen werden gebeten, ihn nach den für Ueberläufer erlassenen Sonderbestimmungen zu behandeln.

Muster

Einheit
(Unterschrift u. Dienstgrad)
(Dienststempel)
Verwendung: ....
(unter Berücksichtigung d. Wunsches d. Ueberl.)

УДОСТОВЕРЕНИЕ

________ при военной части
(Должность и фамилия)
Ф. П. № ________ числа ________ г. ________
перебежал. Он показывает, что ________ по национальности
родился ________ в ________
местожительство ________
профессия ________
Просит все войсковые части и учреждения, согласно особому постановлению о перебежчиках, оказывать ему преимущественное предпочтение.

Печать

____
(Войсковая часть)
____
(Подпись и должность)
Применение: ________
(Принимается во внимание желание перебежчика)

Dieses Flugblatt gilt als Überläuferausweis

Переходите к нам и Вам выдадут такое же удостоверение; кроме того, Вам будет обеспечена прекрасная жизнь.

Это Ваш пропуск.

SAPK 9

Der neue Überläuferausweis

Interesses der Propagandisten. Die immer häufiger bei OKW/WPr eingehenden Meldungen von der Front, die alle übereinstimmend aussagten, daß eine Neigung zum Überlaufen bei den Feindverbänden spürbar wäre, da deren Ersatz zum großen Teil aus Sträflingen und Fahnenflüchtigen bestände, führten bei OKW/WPr zu dem Entschluß, eine neue Propagandakampagne für die Gewinnung von Überläufern zu starten.

Notwendige Voraussetzung für eine solche Propaganda war zunächst eine spürbare und überzeugende Verbesserung der Behandlung von Überläufern, die bisher wie Kriegsgefangene in den Lagern einem düsteren Schicksal ausgesetzt waren. Diese verbesserten Lebensbedingungen mußten anschließend durch die Propaganda den Rotarmisten eindeutig und unmißverständlich mitgeteilt werden.

In der zweiten Februarhälfte 1942 gelang es dem Chef des Generalstabes, Generaloberst Halder, nach entsprechendem Vortrag bei Hitler, zu erreichen, daß die Stellung der Überläufer durch eine bevorzugte Behandlung (bessere Verpflegung, Unterbringung, leichtere Arbeit usw.) in Zukunft spürbar angehoben werden sollte[139]. Durch eine entsprechende Verfügung des OKH vom 7. März 1942 wurde der neue Status des Überläufers mit dem Vorrecht bevorzugter Behandlung dadurch dokumentiert, daß alle Überläufer in Zukunft einen besonderen Ausweis erhalten sollten, der sie im Gegensatz zu den normalen Kriegsgefangenen eindeutig als Überläufer erscheinen ließ[140].

Nachdem die Verfügung des OKH offiziell auch durch die Zustimmung Hitlers eine wirkliche Verbesserung des Überläuferstatus garantierte, begann eine neue Propagandakampagne zur Gewinnung von Überläufern an der Ostfront. Der Zeitpunkt für den Einsatz der ersten Flugblattserien mit dieser Tendenz im März 1942 war insofern günstig, als mit dem Abklingen der sowjetischen Winteroffensive bei den Rotarmisten eine starke Ernüchterung und Enttäuschung entstanden war.

Das erste Flugblatt aus der neuen Überläuferserie war das Blatt 332 RA, das in der ersten Märzhälfte vom Himmel schwebte:

An alle Angehörigen der Roten Armee
und der Roten Flotte!

Eure Führung hat Euch belogen!

Sie hat Euch versprochen, daß die Rote Armee bis zum Frühling die Deutschen vertreiben wird.

Sie hat behauptet, daß die Schlagkraft der deutschen Wehrmacht gebrochen ist und daß die deutschen Truppen zurückfluten wie seinerzeit die Armeen Napoleons.

Die Deutschen haben nicht nur den harten Winter überstanden, sondern gehen mit dem jetzt beginnenden Frühling wieder zum Angriff über. Von allen Teilen der Front liegen bereits Meldungen über deutsche Erfolge vor. Diese neueste Entwicklung wird Euch verschwiegen. Ihr werdet sie am eigenen Leibe spüren. Eure Vernichtung steht bevor, wenn Ihr den Kampf nicht einstellt. Eure Propaganda lügt Euch vor, daß die Deutschen mit ihren Gefangenen schlecht umgehen oder sie erschießen.

Die Deutschen behandeln ihre Gefangenen gut.

Die Schwierigkeiten der Gefangenenernährung und der Unterbringung, die der verbrecherische Vernichtungsbefehl Stalins und die unerhörte Anzahl von Gefangenen zeitweise verursacht hatten, sind behoben.

Das deutsche Oberkommando hat befohlen, besonders diejenigen bevorzugt zu behandeln, die freiwillig überlaufen und nicht darauf warten, daß sie gefangengenommen werden. Jeder, der freiwillig zu den Deutschen kommt, erhält einen besonderen Ausweis, der ihm bis zu seiner Freilassung eine bevorzugte Verpflegung und Behandlung durch alle deutschen Dienststellen garantiert. Wollt Ihr unnötig sterben, wo doch im Frühling sich das Leben überall erneuert? Entschließt Euch schnell, ehe es zu spät ist!

Rückseite: Passierscheine

Auf besondere Empfehlung der Truppe erhielten die neuen Überläuferflugblätter den Hinweis, daß es in den deutschen Gefangenenlagern »Schwierigkeiten« gegeben hätte, die durch den »verbrecherischen Vernichtungsbefehl Stalins« und durch die »unerhörte Anzahl von Gefangenen zeitweilig« entstanden wären. Dieses Eingeständnis einer katastrophalen Fehlentwicklung, die bewußt bagatellisiert wurde, sollte die Glaubwürdigkeit der deutschen Propaganda erhöhen.

Die potentiellen Überläufer wurden in der neuen Flugblattserie zunächst noch unterschiedlich angesprochen. Das erste Flugblatt 332 RA bezeichnete sie als »diejenigen, die freiwillig überlaufen und nicht darauf warten, daß sie gefangengenommen werden«. Das Flugblatt 333 RA benutzte die Formel »Wer nicht bis zu den Kämpfen wartet, um sich kriegsgefangen zu geben, sondern als freiwilliger Überläufer zu uns kommt«, während das Blatt 334 RaMi die Variante »Jeder, der freiwillig zu den Deutschen übergeht, das heißt nicht wartet, bis er im Kampf gefangen wird« einsetzte[141]. Die neue Überläuferformel erhielt schließlich folgenden stereotypen Wortlaut, der auf den Flugblättern dieser Serie benutzt wurde:

»Wir behandeln die Gefangenen gut. Wer freiwillig überläuft, wird aufgrund eines neuen Befehls Hitlers besonders gut behandelt: er erhält einen besonderen Ausweis, der ihm bessere Verpflegung und andere Vorteile sichert. Wer arbeiten will, erhält Arbeit nach Eignung.«

Mit dem »neuen Befehl Hitlers« war die bereits erwähnte OKH-Verfügung vom 7. März 1942 gemeint.

Auch die zweite Überläuferkampagne setzte ein Flugblatt ein, das eine detaillierte Anweisung für ein erfolgreiches Überlaufen in zwölf Punkten enthielt. Es war das Flugblatt 368 RA, das eine erweiterte Fassung des im Herbst 1941 abgeworfenen Überläuferblattes 183 RA darstellte:

Übersetzung des Flugblattes Nr. 368 RA

Tendenz des Flugblattes:

Anweisungen für das Verhalten von Überläufern.

Rotarmist!

Die Sowjetpropaganda, die durch Rundfunk, Presse, durch Frontzeitungen, Mundpropaganda und Berichte angeblicher Zeugen die Behandlung der Gefangenen durch die Deutschen in den schwärzesten Farben geschildert hat, war gemein, aber geschickt. Viele Rotarmisten haben sich durch diese Lügen vom Überlaufen abhalten lassen. Aber die Rotarmisten sind nicht so dumm, daß sie sich auf die Dauer betrügen lassen. Die Wahrheit hat sich durchgesetzt. Wieder gehen Tausende von Deinen Kameraden an der ganzen Front täglich zu den Deutschen über. Sie lassen sich auch nicht durch die Drohung einschüchtern, daß ihre Familien belangt werden, denn sie wissen, daß das nicht möglich ist. Sonst hätte Stalin, dessen Sohn sich in Gefangenschaft begeben hat, selbst erschossen werden müssen. Namen von Gefangenen werden nur bei deren ausdrücklichem Einverständnis genannt. Im übrigen befinden sich die Angehörigen zahlreicher Rotarmisten bereits in dem vom Bolschewismus befreiten Gebiet und warten auf ihre Söhne, Männer, und Väter. Laß auch Du Dich nicht mehr für dumm verkaufen.

Zögere nicht mehr lange, Dein Leben gehört Deiner Heimat und Deiner Familie.

Wenn Du zu uns kommst, beachte folgende Gesichtspunkte:

1. Nicht ängstlich werden, wenn Du Dich unseren Soldaten näherst!
2. Versteck Dich nicht in letzter Sekunde, dadurch entstehen Zweifel an der Aufrichtigkeit Deiner Absichten!
3. Wenn Du Dich der deutschen Linie näherst, laß Deine Waffen fallen!
4. Rechtzeitig Arme hoch!
5. Auf Anruf nicht erschrecken, sofort stehenbleiben!
6. Die beste Gelegenheit bietet sich, wenn Du zu einer Nachhut oder zu einem Spähtrupp gehörst. Daher melde Dich freiwillig zu Spähtrupp- oder Stoßtruppunternehmungen und laufe dann über.
7. Bei Nacht und Nebel kannst Du Dich leichter entfernen als bei Tageslicht. Sodann Helligkeit abwarten, damit Deine Annäherung nicht falsch verstanden wird.
8. Versäume nicht, Dich unverzüglich bei den deutschen Truppen zu melden.
9. Meide die Partisanen, Du gerätst sonst von einer Gefahr in die andere!
10. Verleugne Deine Uniform nicht, gib Dich auch äußerlich als Soldat zu erkennen! Die Uniform verleiht Dir erhöhten Schutz durch das Völkerrecht, dessen Regeln dem deutschen Soldaten heilig sind.
11. Wollt Ihr in größeren Trupps überlaufen, so schickt einige Rotarmisten voraus, die uns Bescheid geben und auf ihrem Passierschein die Zahl derer vermerken, die noch überlaufen wollen. Schreibt auf Euren Passierschein »Nach mir wollen noch ... (z. B. 10) meiner Kameraden überlaufen.«
12. Ihr könnt aber auch ohne Passierschein überlaufen. Es genügt, wenn Du dem deutschen Soldaten zurufst: »Schtyki w semlju!« (Bajonette in die Erde!) und die Hände hochhebst.

Entschließe Dich, ehe es zu spät ist!

Kommt zu uns!

Wir behandeln die Gefangenen gut. Wer freiwillig überläuft, wird aufgrund eines neuen Befehls Hitlers besonders gut behandelt: er erhält einen besonderen Ausweis, der ihm bessere Verpflegung und andere Vorteile sichert. Wer arbeiten will, erhält Arbeit nach Eignung.

Erste Denkschriften

Die Zeit des Nullpunkts der deutschen Propaganda im Osten sollte nicht nur zu einer kritischen Neubesinnung der Truppe in der Überläuferfrage führen, sondern auch zur Abfassung einer Reihe von Denkschriften, Studien und Ausarbeitungen, die versuchten, den Stellenwert der deutschen Propaganda in der Zeit der Krise neu zu bestimmen. In der Folgezeit wurde nicht nur die militärische, sondern auch die politische Führung durch eine Fülle von Denkschriften aus den unterschiedlichsten Bereichen geradezu bedrängt, nicht nur die Propaganda, sondern vor allem die Politik in den besetzten Ostgebieten einer kritischen Prüfung zu unterziehen.

Die ersten Vorläufer der späteren »großen Denkschriften«[142] wurden im Winter 1941/1942 zu Papier gebracht. Unter dem unmittelbaren Eindruck der schweren militärischen und propagandistischen Rückschläge im Osten versuchte die Studie des Sonderführers Sinnecker über »Deutsche Propaganda in Rußland« vom 7. Februar 1942 neue Denkanstöße zu vermitteln. Die Studie begann mit einem Rückblick auf erfolgreiche Propaganda-Einsätze:

БОЕЦ!

Советская пропаганда, ведущаяся через радио, печать, фронтовые газеты, политзанятия, а также точно и в виде докладов, якобы, «свидетелей», обращения немцев с пленными— была лживой и подлой, но и достаточно ловкой. Многие красноармейцы, благодаря этой лжи не решались переходить на нашу сторону. Но они не настолько глупы, чтобы давать себя долго обманывать. Правду утаить нельзя! С наступлением весны снова тысячи твоих товарищей по всему фронту переходят на нашу сторону. Их также не страшат угрозы советского правительства, что их семьи будут привлечены к ответственности: эти угрозы не выполнимы, так как списки пленных не публикуются и об'являются лишь имена тех, кто выражает на это личное согласие. А кроме того, не расстрелял же сам себя Сталин, когда его сын Яков сдался в плен.

Родственники многих, находящихся сейчас в рядах Красной Армии, находятся уже в освобожденных от большевиков областях. Они ожидают своих сыновей, мужей и отцов.

Не давай себя больше дурачить, красноармеец! Не медли больше—переходи к нам! Твоя жизнь принадлежит твоей Родине и твоей семье!

Когда ты переходишь к нам, то соблюдай следующие правила:

1. **Не бойся, приближаясь к нашим солдатам.**
2. **Не прячься в последнюю минуту, чтобы не вызвать сомнений в честности твоих намерений.**
3. **Приближаясь к немецким линиям отбрось свое оружие.**
4. **Подними своевременно руки.**
5. **При оклике не пугайся и сразу остановись.**
6. **Самый удобный случай для перехода может представиться тебе, если ты идешь в разведку, в охранение или патруль. Поэтому заяви при случае о своем желании идти в разведку.**
7. **Ночью или в тумане тебе легче отстать от своей части, чем днем. Обожди рассвета, чтобы перейти. Таким образом твое приближение к нашим линиям не вызовет подозрения у наших солдат.**

Flugblatt 368 RA
(Vorder- und Rückseite)

8. С переходом линии фронта, немедленно являйся в ближайшую германскую часть.

9. Избегай партизан: иначе ты из одной опасности попадешь в другую.

10. Не снимай своей формы: она тебя защищает по международному праву. Немецкие солдаты уважают его постановления.

11. Если вы хотите перейти группой, то пошлите несколько красноармейцев вперед, которые известят нас об этом. На их пропуске будет вписано число желающих перейти. Пишите сами на своих пропусках: «Со мной хотят перейти (столько-то) товарищей».

12. Вы можете переходить также и без пропуска. Достаточно крикнуть «штыки в землю» и поднять руки.

Ш. В З.

Решайся пока не поздно!

Переходите к нам!

С пленными мы обращаемся хорошо. С перешедшими добровольно на нашу сторону, по новому приказу Гитлера, —обращение еще лучше: они получают особое удостоверение, обеспечивающее им лучшее питание и ряд других льгот. Желающих работать, мы устраиваем на работу по специальности.

ПРОПУСК

Пред'явитель сего, не желая бессмысленного кровопролития за интересы жидов и комиссаров, оставляет обреченную на гибель сталинскую Армию и переходит на сторону Германских Вооруженных Сил.

Немецкие офицеры и солдаты окажут перешедшему хороший прием, накормят его и устроят на работу.

Этот пропуск действителен до конца войны.

Переходить на сторону Германских войск можно и без пропуска: Достаточно крикнуть «штыки в землю!»

Dieser Passierschein gilt für Offiziere und Mannschaften der Sowjetarmee. 368 RA

»Weniger Bomben, mehr Flugblätter! rief ein russischer Kriegsgefangener dem vernehmenden Dolmetscher zu, und Tausende Kameraden brachen in einen begeisterten Beifall aus. Das war im Juli 1941 ...«

Diese Begeisterungskundgebungen des Sommers 1941 lösten bei den Propagandisten in den Wintermonaten 1941/1942 nur noch wehmütige Erinnerungen aus. Trotz der deprimierenden Rückschläge im Bereich der Propaganda betonte der Sonderführer Sinnecker, daß die »Propaganda wohl die wichtigste Waffe dieses Feldzuges« wäre und der Sieg im Osten durch ihren »rücksichtslosen Einsatz« beschleunigt werden könnte. Das waren große Worte in einer Zeit, wo ein großer Teil der Propagandisten zur infantristischen Unterstützung der Truppe in vorderster Linie lag. Sinnecker versuchte, aus der eigenen kritischen Distanz zu den spektakulären Erfolgen der deutschen Propaganda in den Sommermonaten die Gründe für ihren Mißerfolg zu analysieren. Er vertrat die Ansicht, daß die Propaganda nicht nur von ihren Propagandainhalten, sondern auch von ihrem Einsatz (»Menge«) her gravierende Schwächen gezeigt hätte. Die Gründe für diese qualitativen und quantitativen Mängel lägen in dem Hauptfehler der deutschen Propaganda, der darin bestände, unablässig gegen den Bolschewismus zu agitieren und zu polemisieren, ohne dabei eine überzeugende Alternative zu entwickeln, wie es »nach der Vernichtung der Roten Internationale in den Ländern der Sowjetunion aussehen« sollte[143].

Diese Feststellung, die sich aus der täglichen Praxis der Propagandisten im Osten zwingend ergab, bildete nicht nur die wichtigste Aussage der Sinnecker-Studie, sondern auch einer großen Anzahl ähnlicher Ausarbeitungen, die alle ein »klares politisches Programm« für die Zukunft der russischen Gebiete nach einem gewonnen Krieg empfahlen. Hierbei sei das wichtigste und aktuellste »Kernproblem des sowjetischen Lebens«, die Kolchosfrage, die unbedingt gelöst werden müsse. Inzwischen war nämlich die herbe Enttäuschung der Bevölkerung über den »faulen Kompromiß« der ergänzenden Propagandaweisung vom 21. August 1941 eingetreten, die in den besetzten Gebieten zu einem spürbaren Mißerfolg der deutschen Propaganda bei den Betroffenen geführt hatte. Gerade die Sinnecker-Studie wollte beweisen, daß eine dynamische Alternative zu der gegenwärtigen Propaganda im Osten nur durch eine großzügige Landreform entwikkelt werden könne. Zusätzlich müsse aber unbedingt berücksichtigt werden, daß die beste Propaganda wirkungslos bleiben müsse, wenn ihre »Theorie nicht durch die Praxis« bestätigt würde. Leider sei die Befreiungspropaganda durch einzelne Übergriffe der Truppe (Gewaltakte, Plünderungen, Requirierungen) in ihrer Glaubwürdigkeit erschüttert worden.

Auch der Kriegsberichter Günther Kaufmann wies in seiner »Aufzeichnung zu den Fragen der deutschen Propaganda im Rußlandfeldzug« warnend auf die Verpflichtung hin, sich vor allem wegen des sichtbaren Rückgangs von russischen Überläufern und der »zähen Verbissenheit des bolschewistischen Widerstandes« ernsthaft die Frage zu stellen, was auf dem Gebiet der Propaganda in Zukunft sinnvoll zu unternehmen sei[144].

Zunächst müsse die Propaganda trotz der empfindlichen Rückschläge, die sie durch die schwerwiegenden Fehler der Konzeption einer »künftigen Kolonialpolitik« erlitten habe, wieder offensiv werden, d. h. aus ihrer propagandistischen Zurückhaltung heraustreten und eine neue Propagandaoffensive gegen die Rote Armee mit neuen Propagandaparolen einleiten. Günther Kaufmann, der zu den gleichen Ergebnissen in seiner Aufzeichnung kam wie der Sonderführer Sinnecker, forderte ebenfalls nachdrücklich für eine neue Propagandaoffensive eine großzügige Lösung der Kolchosfrage.

Die übrigen Denkschriften der Winterkrise von Oberleutnant Dr. Oberländer[145], Hauptmann Dr. Pauls[146] und Major Dr. Deckert[147] befaßten sich ebenfalls mit dem Problem der radikalen Stimmungsverschlechterung der Bevölkerung im Osten, die für den ukrainischen Bereich exemplarisch untersucht wurde. Dabei fällt auf, daß alle Berichte bei ihrer Argumentation den streng pragmatischen Aspekt ihrer Vorschläge betonen: eine echte Verbesserung der Lebensbedingungen der Bevölkerung sei anzustreben, um den Nachschub der Truppe sicherzustellen oder »Ernährungsüberschüsse« bei einer entsprechenden Behandlung der Bevölkerung leichter gewinnen zu können. Aus diesem Grunde müsse mittelfristig die Sicherstellung der drei sichersten »Ordnugsfaktoren Arbeit, Brot und Konsumgüter« gewährleistet werden, um einen entscheidenden Stimmungsumschwung zugunsten der deutschen Propaganda in den besetzten Ostgebieten zu erreichen[148]. Bei diesem Bemühen, die Kluft zwischen der Theorie und der Praxis der Propaganda zu überbrücken, entwickelten die Denkschriften die neue Konzeption der »Propaganda der Tat«, die in der Folgezeit als eine richtungsweisende Devise einen festen Stellenwert in den offiziellen Verlautbarungen erhalten sollte[149].

Für diese »Tat-Propaganda« schlugen die ersten Denkschriften folgende Maßnahmen vor, die gleichzeitig durch eine auf sie abgestimmte intensive Propaganda nicht nur auf die Bevölkerung, sondern auch auf die Verbände der Roten Armee einwirken sollte:

1. Keine Propaganda, die mit Versprechungen arbeitet, die nicht gehalten werden können;
2. Sofortige Lösung der Kolchos-Frage;
3. Anständige Behandlung der sowjetischen Kriegsgefangenen;
4. Verbesserung des Lebensstandards in den besetzten Ostgebieten;
5. Intensive Begründung der Kriegsnotwendigkeiten und ihre Folgen für die besetzten Ostgebiete.

Die Agrarpropaganda

»Die Propaganda des Wortes muß mit der Propaganda der Tat übereinstimmen[150].«

Völlig unabhängig von den ersten Denkschriften, die alle mit Nachdruck eine schnelle Lösung der Kolchosfrage vorschlugen, äußerte bereits Anfang Oktober der stellvertretende Bürgermeister von Smolensk, Professor Basilowski, in einem Gespräch mit dem Sonderführer Baron Freytag-Loringhoff über das Problem, wie Deutschland das Vertrauen der Bauern gewinnen könne, folgende Auffassung:

Er habe gehört, daß die Kolchosen weiter erhalten bleiben sollten. Dies sei eine schwere Enttäuschung für die russischen Bauern diesseits und jenseits der Fronten, da die deutsche Führung mit einem solchen Vorhaben die Hoffnung zunichte mache, die Kolchoswirtschaft würde durch die Deutschen abgeschafft und das ländliche Privateigentum wiederhergestellt. Die Aufrechterhaltung der Kolchose in den besetzten Gebieten werde der roten Propaganda den Trumpf zuspielen, das sowjetische Wirtschaftssystem habe sich derart bewährt, daß es sogar von Deutschland übernommen werde. Wenn Deutschland dagegen die Aufteilung der Kolchose in private Wirtschaften verspräche, so könne dies den Ausgang des Krieges entscheidend beeinflussen. Die Kunde hiervon werde sich mit unvorstellbarer Schnelligkeit über das ganze russische Reich verbreiten, eine Massenflucht der Bauern aus der Roten Armee verursachen und damit vielleicht sogar einen völligen Zusammenbruch des bolschewistischen Regimes herbeiführen. Sollte die Abschaffung der Kolchose aber mit Rücksicht auf die Sicherstellung der Ernährung des deutschen Heeres und der Bevölkerung der besetzten Gebiete nicht sofort verwirklicht werden können, so solle man sie wenigstens schon jetzt für 1942 in Aussicht stellen. Schon ein solches Versprechen werde einen großen Anreiz zur Erweiterung der Anbaufläche bieten.

Die Gedanken Basilowskis erschienen dem Chef des Oberkommandos der Wehrmacht so wichtig, daß er sie Hitler persönlich vortrug. Sie fanden offensichtlich das Interesse Hitlers. Er gab die Empfehlung, die Aufnahmefähigkeit des russischen Landvolkes für diese Gedanken auszunutzen, allerdings unter der Voraussetzung, daß die Felder ordnungsgemäß beackert und bestellt und die Abgabeverpflichtungen erfüllt würden. Sollte dies der Fall sein, könne die deutsche Regierung die bisherigen Zustände allmählich ändern, so daß der russische Bauer wieder in Besitz von Grund und Boden gelange[151].

Dieser Vorgang war deshalb von großer Bedeutung, weil Hitler in diesem Gespräch seine grundsätzliche Bereitschaft erklärte, in der Landfrage von der bisherigen starren Haltung abzurücken und zunächst eine Kompromißlösung zu akzeptieren.

So gelang es Rosenberg nach einigen

Schwierigkeiten schließlich relativ schnell, die Zustimmung Hitlers zum sogenannten Agrar-Erlaß in einer Besprechung am 15. Februar 1942 zu erhalten[152]. Der Erlaß erhielt am selben Tag noch Gesetzeskraft und wurde am 26. Februar 1942 veröffentlicht.

Die neue Agrarreform[153] bestand in der Aufhebung der Kolchosenverfassung. In Wirklichkeit bedeutete dies die Umwandlung der Kolchosen in Gemeinwirtschaften als eine betriebswirtschaftliche Übergangsform von der bolschewistischen Kollektivwirtschaft zur individuellen Bodennutzung.

Die individuelle Bodennutzung erfolgte entweder durch sog. Landbaugenossenschaften, die durch den Zusammenschluß von Bauern entstanden, die das Land zur individuellen Nutzung in Feldstreifen erhielten, oder in Form der bäuerlichen Einzelwirtschaft. Die Sowchosen und MTS (Motoren- und Traktorenstationen) wurden als früheres Staatseigentum von der deutschen Verwaltung übernommen, die Sowchosen in Staatsgüter umbenannt und geeignete MTS zu landwirtschaftlichen Stützpunkten ausgebaut.

Der entscheidende Punkt bei der neuen Agrarordnung bestand in der nicht unmittelbar erkennbaren Tatsache, daß zunächst noch kein privates Landeigentum verteilt, sondern lediglich eine individuelle Bodennutzung gewährt wurde, die als ein wichtiger »erster Schritt« auf dem Wege der Befreiung der Bauern von der Kolchossklaverei verstanden wurde.

Zur propagandistischen Vorbereitung des Agrarerlasses im Osten, der vor dem Hintergrund einer großen Propagandaaktion verkündet werden sollte, stellte das Ostministerium folgende Druckerzeugnisse in Russisch, Ukrainisch und Weißruthenisch her:

1. Ein Merkblatt (Auflage 8 Millionen), das den »positiven Wert des Agrar-Erlasses in volkstümlicher Form« verdeutlichen sollte.
2. Ein Plakat zum Merkblatt, das den Agrar-Erlaß ankündigte.
3. Ein Textplakat mit der Unterschrift des zuständigen Hoheitsträgers.
4. Eine Wandzeitung für Stadt und Land, die über den Wert des Agrar-Erlasses für die Land- und Stadtbevölkerung informierte.
5. Ein Bildplakat (»lachender Bauer«), das mit seinem Text: »Die Deutschen geben mir und jedem tüchtigen Bauern Land« für den Agrar-Erlaß werben sollte.
6. Ein Plakat mit dem vollständigen Text des Agrar-Erlasses.
7. Ein Textplakat, das als »Dauerplakat« für längere Zeit in den Gemeinwirtschaften hängen und den Bauern »immer wieder« zur eigenen Mitarbeit ermuntern sollte.
8. Ein Plakat (Bauer mit Garbe) als Stimmungsplakat für den Agrar-Erlaß.
9. Ein Faltblatt (»Dem tüchtigen Bauern sein Land«), Auflage vier Millionen, das in populärer Form mit farbigen Zeichnungen und kurzem Text die Bedeutung des Agrar-Erlasses erläuterte.
10. Ein Plakat (»Arbeiter und Bauern unter dem Sowjetjoch«), das als Gegenplakat zum sowjetischen Schlagwort »Arbeiter- und Bauernmacht« eingesetzt wurde.

Alle diese Propagandaerzeugnisse sollten von den Propagandadienststellen der Reichs- und Generalkommissare, durch die Landwirtschaftsführer und durch die Propaganda-Abteilungen und Propaganda-Kompanien verteilt werden. Sie wurden in enger Zusammenarbeit zwischen dem Ostministerium, dem Propagandaministerium, dem Auswärtigen Amt und dem OKW hergestellt und lieferten das notwendige Material für eine besondere Propagandaaktion, die schlagartig am 27. Februar 1942 in Presse und Rundfunk einsetzte[154].

Am 20. Februar 1942 wurden von Berlin aus Kuriere in Marsch gesetzt, die die Propagandaerzeugnisse mit zusätzlichen Führer-Plakaten und Sondernummern des Ostraum-Pressedienstes nach Rowno, Krementschug, (Ukraine), Minsk, Smolensk (Weißruthenien) und nach Riga transportierten. Die Kuriere lieferten das Material bei den zuständigen zivilen und militärischen Propaganda-Abteilungen ab, die ihrerseits für die Weiterleitung an die lokalen Zeitungen und Druckereien sorgten. Bis zum Freitag, den 27. Februar 1942, dem Beginn der Propagandaaktion, erschienen bereits der Text des Merkblattes (als Mater geliefert) und das Hoheitszeichen-Plakat in der östlichen fremdsprachlichen Presse.

Plakat P 14
Format: DIN A 1
Sprachen: Russisch, Weißruthenisch

Übersetzung des Textes: Der Agrarerlaß und mein Fleiß sind die Grundlagen meiner Zukunft!

Zunächst behandelte der Rundfunk in Sondersendungen den Agrar-Erlaß. Um den Empfang dieser Sendungen bei der Zivilbevölkerung sicherzustellen, organisierten die örtlichen Propaganda-Dienststellen besondere Abhör-Gemeinschaften zum Abhören dieser Sendungen. Folgende Sender strahlten in Sonderprogrammen die Agrarpropaganda aus:

in russischer Sprache:
täglich 12.00–12.15 Uhr die Sender:

Weichsel	(1339,00 m = 224 kHz)
Modohn	(514,60 m = 583 kHz)
Smolensk	(824,00 m = 364 kHz)
Minsk	(1442,00 m = 208 kHz)
Baranowitschi	(577,00 m = 520 kHz)

die Kurzwellensender:
DZH (20,75 m = 14460 kHz)
DXZ (31,35 m = 9570 kHz)

täglich von 17.45–18.00 Uhr die Sender:
Weichsel
Modohn
Smolensk
Minsk
Baranowitschi
der Kurzwellensender: DXZ

in ukrainischer Sprache:
täglich 12.15–12.30 Uhr die Sender:

Weichsel	(1339,00 m = 224 kHz)
Winniza	(247,00 m = 1095 kHz)
Kiew	(416,00 m = 913 kHz)
Dnjepropetrowsk	(328,60 m = 913 kHz)

die Kurzwellensender: DZH, DXZ

täglich 18.00–18.15 Uhr die Sender:
Weichsel
Winniza
Dnjepropetrowsk
der Kurzwellensender: DXZ

in weißruthenischer Sprache:
täglich 14.15–14.30 Uhr die Sender:
Weichsel
Minsk, Baranowitschi
der Kurzwellensender: DZH

täglich 14.15–14.30 Uhr die Sender:
Weichsel
Minsk
Baranowitschi
der Kurzwellensender:
DJA (31,38 m = 9560 kHz)

Diese Sendezeiten wurden in den entsprechenden Sprachen als Pressenotizen für die Lokalpresse den Kurieren ebenfalls mitgegeben.

Eine zweite Propagandawelle setzte am 3. März 1942 ein. Bis zu diesem Zeitpunkt druckten die zur Verfügung stehenden Druckereien den Gesetzestext der Agrar-Reform, das Hoheitszeichen-Plakat und das Merkblatt. Diese drei Druckerzeugnisse wurden angeschlagen bzw. verteilt.

Mit dem Beginn der zweiten Propagandawelle organisierten die Propaganda-Dienststellen örtliche Versammlungen, die von den zivilen und militärischen Propagandisten in Zusammenarbeit mit den Landwirtschaftsführern veranstaltet wurden. Ein für diesen Anlaß speziell ausgeliefertes »Führer-Bild« sollte diesen Zusammenkünften »einen feierlichen Anstrich« geben, auf denen in der Masse »positiv eingestellte Bauern« erschienen, die ihrer deutschfreundlichen Gesinnung entsprechend von den Veranstaltern ausgesucht worden waren. In der Folgezeit lieferte die Abteilung Ost in besonderem Maße eine Flut von Plakaten, Merkblättern, Leporellos, Schallplatten und Filme, die in Eisenbahnwaggons in die besetzten Ostgebiete rollten und von den örtlichen Propagandastellen entsprechend eingesetzt wurden.

Gleichzeitig mit dieser Propagandaaktion, die sich ausschließlich auf die Zivilbevölkerung in den besetzten Ostgebieten konzentrierte, erhielten die Propaganda-Kompanien von OKW/WPr den Befehl, mit allen zur Verfügung stehenden Propagandamitteln eine besondere Frontpropaganda-Aktion gegen die Verbände der Roten Armee zu starten, um diese über den Inhalt und die Bedeutung der Agrar-Reform zu informieren[155]. Für diese Aktion produzierte OKW/WPr mit der Unterstützung des Auswärtigen Amtes sieben Spezialflugblätter, die Flugblattserie 294 L – 300 L, die in der Masse im Monat März und April abgeworfen wurde[156]. Die in der Zwischenzeit gestartete neue Überläuferkampagne griff ebenfalls auf die Propagandainhalte der Agrar-Reform zurück und lieferte damit eine zusätzliche Motivation zum Überlaufen für den Rotarmisten.

Die Flugblattserien zur Agrar-Reform wandten sich in erster Linie an die »Bauern in

Бойцы - Крестьяне!

Долгие годы томились вы в тисках тюремного колхозного строя. Чтобы уничтожить свободолюбивое крестьянство, жидовская - большевистская власть надела вам на руки колхозные кандалы. Чтобы держать вас в руках, кремлевские заправилы уничтожили ваших лошадей и поголовье рабочего скота, а вместо этого поставили вас в зависимость от казенной технической тяги.

Распоряжением Германского правительства рабовладельческая колхозная система упразднена. В освобожденных от большевистского ига областях, об'явлен новый порядок землепользования и восстанавливается в правах крестьянство всех народов Советского Союза.

Как переходная форма к самостоятельному единоличному хозяйству пока создано Общинное хозяйство, которое уже сейчас дает большие преимущества крестьянам. Приусадебные участки, освобожденные от всех налогов передаются крестьянам в полную собственность. Тем, кто имеет возможность обрабатывать большую площадь — участок увеличивается. Предпочтение дается тем крестьянам, которые не проявили себя активистами колхозного строя. Но прежде всего власти идут на встречу крестьянам, пострадавшим от бывшего советского правительства, сосланным в концлагеря или уведенным насильно отступающими отрядами НКВД. Тех, кто сейчас принужден бороться в рядах Красной Армии, защищая своих угнетателей, ждет земля, которую они получат, как только вернутся домой. С об'явлением нового порядка землепользования пробил час освобождения и для вас. ВАС ЖДЕТ ВАША ЗЕМЛЯ!

Чем скорее вы встряхнете с себя ярмо жидовско-большевистского строя, тем скорее получите землю и будете жить плодами своих трудов на своей земле!

Борьбу против жидов - насильников начинайте сейчас — пока не началось весеннее наступление Германской Армии, пока не коснулся и вас смертельный огонь германского оружия, или пока вас не угнали комиссары еще дальше на восток.

Бейте комиссаров и политруков, которые насаждали колхозное рабство, а теперь прячутся за вашей спиной. Освобождайтесь от ваших мучителей и переходите в области, очищенные германским оружием от большевиков. Уже многие ваши братья взялись за оружие и стали на защиту своей свободы от сталинского ярма.

Вас ждет ваша земля!

Долой Сталина!

Да здравствует свободное крестьянство народов Советского Союза! 300 L

Вырежьте и сохраните прилагаемый пропуск. Одним пропуском на сторону германских войск может перейти неограниченное количество командиров и бойцов Красной Армии и Красного Флота! Приказ Сталина о преследовании семей переходящих на нашу сторону командиров и бойцов — невыполним. Германское командование не публикует списков пленных. Их имена об'являются только по их личному желанию. Поэтому не бойтесь сталинских запугиваний.

ПРОПУСК

Пред'явитель сего, не желая бессмысленного кровопролития за интересы жидов и комиссаров, оставляет побежденную Красную Армию и переходит на сторону Германских Вооруженных Сил.

Немецкие офицеры и солдаты окажут перешедшему хороший прием, накормят его и устроят на работу.

Переходить на сторону Германских войск можно и без пропуска: мы и в этом случае гарантируем хороший прием.

Dieser Passierschein gilt für Offiziere und Mannschaften der Sowjetarmee

Flugblatt 300 L
(Vorder- und Rückseite)

der Roten Armee« oder an die »von Stalin betrogenen Kolchosbauern und Arbeiter« (Flugblatt 298 L), die darüber informiert wurden, daß die deutschen Behörden die Kolchosen abschaffen und damit alle Gesetze und Verfügungen der Sowjetregierung über die Kollektivwirtschaft beseitigten: »... Dem Bauern sein Land! Nieder mit dem Krieg! Es lebe die freie, freudige Arbeit auf eigener Scholle!« (Flugblatt 294 L). Die Flugblätter versprachen den »Bauern im Rock des Rotarmisten« (Flugblatt 299 L), auf »eigener Scholle« wirtschaften zu können, wenn er zu den Deutschen überliefe: »Wollt Ihr Euch mutwillig von der Mitarbeit ausschließen, indem Ihr weiter Eure Peiniger verteidigt? Die Erde soll nicht Euer Blut trinken, sondern von Euch bearbeitet und bestellt werden. Ist es nicht besser, daß Ihr Sämänner einer besseren Zukunft werdet, als daß Ihr von den deutschen Geschossen niedergemäht, mit zerfetzten Leibern in die Erde verscharrt werdet?« (Flugblatt 299 L). Besonders charakteristisch für die Aussagen der Agrarpropaganda ist das Flugblatt 300 L:

An die unterdrückten Völker
der Sowjetunion!
Bauern der Sowjetunion!

Jahrelang habt Ihr unter der Herrschaft des Kolchos-Zuchthaus-Regimes geschmachtet. Um euer Bauerntum zu vernichten, ist die Kolchosverfassung eingeführt worden; um euch abhängig zu machen vom Willen der Sowjetjuden in Moskau, zwang man euch die Technik auf und vernichtete eure Pferde- und Viehbestände. Dieses Kolchos-Zuchthaus-System ist jetzt vom Deutschen Reich annulliert worden. Die Reichsregierung hat soeben bekanntgemacht, daß die Kolchosverfassung aufgehoben worden ist, und daß nunmehr fortschreitend wieder das Bauerntum der Völker der Sowjetunion hergestellt wird. Als Übergang ist eine gemeinwirtschaftliche Betriebsform eingeführt worden, wobei jedoch schon jetzt im Unterschied zur Kolchosverfassung für jeden arbeitswilligen Bauern das Hofland entsprechend seiner Arbeitsmöglichkeit vergrößert und ihm Land zur individuellen Bearbeitung und Nutzung für sich selbst übergeben wird. Bevorzugt werden jene Bauern, die nicht an der Spitze der sowjetjüdischen Kolchosverfassung standen. Vor allen Dingen aber werden die Stellen freigehalten auch für jene, die von der Sowjetregierung von ihren Bauernstellen verschleppt worden sind! Diese geknechteten Bauern stehen heute zwangsweise in der Roten Armee und müssen die Herrschaft ihrer Tyrannen mit ihrem Blute verteidigen. Mit der Bekanntmachung der Reichsregierung hat die Stunde der Freiheit auch für euch geschlagen! *Euer Land wartet auf euch!* Je schneller ihr das jüdisch-bolschewistische Zwangssystem von euch schüttelt, desto schneller kann euch das Land zur Bearbeitung übergeben werden und um so schneller werdet ihr auch die Früchte eurer fruchtbaren Erde genießen. Tut den Schritt schon jetzt, ehe die große Offensive der deutschen Wehrmacht im Frühling beginnt und euch noch weiter in den Osten zurückwirft oder euch dem Tode überliefert. Erschießt jene Sowjetkommissare, die für das fluchwürdige Kolchossystem verantwortlich sind und nun nichts weiter als ihre eigene Haut mit eurer Hilfe verteidigen wollen. Ihr habt mit diesen euren Unterdrückern nichts gemeinsam. Folgt dem Rufe eurer Erde, entledigt euch eurer Peiniger und tretet über auf das von der deutschen Wehrmacht besetzte Gebiet, wo viele eurer Kameraden die Verteidigung dieser Erde schon übernommen haben!

Fort mit Stalin!

Es lebe die Bauernfreiheit der Völker der Sowjetunion!

Passierschein

Die wichtigste Propagandaaussage dieser Flugblattserien bestand in der Behauptung, daß die deutschen Behörden in den besetzten Ostgebieten das Land für alle die Bauern »freihielten« oder reservierten, die von der Sowjetregierung »verschleppt« und zwangsweise in der Roten Armee dienten: ». . . Euer Land wartet auf Euch!« Mit diesem Versprechen und der Ankündigung einer neuen Großoffensive der deutschen Wehrmacht im Frühjahr sollte der Anreiz zum Überlaufen ganz besonders gesteigert werden.

Als ein letztes Beispiel für diese Überläuferpropaganda sei das Flugblatt 334 RAMi vorgestellt, das die Agrarpropaganda mit der Überläuferpropaganda besonders anschaulich verbindet:

An die Angehörigen der Sowjet-Armee!

Stalin hat Euch versprochen, daß Ihr die Deutschen bis zum Frühling vertreiben werdet! Es ist anders gekommen! Die Deutschen haben den Winter gut überstanden und greifen wieder an.

Stellt den nutzlosen Widerstand ein, sonst erwartet Euch der sichere Tod.

Folgende Tatsachen sind wichtig:

1. In den vom Bolschewismus befreiten Gebieten haben die Deutschen die Kolchos-Sklaverei abgeschafft. Die Deutschen verwirklichen die Losung »dem Bauern sein Land«. Mit größter Freude haben die Bauern dieses Geschenk Hitlers begrüßt.
2. In den zuerst vom Bolschewismus befreiten Gebieten, Litauen, Lettland und Estland, haben die Deutschen Selbstverwaltung eingeführt, denn die Deutschen kämpfen nicht gegen die Völker der Sowjetunion, sondern gegen das Regime Stalin-Kaganowitsch-NKDW
3. Die vorübergehenden kleinen Schwierigkeiten der Gefangenen-Unterbringung und Verpflegung, die auf den harten Winter, vor allem aber auf die Tätigkeit Eurer Vernichtungsabteilungen zurückzuführen waren, sind behoben. Den Gefangenen geht es bei den Deutschen gut. Wer behauptet, daß die Deutschen mit ihren Gefangenen schlecht umgehen, der lügt.
4. Jeder, der freiwillig zu den Deutschen übergeht, das heißt nicht wartet, bis er im Kampf gefangen wird, erhält einen besonderen Ausweis, der ihm besonders gute Verpflegung und Behandlung seitens der deutschen Dienststellen bis zum Tage seiner Freilassung gewährleistet.

Passierschein

Rückseite:

General Winter taut . . .

(zweifarbige Zeichnung)

Er hat seine Aufgabe nicht erfüllt. Die deutschen Waffen waren auch im Winter stärker als die sowjetischen.

Der Frühling bedeutet das Ende Stalins!

Die von OKW/WPr am 18. Februar 1942 erlassene »Propagandaweisung zur Neuregelung der Agrarordnung im Ostraum«[157] ermahnte die militärischen Propagandadienststellen im Osten, keine über den Rahmen der tatsächlichen Bestimmungen hinausgehenden Versprechungen zu machen. Die »Propaganda des Wortes müsse mit der Propaganda der Tat übereinstimmen«. Diese Bestimmung läßt den bereits erwähnten Schock erahnen, den der schwere Rückschlag der Propaganda durch die Kriegsgefangenen-Katastrophe bei den Propagandisten ausgelöst hatte. Diese Fehler sollten in Zukunft vermieden werden. Es ist in einem der folgenden Kapitel zu prüfen, ob dies der deutschen Propaganda im Osten tatsächlich gelang.

Die Propagandazentrale in Berlin: OKW/WPr IV C

Nachdem in den vorhergehenden Kapiteln die »Berliner-Zentrale« der Ostpropaganda immer wieder erwähnt worden ist, sollen nun die Organisation und die personelle Zusammensetzung der für die deutsche Propaganda im Osten verantwortlichen Dienststellen bei OKW/WPr beschrieben werden[158].

Die Vorbereitungen, die OKW/WPr für die vielfältigen Aufgaben der im Osten einzusetzenden Aktivpropaganda traf, können als ein propagandistisches Kuriosum bezeichnet werden.

Obwohl der Chef der Abteilung Wehrmachtpropaganda bereits im Februar 1941 über das geplante »Unternehmen Barbarossa« im Führerhauptquartier informiert worden war, bearbeitete erst seit April 1941 nur ein sach- und sprachkundiger Offizier den gesamten Propagandasektor »Barbarossa«. Es war der Baltendeutsche Leutnant Nicolaus von Grote, dem kurz vor Beginn des Angriffs der in der Ukraine geborene Oberleutnant Eugen Dürksen als Hilfsoffizier zugeteilt wurde. Die beiden Offiziere unterstanden als Angehörige der Gruppe IV in der Abteilung Wehrmachtpropaganda zunächst Oberst Dr. Blau, der als Fachmann für psychologische Kriegführung galt. Sehr bald nach Beginn des Ostfeldzuges wurde jedoch von Grote der Gruppe I und damit dem Oberst d. G. Rolf Kratzer unterstellt, in dessen Befehlsbereich er bis zum April 1942 verblieb. Oberst Kratzer, der sich im wesentlichen um die organisatorischen Probleme der Propagandatruppen kümmerte und zugleich als Stellvertreter des Chefs WPr vom Arbeitsanfall her überbelastet war, trug zu diesem Zeitpunkt nominell die gesamte Verantwortung für die Ostpropaganda.

Jedes Flugblatt mußte vor dem Druck von Oberst von Wedel und von Fall zu Fall sogar vom Chef WFSt, General Jodl, für den Einsatz genehmigt werden. Oberst Kratzer, der selbst kein Russisch beherrschte, erhielt den Auftrag, die Flugblattserien für die Ostfront auf ihre »propagandistische Wirkung« hin zu überprüfen. Er löste diese verantwortungsvolle Aufgabe, indem er in erster Linie mit minutiöser Genauigkeit die offiziellen Übersetzungen der Flugblätter auf ihre Interpunktion hin überprüfte und sie dann zur Genehmigung an Oberst von Wedel weiterreichte, der seinerseits nur die deutschen Übersetzungen prüfen konnte, da er ebenfalls kein Russisch verstand[159].

Bereits am 7. Juli 1941 verließ Eugen Dürksen das winzige Ostreferat und erhielt ein Frontkommando bei der PK 649 (AOK 11) im Südabschnitt der Ostfront, um dort praktische Erfahrungen bei Propaganda-Einsätzen zu sammeln. Bezeichnend für die damalige Einschätzung des Verlaufs der Angriffsoperationen im Osten war bei der Abmeldung Dürksens die Aussage von Oberst von Wedel: »Ich habe die Zeit Ihrer Kommandierung von drei Monaten auf sechs Wochen herabgesetzt; bis dahin wird ja die Hauptsache geschafft sein . . .« Die Abteilung Wehrmachtpropaganda teilte zu Beginn des Ostfeldzuges die gleiche optimistische Auffassung wie das Führerhauptquartier und war davon überzeugt, mit ein »paar unverbindlichen antibolschewistischen Schlagworten« vor dem Hintergrund spektakulärer militärischer Erfolge das »Kartenhaus Sowjetunion« propagandistisch relativ mühelos zum Einsturz bringen zu können[160].

Nach der Abkommandierung von Dürksen bearbeitete Leutnant von Grote mit einer sprachkundigen Sekretärin und drei sprachkundigen Mannschaftsdienstgraden als technische Hilfskräfte den gesamten Aufgabenbereich der Ostpropaganda. Dieser bestand in erster Linie darin, die offiziellen OKW/

Oberst Hans-Leo Martin

WPr-Flugblätter herzustellen. Es erscheint nachträglich fast wie ein Wunder, daß bei diesem enormen Arbeitsanfall eine so kleine Arbeitsgruppe diese Aufgabe überhaupt bewältigen konnte. Allerdings erhielt Leutnant von Grote sehr bald schon die Unterstützung des Auswärtigen Amtes, das ihm bei der sprachlichen und inhaltlichen Gestaltung der Flugblätter half. Die massive Kritik, die die ersten Flugblätter bei verschiedenen Dienststellen ausgelöst hatten, führte zu der Bereitschaft des Auswärtigen Amtes, mit ihren Rußlandexperten entsprechende Hilfe zu leisten. Auch die Abteilung Ost des Propagandaministeriums unterstützte Leutnant von Grote. Es läßt sich in diesem Zusammenhang feststellen, daß Nicolaus von Grote die bereits beschriebenen Mängel mit einem beachtlichen Einfallsreichtum und der für seine Tätigkeit so wichtigen Begabung überspielte, durch persönliches Verhandlungsgeschick beim Umgang mit den verschiedenen Reichsbehörden ausgleichend zu wirken. Er wird aus der kritischen Distanz der Beteiligten als die »Seele und tragende Säule« der Ostpropaganda bei OKW/WPr beschrieben und konnte sich in dieser Rolle nur schwer damit abfinden, vor der mangelnden politischen Einsicht von »oben« immer wieder befehlsgemäß kapitulieren zu müssen.

Es war sicher kein Zufall, daß in dem Augenblick, in dem die deutsche Propaganda im Osten neue Initiativen entwickeln konnte, Oberst Hasso von Wedel im April 1942 die gesamte Aktivpropaganda und Abwehr der Feindpropaganda Oberst Hans-Leo Martin übertrug. Martin übernahm für diese Aufgabe die Gruppe und spätere Abteilung IV. Sie sollte erst durch diese Zusammenlegung ein beachtliches Eigengewicht erhalten.

Martin, der gleichzeitig den Posten des Verbindungsoffiziers zum Propagandaministerium innehatte[161], bewies nach dem einmütigen Urteil seiner Untergebenen ein überdurchschnittliches Interesse für alle anfallenden Propagandaprobleme. Er war von der »Idee geradezu besessen«, die Propaganda als eigenständige Waffe für den militärischen Bereich nutzbar zu machen. Ein scharfer analytischer Verstand, der das Wesentliche eines Problems schnell erkannte, mitreißende Entschlußkraft und die Fähigkeit, konstruktive Kritik seiner Untergebenen zu akzeptieren und immer wieder zu fördern, zeichneten die Persönlichkeit dieses begabten Offiziers aus. Es gelang Martin, die deutsche Propaganda im Osten bei den vorhandenen Mitteln und Möglichkeiten optimal zum Einsatz zu bringen. In seine Amtszeit fielen die wesentlichen organisatorischen Veränderungen in der Struktur der Propagandatruppen, die ihren Einsatz erheblich intensivieren sollten.

Mit der Übernahme der Gruppe IV im April 1942 erwarb Martin gleichzeitig das bisher vom Vineta-Stab besetzte Gebäude in der Viktoriastraße 10, das ihm der Leiter der Abteilung Ost, Dr. Eberhard Taubert, zur Verfügung stellte. Dieses Haus, das dem Gebäude der Reichslotterie gegenüberlag, bot mit seinen drei Stockwerken und einem Seitenflügel für die Dienststelle WPr IV genügend Raum. Hier erlebte der Spezialstab Ost seine produktivste und erfolgreichste Zeit.

Bei einem schweren Luftangriff brannte das Gebäude am 22. November 1943 völlig aus. Die Abteilung IV siedelte daher in das gegenüberliegende »Haus des Fremdenverkehrs«

über und mußte nach einem Jahr nach Berlin-Zehlendorf umziehen, da das Haus bei einem der zahlreichen Luftangriffe auf Berlin ebenfalls zerstört wurde.

Mit dem Einzug in die Viktoriastraße 10 übernahm die Gruppe IV im April 1942 eine Reihe von sowjetischen Kriegsgefangenen, die in einem Seitenflügel im ersten Stock untergebracht waren und bisher für Vineta gearbeitet hatten. Diese sorgfältig ausgewählten Gefangenen (etwa 10 bis 15 Mann), sollten für die vielen propagandistischen Aufgaben der Gruppe IV eine wesentliche Unterstützung darstellen. Sie waren vor allem im Gegensatz zu den deutschen Mitarbeitern von OKW/WPr IV in der Lage, die aktuelle psychologische Situation in den sowjetischen Streitkräften beurteilen zu können und durch entsprechende Informationen für die deutsche Propaganda nutzbar zu machen. Die Auswahl dieser Kriegsgefangenen, die in ihrer personellen Zusammensetzung häufig wechselte, erfolgte in der Regel nach Vorschlägen der Vernehmungsoffiziere, die von den Heeresgruppen, Armeen oder durch Hinweise der Abteilung Fremde Heere Ost des OKH bei OKW/WPr IV eingingen. Wichtiges Kriterium für diese Auswahl war der Gesichtspunkt, daß möglichst ein großer Teil der in der Roten Armee vorhandenen Personengruppen repräsentiert werden sollte: So befanden sich zeitweilig im ersten Stock der Viktoriastraße 10 vom einfachen Sowjetsoldaten, Komsomolzen und Parteimitglied über den Artillerie-Oberleutnant Jakob Dschugaschwili, den Sohn Stalins, bis zum Parteisekretär eines Moskauer Bezirks und zum Generalleutnant Wlassow unterschiedliche Persönlichkeiten, die nach Intelligenzgrad, Beruf, Parteizugehörigkeit, Nationalität usw. ausgewählt worden waren. Eine der wesentlichen Aufgaben dieser Gefangenen bestand darin, die für die Rote Armee bestimmten Flugblätter auf ihre sprachliche und inhaltliche Qualität zu überprüfen und durch entsprechende Vorschläge zu verbessern. Die Arbeit dieses »psychologischen Laboratoriums« führte bald dazu, daß die Flugblattserien von WPr von der inhaltlichen und formalen Seite her erheblich an Wert gewannen. Die »Pannen« der Sommermonate des Jahres 1941 konnten damit ausgemerzt werden.

Hauptmann Gerhard Fechner

Anfang Mai 1942 erhielt die Gruppe IV/C einen neuen Offizier als Mitarbeiter. Es war der Infanterie-Hauptmann Gerhard Fechner, ein idealistischer und dynamischer Offizier, der wegen seiner schweren Verwundung an der Ostfront auf eine weitere Frontverwendung verzichten mußte. Fechner baute das Referat IV/C 2 auf und entdeckte nach der anfänglichen Ernüchterung über die neue Schreibtischverwendung ein immer stärker werdendes Interesse für die vielfältigen Möglichkeiten der Aktivpropaganda. Er erhielt den Auftrag, das gesamte zur Verfügung stehende empirische Material über die Rote Armee zu sichten und auszuwerten. Dieses Material bestand aus den offiziellen Vernehmungsprotokollen von der Front, aus den Erkundungsergebnissen der Abteilung Fremde Heere Ost, aus Beuteunterlagen, aus den Produkten der sowjetischen Propaganda und aus vielen anderen Informationen, die bei WPr IV einliefen und von Fechner in minutiöser Kleinarbeit ausgewertet wurden[162].

Hauptmann Fechner erhielt als Hilfskraft den Diplom-Psychologen Dr. Roos[163], der als

Mannschaftsdienstgrad WPr IV zugeteilt worden war. Aus der erdrückenden Fülle des Ic-Materials sollten alle die Informationen erarbeitet werden, die etwas Wesentliches über die aktuelle psychologische Lage der Roten Armee aussagen konnten. Die eigentliche Aufgabe von Fechner bestand darin, nicht nur die Ergebnisse dieser Analyse vorzulegen, sondern vor allem auch Vorschläge und Anregungen für neue Propagandainhalte der Aktivpropaganda zu liefern, die in der Form von Vortrags-Notizen über Oberst Martin an den inzwischen zum Hauptmann beförderten von Grote weitergereicht wurden.

Das schwierigste Problem für den immens fleißigen Fechner bestand bei dieser »psychologischen Sezierarbeit« vor allem darin, aus dem Informationsmaterial eine auf die Erfordernisse der Aktivpropaganda zugeschnittene Systematik zu entwickeln, die möglichst präzise alle die Details enthielt, die für die Planung weiterer Propagandaeinsätze dringend gebraucht wurde. In Zusammenarbeit mit Dr. Roos entwickelte Fechner eine »Spezialkartei Ost«, die durch ständige Ergänzungen auf dem jeweils aktuellsten Stand gehalten werden konnte. Durch die systematische Lageauswertung des Referates IV/C 2 erhielt die Gruppe IV/C die notwendigen Denkanstöße, um die Aktivpropaganda in den Feind der aktuellen psychologischen Lage der Roten Armee entsprechend einsetzen zu können. Hauptmann Fechner wurde auf diese Weise in vielen Fällen der »Ideen-Lieferant« für den Text zahlreicher Flugblätter, die von OKW/WPr im Osten eingesetzt wurden[164].

Im Frühjahr 1943 erhielt OKW/WPr mit dem Einsetzen der Wlassow-Propaganda, die noch behandelt werden wird, die Ostpropaganda Abteilung zbV mit einem Sonderlager in Berlin-Dabendorf. In diesem Lager wurden unter der Leitung des Hauptmann Strik-Strikfeldt Wlassow-Offiziere in speziellen Propagandakursen ausgebildet.

Die Gliederung der Gruppe/Abteilung WPr IV stellte sich wie folgt dar:

IV A: Abwehr feindlicher Propaganda
Gruppenleiter Oberstleutnant Dr. Ellenbeck

IV B: Aktivpropaganda West
Gruppenleiter Rittmeister Solm

IV C: Aktivpropaganda Ost
Gruppenleiter Hauptmann Nicolaus von Grote (Verbindungsoffizier zum Ostministerium)
Aufgaben:
Propagandaplanung, Erarbeiten von Propagandarichtlinien, Überwachung der Presseerzeugnisse für Freiwillige und Kriegsgefangene.

IV C 1: Oberleutnant Eugen Dürksen
Aufgaben:
Unterstützung des Gruppenleiters, Bearbeitung von Flugblattentwürfen, Flugblattherstellung und Vertrieb (Verbindung zu Druckereien), Ausrichtung und Zensur der russischen »Signal-Ausgabe«, Zusammenarbeit mit der Ost-Abteilung des Propagandaministeriums.

IV C 2: Hauptmann Gerhard Fechner
Aufgaben:
Nachrichtengewinnung und Lageauswertung für WPr IV durch Analysen des gesamten Ic-Materials und anderer Informationen aus dem Bereich der Roten Armee, Erarbeiten von Anregungen und Vorschlägen für die Aktivpropaganda Ost, Auswertung der Feindpropaganda, speziell der sowjetischen Propaganda, Verfassen von Grundsätzen und Richtlinien zur Abwehr der Feindpropaganda.

IV C 3: Hauptmann Wilfried Strik-Strikfeldt
Aufgaben:
Führung der Ostpropaganda Abteilung zbV, persönliche Betreuung von Wlassow.

IV C 4: Sonderführer Moshack
Aufgaben:
Propagandistische Betreuung der sowjetischen Kriegsgefangenen, ständige Verbindung zum Chef des Kriegsgefangenenwesens und allen zuständigen zivilen Dienststellen.

IV C 5: Regierungsrat Dr. Stupperich
Aufgaben:
Aufsicht über Büchereien für Freiwillige und Kriegsgefangene, propa-

gandistische Betreuung der Kosaken, Herausgabe der Kosaken-Zeitungen.

IVC 6: Sonderführer Lüdersen
Aufgaben:
Aufbau und Führung der turkvölkischen und kaukasischen Propagandastaffel, propagandistische Betreuung der turkvölkischen und kaukasischen Freiwilligen, Zusammenarbeit mit den vom Ostministerium geschaffenen Vertrauensstellen für diese Völker.

An dieser Stelle sei der Herstellungsprozeß eines Flugblattes geschildert, wie er ab Sommer 1942 in der Regel bei WPr IV C ablief:

In der Nachrichtenzentrale IV C 2 erarbeitete Hauptmann Fechner die jeweils aktuellen psychologischen Ansatzpunkte für den Text eines neuen Flugblattes (vgl. Zeichg. 13), die er in Form einer Vortragsnotiz über Oberst Martin an Hauptmann von Grote weiterreichte. Nach einer intensiven Diskussion über die einzuschlagende Propagandatendenz des neuen Flugblattes entwarfen Hauptmann von Grote und Oberleutnant Dürksen den russischen Text (Schreibtisch II), der im Anschluß an die Erstfassung mit den sowjetischen Kriegsgefangenen des psychologischen Laboratoriums diskutiert wurde. An diesem Gespräch nahm Oberst Martin gelegentlich teil, obwohl er selbst die russische Sprache nicht beherrschte. Er beobachtete jedoch sehr genau die Reaktion und das Verhalten der Gesprächspartner und stellte über Dolmetscher ergänzende Fragen. Nachdem der Text des Flugblattes mit den Kriegsgefangenen in der Propagandaaussage abgestimmt und auf seine sprachliche Qualität überprüft worden war, erfolgte bei einem Flugblatt mit politischen Aussagen die jeweilige Abstimmung mit dem Ostministerium und dem Auswärtigen Amt. Nach der Endkorrektur des Blattes reichte Dürksen das Flugblatt zur Drucklegung entweder an die Reichsdruckerei in Berlin oder an andere private Druckereien, die für OKW/WPr Druckaufträge regelmäßig ausführten.

Der Abtransport der Flugblätter zu den Propaganda-Einheiten an der Front erfolgte in dringenden Fällen mit den Kuriermaschinen (Ju 52) von OKW/WPr oder ggf. durch Transportmaschinen der Luftwaffe. In der überwiegenden Mehrheit der Fälle rollte das Flugblattmaterial in Eisenbahnwaggons an die Ostfront. Für die Lagerung und gezielte Verteilung der Flugblätter waren ab Juni 1942 die sogenannten Propaganda-Abschnitts-Offiziere zuständig, deren Aufgaben im folgenden Kapitel beschrieben werden sollen. Über diese erhielten die Propaganda-Einheiten an der Front die Flugblätter, die der Lage entsprechend entweder durch die Luftwaffe oder durch erdgebundene Einsatzmittel abgeworfen bzw. eingesetzt wurden.

Der Propaganda-Abschnittsoffizier (P.A.O.)

Nach den alarmierenden Erfahrungen des Jahres 1941, die die deutsche Aktivpropaganda mit ihren Nachschub-Engpässen gemacht hatte, war nicht nur den Propagandisten bei der Truppe, sondern auch den Verantwortlichen bei OKW/WPr klar, daß die wesentliche Voraussetzung für den Beginn einer neuen Propagandaschlacht im Osten in einer Leistungserhöhung ihres Versorgungsapparates bestand[165]. Nur wenn der Flugblattnachschub so organisiert werden konnte, daß die Propagandatruppen jederzeit über die benötigten Flugblattmengen verfügten, konnte die deutsche Aktivpropaganda im Osten von ihrem Flugblatteinsatz her wieder offensiv werden.

Die drei Propaganda-Verbindungsstellen in Königsberg, Warschau und Reichshof hatten sich eindeutig als eine Fehlorganisation erwiesen, weil sie von der Front zu weit entfernt lagen. Daher mußte eine neue Lösung für die schnelle und wirkungsvolle Versorgung der Truppe mit den dringend benötigten WPr-Flugblättern gefunden werden.

So entschloß sich die Abteilung Wehrmachtpropaganda dazu, ihren Nachschubapparat neu zu organisieren und den Erfordernissen der Lage entsprechend in seiner Leistungsfähigkeit zu verbessern. Die geplanten organisatorischen Veränderungen im logistischen Bereich der Propagandatruppen führten zu dem Entschluß von OKW/WPr, in der Nähe

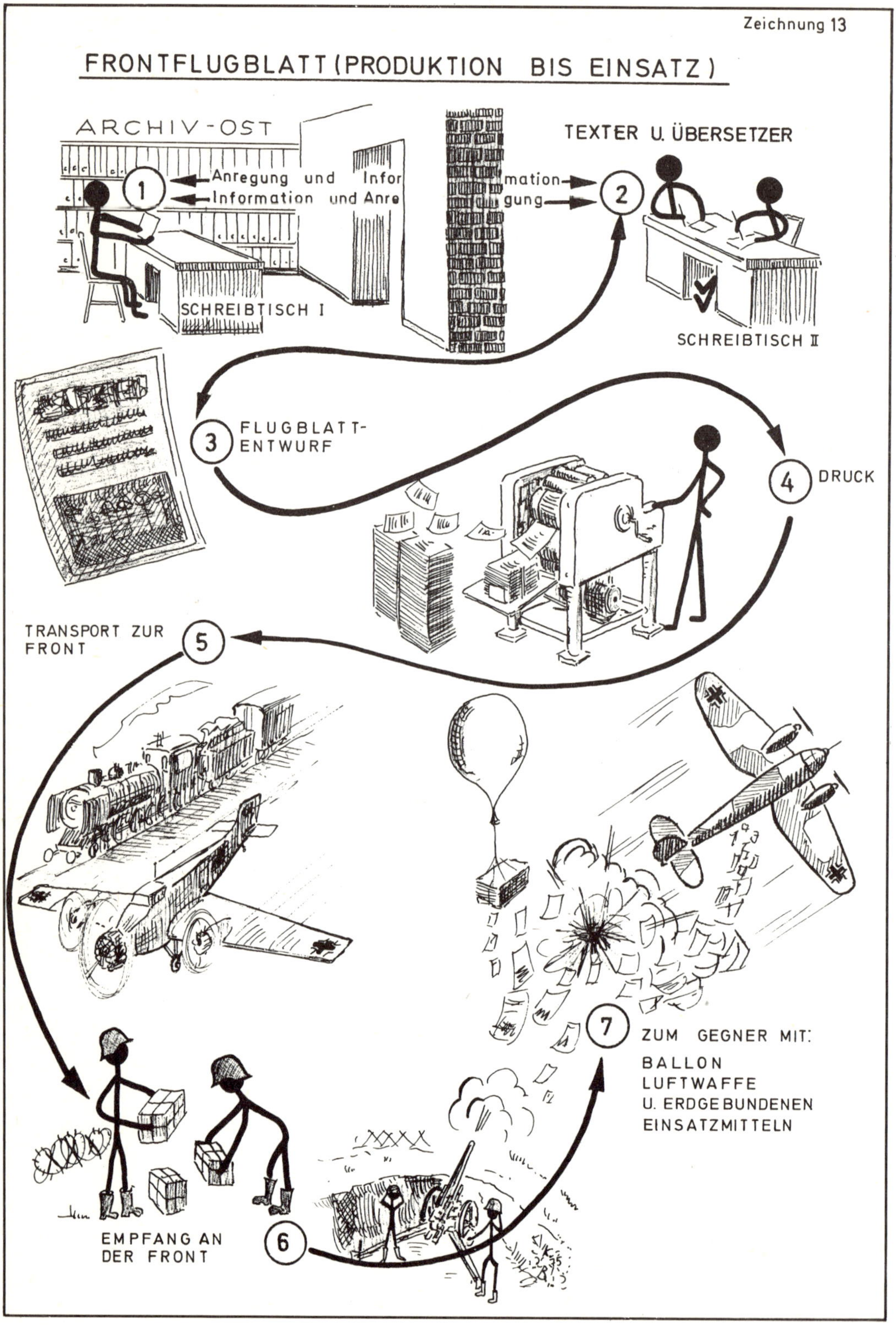
Zeichnung 13
FRONTFLUGBLATT (PRODUKTION BIS EINSATZ)
ARCHIV-OST
1
Anregung und Infor mation
Information und Anre gung
2
TEXTER U. ÜBERSETZER
SCHREIBTISCH I
SCHREIBTISCH II
3
FLUGBLATT-
ENTWURF
4
DRUCK
5
TRANSPORT ZUR
FRONT
6
EMPFANG AN
DER FRONT
7
ZUM GEGNER MIT:
BALLON
LUFTWAFFE
U. ERDGEBUNDENEN
EINSATZMITTELN

der Front sogenannte Propaganda-Abschnittsoffiziere (P.A.O.'s) einzusetzen, die im Juni 1942 ihre Dienstanweisungen erhielten[166].

Die Propaganda-Abschnittsoffiziere gehörten zur vierten Propaganda-Verbindungs-Kompanie der Propaganda-Einsatz-Abteilung in Potsdam. Ihre Einsatzbefehle und Weisungen erhielten sie allerdings direkt von OKW/WPr.

Aufgaben des Propaganda-Abschnittsoffiziers (P.A.O.)

Der Propaganda-Abschnittsoffizier erhielt folgenden Aufgabenkatalog:

1. Der P.A.O. leitete und überwachte den gesamten Propaganda-Verbindungsdienst zur Front und war dafür verantwortlich, daß die aus Berlin eintreffenden Propaganda-Erzeugnisse schnell und gezielt an die Propaganda-Einheiten weitergeleitet wurden. Außerdem mußte er dafür sorgen, daß das Kriegsberichtermaterial (Wort-, Bild-, Rundfunkberichte) von den Propaganda-Einheiten auf dem schnellsten Weg nach Berlin gelangte.
2. Der P.A.O. übernahm die Verpflichtung, mit den ihm unterstellten Teilen der Propaganda-Verbindungs-Kompanie Sammelstellen und Meldeköpfe für den gesamten Propaganda-Nachschub einzurichten.
3. Der P.A.O. organisierte und regelte die fachgerechte Lagerung und Weiterleitung des gesamten von OKW/WPr eintreffenden Flugblattmaterials. Er mußte vor allem sicherstellen, daß stets ein für den Bedarf seines Abschnitts ausreichender Flugblattvorrat vorhanden war, den er durch vorausschauende Anforderung rechtzeitig ergänzte.
4. Der P.A.O. stellte zu den Ic's der Heeresgruppe und der Armeen seines Abschnitts enge Kontakte her, um über die Front- und Bedarfslage der von ihm betreuten Propaganda-Einheiten informiert zu werden. Außerdem mußte er jeden Monat zwei Erfahrungsberichte an OKW/WPr senden, die über den Einsatz und die Auswirkungen der Aktivpropaganda informierten.
5. Im Gegensatz zu dem bisherigen Verfahren, das sich nicht bewährt hatte, übernahm der P.A.O. die Verantwortung für das sachgerechte Laborieren von Weiß-Rot-Geschossen, Gewehr-Granaten und anderer erdgebundener Einsatzmittel mit dem gelieferten Flugblattmaterial.
6. Dem P.A.O. unterstand zeitweilig ein Ballontrupp, den er nach den Weisungen von OKW/WPr in seinem Abschnitt einsetzte.
7. Für den Entwurf und die Herstellung von Flugblättern an der Front unterstand dem P.A.O. eine »vorgeschobene Flugblattstelle«. Er entwarf in eigener Zuständigkeit nach den jeweiligen Vorschlägen und Wünschen der Propaganda-Einheiten Flugblätter für die Aktivpropaganda. Der Druck dieser Flugblätter, die zur näheren Kennzeichnung ihrer Hersteller die Seriennummern AS (für den P.A.O. der Heeresgruppe Süd), AM (für den P.A.O. der Heeresgruppe Mitte) und AN (für den P.A.O. der Heeresgruppe Nord) trugen, übernahmen die inzwischen in Berlin gebauten und im Bereich der Heeresgruppen eingesetzten drei neuen Eisenbahn-Druckerei-Züge, die im folgenden Abschnitt behandelt werden sollen. Diese unterstanden ebenfalls dem P.A.O., der in enger Zusammenarbeit mit dem Ic der Heeresgruppe den Betrieb und die Produktion dieser neuen Druckkapazität überwachte und regelte.

Ein Bericht des ehemaligen Propaganda-Abschnittsoffiziers-Mitte, Oberleutnant Rolf Klunker, über seine damalige Tätigkeit soll den Aufgabenbereich eines P.A.O. in der Praxis veranschaulichen. Klunker hatte das Amt des P.A.O.-Mitte vom 22. Juni 1942 bis zum 21. Juni 1943 inne und übernahm dann die Führung der PK 689 beim AOK 4[167]:

»Mein Auftrag war die Verstärkung der Aktivpropaganda. Flugblätter konnten im unterstellten PK-Heeresdruckereizug ›Memel‹ hergestellt werden. Dort wurden (auf einem Abstellgleis der Heeresgruppe) auch die Nachrichtenblätter der 9., 4., 3. Panzer- und 2. Panzer-Armee gedruckt. Unterstellt, aber nur zeitweilig, solange im Heeresgruppenbereich arbeitend, war der Ballontrupp 2. Die ›Kurierstaffel‹ wurde durch Angehörige der Prop.-Verbindungsstelle gebildet. Im eigenen OKW/WPr-Abteil kam zweimal wöchentlich Flugblatt-Material im Bahntransport aus Berlin zum Weiterleiten an die Armeen und Luftwaffe.

Verpflegungsmäßig war die Dienststelle dem Stabe der Heeresgruppe zugeteilt, im übrigen aber selbständig und wohl eine Außenstelle der Prop.-Einsatz-Abteilung. Meine Monatsberichte hatte ich an OKW/WPr unmittelbar zu leiten. Von dort erhielt ich auch Weisungen über Sondereinsätze und Schwerpunkte. Im großen und ganzen allerdings war der eigenen Initiative jeder Raum gegeben. Insgesamt gehörten und waren etwa acht bis zehn Leute auf der Dienststelle, der Rest (etwa vier) als Kuriere unterwegs.

Mit dem Ic der Heeresgruppe pflegte ich so enge Kontakte wie nur möglich. Sie waren bei der besonderen Situation der Heeresgruppe relativ schwach. Arbeitsbesprechungen der PK-Chefs fanden bei mir überhaupt nicht statt. Ich hatte dagegen durch den Heeresgruppen-Nachrichtenführer täglich eine eigene Fernsprechverbindung von jeweils einer Viertelstunde (zu festgesetzten Terminen zwischen 11 und 13 Uhr) zugewiesen erhalten, mit deren Hilfe ich also täglich unmittelbaren Kontakt zu allen vier PK in meinem Raum, zu deren Chefs und Sachbearbeitern, hatte.

Dem Prop.-Abschn.-Offz. war ein Dolmetscher etatmäßig zugeteilt. Ohne ihn wäre ja auch eine eigene Flugblatt-Produktion und die Beurteilung der von den PK im Raum der Heeresgruppe entworfenen und hergestellten Flugblätter gar nicht möglich gewesen . . .«

Wie effektiv bereits Ende Juni 1942 der Propaganda-Verbindungsdienst des P.A.O.-Süd arbeitete, zeigen die von ihm aufgebauten Nachschub-Verbindungen:

Vom 21. Juni 1942 richtete der P.A.O.-Süd einen täglichen Eisenbahnkurierdienst von Lemberg über Poltawa nach Charkow ein. Dadurch wurde erreicht, daß auch größere Mengen an Propaganda-Material in drei Tagen von Berlin bis Charkow transportiert werden konnten.

Die Befehlsüberbringer benutzten ab Lemberg einen Eisenbahnerdienstzug, der über Krementschug, Poltawa nach Charkow fuhr. In Krementschug wurde das Material für die Propaganda-Abteilung Ukraine ausgeladen. In Poltawa übergab der Befehlsüberbringer das Kuriermaterial für den P.A.O.-Süd. Das Material für die PK 637 (AOK 6), PK 670 (AOK 2) und Pz PK 694 (Pz AOK 4) übernahm in Charkow der dort am 22. Juni eingerichtete Meldekopf. Außer den Kurierverbindungen Lemberg-Poltawa-Charkow unterhielt der P.A.O.-Süd ständige Kurierverbindungen von Lemberg nach Stalino. Auf diesem Wege wurde das Material für die PK 666 (AOK 17), Pz PK 691 (Pz AOK 1) und PK 649 (AOK 15) befördert. Das Material für die Pz PK 691 und PK 649 übergab der Befehlsüberbringer in Sinelnikowo dem Bahnhofsoffizier. Von dort holten die Kompanien das Material selbst ab.

Der Kurierplan für den Monat Juli 1942 sah folgende Fahrten vor:

Abfahrt ab Lemberg in Richtung Front am:

29. Juni; 1., 3., 4., 6., 8., 10., 11., 13., 15., 17., 18., 20., 22., 24., 25., 27. und 29. Juli.

Das Kriegsberichtermaterial der Propaganda-Einheiten wurde auf dem Luftweg über Lötzen nach Berlin transportiert und traf dort entsprechend schnell ein[168].

Die neugeschaffene Dienststelle des Propaganda-Abschnitts-Offiziers war ohne Zweifel eine der wichtigsten organisatorischen Entscheidungen des Jahres 1942 von OKW/WPr. Erst durch die Aktivitäten dieser Offiziere, an deren Leistungsfähigkeit besonders hohe Anforderungen gestellt wurden, erhielt der Propaganda-Nachschub die zu diesem Zeitpunkt dringend erforderliche Umstrukturierung.

Erst durch die neuen Kurierverbindungen und die Produktionsmöglichkeiten der Eisenbahn-Druckerei-Züge konnte der Flugblatteinsatz durch die deutsche Aktivpropaganda im Osten erheblich gesteigert werden.

Die »jüngste Einheit der Propagandawaffe«: Die PK-Frontdruckereizüge auf Eisenbahnwagen

Die Geburtsstunde der erwähnten Eisenbahn-Druckerei-Züge[169] schlug im August 1941 während einer Übung am Templiner See in der Nähe von Berlin. Auf dieser Übung der Ersatz-Abteilung Potsdam wurde zum erstenmal eine motorisierte PK-Frontdruckerei auf LKW vorgestellt und getestet. Bei dem chronischen Bedarf der Propagandatruppen an beweglichen Druckereien, sollte sie schnellstens zum Einsatz kommen, um vor allem Frontzeitungen für die Truppe zu drucken[170].

Die Druckerzeugnisse der mobilen Druckerei auf LKW überzeugten in ihrer Qualität die Untersuchungskommission nicht. Der Kommandeur der Ersatz-Abteilung Potsdam, der damalige Oberstleutnant Blume, und Hauptmann von Endt kamen auf den Gedanken, im Gegensatz zu einem kleinen mobilen Druckereizug auf LKW, dessen Druckkapazität durch sein Gewicht und seine Wagengröße sehr gering war, eine vollständige Rotationsdruckerei auf Eisenbahnwagen zu montieren und in den Einsatz zu bringen. Mit dieser Idee wurden diese beiden Offiziere die geistigen Väter der Eisenbahn-Druckerei-Züge, die als »Druckerei auf Rädern« an die Front rollen konnten, um dort die Produktion von Druckerzeugnissen aller Art für den Bedarf der Truppe aufzunehmen.

Als die Druckereimaschinenfabrik König & Bauer in Würzburg praktische Vorschläge und Entwurfszeichnungen für die Einrichtung einer Rotationsdruckerei auf Eisenbahnwagen vorlegte, war das technische Problem gelöst. Aufgrund dieses Ergebnisses legte Oberstleutnant Blume nach Rücksprache mit Oberstleutnant Krause (OKW/WPr Id) der Abteilung Wehrmachtpropaganda einen grundlegenden Vorschlag zum Bau von Frontdruckereien auf Eisenbahnwagen vor, der vom Chef der Abteilung, Oberst von Wedel, genehmigt wurde. Er befahl daraufhin, unverzüglich und möglichst schnell drei Frontdruckereien auf Eisenbahnwagen zu bauen und in den Einsatz zu bringen.

Das Reichsbahn-Ausbesserungswerk Potsdam erhielt den Auftrag, diese Druckereizüge zu bauen. Den Grundstock der Züge bildeten Beutewaggons, die aus Paris stammten. Bereits am 20. Januar 1942 konnte der erste fertiggestellte PK-Frontdruckerei-Zug von OKW/WPr abgenommen werden. Er erhielt den Namen »Memel«[171].

Aufbau des Zuges

Der Frontdruckereizug bestand aus umgebauten Eisenbahnwagen. Jeder dieser Wagen stellte eine in sich geschlossene Einheit dar, deren Aufbau und Umfang durch die Aufgabe bestimmt war, in erster Linie eine Frontzeitung für die Truppe und Flugblätter für die Aktivpropaganda zu drucken[172].

Im ersten Wagen des Druckereizuges war die Schriftleitung untergebracht, die einen eigenen Funkraum besaß, über den die Redaktion das neueste Nachrichtenmaterial erhielt. Im zweiten Wagen befand sich die Chemigraphie, im dritten Wagen die Hand- und Maschinensetzerei, im vierten Wagen die Stereotypie und die Buchbinderei, im fünften Wagen der Maschinensaal mit der Rotationsmaschine. Im angeschlossenen sechsten Wagen versorgten zwei starke Dieselaggregate den Zug mit dem benötigten Kraftstrom. Die Besatzung des Zuges fand im siebten Wagen eine wohnliche Unterkunft. Fünf Güterwagen, die das notwendige Papier und Material des Zuges transportierten, bildeten das Ende dieser rollenden Frontdruckerei.

Die Auftraggeber der Züge legten auf Illustrationsmöglichkeiten der Druckerzeugnisse den größten Wert. In der kleinen, modern ausgestatteten Chemigraphie konnten Fotografien und Federzeichnungen für die unterschiedlichsten Druckvorhaben reproduziert werden. Als engster Mitarbeiter der Redaktion wurde im nächsten Wagen die Setzerei eingebaut. Neben der berühmten Bodoni, die die Grundtype für Zeitungsdruck darstellte, wurde bei den übrigen Druckarbeiten die moderne Futura eingesetzt. Während die eine Hälfte des Wagens von der Handsetzerei ausgefüllt war, stand in der anderen Hälfte die Setzmaschinenabteilung, die aus zwei Typograph-Setzmaschinen bestand. Dem Arbeitsablauf entsprechend nahm der folgende Wagen die technische Einrichtung der Stereotypie auf. Trotz großer Raumschwierigkeiten konnten auf kleinstem Raum die vielfältigen, zur schnellen Plattenbearbeitung erforderlichen zentnerschweren Schmelzöfen, Hobel und Bestoßmaschinen untergebracht werden. Die Stereotypie konnte so raumsparend eingebaut werden, daß sich im gleichen Wagen noch eine kleine Buchbinderei mit einer modernen Schneidemaschine und einem kleinen Papierlager befand.

Das größte Problem bei der technischen Planung des Zuges bestand in der Frage, welche Rotationsmaschine gewählt werden sollte, die trotz der zu erwartenden Witterungsein-

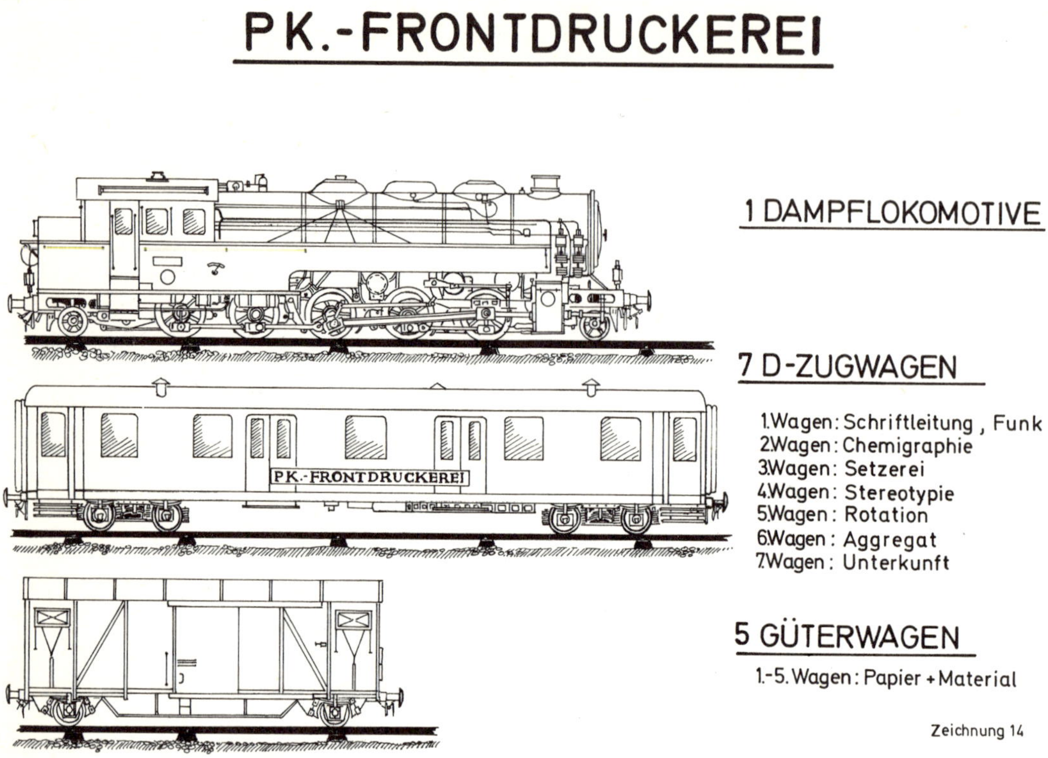

Zeichnung 14

flüsse im Osten und den Schwankungen des Wagens eine sehr hohe Leistungsfähigkeit besitzen sollte, um die hohen Druckauflagen für die unterschiedlichen Bedürfnisse der Truppe bewältigen zu können. Nach vielen Versuchen entschieden sich die Konstrukteure des Zuges schließlich für die MAN-Rotationsmaschine, die auf engstem Raum untergebracht wurde. In einem Nebenraum konnte sogar noch eine Tiegeldruckpresse größten Formats aufgestellt werden, so daß der Druckereizug in der Lage war, amtliche Formulare für den Truppengebrauch zu drucken.

Das »Herz« des Druckereizuges bildete der Aggregatwagen, in dem zwei Dieselmotoren mit entsprechenden Generatoren und einer umfangreichen Batteriereihe für den gesamten Energiebedarf (Strom und Licht) des Zuges sorgten.

Am 24. Februar 1942 rollte der erste Eisenbahn-Druckerei-Zug »Memel« von Potsdam-Rehbrücke mit sieben Spezial- und fünf Güterwagen und einer Besatzung von einem Offizier, einem Sonderführer und zwanzig Unteroffizieren und Mannschaften in Richtung Ostfront nach Borisow in den Bereich der Heeresgruppe Mitte ab.

Ihm folgte bereits am 8. Mai 1942 die zweite Frontdruckerei auf Eisenbahnwagen »Bad Pyrmont«, die nach Poltawa in den Südabschnitt fuhr. Als am 14. Juni 1942 die dritte PK-Frontdruckerei auf Eisenbahnwagen »Gustloff« nach Pleskau in den Bereich der Heeresgruppe Nord verlegt wurde, standen im Juni 1942 wie geplant alle drei Frontdruckereizüge an der Front.

Mit dem Druck von Großauflagen der so dringend benötigten Flugblätter und Zeitungen konnte nunmehr begonnen werden.

Die Ostpropaganda des Auswärtigen Amtes

In einem Führerbefehl, der am 8. September 1939 erlassen wurde, stand die Bestimmung, daß der Reichsaußenminister berechtigt sei, auf dem Gebiet der außenpolitischen Propaganda, d. h. jener Propaganda, die sich direkt oder indirekt an das Ausland wandte, die allgemeinen Richtlinien und Anweisungen zu erteilen[173]. Schon vor Beginn des Unternehmens »Barbarossa« stellte sich

Im Innern
des Eisenbahn-
Druckereizuges

das Auswärtige Amt auf die Aufgabe ein, nach Beginn der Kampfhandlungen auf die deutsche Aktivpropaganda Einfluß zu nehmen. Da die von der Wehrmacht unbesetzten Gebiete der Sowjetunion im Sinne des Führerbefehls vom 8. September 1939 als »Ausland« galten, stand dem Auswärtigen Amt offiziell ein Mitspracherecht bei der in diesem Bereich einwirkenden Propaganda zu.

Um überhaupt auf die Ostpropaganda Einfluß nehmen zu können, mußte sich das Auswärtige Amt zunächst einen eigenen Propaganda-Apparat schaffen, den es bis zu diesem Zeitpunkt für eine solche Aufgabe noch nicht besaß. Dieses organisatorische Problem wurde durch den Umstand vereinfacht, daß das Auswärtige Amt nach Ausbruch des Rußlandfeldzuges über eine Anzahl qualifizierter Rußlandexperten verfügte, die zum Teil Mitglieder der deutschen Botschaft in Moskau gewesen waren.

Reichsaußenminister Ribbentrop, der bestrebt war, seine Rechte in Sachen Auslandspropaganda voll auszuschöpfen, befahl die Einrichtung eines sogenannten Rußlandgremiums, das ihn persönlich in allen Fragen der Ostpropaganda beraten sollte. Diesem Gremium gehörten der ehemalige Botschafter in Moskau, Graf von der Schulenburg, Botschaftsrat Hilger, Generalkonsul Kapp, Legationsrat Dittmann, Gesandtschaftsrat von Herwarth, der Gesandte Großkopf und ein Herr Rost an. Das Rußlandgremium, dessen bestimmende Persönlichkeit Botschaftsrat Hilger war, bildete ein Spitzengremium, das den Außenminister nicht nur informieren und beraten, sondern vor allem auch entsprechende Weisungen anregen sollte, um auf die Ostpropaganda Einfluß zu nehmen[174].

Zusätzlich zu diesem Rußlandgremium bildete ein Rußland-Komitee, das zu den Länder-Komitees des Auswärtigen Amtes gehörte, als »Motor und Sammelbecken für alle propagandistischen Maßnahmen und Erfahrungen«[175] eine weitere Informations- und Beratungsstelle für den Außenminister und das Rußlandgremium.

Eine unmittelbare Einflußnahme auf die Propaganda im Osten war für das Auswärtige Amt nur möglich, wenn es ihm gelang, sich in die Flugblattpropaganda des OKW einschalten zu können. Aus diesem Grunde mußte unabhängig vom Rußlandgremium eine Einrichtung geschaffen werden, die die notwendigen Koordinierungsaufgaben übernehmen konnte, um in Zusammenarbeit mit der Wehrmachtpropaganda Weisungen des Außenministers in entsprechende Propagandamaßnahmen an der Front sicherzustellen. Diese wichtige Aufgabe übernahmen das Sonderreferat D IX und die Informationsabteilung des Auswärtigen Amtes[176].

Das Sonderreferat D (= Deutschland) IX des Gesandten Georg Großkopf bearbeitete alle »Angelegenheiten, die den Krieg gegen die UdSSR betrafen«, d. h. in erster Linie die Vorbereitung antisowjetischer Propagandamaßnahmen, die Sichtung und Auswertung des anfallenden Materials über die Lage in der Sowjetunion und in den besetzten Ostgebieten, die Analyse der sowjetischen Feindpropaganda und vieles andere mehr.

Bei der Beschaffung dieses Materials konnte das Auswärtige Amt auf eine Institution zurückgreifen, die durch eine Vereinbarung zwischen dem Oberkommando der Wehrmacht und dem Auswärtigen Amt bereits am 10. April 1940 bei den Armee-Oberkommandos eingerichtet worden war. Nach dieser Vereinbarung traten zu jedem Armee-Oberkommando (AOK) ein Vertreter des Auswärtigen Amtes. Dieser Vertreter wurde unter gleichzeitiger Beurlaubung durch das Auswärtige Amt vom Oberkommando des Heeres zum aktiven Wehrdienst als Offizier einberufen und dem Stab des AOK zugeteilt. Er war in seiner Eigenschaft als Vertreter des Auswärtigen Amtes (V.A.A.) berechtigt, zur Durchführung seiner besonderen Aufgaben sich unmittelbar mit dem Auswärtigen Amt in Verbindung zu setzen[177].

Der V.A.A. hatte im wesentlichen folgende Aufgaben zu erfüllen:

1. Erfassen des für die Auslandpropaganda geeigneten Materials aus dem Frontbereich der Armee. Bei dieser Materialbeschaffung war der V.A.A. ausschließlich auf seine eigenen Mittel bzw. auf die Hilfe der im Armeebereich eingesetzten Propaganda-Kompanie angewiesen.
2. Beratung des AOK beim Einsatz der Aktivpropaganda »über die Front hinweg«, soweit nicht von OKW/WPr selbst bereits entsprechende Sonderbefehle erteilt wor-

den waren.

3. Laufende Unterrichtung des AOK über die außenpolitische Lage im Anschluß an die täglichen Bulletins.

Außerdem hatte das Auswärtige Amt einen Vertreter beim Oberkommando des Heeres (von Etzdorf) und im Januar 1940 einen Vertreter bei OKW/WPr eingesetzt, der laut Dienstanweisung vom 15. Januar 1940 alle militärischen Nachrichten, die mittelbar oder unmittelbar für die Auslandpropaganda von Bedeutung waren, »laufend und mit größter Beschleunigung« dem Auswärtigen Amt mitteilen mußte. Das Amt dieses V.A.A. (Pr) bei der Abteilung Wehrmachtpropaganda versah als erster Generalkonsul Krug von Nidda.

Nach erheblichem Widerstand von Rosenberg gelang es dem Auswärtigen Amt schließlich, auch Vertreter bei den beiden Reichskommissariaten Ostland und Ukraine in den besetzten Ostgebieten einzusetzen.

Mit diesen V.A.A.'s, die als die »Augen und Ohren« des Auswärtigen Amtes bezeichnet werden können, erhielt der Reichsaußenminister ein erstklassiges Informationsinstrument. Für den Bereich der Ostpropaganda bedeutete dies, daß Legationsrat von Rantzau in der Informationsabteilung, die als der zentrale Meldekopf für den russischen Bereich eingerichtet worden war, eine Fülle von Informationsmaterial erhielt, das von ihm an das Sonderreferat D IX weitergereicht wurde, wo es vom Gesandten Großkopf und seinen Mitarbeitern Baum und Strecker auf seine propagandistische Verwertbarkeit hin überprüft wurde. Man kann dieses Sonderreferat D IX in etwa mit dem Referat IV C 2 bei OKW/WPr vergleichen. Großkopf, der gleichzeitig Mitglied des Rußlandgremiums war, leitete nach entsprechender Analyse das Informationsmaterial der V.A.A.'s in der Regel an Botschaftsrat Hilger mit dem Vermerk weiter: »Zur gefälligen Kenntnisnahme, Unterrichtung des Gremiums und zum gelegentlichen Vortrag beim Reichsaußenminister.« Allerdings wurden auch dringliche Vorgänge direkt Ribbentrop vorgelegt[178].

Bei dem Bemühen des Auswärtigen Amtes, sich in die deutsche Aktivpropaganda im Osten durch die Produktion eigener Flugblätter einzuschalten, war das Auswärtige Amt auf die technische Hilfe von OKW/WPr angewiesen, da es über keine eigenen Druckmöglichkeiten und Verbringungsmittel für Flugblätter verfügte.

Nachdem das Reichsministerium für die besetzten Ostgebiete durch Führererlaß am 17. Juli 1941 eingerichtet worden war, entstand die grundsätzliche Frage, ob das Auswärtige Amt im Sinne des bekannten Führerbefehls vom 8. September 1939 auch für den sowjetischen Bereich in der Auslandpropaganda zuständig wäre. Da sich die Kompetenzen des Ostministeriums nur auf das Territorium der besetzten Ostgebiete beschränkten, nahm das Auswärtige Amt weiterhin das Recht für sich in Anspruch, auf die Aktivpropaganda im Osten Einfluß zu nehmen.

So unternahm das Auswärtige Amt am 5. Juli 1941 den entscheidenden Vorstoß, die Unterstützung der Abteilung Wehrmachtpropaganda für den Druck und den Abwurf eigener Flugblätter zu erhalten. Oberst von Wedel zeigte sich bei diesem Gespräch, das vom Unterstaatssekretär Luther in Gegenwart des V.A.A. Generalkonsul Krug von Nidda geführt wurde, zunächst wenig kooperationsbereit und wies eindringlich auf die gewaltigen Transport- und Abwurfschwierigkeiten hin, die ein Flugblatteinsatz mit sich brachte. Außerdem betonte er die Verpflichtung, die Flugblätter des Auswärtigen Amtes vor dem Abwurf dem Reichsleiter Rosenberg vorlegen zu müssen, da dieser alle Vollmachten für den osteuropäischen Raum von Hitler übertragen bekommen habe. Da Unterstaatssekretär Luther auf eine schnelle Entscheidung bestand und die Zuständigkeit des Auswärtigen Amtes auch für die Ostpropaganda aus den bereits erwähnten Gründen betonte, legte Oberst von Wedel diesen »Fall« General Jodl zur Entscheidung vor[179].

Am 25. Juli 1941 traf die Entscheidung des Chefs des Wehrmachtführungsstabes ein, die als Vortragsnotiz dem Reichsaußenminister wie folgt vorgelegt wurde:

»Stellvertretender Chef OKW/WPr, Oberstleutnant Kratzer, hat heute Generalkonsul von Krug offiziell Mitteilung von einer ihm gestern abend durch General Jodl übermittelten telefonischen Weisung gemacht, nach der das Auswärtige Amt von jetzt ab in gleicher Weise in die Rußlandpropaganda einzuschalten sei wie der Stab Rosenberg. (...)

Die Propaganda auf dem Schlachtfeld, also insbesondere die Zersetzungspropaganda gegenüber der feindlichen Truppe, bleibt dagegen der Abteilung Wehrmachtpropaganda des OKW vorbehalten ...«

Mit dieser Entscheidung[180] war die Einflußnahme des Auswärtigen Amtes auf die deutsche Aktivpropaganda im Osten zunächst gesichert.

Eine echte Zusammenarbeit zwischen dem Auswärtigen Amt und OKW/WPr ergab sich jedoch erst im August durch einen Umstand, den das Auswärtige Amt für seine Propagandaabsichten nutzen konnte. Die ersten Flugblätter der Wehrmachtpropaganda enthielten so viele Mängel, daß besonders das Auswärtige Amt scharfe Kritik übte, die vom Sonderreferat D IX artikuliert wurde. In einer eigenen Vortragsnotiz über das »schlechte Russisch in den Proklamationen der Truppe oder des OKW« vom 9. August 1941 schlug Großkopf zur Verbesserung der Flugblattqualität folgendes Verfahren[181] vor:

»Wenn OKW mit uns zusammenarbeiten will, so müßten die Aufrufe des OKW zunächst an mich gelangen und von mir dem Gremium zugeleitet werden. OKW dürfte doch wohl über Leute verfügen, die ein einwandfreies Russisch sprechen und schreiben, allerdings ein sowjetisches Russisch und keine Sprache von 1914.«

Um diese gravierenden Mängel abzustellen, wurde zwischen OKW/WPr und dem Auswärtigen Amt vereinbart, daß Leutnant von Grote oder sein Vertreter vor der Abfassung eines Flugblattes mit dem Textentwurf zu Großkopf kamen, mit dem die Texte abgestimmt wurden[182]. Bei diesem Arbeitsverfahren, das bis April 1942 beibehalten wurde, erhielt das Sonderreferat D IX von jedem zum Einsatz kommenden Flugblatt nicht nur unmittelbar Kenntnis, sondern konnte auch von Fall zu Fall selbst auf die Abfassung und Gestaltung Einfluß nehmen. Außerdem ging es sehr bald dazu über, eine Reihe von Flugblättern mit »grundsätzlich politischem Charakter« selbst zu texten und reichte diese Entwürfe für den Druck und Abwurf an OKW/WPr weiter.

Das erste Flugblatt, das auf diese Weise vom Auswärtigen Amt selbst hergestellt wurde, war das bereits vorgestellte Anti-Stalin-Flugblatt 145 RAB, das im August 1941 von der Luftwaffe über den sowjetischen Linien und im Hinterland abgeworfen wurde.

An dieser Stelle sei bei der Schilderung der Entstehung dieses Flugblattes gleichzeitig der Verbindungsweg zwischen dem Auswärtigen Amt und den V.A.A.'s an der Ostfront dargestellt (vgl. Zeichnung 15):

Ihrem Auftrag entsprechend schickten die V.A.A.'s eine Fülle von Informationsmaterial auf dem Kurierweg entweder direkt an Legationsrat von Rantzau und damit an die Informationsabteilung oder indirekt über den V.A.A. (Pr) bei der Abteilung Wehrmachtpropaganda. Dieses Material wurde an das Sonderreferat D IX, d. h. an den Gesandten Georg Großkopf, weitergereicht, der, wie bereits erwähnt, mit seinen Mitarbeitern das Material sichtete, auswertete und an Botschaftsrat Hilger schickte, der sich als Mitglied des Rußlandgremiums in der Regel im Sonderzug »Westphalen« beim Reichsaußenminister aufhielt. Die Idee, ein spezielles Anti-Stalin-Flugblatt zu entwerfen, entstand bei der Materialbeschaffung im Sonderreferat D IX. Den ersten Textentwurf brachte Großkopf zu Papier, stimmte diesen in einem Gegenentwurf mit Hilger ab, der die Endfassung des Flugblattes zur Genehmigung dem Reichsaußenminister vorlegte. In diesem speziellen Fall wurde auf Wunsch des Außenministers sogar die Einwilligung Hitlers eingeholt[183].

Im Anschluß an das Genehmigungsverfahren erhielt OKW/WPr den Textentwurf, um den Druck und den Abwurf des Blattes zu übernehmen.

Regte der Außenminister von sich aus die Herstellung bestimmter Flugblätter an, so ging die entsprechende Weisung gleichzeitig an das Rußlandgremium und an das Sonderreferat D IX, die in enger Zusammenarbeit wie beim ersten gemeinsamen Flugblatt 145 RAB den russischen Text abfaßten. Hierbei war offensichtlich der Gesandte Großkopf die bestimmende Persönlichkeit.

Ergingen besondere Weisungen an die V.A.A.'s, so liefen diese über die Informationsabteilung. Die zahlreichen Weisungen des Außenministers an die V.A.A.'s, auch an der Front eigene Flugblätter herzustellen und zum Abwurf zu bringen, konnten von diesen

Verbindungen zwischen Auswärtigem Amt und VAA's

1941 – 1943 SCHEMA

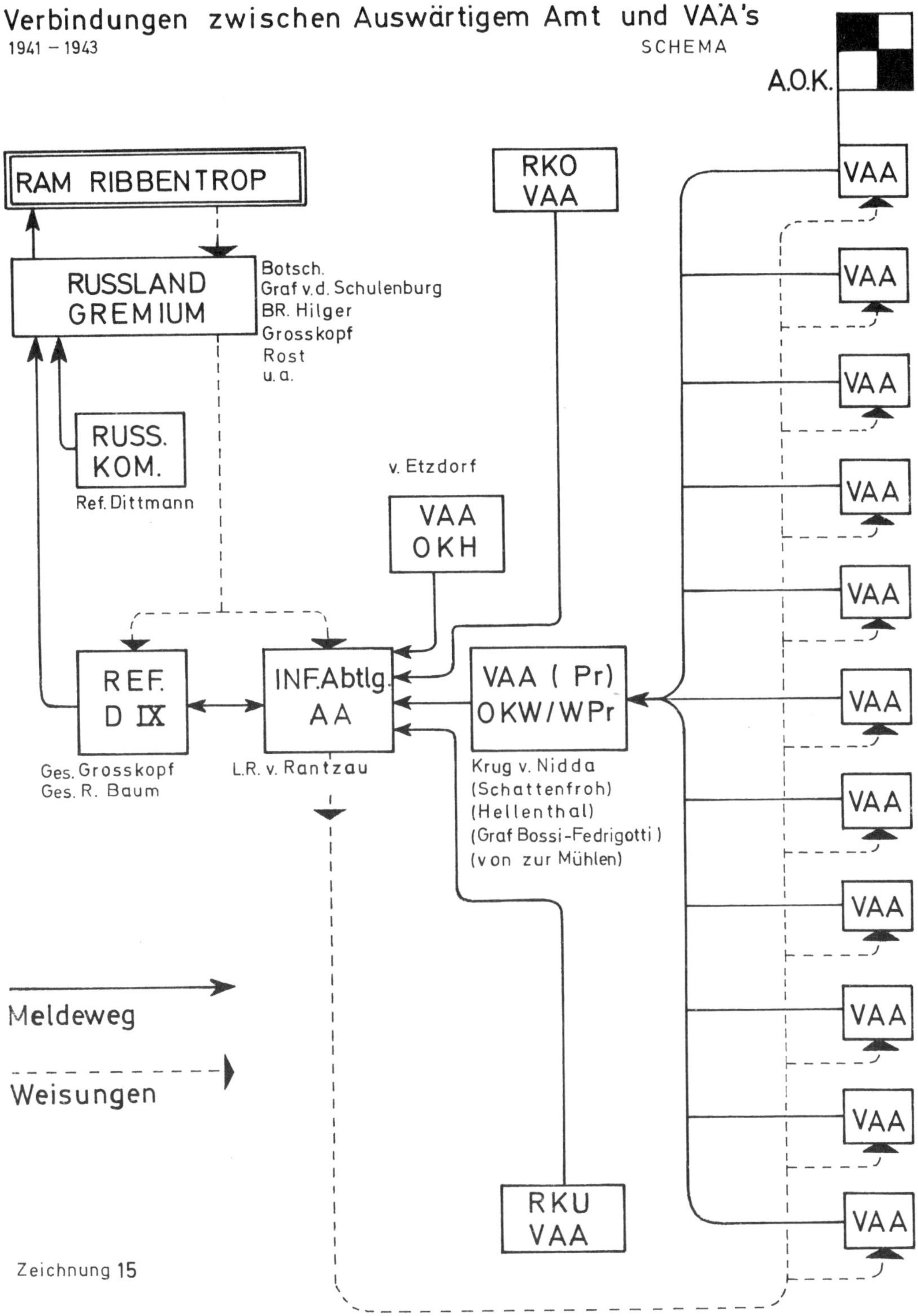

Zeichnung 15

in der Regel aus Mangel an Herstellungs- und Verbringungsmöglichkeiten nicht erfüllt werden. So bestand die wichtigste Aufgabe der V.A.A.'s in der ständigen und umfassenden Information ihres Ministeriums, das seinerseits aus diesem Material Propagandaaussagen formulierte und in eigene Flugblätter umsetzte. Ganz besonders intensiv beteiligte sich das Auswärtige Amt auf Wunsch des Ostministeriums bei der Agrarpropaganda, deren Flugblattserien vom Rußlandgremium bzw. Sonderreferat D IX verfaßt wurden, die auch den russischen Text der Agrarordnung und die dazugehörigen Aufrufe an die Bevölkerung sprachlich bearbeiteten.

Ein Bericht des Sonderreferats D IX vom 3. März 1942 über »Propaganda im Osten« betonte ausdrücklich, daß zwischen dem Ostministerium und dem Auswärtigen Amt durch den Arbeitsstil »sachlich-freundschaftlicher Kontakte« eine entsprechende Abstimmung der Propaganda erfolgt sei[184]. Dieses Arbeitsklima sollte sich in der Folgezeit so verschlechtern, daß die Differenzen zwischen den beiden Ministerien aufgrund von Kompetenzstreitigkeiten in Fragen der Ostpropaganda immer stärker wurden. Bei dem notorisch gespannten Verhältnis zwischen Ribbentrop und Rosenberg entzündete sich der Streit an dem Problem, das bereits Oberst Wedel bei seinem Gespräch mit dem Unterstaatssekretär Luther in Verlegenheit gebracht hatte, an der Streitfrage nämlich, ob das Auswärtige Amt nach der Einrichtung des Ostministeriums überhaupt noch im Osten für Propagandainitiativen zuständig sei. Die Ermahnung Hitlers, daß es im Kriege keine »Kompetenzprobleme« geben dürfe, da das »entscheidende Kriterium die wirksame Handhabung der Propaganda«[185] sei, führte bei den Beteiligten dieses Konfliktes keineswegs zu einer den Ausgleich suchenden Verständigungsbereitschaft.

Der Sieger in diesem »Propagandakrieg hinter den Kulissen« hieß am Ende Rosenberg. Die Entscheidung Hitlers für Rosenberg wurde sicherlich durch die »Adlon-Episode«[186] beschleunigt, durch einen vergeblichen Versuch des Auswärtigen Amtes, mit russischen Emigranten zu einer politischen Zusammenarbeit zu gelangen. Am 28. Juli 1942 wurde die Partie zwischen dem Reichsministerium für die besetzten Ostgebiete und dem Reichsaußenministerium durch eine »Anordnung des Führers über die Zuständigkeitsabgrenzungen zwischen dem Auswärtigen Amt und dem Reichsministerium für die besetzten Ostgebiete« entschieden[187]. Die entscheidende Ziffer 5 der Anordnung lautete:

»Vorbereitende Maßnahmen zur politischen Führung und Gestaltung derjenigen Gebiete, die noch nicht der deutschen Zivilverwaltung unterliegen, aber für eine Unterstellung unter deutsche Zivilverwaltung oder deutsche Oberhoheit in Aussicht genommen werden, hat, soweit es sich um das Staatsgebiet der Union der Sozialistischen Sowjet-Republiken handelt, der Reichsminister für die besetzten Ostgebiete zu treffen.«

Damit war im Sinne der Führerweisung vom 8. September 1939 der von der Wehrmacht unbesetzte Teil der Sowjetunion nicht mehr »Ausland«, sondern wurde mit der Begründung von »vorbereitenden Maßnahmen« bereits vor der eigentlichen Besetzung in den politischen Zuständigkeitsbereich des Ostministeriums überführt, das mit dieser Bestimmung auch die Verantwortung für die politische Propaganda erhielt.

Ribbentrop hatte nach den Bestimmungen der Anordnung vom 28. Juli 1942 den Kompetenzstreit mit dem Ostministerium verloren. Das Auswärtige Amt konnte in der Ostpropaganda in Zukunft keine weiteren Initiativen entwickeln. Der eigentliche Sieger dieses Konfliktes war allerdings nicht Rosenberg, sondern eine andere Reichsbehörde, die etwa ein Jahr später auch das Ostministerium aus dem Zuständigkeitsbereich der Ostpropaganda ausschalten konnte: der »lachende Dritte« dieses Streits sollte schließlich der Reichsminister für Volksaufklärung und Propaganda sein. Mit den Hintergründen dieses Konflikts wird sich ein späteres Kapitel beschäftigen.

Die »eiserne Zange«: Kommissarbefehl und Propaganda: 2. Phase

Das große Geheimnis: Der Widerstandswille der Roten Armee

In der Nähe von Zwiahel in der Ukraine bot sich deutschen Pionieren nach einem Angriff auf einen sowjetischen Bunker folgendes Bild: Die Kuppel des Bunkers war »wie ein Deckel auf einem siedenden Topf« durch den Druck einer gewaltigen Explosion seitlich verschoben worden. Durch einen breiten Spalt ließ sich das grauenvolle Ausmaß der Zerstörung im Innern des Bunkers übersehen. Die Detonation hatte zwölf Rotarmisten in Stücke gerissen, die im oberen Teil des Befestigungswerkes lagen. Bei einem solchen Anblick stellte sich der deutsche Soldat die Frage, warum die Bunkerbesatzung in einer hoffnungslosen Lage völlig sinnlos so lange Widerstand leistete, bis eine Sprengladung die Vernichtung brachte.

Auf dem Schlachtfeld von Uman liefen die Spitzen von zwei sowjetischen Angriffsdivisionen nach einem sinnlosen Durchbruchsbefehl in das direkte Feuer der deutschen Maschinengewehre, Granatwerfer und Geschütze. Das Ergebnis waren Tausende von Gefallenen, die haufenweise übereinanderlagen[188].

Erlebnisse und Erfahrungen dieser Art, von denen die kämpfende Truppe im Osten immer wieder berichtete, führten schon sehr bald nach dem Ausbruch des Rußlandfeldzuges dazu, daß sich die deutsche militärische und politische Führung mit dem Problem beschäftigen mußte, wie ein solcher fanatischer Widerstand der Roten Armee in aussichtsloser Lage zu erklären sei und worin seine wirklichen Ursachen beständen.

Bereits am 30. Juli 1941 stellte ein Bericht des XXIII. Armeekorps mit Sorge fest, die Erfahrungen der letzten Zeit zeigten deutlich, daß die Rote Armee trotz der inzwischen erlittenen hohen personellen und materiellen Verluste und trotz ihrer Verpflegungsengpässe einen »vertieften und erbitterten Widerstand« leiste und immer wieder zu heftigen Gegenangriffen überginge. Aufgrund von Vernehmungsergebnissen sowjetischer Kriegsgefangener erklärte das Generalkommando des XXIII. AK diesen rätselhaften Widerstandswillen durch den gewaltigen Einfluß, den die politischen Überwachungsorgane in der Roten Armee, d. h. die Kommissare, auf Offiziere und Mannschaften ausübten. So hafte jeder Kommandeur mit seinem Leben dafür, daß seine Einheit nicht nur ihre Stellungen hielte, sondern auch im Einsatz eine hohe Kampfmoral zeige:

Der Kommandeur des Schtz.Rgt. 116 in der 179. Schtz.Div., Sainulin, wurde am 7. Juli 1941 vor der Front seines Regiments, von dem noch 200 Mann aufzutreiben waren, von einem Generalleutnant und dessen Adjutanten erschossen, weil er – nach dem Urteil russischer Stabsoffiziere – einen taktisch vollkommen richtigen Rückzugsbefehl gegeben und das Auseinanderlaufen der Mannschaften geduldet hatte.

Kommandeur und Kommissar des Flak Regiments 188 bei Minsk wurden dem Kriegstribunal übergeben und erschossen, weil sie einen großen Teil der Geschütze und der Munition bei der befohlenen Verlegung in die Hände der Deutschen fallen ließen.

Der Bericht[189] bestätigte die Tatsache, daß nach dem bereits erwähnten Befehl Nr. 270 des Oberkommandos der Roten Armee die Offiziere unter dem Druck der ständigen Drohung standen, ihre Angehörigen verfielen der Sippenhaftung, falls sie selbst in Gefangenschaft gerieten. Außerdem erwies sich die intensive antideutsche Greuelpropaganda der Kommissare, Rotarmisten würden in deutscher Gefangenschaft grundsätzlich »erschossen« oder »tierisch gefoltert«, als erfolgreich. Wie groß die Wirkung einer solchen Propaganda auf den einzelnen sowjetischen Soldaten sein konnte, zeigte ein Vorfall bei der 206. Infanterie-Division: ein gefangener Rotarmist, der ein Grab zur Bestattung eines deutschen Soldaten ausheben sollte, schnitt sich plötzlich mit einem Rasiermesser die Kehle durch, weil er glaubte, sein eigenes Grab schaufeln zu müssen, um anschließend erschossen zu werden[190].

Trotz der Begründung, der Widerstand der Roten Armee sei das Produkt des Terrors der Kommissare (»Der Politruk ist es, der die Rote Armee abgerichtet hat; er war und ist die eiserne Zange, durch die der Rotarmist und auch der rote Kommandeur ständig unter dem Imperativ der zur Offensive treibenden Suggestion gehalten wurde und gehalten wird ...[191]«), reichte nach den Erfahrungen der kämpfenden Truppe eine solche vordergründige Argumentation nicht aus, um das Phänomen dieses erstaunlichen Widerstandswillens zu erklären.

Eine Reihe von Berichten versuchte, den Widerstand der Roten Armee psychologisch differenzierter zu erklären. Eine umfangreiche Studie[192] stellte fest, daß nach der Oktoberrevolution die Völker der Sowjetunion einen unvorstellbaren »Leidensweg« hinter sich gebracht hätten. Jeder Widerstand gegen das System sei physisch oder psychisch mit brutaler Gewalt gebrochen worden. Das Ergebnis einer solchen Entwicklung schlage sich nunmehr in der Existenz einer »Masse« nieder, die »dumpf«, »stumpf«, »gleichgültig« oder »apathisch« sei, »mechanisch reagiere« und sich im übrigen wie ein »gezähmtes Tier« verhalte, das »aus Angst vor Strafe« alles ausführe, was ihm befohlen würde[193]. Nur so könne man verstehen, daß ein Befehl der militärischen Führung, gegen deutsche Maschinengewehre völlig ungedeckt anzurennen oder sich in die Luft zu sprengen, von den Rotarmisten auch tatsächlich befolgt würde. Den Sowjets sei es gelungen, selbst das »primitivste Gefühl, den Selbsterhaltungstrieb des Menschen« abzutöten: »Wer ewig in der Angst vor der G.P.U. zu leiden gewohnt ist, zieht ein Ende mit Schrecken dem Schrecken ohne Ende vor[194].« In einer solchen extremen Zwangssituation werde der Tod mehr als eine Erlösung als ein Übel betrachtet.

Die »träge und passive seelische Grundhaltung«, die für die ostischen Völkerschaften charakteristisch sei, habe das bolschewistische System gezwungen, die psychische Konstitution der Bevölkerung zu verwandeln. Das sei konsequent dadurch geschehen, daß die »natürliche Wildheit, Verwegenheit und sadistische Grausamkeit«, die völkerpsychologisch nur das andere Extrem zur passiven, bigotten, ängstlich-duldnerischen »Seele des Russen« darstelle, bewußt von der politischen Führung gefördert worden sei[195]. Durch die Proklamation des »vaterländischen Krieges« sei es den Sowjets offensichtlich gelungen, an die Stelle der normalen Vaterlandsliebe einen Patriotismus besonderer Art mit einem völlig neuen Traditionsverständnis zu »züchten«. Hierdurch erhielt der Rotarmist ohne Zweifel ein Ideal, für das es sich zu kämpfen lohnte. Die sowjetische Führung habe mit diesem psychologischen Trick die Schlagkraft der Roten Armee erheblich gesteigert[196].

Eine weitere wichtige Ursache für den sowjetischen Widerstandswillen sei die Tatsache, daß der sowjetische Soldat in der Roten Armee »aus der Masse« herausgenommen und erst hier angemessen ernährt, gekleidet, versorgt und vor allem durch die tägliche politische Indoktrination »aufs Genaueste geformt und modelliert« worden sei. Hierdurch habe er sehr bald die schwere Zeit seines Zivillebens vergessen und sei zu einem begeisterten Anhänger des Sowjetstaates geworden.

Da die Sowjetunion eine totale Informationssperre zum Ausland hin aufgebaut habe, fehle dem Rotarmisten jede Vergleichsmöglichkeit der sowjetischen Verhältnisse mit denen in den westlichen Ländern:

»Es wäre falsch, die Haltung des russischen Soldaten allein mit seiner Sturheit, mit dem Argument des Abgestumpftseins oder gar der Dummheit abzutun. Es ist auch falsch anzunehmen, daß allein der politische Kommissar die Macht gehabt hätte, den russischen Soldaten bis zum letzten Widerstand aufzupeitschen. Hier kommen vielmehr in der Hauptsache die Auswirkungen einer planvollen und zielbewußten russischen Staatsführung zur Geltung, die es einerseits verstanden hat, mit Hilfe eines gut aufgebauten Systems der inneren Verwaltung dem Durchschnittsrussen keinerlei Einblick in die Verhältnisse anderer, auch nicht benachbarter Länder zu gewähren, und die andererseits dem Russen das Bewußtsein eingehämmert hat, daß nur in seinem Land alles zum Besten stände und daß in allen anderen von ihm als kapitalistisch bezeichneten Ländern nur Not und Elend herrsche und die übelsten Grausamkeiten gegen ihre Völker an der Tagesordnung seien.«

Die hohe Kampfmoral der Rotarmisten sei daher auch ein Erfolg der politischen Erziehung, die es verstanden habe, den gutgläubigen und im allgemeinen leicht zu beeinflussenden Sowjetbürger durch eine geschickte Propaganda zu beeinflussen[197].

Durch die Kämpfe um die Eroberung der

Festung Sewastopol, in deren Verlauf die Russen einen besonders heroischen Widerstand leisteten, trat die Frage nach dem Geheimnis dieses Widerstandswillens wieder in den Mittelpunkt des militärischen und politischen Interesses.

Mit großer Bewunderung berichtete General Sander, der Kommandeur der 170. Infanterie-Division, vor ausländischen Militärattachés in Sewastopol selbst und Oberst von Choltitz, der Kommandeur des 16. Infanterie-Regiments, das sich bei der Erstürmung der Festung besonders ausgezeichnet hatte, in den Berliner Pressekonferenzen und im Rundfunk von dem heldenhaften Widerstand der NKWD-Regimenter und von der vorbildlichen Haltung und dem Todesmut der Kommissare und der sowjetischen Truppen. Diese hatten sich in völlig auswegloser Lage bis zur letzten Patrone verteidigt, mit der sie sich selbst töteten, um nicht in deutsche Gefangenschaft zu geraten[198].

Dieses »Hohe Lied« sowjetischen Widerstandswillens, das nun auch in den deutschen Massenmedien verkündet wurde, erregte den Zorn des Propagandaministers. In den Ministerkonferenzen am 7. und 9. Juli 1942 nahm er grundsätzlich zu der Frage Stellung, wie die Kampfesweise der Sowjets in Zukunft geschildert und bewertet werden sollte. Goebbels war über die objektiven Berichte der Truppenführer deshalb so erbost, weil seiner Ansicht nach aus diesen »ergreifenden und erschütternden Kriegsberichten« Teile des deutschen Volkes psychologisch außerordentlich gefährliche Schlüsse ziehen könnten. Er befürchtete, daß eine derartige Berichterstattung in kurzer Zeit in Deutschland eine »Art Bolschewistenbegeisterung« auslösen würde, die bereits im Ansatz verhindert werden müsse[199].

Da aber die wirklichen Vorgänge in Sewastopol nach den realistischen Augenzeugenberichten deutscher Truppenführer nicht bestritten werden konnten, mußte eine Interpretation dieser Ereignisse gefunden werden, die den heroischen Widerstandwillen der sowjetischen Festungsbesatzung im Sinne der antibolschewistischen Propaganda abwertete:

»Im übrigen handelt es sich beim Widerstand der Bolschewisten überhaupt nicht um Heldentum und Tapferkeit. Was sich uns hier in der russischen Massenseele entgegenstellt, ist nichts anderes als die durch einen wildwütigen Terror zur Widerstandskraft organisierte primitive Animalität des Slawentums. (...) Es gibt Lebewesen, die deshalb so widerstandsfähig sind, weil sie so minderwertig sind. Ein Straßenköter ist auch widerstandsfähiger als ein hochgezüchteter Schäferhund. Deshalb ist aber der Straßenköter nicht wertvoller. Eine Ratte ist auch widerstandsfähiger als ein Haustier, weil sie unter so schlechten sozialen und wirtschaftlichen Verhältnissen lebt, daß sie sich schon eine gesunde Widerstandskraft aneignen muß, um überhaupt existieren zu können.

Auch der Bolschewismus ist widerstandsfähig. Das Geheimnis liegt darin, daß sich vorhandene slawische Mentalität verbündet hat mit einer infernalischen jüdischen ›Erziehung‹, die alles andere vom russischen Volk ferngehalten hat[200].«

Diese eigenartige Dialektik der Goebbelsschen Beurteilung, die auf das gesamte Repertoire pseudodarwinistischer Allgemeinplätze und ideologischer Absurditäten zurückgriff, zeigte deutlich, daß der Propagandaminister mit seiner eigenen antibolschewistischen Propaganda in eine ausweglose Lage geraten war. Derlei animalisch-atavistische Interpretationsmodelle konnten denjenigen wohl kaum überzeugen, der die wirkliche Gefechtsfeldsituation aus unmittelbarem Erleben kannte.

So ist es nicht erstaunlich, daß bereits kurze Zeit später nach diesem tönenden Sewastopol-Kommuniqué des Propagandaministers der V.A.A. beim AOK 11, der Gesandte Otto von Hentig, einen Bericht über die »Widerstandskraft des Russen« am 1. August 1942 an die Informationsabteilung des Auswärtigen Amtes schickte[201]. Dieser Bericht war für denjenigen, der zwischen den Zeilen lesen konnte, ein flammender Protest gegen die »furchtbaren Vereinfachungen« der Goebbelsschen Beurteilung. Otto von Hentig vertrat zu Beginn seines Berichtes die Ansicht, daß der Widerstandswille der sowjetischen Verteidiger von Sewastopol wohl kaum mit »animalischen Trieben« zu erklären sei. Außerdem sei es für den deutschen Soldaten »nicht besonders ehrenvoll«, als Gegner lediglich »Tiere vor sich zu haben«, denen man

DIE INSTITUTION DER KRIEGSKOMMISSARE IN DER ROTEN ARMEE 1941/1942 (SCHEMA)

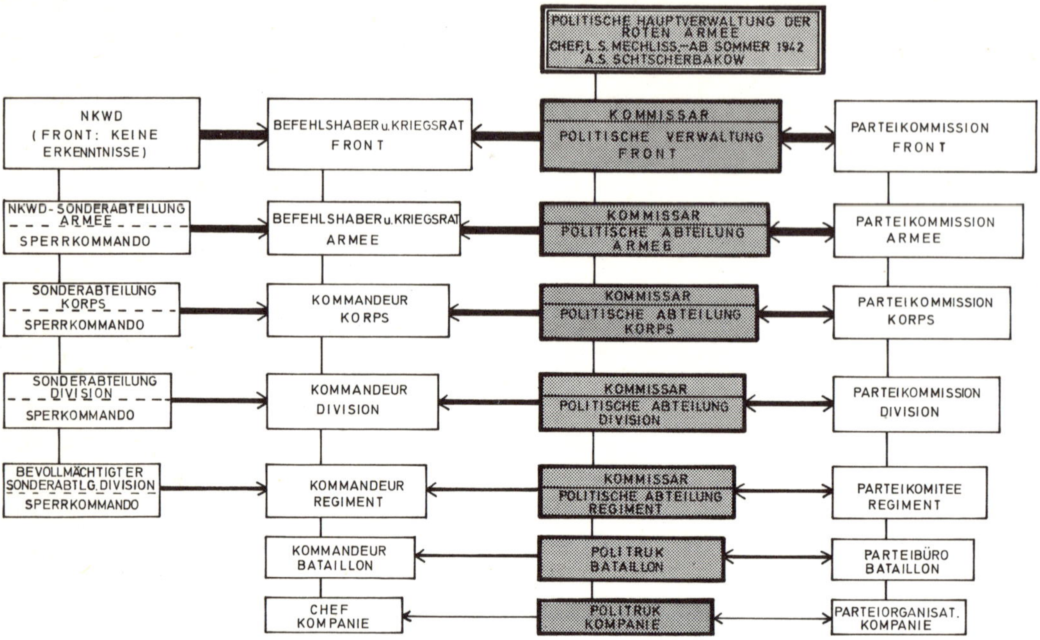

Zeichnung 16

zum Teil noch »nicht einmal überlegen« sei. Es müsse also nach einer anderen Erklärung des sowjetischen Widerstandswillens gesucht werden. Hierbei kam von Hentig zu dem Ergebnis, daß der Russe bei dem harten und natürlichen Leben, das er führe, erheblich widerstandsfähiger von seiner physischen und psychischen Konstitution her sei als ein Soldat westlicher Staaten. Der einzelne Rotarmist sei keinesfalls »seelenlos«, sondern kämpfe durchaus aus ideellen Gründen, obwohl die Furcht vor dem Kommissar sicher auch eine Rolle spiele. Entscheidend für seinen Widerstandswillen sei die »Verteidigung seiner Heimat« und ein »gewisses Staatsgefühl«, das sich im Verlauf des Krieges durch den Einfluß der sowjetischen Propaganda bei ihm weiter entwickelt habe.

Die Organisation der Kriegskommissare in der Roten Armee

Wegen der überragenden Bedeutung, die die Kommissare in der Roten Armee besaßen, soll an dieser Stelle die Organisation des Instituts der Kriegskommissare mit ihren politischen Organen[202] geschildert werden. Erstaunlicherweise gibt es bisher über den Organisationsapparat der Kommissare für die Jahre 1941 und 1942 in der greifbaren Literatur keine zuverlässigen Informationen.

Die politischen Organe in der Division

Zu den politischen Organen einer Division gehörten: Der Kriegskommissar mit der ihm unterstellten politischen Abteilung (politotdel), die jedoch ihren eigenen Vorsitzenden besaß.

Der Kriegskommissar war dem Divisionskommandeur gegenüber gleichgeordnet, praktisch jedoch übergeordnet. Er war der Vertreter von Partei und Staat in der Division. Keine Entscheidung konnte und durfte – auch in operativen und taktischen Fragen – vom Divisionskommandeur getroffen werden; Befehle ohne Gegenzeichnung des Kommissars waren ungültig. Befehle des Kommissars jedoch ohne Unterschrift des Divisionskommandeurs waren dagegen gültig und mußten ausgeführt werden.

Als politisches Organ unterstand dem Kommissar in der Division die politische Abteilung, deren Kriegsstärke 21 Mann betrug. Es waren dies:

Der Vorsitzende der politischen Abteilung
sein Stellvertreter

der Sekretär der Div.-Parteikommission
der Instrukteur für Propaganda
der Instrukteur für Parteiarbeit
der Instrukteur des Komsomol
der Vorsitzende der Parteischule
der Vorsitzende des Klubs
der Vorsitzende der Druckerei mit den
ihm unterstellen Redakteuren usw.

Die politische Abteilung im Divisions-Stab war zahlenmäßig weit größer als der eigentliche Stab der Division.

Die Aufgabe des Kriegskommissars bestand darin, Staat und Partei zu repräsentieren und ihre Befehle und Anordnungen verständlich zu machen und durchzusetzen. Aufgrund der eigenen Beobachtungen und der ihm von der politischen Abteilung und deren Vertrauensmännern (V-Männer) mitgeteilten Informationen mußte der Div. Kommissar seiner vorgesetzten Dienststelle beim Korps täglich über folgende Bereiche schriftlich berichten:

politisch-moralischer Zustand der Soldaten;
politische Sicherung des Kampfes;
Mängel in der Partei- und Komsomolarbeit;
Verhalten der Parteimitglieder, Komsomolzen und politischen Arbeiter im Kampf;
neue Mitgliedschaften in der Partei und im Komsomol;
Verluste der Division;
Anzahl der deutschen Gefangenen;
Nennung der Kommandeure, politischen Arbeiter und Soldaten, die sich im Kampf auszeichneten.

In den Regimentern unterstanden ihm Regiments-Kriegskommissare mit ihren Mitarbeiterstäben.

Außer dem Div.-Kriegskommissar, der für den gesamten Divisionsbereich verantwortlich war, gab es den Kriegskommissar des Divisions-Stabes, der ausschließlich den Stab überwachte. Er mußte ebenfalls täglich schriftlich an den Div.-Kriegskommissar berichten, dem er unterstand.

Die Besondere Abteilung

Die Besondere Abteilung mit dem Vorsitzenden der Besonderen Abteilung an der Spitze (Diwisiony osobyj otdel) war das Organ des NKWD in der Division (Abt. III der Division). Sie hatte den Auftrag, konterrevolutionäre Tendenzen festzustellen und zu unterbinden. Die Besondere Abteilung bestand aus dem Vorsitzenden, zwei Vertretern und einigen Mitarbeitern, insgesamt etwa zehn bis zwölf Mann.

Der Vorsitzende der Besonderen Abteilung trug zu Beginn des Rußlandkrieges die Uniform des Kommissars, später jedoch zur Tarnung Offiziersuniform.

Besondere Abteilungen befanden sich in den Divisionen, Korps und Armeen. In den Regimentern war die Besondere Abteilung durch den »Bevollmächtigten des Vorsitzenden der Besonderen Abteilung (der Division)« vertreten.

Der Vorsitzende der Besonderen Abteilung besaß unumschränkte Vollmachten. Er konnte jeden Offizier und Soldaten festnehmen und erschießen lassen, einschließlich des Div.-Kommandeurs. Im letzteren Fall mußte er jedoch die Genehmigung des Vorsitzenden der Besonderen Abteilung des Korps bzw. der Armee einholen, die grundsätzlich erteilt und in der Regel erst nach Vollstreckung des Urteils eingeholt wurde.

Die Besondere Abteilung war ein besonders gefürchtetes Überwachungsorgan, da es in jedem Bereich über V-Leute verfügte.

Der Vorsitzende der Besonderen Abteilung nahm an allen Dienstbesprechungen teil und besaß Zugang zu allen Akten.

Die Sperrkommandos (sagraditelnyje otrjady)

Die sogenannten Sperrkommandos waren keine selbständigen politischen Organe. Sie wurden von Fall zu Fall vom Kriegskommissar und dem Vorsitzenden der Besonderen Abteilung aus deren V-Leuten zu Sonderkommandos in den Divisionen und Regimentern zusammengestellt. Ortsfeste und ständige Sperrkommandos unterhielten die Armeen.

Das Sperrkommando des Regiments (polkowyje sagraditelnyje otrjady) wurde vor einem Gefecht aus einer bestimmten Anzahl zuverlässiger Parteimitglieder und Komsomolzen der am Kampf beteiligten Bataillone, Kompanien und Züge gebildet (geheimer Auftrag). Das Sperrkommando hatte den Auftrag, alle Feiglinge und Deserteure, die sich dem Kampf entziehen wollten, zu erschießen. Seine Zusammensetzung änderte sich täglich, damit seine Angehörigen von der Truppe nicht erkannt wurden. Auch die Führer der Sperrkommandos mußten täglich berichten.

Das Sperrkommando der Division arbeitete in ähnlicher Zusammensetzung und mit demselben Auftrag. Es war in der Regel im Rükken der Division etwa auf der Linie der Artilleriestellungen eingesetzt, um dort kampfunwillige Soldaten zu »erledigen«. An den Kampfhandlungen selbst nahm es nicht teil.

Die Sperrkommandos der Armee waren ständige Organisationen. Um sie wirkungsvoll zu tarnen, wurden den im Rücken der Armee eingesetzten Straßenbau- und Brükkeneinheiten der »Depe« (doroshnyje exploatationnyje punkty) V-Leute des Kriegskommissars und des Vorsitzenden der Besonderen Abteilung der Armee zugeteilt, die auf Straßen und Kreuzungen »verdächtige« Soldaten festnehmen und in bestimmte Sammellager bringen mußten, wo sie von der NKWD überprüft, d. h. meist erschossen wurden.

Das Kameradschaftsgericht

Auch den in der Division bestehenden Ehrengerichten für Offiziere, Unteroffiziere und Mannschaften kam in gewisser Beziehung die Funktion politischer Organe zu. Sie standen unter der Leitung des Kriegskommissars der Division, der allerdings in diesem Fall keinen unmittelbaren sichtbaren Einfluß ausübte.

Der Regiments-Kriegskommissar
mit der ihm untergeordneten
Politischen Abteilung des
Regiments (politotdel polka).

Der Regiments-Kriegskommissar übte im Regiment die gleichen Funktionen aus, wie der Divisions-Kriegskommissar. Ihm unterstand die Politische Abteilung des Regiments, die die gleichen Aufgaben erfüllte wie in der Division. Ihre Personalstärke betrug etwa 50 Mann:

21 Politruks mit 21 Vertretern
1 Instrukteur für Propaganda
1 Sekretär des Parteibüros
1 Sekretär des Komsomolbüros
mit Hilfskräften

Der Bevollmächtigte des Vorsitzenden der Besonderen Abteilung (der Div.) übernahm im Regiment die gleichen Aufgaben wie der Vorsitzende der Besonderen Abteilung für die Division. Die Zahl der Mitarbeiter des Bevollmächtigten wechselte ständig und war nicht bekannt.

Das Sperrkommando des Regiments wurde mit den gleichen Aufgaben eingesetzt wie in der Division.

In den Kompanien arbeiteten die Politruks mit ihren Mitarbeiterstäben. Sie mußten jeden Tag eine Meldung an den Regiments-Kommissar erstatten. Ihre V-Leute waren in den Zügen und Gruppen eingesetzt, die sie über alle Vorkommnisse informierten. Zusätzlich hatte der Bevollmächtigte des Vorsitzenden der Besonderen Abteilung eigene V-Leute infiltriert, die ihm unabhängig von den V-Leuten der Politruks meldeten.

Die sowjetische Führung hatte mit ihren politischen Organen ein engmaschiges Überwachungsnetz in der Roten Armee geschaffen, das in seiner Perfektionierung nicht mehr übertroffen werden konnte. Eine der Schlüsselfiguren dieses Überwachungssystems war der Kommissar. Ein durchschlagender Erfolg für die deutsche Aktivpropaganda war unter diesen Umständen nur möglich, wenn es ihr gelingen würde, die »Korsettstange der Roten Armee«, die Kommissare selbst, durch eine neue Propagandakampagne anzusprechen und entsprechend zu beeinflussen.

Die Aufhebung des Kommissarbefehls

Obwohl die deutsche militärische Führung alle Versuche der Truppe, eine Aufhebung des Kommissarbefehls zu erreichen, auf ausdrücklichen Befehl Hitlers kategorisch ablehnte, liefen weiterhin eine Fülle von Berichten und Meldungen über die verhängnisvollen Auswirkungen des Kommissarbefehls beim OKW und OKH ein.

Der eindrucksvollste Bericht über die Auswirkung des Kommissarbefehls auf den Betroffenen selbst stammt vom V.A.A. beim AOK 2, Graf Bossi-Fedrigotti[203]:

»... In einer Schützenstellung verteidigte sich ein Kommissar bis zur letzten Patrone. Auf russische Soldaten, die sich auf unsere Aufforderung hin mit erhobenen Händen aus den Deckungen herauswagten, schoß er ebenfalls noch. Obwohl er von mindestens zwölf Soldaten umzingelt war, ergab sich der Kommissar nicht. Drei Handgranaten, die ihm in den Bau geworfen wurden, warf er sofort wieder zurück und tötete damit zwei deutsche Unteroffiziere und verletzte einen Mann schwer. Als er keine Patrone mehr im Lauf hatte, riß er einem von unseren Männern, der in den Unterstand hineinkriechen wollte, das Gewehr aus der Hand, gab zwei Schüsse ab und verkroch sich dann in den letzten Winkel des Unterstandes. Dort zog er sich rasch die Stiefel aus, setzte das Gewehr an den Mund und drückte mit den Zehen den Abzugbügel ab. Er schoß sich durch den Mund und wurde mit einer gräßlichen Wunde von uns sterbend herausgeholt.«

Berichte dieser Art, die aus den Ic-Akten der kämpfenden Truppe beliebig ergänzt werden könnten, hinterließen allerdings im Sommer 1941 vor dem Hintergrund der gewaltigen Siege der Wehrmacht bei der militärischen und politischen Führung nur einen geringen Eindruck. Als jedoch durch den erbitterten Widerstand der Roten Armee die deutsche Truppe erhebliche Verluste erlitt und im Osten durch die Winterkrise empfindliche militärische Rückschläge entstanden waren, rückte die Persönlichkeit des politischen Kommissars in der Roten Armee wiederum in den Mittelpunkt des Interesses nicht nur bei der betroffenen Truppe, sondern auch beim Oberkommando der Wehrmacht.

Schon relativ früh war von den Stäben der kämpfenden Verbände nicht nur aus pragmatischen Gründen eine Aufhebung des Kommissarbefehls gefordert worden, sondern auch auf Grund neuer Erkenntnisse, die allerdings ein anderes Bild von der Persönlichkeit des Kommissars vermittelten als die deutsche Haßpropaganda.

Aus einer großen Anzahl von Gefangenenaussagen und nach entsprechender Auswertung von Beuteunterlagen russischer Stäbe ließ sich feststellen, daß zunächst einmal die Tätigkeit des Kommissars in der Roten Armee nicht die eines Zivilisten in Uniform, sondern die eines Offiziers war, der in der Regel eine solide militärische Ausbildung erhalten hatte. Außerdem war er in vielen Fällen den sowjetischen Truppenoffizieren nicht nur von seinem geistigen und kulturellen Niveau her überlegen, sondern auch von seiner Einsatz- und Verantwortungsbereitschaft.

Wichtiger für eine Korrektur des Kommissar-Bildes war jedoch die Erkenntnis, daß der Kommissar in der überwiegenden Mehrheit der Fälle eine echte Stütze für den Rotarmisten bedeutete, der sich durchaus vertrauensvoll mit seinen persönlichen Problemen an den Kommissar wandte. Der Kommissar kümmerte sich nicht nur um die Verpflegung und Ausrüstung der Truppe, sondern er war gleichzeitig für die kulturelle Betreuung der Soldaten verantwortlich.

Auffallend war ferner die Tatsache, daß die Kommissare ihre Tätigkeit nicht freiwillig ausübten, sondern daß in vielen Fällen Mitglieder der Roten Armee auf Befehl dieses Amt übernehmen mußten, die nicht unbedingt überzeugte Kommunisten zu sein brauchten, sondern auf Grund ihrer militärischen und psychologischen Eignung als Kommissar eingesetzt worden waren.

Hieraus ergab sich die Folgerung, daß der Kommissar in der Roten Armee nicht ausschließlich der bolschewistische Scherge, Bluthund und skrupellose Antreiber war, sondern vielmehr der Betreuer der Rotarmisten, für den diese durchaus Sympathien empfanden. Hinzu kam, daß die Politruks des Regimentskommissars meist Reservisten waren, die wegen ihrer größeren Intelligenz (im Zivilberuf häufig Lehrer) zum Politruk ernannt wurden oder sich aus den Reihen der einfachen Soldaten rekrutierten, die wegen persönlicher Tapferkeit oder sonstiger Verdienste ebenfalls die Stellung eines Politruk erhielten. Diese Politruks unterschieden sich in ihrer Mentalität nicht wesentlich von ihren Kameraden[204].

Diese neuen Erkenntnisse mußten zu einer Revision der bisherigen Kommissarpropaganda führen, wenn die deutsche Aktivpropaganda im Osten bei ihrem Bemühen, neue Initiativen zu entwickeln, ihre Glaubwürdigkeit nicht verlieren wollte. Das bedeutete aber gleichzeitig, daß der Kommissarbefehl aufgehoben werden mußte.

Am 6. Mai 1942 enthielt das dienstliche Tagebuch der kriegsgeschichtlichen Abteilung des OKH folgende Eintragung:

»Um die Neigung zum Überlaufen und zur Kapitulation eingeschlossener sowjetischer

Truppen zu steigern, befiehlt der Führer, daß den sowjetischen (...) Kommissaren und Politruks zunächst versuchsweise in solchen Fällen die Erhaltung ihres Lebens zugesichert werden kann.«

Mit diesem Befehl[205] Hitlers, der durch eine persönliche Intervention des Generalfeldmarschalls von Kluge entstanden sein soll, war der Kommissarbefehl offiziell aufgehoben. Trotz der Einschränkung, daß der Befehl »zunächst versuchsweise« aufgehoben sei, hatte er mit der Eintragung vom 6. Mai 1942 endgültig seine Wirksamkeit verloren.

Diese schon längst fällige Maßnahme bildete eine wertvolle Unterstützung für die deutsche Aktivpropaganda im Osten. Die Kommissare konnten nunmehr selbst Objekte der deutschen Überläuferpropaganda werden.

Das erste offizielle OKW/WPr-Flugblatt aus Berlin, das sich ausschließlich an die Politarbeiter der Roten Armee wandte, wurde in der ersten Augusthälfte über den Verbänden der Roten Armee abgeworfen. Es war das Flugblatt 424/KP, das als ein wichtiges Ergänzungsflugblatt für die bereits gedruckten Flugblattserien von OKW/WPr eingesetzt wurde, die noch nicht die neue Propagandatendenz den Kommissaren und Politruks gegenüber enthielten.

In dem Flugblatt 424/KP wurde die Gültigkeit der Passierscheine durch eine amtliche Erklärung allgemein auf die Politarbeiter der Roten Armee ausgedehnt.

Von den Propaganda-Abschnitts-Offizieren bzw. von den Propaganda-Einheiten wurden jedoch schon im Juni Flugblätter gedruckt, die sich direkt an die Kommissare wandten. Der erste größere Testfall im Sinne des Hitler-Befehls vom 6. Mai 1942 war der Flugblatteinsatz gegen die im Wolchow-Kessel eingeschlossene zweite Stoßarmee, die unter dem Befehl des Generalleutnants Wlassow stand. Nach den ersten Flugblatteinsätzen liefen sofort »zahlreiche Politruks und Kommissare«[206] über. Sie betonten einheitlich, daß die bisherige deutsche Propaganda große psychologische Fehler gemacht habe. Es sei ihr z. B. nicht gelungen, mit ihren Haßtiraden die Rotarmisten gegen die Kommissare aufzuhetzen. Die Behauptung der deutschen Propaganda, Kommissare seien gleichzeitig immer Juden, stimme nicht, da es unter den Kommissaren und Politruks kaum Juden gäbe. Übereinstimmend betonten die Kommissare, daß sie niemals übergelaufen wären, wenn nicht die deutsche Flugblattpropaganda sie unmittelbar angesprochen hätte. Vorher seien sie gezwungen gewesen, bis zum Äußersten Widerstand zu leisten und die Truppe zu gleichem Verhalten zu zwingen.

Ein Bericht der Heeresgruppe Mitte vom 22. Juni 1942 über die »Flugblatteinwirkung auf die Kommissare und Politruks«[207] kam ebenfalls zu dem Ergebnis, daß sich die Ausdehnung der Propaganda auf die Kommissare und Politruks bewährt habe. Bei Kampfhandlungen seien auf Anhieb 48 Kommissare und Politruks übergelaufen, die Zahl der Gefangenen habe 8000 Mann betragen. Obwohl die Kommissare zunächst noch mit großer Skepsis die an sie gerichtete Propaganda zur Kenntnis nahmen, hätten sie schließlich doch den Versprechungen der deutschen Propaganda geglaubt und seien übergelaufen. Dabei sei besonders bemerkenswert, daß der neuen Überläuferpropaganda für Kommissare jeder propagandistische Anlauf gefehlt und die angesprochene Truppe sich keineswegs in einer hoffnungslosen Lage befunden habe.

Nach diesen beachtlichen Anfangserfolgen sprach sich die Heeresgruppe Mitte vorbehaltlos für eine Ausdehnung der Propaganda auf die Kommissare aus. Diese Überläufer bewiesen deutlich, daß nur dann die Überläuferbewegung zu einer großen, die gesamte Rote Armee allmählich ergreifenden Bewegung werden könnte, wenn den politischen Arbeitern als den Garanten für das innere Gefüge der sowjetischen Verbände die Möglichkeit des Überlaufens gegeben würde.

Ein Bericht des V.A.A. beim AOK 9, Oberleutnant Schütt, über die »Beeinflussung der Kommissare, Politruks und Parteimitglieder durch deutsche Propaganda«[208] bestätigte ebenfalls die positiven Erfahrungen mit der neuen Propagandatendenz. Bei einem Unternehmen südwestlich von Rshew im Juli 1942 wurde zum erstenmal von der 9. Armee der Versuch unternommen, in den abgeworfenen Flugblättern auch die Kommissare anzusprechen. Die 9. Armee versprach und garantierte den Kommissaren eine tadel-

M. 10/18

Übersetzung des Flugblattes Nr. 424/KP.

Tendenz:

Erhöhung der Durchschlagskraft der an die Kommissare und Politruks gerichteten Propaganda durch ausdrückliche Ausdehnung der Gültigkeit der alten Passierscheine auf die Politarbeiter.

Daher ist vordringliche Verbreitung dieses Flugblattes an der ganzen Front und in jeder Verbreitungsart erforderlich.

An die Politarbeiter der Roten Armee!

In den letzten Monaten sind zahlreiche Politarbeiter — Kommissare und Politruks — zu den Deutschen übergelaufen. Der Hauptgrund ihres Überlaufens war nach ihrer einstimmigen Erklärung die Erkenntnis, daß sie für eine verlorene Sache kämpften und daß dieser Krieg ein Resultat der verbrecherischen Politik Stalins ist. Die Kommissare und Politruks erklären ferner, daß sie häufig gegen ihren Willen gezwungen waren, ihre Arbeit auf den Betrug der breiten Masse der Roten Armee zu gründen. Sie sehen es als eine ehrenhafte Pflicht gegenüber ihrem Volke an, am Bau eines neuen Lebens ihrer befreiten Heimat mitzuwirken.

Unter den übergelaufenen Politarbeitern befindet sich eine ganze Reihe von Regiments- und Divisionskommissaren. Aus ihren Äußerungen geht hervor, daß sie schon viel früher übergelaufen wären, wenn sie gewußt hätten, daß die in den deutschen Passierscheinen versprochene gute Überläuferbehandlung auch für sie gilt.

Angesichts dieses Umstandes erklärt das deutsche Oberkommando amtlich:

Stempel mit Hoheitszeichen

„Alle deutschen Passierscheine, die für Soldaten und Offiziere gelten, werden hiermit als auch für alle Politarbeiter gültig erklärt."

Das deutsche Oberkommando

(Übersetzung des Flugblattes Nr. 424/KP)

Политработники Красной Армии!

За последнее время к немцам стали переходить политработники Красной Армии — комиссары и политруки. Главной причиной их перехода, по их единогласному заявлению, является сознание того, что они боролись за гиблое дело, и что эта война — результат преступной политики Сталина. Комиссары и политруки заявляют так же, что против их воли они часто вынуждены были строить свою работу на обмане широких красноармейских масс и что делом чести и долга их перед народом является работа по строительству новой жизни для освобожденной Родины.

Dieses Flugblatt gilt als Passierschein

Среди перешедших политработников — целый ряд полковых и дивизионных комиссаров. Они говорят, что перешли бы и раньше, если бы знали, что обещанное в немецких пропусках хорошее обращение с переходящими добровольно — распространяется и на них. Ввиду этого обстоятельства Главное Командование Германских Вооруженных Сил об'являет :

«Все немецкие пропуска действительные для бойцов и командиров об'являются действительными и для всех политработников Красной Армии».

Главное Командование Германских Вооруженных Сил.

424/KP

Эта листовка действительна как пропуск.

Das Kommissar-Flugblatt 424/KP.

lose Behandlung in deutscher Gefangenschaft. Es liefen daraufhin eine »ganze Reihe Kommissare und Politruks« über, die bisher davon überzeugt waren, in deutscher Gefangenschaft sofort erschossen zu werden. Die Information der neuen deutschen Flugblätter genügte, um sie davon zu überzeugen, daß sich die Behandlung der Kommissare tatsächlich geändert hatte.

Da infolge des spürbaren Mangels an alten, geschulten und dem System bedingungslos ergebenen Kommissaren in der Roten Armee eine große Anzahl relativ unerfahrener Parteimitglieder und Komsomolzen als Politarbeiter eingesetzt worden waren, zeigte sich gerade diese Gruppe für die neue Propaganda besonders empfänglich.

Auch die 9. Armee befürwortete nach diesem ersten Propagandaeinsatz die Propaganda für Kommissare und Politruks als ein völlig neues Mittel, die moralische Zermürbung der Roten Armee erfolgreich einzuleiten.

Die Abschaffung der Institution der Kommissare in der Roten Armee

Am 9. Oktober 1942 wurde durch den Befehl Nr. 307 des Volkskommissars für Verteidigung J. Stalin die »Herstellung der völlig einheitlichen Führung und Abschaffung der Institution der Kommissare in der Roten Armee« angeordnet[209].

Die Ziffer 1 dieses Befehls bestimmte:

»Die Kommissare der Verbände, Einheiten, Stäbe, Heereslehranstalten und anderer Einrichtungen der Roten Armee sowie die Politruks der Unterabteilungen werden von ihren Ämtern befreit und zu Vertretern der entsprechenden Kommandeure in politischen Angelegenheiten ernannt.«

Als der Stalin-Befehl Nr. 307 erlassen wurde, befand sich die deutsche Aktivpropaganda an der Ostfront auf ihrem Höhepunkt. Nach einem viermonatigen Einsatz hatte sich die Überläuferpropaganda für Kommissare voll bewährt. Im Anschluß an den Stalin-Befehl zur Abschaffung der Kriegskommissare startete die Abteilung Wehrmachtpropaganda eine besondere Flugblattaktion und produzierte dafür in Zusammenarbeit mit dem Psychologischen Laboratorium in der Viktoriastraße 10 die Flugblattmischung 565 bis 578 KP/X. 42, die in der zweiten Oktoberhälfte an der gesamten Ostfront von der Luftwaffe abgeworfen wurde[210]. Die Frage, ob die Abschaffung der Institution der Kriegskommissare eine Schwächung oder Stärkung des sowjetischen Offizierkorps und damit der Sowjetarmee selbst zur Folge hätte, wurde in dieser Flugblattserie nicht diskutiert. Die Flugblätter wollten vielmehr vor allem durch die schnelle Reaktion auf den Stalin-Befehl Nr. 307 die »Unsicherheit in der Sowjetführung verstärken« und die »Diskussion über den Befehl und seine Hintergründe« bei den betroffenen Offizieren fördern und wachhalten[211]. Hierbei bediente sich die Flugblattmischung zum erstenmal wieder aus der propagandistischen Erwägung heraus, den Zersetzungseffekt bei den angesprochenen Offizieren zu erhöhen, einer Diffamierungspropaganda den Kommissaren gegenüber, die allerdings nur für diese spezielle Flugblattserie als eine »einmalige Abweichung« von der inzwischen bewährten Kommissarpropaganda erlaubt wurde.

Die Haupttendenz dieser 14 Flugblätter bestand in der Aussage, daß durch die Abschaffung der Institution der Kommissare Stalin die ganze Verantwortung für die Niederlagen der Roten Armee den Kommandeuren selbst übertragen wollte: »... Dieser Krieg ist und bleibt verloren, und der neue Schachzug will Euch lediglich zum alleinigen Sündenbock stempeln!«

Im Grunde genommen sei trotz dieses Befehls »alles beim alten« geblieben:

Flugblatt 566 KP/X.42:

Dasselbe in Grün

Stalin ist und bleibt ein Schwarzkünstler! Eins, zwei, drei – und die Kommissare sind liquidiert und nochmals eins, zwei, drei und die liquidierten Kommissare sitzen alle wieder gesund und munter an ihren Plätzen.

Sie nennen sich allerdings nicht mehr Kommissare, sondern Sampolits (Stellvertreter für politische Arbeit).

Die Wölfe sind satt und die Schafe sind heil!

Die Offiziere sind zufrieden, daß man die Kommissare abgesetzt hat. Man hat ihre Forderungen erfüllt, und sie haben von einem

Aufstand abgesehen. Die Kommissare aber sitzen auf ihren warmen Plätzen und werden nach wie vor die Offiziere bewachen, nach wie vor den Rotarmisten in den Tod jagen.

Es bleibt dasselbe in Grün

Was hat sich für den Rotarmisten nach diesem Befehl geändert? Der Kommissar bleibt, nur nennt er sich anders. Die Besonderen Abteilungen bleiben, der Sperrverband bleibt, auch der Jude sitzt nach wie vor im Hinterland. Es ist alles beim alten geblieben. Weshalb also das weitere Blutvergießen für Stalin, der doch diesen Krieg verloren hat? Weshalb also das Leben lassen für die Juden, wie sie auch heißen mögen, Kommissare oder Sampolits?

Kommt zu uns, Ihr rettet Euer Leben für Eure Familien und Euer Vaterland!

Der Zeitpunkt für die Abschaffung der Institution der Kommissare, die sich nach den deutschen Erfahrungen in beispielhafter Weise bewährt hatten, ist ungewöhnlich. Nicht nur die militärischen, sondern auch die propagandistischen Erfolge der deutschen Wehrmacht erreichten im Oktober 1942 einen beachtlichen Höhepunkt.

Eine Begründung für diese überraschende Maßnahme enthielt die offizielle Stellungnahme des Präsidiums des Obersten Sowjet der UdSSR. Ihr ist zu entnehmen, daß die Führungskader der sowjetischen Streitkräfte durch die neu erworbenen Kampferfahrungen moralisch und ideologisch so gestärkt worden seien, daß sich aus dieser Tatsache die Abschaffung der Institution der Kommissare zwingend ergäbe. Nun könne die militärische Führung wieder nach dem Prinzip der Einzelleitung die volle Verantwortung übernehmen[212].

Deutsche Lautsprecherpropaganda an der Ostfront

Neben dem Abwurf und dem Verschuß von Flugblättern bildete der Einsatz von Lautsprechern einen wichtigen Bestandteil der deutschen Aktiv- und späteren Kampfpropaganda im Osten.

Die Propagandatruppen verfügten in den Propaganda-Kompanien, den Propaganda-Abteilungen und den Propaganda-Zügen der Propaganda-Einsatz-Abteilung über Lautsprecher unterschiedlicher Größenordnung, die allerdings zahlenmäßig bei dem hohen Bedarf an der Front bei weitem nicht ausreichten.

Im Propagandazug der PK befand sich eine Lautsprechergruppe, die aus drei Lautsprechertrupps mit je zwei Fahrzeugen bestand. In der Regel verfügte eine PK damit über sechs Lautsprecher, die jedoch bei besonderen Schwerpunkteinsätzen durch zugeführte Lautsprecher verstärkt werden konnten.

Die Ausrüstung der Lautsprecherfahrzeuge bestand aus einem:

1. Kleinlautsprecher 20 Watt: Reichweite ca. 300–600 m
2. mittleren Lautsprecher 70 Watt: Reichweite ca. 1500 m
3. großen Lautsprecher 150 Watt: Reichweite ca. 3000 m
4. überschweren Lautsprecher 1000 Watt: Reichweite ca. 9000 m

Die angegebenen Reichweiten bezogen sich jeweils auf die günstigsten Entfernungen, die bei schwierigem Gelände und schlechten Witterungsverhältnissen erheblich niedriger lagen. In Waldgebieten betrug z. B. die Reichweite des gewaltigen 1000 Watt-Lautsprechers höchstens 3000 m[213]. Er kam nur in geringer Stückzahl zum Einsatz und gehörte nicht zur technischen Ausstattung der PK.

Die Einsätze der Lautsprecher, die kurz nach Beginn des Feldzuges gegen die Sowjetunion mit ihren Durchsagen auf dem Gefechtsfeld begannen, wurden sehr stark durch einen Umstand beeinträchtigt, über den sich die PK immer wieder beklagten. Die Lautsprecher waren auf Fahrzeugen montiert, die in ihrer Bauweise für russische Straßen- und Geländeverhältnisse ungeeignet waren und daher sehr häufig mit Achsbrüchen liegen blieben und ihre Einsatzräume nicht erreichen konnten. Sie waren außerdem den extremen Witterungsverhältnissen des russischen Winters nicht gewachsen.

Die Wehrmacht konnte kein spezielles Lautsprecherfahrzeug einsetzen, das geländegängig war und einen gewissen Schutz gegen Infanteriebeschuß und Splitter gewährleistete. Sie verfügte über ein zum Teil kurioses

Typensortiment requirierter Fahrzeuge, die anschließend zu Lautsprecherfahrzeugen umgebaut worden waren.

Trotz dieser schwerwiegenden ausrüstungstechnischen Nachteile der eingesetzten Lautsprecherfahrzeuge war der Erfolg dieses Propagandamediums auf dem Gefechtsfeld beachtlich.

Die erste Lautsprecher-Erfolgsmeldung des Ostfeldzuges stammte vom AOK 4 im Mittelabschnitt, deren PK 689 Ende Juni 1941 an ihrem ersten Einsatztag mit Lautsprechern 1300 Rotarmisten als Überläufer gewinnen konnte[214]. Beim Angriff auf die Zitadelle Brest-Litowsk ergaben sich nach hartnäckigem Widerstand erst in dem Augenblick 450 Rotarmisten, als ein Lautsprecher der PK 689 sie zur Einstellung ihres Widerstandes aufforderte[215].

Die Berichte [216] der im Osten eingesetzten PK enthielten eine Fülle von Erfolgsmeldungen über ihre Lautsprechereinsätze, von denen einige in einer komprimierten Auswahl zitiert werden sollen:

»... Vor Dorpat wurden Lautsprecherwagen gegen den Feind eingesetzt. Aufgrund von Gefangenenaussagen ist der größte Teil von ca. 1000 Mann nach Anhören dieser Nachrichten übergelaufen (PK 621)«[217] – »Lautsprecher wurden im Raum des I., II., X., XXIII., XXVIII. und L.AK gegen den Feind eingesetzt. Laut Bericht vom 31. Juli 1941 liefen auf Grund der durchgegebenen Aufforderungen zwei Offiziere, 940 Mannschaften und ferner zwei Bataillone über (PK 501)«[218] – »Lautsprecherwagen wurden gegen den Feind bei Muru (Erfolg lt. Meldung vom 1. August 1941: 1000 Gefangene) eingesetzt (PK 621)«[219] – »Beim XI. AK wurden Lautsprecherwagen gegen den Feind eingesetzt. Laut Meldung vom 15. August 1941 liefen 900 Mann über. Die Zivilbevölkerung ging nach Anhören der Nachrichten selbst zu den Rotarmisten, um sie zum Überlaufen aufzufordern (PK 649)«[220] – »Lautsprecherwagen wurden im Raum des XXXXVI. und XXXXVII. AK gegen den Feind eingesetzt. Erfolg laut Tagesmeldung vom 4. August 1941: »Viele hundert Überläufer am Dnjepr-Übergang« (PK 693)«[221] – »Lautsprecher wurden gegen den Feind eingesetzt. Erfolg beim XXX. AK: 800 Überläufer; vor Odessa 276 Überläufer (PK 649)«[222] – »Im Raum der 267. Division wurden Lautsprecherwagen gegen den Feind eingesetzt. Erfolg: Der größte Teil von ca. 500 Rotarmisten lief über (PK 689)«[223] – »Lautsprecherwagen wurden im Raume des LV.AK eingesetzt. Erfolg laut Meldung der PK 637 vom 18. Oktober 1941: An einer Stelle 100 Überläufer, die auf Grund der Durchsagen übergelaufen waren.«

Der bereits erwähnte Oberleutnant Dürksen, der von OKW/WPr IV in den Südabschnitt der Ostfront zur PK 649 abkommandiert wurde, berichtete über den Einsatz mit einem 150 Watt Lautsprecher folgendes[224]:

»Unsere Propagandakompanie verfügte über einen Großlautsprecherwagen. Anfang August 1941 befand ich mich mit dem Lautsprechertrupp im Raum westlich Nikolajew. Wir machten einen ersten Versuch der direkten Feindansprache. Bei günstigem Wind betrug die Reichweite mehr als fünf Kilometer.

Als Sprecher fungierte ich selbst. Ich hielt mich nur in groben Zügen an die generelle Befreiungsthese und fragte, ob man auf der Gegenseite Stachanowschtina und Kolchossystem verteidigen wolle. Ergebnis der darauf folgenden Nacht: Es kamen 900 Mann mit Waffen und Fahrzeugen ...«

Die mit weitem Abstand erfolgreichste Propaganda-Kompanie der Wehrmacht bei der Gewinnung von Überläufern durch Lautsprecher-Propaganda im Jahre 1941 war die PK 621 (AOK 18) im Bereich der Heeresgruppe Nord. Im Dezember 1941 meldete[225] sie folgende Ergebnisse:

Einsatz des Lautsprecherwagens L 1 vom 26. 7.–29. 11. 1941:	
davon 61 Einsatztage mit	6708 Überläufern
Lautsprecherwagen L 2 vom 29. 7.–1. 11. 1941:	
davon 14 Einsatztage mit	1279 Überläufern
Lautsprecherwagen L 3 vom 28. 6.–4. 10. 1941:	
davon 12 Einsatztage mit	689 Überläufern
Lautsprecherwagen L 4 vom 28. 7.–20. 11. 1941:	
davon 38 Einsatztage mit	3078 Überläufern

Lautsprechereinsatz der PK 621 im Sommer 1941 am Peipussee im Nordabschnitt

Ein sowjetischer Überläufer stellt sich als Sprecher zur Verfügung

Damit gelang es den beiden Lautsprechertrupps der PK 621, bei 125 Einsatztagen 11 751 Überläufer zu gewinnen. Sie erreichte damit ein Ergebnis, das für die deutsche Lautsprecherpropaganda an der Ostfront einen einmaligen Rekord darstellte.

Mit dem Einsetzen der Winterkrise fanden auch die erfolgreichen deutschen Lautsprecheraktionen ein jähes Ende. Die Lautsprechertrupps begannen jedoch sofort wieder mit ihren Durchsagen, als die deutsche Propaganda an der Ostfront erneut zur Offensive überging.

Erfahrungen der Lautsprecherpropaganda

Die Lautsprecherpropaganda[226] sollte als ein Bestandteil der deutschen Aktivpropaganda den Widerstandswillen des Gegners auf dem Gefechtsfeld schwächen. Dabei bestand die Aufgabe der Lautsprechereinsätze nicht nur in der Gewinnung von Überläufern, die häufig durch den Lautsprecher in einer hoffnungslosen Gefechtsfeldsituation (Kessel) über ihre Lage informiert und zur Einstellung ihres Widerstandes aufgefordert wurden, sondern auch in einer langfristigen Zersetzung ihrer Kampfmoral, da ein sofortiges Überlaufen bei einer starren Front in vielen Fällen nicht möglich war und erst zu einem viel späteren Zeitpunkt erfolgte. Den Erfahrungen nach mußte sich die Propaganda beim Gegner erst »setzen«, so daß auch dann Lautsprecherpropaganda in den Gegner betrieben wurde, wenn zunächst Überläufer sich nicht einstellten.

Durchführung

Wie bereits erwähnt, bestand der große

Ein 150 Watt-Lautsprecher wird in Stellung gebracht

Nachteil bei der Durchführung der Lautsprechereinsätze in der für die russischen Verhältnisse ungenügenden technischen Ausrüstung der Propagandazüge der PK. Die Lautsprecherfahrzeuge (Gewicht des Wagens mit 150 Watt-Lautsprecher: 3,5 Tonnen) waren nicht geländegängig und daher für russische Wegeverhältnisse ungeeignet. Als ein »teures und seltenes Mittel in der Hand der Führung«[227] konnten in der Regel an der Ostfront auf einer Frontlänge von 500 km nur vier bis fünf Lautsprecherfahrzeuge eingesetzt werden. Um dieses wertvolle Propagandainstrument nicht unnötig zu gefährden, mußte jeder Lautsprechereinsatz von den Zug- bzw. Truppführern so vorbereitet werden, daß Wagen und Gerät vor Feindeinwirkung möglichst geschont wurden und trotzdem eine technisch einwandfreie Übertragung stattfinden konnte. Aus diesem Grunde mußte der Einsatzführer das Gelände, d. h. den Anmarschweg, den Aufstellungsort des Wagens und des Lautsprechers und die Wind- und Wetterverhältnisse bei Tageslicht sehr genau persönlich unter Mitnahme des Fahrers erkunden. Durch diese sorgfältige Geländeerkundung sollte eine Lautsprecherstellung ausgesucht werden, in die man unbemerkt vom Feind in der Regel nach Eintritt der Dämmerung unterziehen konnte.

Bei der Durchführung der Lautsprechereinsätze mußte auf die dort eingesetzte Fronttruppe Rücksicht genommen werden. Keinesfalls durfte durch ein unvorsichtiges und fahrlässiges Verhalten das Feuer des Feindes ausgelöst werden, das oft zu Personalverlusten bei der Truppe führte, die aus diesem Grunde häufig den Lautsprechereinsätzen wenig Verständnis entgegenbrachte. In diesem Zusammenhang hatte sich folgendes Ver-

Letzte Vorbereitungen für den Lautsprechereinsatz

Die ersten Durchsagen beginnen

fahren bewährt: Der Einsatzführer meldete sich zunächst beim Regiment und erkundete anschließend selbst den Einsatzraum für die Lautsprecherdurchsagen. Auftragsgebundene Entschlüsse stimmte er mit dem jeweiligen Bataillonskommandeur und Kompaniechef in seinem Einsatzbereich ab. Wichtig war dabei, daß die Truppe über den genauen Zeitpunkt des Beginns und des Endes der Lautsprecherpropaganda informiert und vor allem darüber belehrt wurde, auf Überläufer nicht zu schießen und diese gut zu behandeln.

Standort

Der Standort des Lautsprechers sollte sich in der Regel dort befinden, wo er über die beste Schallweite verfügte. In einem völlig ebenen Gelände wurde der Lautsprecher im vordersten Graben auf einer kleinen Erhöhung aufgestellt und getarnt. Waren Schallhindernisse vorhanden (Bäume, Häuser usw.), mußte der Lautsprecher so hoch aufgestellt werden (Hausgiebel, auf Bäumen), daß er über die Hindernisse hinwegtönen konnte.

Der Lautsprecherwagen (Sprechstelle) sollte so nahe wie möglich am Lautsprecher in Deckung aufgestellt werden, damit möglichst wenig Verbindungskabel ausgelegt zu werden brauchte.

Die Herstellung der Einsatzbereitschaft des Lautsprecherwagens (Einrichten des Fahrzeugs, Auslegen der Kabel und Aufstellung des Lautsprechers) dauerte bei günstigen Verhältnissen mehrere Stunden. Nicht selten waren die technischen Vorbereitungen bei schwierigen Frontverhältnissen erst nach zwölf Stunden beendet und mit der Übertragung konnte wegen des zerschossenen Kabels (in einem Fall 22 Mal) erst in der nächsten Nacht begonnen werden. Im allgemeinen erwies es sich wegen der mühevollen Einrichtung von Fahrzeug und Lautsprechern im Gelände als zweckmäßig, an derselben Einsatzstelle mehrfach zu sprechen (einmal nachts, einmal in den frühen Morgenstunden und ggf. je nach Beschuß bis in den Tag hinein und noch einmal bei Einbruch der Dämmerung).

Der Abbau der Anlage und die Abfahrt konnte am sichersten im Schutz der Dunkelheit durchgeführt werden.

Dauer

Die Länge russischer Lautsprechersendungen betrug bis zu fünf Stunden, eine Zeitdauer, die von den deutschen Aktivpropagandisten als zu lang beurteilt wurde. Sie empfahlen in der Regel eine Übertragungszeit von zweieinhalb bis drei Stunden:

davon: reine Sprechzeit ca. 75 Minuten, russische Musik im ganzen 30–45 Minuten Pausen, Korrekturen usw. ca. 30 Minuten.

Die Lautsprecherübertragungen wurden häufig durch MG.- und Artilleriefeuer so stark gestört, daß nur ständige Wiederholung die Verständlichkeit der Sendung beim Gegner gewährleistete. Einen völlig ungestörten Ablauf der Lautsprecherübertragungen gab es in der Regel nur in Ausnahmefällen.

Lautsprecherüberprüfung

Die Überprüfung der Tonqualität des Lautsprechers erfolgte grundsätzlich durch den Einsatzführer selbst, der sich möglichst weit vor den Lautsprecher (je nach Lage und Gelände) begab. Eine Verständigung mit den im Wagen arbeitenden Technikern und Sprechern erfolgte durch Feldtelefon oder Melder.

Der Sprecher sollte Russe sein, der ein »normales Volksrussisch«[228] sprach. Bei langen Sprechzeiten wurden häufig zwei Sprecher eingesetzt, da die Stimmkraft schon nach kurzer Zeit abnahm. Von Fall zu Fall wurden für die Lautsprecherdurchsagen Frauen als Sprecherinnen eingesetzt, da Frauenstimmen in ihrer Klangfärbung bei den Rotarmisten weit beliebter waren als Männerstimmen. Außerdem wurden bei den Sendungen Schallplatten abgespielt, die in Berlin die Abteilung Ost produzierte und an die Propaganda-Einheiten lieferte.

Feind

Der Feind störte die russischen Musiksendungen über Lautsprecher selten, jedoch häufig Wortdurchsagen durch MG.-Granat- und Artilleriefeuer. Dabei ergab sich die unangenehme Erfahrung, daß er sich oft »überraschend

Der Kessel wird aufmerksam beobachtet: »Wird der Einsatz der Lautsprecher Erfolg haben . . .?«

PK-Bildberichter Georg Schmidt-Scheeder »schoß« mit seiner Leica die Bilder vom erfolgreichen Einsatz eines Lautsprechertrupps der PK 621. Das Foto zeigt Leutnant Schmidt-Scheeder Ende 1944 in Kurland

Die Reste einer überrannten sowjetischen Division am Peipussee stellen den Widerstand ein und laufen über

schnell« einschoß. Vereinzelt erreicht das Störungsfeuer eine solche Intensität, daß die Übertragung abgebrochen werden mußte. Dabei stellte es sich als unbedingt zweckmäßig heraus, den Lautsprecherwagen nicht in einer geraden Linie hinter den Lautsprecher, sondern seitwärts gestaffelt aufzubauen. Hierdurch wurde die Möglichkeit einer gleichzeitigen Trefferwirkung auf Lautsprecher und Wagen erschwert.

Der Lautsprecher stand oft in der Hauptkampflinie (HKL) oder 200 bis 300 m hinter der HKL. Die ausgelegte Kabellänge betrug durchschnittlich 400 m. Nur in Ausnahmefällen war es möglich, ohne Kabel direkt zu sprechen und dadurch Lautschwund durch Kabellänge vermeiden zu können.

Nach dem Beginn der Lautsprecherübertragungen wurden die Rotarmisten von den Offizieren in die Unterstände geschickt oder auf andere Weise am Zuhören gehindert. Aus diesem Grunde empfahlen sich die verschiedenen Übertragungszeiten am selben Ort, da sich ein Teil der Rotarmisten durch den täglichen Dienstablauf im Gelände aufhalten mußte (Ablösung, Verpflegungsausgabe usw.).

Eine gewisse Gefahr für das Lautsprecherpersonal ergab sich auch aus der Gewohnheit der Russen, unter Ausnutzung der Übertragungsgeräusche Stoß- und Spähtrupps einzusetzen. Geeignete Gegenmaßnahmen mußten daher vor jedem Einsatz ergriffen werden.

Form und Inhalt der Lautsprecherpropaganda

Die wichtigste Erfahrung der Lautsprechereinsätze bestand in dem Grundsatz, daß die Sprechtexte einfach und kurz sein und oft wiederholt werden sollten: »In der monotonen Wiederholung liegt das Hauptgeheimnis des Erfolges[229].«

Die Sprechtexte mußten auf die psychologische Lage der angesprochenen Zielpersonengruppen abgestimmt sein und grundsätzlich »die russische Seele und das russische Fühlen und Denken«[230] berücksichtigen.

Bereits übergelaufene Rotarmisten ermuntern ihre Kameraden, ihrem Beispiel zu folgen

Die Überläufer erhalten die versprochene »reichliche Verpflegung«: solche Bilder sollten in den kommenden Monaten Seltenheitswert gewinnen

Die Folgen eines Granatwerferüberfalls auf einen Lautsprecherwagen der PK 689 westlich Smolensk

Außerdem sollte die Lautsprecherpropaganda unter allen Umständen den gegenüberliegenden Gegner persönlich ansprechen. Nach einer intensiven Auswertung des Nachrichtenmaterials des Ic (Gefangenen- und Überläuferaussagen usw.) wurden Truppenteile, Namen von Offizieren, Soldaten und deren Einheiten, Ereignisse auf dem Gefechtsfeld und »besondere Vorkommnisse« in den gegnerischen Einheiten zum notwendigen Bestandteil der in den Lautsprechertexten behandelten Themen.

Dabei war die Wirkung dieser Propaganda ausschließlich abhängig von dem Umfang der Informationen und Erkenntnisse, die über den Gegner gewonnen werden konnten. Aus diesem Grunde stellte es sich bald heraus, daß die Überläufer und Gefangenen nach einem speziellen Fragenkatalog vernommen werden mußten, der für die Bedürfnisse der Propaganda zusammengestellt worden war. Banale Feststellungen wie »die Stimmung ist schlecht« erwiesen sich für eine wirkungsvolle Propaganda als unbrauchbar und mußten möglichst bis ins Detail durch entsprechende Befragungen differenziert werden.

Bei der Herstellung von Spezialtexten, die sich unmittelbar an einen bestimmten Truppenteil des Gegners richteten, war es unbedingt erforderlich, die Texte in einem einwandfreien Russisch abzufassen. In der Regel wurden hierzu geeignete Russen (Hilfswillige), Dolmetscher oder sehr oft auch Überläufer herangezogen, die auch als Sprecher in der Lautsprecherpropaganda selbst je nach Eignung eingesetzt wurden. Als ein Beispiel für solche Texte sei die Übersetzung einer Lautsprecherdurchsage zitiert, die gleichzeitig die Vorlage für ein Überläuferflugblatt bildete, das mit Weiß-Rot-Granaten verschossen wurde[231]:

»Kameraden des 2. Zuges der 1. Kompanie, des I. Bataillons des 620. Schützen-Regiments!

Ich, Rotarmist Feskow, sende Euch meinen herzlichen Gruß und beeile mich, Euch mitzuteilen, wie es mir geht.

Am 8. November 1942 ging ich zu den Deutschen über. Ich wurde freundlich empfangen, bekam gut zu essen und zu rauchen. Als ich ins Lager kam, konnte ich zunächst in der Badestube ein Bad nehmen, und dann lernte ich das wirkliche Leben der kriegsgefangenen Rotarmisten kennen.

In unserer Unterkunft ist es warm, sauber und gemütlich. Jeder Gefangene arbeitet nach seinen besonderen Kenntnissen. Es sind alle Bedingungen für ein erträgliches Leben erfüllt. Ich bin sehr zufrieden, daß ich übergelaufen bin. Ihr aber habt es schwer beim Postenstehen. Hört auf zu kämpfen, kommt zu uns herüber, wir werden Euch gut empfangen.

Rotarmist Feskow«

Eine besondere Erfahrung für die deutsche Aktivpropaganda im Jahre 1942 bestand in der Erkenntnis, daß der kombinierte Einsatz von Lautsprecher- und Flugblattpropaganda sehr oft zu einer beachtlichen Steigerung des Erfolges führte.

Im folgenden sei stellvertretend für zahllose andere Aktionen dieser Art eine Propaganda-Aktion geschildert, die vom Propaganda-Zug der PK 501 (AOK 16) am 14. und 15. September 1942 im Abschnitt des Infanterie-Regiments 174 durchgeführt[232] wurde.

Der kombinierte Einsatz von Flugblatt- und Lautsprecherpropaganda

Die Propaganda-Aktion am 14. und 15. September 1942 im Abschnitt des IR 174 wurde vom Propaganda-Zug der PK 501 auf Wunsch der Truppe und nach Auswertung zahlreicher Gefangenenaussagen durchgeführt, die den Eindruck erweckten, daß die gegenüberliegende russische Truppe bisher von der deutschen Propaganda nicht erreicht worden sei und daher der letzte Anreiz zum Überlaufen fehle. Die abgeworfenen Flugblätter seien immer nur im Hintergelände zu finden, wo sie durch Spezialtrupps auf Befehl der Kommissare sofort aufgesammelt würden. Überläufer und Gefangene äußerten die Ansicht, daß die Angehörigen der 26. und 182. Schützen-Division kriegsmüde und für Propaganda empfänglich seien.

Ablauf der Propaganda-Aktion

Die Aktion wurde in zwei Teilen am 14. und 15. September 1942 durchgeführt. Am 14. September kamen mit Beginn der Abenddämmerung und nach einem verhältnismäßig ruhig verlaufenden Tag im Abschnitt des I./IR 174 auf einer Breite von 170 m gleichzeitig folgende Munitionsmengen auf die vorher genau erkundeten Stellungen des Gegners zum Verschuß.

1. aus 15 Abschußrohren 500 Prop.-Bomben (Flugblätter 300 Schuß Nr. 436–439/Pas/vp/VIII/42 und 200 Schuß Nr. 233);
2. aus Prop.-Granatwerfer 41 200 Prop. Granaten mit 50 000 Flugblättern Nr. 445, 446 und 233;
3. aus leichter Feldhaubitze 16 und 18 200 Rot-Weiß-Geschosse mit 60 000 Flugblättern 445 und 446.

Die Muniton wurde innerhalb von 25 Minuten verschossen. Trotz der ungünstigen Windverhältnisse flatterte die Masse der Kleinstflugblätter über den gegnerischen Stellungen nieder. Der Feind verhielt sich während des Schießens auffällig ruhig, eine Gegenwirkung war nicht zu beobachten. Im Anschluß an den Verschuß der Propagandamunition wurde bei fortgeschrittener Dämmerung eine Lautsprecheraktion durchgeführt. Die Voraussetzungen hierfür waren besonders günstig, der Lautsprecher konnte in vorderster Linie an einem Baum angebracht werden, so daß eine besonders gute Schallwirkung gewährleistet war. Der Lautsprecherwagen wurde ca. 1000 m weiter rückwärts gedeckt aufgestellt. Dort befand sich außer dem Dolmetscher ein russischer Soldatenchor. Um 19.30 Uhr begann der Lautsprecher seine Sendung mit dem Freijägerlied, das durch den russischen Solatenchor gesungen wurde. Es konnte beobachtet werden, daß daraufhin die Rotarmisten aus den Bunkern gelockt wurden und der Sendung zuhörten.

Anschließend hielt Sonderführer Blum eine Ansprache an die Rotarmisten, Kommandeure und Politarbeiter der gegenüberliegenden 26. und 182. Schützen-Division, in der er die Sinnlosigkeit weiteren Widerstandes gegen die deutsche Wehrmacht erklärte und sie aufforderte, den unsinnigen Krieg zu beenden. Im Anschluß an diese Durchsage

Добровольно перешедшие регистрируются на работу по специальности.

PASSIERSCHEIN

ПРОПУСК!

Действителен до конца войны для неограниченного числа бойцов, командиров и политработников Красной Армии. С перешедшими добровольно, по новому приказу Гитлера, мы обращаемся особенно хорошо, — они получают специальное удостоверение. Германское командование не публикует списков военнопленных. Желающих работать, мы устраиваем по специальности в сельском хозяйстве или в промышленности.

Dieser Passierschein gilt für Offiziere, Politarbeiter und Mannschaften der Sowjetarmee

Переходить на сторону Германских войск можно и без пропуска: Достаточно поднять обе руки и крикнуть «штыки в землю!»

436 RA/vp/VIII/42

Kleinstflugblatt 436 RA vp VIII. 42
(Vorder- und Rückseite)

folgten wieder Lieder des russischen Soldatenchors, dessen Mitglieder als Hilfswillige bei der PK 501 arbeiteten. Danach sprach Sonderführer Blum noch einmal zu den Rotarmisten und forderte sie auf, zu den Deutschen überzulaufen. Er erteilte dabei genaue Anweisungen, wie man das Überlaufen am besten durchführen konnte. Nach dem Wunsch »Gute Nacht!« wurde die Sendung mit einem russischen Militärmarsch beendet.

Wenige Minuten später teilte Sonderführer Blum noch einmal über den Lautsprecher mit, daß den Rotarmisten noch etwas besonderes geboten werden sollte. Der Chor der Hilfswilligen stimmte daraufhin das russische Freijägerlied an und sang russische und ukrainische Volkslieder. Zum Schluß sprachen sechs russische Hilfswillige zu den Rotarmisten und schilderten ihr Leben bei den Deutschen. Sie berichteten, daß sie gut verpflegt und gekleidet würden, eine angenehme Arbeit hätten und zufrieden seien. Alle forderten die Rotarmisten zum Überlaufen auf.

Die Lautsprechersendung endete um 20.30 Uhr mit einem Militärmarsch.

Am 15. September wurden in demselben Abschnitt vor Beginn der Abenddämmerung folgende Flugblätter in einer Anzahl von 50 000 bzw. 100 000 Stück und 5000 illustrierte Zeitungen abgeworfen. Flugblatt Nr. 230 (AN 27) = 50 000 Stück; Flugblatt Nr. 233 = 100 000 Stück.

Auch nach diesem Einsatz bestätigten Gefangenenaussagen, daß die Masse der Flugblätter ihr Zielgebiet erreicht habe.

Erfahrungen

Aus Überläufer- und Gefangenenaussagen ergaben sich folgende Erfahrungen:

1. Der gewählte Zeitpunkt für die Propaganda-Aktion war günstig, weil an der Front verhältnismäßig Ruhe herrschte und die eigene Truppe über die Aktion gut unterrichtet war.
2. Die Masse der Geschosse lag im Zielgebiet. Die Flugblätter wurden gleichmäßig verstreut und konnten leicht aufgenommen werden. Die Rotarmisten erkannten sehr bald, daß das Schießen kein Feuerüberfall war, sondern daß es sich um eine Propaganda-Aktion handelte.
3. In diesem speziellen Fall leiteten seltsamerweise die politischen Überwachungsorgane keine Gegenmaßnahmen ein. Die Rotarmisten konnten daher die Flugblätter ungehindert aufnehmen und lesen. Alle Soldaten versorgten sich daher mit den Flugblättern. Erst am nächsten Tag wurde das Einsammeln der Flugblätter und die Abgabe befohlen.
4. Besonders die Lautsprecherpropaganda erregte die Aufmerksamkeit der Rotarmisten. Die Rotarmisten traten mit den Offizieren aus den Bunkern und hörten sich nicht nur die Musik, sondern auch die Propagandasendung aufmerksam an. Besonders die russische und ukrainische Musik und der Soldatenchor wurden als eine angenehme Unterhaltung empfunden. Eine Störung der Lautsprecherdurchsagen durch Beschuß wurde nicht befohlen und fand daher auch nicht statt.
5. Der Lautsprecher konnte bis zu einer Tiefe von 1500 m gut verstanden werden. Die angesprochene Zielpersonengruppe der 26. und 182. Schützen-Division wurde in ihrer Masse sowohl von der Lautsprechersendung als auch vom Flugblattabwurf erfaßt.
6. Nach übereinstimmenden Überläuferaussagen bestand das größte Problem für den Überläufer in der Überwindung der feindlichen und eigenen Hindernisse und Minensperren. An manchen Abschnitten konnten diese Sperren nicht überwunden werden.
   Obwohl die Bereitschaft zum Überlaufen vor allem bei den älteren Soldaten sehr groß war, bestand ein so starkes Mißtrauen der einzelnen Soldaten untereinander, daß sie den Entschluß zum Überlaufen grundsätzlich allein faßten.
7. Besonders wirksam waren daher Propaganda-Aktionen gegenüber einem erschütterten Feind und vor allem während eines Angriffs, da dann das Überlaufen nicht durch Hindernisse und Minen verhindert werden konnte. So kamen z. B. nach der Propaganda-Aktion der PK 501 im Rahmen des Unternehmens Winkelried über 170 Überläufer, die übereinstimmend erklärten, daß sie erst durch den Lautsprecher und die Flugblätter erfahren hätten,

441

X. A.K. Ic
11. OKT. 1942

Armee-Oberkommando 16 — A.H.Qu., den 7.10.1942
Abt. I c

Generalkommando X
Eingang: 11. OKT. 1942
Bearb. Abt.: Ic
Nr. — Anl.:

Betr.: Propaganda in den Feind.

Die Prop.-Aktion zur Zersetzung der russ. Truppe am 23. und 24.9., 28. und 29.9., 30.9. und 2.10.42 hat die Erfahrungen der ersten Aktion im wesentlichen bestätigt (siehe AOK. 16, Ic v. 24.9.42). Folgende Punkte verdienen noch besonders hervorgehoben zu werden:

1.) Bei allen Aktionen war festzustellen, daß der Feind bei Einsatz des Lautsprechers aus Interesse und Neugierde fast alle Feuertätigkeit einstellte und der Lautsprecher infolgedessen weithin ausgezeichnet zu hören war. Besonders wirksam waren die Lieder des russ. Soldatenchors und die Ansprache von Gefangenen, die kurz vorher während der Gefechtshandlungen angefallen waren. Auf die Ansprache eines Usbeken hin kamen noch in derselben Nacht über 30 Überläufer.

2.) Der Versuch, ein bestimmtes Gelände mit einer großen Zahl von Flugblättern zu verseuchen, war besonders wirkungsvoll. Die durch den Lautsprecher aufmerksam gewordene Truppen hatten alle die Möglichkeit, sich mit Überläuferausweisen zu versorgen. Nach Gefg.-Aussagen gab es in dem fraglichen Abschnitt keinen, der nicht ein deutsches Flugblatt gelesen hatte.

3.) Die Propagandageschosse haben sich im allgemeinen sämtlich bewährt. Besonders wirksam ist der Prop.-Granatwerfer 41; er ist leicht mitzuführen, einfach in der Herstellung, schnell zu bedienen und sehr leistungsfähig.

4.) Der gleichzeitige Abwurf aus Flugzeugen ist vor allem dann zweckmäßig, wenn es darauf ankommt, auch Ortschaften und Straßen hinter der eigentlichen Feindstellung zu verseuchen. Da ein genaues Zielen nicht möglich ist, wird bei ungünstiger Windrichtung ein Teil der Flugblätter zur eigenen Truppe getrieben, wenn der Abwurf zu dicht an der vorderen Linie des Feindes erfolgt.

Bericht des AOK 16 über Propaganda in den Feind vom 7. 10. 1942: Seite 1 sich in einem Kessel zu befinden.

In diesem Zusammenhang sei der Vernehmungsbericht des Rotarmisten Michael Ostrowsky von der 1. Kompanie des Schützen-Regiments 140 vorgestellt, der nach der Propaganda-Aktion der PK 501 vom 15. September 1942 überlief[233]:

»O. war mit neun Rotarmisten zusammen, als sie plötzlich die deutsche Artillerie schießen hörten. Sie merkten sofort, daß es nach dem Geräusch der Geschosse sich um Verschießen von Propagandamaterial handeln müsse, denn die eigentlichen Artilleriegeschosse erzeugten mehr einen pfeifenden Ton, während bei diesen Geschossen mehr ein Brummen zu hören war. Bereits früher hatten sie Rot-Weiß-Geschosse kennengelernt, während ihnen die roten Kugeln der Prop.-Granatwerfer vollkommen neu waren.

Während die Rot-Weiß-Geschosse hinter der russischen vordersten Linie platzten und vom Wind seitlich abgetrieben wurden, daher von O. und seinen Kameraden nicht gelesen werden konnten, lagen die Kugeln der Prop.-Granatwerfer genau richtig bei ihnen in der vordersten Linie auf den Wegen oder hatten sich im Gebüsch festgesetzt, wo sie leicht aufgefunden und gelesen werden konnten. Zehn der roten Kugeln lagen in unmittelbarer Nähe von O. und seinen Kameraden.

Man konnte genau sehen, wie die Rot-Weiß-Geschosse weiter hinter ihnen zerplatzten und weggetrieben wurden. Die Soldaten stürzten sich sowohl im Hintergelände als auch vorn sofort auf die Flugblätter und lasen sie durch. Es waren reichlich Flugblätter vorhanden, so daß sie alle sehr erfreut waren, sie in so großen Mengen von oben herabkommen zu sehen. O. meint, *weniger* Flugblätter hätten unter keinen Umständen verschossen werden dürfen, da dann wahrscheinlich nicht jeder Kompanieangehörige ein Flugblatt erwischt hätte. An dem betreffenden Abend wurde kein Befehl erteilt, die Flugblätter aufzusammeln, erst am nächsten Morgen wurde den Soldaten gesagt, sie sollten sie aufheben und auch die bereits in den Taschen der einzelnen Männer sich befindlichen Exemplare abliefern. Allerdings wurde dieser Befehl nicht in drakonischer Strenge erteilt, sondern ziemlich lasch, so daß eigentlich nur die auf den Wegen liegenden Flugblätter aufgesammelt wurden, während die Kontrolle über die sich bereits im Besitz der einzelnen Soldaten befindlichen Stücke fast gleich Null war. Überall abseits der Wege lagen an den folgenden Tagen noch reichlich Flugblätter herum, so daß, wenn die Kp. durch eine andere hätte abgelöst werden sollen, diese neue Kp. noch reichlich Flugblätter vorgefunden hätte und auch nach längerer Zeit noch vorfinden wird. Es ist also tatsächlich eine starke Verdichtung der Flugblätter auf ziemlich engem Raum festzustellen gewesen.

Als bei Eintritt der Dunkelheit der Lautsprecher in Tätigkeit trat, verließ alles die Erdhütten und stand draußen, um besser hören zu können. Lediglich die Posten, die weiter hinten waren, konnten die Sendung nicht so gut hören. Die Ansprache des Ansagers, die Lieder und Ansprachen der russischen Gefangenen haben außerordentlich gewirkt. Sogar ihr Oberleutnant konnte sich nicht enthalten zu sagen, die Musik und die Lieder wären »angenehm zu hören«. Während der Darbietungen des Lautsprechers ist keiner der Rotarmisten weder von den Offizieren noch von den Kommissaren am Zuhören gehindert worden. Erst am nächsten Morgen kam zu ihnen der Btl.-Kommissar und erkundigte sich, ob auch die Georgier zum Überlaufen aufgefordert worden seien, da er selbst Georgier sei. Dieser Btl.-Kommissar befahl lediglich den Offizieren, die Flugblätter einsammeln zu lassen. Früher hatte er immer davon geredet, daß die Deutschen in ihren Flugblättern nur Lügen brächten, daß er es diesmal nicht tat, wunderte die Rotarmisten, die sich ausgiebig darüber unterhielten, wie es möglich war, daß auf der Gegenseite Russen standen und sangen und anscheinend guter Dinge waren. Was die russischen Freiwilligen bedeuten, wurde niemand klar, da ihnen das Vorhandensein freiwilliger russischer Verbände unbekannt war.

Ein Befehl, das deutsche Propagandaunternehmen durch Beschuß zu stören, ist von hinten nicht durchgegeben worden.

Eine postenarme Zeit, die das Überlaufen erleichtert, gibt es nicht. Zu allen Stunden des Tages und in der Nacht sind die Posten in gleicher Stärke aufgestellt. So sind z. B. bei der I. Kp. S.R. 140, die aus 45 Mann besteht, ständig die elf im Kp.-Abschnitt befindlichen

Bunker mit Posten besetzt, die jeweils sechs Stunden zu stehen haben. Die Postenbesetzung ist nur dann manchmal etwas geringer, wenn viel Arbeitsdienst zu verrichten ist. O. selbst ist vormittags um 10 Uhr übergelaufen, weil zu dieser Zeit gerade wenig geschossen wurde und die Kameraden, die in diesem Augenblick auf Posten waren, als wenig zuverlässig galten. Der Hauptmann und der Politruk der Kp. schlafen zu unregelmäßigen Zeiten, nachts jedoch immer. In der Nacht werden die Posten nur selten kontrolliert.

Bevor O. überlief, stand er auf Posten, und zwar allein. Diese Tatsache, und daß nicht zwei Mann gleichzeitig auf Posten waren, war für ihn von Vorteil und ist überhaupt zum Überlaufen im allgemeinen günstig. Da unter den Soldaten größtes gegenseitiges Mißtrauen herrscht, ist eine Verabredung mehrerer Soldaten kaum möglich. Selbst wenn jeder einzige Mann im Besitz eines Flugblattes wäre, so ist ein Überlaufen einer ganzen Bunkerbesatzung oder gar mehrerer Soldaten gleichzeitig fast unmöglich, weil eben jeder jedem mißtraut. So muß letzten Endes jeder einzelne Soldat für sich allein den Entschluß zum Überlaufen fassen und auch allein in die Tat umsetzen und durchführen.

Während also ein gruppenweises Überlaufen undurchführbar erscheint, ist doch stimmungsmäßig eine erhebliche Beeinflussung der Leute durch eine Propagandaaktion zu erreichen, das geht daraus hervor, daß die deutsche Propagandaunternehmung noch lange das allgemeine Gesprächsthema in der Kp. war und sich nicht nur auf den Abend der Durchführung des Unternehmens beschränkte.

Um beim Überlaufen zu verhindern, daß man von den deutschen Linien her beschossen wird, hält O. es für am zweckmäßigsten, beide Hände hochzuheben.«

Deutsche Propaganda in der Offensive

Ab April 1942 liefen plötzlich wieder in zunehmendem Maße Meldungen von den Heeresgruppen und Armeen bei OKW/WPr ein, die übereinstimmend aussagten, daß ein Ansteigen der Überläuferzahlen an der Ostfront spürbar sei. Besonders im Bereich der Heeresgruppe Mitte wurde nach dem Einsatz von Flugblättern, Lautsprechern und besonders von Sprechchören, die aus russischen Überläufern und Gefangenen bestanden, eine steigende Bereitwilligkeit zum Überlaufen bei den gegenüberliegenden Feindverbänden festgestellt.

Unter dem unmittelbaren Eindruck dieser Berichte erließ OKW/WPr am 23. 4. 1942 einen Befehl, der die »Verstärkung der Propaganda in den Feind an der Ostfront«[234] anordnete: Da die Verstärkung der Aktivpropaganda gute Erfolge verspräche und der Sowjetsoldat nach den »Anstrengungen und Entbehrungen des Winterfeldzuges propagandistischer Beeinflussung zugänglich« sei, müßten die propagandistischen Anstrengungen der neuen Lage entsprechend intensiviert werden.

Die Abteilung Wehrmachtpropaganda, die wie bereits erwähnt im April 1942 die gesamte Aktivpropaganda in der Gruppe IV konzentrierte, war nunmehr in der Lage, die Produktion der eigenen Flugblattserien erheblich zu steigern. Es kamen im Jahre 1942 immerhin etwa 400 verschiedene WPr-Flugblätter zum Abwurf[235], deren Qualität durch die Mitarbeit des Psychologischen Laboratoriums in der Viktoriastraße 10 im Gegensatz zu den Flugblättern des Jahres 1941 erheblich gesteigert werden konnte. Durch die Eisenbahn-Druckerei-Züge, von denen im April 1942 der Eisenbahn-Druckerei-Zug »Memel« bereits in Smolensk im Bereich der Heeresgruppe Mitte im Betrieb war, konnte mit der Herstellung großer Flugblattmengen an der Front begonnen werden. Außerdem stellte OKW/WPr das notwendige Verpackungsgerät und das zugehörige Material bereit, um die an der Front gedruckten Flugblätter in Stangen, Hüllen und Paketen an Ort und Stelle für den Flugzeugabwurf laborieren zu können.

Inzwischen waren auch die erdgebundenen Einsatzmittel von Flugblättern durch die Entwicklung des »Propaganda-Werfers 41« (Prop.-Werfers 41) und der »Propaganda-Gewehrgranate« verstärkt worden. Beide für die Aktivpropaganda wichtigen Neuentwicklungen waren von der Truppe an der Front auf ihre Brauchbarkeit hin überprüft worden und hatten ihre Bewährungsprobe bestanden[236].

Die wichtigste organisatorische Neuregelung für den verstärkten Einsatz der deutschen Aktivpropaganda an der Ostfront bestand in der bereits beschriebenen Einrichtung der Propaganda-Abschnittsoffiziere, die den gesamten Nachschub- und Kurierweg der Propagandatruppen neu organisierten. Damit waren die Nachschubprobleme des Jahres 1941 in der Regel beseitigt.

Die neue Propagandaoffensive konnte nur dann den erhofften durchschlagenden Erfolg haben, wenn die Flugblattmassen auch in vollem Umfang gegen die Verbände der Roten Armee eingesetzt werden konnten. Die wichtigste und wirkungsvollste Einsatzmöglichkeit bestand nach wie vor in dem Abwurf der Flugblätter durch die Luftwaffe. Aus diesem Grunde mußte die Zusammenarbeit mit den Luftflotten und Fliegerkorps im Gegensatz zum Jahr 1941 erheblich verbessert werden. So bat der Chef des Wehrmachtführungsstabes General Jodl persönlich in einem Schreiben des Oberkommandos der Wehrmacht vom 23. April 1942 an den Luftwaffenführungsstab um eine wirkungsvolle Verstärkung des Flugblattabwurfs, die auch wunschgemäß zugesagt wurde[237].

Aber nicht nur von OKW/WPr wurden Initiativen ergriffen, die die Aktivpropaganda in den Gegner steigern sollte. Auch die Heeresgruppen äußerten nach den alarmierenden Erfahrungen der Winterkrise den dringenden Wunsch, durch eine Verstärkung der Propaganda die Widerstandskraft des Feindes zu erschüttern. So betonte z. B. die Heeresgruppe Süd in einem Schreiben an OKW/WPr vom 5. Mai 1942 die Notwendigkeit, bei den neuen und günstigen Möglichkeiten, die sich der deutschen Aktivpropaganda an der Front böten, die Flugblätter auch »wirklich eindrucksvoll und aktuell« zu gestalten. Gerade aus diesem Grunde müsse die Zusammenarbeit zwischen OKW/WPr und den Heeresgruppen und Armeen einerseits und den für den Flugblattabwurf zuständigen Verbänden der Luftwaffe und dem Propaganda-Abschnittsoffizier andererseits intensiviert werden. Eine regelmäßige Konsultation mit den Sachbearbeitern von OKW/WPr IV sei daher dringend notwendig, um

Flugblattstangen werden in die Bombenschächte einer He 111 von Angehörigen der PK 637 eingehängt

den Einsatz der Aktivpropaganda mit den Propaganda-Einheiten nach formalen und inhaltlichen Kriterien abzustimmen[238]. Diesem berechtigten Wunsch der Heeresgruppe Süd wurde vom Chef OKW/WPr entsprochen, so daß in Zukunft von Zeit zu Zeit die Sachbearbeiter für Aktivpropaganda der Gruppe und späteren Abteilung IV durch Frontbesuche bei den Heeresgruppen und Armeen die notwendigen Koordinierungsfragen mit den jeweils Verantwortlichen abklärten.

Im April 1942 führte OKW/WPr trotz der schlechten Erfahrung mit der ersten Überläuferparole »Bej shida – politruka: morda prossit kirpitscha! (Haut den Juden-Kommissar – seine Fresse schreit nach einem Ziegelstein!)« vom 31. Juli 1941 zwei neue Überläufer-Parolen ein. Da die Rotarmisten vor Kampfhandlungen häufig von den Kommissaren nach deutschen Passierscheinen durchsucht und nach dem Auffinden solcher Flugblätter schwer bestraft wurden, sollte eine »kurze, leichte und einprägsame Über-

Themen deutscher Flugblattpropaganda während der Sommeroffensive im August 1942 im Bereich des AOK 6

Zeichnung 17

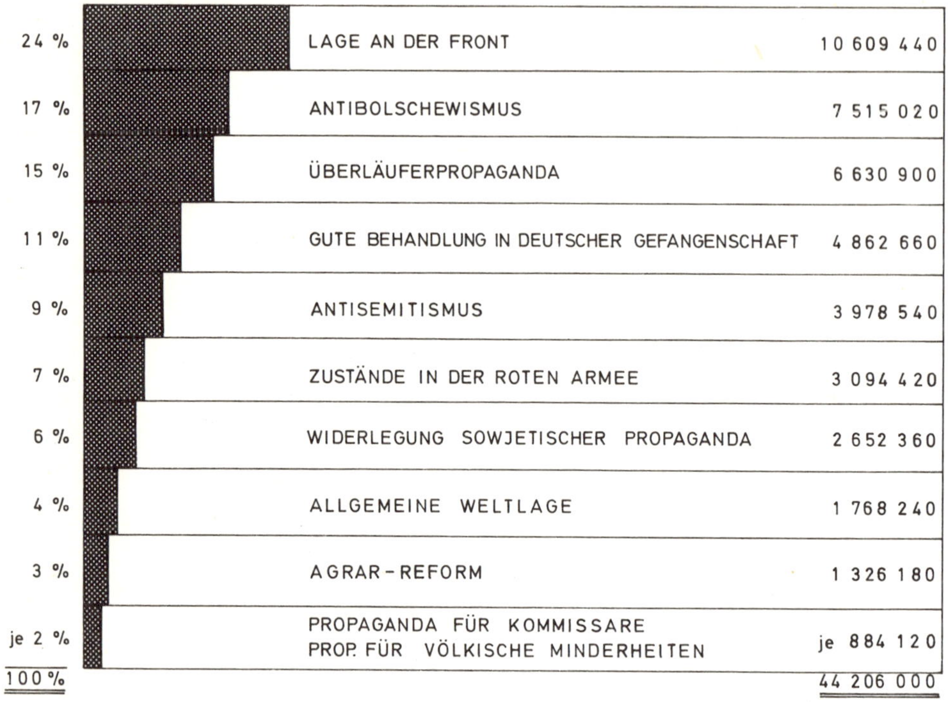

läuferparole« wegen der scharfen Überwachungsmaßnahmen in der Roten Armee den Passierschein ersetzen und dem Überläufer das Gefühl vermitteln, in deutscher Gefangenschaft anständig behandelt zu werden.

Die beiden neuen Überläufer-Parolen[239] lauteten »Stalin kaputt« und »Bajonette in die Erde!« (»Schtyki w semlju!«), die in der Folgezeit zur Information der Rotarmisten auf die Flugblätter aufgedruckt wurden und ab 25. August 1942 grundsätzlich beide Überläuferparolen enthielten.

Als mit der Aufhebung des Kommissarbefehls am 8. Mai 1942 auch die politischen Arbeiter in der Roten Armee propagandistisch angesprochen werden konnten, standen dem Einsatz der deutschen Aktivpropaganda gegen die sowjetischen Verbände keine hemmenden Faktoren mehr entgegen.

Themen der Flugblattpropaganda

Einen guten Überblick über die Thematik der deutschen Flugblattpropaganda während der Sommeroffensive im Südabschnitt der Ostfront gibt ein Bericht der 6. Armee über ihre Flugblatteinsätze in den Monaten August und September 1942. Im Verlauf der Angriffsoperationen in Richtung Stalingrad warfen drei He 111, die täglich im Einsatz waren, im August 44 206 000 und im September 75 399 000 Flugblätter ab.

Aus der vom AOK 6 zusammengestellten Liste der in diesem Zeitraum abgeworfenen Flugblätter läßt sich der Prozentsatz der unterschiedlichen Flugblattthemen wie folgt aufschlüsseln[240]:

1. Thema:	Lage an der Front:	24%
2. Thema:	Antibolschewismus:	17%
3. Thema:	Überläuferpropaganda:	15%
4. Thema:	Gute Behandlung in deutscher Gefangenschaft:	11%
5. Thema:	Antisemitismus:	9%
6. Thema:	Zustände in der Roten Armee:	7%
7. Thema:	Widerlegung sowjetischer Propaganda:	6%
8. Thema:	Allgemeine Weltlage:	4%
9. Thema:	Agrar-Reform:	3%

10. Thema: Propaganda für Kommissare: 2%
11. Thema: Propaganda für völkische Minderheiten: 2%

Diese Flugblattthemen waren die wichtigsten Themen, die die deutsche Flugblattpropaganda in Verbindung mit der Sommeroffensive der Wehrmacht behandelte. Leider existiert von den offiziellen OKW/WPr-Serien des Jahres 1942 keine komplette Übersicht, nach der sich die Häufigkeit der behandelten Themen genau bestimmen ließe. Der absolute Produktionshöhepunkt der »Berliner-Serien« lag mit der Herstellung von ca. 400 unterschiedlichen Flugblättern im Jahre 1942. Die Herstellungszahlen der Flugblattserien, die von den Propagandatruppen selbst produziert wurden, stiegen ab Sommer 1942 fast zwei Jahre lang ständig und übertrafen in den beiden letzten Kriegsjahren von der Produktionshöhe her sogar die OKW/WPr-Serien.

Die deutsche Propaganda-Offensive erreichte mit dem Verlauf der erfolgreichen Sommeroffensive ihren Höhepunkt. Die deutschen Flugblattserien, die wie im Sommer 1941 wiederum in Verbindung mit den spektakulären Erfolgen der Wehrmacht abgeworfen wurden, konnten besonders zu diesem Zeitpunkt an die weitgesteckten strategischen Ziele und psychologischen Erwartungen der Roten Armee anknüpfen, deren politische und militärische Führung einen entscheidenden Sieg während der Wintermonate vorausgesagt und weiterhin bis in den Sommer hinein propagiert hatte: der sowjetische Soldat glaubte daher, daß nach einem erfolgreichen Abschluß der Winteroffensive die deutsche Reichsgrenze, zumindest jedoch auf dem Vorstoß nach Westen die eigene Grenze erreicht würde[241]. Da trotz rücksichtslosen Einsatzes und hoher Personalverluste die Rote Armee nur verhältnismäßig geringe Geländegewinne erzielen, und der durchschlagende Erfolg der sowjetischen Winteroffensive ausblieb, entstanden bei den betroffenen Rotarmisten Zweifel an den Zusagen ihrer Führung. Außerdem wußte der sowjetische Soldat nach den Erfahrungen des Jahres 1941 sehr genau, daß die deutschen Panzer und motorisierten Truppen, die die damalige Überlegenheit des deutschen Heeres ausmachten, im Winter auf Grund der extremen Witterungsbedingungen in nur geringem Maße eingesetzt werden konnten. Die Furcht vor dem erneuten massiven Einsatz dieser Waffen nach Eintritt der trockenen Jahreszeit (Ende Mai, Anfang Juni) war spürbar und konnte von der sowjetischen Propaganda nicht beseitigt werden.

So besaß die deutsche Aktivpropaganda eine Anzahl von erfolgversprechenden propagandistischen Ansatzpunkten für ihre Flugblatt- und Lautsprecherpropaganda. Die Flugblattserien mit den Themen der »Blutmauer« und des »General Winter« hatten bereits in makabrer Weise aus der Defensive der deutschen Truppen heraus die schweren Verluste der Roten Armee und ihre verpaßte Gelegenheit, im Winter der Wehrmacht die entscheidende Niederlage beizubringen, dargestellt und den Rotarmisten über die zu erwartende Lage informiert. Diese Thematik wurde durch die Flugblätter, die die Sommeroffensive psychologisch vorbereiteten, ergänzt und in Verbindung mit der auf Hochtouren laufenden Agrarpropaganda in ihrer Wirkung intensiviert. So war ein Teil der abgeworfenen Flugblätter durch den Kontrast gekennzeichnet, der von den Begriffen »Tod und Leben« ausging. Durch die Bewußtmachung und Intensivierung dieser Reizworte, die für den einzelnen Rotarmisten einen hohen Realitätswert besaßen, sollte er in einen inneren Konfliktzustand versetzt und damit seine Kampfbereitschaft gelähmt werden. Wesentliche Voraussetzung für eine solche Propaganda war jedoch die seit März 1942 mit Intensität betriebene neue Überläuferpropaganda, die das Schlüsselthema der deutschen Flugblattpropaganda bis kurz vor Kriegsende blieb:

Übersetzung des Flugblattes Nr. 352 RA
Vorderseite:
Karikatur mit den Worten:
»Bis zum letzten Rotarmisten ...«
Rückseite:

Stalin und seine Helfershelfer treiben euch im Interesse der Juden und des internationalen Kapitalismus ins Verderben.

Währenddessen beginnt in den vom Bolschewismus befreiten Gebieten ein neues Le-

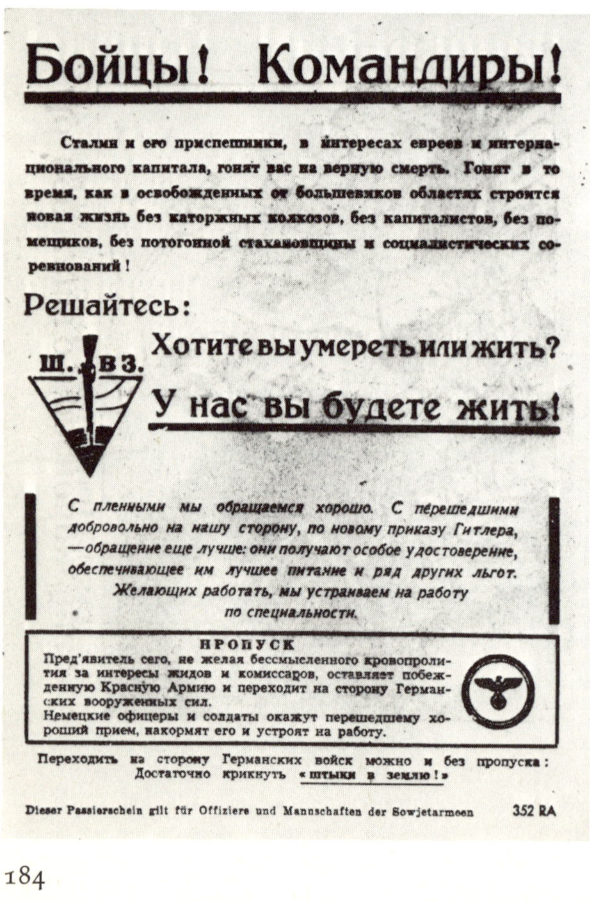

Бойцы! Командиры!

Сталин и его приспешники, в интересах евреев и интернационального капитала, гонят вас на верную смерть. Гонят в то время, как в освобожденных от большевиков областях строится новая жизнь без каторжных колхозов, без капиталистов, без помещиков, без потогонной стахановщины и социалистических соревнований!

Решайтесь:

Ш. В З.

Хотите вы умереть или жить?

У нас вы будете жить!

С пленными мы обращаемся хорошо. С перешедшими добровольно на нашу сторону, по новому приказу Гитлера, — обращение еще лучше: они получают особое удостоверение, обеспечивающее им лучшее питание и ряд других льгот. Желающих работать, мы устраиваем на работу по специальности.

ПРОПУСК

Пред'явитель сего, не желая бессмысленного кровопролития за интересы жидов и комиссаров, оставляет побежденную Красную Армию и переходит на сторону Германских вооруженных сил.
Немецкие офицеры и солдаты окажут перешедшему хороший прием, накормят его и устроят на работу.

Переходить на сторону Германских войск можно и без пропуска: Достаточно крикнуть «штыки в землю!»

Dieser Passierschein gilt für Offiziere und Mannschaften der Sowjetarmeen 352 RA

Flugblatt 352 RA

ben, ohne das verhaßte Kolchossystem, ohne Kapitalisten, ohne Gutsbesitzer und ohne das ausbeuterische Stachanowsystem.

Entscheidet euch, ob ihr sterben oder leben wollt!

Bei uns werdet ihr leben!

Wir behandeln die Gefangenen gut. Wer freiwillig zu uns kommt, wird noch besser behandelt. Aufgrund eines neuen Befehls Hitlers erhält er einen besonderen Ausweis, der ihm bessere Verpflegung und eine Reihe anderer Vorteile sichert. Wer arbeiten will, erhält von uns Arbeit nach Eignung.

Entscheidet euch schnell!

Passierschein

Ihr könnt auch ohne Passierschein zu den Deutschen überlaufen, ihr braucht dann nur laut zu rufen: »Schtyki w semlju« – Bajonette in die Erde!

Aus den Flugblattserien der Thematik 4 (Gute Behandlung in deutscher Gefangenschaft) seien lediglich zwei Flugblätter zitiert, die sich bei den Propaganda-Einheiten einer besonderen Beliebtheit erfreuten und daher immer wieder für den Abwurf bestellt wurden. Das Flugblatt 369 RA wurde kurz vor der Sommeroffensive und das Flugblatt 502 RA/IX. 42 auf dem Höhepunkt der Offensive im September 1942 abgeworfen[242]:

Übersetzung des Bildflugblattes Nr. 369 RA

Tendenz des Flugblattes:

Gegenpropaganda gegen die bolschewistische Behauptung über schlechte Behandlung in deutscher Kriegsgefangenschaft.

Anreiz zum Überlaufen durch entsprechende Bildauswahl.

Text:

Aus dem Leben in deutscher Gefangenschaft

Viele eurer Kameraden helfen den deutschen Bauern bei den landwirtschaftlichen Arbeiten. Sie brauchen nicht über Hunger zu klagen, da sie ausreichende und gute Kost bekommen.

In den Lagern werden sie gesundheitlich von Ärzten aus den Reihen der Kriegsgefangenen betreut.

Die deutschen Soldaten behandeln die Kriegsgefangenen kameradschaftlich.

Die Sowjetpropaganda versucht mit allen Mitteln, vor euch zu verheimlichen, wie eure Kameraden in deutscher Gefangenschaft leben.

Eure Propagandisten ersinnen täglich neue Schrecken, die angeblich eurer in deutscher Kriegsgefangenschaft warten. Stalin und Mechlis fürchten, daß, wenn ihr die Wahrheit über die Behandlung der Kriegsgefangenen erfahrt, ihr keine Lust mehr zeigen werdet, für die Bolschewisten zu kämpfen und euch womöglich sogar entschließt, mit dem befreiten Volk gegen Stalin zu marschieren. Nur um euch zu betrügen und einzuschüchtern, erdichtet Molotow alle paar Wochen neue »Greuelnoten«, deren Inhalt euch bis zum Erbrechen von euren Propagandisten vorgekaut wird. Glaubt ihnen nicht. Glaubt nicht den Märchen, die euch auf Befehl Stalins und der Juden Mechlis und Losowskij erzählt werden. Laßt euch nicht betrügen!

Ihr habt schon genug für das Stalinsche Sklavenjoch geopfert! Kommt zu uns. Damit kürzt ihr den Krieg ab und helft dem Neuaufbau eurer Heimat.

Letzte Seite:

Passierschein mit Vermerk, daß Überläufer besonders gut behandelt werden, daß Passierscheine bis Kriegsende gültig sind und daß man auch ohne Passierschein überlaufen kann.

Übersetzung des Flugblattes 502 RA/IX. 42

Tendenz:

Russische Kriegsgefangene des Stalag VI A widerlegen die sowjetische Greuelpropaganda. 50 Unterschriften faksimiliert.

An die Rotarmisten von ihren Brüdern aus der Gefangenschaft!

An den Kommandanten des Stalag VI A, von den Kgf. des Stalag:

In der ganzen Zeit des Krieges gegen Deutschland hat man uns Rotarmisten ununterbrochen gepredigt – mündlich und schriftlich – von unzähligen Grausamkeiten und Freveltaten, welche die deutschen Offiziere und Soldaten uns russischen Kriegsgefangenen gegenüber begangen haben sollen. Mit dieser Art der Propaganda und Terror innerhalb unserer Reihen beabsichtigen die Bolschewisten, die Zahl der Überläufer zu vermindern. Die durch die bolschewistische Regierung enttäuschten Rotarmisten konnten

Бойцам Красной Армии от братьев из немецкого плена привет!

Начальнику лагеря VI русских военнопленных

ОТ ВОЕННОПЛЕННЫХ ЛАГЕРЯ

На протяжении всего периода войны с Германией, устно и письменно пропагандировали среди нас, бойцов Красной Армии, о бесчисленных зверствах и издевательствах, которые, якобы, совершают немецкие офицеры и солдаты над русскими военнопленными.

Этой агитацией, а также террором, большевики хотели уменьшить число желающих сдаться в плен красноармейцев, окончательно разочаровавшихся в руководстве большевистской партии и не забывших о голоде и зверствах, примененных последней по отношению к русскому народу, для проведения своей политической программы.

Мы, русские военнопленные лагеря VI, просим вашего ходатайства о передаче от нас на фронт русским бойцам привета и заверения в том, что большевистская пропаганда о бесчеловечном отношении и жестокостях к пленным со стороны Германской Армии — является сплошной ложью.

Нам не только сохранена жизнь, но и предоставлена работа.

Мы находимся в чистых, светлых общежитиях, оборудованных койками, одеялами, матрацами и т. д.

Мы всегда сыты, вымыты, бриты, стрижены и пользуемся в случае надобности медицинской помощью.

Наши начальники, немецкие офицеры, прекрасно с нами обращаются, всячески стараясь создать для нас лучшие условия жизни и в то же время воспитывают в нас чувство чести и дисциплинированности.

От имени военнопленных лагеря VI, подписали:

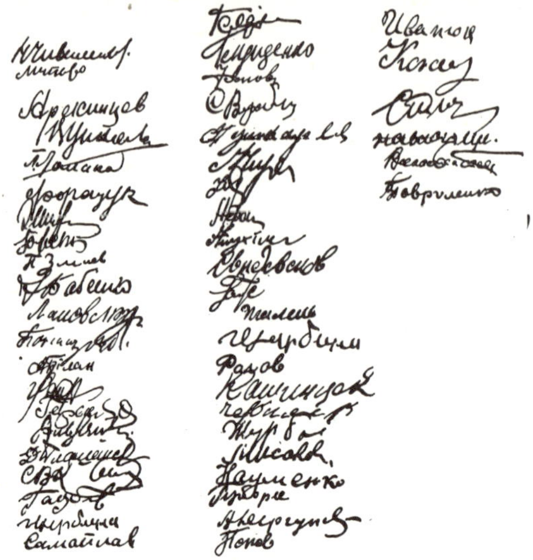

PASSIERSCHEIN

Эта листовка является пропуском для желающих перейти на сторону немецких войск бойцов, командиров и политработников Красной Армии.

Переходить на сторону Германских войск можно и без пропуска: Достаточно поднять обе руки и крикнуть «штыки в землю!» или «Сталин капут!»

502 RA/IX.42.

Flugblatt 502 RA/IX. 42.
(Vorder- und Rückseite)

jedoch das Elend, den Hunger und das Schreckensregiment nicht vergessen, das die herrschende Partei dem russischen Volke bereitete, um ihr politisches Programm durchzuführen.

Wir russischen Kriegsgefangenen des Stalag VI A bitten, den heute noch kämpfenden russischen Soldaten unsere herzlichen Grüße zu übermitteln mit der Versicherung, daß die bolschewistische Propaganda über unmenschliche Behandlung und Grausamkeiten seitens deutscher Soldaten den russischen Kgf. gegenüber eine ganz gemeine Lüge ist. Wir sind am Leben geblieben und können arbeiten.

Wir wohnen in sauberen, hellen Gemeinschaftsunterkünften, in denen Decken, Betten und Matratzen vorhanden sind. Wir sind stets sauber, rasiert und es stehen uns medizinische Einrichtungen zur Verfügung. Unsere Vorgesetzten, deutsche Offiziere und Mannschaften, sorgen für gute Lebensbedingungen und pflegen die besten soldatischen Tugenden: Ehrgefühl, Disziplin, Ehrlichkeit.

Nachstehend die Unterschriften von 50 Kgf. (Faksimile).

Immer wieder wiesen Gefangenen- und Überläuferaussagen auf die Tatsache hin, daß die Rotarmisten über die wirkliche Lage in den anderen Frontabschnitten nur sehr ungenau oder in vielen Fällen völlig falsch informiert wurden. Aus diesem Grunde nahmen zeitweilig Flugblätter, die die Rotarmisten über die »Lage an der Front« informierten, den ersten Stellenwert in der Aktivpropaganda ein und wurden von Fall zu Fall von der Lautsprecherpropaganda in ihrer Wirkung verstärkt. Die erste große Flugblattserie, die sich mit diesem Thema ausführlich befaßte, war die »Kertsch-Serie«[243] der Flugblätter 374 RA/K; 375 RA/K; 376 RA/K; 377 – 379 RA/KS (Kesselflugblätter). Diese »Kertsch-Flugblätter«, die in der 2. Maihälfte und im Juni 1942 von der Luftwaffe abgeworfen wurden, berichteten ausführlich von den erfolgreichen deutschen Angriffsoperationen auf der Halbinsel Kertsch und sollten den überzeugenden Beweis für die in den vorhergehenden Flugblattserien angekündigte »Schlagkraft der deutschen Truppen« und den Beginn der neuen Offensive liefern: Da Kertsch trotz stärkster moderner

Befestigungen der gewaltigen Angriffswucht der deutschen Truppen erlegen sei, könne der Rotarmist sich nur durch ein schnelles Überlaufen der drohenden Vernichtung entziehen.

Im Juni/Juli 1942 setzte die deutsche Aktivpropaganda zum ersten Mal Flugblätter[244] ein, die die Form von Zeitungsausschnitten aus der Sowjetzeitung »PRAWDA« hatten, so daß sie nicht auf Anhieb als Feindpropaganda von den politischen Überwachungsorganen erkannt und daher von den Rotarmisten unauffällig gelesen und aufbewahrt werden konnten. Der Zersetzungstext war zwischen die sowjet-russischen Originalbeiträge fett eingedruckt. Diese eingeschobenen Propagandatexte waren entweder eindeutig bei den Rotarmisten als deutsche Propaganda (durch abgedruckte Passierscheine oder Überläuferparolen) oder ihrer Tendenz nach erkennbar – wie in dem folgenden Flugblatt 403 Zb:

Flugblatt 403 Zb

An den Fronten des Vaterländischen Krieges
Die deutsche Front durchbrochen
Unsere Truppen stürmen vorwärts
(Spezialkorrespondent der »PRAWDA«)

Südwestfront, 30. Mai

In stürmischem Vordrängen hat unsere Infanterie sich in Zusammenarbeit mit der Artillerie, der Luftwaffe und anderen Waffengattungen durch die deutsche Front südlich Charkow durchgeschlagen und ist mit den Rufen »Für die Heimat! Für Stalin!« in den Sack gegangen, den das deutsche Oberkommando vorbereitet hatte. Unsere Truppen waren gezwungen, sich in Gefangenschaft zu begeben, nachdem sie die Hälfte an Menschen verloren hatten. Das war das Ende unserer 6., 9., und 57. Armee.

Die Operationen dieser Sowjetarmeen wurden geleitet von dem unübertrefflichen, von ewigem Ruhm bedeckten Strategen und Liebling der Roten Armee, Marschall Timoschenko. Nach den nicht erfolgreichen Kämpfen des vorigen Jahres bei Bialystock, Smolensk und Wjasma ist die Zahl der Soldaten und Offiziere, die Marschall Timoschenko in Gefangenschaft abgeliefert hat, zu der beachtlichen Höhe von 1 702 000 gestiegen.

Das Präsidium des Obersten Sowjets der UdSSR hat den Marschall Timoschenko für die Charkower Operation mit dem Lenin-Orden ausgezeichnet und ihm zum zweiten Male den Titel »Held der Sowjetunion« verliehen.

Marschall Timoschenko gelobte bei der Entgegenahme des Ordens, die deutschen Okkupanten so zu schlagen, wie er sie bisher geschlagen hat. Also Kameraden, verzaget nicht! Worte und Taten pflegen sich bei Marschällen zu decken, daher frisch voran, der Sieg wird unser sein – wenn wir dieses Blatt als Passierschein zu den Deutschen benutzen.

Die erfolgreichste Flugblattserie von OKW/WPr, die zum Thema 3 der »Überläuferpropaganda« gehörte, war die »Flugblattmischung« Nr. 420–422 Kes (=Kessel), die sich getrennt an Soldaten, Offiziere und Politarbeiter eingekesselter sowjetischer Truppen mit der Aufforderung richtete, den sinnlosen Widerstand aufzugeben und durch rechtzeitiges Überlaufen das Leben für die Heimat zu erhalten.

Diese Flugblattmischung wurde ab Juli 1942 sehr häufig in Verbindung mit anderen taktischen Flugblättern abgeworfen:

Vorderseite (420–422)
Zeichnung zum Text:

»Ihr seid eingekesselt! Aber Ihr habt noch einen Ausweg: Zu den Deutschen überlaufen und damit das Leben für die Heimat erhalten!

Rückseite 420:
Soldaten!

Immer enger schließt sich der eiserne Ring der deutschen Truppen und ihrer Verbündeten um Euch. Euch fehlt es an Munition, Ausrüstung und Verpflegung. Eure unfähige Führung ist in die Falle gegangen! Rings um Euch herrscht Verrat! Euer Kampf ist völlig nutzlos!
Soldaten!

Laßt Euch nicht in den Tod treiben! Erhalter Euer Leben für Eure Familien!

Rückseite 421:
Offiziere!

Wollt Ihr mitschuldig sein an dem sinnlosen Blutbad? Wir wissen, daß die meisten den Frieden und eine neue Regierung in Rußland

Flugblatt 422 Kes.
(Vorder- und Rückseite)

ПОЛИТРАБОТНИКИ!

Нам известно, что многие из вас только по принуждению служат обреченному на гибель сталинскому строю. Большинство из вас понимает всю преступность политики убийц народа.

Вы боролись, боясь плохого обращения с вами у немцев. Ваши страхи напрасны! Спокойно переходите к нам. Мы и вам гарантируем хорошее обращение!

PASSIERSCHEIN

С пленными мы обращаемся хорошо. С перешедшими добровольно на нашу сторону, по новому приказу Гитлера, — обращение еще лучше: они получают особое удостоверение, обеспечивающее им лучшее питание и ряд других льгот. Желающих работать, мы устраиваем на работу по специальности.

ПРОПУСК

Этот пропуск действителен для неограниченного числа бойцов, командиров и политработников Красной Армии. Германское командование не публикует списков военнопленных. Их имена об'являются только по их личному желанию и только в том случае, если их родственники находятся на освобожденной от большевиков территории.

Этот пропуск действителен до конца войны.

DEUTSCHE WEHRMACHT

Ш. В. З.

Переходить на сторону Германских войск можно и без пропуска: Достаточно поднять руки и крикнуть «штыки в землю!»

422 Kes.

Dieser Passierschein gilt für Offiziere, Politarbeiter und Mannschaften der Sowjetarmee wünschen und folglich schon innere Zweifel hegen, ob sie auf der richtigen Seite kämpfen. Wenn Ihr an der künftigen Gestaltung Eurer Heimat interessiert seid, so schließt Euch Euren Kameraden an, die bereits zu Hunderttausenden zu den Deutschen übergegangen sind.

Rückseite 422:
Politarbeiter!

Wir wissen, daß viele von Euch gezwungen dem dem Untergang geweihten System dienen. Die meisten von Euch sind zu klug, um die falsche Politik der Volkshenker wirklich zu billigen. Ihr kämpftet aus Angst vor schlechter Behandlung durch die Deutschen. Ihr braucht nichts zu befürchten, wenn Ihr zu den Deutschen übergeht. Gute Behandlung ist auch Euch sicher.

Passierscheintext (420–422):

Wir behandeln die Gefangenen gut. Wer freiwillig zu uns kommt, wird aufgrund eines neuen Befehls Hitlers noch besser behandelt: er erhält einen besonderen Ausweis, der ihm bessere Verpflegung und eine Reihe anderer Vorteile sichert. Wer arbeiten will, erhält Arbeit nach Eignung.

Dieser Passierschein ist gültig für eine unbegrenzte Anzahl von Soldaten, Offizieren und Politarbeitern der Roten Armee. Das deutsche Oberkommando veröffentlich keine Gefangenenlisten. Namen werden nur auf persönlichen Wunsch und nur dann veröffentlicht, wenn sich die Angehörigen des Betreffenden auf dem vom Bolschewismus befreiten Territorium befinden.

Dieser Passierschein ist bis Kriegsende gültig.

Man kann auch ohne Passierschein zu den Deutschen überlaufen: es genügt, die Hände hochzuheben und zu rufen »schtyki w semlju!« (Bajonette in die Erde!).

Einer der wichtigsten Begriffe der sowjetischen Propaganda innerhalb der Roten Armee bis August 1942 war das Schlagwort der »Zweiten Front«, die von den Westalliierten durch eine Invasion in Frankreich eröffnet werden sollte. Diese »Zweite Front« brächte für die sowjetischen Truppen eine spürbare Entlastung an der Ostfront, da zu ihrer Bekämpfung deutsche Verbände in den Westen verlegt werden würden.

Als ein geplantes englisches Landeunternehmen bei Dieppe scheiterte, nutzte die deutsche Aktivpropaganda diese Gelegenheit, um mit allen zur Verfügung stehenden Mitteln die von den Sowjets so emphatisch vertretene These der »Zweiten Front« mit dem Hinweis auf das gescheiterte Landeunternehmen bei Dieppe zu widerlegen. Bereits zwei Tage nach dem Zusammenbruch des Unternehmens wurde die Nachricht über die deutschen Lautsprecher an der Front den gegenüberliegenden sowjetischen Verbänden mitgeteilt und kurze Zeit später durch eilig hergestellte Flugblätter der Propaganda-Kompanien in ihrer Aussage ergänzt[245]. Mit dem berühmten »Dieppe-Flugblatt«[246] Nr. 479/DR/IX/42 rus. stellte die Abteilung Wehrmachtpropaganda einen beachtlichen Geschwindigkeitsrekord in der Auswertung eines aktuellen militärischen Ereignisses und dessen Umsetzung in ein eindrucksvolles Bildflugblatt auf. Die am 20. August 1942 von Bildberichtern im Raum Dieppe hergestellten Fotos vom mißglückten Landungsunternehmen der Engländer waren bereits eine knappe Woche später in einem Bildflugblatt abgebildet, das mit Transportmaschinen an die Ostfront geflogen und Ende August/Anfang September über der Front abgeworfen wurde, d. h. von dem Ereignis der mißglückten Landung bei Dieppe bis zum Abwurf eines Bildflugblattes, das über diesen Vorgang anschaulich berichtete, waren ca. 8 Tage vergangen. Das war eine einmalige Leistung auf dem Gebiet der »schnellen Nachricht« im Medium Flugblatt:

Übersetzung des Flugblattes
Nr. 479/DR/IX/42. rus.

Tendenz:

Das Scheitern der zweiten Front wird durch Fotos illustriert.

1. Seite:

Überschrift: Die 2. Front; darunter Bild 1 und folgender Wortlaut: Nach langem Zögern und auf die kategorische Forderung Stalins hin hat Churchill sich zur Errichtung einer »2. Front« entschlossen. Am 19. August 1942 um 06.05 Uhr näherten sich der französischen Küste eine mächtige, aus kanadischen, schottischen, englischen, amerikanischen Regimentern bestehende, mit modernsten und schwersten Panzern ausgerüstete und von starken Reserven und Seestreitkräften unterstützte Landungsarmee und begann bei der Stadt Dieppe die Landung auf einer Breite von 25 km.

2. Seite:

Aber bereits nach 10 Stunden verblieben von dieser »drohenden« Streitmacht nur noch Tote, Verwundete, Gefangene.

Bild 2, 3, 4.

3. Seite:

Und zertrümmertes Kriegsmaterial. Bild 5, 6, 7. Dem größten Teil der Landungsarmee gelang es nicht einmal, zu landen.

4. Seite:

Die zweite Front ist erledigt. Bild 8.

Auf die zweite Front, auf die Hilfe der Bundesgenossen ist nicht mehr zu rechnen. Wollt Ihr allein für Stalin und seine Freunde, die internationalen Kapitalisten, Bankiers und Schieber, weiterkämpfen und sterben?

Genug, es langt!

Macht Schluß mit dem Krieg, geht ruhig zu den Deutschen über.

Passierschein.

Schutz und Bündnis: Die Propaganda gegen die kaukasischen Völker

Obwohl während der Kämpfe an der gesamten Ostfront immer wieder Kaukasier in deutsche Kriegsgefangenschaft gerieten, traten Kaukasier in Massen erst bei der deutschen Frühjahrsoffensive vor Sewastopol und Kertsch im Bereich der 11. Armee auf[247]. Die dort eingesetzten sowjetischen Divisionen bestanden bis zu 80 Prozent aus Kaukasiern, z. B.:

398. Sch.-Div.:	1600 Russen, 1900 Ukrainer und Weißrussen, 7100 Kaukasier
236. Sch.-Div.:	55 Prozent Russen, der Rest Kaukasier
396. Sch.-Div.:	3500 Russen und Ukrainer, 4000 Aserbaidschaner, Rest sonstige Kaukasier
390. Sch.-Div.:	Mannschaften, überwiegend Kaukasier
224. Sch.-Div.:	80 Prozent Kaukasier.

Nach deutschen Schätzungen befanden sich im März 1942 etwa 60–75 000 Kaukasier in den sowjetischen Verbänden. Sie wurden damit zu einer wichtigen Zielpersonengruppe für die deutsche Aktivpropaganda.

Da das Reichsministerium für die besetzten Ostgebiete für die politischen Richtlinien der deutschen Propaganda verantwortlich war, erließ es als verbindliche Grundlage für die Propaganda gegen die »kaukasischen Völker« folgende Richtlinien, die sich vor allem an die Armeen der Heeresgruppe Süd richteten, da hier die Masse der Kaukasier in den sowjetischen Verbänden konzentriert war.

Die »Richtlinien für die Propaganda unter den kaukasischen Völkern« vom 19. Februar 1942 enthielten folgende Bestimmungen[248]:

1. Das Deutsche Reich sieht in den Völkern des Kaukasus befreundete Völker.
2. Die deutsche Wehrmacht übernimmt den Schutz der kaukasischen Völker und bringt zugleich Befreiung vom bolschewistischen Joch.
3. Eingriffe von seiten eines bolschewistischen, russischen und englischen Imperialismus, unter dem die Völker des Kaukasus lange und schwer gelitten haben, werden mit deutscher Hilfe für die Zukunft unmöglich gemacht.
4. Die nationalen, kulturellen und wirtschaftlichen Kräfte des Kaukasus sollen frei entwickelt werden. Die selbständige nationale und kulturelle Entwicklung soll unter dem Schutz der deutschen Waffen gefördert werden. Die alten Traditionen und Sitten werden geachtet. Den kaukasischen Völkern wird freier Gebrauch ihrer Muttersprache und ein eigenes Schulwesen zugesichert.
   Auf religiösem Gebiet wird allen Kaukasusvölkern und allen religiösen Bekenntnissen, ob Christen, Mohammedanern oder anderen völlige Freiheit gewährt.
5. Durch Schaffung einer weitgehenden Selbstverwaltung wird die nationale Entwicklung unter deutsche Garantie gestellt.
6. Das Kollektivsystem wird auf dem Gebiet der kaukasischen Völker aufgehoben. An dessen Stelle soll die Landfrage den Lebensnotwendigkeiten der kaukasischen Völker entsprechend geregelt werden.
7. Wirtschaftsleben und Handel sollen größ-

Второй фронт!

После долгих колебаний, и лишь по категорическому требованию Сталина, Черчилль решился на создание „второго фронта“. 19 Августа в 6ч.05 мин. десантная армия союзников, состоящая из канадских, американских, шотландских, английских полков и бронетанковых бригад, в состав которых входили новейшие и самые тяжелые танки, поддержаные большими резервами и флотом, приблизилась к берегам Франции и начала, на полосе шириною в 25 километров, высадку у города Дьепп.

Erste und letzte Seite des »Dieppe-Flugblattes« 479/DR/IX. 42.

Вот чем кончилась попытка создания „Второго фронта“

Рассчитывать на второй фронт, на помощь союзников, больше не приходится. Вас одних заставляют бороться и умирать за Сталина и его друзей-международных капиталистов, банкиров и ростовщиков.

Довольно, хватит!

Кончайте войну, смело переходите к немцам.

PASSIERSCHEIN

ПРОПУСК

Действителен до конца войны для неограниченного числа бойцов, командиров и политработников Красной Армии. С перешедшими добровольно, по новому приказу Гитлера, мы обращаемся особенно хорошо, — они получают специальное удостоверение. Германское командование не публикует списков военнопленных. **Желающих работать мы устраиваем по специальности.**

Dieser Passierschein gilt für Offiziere, Politarbeiter u. Mannschaften der Sowjetarmee.

Переходить на сторону Германских войск можно и без пропуска: достаточно поднять обе руки и крикнуть **«Сталин капут»** или

ШТЫКИ В ЗЕМЛЮ!

479/DR/IX.42.

te Freiheit genießen. Das individuelle Handwerk wird wieder aufblühen.

Bei einer solchen Befreiungskonzeption wünschte die deutsche politische und militärische Führung die Bildung von kaukasischen Freiwilligenlegionen und ihre »aktive Teilnahme am Befreiungskampf gegen den Bolschewismus«.

Die deutsche Flugblattpropaganda gegen die Kaukasier in der Roten Armee, die schwerpunktmäßig zunächst auf der Krim im Bereich des AOK 11 eingesetzt wurde, hielt sich in ihrem Tenor eng an die Richtlinien von Rosenberg. Die ersten offiziellen OKW/WPr-Passierscheine in kaukasischer Sprache waren die Flugblätter 289 Paf und 290 Paf, die in der ersten Februarhälfte 1942 in erster Linie auf der Krim abgeworfen wurden[249]. Etwa einen Monat später kamen die ersten beiden Flugblätter in aserbaidshanischer Sprache (Flugblätter 323 as und 324 as) zum Abwurf[250]. Im Flugblatt 324 as hieß es zum Beispiel:

Aserbaidshanische Soldaten!

Die deutschen Truppen, die den Sowjets tagtäglich immer neue und stärkere Schläge versetzen, werden eines Tages auch Aserbaidshan von der Unterdrückung der verbrecherischen Bolschewisten befreien. Euer Vaterland und Eure Volksgenossen, die seit 22 Jahren von den Bolschewiken unterdrückt und russifiziert, deren nationale Reichtümer von ihnen gewaltsam geraubt, deren nationale Kultur und nationaler Geist ausgerottet, deren nationale Traditionen und Sitten verboten, und deren Heiligtümer beschimpft wurden, werden wiederum frei und glücklich sein. (...)

Aserbaidshanische Soldaten! Euer Volk wird unter dem deutschen Schutz eine breite Selbstverwaltung bekommen. Die Kollektivwirtschaft wird aufgehoben, die Bodenfrage wird entsprechend den nationalen Lebensnotwendigkeiten Aserbaidshans geregelt. Das soziale Niveau der aserbaidshanischen Bauern und Arbeiter wird wiederum gehoben, der falsche Sozialismus der Bolschewiken wird beseitigt und an seine Stelle der die Werktätigen Aserbaidshans zufriedenstellende wahre Sozialismus gestellt.

Aserbaidshanische Soldaten! Deutschland bringt Euch und Eurem Vaterland die Freiheit. Deshalb geht zu den Deutschen über und nehmt teil an der Befreiung Eures Vaterlandes.

Nieder mit dem Bolschewismus, der Aserbaidshan unterdrückt! Es lebe ein freies Aserbaidshan unter dem Schutz und im Bündnis mit dem Großdeutschen Reich Adolf Hitlers!

In den zahlreich eingesetzten Flugblättern, die in den unterschiedlichen kaukasischen Sprachen getextet waren, wurde vor allem die Funktion der Wehrmacht als »Befreier und Beschützer« dargestellt, ein Thema, das sich auch in der deutschen Plakatpropaganda für den Kaukasus niederschlug.

Die Bedingungen für eine intensive Propaganda in Verbindung mit erfolgreichen Angriffsoperationen gegen Kaukasier waren im Frühjahr, Sommer, und Herbst 1942 erheblich günstiger als gegen Russen oder Ukrainer, weil den kaukasischen Völkern erheblich mehr versprochen werden konnte.

Die Erfolge einer solchen Propaganda blieben nicht aus. Bereits im Frühjahr 1942 stellte das AOK 11 aus kaukasischen Kriegsgefangenen und Überläufern zehn Bau-Kompanien auf, und zwar:

4 Kompanien Georgier
3 Kompanien Armenier
2 Kompanien Aserbaidshaner
1 Kompanie gemischt aus Bergvölkern

Diese Kompanien wurden als 4. Kompanie dem Div.Pi.Btl. zugeteilt und zum Ausbau rückwärtiger Stellungen, Stützpunkte, Straßen usw. eingesetzt. Im späteren Verlauf der Angriffsoperationen gegen den Kaukasus wurden sie nach einer sorgfältigen abwehrmäßigen und propagandistischen Bearbeitung und militärischer Ausbildung als Kampftruppe im rückwärtigen Armeegebiet und an der Front selbst eingesetzt[251].

Aufgrund der positiven Erfahrungen, die die deutsche Wehrmacht mit den kaukasischen Freiwilligen Formationen gemacht hatte, befahl im Frühjahr 1942 das OKH die Aufstellung folgender Legionen:

1. eine turkestanische Legion
2. eine kaukasisch-mohammedanische Legion
3. eine georgische Legion
4. eine armenische Legion
5. eine türkische Legion

Plakat P 61
Format: 56 x 80 cm
Sprachen: Russisch, Georgisch, Armenisch, Aserbaidschanisch, Kumückisch, Kalmückisch, Wolgatatarisch, Tschetschenisch

Übersetzung des Textes: Völker des Kaukasus! Wir befreien Euch von der Sklavenherrschaft der Sowjets. Geht jetzt an die Arbeit! Ihr schafft für Euch und Eure Heimat.

გადასვლის ნებართვა.

ვინც ამ ბარათს წარმოადგენს, ის წინაამდეგია უაზრო სისხლის ღვრისა ურიათა და კომისართა სასარგებლოდ. ის სტოვებს დამარცხებულ წითელ ჯარს და გადადის გერმანიის ჯარის მხარეზე. გერმანიის ოფიცრები და ჯარისკაცები კარგად მოეპყრობიან გადმოსულთ, გაუჩენენ მათ საზრდოთ და იზრუნებენ მათ დასაქმებისათვის.

ეს გადასვლის ნებართვა ძალაში რჩება წითელარმიელ ოფიცერთა და ჯარისკაცთა იმ განუსაზღვრელ რიცხვისთვის, რომელიცკი გადავა გერმანიის მხარეზე.

Passierschein

Vorzeiger dieses wünscht kein sinnloses Blutbad im Interesse der Juden und Kommissare. Er verläßt die geschlagene Rote Armee und geht auf die Seite der deutschen Wehrmacht über. Die deutschen Offiziere und Soldaten werden den Überläufer gut behandeln, ihn verpflegen und für Beschäftigung sorgen.

Der Passierschein gilt für eine unbeschränkte Anzahl von Offizieren und Soldaten der Roten Armee, die zur deutschen Wehrmacht übergehen.

روحسه‌ت نامه

شول قاغاز نیگ کورسه‌توچی یوشدمن یونگه یه هوری وه قومیسارلار اوچونقان توکیشیا یسه مه یدور.
یول یقلگه‌ن. قیزیل عسکرنی ته شلهپ. گیرمانیه اوردوسی‌تامانیگه اوته‌دورلر!
گیرمانیه نیگ ذابیت‌لاری. عسکرلری شول اوتوچیلارنی یه حشی قبول قیلیب. ایش‌وه هه‌م یمك ایچمه‌ك بیرورلر.
بول قاغاز. اونی قولیده توتوب کیلوچی وه بوتون یایده‌گی یولداشلری اوچون گیرمانیه تامانیگه هیچبر توسقونسز یلهن اوتیشگه کیفایه‌قیلور.

Passierschein

Vorzeiger dieses Scheines wünscht kein sinnloses Blutbad im Interesse der Juden und Kommissare. Er verläßt die geschlagene Rote Armee und geht auf die Seite der deutschen Wehrmacht über. Die deutschen Offiziere und Soldaten werden den Überläufer gut behandeln, ihn verpflegen und für Beschäftigung sorgen.

Der Passierschein gilt für unbeschränkte Anzahl von Offizieren und Soldaten der Roten Armee, die auf die deutsche Seite übergehen wollen. Dieser Schein beseitigt jegliche beim Überlaufen auf die deutsche Seite in den Weg tretende Hindernisse.

290 Paf

290 Paf
109

پروپوسك

مونی کورسه‌توچی. یهودیلر هم کامیسارلر اوچون معناسز قان توگرگه تله‌می. اول. قرلغان. جیگلگان قزل آرمیه‌نی تاشلاب. نیمسلر طرفنا چغا. نیمس آفیتسیرلری هم سالداتلاری. اوز ایختیاری بلهن چققانلارنی بیك یاخشی قارشی آلب. تاماقلارن تویدرغاندن سوڭ بره‌ر اش بلهن مشغول بولرغا تله‌گانلرگه، اش تاب بیره‌لر.

بو پروپوسك برکشی اوچن بولغان کبك. شولایوق نیمسلر طرفنا چیغوچی حسابسز کوب قزل آرمیا سالدات هم آفیتسیرلری اوچوند بولا آلا.

Пропуск

Муне курсятучи, яхудилэр хям камиссарлэр учун магнясиз кан тугэргэ тилями.
Ул, кирилган, джинилгэн кызел армияни ташлаб, нимеслэр тэрафина чыга.
Нимес афицер хям салдатлары, уз ихтияры блэн чикганларны бик яхшы каршы алыб, тамакларын туйдыргандэн сун, бирэр иш блэн мэшгул булурга тиляганлэргэ, иш табуб бирэлэр.

Бу пропуск бир киши учун булган киби, шулаюк нимеслэр тарафина чыгучы хисабсыз куб кызел армия салдат хям афицерляры учундэ була ала.

Passierschein

Vorzeiger dieses wünscht kein sinnloses Blutbad im Interesse der Juden und Kommissare. Er verläßt die geschlagene Rote Armee und geht auf die Seite der deutschen Wehrmacht über. Die deutschen Offiziere und Soldaten werden den Überläufer gut behandeln, ihn verpflegen und für Beschäftigung sorgen.

Der Passierschein gilt für eine unbeschränkte Anzahl von Offizieren und Soldaten der Roten Armee, die zur deutschen Wehrmacht übergehen.

Passierscheine in kaukasischen Sprachen

6. tartarische Formationen unbegrenzt.

Eine Ausarbeitung von OKW/WPr IV C über den Kaukasus ähnlich der Studie über die Sowjetunion, die kurz vor dem Angriffsbeginn erschien, veröffentlichte das Oberkommando der Wehrmacht erst im Juli 1942, als die Offensive in Richtung Kaukasus ablief[252].

Diese erstaunlich knappe und inhaltlich wenig ergiebige Ausarbeitung, die offensichtlich unter großem Zeitdruck angefertigt und »in letzter Minute« bis zur Divisionsebene verteilt wurde, beschrieb in drei Abschnitten die geographische Lage, die Bevölkerung und die Wirtschaft des Kaukasus.

Nach dieser Ausarbeitung bestand die Bevölkerung des Kaukasus zu einer Hälfte aus Ukrainern und Russen. Die andere Hälfte der Bevölkerung verteilte sich auf 40 Völker und Stämme, von denen die meisten im Nordkaukasus lebten. Auf die Bergvölker (gorzy) entfielen in erster Linie folgende Völker:

Tschetschenen und Inguschen	407 000 Einwohner
Osseten	354 000 Einwohner
Tscherkessen	255 000 Einwohner
Karatschajer	75 000 Einwohner
Balkarer	42 000 Einwohner
Dagestaner (Kumüken, Laken, Darginer, Awanen u. a.)	857 000 Einwohner

Die rassischen Unterschiede dieser Bergvölker, so stellte die Ausarbeitung fest, seien groß. »In ihrer primitiven Kultur« glichen sie sich jedoch sehr, da fast alle von der »islamischen Überlieferung« lebten.

Die drei großen Völker Transkaukasiens bestanden aus:

Georgier	2 248 000 Einwohner
Armenier	2 151 000 Einwohner
Aserbaidshaner	2 274 000 Einwohner

Die Georgier, Armenier und Aserbaidshaner wurden positiv beurteilt: die Georgier seien »freiheitsliebend, sorglos, tapfer und stolz« und hätten eine »hohe Kultur« entwickelt, die Armenier »fleißig, unternehmend und friedlich«. Eine entsprechende Beurteilung der Aserbaidshaner fehlte. Über sie wurde lediglich ausgesagt, daß sie das »führende islamische Volk des Kaukasus« seien und »großen Einfluß auf alle mohammedanischen Bergstämme« besäßen. Im übrigen sei das Nationalbewußtsein der kaukasischen Völker und Stämme immer noch lebendig und bilde »Ansatzpunkte für ein aktives Vorgehen gegen die bolschewistische Zwangsherrschaft in allen Schichten der Bevölkerung«[253].

Etwas differenzierter als die sehr farblose OKW/WPr-Ausarbeitung über den Kaukasus behandelte ein »Merkblatt für die Kaukasus-Armeen« die Bewohner der kaukasischen Gebiete[254]:

Allen gemeinsam sei ein »ausgesprochener Eigenstolz«, »unbedingte Ehrliebe«, Eigenart der religiösen Sitten und Gebräuche, große Empfindlichkeit gegen Mißachtung und eine »besonders geartete Stellung der Frau«.

So stoße der deutsche Soldat keineswegs auf »wilde Stämme«, sondern auf Völkerschaften, die ihr »Überlegenheitsgefühl gegenüber dem Bolschewismus« nie verloren hätten.

Diese Bevölkerung müsse daher ganz besonders für die deutschen Interessen gewonnen werden:

»Mehr als in einem anderen Lande muß der deutsche Soldat hier den ihm fremden religiösen Gebräuchen und Sitten Verständnis entgegenbringen und durch sein Verhalten die Unantastbarkeit des Familienlebens und des Eigentums bekunden.«

Auf die Frage nach der künftigen politischen Gestaltung des Landes habe die Truppe die Antwort zu erteilen, daß Deutschland den Kaukasus vom Bolschewismus befreien werde. Diese Gebiete erhielten »eine Sonderstellung« mit einer selbständigen Entwicklung, die durch einen »allmählichen Übergang« erreicht würde.

Wie erfolgreich die deutsche Propaganda gegenüber Kaukasiern war, zeigte u. a. das Unternehmen Bergmann[255], das am Terek vor allem mit dem Einsatz eines Soldatenchores von einer gegenüberliegenden georgischen Division 800 Überläufer auf Anhieb einbrachte, unter denen sich eine ganze Batterie mit ihrem Batteriechef und dessen Frau befanden. Daraufhin wurde diese georgische Division wegen Unzuverlässigkeit aus der Front abgezogen und durch eine aserbaidshanische Division ersetzt.

Das Unternehmen Bergmann, das in einer Stärke von ca. 900 Mann am Terek eingesetzt war, konnte sich in wenigen Monaten durch kaukasische Überläufer auf 2833 Mann vergrößern und damit eine Personalerhöhung von 220 Prozent erreichen.

Die »Richtlinien für die Aktivpropaganda in die Sowjetarmee«

Nachdem der Einsatz der Flugblattpropaganda an der Ostfront in den Sommermonaten eine gewaltige Steigerung erfahren hatte, sah sich OKW/WPr sehr bald schon mit einer Schwierigkeit konfrontiert, die sich in Ansätzen schon ein Jahr vorher abgezeichnet hatte.

Durch die neuen Druckmöglichkeiten an der Front konnten die Propagandatruppen in eigener Regie immer mehr Flugblätter produzieren. So wurden z. B. in der Zeit vom 7. bis 14. Juni 1942 bereits 55,7 Prozent der abgeworfenen Flugblätter von der PK 670 (AOK 2) gedruckt, während die restlichen 44,3 Prozent von OKW/WPr geliefert wurden. In der zweiten Junihälfte produzierte der Propaganda-Abschnitts-Offizier Süd 42,2 Prozent aller zum Einsatz gelangten Flugblätter auf dem Eisenbahn-Druckerei-Zug »Bad Pyrmont«. Das AOK 6 setzte bei seinen Angriffsoperationen im großen Donbogen im August 1942 Flugblätter ein, von denen 40,4 Prozent in der Druckerei der PK 637 produziert worden waren[256].

Dieser hohe Druckanteil der Propaganda-Einheiten an der Front führte zu einer erheblichen Wirkungssteigerung der Aktivpropaganda, da sie sich unmittelbar an bestimmte feindliche Verbände in den jeweiligen Frontabschnitten wenden konnte und entsprechend aktuell war.

Die Steigerung der Flugblattproduktion der Heeresgruppen und Armeen führte jedoch dazu, daß diese Flugblätter »weitgehend von den offiziellen OKW/WPr-Richtlinien abwichen«, ihnen häufig sogar scharf widersprachen und in eine »wilde« Propaganda-Produktion ausarteten[257]. Das lag allerdings u. a. auch an dem Inhalt der OKW/WPr-Richtlinien, die sich für die Propaganda-Praxis teilweise als unbrauchbar erwiesen.

Wie unterschiedlich jedoch die Truppe formale und inhaltliche Kriterien der eigenen Flugblattpropaganda beurteilte, sollen folgende Auszüge aus widersprüchlichen Propagandavorschlägen verdeutlichen, die bei OKW/WPr eingingen[258]:

1. 1. Heeresgruppe Mitte 12. 5. 42:
»... nur ein kurz gehaltenes Flugblatt wirkt an der Front.«
AOK 9 Ic/AO vom 15. 3. 42:
»... kurzer Text, möglichst mit Skizze oder Abbildungen wirksamer als lange Ausführungen.«

1. 2. Luftwaffenkommando 1 vom 11. 5. 42:
»... kurzes, mit Bildseiten versehenes Flugblatt ist nur bedingt wirkungsvoll. Zunächst sind Flugblätter mit ausführlichem Text notwendig.«

2. 1. OKH/Gen. z.b.V. vom 18. 2. 42:
»... OKH weiterhin der Auffassung, daß Versprechungen nicht ausreichen. Erforderlich, Beweise für die Glaubwürdigkeit unserer Propaganda geben.«

2. 2. Studie des Sonderführers (Z) Sinneker XIII. AK vom 7. 2. 42:
»... Ob propagandistisch in Aussicht gestellte Maßnahmen später ausführbar sind, ist belanglos.«

3. 1. XIX. AK Ic vom 17. 3. 42:
»Kommissare müssen als Schreckgespenst hingestellt werden.«

3. 2. AOK 16 vom 20. 7. 41:
»... Wenn nicht die Drohungen an die Politruks und Kommissare wären, würden die Soldaten in hellen Scharen überlaufen.«
XXXXIII. AK über AOK 4 Ic/ AO am 2. 6. 42:
»... Eine Propaganda, die den Kommissar ausschließt oder sich gegen ihn wendet, verzichtet von vornherein auf eine umfassende Wirkung.«

4. 1. Luftwaffenkommando 1 vom 11. 5. 42:
»... Flugblätter müssen in Form und Aufmachung den sowjetischen Zeitungen gleichen. Äußerlich auffallende Flugblätter sind unwirksam.«

4. 2. AOK 11 vom 28. 9. 41:
»... zu den Flugblättern muß gutes Papier verwandt werden. Wenig Text, Format klein und doppelseitig bedruckt.«

5. 1. Panzer AOK 3/Ic vom 19. 7. 42:

»... Daneben wendet der Russe viel für die Propaganda in den Feind auf, die er beweglicher und großzügiger betreibt als die von deutscher Seite.«

5. 2. Generalkommando LI.AK vom 16. 6. 42:
»... Die eigene Propaganda war wirkungsvoll und auf die psychologisch schwachen Stellen der gegnerischen Kampfmoral geschickt abgestellt.«

6. 1. AOK 18 vom 10. 7. 42:
»... Die Flugblätter, die Bilder über das Leben in Deutschland zeigen, sind sehr nett, machen aber auf den russischen Soldaten wenig Eindruck.«

6. 2. AOK 4 vom 1. 7. 42:
»... Flugblätter mit Bildern besonders aus dem Leben und der Arbeit des deutschen Bauern und Arbeiters sind besonders wirksam.«

7. 1. Vorschlag des Dr. Heinz Lotz:
»... Die Propaganda nach Rußland müßte vor allem nach der ideologisch-theoretischen Seite hin betrieben werden.«

7. 2. AOK 16 vom 14. 5. 42:
»... Ausführungen ideologischen Charakters interessieren wenig und sind unwirksam.«

8. 1. Professor von Arseniew, Mai 1942:
»... Da der Russe Angst hat, daß die Deutschen im Lande bleiben und ihn nach dem Krieg beherrschen wollen, schlage ich die sofortige Bildung einer russischen National-Scheinregierung vor.«

8. 2. AOK 16, Abt. Ic, 16. 8. 42:
»... Dem russischen Bauern und Arbeiter ist es vollkommen gleichgültig, ob er unter kommunistischer oder faschistischer Herrschaft lebt. Es kommt ihm zunächst nur darauf an, in gesicherten und ruhigen Verhältnissen zu leben und zu Essen zu haben.«

General Jodl notierte handschriftlich als Kommentar zu diesen widersprüchlichen Auffassungen:

»Es ist bei der Propaganda nicht anders als im allgemeinen Heeresleben. So viele Köpfe, so viele Ansichten. Daher muß auch hier ein Kopf bestimmen, was geschieht.«

Um in diesen Wirrwarr unterschiedlicher Auffassungen wieder ein lenkendes und koordinierendes Ordnungsprinzip zu bringen, erließ die Abteilung Wehrmachtpropaganda am 1. September 1942 spezielle »Richtlinien für die Aktivpropaganda in die Sowjetarmee«, die in einem grundsätzlichen formalen und inhaltlichen Teil zum ersten Mal seit Beginn des Ostfeldzuges ein verbindliches und brauchbares Arbeitspapier für die deutschen Aktivpropagandisten lieferten[259]. Diese »Richtlinien« waren die bedeutendste Verfügung von OKW/WPr für den östlichen Kriegsschauplatz in den ersten beiden Jahren des Feldzuges. Da es bis zu diesem Zeitpunkt keine Dienstvorschrift oder ein Lehrbuch über den Einsatz der Aktivpropaganda gab, enthielten die »Richtlinien« eine Reihe von Anregungen und Gesichtspunkten, die als eine Ausbildungshilfe für die Propaganda-Einheiten verwandt werden konnten.

Als das wichtigste Dokument der deutschen Propaganda im Osten seit Beginn des Rußlandfeldzuges soll es im folgenden im vollen Wortlaut wiedergegeben werden:

»Richtlinien für die Aktivpropaganda in die Sowjetarmee.

A. Grundsätzliches

1. Der wichtigste Grundsatz der Propaganda und das Geheimnis ihres Erfolges ist die stetige Wiederholung bestimmter Grundgedanken. Diese Gedanken können verschieden dargelegt werden, es ist jedoch falsch, dem gelegentlich besonders von intellektuellen Gefangenen geäußerten Bedürfnis nach Abwechslung und ausführlicher Begründung Rechnung zu tragen.
2. Drohungen, Spott und Hohn sind in der Propaganda unzweckmäßig. Der Sowjetsoldat muß von der Propaganda herübergezogen werden. Es ist alles zu vermeiden, was ihn abstößt und damit der feindlichen Propaganda die Arbeit erleichtert.
3. Die Propaganda hat sich in ihrem Inhalt und in ihrer Form in erster Linie an die Masse zu wenden. Sie muß daher die Aufnahmefähigkeit der Masse berücksichtigen. Das Verhältnis zwischen einfachen Massenflugblättern und Flugblättern, die an die geschulten Angehörigen der Sowjetunion gerichtet sind, soll im allgemeinen

9 : 1 sein. Die Kritik russischer Intellektueller an der deutschen Propaganda führt oft zu falschen Schlußfolgerungen. Je schlichter und unkomplizierter die Propaganda ist, desto stärker ist die Wirkung.

4. Die Propaganda hat Versprechungen zu vermeiden, die nicht gehalten werden können. Übertriebene Versprechungen schlagen, auch nach vorübergehendem Erfolg, stets ins Gegenteil um. Es empfiehlt sich, Hinweise auf die bessere Zukunft grundsätzlich mit der Formel einzuleiten, daß die Deutschen kein Paradies versprechen, dafür aber ihre Zusagen halten.

5. Die Propaganda muß insbesondere in ihren politischen Tendenzen straff geleitet werden, es ergeben sich sonst Widersprüche. Sie stellen die Wirkung der Propaganda in Frage und werden von der Gegenpropaganda, wie es bereits geschehen ist, geschickt und schnell ausgenützt.

   Die vom OKW hergestellten Flugblätter sind daher mehr als bisher richtungsgebend. Die selbständige propagandistische Betätigung der Truppe, in erster Linie also die Herstellung von Flugblättern durch Heeresgruppen, Armeen, Korps und Divisionen hat sich eng an die vom OKW ausgegebenen Richtlinien zu halten.

   Flugblattexte des OKW können durch örtliche Angaben und Anrede der anzusprechenden Verbände aktuell und so wirkungsvoller gemacht werden.

B. Einzelheiten

1. Sparsamkeit und Handlichkeit fordern, daß Flugblätter möglichst in kleinem Format hergestellt werden.
2. Die Wirkung der Flugblattexte wird durch Sprachfehler beeinträchtigt. Wörtliche Übersetzungen aus dem Deutschen sind unzweckmäßig. Die Beurteilung der Flugblätter soll in sprachlicher Hinsicht, wenn möglich, durch mehrere voneinander unabhängige Sprachkundige erfolgen.
3. Es hat sich als zweckmäßig herausgestellt, die Flugblätter mit einer Nummer, mit Monats- und Jahresdatum zu versehen, wenn es sich nicht um völlig zeitlose Flugblätter handelt.
4. Nach der Einbeziehung der Polit-Arbeiter in die Überläuferpropaganda sind Angriffe in den Flugblättern gegen Kommissare und Politruks unzweckmäßig geworden. In Zukunft sind daher, um das System zu kennzeichnen, allgemeine Ausdrücke wie ›Mitläufer Stalins‹, ›Propagandisten‹, ›Märchenerzähler‹ und ›Stalinsche Meute‹ zu wählen. Alte Flugblätter mit scharfen Ausdrücken gegen Kommissare sind nicht mehr zu verwenden.
5. Für Passierscheine gelten folgende Richtlinien:

   a) Der Passierschein muß neben der betreffenden Ostsprache den ganzen Text oder einen Teil davon in deutscher Sprache enthalten, zumindest aber muß er an einer auffallenden Stelle als Passierschein in deutscher Sprache gekennzeichnet sein.

   b) Hinweis, daß der Passierschein für eine unbegrenzte Anzahl von Rotarmisten, Offizieren und Polit-Arbeitern gilt und unbegrenzte Gültigkeitsdauer hat, ist notwendig.

   c) Einrahmung zur besseren Kennzeichnung des Passierscheines und ein Stempelaufdruck mit Adler sind zweckmäßig.
6. Wird im Flugblatt der Text von einem Überläufer oder Gefangenen unterzeichnet, so ist es unbedingt notwendig, daß in dem Text selbst oder in einem besonderen Zusatz der Hinweis enthalten ist, daß der Unterzeichnete freiwillig und ohne deutschen Druck die Nennung seines Namens gewünscht hat. Noch wirkungsvoller wird eine derartige Aussage oder ein Aufruf, wenn darin die Behauptung enthalten ist, daß die Angehörigen des Gefangenen im bereits von deutschen Truppen besetzten Gebiet leben und damit Repressalien nicht ausgesetzt sind.
7. Es ist nicht angebracht, Lenin anzugreifen, da der Gegensatz Lenin – Stalin von der deutschen Propaganda ausgenützt wird.
8. Karikaturen, Spottverse und satirische Gedichte können in beschränktem Umfange mit Erfolg verwendet werden, wenn sie die russische Mentalität treffen. Obwohl gerade die Sowjetpropaganda sich durch Plumpheit hervortut, sollten Spottverse und Karikaturen, die von der deutschen Propaganda verwendet werden, nicht in diesen Fehler verfallen.

C. Die grundsätzlichen Tendenzen der deutschen Aktiv-Propaganda sind:

a) Die deutsche Wehrmacht und ihre Verbündeten kämpfen nicht gegen die Völker der Sowjetunion, sondern nur gegen das jüdisch-bolschewistische System der Ausbeutung und des Terrors.

b) Trotz kriegsbedingter wirtschaftlicher Schwierigkeiten haben die Deutschen in den vom Bolschewismus befreiten Gebieten bereits die Grundlagen für eine Neuordnung gelegt. Dazu gehört: Abschaffung der Kolchose, Zuteilung von Land an die Bauern, Beseitigung des Stachanowsystems, Förderung des Handwerks.

c) Die deutsche Wehrmacht bringt und gewährleistet den Bewohnern der befreiten Gebiete volle Freiheit der religiösen Betätigung aller Bekenntnisse, Achtung der Sitten, Gebräuche und Sprache. Je schneller das Stalin-Regime beseitigt ist, desto früher werden diese Segnungen allen Völkern der Sowjetunion zuteil. Die bessere Zukunft der Völker der Sowjetunion hängt also von dem Sieg der deutschen Waffen ab.

d) Die Deutschen behandeln ihre Gefangenen gut. Darüber hinaus werden die Überläufer bevorzugt behandelt.

e) Bereits die Kämpfe des Jahres 1941 haben die Überlegenheit der deutschen Truppe bewiesen. Trotz aller Behauptungen der Sowjetpropaganda hat der verflossene Winter daran nichts geändert. Die Siege auf der Krim, bei Charkow, Woronesch und am Don liefern laufend schlagkräftige Beweise für die Überlegenheit der Deutschen und ihrer Verbündeten.

f) Jeder weitere Widerstand der Sowjetwehrmacht ist sinnlos. Die ungeheuren Blutopfer, die Stalin immer wieder fordert, können das Schicksal des Stalin-Regimes nicht aufhalten. Stalin wird untergehen, die Völker der Sowjetunion aber werden und müssen leben. Sie haben daher alles Interesse, den Krieg beschleunigt zu beenden.

g) Das Bündnis des Bolschewisten Stalin mit den kapitalistischen angelsächsischen Mächten und mit den Juden bedeutet, daß Millionen von Russen und Angehörigen der übrigen Völker der Sowjetunion für die imperialistische Politik Londons und Washingtons geopfert werden. Die Engländer und Amerikaner, die von den Deutschen, Italienern, Japanern und ihren Verbündeten auf allen Schlachtfeldern und allen Meeren geschlagen worden sind, versuchen vergeblich, sich durch das russische Blutopfer zu retten. England kämpft bis zum letzten Russen!

h) Erfolge an den Nachbarfronten sind in der Propaganda auszunützen. Immer wieder ist dabei auf die schlechte Führung hinzuweisen.

i) Als Anlage werden die für die Truppe wichtigsten Musterflugblätter in deutschem und russischem Text beigefügt.«

Der »unorganische Zustand«: Der Kampf um die Führung der Ostpropaganda zwischen Propaganda- und Ostministerium

Durch den Erlaß Hitlers vom 17. Juli 1941 über die »Verwaltung der neu besetzten Ostgebiete« mit seinen Durchführungsbestimmungen übernahm das neu eingerichtete Reichsministerium für die besetzten Ostgebiete auch die Verantwortung für die politische Ausrichtung der Propaganda im Osten[260].

Die übrigen Träger der Ostpropaganda mußten daher ihre politische Propagandaplanung mit der Abteilung Presse und Aufklärung des Ostministeriums abstimmen: das geschah bei OKW/WPr IV C durch den Verbindungsoffizier des OKW zum Ostministerium, Hauptmann Nicolaus von Grote, bei der Abteilung Ost des Propagandaministeriums durch Dr. Taubert und beim Auswärtigen Amt durch den Leiter des Sonderreferates D IX, den Gesandten Großkopf (bis Juli 1942).

Das Ostministerium ließ durch die Gruppe Aktivpropaganda der Abteilung Presse und Aufklärung eigene Propagandaentwürfe erarbeiten, die es allerdings selbst nicht drukken konnte, da es über keinen eigenen Herstellungsapparat verfügte. Aus diesem Grunde mußten diese Entwürfe durch das Propagandaministerium gedruckt werden, das mit den Druck- und Transportmitteln der Abteilung Ost wie bereits erwähnt in Eigenproduktion alle Propagandaerzeugnisse für

Der deutsche Propaganda-Apparat für den Osten

Zeichnung 18

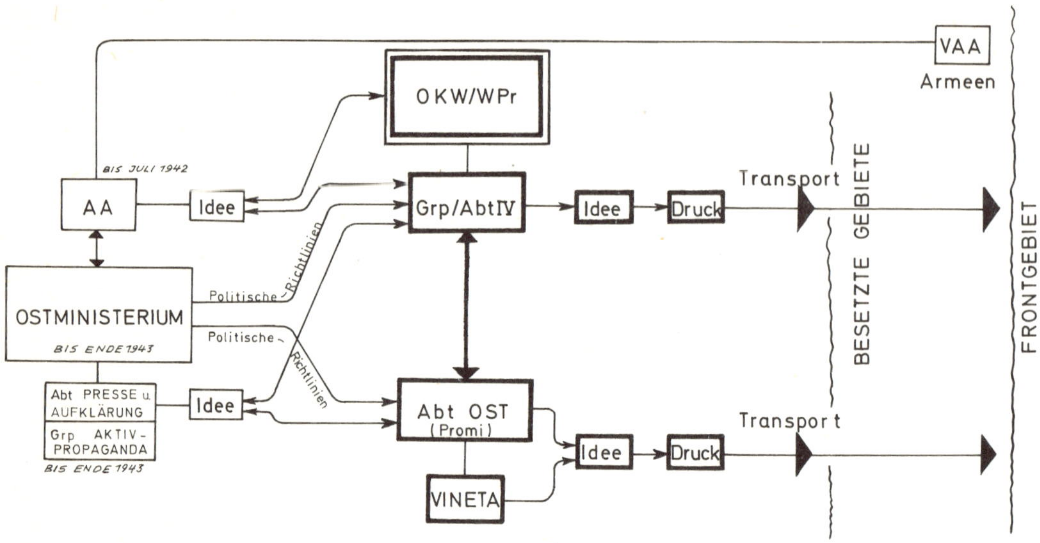

die Propaganda-Abteilungen der Reichskommissariate und einen großen Teil für die Propagandatruppen der Wehrmacht produzierte und auslieferte.

Weil dem Ostministerium kein eigener Herstellungs- und Vertriebsapparat für Druckerzeugnisse zur Verfügung stand, und sich daher der Einfluß dieses Ministeriums auf die Ostpropaganda in erster Linie auf das »Erteilen politischer Richtlinien« beschränkte, war zwangsläufig der Stellenwert des Propagandaministeriums von Beginn des Ostfeldzuges an so groß, daß sich daraus der Anspruch von Goebbels entwickeln mußte, die gesamte Ostpropaganda für die unter Zivilverwaltung stehenden Gebiete in seinen eigenen Verantwortungsbereich zu überführen.

Nachdem das Ostministerium durch den Führerbefehl vom 28. Juli 1942 den Einfluß des Auswärtigen Amtes ausschalten konnte, spitzte sich sehr bald ein neuer Konflikt um den Führungsanspruch in der Ostpropaganda zwischen dem Ostministerium und dem Propagandaministerium zu[261].

Unmittelbarer Anlaß für den Höhepunkt des Konfliktes im Sommer 1943 war die zeitweilige Sperrung von Haushaltsmitteln für die Abteilung Ost durch das Reichsfinanzministerium, die Rosenberg erwirkt hatte.

Da das Propagandaministerium mit seinem Herstellungs- und Vertriebsmonopol der Propagandaerzeugnisse für die Ostgebiete ein erdrückendes Übergewicht dem Ostministerium gegenüber besaß, war schließlich der Sieger dieses heftigen Kompetenzstreites Joseph Goebbels.

Durch die »Anordnung des Führers über die Abgrenzung der Zuständigkeiten zwischen dem Reichsministerium für Volksaufklärung und Propaganda und dem Reichsministerium für die besetzten Ostgebiete« vom 15. August 1943 wurde definitiv festgesetzt, daß das Ostministerium keinen eigenen Propagandaapparat für die besetzten Ostgebiete in Zukunft unterhalten durfte, sondern die Ostpropaganda in den alleinigen Zuständigkeitsbereich des Propagandaministeriums überging[262].

In den Ziffern 3 bis 5 dieser Anordnung wurde bestimmt:

»3. Der Reichsminister für die besetzten Ostgebiete unterhält keinen eigenen Propagandaapparat, sondern beschränkt sich für die Bearbeitung der Propaganda auf einen Stab von zwei bis drei Sachbearbeitern innerhalb seines Ministeriums.

4. Die Reichs- und Generalkommissare in den besetzten Ostgebieten dürfen keine eigenen Propagandadienststellen unterhalten.

5. Der Reichsminister für Volksaufklärung

und Propaganda ist berechtigt, am Sitz der Reichs- und Generalkommissare eigene Dienststellen zu errichten, die ihm unmittelbar unterstehen und von ihm fachliche Weisungen erhalten.«

Diese Anordnung Hitlers wurde durch eine Denkschrift[263] von Goebbels ausgelöst, die eine Reihe von falschen Beschuldigungen Rosenberg gegenüber enthielt, die diesem aber erst später bekannt wurden. Die verständliche Entrüstung Rosenbergs spiegelte sich in einem scharfen Schreiben an den Reichsminister und Chef der Reichskanzlei Dr. Lammers wider, das jedoch ohne Erfolg blieb[264]. So wurden laut Führerbefehl vom 15. August 1943 bei den Reichskommissariaten Ostland und Ukraine »Landespropagandaämter« eingerichtet, die Goebbels unmittelbar unterstanden[265]. Rosenberg mußte zusätzlich noch im Januar 1944 durch die »Vereinbarung über die Presse und Propaganda im Ostraum« die gesamte Steuerung der Presse seinem Rivalen überlassen[266]. Das Zugeständnis, daß das Reichsministerium für die besetzten Ostgebiete weiterhin allein für die Erteilung der politischen Richtlinien zuständig sei, war ein nur geringes Trostpflaster für Rosenberg, da diese »Zuständigkeit« zu diesem Zeitpunkt nur noch einen dekorativen Wert besaß.

Es läßt sich in diesem Zusammenhang feststellen, daß die Übertragung der gesamten Ostpropaganda in den Zuständigkeitsbereich des Propagandaministeriums eine Entscheidung war, die aus den bekannten Gründen schon von Beginn des Rußlandfeldzuges an hätte gefällt werden müssen, um im Sinne des Führerbefehls vom 8. September 1939 eine zentrale und damit wirksame Handhabung der Ostpropaganda zu gewährleisten.

Die Rote Armee in der Devensive: Der Stalinbefehl Nr. 227 vom 28. Juli 1942

Der siegreiche Verlauf der deutschen Sommeroffensive veranlaßte Stalin, am 28. Juli 1942 den Befehl Nr. 227 zu erlassen, der bis auf die Ebene der Kompanien, Schwadronen und Batterien in der Roten Armee verlesen werden mußte[267].

Dieser Befehl, der im Unterschied zum Tenor der sowjetischen Propaganda in einer geradezu brutalen Offenheit die durch den deutschen Vormarsch entstandene tödliche Gefahr für die Existenz der Sowjetunion beschrieb, übertraf in der Schärfe seiner Bestimmungen sogar die sowjetischen Durchhaltebefehle, die ein Jahr vorher erlassen worden waren.

Der Befehl Nr. 277 enthielt folgende Punkte:

1. militärische Lage: Der Feind dringt immer tiefer in die Sowjetunion bis zur Wolga und an die Tore des Kaukasus vor. Die Bevölkerung verliert bei den ständigen Niederlagen den Glauben an die Rote Armee. Bei weiteren Gebietsverlusten mit der Aufgabe von erheblichen Menschen- und Rohstoffreserven ist eine Katastrophe unvermeidlich.
2. Schlußfolgerung: Keinen Schritt mehr zurück! Panikmacher und Feiglinge sind zu vernichten. Jeder Kommandeur oder Politarbeiter, der zurückgeht, ist ein Vaterlandsverräter und entsprechend abzuurteilen.
3. Maßnahmen: Ohne ausdrücklichen Befehl des Oberkommandos der Roten Armee gibt es keinen Rückzug. Androhung von schärfsten Strafen bei Zuwiderhandlung. Aufstellen von speziellen Strafbataillonen, Strafkompanien und Sperrabteilungen, um die Disziplin und Ordnung in der Roten Armee aufrechtzuerhalten oder wiederherzustellen.

Nach Verkündigung dieses Befehls befahl die Politische Hauptverwaltung der Roten Armee, die gesamte Propaganda innerhalb der Truppe auf diesen Befehl hin auszurichten[268].

Dementsprechend wurden für die politische Schulung von Offizieren und Mannschaften folgende Standard-Themen erlassen:

1. Der Feind muß um jeden Preis aufgehalten, zurückgeworfen und vernichtet werden.
2. Keinen Schritt zurück lautet die Forderung des Vaterlandes.
3. Jeder Meter heimatlichen Bodens muß bis zum letzten Blutstropfen verteidigt werden.

4. Jeder neue Flecken Erde, der von den Deutschen erobert wird, stärkt den Feind und schwächt das Vaterland. Keinen Schritt zurück!
5. Wer nicht mit allen Kräften Ordnung und Disziplin in der Roten Armee unterstützt, ist ein Verräter.
6. Wer seine Kampfstellung ohne Befehl von oben verläßt, ist ein Verräter.
7. Feiglinge und Panikmacher sind Verräter des Vaterlandes und auf der Stelle unschädlich zu machen.
8. Eine eiserne militärische Disziplin ist die Grundlage für einen Sieg der Roten Armee.
9. Der Feind ist nicht so stark, wie das den Feiglingen und Panikmachern scheint.
10. Die Greueltaten der deutschen Okkupanten.
11. Der Kampf ist die Schule des Widerstandes, des Mutes und des Hasses gegen den Feind.
12. Kämpft wie Helden kämpfen sollen!

Nach den übereinstimmenden Aussagen zahlreicher gefangener und übergelaufener Offiziere, Soldaten und Kommissare übte der Stalinbefehl Nr. 227 eine erhebliche psychologische Wirkung auf die Rote Armee aus[269]. Die Tatsache, daß trotz des hartnäckigen Widerstandes, den die Rote Armee bisher geleistet hatte, ein neuer Befehl Stalins wiederum drakonische Maßnahmen zur Hebung der Kampfmoral erließ, zeigte den Betroffenen überdeutlich, wie ernst die militärische Lage sein mußte.

So versteifte sich der Widerstand der Roten Armee schon kurze Zeit nach dem Erlaß des Stalinbefehls noch einmal spürbar, um seinen Höhepunkt in den Kämpfen um Stalingrad zu erreichen. Nicht nur bei den sowjetischen Eliteverbänden, die sich z. B. aus dem Personal der zahlreichen Offiziersschulen rekrutierten, sondern vor allem auch bei Verbänden, die stark angeschlagen oder fast ganz aufgerieben worden waren und kaum noch einen nennenswerten Widerstandswillen zeigten, war ein plötzliches Ansteigen der Kampfmoral erkennbar. Ab August 1942 stieß die deutsche Truppe wieder massiert auf sowjetische Verbände, die sich in völlig aussichtsloser Lage bis zur letzten Patrone verteidigten.

Trotz dieser überzeugenden Tatsache behaupteten gefangene Rotarmisten bei ihren Vernehmungen immer wieder, daß von einem erhöhten Kampfwillen des einfachen Rotarmisten nicht gesprochen werden könne. Damit rückte das viel diskutierte Problem des sowjetischen Widerstandswillens wieder in den Mittelpunkt des Interesses. Der deutsche Ic-Bereich erklärte den eklatanten Widerspruch zwischen dem Kampfverhalten der Rotarmisten und ihrer angeblichen – den Vernehmungsprotokollen nach – nur geringen Kampfmoral mit der Tatsache, daß das Überwachungssystem in der Roten Armee intensiviert worden sei. Das Netz der persönlichen Überwachung des einzelnen Rotarmisten sei vor allem deshalb noch engmaschiger geworden, weil es inzwischen eine große Anzahl von Rotarmisten gäbe, die Komsomolzen seien und damit der »jungkommunistischen Zwischenschicht« angehörten.

Maßnahmen gegen Überläufer

In diesem Zusammenhang war eine Geheim-Meldung des Kommandeurs des 128. Schützen-Regiments an seinen Divisions-Kommandeur besonders aufschlußreich[270]. Das 128. Schützen-Regiment, das in keiner Weise eine Sonderstellung in der Roten Armee einnahm, meldete eine Personalstärke von 2854 Mann, von denen 235 oder 8,2 Prozent Partei-Anwärter und 629 Rotarmisten oder 22 Prozent der »jungkommunistischen Zwischenschicht« angehörten. Sie verteilten sich auf die Einheiten des I. Bataillons dieses Schützen-Regiments wie auf S. 205 dargestellt.
Eine ähnliche Verteilung ließ sich auch bei den anderen Einheiten dieses Regiments nachweisen, so daß etwa 31 Prozent der für die kommunistische Partei als »zuverlässig« geltenden Rotarmisten gleichmäßig über alle größeren Einheiten aufgeteilt waren. Sie bildeten in der Hand des Regiments-Kommissars und der ihm unterstellten Politruks eine wesentliche Unterstützung nicht nur seiner propagandistischen, sondern auch seiner Überwachungsarbeit und wurden damit zum »Rückgrat der Truppe im Kampf.«

So wurden alle Parteimitglieder und Komsomolzen zur Überwachung der Rotarmisten

Einheit	Partei-Mitglieder	Anwärter	Komsomolzen	insgesamt
1. Sch. Kp.	4	3	42	49
2. Sch. Kp.	4	1	29	34
3. Sch. Kp.	3	3	34	40
Pak u. MG-Kp.	3	2	48	53
Granatwerfer Kp.	2	4	18	24
insgesamt	16	13	171	200

eingesetzt[271]. Essenholer und Meldegänger durften nur noch zu dritt ihren Dienst versehen, um sich gegenseitig zu überwachen: die Gefechtsvorposten wurden nicht weiter als 5 oder 10 Meter vor die Front gelegt, um sie besser beobachten zu können. Die Stellungen waren häufig so gebaut, daß ein Verkehr zwischen den Gruppen und ein Verlassen der Stellung nur am Zugführer vorbei möglich war.

Sperrabteilungen standen bereits 400 bis 500 Meter hinter der vordersten Linie und wurden weiter hinten durch Strafeinheiten verstärkt. An unübersichtlichen Stellen waren Geheimposten versteckt, die sehr gefürchtet waren. Hemmend für ein Überlaufen wirkte sich die Sorge der Rotarmisten um das Schicksal ihrer Angehörigen (Haft oder Erschießen) aus, die der Sippenhaft verfielen. Außerdem verunsicherte den einzelnen Rotarmisten weiterhin eine wüste antideutsche Greuelpropaganda der Kommissare, die durch die erschütternden Berichte von entflohenen sowjetischen Kriegsgefangenen wirkungsvoll verstärkt wurde, die ihre Erlebnisse in den deutschen Gefangenenlagern schilderten.

Seit Ende August 1942 wurden viele Rotarmisten zum Eintritt in die Partei »geradezu genötigt[272]«. Bei einem Einsatz in der Hauptkampflinie erhielten die Parteimitglieder ihre Mitgliederbücher mit der Warnung ausgehändigt, daß sie sich nunmehr vor einer Gefangennahme besonders hüten müßten, da die Deutschen sämtliche Parteimitglieder erschössen.

Die einfachste Methode für den Rotarmisten, sich von dem eigenen Truppenverband zu lösen, war ein Überlaufen während eines deutschen Angriffs, wenn die Front in Bewegung geriet und ein Überlaufen nicht mehr durch die zahlreichen Hindernisse und Minen erschwert wurde. Diese Hindernisse und Minenfelder waren bei einer starren Front das größte Problem für viele überlaufwillige Rotarmisten. Bei Gefechten fanden viele Überläufer den Tod, weil sie es aus Furcht vor ihren Vorgesetzten und Kameraden nicht wagten, sich dem Tenor der deutschen Spezialflugblätter entsprechend als Überläufer kenntlich zu machen (erhobene Hände, Vorzeigen von Passierscheinen usw.) Die Folge war, daß über 50 Prozent dieser willigen Überläufer aus Unkenntnis ihrer Absicht von deutschen Soldaten erschossen wurden[273].

Nach den Bestimmungen des Stalinbefehls wurden die Kommandeure für das Überlaufen von Untergebenen und für sonstige Anzeichen schlechter Disziplin der Truppe persönlich zur Verantwortung gezogen und schärfstens bestraft. Aus diesem Grunde zeigte sich die psychologische Wirkung des Stalinbefehls mit seinen drakonischen Strafandrohungen besonders bei dem Offizierkorps der Roten Armee.

Der »verzweifelte Befehl«: Die Auswertung des Stalinbefehls durch die deutsche Propaganda

Obwohl bei sehr vielen Offizieren der Roten Armee die realistische Schilderung der militärischen Lage zu einer seelischen Erschütterung und zu einer Steigerung ihrer patriotischen Gefühle führte, wirkte sich jedoch die pauschale Androhung schärfster Maßnahmen bei den geschilderten Tatbeständen auf das sowjetische Offizierkorps negativ aus und führte zum Teil bei den verantwortlichen Kommandeuren zu einer echten psychologischen Krise (». . . nicht jeder zurückweichende Offizier ist ein Feigling[274]«).

Während der deutschen Sommeroffensive drückten zusätzlich noch folgende Faktoren die Siegeszuversicht und Kampfmoral nicht nur der Offiziere, sondern auch der Mannschaften in der Roten Armee:

1. das Ausbleiben der mit absoluter Sicherheit erwarteten und von der sowjetischen Pro-

paganda immer wieder angekündigten »Zweiten Front« und der gescheiterte Landungsversuch bei Dieppe.

2. die militärische Lage: das Scheitern der von großen Hoffnungen begleiteten sowjetischen Offensive südlich Charkow, der Verlust Sewastopols und der zügige deutsche Vormarsch bis an die Wolga und den Kaukasus.
3. die hohen eigenen Personal- und Materialverluste: ständiger Einsatz ohne sichtbaren Erfolg und ohne nennenswerten Ersatz bei hohem Blutverlust.

Der Stalinbefehl bot in Verbindung mit der militärischen Lage geradezu ideale Möglichkeiten, nach einer Auswertung der psychologischen Ansatzpunkte eine spezielle Gegenpropaganda einzuleiten. Diese günstige Gelegenheit nutzte die deutsche Aktivpropaganda und attackierte bereits in der ersten Augusthälfte in ihren Flugblatt- und Lautsprechereinsätzen diesen Befehl mit seinen Folgen für die Rote Armee. Als Ergänzung zu den Flugblättern der Propaganda-Einheiten warf die Luftwaffe im August 1942 zwei Spezialflugblätter[275] der OKW/WPr-Serie ab, die Flugblattmischung Nr. 445-446 Sta/VIII.42.

Sie sollte bei den sowjetischen Offizieren und Politarbeitern ihrer Führung gegenüber Unsicherheit und Mißtrauen wecken und die Rotarmisten von der Sinnlosigkeit weiterer Opfer überzeugen, indem sie den Gegensatz zwischen »Stalins einstiger Großsprecherei« und seinem »verzweifelten Befehl« propagandistisch ausschlachtete. Die Flugblätter verkündeten, daß nach diesem Befehl »Stalin mit seinen Feldherrnkünsten am Ende« sei. In diesem Zusammenhang benutzte die Aktivpropaganda ein Argument, das schon ein Jahr vorher in den Flugblättern 158 RA und 178 RA entwickelt worden war: Stalin mit seiner Clique allein sei an den militärischen Katastrophen der Roten Armee schuld, da er im Jahre 1937 durch die willkürliche Erschießung von 40 000 Offizieren die Rote Armee ihrer besten Führungskräfte beraubt und damit die Voraussetzungen für die Niederlagen geschaffen habe. Im übrigen stelle der Befehl eine »Beleidigung und Verunglimpfung«[276] des Offizier- und Politarbeiterkorps dar, wenn er anordne, daß z. B. im Bereich einer sowjetischen Front (Heeresgruppe) Strafbataillone aufgestellt werden müßten, die sich ausschließlich aus defaitistischen Offizieren und Politarbeitern rekrutierten.

Im Flugblatt Nr. 446/Sta/VIII.42 hieß es u. a.:

»Soldaten!

Euch ist der Befehl des Verteidigungskommissars vom 28. Juli 42 verlesen worden.

Stalin ist endlich gezwungen, in diesem Befehl das zuzugeben, was solange vor Euch verheimlicht wurde, und zwar:

In der Roten Armee herrschen Unordnung und Disziplinlosigkeit. Die Rote Armee ist nicht mehr Exponent des Volkswillens, denn das Volk liebt sie nicht mehr und beginnt bereits, sie zu verfluchen.

Die Kriegshilfsquellen der Sowjetunion gehen zu Ende.

Es fehlt an Brot und Metall.

Die Überlegenheit an Menschen und Brot gegenüber Deutschland ist verlorengegangen.

Die deutsche Armee ist diszipliniert und bestens organisiert.

Sie dringt unaufhaltsam vorwärts. Jeder Fußbreit gewonnenen Bodens stärkt sie und schwächt gleichzeitig die Rote Armee.

Der Bolschewismus steht vor dem Untergang.

Das alles hat Stalin in seinem Befehl zugegeben.

Wozu denn noch unnütz Blut vergießen?

Wem nützen denn jetzt noch weitere Berge von Leichen?

Wen freuen denn die Heere von Krüppeln, Witwen und Waisen?

(. . .)

Beendet diesen Krieg! Vermeidet unnötige Opfer und Leiden!

Laßt den verhaßten Bolschewismus verenden, erhaltet ihr aber euer Leben für die zukünftige schöpferische Arbeit!

Zögert nicht länger, kommt zu uns, bringt eure Kameraden mit!

Ihr seid hier willkommen und werdet von den deutschen Soldaten und Offizieren eine anständige Behandlung erfahren!

Dieses Flugblatt gilt als Passierschein für Mannschaften, Offiziere und Politarbeiter der Roten Armee.«

Eine der Ursachen für die Erfolge der deutschen Aktivpropaganda dieser Zeit war sicherlich die negative psychologische Auswirkung des Stalinbefehls, die in der Roten Armee spürbar war. Um auch die Komsomolzen und die Mitglieder der kommunistischen Partei propagandistisch besonders wirksam anzusprechen, warf die deutsche Luftwaffe im Oktober 1942 das Tarnflugblatt Nr. 548 PB/X. 42 ab[277]. Es war an den Außenseiten als Parteibuch getarnt und sollte in dieser Form das Aufheben erleichtern. Dieses berühmte Tarnflugblatt nutzte den Umstand aus, daß in den Sommermonaten Angehörige der Roten Armee in großer Zahl in die kommunistische Partei aufgenommen worden waren und ihre Partei- bzw. Kandidatenbücher erhalten hatten. Es sollte die sowjetische Propaganda widerlegen, die behauptete, Partei- oder Komsomolmitglieder würden bei ihrer Gefangennahme von den Deutschen erschossen:

Flugblatt Nr. 548 PB/X. 42

Für einen ehrenhaften Frieden,
für die Zusammenarbeit der Völker!

Mitglieder der kommunistischen Partei und des Kommunistischen Jugendverbandes!

Das Deutsche Oberkommando weiß, daß die meisten von Euch der Kommunistischen Partei und dem Kommunistischen Jugendverband beigetreten sind, weil die von den Sowjets geschaffenen Verhältnisse dieses verlangten und Ihr von der Lügenpropaganda betört wurdet. Daher werden gefangene Kommunisten und Komsomolzy genau so gut wie alle anderen Kriegsgefangenen behandelt und keinerlei Repressalien ausgesetzt.

Das Deutsche Oberkommando garantiert Euch Euer Leben und gibt Euch die Möglichkeit, für das Wohl Eurer Heimat zu arbeiten.

Viele ehemalige Kommunisten und Komsomolzy, Offiziere, Politarbeiter und Soldaten arbeiten schon seit längerer Zeit Hand in Hand mit den Deutschen, um Eurer gequälten Heimat so bald als möglich den Frieden zu bringen.

Macht Schluß mit dem sinnlosen Blutvergießen!

Kommt zu uns, denn nur dadurch könnt auch Ihr für alle Werktätigen Eurer Heimat eine bessere Zukunft schaffen.

Passierschein

Wie stark sich die deutsche Aktivpropaganda auf die Verbände der Roten Armee nach der Verkündung des Stalinbefehls auswirkte, soll im nächsten Kapitel geschildert werden.

Das deutsche Propagandawunder an der Ostfront

Die Erfolge der deutschen Aktivpropaganda im Sommer und Herbst 1942

Der Erfolg der deutschen Aktivpropaganda drückte sich plastisch in den Überläuferzahlen aus, die allerdings erst ab Mai 1942 für die gesamte Ostfront statistisch festgehalten wurden[278].

Ein deutliches Ansteigen der Überläuferzahlen erfolgte im Monat Mai 1942, nachdem sich durch die gewaltige Steigerung der abgeworfenen Flugblattmengen die Parolen der deutschen Flugblattpropaganda bei den Verbänden der Roten Armee psychologisch auswirkten. Deutsche Flugblätter waren bei den Rotarmisten so begehrt, daß laut Überläuferaussagen für bestimmte Blätter sogar 30 und 40 Rubel gezahlt wurden, wenn die Rotarmisten selbst nicht in der Lage waren, in den Besitz von deutschen Flugblättern zu gelangen[279]. Deutsche Flugblätter wurden trotz der scharfen Überwachungsmaßnahmen von fast allen sowjetischen Soldaten, Offizieren und sogar von Kommisaren und Politruks gelesen. So besaß fast jeder Überläufer und Gefangener ein oder mehrere Flugblätter, obwohl in vielen Fällen der Besitz dieser Feindpropaganda mit Erschießen bestraft wurde.

Trotz der intensiven, antideutschen Greuelpropaganda, die nach dem Massensterben sowjetischer Gefangener in deutschen Lagern besonders überzeugend agitieren konnte, war ein Teil der älteren Rotarmisten davon überzeugt, in deutscher Gefangenschaft anständig behandelt zu werden. Sie neigten daher besonders zum Überlaufen und nahmen häufig jüngere Kameraden mit, die auf Grund der Berichte ihrer Angehörigen (Väter, die sich im Ersten Weltkrieg in deutscher Gefangenschaft befanden) glaubten, daß die deutschen Soldaten sich anders verhielten als die bol-

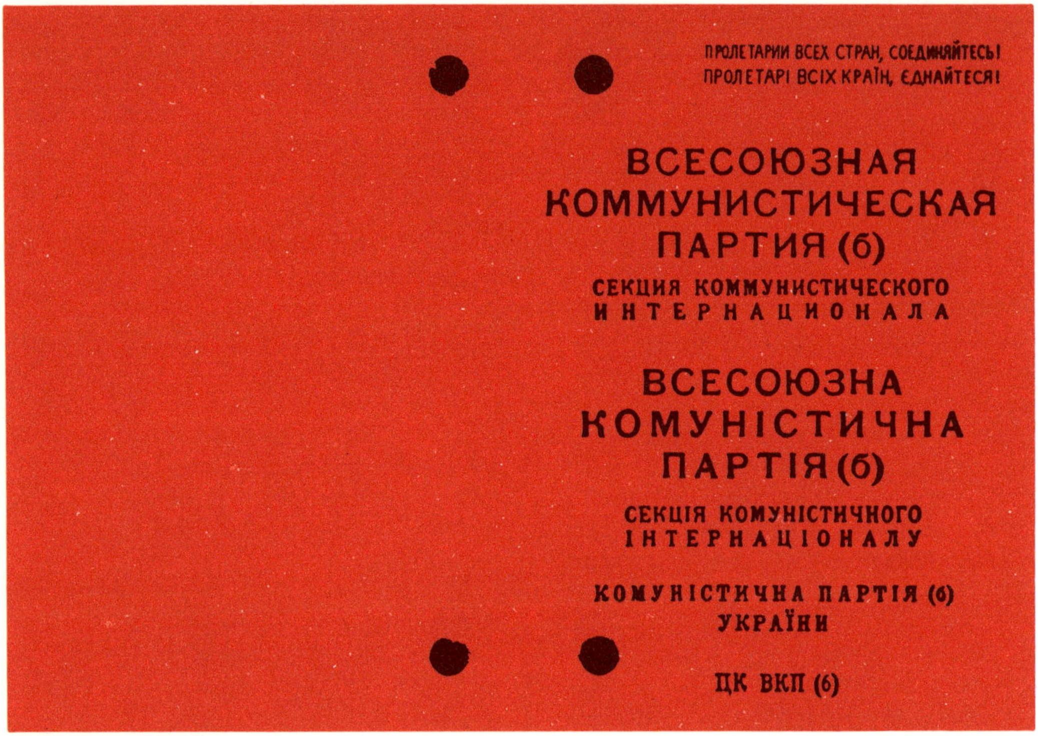
ПРОЛЕТАРИИ ВСЕХ СТРАН, СОЕДИНЯЙТЕСЬ!
ПРОЛЕТАРІ ВСІХ КРАЇН, ЄДНАЙТЕСЯ!

ВСЕСОЮЗНАЯ
КОММУНИСТИЧЕСКАЯ
ПАРТИЯ (б)
СЕКЦИЯ КОММУНИСТИЧЕСКОГО
ИНТЕРНАЦИОНАЛА

ВСЕСОЮЗНА
КОМУНІСТИЧНА
ПАРТІЯ (б)
СЕКЦІЯ КОМУНІСТИЧНОГО
ІНТЕРНАЦІОНАЛУ

КОМУНІСТИЧНА ПАРТІЯ (б)
УКРАЇНИ

ЦК ВКП (б)

За почетный мир, за сотрудничество народов!

Члены ВКП(б) и ВЛКСМ!

Германское командование знает, что большинство членов партии и комсомольцев вступило в ряды ВКП(б) и ВЛКСМ в силу созданной советской системой обстановки и под влиянием лживой пропаганды. Поэтому, к сдавшимся в плен коммунистам и комсомольцам немцы относятся **как и ко всем остальным военнопленным и не подвергают их никаким преследованиям.**

Верховное командование Германской армии **гарантирует вам сохранение жизни и возможность трудиться на благо вашей Родины.**

Многие бывшие коммунисты и комсомольцы, командиры, политработники и бойцы давно уже работают рука об руку с Германской армией над скорейшим установлением мира в измученной большевиками стране.

Кончайте бессмысленное кровопролитие! Переходите к нам, этим вы действительно поможете построить счастливую жизнь для трудящихся вашей Родины.

Пропуск — **Passierschein**

DEUTSCHE WEHRMACHT

Пропуск действителен для неограниченного количества переходящих на сторону германских войск командиров, бойцов и политработников РККА.

Этим пропуском могут воспользоваться и не члены партии.

548 PB/X. 42

Außen- und Innenseite des Flugblattes 548 PB/ X. 42

Offizielle Bildunterschrift:
Diese Aufnahme ist nicht für die Presse, sondern ausschließlich für Flugblatt-Propaganda bestimmt.
Text: *Gefangene Russen fühlen sich wohl bei uns.*

schewistische Propaganda es behauptete.

Allgemein lobten sowjetische Überläufer und Gefangene die wesentliche Verbesserung der deutschen Flugblattpropaganda, die im Gegensatz zu den Flugblattserien des Jahres 1941 nach Form und Inhalt mehr auf die Denkweise der Rotarmisten abgestimmt sei. Diese Tatsache zeigte offensichtlich bereits den Einfluß des »psychologischen Laboratoriums« von OKW/WPr IV C, mit dessen Hilfe die offiziellen »Berliner-Serien« von OKW/WPr hergestellt wurden.

Im Mai 1942 betrugen die Überläuferzahlen für alle im Osten eingesetzten Heeresgruppen 10 962. Sie sanken von 9136 im Juni um fast 50 Prozent auf 5453 (ohne Überläufer im Bereich der Heeresgruppe Süd), um dann in den Monaten August bis Oktober ihren Höhepunkt zu erreichen.

Das deutliche Absinken der Überläuferzahlen im Juli 1942 war vor allem auf die Ablösung unzuverlässiger Truppenteile aus der Front und auf die Verschärfung der im vorigen Kapitel geschilderten Überwachungsmaßnahmen in der Roten Armee zurückzuführen. Um so erstaunlicher war der sensationelle Anstieg der Überläuferzahlen im Monat August auf 15 011 um 275 Prozent, wenn man berücksichtigt, daß sich in diesem Monat der Stalinbefehl in der Roten Armee mit den bekannten Folgen auswirkte.

Mit den Überläuferzahlen von insgesamt 43 655 der Monate August, September und Oktober 1942 erreichte die deutsche Aktivpropaganda an der Ostfront Erfolge, die sie in der Folgezeit auch nur annähernd nicht mehr erreichen sollte. So betrug z. B. die Gesamtzahl der Überläufer im Jahr 1943 26 108, d. h. weniger als in den Monaten August und September 1942.

Eine typische Erfolgsmeldung[280] über den Einsatz der deutschen Flugblattpropaganda im Monat August 1942 enthielt das folgende Fernschreiben des VIII. Fliegerkorps vom 28. August 1942:

»Die in den letzten Tagen abgeworfenen rund 25 000 000 Flugblätter im Raum Stalingrad zeigen ständig steigende Erfolge. Die

Zeichnung 19

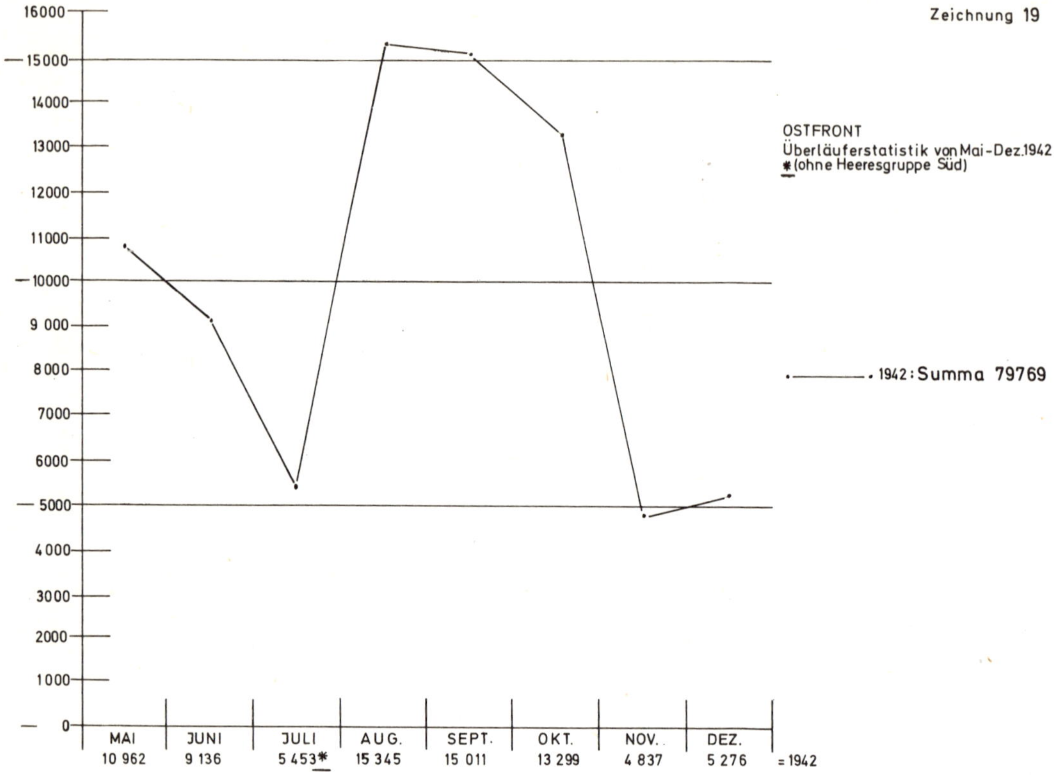

Auszüge von Funkmeldungen des Heeres besagen: 60. I.D. mot.: Fast jeder Russe, der gefangen wird, weist Flugblätter vor; 3. I.D. mot.: 2 Panzer T 34 übergefahren, konnten mit eigener Besatzung gegen Feind eingesetzt werden. An einem Tag 6 Offiziere und 200 Mann übergelaufen; 16. Pz.Div.: 1 Panzer T 34 übergefahren. Schloß sich mit russischer Besatzung dem eigenen Angriff an und schoß 2 Feindpanzer ab; XIV. Pz.K. meldet an einem Tag mehrere 100 Überläufer; XVII. A.K. an einem Tag 80 Überläufer; 14. Pz. Div. am 25. August 200 Mann, sonst täglich ungefähr 50 Überläufer; 71. I.D. mot.: Am 26. August 400 Überläufer, an den Vortagen 6400 Gefangene, von denen bis zu 80 Prozent Überläufer sind.

Diese Angaben des Heeres bestätigen den großen Erfolg der Flugblattpropaganda. Von seiten des Korps wird auch in den nächsten Tagen mit allen verfügbaren Mitteln der Flugblattabwurf durchgeführt. Mangel an Nachschub besteht bisher nicht.«

Die Tatsache, daß auch sowjetische Panzerbesatzungen mit ihren T 34 »überfuhren«, war eine der großen Propagandaüberraschungen der Sommermonate und führte dazu, daß im September 1942 eine spezielle Flugblattaktion gegen die sowjetischen Panzerbesatzungen durchgeführt wurde[281].

Der Grund für die spektakulären Erfolge der deutschen Aktivpropaganda bestand sichcherlich darin, daß sich die deutsche Wehrmacht zu diesem Zeitpunkt in einer siegreichen Offensive befand und dadurch ein Überlaufen für den einzelnen Rotarmisten erheblich erleichtert wurde, da er während der Angriffsoperationen bei einer beweglichen Front keine Hindernisse und Minensperren überwinden mußte. Das deutliche Zurückgehen der Überläuferzahlen um ca. 60 Prozent im November und Dezember auf 4837 und 5276 Überläufer war das unmittelbare Ergebnis der neuen ungünstigen militärischen Lage für die Wehrmacht, die ein Überlaufen erheblich erschwerte und in vielen Fällen unmöglich machte.

Die absoluten Überläuferzahlen für das Jahr 1942 sagen jedoch wenig aus, wenn man sie nicht mit den Gefangenenzahlen in Relation bringt.

Bei den Armeen der Heeresgruppe Mitte

waren im Durchschnitt die Monate Mai (31,8 Prozent Überläufer) und September (66,8 Prozent Überläufer) die erfolgreichsten, wobei das Pz.AOK 2, und das AOK 9 die höchsten Überläuferzahlen erreichten[282]. Laut Bericht des XII. AK (AOK 4) betrugen die Überläuferzahlen[283] für die Monate Juni bis Dezember 1942 in seinem Korpsbereich:

Juni 1942 :	988 Gefangene	43 Überläufer =	4,4% Überläufer
Juli 1942 :	739 Gefangene	44 Überläufer =	5,9% Überläufer
August 1942 :	139 Gefangene	36 Überläufer =	25,9% Überläufer
September 1942:	131 Gefangene	54 Überläufer =	41,2% Überläufer
Oktober 1942 :	78 Gefangene	68 Überläufer =	87,1% Überläufer
November 1942:	54 Gefangene	45 Überläufer =	83,3% Überläufer
Dezember 1942 :	38 Gefangene	20 Überläufer =	52,6% Überläufer

Diese Überläuferzahlen auf der Ebene eines Korps bestätigen den Gesamteindruck, daß der Erfolgshöhepunkt für die Aktivpropaganda im Bereich der Heeresgruppe Mitte im Herbst 1942 lag. Die Überläuferzahlen betrugen im September bei 6255 Gefangenen und 4183 Überläufern sogar 66,8 Prozent, im Oktober bei 4963 Gefangenen und 2730 Überläufern 55 Prozent und sanken im November (5986 Gefangene und 1408 Überläufer) auf 23,5 Prozent und im Dezember (12 556 Gefangene und 2537 Überläufer) auf 13,8 Prozent.

Für die Monate August und September 1942 liegen zusätzlich zu den Überläuferzahlen im Bereich der Heeresgruppe Mitte die Höhe der abgeworfenen Flugblattmengen[284] vor:

August 1942

Überläufer		Flugblätter	=auf 1 Überläufer
Pz.AOK 2	1601	3.393.000	2120
AOK 4	363	1.815.000	5000
Pz.AOK 3	698	4.649.000	6660
AOK 9	1455	4.813.000	6420

September 1942

Pz.AOK 2	1821	6.450.000	3540
AOK 4	234	710.000	3030
Pz.AOK 3	421	2.050.000	4870
AOK 9	1552	4.665.000	3000
LIX.AK	78	1.080.000	14000

Aus dieser Ic-Statistik[285] ergab sich für die Aktivpropagandisten der Schluß, daß die Zahl der Überläufer nicht ausschließlich von der Quantität der Propagandaerzeugnisse abhängig war, sondern »von zahlreichen anderen Faktoren«, die bereits dargestellt worden sind. Für den Bereich der Heeresgruppe Nord fehlen leider bisher zusammenhängende Überläuferstatistiken für das Jahr 1942. Hier scheint jedoch ebenfalls im Monat Mai der erste Erfolgshöhepunkt erreicht worden zu sein: beim X.AK (AOK 16) betrug die Überläuferquote bei 4500 Gefangenen und 1300 Überläufern 28,9 Prozent. Beim AOK 16 lagen die Prozentzahlen in der Zeit vom 1. Juli bis 18. Juli 1942 mit 5136 Gefangenen und 1991 Überläufern bei 38,9 Prozent und stiegen von Mitte Juli bis Mitte August leicht bei 1385 Gefangenen und 577 Überläufern auf 41,7 Prozent.

Die höchsten Überläuferquoten lagen in Verbindung mit der deutschen Sommeroffensive im Südabschnitt, wo auch die größten Flugblattmengen abgeworfen wurden. Bei einem Abwurf von 44 206 000 Flugblättern liefen im Bereich des AOK 6 im August 791 Rotarmisten und im September bei einem Abwurf von 75 856 000 Flugblättern 5000 Rotarmisten über[286]. In den beiden Sommermonaten warf das AOK 6 über 120 Millionen Flugblätter und damit etwa die gleiche Flugblattmenge ab, die die deutsche Aktivpropaganda in den beiden ersten Monaten des Ostfeldzuges an der gesamten Ostfront zum Einsatz bringen konnte (vgl. Zeichnung 11). Um einen detaillierten Überblick über die Überläuferquoten zu geben, sollen die Gefangenen- und Überläuferzahlen[287] des LV.AK (AOK 2) für die Erfolgsmonate August und September 1942 aufgeführt werden:

Das »berühmte« Panzer-Flugblatt
483/Panz./IX. 42

Танкисты!

Война близится к концу! Гибель большевизма неизбежна!

Это знает весь русский народ.

Многие ваши товарищи-танкисты поняли это и не захотели быть, в угоду Сталину, «пушечным мясом». Они хотят жить, вернуться к своим семьям и работать в новой, освобожденной России. Поэтому, вместе с своими боевыми машинами, они перешли на сторону Германской Армии. За последнее время эти переходы участились.

Следуйте примеру ваших товарищей! Вы будете особенно дружелюбно встречены германскими солдатами и офицерами. Добровольно перешедшие на нашу сторону пользуются особыми льготами. Вас ожидает еще лучший прием и **крупное вознаграждение.**

Кроме того, вам в первую очередь будет предоставлена **работа по специальности.**

Добровольно перешедшие танкисты, по их желанию, **в первую очередь будут наделены землей.**

При переходе к нам соблюдайте следующие правила:

1. **Отделитесь с своим танком от вашего соединения. Предлогом для этого может служить пересеченная местность, повреждение машины и т. д.**
2. **Приближайтесь в поле видимости немецких войск и, чтобы избежать опасности обстрела, исполняйте следующие указания:**
3. **Башня танка должна быть повернута орудиями назад.**
4. **Пулеметы направлены вверх.**
5. **Махайте белым флагом, платком, газетой и т. п.**
6. **Люки танка должны быть открыты.**
7. **Весь экипаж танка (за исключением водителя) должен находиться на поверхности танка впереди башни.**

Товарищи танкисты! Кончайте войну, сохраняйте ваши жизни для ваших семей и для вашей Родины! **Переходите спокойно к немцам и к ожидающим вас товарищам!**

Вас ждут!

PASSIERSCHEIN

ПРОПУСК

Ш. В З.

Действителен до конца войны для неограниченного числа бойцов, командиров и политработников Красной Армии. С перешедшими добровольно, по новому приказу Гитлера, мы обращаемся особенно хорошо, — они получают специальное удостоверение. Германское командование не публикует списков военнопленных. **Желающих работать мы устраиваем по специальности.**

Dieser Passierschein gilt für Offiziere, Politarbeiter u. Mannschaften der Sowjetarmee.

Переходить на сторону Германских войск можно и без пропуска: достаточно поднять обе руки и крикнуть **«Сталин капут»** или

«ШТЫКИ В ЗЕМЛЮ!»

483/Panz./IX. 42

Tag	August 1942 Über-läufer	Ge-fangene	September 1942 Über-läufer	Ge-fangene
1.	21	4	17	5
2.	10	17	10	5
3.	15	1	12	–
4.	10	–	5	2
5.	10	3	19	12
6.	15	56	30	17
7.	29	10	22	–
8.	17	–	41	–
9.	60	68	23	–
10.	34	4	5	1
11.	23	6	15	–
12.	42	–	13	2
13.	21	–	5	–
14.	30	2	15	–
15.	10	–	19	1
16.	10	–	20	2
17.	6	–	10	–
18.	4	–	5	10
19.	5	–	10	–
20.	4	10	21	–
21.	7	–	9	–
22.	9	3	8	–
23.	5	3	19	–
24.	27	–	16	1
25.	19	3	8	–
26.	8	1	4	1
27.	11	10	6	–
28.	18	3	13	–
29.	24	5	11	2
30.	4	3	2	1
31.	3	–	–	–
Summe	511	212	413	61

Damit betrugen die Überläuferquoten im Bereich des LV.AK für den Monat August 70,7 Prozent und für den Monat September 87,1 Prozent, so daß die Masse der in deutsche Gefangenschaft geratenen Rotarmisten aus Überläufern bestand.

Im gesamten Bereich des AOK 2 betrugen die Gefangenen- und Überläuferzahlen[288] vom 16. Oktober bis 15. November 1942:

Tag	Gefangene	davon Überläufer	Prozent
16. 10.	190	46	24
17. 10.	244	59	24
18. 10.	54	47	87
19. 10.	63	51	81
20. 10.	41	37	90
21. 10.	25	22	90
22. 10.	34	31	90
23. 10.	34	33	97
24. 10.	35	35	100
25. 10.	37	36	97
26. 10.	29	29	100
27. 10.	23	23	100
28. 10.	29	29	100
29. 10.	41	34	83
30. 10.	52	49	94
31. 10.	39	37	95
Summe	970	598	61,6
1. 11.	4	3	75
2. 11.	27	27	100
3. 11.	38	26	68
4. 11.	33	24	73
5. 11.	51	49	96
6. 11.	31	30	97
7. 11.	20	12	60
8. 11.	29	27	93
9. 11.	15	14	97
10. 11.	8	8	100
11. 11.	30	27	90
12. 11.	28	28	100
13. 11.	27	22	81
14. 11.	7	7	100
15. 11.	17	12	70
Summe	365	316	86,6

Im gesamten Monat Oktober liefen von insgesamt 1933 Rotarmisten 1426 über, so daß die Überläuferquote bei 73,8 Prozent lag und in der ersten Novemberhälfte 86,6 Prozent betrug. Interessant für die Überläuferquoten im Südabschnitt der Ostfront sind auch die Zahlen[289] des Pz.AOK 4:

Zeitraum	Gefangene	davon Überläufer	Prozent
1.–10. 9.	13.351	430	3
11.–20. 9.	3.829	660	17
21.–30. 9.	754	325	43
1.–10. 10.	1.389	457	33
11.–19. 10.	458	350	76

Gefangene und Überläufer
in der Zeit vom 1.4.-30.9.1942
Heeresgruppe Mitte

Zeichnung 20

I. Gefangene:

	Pz-AOK 4	Pz-AOK 2	AOK 4	Pz-AOK 3	AOK 9	LIX. A.K.	Bef.H.Gebiet	Summe	
April	7 760	1 511	2370	172	3 597		6835	22 245	
Mai		545	2 358	255	2 003	493	2 282	7 936	
Juni		548	8 418	2145	785	107	2010	14 013	
Juli		2230	3 425	1726	49 683	1 650	981	59 695	
Aug.		18548	439	1609	7 012	215	1 920	29 743	
Sept.		955	412	360	2 932	578	1 018	6 255	
Summe:	7 760	24 337	17 422	6267	66 012	3 043	15 046	139 887	
II. Überläufer:									
April		400	760	200	829	72	25	2 286	= 10,2 %
Mai		595	487	252	905	242	45	2 526	= 31,8 %
Juni		403	655	341	570	79	13	2 061	= 14,7 %
Juli		758	543	666	915	94	8	2 984	= 4,9 %
Aug.		1 601	363	698	1 455	187	155	4 459	= 14,9 %
Sept.		1 821	234	421	1 552	78	77	4 183	= 66,8 %
Summe:		5578	3 042	2 578	6 226	752	323	18 499	Prozentual zu (I. Gefangene)

Es muß bei diesen Zahlenangaben berücksichtigt werden, daß vom 1. September bis 19. Oktober die deutsch-rumänischen Verbände im wesentlichen in festen Stellungen den Russen gegenüberlagen. Nur im ersten Septemberdrittel gerieten durch Angriffsoperationen eine größere Zahl von Rotarmisten in deutsche Gefangenschaft, unter denen sich nach Ansicht des V.A.A. beim Pz.AOK 4 »fraglos mehr als 430 Überläufer« befanden, da sich während eines Angriffs die Trennung der Überläufer von den Gefangenen nur schwer durchführen ließ. Um so aufschlußreicher sind dafür die Zahlen der folgenden Tage: trotz des starren Frontverlaufs mit seinen gefährlichen Hindernissen (Minenfelder etc.) und trotz der scharfen Überwachungsmaßnahmen, die nach dem Stalinbefehl noch intensiviert wurden, lief unter diesen extrem ungünstigen Bedingungen ein erstaunlich hoher Prozentsatz von Rotarmisten über, eine Tatsache, die beweist, wie stark sich der Zersetzungseffekt der deutschen Aktivpropaganda in diesem Bereich auswirkte.

Bilanz der deutschen Aktivpropaganda

Die hohen Überläuferzahlen des Jahres 1942 mit insgesamt 79 319 registrierten Überläufern waren das Resultat der deutschen Flugblatt- und Lautsprecherpropaganda, wobei an erster Stelle der Einfluß der Flugblattpropaganda zu nennen ist. Unabhängig von den meßbaren Erfolgen der deutschen Aktivpropaganda, die an der Höhe der Überläuferzahlen ablesbar waren, wirkte sich eine intensive Aktivpropaganda auch indirekt durch einen mittel- und langfristigen Zersetzungsprozeß auf die Verbände der Roten Armee aus. Dieser Zersetzungsprozeß wurde dann sehr oft überraschend spürbar, wenn die unterschiedlichsten ungünstigen Faktoren auf den einzelnen Rotarmisten einwirkten: schlechte Behandlung durch Vorgesetzte, ungenügende Verpflegung, hohe Verluste usw. konnten plötzlich nach einer entsprechenden propagandistischen Ansprache durch die Medien Flugblatt oder Lautsprecher dazu führen, daß selbst unter ungünstigsten und schwierigsten Verhältnissen Rotarmisten in größerer Zahl den Entschluß zum Überlaufen faßten. Wie gefürchtet die deutsche Flugblattpropaganda bei den Überwachungsorganen der Roten Armee war, zeigten deutlich die scharfen Abwehrmaßnahmen. Trotz dieser drakonischen Maßnahmen mit ihren verhängnisvollen Folgen für die betroffenen Rotarmisten gelang es den sowjetischen Soldaten, deutsche Flugblätter zu verstecken. Sie

Ballon-Trupp 2 im Einsatz im Mittelabschnitt　Ballon-Trupp 3 im Südabschnitt

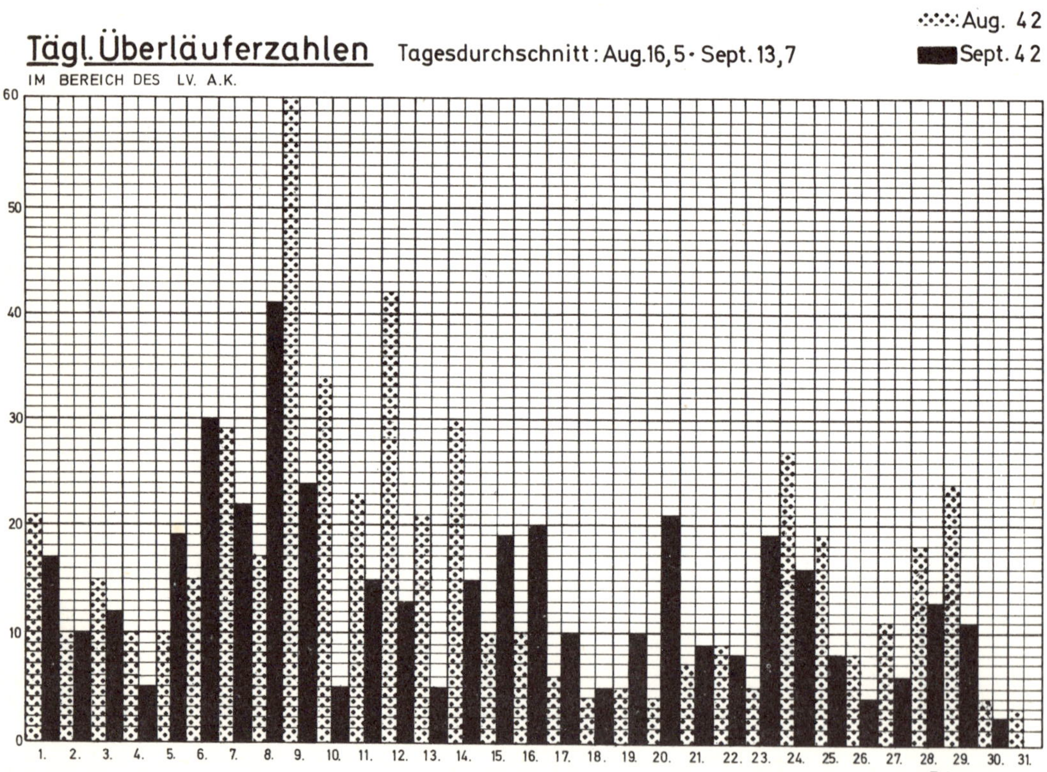

Zeichnung 21

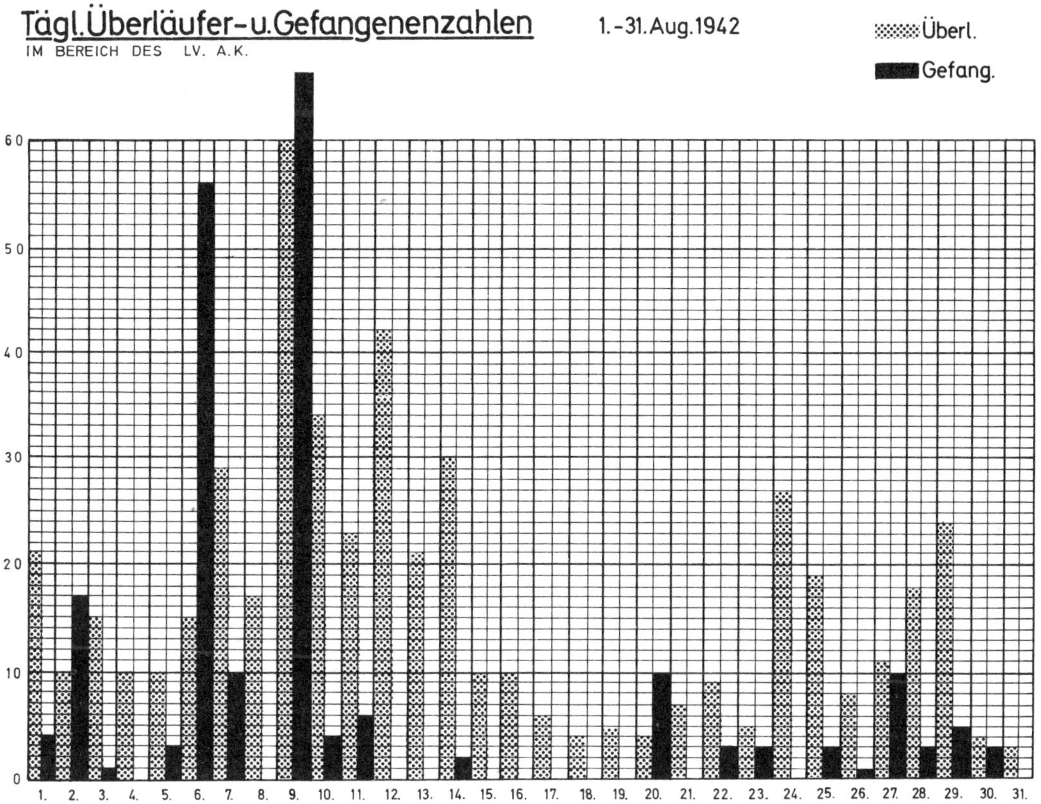

Zeichnung 22

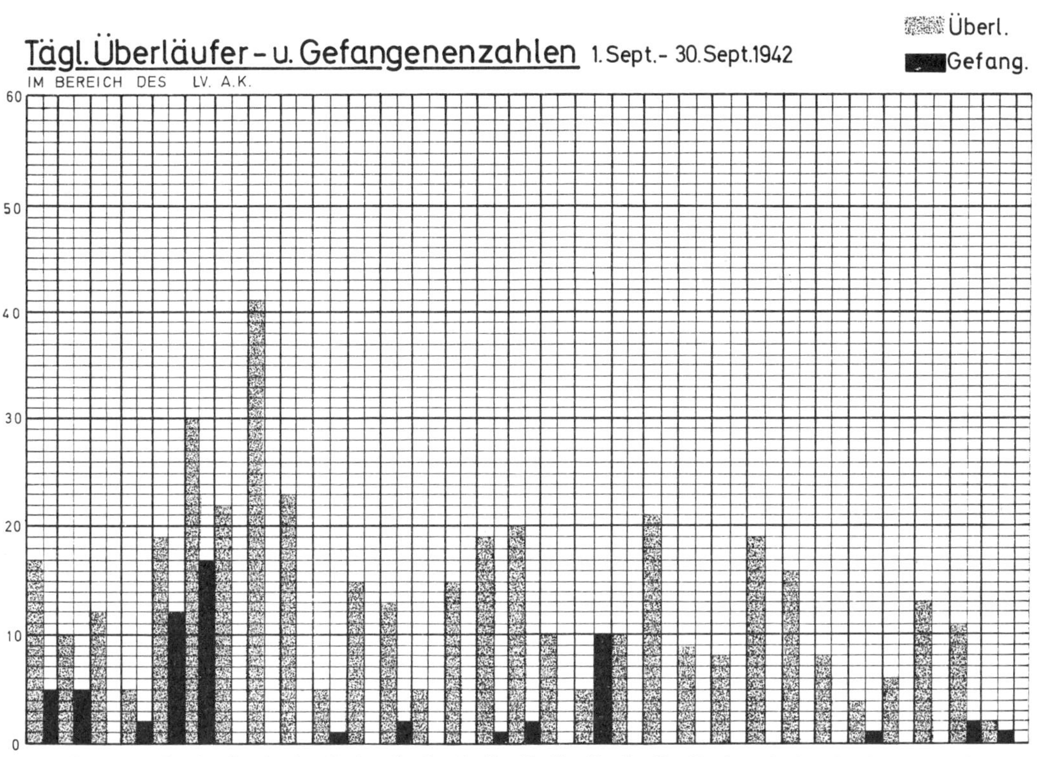

Zeichnung 23

wurden häufig in den Stiefeln unter der Einlegesohle aufbewahrt, im Futter der Uniformen eingenäht oder sogar in Zeitungen eingeklebt.

Formale Kriterien der Flugblattpropaganda

Die formalen und inhaltlichen Kriterien der deutschen Flugblattpropaganda an der Ostfront lassen sich für das Erfolgsjahr 1942 wie folgt[290] darstellen:

1. Im Gegensatz zum vorhergehenden Jahr wurden in der Regel erheblich kürzere Flugblatt-Texte mit einprägsamen Leitsätzen entworfen.
2. Großer Einsatz von Bildflugblättern mit technisch gut ausgeführten Zeichnungen und Karikaturen.
3. Weitgehender Einsatz von Flugblättern im Kleinformat, die leicht verborgen werden konnten und sich als Zigarettenpapier eigneten.
4. Tarnung der Flugblätter in Form von Ausschnitten aus der sowjetischen Presse, Bekanntmachungen und Befehlen.
5. Weitgehende Verwendung von Bildflugblättern, die das Leben der Rotarmisten in deutscher Gefangenschaft darstellten und die Verhältnisse in den besetzten Ostgebieten besonders verlockend beschrieben.

Tendenzen

1. Wichtigste Neuerung: Einstellung der Haßpropaganda gegenüber den Kommissaren ab Mai 1942; Einsatz einer speziellen Propaganda, die sich ausschließlich an die Politarbeiter der Roten Armee richtete.
2. Intensivierung der Überläuferpropaganda durch konkrete Angebote für die Zukunft der Überläufer (Zusicherung von Arbeitsmöglichkeiten nach Neigung und Können usw.)
3. Wahrheitsgemäße Informationsflugblätter über die militärische Lage an der Front, die die Informationssperre und die falsche Berichterstattung des sowjetischen Nachrichtendienstes durchbrechen bzw. korrigieren sollten.
4. Intensive Polemik gegen das »unnatürliche Bündnis« der Sowjetunion mit den »stärksten Mächten des Großkapitalismus« England und den Vereinigten Staaten, für deren Interessen die Sowjetarmee einen hohen Blutzoll leiste.
5. Spezialflugblätter für die »fremdvölkischen« Sowjetsoldaten (in erster Linie Kaukasier) mit der Aufforderung, auf der deutschen Seite für die Befreiung des eigenen Volkstums zu kämpfen oder zu arbeiten.
6. Flugblätter in Briefform »von Russen an Russen«, die die Schrecken der Stalinschen Herrschaft beschrieben und zum Überlaufen aufforderten.

Die Tatsache, daß nach den schweren militärischen und propagandistischen Rückschlägen der Wintermonate 1941/1942 die deutsche Propaganda von ihrem Nullpunkt aus in relativ kurzer Zeit neue spektakuläre Erfolge erreichen konnte, kann durchaus als »ein Propagandawunder« bezeichnet werden. Trotz dieser großen Erfolge zog sich durch die Ic-Berichte dieser Zeitspanne wie ein roter Faden der Hinweis, daß echte Auflösungserscheinungen in der Roten Armee noch nicht festgestellt werden könnten und daher ein Zusammenbruch der Front »in absehbarer Zeit« nicht zu erwarten sei.

Das bedeutete, daß die deutsche Aktivpropaganda selbst auf dem Höhepunkt ihrer Erfolge die Kampfmoral der Sowjetunion nicht entscheidend schwächen konnte. Es gelang der militärischen und politischen Führung der Roten Armee, trotz der schweren, verlustreichen Kämpfe und der Verunsicherung, die die hohen Überläuferzahlen auslösten, die Truppe fest in der Hand zu behalten.

Nach dieser ernüchternden Erkenntnis stand die deutsche Aktivpropaganda am Ende des Jahres 1942 wieder vor dem Problem, neue propagandistische Ansatzpunkte zu entwickeln, um den »entscheidenden Einbruch« an der Propagandafront doch noch zu erzielen[291].

Fünfter Teil
Wlassow und kein Ende: Von 1943 bis 1945

»Wir müssen im Osten nicht nur Krieg führen, sondern auch Politik betreiben.«

Joseph Goebbels

Zwischen Propaganda und Politik

Schon im Verlauf des Jahres 1942 hatten zahlreiche Berichte aus unterschiedlichen Bereichen immer wieder auf die Tatsache hingewiesen, daß die große Schwäche der deutschen Propaganda im Osten darin bestünde, auf die Frage nach der zukünftigen politischen Gestaltung der russischen Gebiete keine Antwort geben zu können[292]. Mittel- und langfristig sei eine Propaganda, die diesen entscheidenden Aspekt nicht behandele, unpolitisch und vordergründig und damit zum Scheitern verurteilt.

Im Rahmen der OKW/WPr zur Verfügung stehenden eng begrenzten Möglichkeiten entwickelte die Gruppe IV C unter Oberst Martin für die Flugblatt- und Lautsprecherpropaganda den Grundsatz »Russen an Russen«, der allerdings nur eine taktische Konzeption war und keinerlei politische Konsequenzen enthielt. Obwohl sich immer wieder zahlreiche Überläufer und Gefangene für die deutsche Aktivpropaganda freiwillig zur Verfügung stellten, fehlte im deutschen Bereich auf russischer Seite ein »geistig politisches Zentrum«[293], das als ein Gegenpol zum Kreml auftreten konnte. In diesem Zusammenhang wurde vor allem im militärischen Bereich das Problem einer »russischen Scheinregierung«[294] lebhaft diskutiert, die in Rußland eingesetzt werden müsse, um ein politisches Gegengewicht gegen Stalin aufzubauen. Im frontnahen Verwaltungsgebiet der 2. Panzerarmee bestand bereits ein russischer Selbstverwaltungsbezirk, der im Laufe der Zeit 8 Rayons mit 1,7 Millionen Einwohnern umfaßte und über eine russische Brigade von mehr als 20 000 Mann verfügte, die diesen Raum partisanenfrei halten konnten. Dieser Selbstverwaltungsbezirk Lokotj war allerdings von der Armee in eigener Verantwortung eingesetzt worden und erhielt keine Absicherung durch den politischen Bereich[295].

Der Kriegsgefangene Nr. 16 901

Am 12. Juli 1942 geriet der Befehlshaber der 2. sowjetischen Stoßarmee Andrej Andrejewitsch Wlassow[296] in dem kleinen Walddorf Tuchowetschi in deutsche Gefangenschaft, nachdem die 2. Stoßarmee mit der Hauptmasse von neun Divisionen und sieben Brigaden im Wolchowkessel im Bereich der 18. Armee aufgerieben worden war. Wlassow selbst irrte mit einer kleinen Gruppe wochenlang durch die Wälder und Sümpfe am Wolchow, bis er schließlich in deutsche Gefangenschaft geriet. Er wurde zunächst zum OKH nach Lötzen gebracht und von dort als Gefangener Nr. 16 901 in das Sonderlager des OKH nach Winniza in die Ukraine überführt, wo sich seit Beginn der Sommeroffensive das Führerhauptquartier und das OKH befanden. In Winniza lernte Wlassow den Baltendeutschen und Sonderführer (K) Wilfried Strik-Strikfeldt[297] kennen, der in der Folgezeit durch seine enge Freundschaft zu Wlassow einen erheblichen persönlichen Einfluß ausüben konnte und als einer der Schlüsselfiguren im Persönlichkeitsbereich von Wlassow betrachtet werden kann.

Nach anfänglicher Zurückhaltung Wlassows gelang es Strikfeldt schließlich, Wlassow als einen Verbündeten im Kampf gegen Stalin zu gewinnen.

Generalleutnant Wlassow, der als der »Befreier Moskaus« galt, da unter seiner Führung die 20. sowjetische Armee den deutschen Angriff vor Moskau zum Stoppen brachte und selbst zum Gegenangriff überging, stellte als eine militärische Persönlichkeit von hohem Rang für die deutsche Propaganda ein Kapital dar, das genutzt werden mußte.

Anfang September 1942 wurde OKW/WPr von der Abteilung Fremde Heere Ost über die Anwesenheit Wlassows in Winniza informiert. Sofort flog Oberleutnant Eugen Dürksen nach Winniza, um den Kontakt zu Wlassow herzustellen.

Er wurde nach Berlin geholt und zunächst beim »Psychologischen Laboratorium« in der Viktoriastraße 10 einquartiert, wohin ihn sein Betreuungsoffizier Strik-Strikfeldt begleitete.

Wlassow betonte seinen deutschen Gesprächspartnern gegenüber immer wieder, daß er sich mit einer deutschen Zwangsherrschaft über Rußland niemals abfinden werde, aber bereit sei, zum Sturz des Stalin-Regimes beizutragen. Sein erster Beitrag für diesen Kampf war ein eigenes Flugblatt, das seine Unterschrift trug und sich an die Verbände der Roten Armee wandte. Es wurde in erster

Linie von dem kriegsgefangenen russischen Obersten W. Bojarski, dem ehemaligen Kommandeur einer sowjetischen Gardedivision, verfaßt und von Wlassow redigiert. Dieses sogenannte »Winniza-Flugblatt« wurde in der zweiten Septemberhälfte 1942 als erstes Flugblatt der Flugblattmischung 480-482/RAB/IX. 42 abgeworfen[298], nicht nur über der Front, sondern auch über dem sowjetischen Hinterland.

Wlassow stellte in diesem Flugblatt die Frage, wer an den »unermeßlichen Leiden unseres Volkes« die Schuld trüge. Die Schlußfolgerung des Flugblattes 480/RAB/IX. 42, die sich in ihrer Argumentation sehr stark an das bekannte Repertoire der deutschen Anti-Stalin-Flugblätter anlehnte, bestand in der Antwort Wlassows, die den »Ausweg aus der Sackgasse«, in die die »Stalin-Clique« die Sowjetunion geführt habe, zeigte:

»Es gibt nur einen Ausweg. Einen anderen zeigt die Geschichte uns nicht. Wer sein Vaterland noch liebt, wer sein Volk glücklich sehen will – der muß sich mit allen Kräften und Mitteln für die Niederringung des allen verhaßten Stalin-Regimes einsetzen, der muß die Bildung einer neuen, gegen Stalin eingestellten Regierung anstreben, der muß für die Beendigung des verbrecherischen, den Interessen Englands und Amerikas dienenden Krieges, für einen ehrenvollen Frieden mit Deutschland eintreten ...«

Die beiden Folgeflugblätter 481 und 482 RAB waren eine Ergänzung zu dem ersten Wlassow-Flugblatt und propagierten eine »Zusammenarbeit mit dem nationalsozialistischen Deutschland« auf der Grundlage eines gemeinsamen Kampfes gegen den »bluttriefenden Bolschewismus«. Sie verfolgten damit eine Tendenz, die bereits in dem ersten Flugblatt 000 111 RA vertreten wurde (»... Laßt uns zusammen gegen Moskau und Kiew marschieren ...«[299]). Um diesem Appell einen konkreten Inhalt zu geben, enthielt das Flugblatt 482 RAB ein politisches Programm von 13 Punkten, das die Grundlage für das »Zukunftsbild der Russen« bilden sollte:

1. Sofortige Einstellung der Kriegshandlungen an allen Fronten.
2. Übergang der Rüstungsindustrie zur Herstellung der wichtigsten Verbrauchsgüter, vor allem landwirtschaftliche Maschinen.
3. Wiederherstellung der persönlichen Freiheit, Beseitigung des Terrors und des bolschewistischen Unterdrückungsapparates.
4. Wiederherstellung der Religionsfreiheit.
5. Amnestie für die Mitglieder der kommunistischen Partei und des politischen Apparates, soweit sie eines Verbrechens gegen das Volk nicht schuldig sind.
6. Befreiung der politischen Gefangenen aus den Konzentrationslagern und Gefängnissen.
7. Rückkehr der Ausgesiedelten in ihre Heimatgebiete, wenn sie wollen.
8. Abschaffung der Kollektivwirtschaft.
9. Planmäßiger Übergang zur individuellen Bodennutzung und zum privaten Landbesitz.
10. Wiederherstellung des Handels und Handwerks.
11. Einführung der sozialen Gerechtigkeit und des Schutzes der Schaffenden vor jeder Art der Ausbeutung.
12. Friedlicher Aufbau ohne Bolschewisten und Kapitalisten, wie es dem Geiste des russischen Volkes entspricht.
13. Zusammenarbeit aller Völker Europas in einem gerechten Austausch der Lebensgüter und zur Verhinderung verbrecherischer Kriege.

Die zentrale Aussage dieser berühmten Flugblattmischung bestand in der Aussage von Wlassow, die »Bildung einer neuen, gegen Stalin eingestellten Regierung« müsse angestrebt werden. Mit diesem kühnen Postulat stand der Inhalt dieses Flugblattes allerdings in einem krassen Gegensatz zu den offiziellen politischen Richtlinien der deutschen militärischen und politischen Führung und hätte niemals die Zustimmung von Jodl und Keitel erhalten, wenn diese Flugblattserie nicht mit dem ausdrücklichen Hinweis vorgelegt worden wäre, sie sei als ein reines Propaganda-Produkt ausschließlich nur für den Gegner bestimmt[300]. Mit diesem Trick, den die Verantwortlichen bei OKW/WPr bewußt eingingen, um den Abwurf mit der neuen Tendenz zu ermöglichen, verstießen sie allerdings gegen den wichtigen Arbeitsgrundsatz der Propaganda, daß in der Propaganda »Versprechungen zu vermeiden seien, die nicht gehalten werden können«.

Diese Flugblätter, die in »großen Mengen«

Товарищи командиры!

Советская интеллигенция!

Я, бывший Командующий 2-й Ударной Армией и Заместитель Командующего Фронтом Генерал-Лейтенант ВЛАСОВ А. А. — ныне военнопленный Германии № 16.901. В РККА прошел путь от бойца до Командующего Армией. Командовал 99 сд., занявшей по боевой подготовке первое место в Красной Армии. Во время войны—Командующий 37-й Армией. Оборонял более двух месяцев Киев. После разгрома ЮЗФ по приказу Сталина с боями вышел из окружения. 20-я Армия под моим командованием защищала Москву в трудные дни и, перейдя в наступление, заняла Солнечногорск, Волоколамск, и т. д. Наконец, командуя 2-й Ударной Армией, находясь в условиях окружения, вел непрерывные бои до последней возможности. В бою был взят в плен.

Видя огромные страдания нашего народа в этой войне, больно переживая наши военные неудачи, естественно задаешь себе вопрос: кто в этом виноват?

Оглядываясь на предвоенный период последних 12-15 лет, невольно приходишь к выводу, что во всех этих несчастьях виновна только лишь сталинская клика. Это она разорила страну колхозами. Уничтожила миллионы лучших честных людей, перебила лучшие кадры в 1937-38 г.г. Поощряя подхалимство и сея недоверие, всей системой неправильного воспитания разложила страну и армию. Душила всякую живую мысль в народе. Это она политикой авантюризма ввергла страну в бесцельную и ненужную войну за чужие интересы и сейчас, не имея опоры в массах, расстроив весь аппарат управления, подорвав экономику, ведет ее к поражению.

После взятия Крыма и поражения войск ЮЗФ, Германские Армии вышли на Волгу и продвигаются по Сев. Кавказу, не встречая должного сопротивления. Бойцы не желая драться за чуждые им интересы бросают оружие и технику и толпами сдаются в плен. Сталинская клика организовать дальнейшую оборону страны не способна и зная, что ей иного выхода нет, стремится лишь удержаться у власти ценою гибели миллионов людей и полного уничтожения, веками накопленного народного достояния, бросая в бой все новые и новые, совсем необученные, наспех собранные части без всякого плана.

Обстановка на фронте для командира такова, что ему выхода нет. Сталинская клика виновником всех неудач ставит командира, тогда как он в своих действиях связан комиссаром, политотделом и НКВД, — людьми не сведующими в военном деле. И вы часто видите честных людей: команди-

Das erste von Generalleutnant Wlassow unterschriebene Flugblatt 480 RAB/IX. 42

ров, инженеров, врачей, хозяйственников и др., не видящих выхода из этого положения, кончающих жизнь самоубийством.

А в тылу страны полнейший хаос и надвигающийся невиданный крах. Миллионы людей мрут с голода и в первую очередь ваши семьи, не имеющие почти никакой помощи от правительства и местных властей.

Большие надежды сталинская клика возлагает на англо-американскую помощь и организацию «второго фронта».

Большинство из вас прекрасно знают политику Англии и Америки — **воевать до последнего русского солдата**, загребать жар чужими руками, изматывать Германию русскими, обещая последним за это мифический «второй фронт». Оглянитесь на историю. **Русский народ ведь не впервые платится своей кровью за англо-американские интересы.**

Лживая пропаганда пугает вас фашизмом, расстрелами и зверствами в немецком плену. Пишет о голоде в Германии и истощении ее рессурсов. Миллионы пленных могут заверить вас в обратном. **Они видят Германию такой, какая она есть, где и войны то как будтô не чувствуется.** Где каждый солдат не менее двух раз побывал в отпуску в кругу своей семьи. А про немецкую культуру, организованность и дисциплину и говорить нечего—это и так давно всем известно.

Какой же выход из этого тупика, куда завела нашу страну сталинская клика?

Выход только один. Другого историей не дано. Кому из вас еще дорога Родина, кто хочет видеть свой народ счастливым, тот должен всеми силами и средствами бороться **за свержение ненавистной всем сталинской клики, за формирование нового антисталинского правительства, за прекращение преступной войны за интересы Англии и Америки. За почетный мир с Германией.** Лучшие люди страны как на территории Сталина, так и в плену уже мыслят и некоторые из них работают в этом направлении — **дело за вами !**

Бывший Командующий 2-й Ударной Армией РККА

Генêрал-Лейтенант

10 сентября 1942 г. **480 RAB/IX. 42**

im September abgeworfen wurden, führten allerdings nicht zu dem von Strik-Strikfeldt beschriebenen Ergebnis, der von »Zehntausenden von Überläufern an allen Frontabschnitten«[301] spricht. Auch sein Hinweis, daß es »solche Zahlen seit Monaten nicht mehr gegeben hätte«, entspricht nicht den Tatsachen, wenn man sich die Überläuferzahlen für die Monate August und September 1942 (vgl. Zeichnung 19) in Erinnerung ruft, die eine Höhe von 15 345 und 15 011 Rotarmisten erreichten.

Immerhin löste das erste Wlassow-Flugblatt bei der sowjetischen Führung »Verwirrung« aus, die Wlassow zunächst totschwieg und ihn erst ab August 1943 in einer großen propagandistischen Gegenkampagne bis zum Ende des Krieges in wachsender Intensität angriff.

Das »Spiel mit dem Feuer«: Der »Smolensker Aufruf des Russischen Komitees«

Nach dem Abwurf des Wlassow-Flugblattes bereitete die Viktoriastraße 10 den nächsten Schritt vor, um die neue Trumpfkarte der deutschen Aktivpropaganda im Osten, die Wlassow hieß, auszuspielen. Die »neue Regierung«, die Wlassow gefordert hatte, sollte durch die Gründung eines »politischen Zentrums um den Namen Wlassow« konkrete Formen annehmen. So wurde das »Smolensker Komitee« als propagandistische Hypothese oder Fiktion aus der Trickkiste der deutschen Propaganda geholt. Mit dem Hinweis, daß die geplante Aktion »nur Propaganda« sei, konnte OKW/WPr IV wiederum die militärische und politische Führung täuschen, die ihre Zustimmung unter diesem Vorbehalt gab[302]. Diese von den Verantwortlichen in der Viktoriastraße 10 eingeschlagene Taktik ging von der Überlegung aus, daß sich durch die Wlassow-Propaganda ein so großer Erfolg einstelle, der die Führung von der überragenden Bedeutung der Wlassow-Idee überzeugen müsse und damit nachträglich auch die Zustimmung Hitlers erhalte.

Die verständliche Konzeption, Wlassow durch den Erfolg der politischen Führung »abzutrotzen«, war ein »Spiel mit dem Feuer«, wenn sich der erhoffte Erfolg nicht einstellen sollte. Es wurden nämlich nicht nur die militärische und politische Führung über die wahren Hintergründe der Wlassow-Propaganda getäuscht, sondern vor allem auch die Propagandatruppen selbst, die von der Echtheit der eingesetzten Flugblattpropaganda überzeugt waren. Wlassow selbst war sich über diese Schwierigkeiten klar und konnte erst nach längerem Zögern dazu bewegt werden, den »Smolensker Aufruf des Russischen Komitees« mit Greneralmajor W. Malyschkin zusammen zu unterzeichnen[303]. Das »Russische Komitee« forderte nach der Darlegung eines eigenen politischen Programms, das in seinen 13 Punkten dem Programm des Flugblattes 482 RAB glich, »alle Soldaten und Offiziere der Roten Armee« auf, sich der »Russischen Befreiungsarmee« anzuschließen, die an der Seite der deutschen Wehrmacht sich an dem »antibolschewistischen Kampf« beteilige. Als der Aufruf abgefaßt wurde, existierte diese »Befreiungsarmee« allerdings nur auf dem Papier.

Das Flugblatt, das den »Smolensker Aufruf des Russischen Komitees« enthielt, wurde in fünf verschiedenen Formaten gedruckt. Es wurde nicht mit der laufenden RA-Nummer der WPr-Flugblätter versehen, sondern erhielt die Nummer 1–5. Nr. 1 sollte über dem feindlichen Hinterland, Nr. 2 über dem von Kampfflugzeugen beherrschten Raum und die Nummer 3–5 über der Front abgeworfen werden[304].

Es wurde in einer Auflage von 6–8 Millionen Exemplaren an die Propaganda-Abschnitts-Offiziere der Heeresgruppen A, Don, B, Mitte und Nord ab 18. Januar 1943 ausgeliefert. In der letzten Januarwoche kamen insgesamt ca. 30–40 Millionen »Aufrufe« an der gesamten Ostfront »schlagartig« zum Abwurf[305].

Die Aktivpropagandisten in der Viktoriastraße 10, die unter einem fast unerträglichen Erfolgszwang standen, warteten ungeduldig auf die Wirkungsberichte über den Einsatz dieses zentralen Wlassow-Flugblattes.

Jürgen Thorwald schreibt über den Erfolg des Flugblattes, indem er einen Bericht von Eugen Dürksen zitiert, folgendes:

». . . Dafür meldeten die Ic's der Armeen ein schlagartiges Anwachsen der Zahl der Überläufer. Einzelne Armeen meldeten tausend in einer Nacht. Die Überläufer erkundigten sich ausnahmslos nach Wlassow und der russischen Befreiungsarmee.«

Die Auffassung, der »Smolensker Aufruf des Russischen Komitees« habe einen »überwältigenden Erfolg trotz der Stalingrad-Katastrophe« gehabt, hält sich auch heute noch mit einer erstaunlichen Hartnäckigkeit[306]. Die Wirklichkeit sah allerdings völlig anders aus. Hier sprechen die offiziellen Überläuferzahlen, die ab Januar 1943 bis März 1945 für jede Heeresgruppe an der Ostfront in den Akten vorliegen, eine deutliche und nüchterne Sprache. Sie betrugen für den in Frage kommenden Zeitraum:

	Januar	Februar	März	April
Heeresgruppe A :	130	74	154	185
Heeresgruppe Süd :	109	109	361	654
Heeresgruppe Mitte:	643	475	598	703
Heeresgruppe Nord :	384	344	802	422
Gesamtsumme :	1266	1002	1915	1964

Da die Flugblätter 1–5 in der letzten Januarwoche abgeworfen wurden, müßte sich das »schlagartige Ansteigen der Überläufer« auf Grund der spektakulären Armeemeldungen bereits für den Monat Februar in der offiziellen Überläuferstatistik des Jahres 1943 niederschlagen. Die Zahlen waren jedoch für den Monat Februar bei allen Heeresgruppen geringer als im Januar. Die Gesamtsumme des Monats Januar mit 1266 Überläufern lag um 76 Prozent niedriger als die Überläuferzahlen im vorhergehenden Monat Dezember 1942 mit 5276 Rotarmisten. Die Überläuferzahlen im Februar 1943 sanken in ihrer Gesamtsumme um 20,9 Prozent im Vergleich zum Monat Januar und stiegen erst ab März 1943. Sie lagen mit 1915 Überläufern allerdings erheblich niedriger als im schlechtesten Überläufermonat des Jahres 1942: im November 1942 liefen im gesamten Ostfrontbereich immerhin noch 252 Prozent mehr Rotarmisten über als im März 1943.

Es muß nach diesen Zahlenunterlagen festgestellt werden, daß ein »schlagartiges Anwachsen« der Überläuferzahlen nach dem Massenabwurf des »Smolensker Aufrufs« nicht stattfand. Die unmittelbare Wirkung auf die Rote Armee stellte sich in den Monaten Februar und März in dem erwarteten Umfang nicht ein, so daß der »Aufruf« sich als ein Mißerfolg erwies.

Allerdings war im Gegensatz zur Reaktion der Rotarmisten das Echo aus den besetzten Gebieten erstaunlich stark. Ein großer Teil der Flugblätter, die »nur für den Feind« bestimmt waren, wurden über den besetzten Ostgebieten abgeworfen und von der dortigen Bevölkerung gelesen. Hier wirkte der »Smolensker Aufruf« wie eine politische Sensation: Wlassow und sein Komitee waren dort in den Wintermonaten Gesprächsthema Nr. 1[307].

Den Flugblättern Nr. 1–5 folgte unmittelbar der Einsatz des Flugblattes Nr. 6–7, das ebenfalls in zwei unterschiedlichen Formaten über dem feindlichen Hinterland und dem Frontbereich abgeworfen wurde. Dieses »Europa-Flugblatt«, das wiederum von Wlassow und Malyschkin unterzeichnet worden war, betonte die Tatsache, daß das russische Volk ein »gleichberechtigtes Glied der Familie der freien Völker des neuen Europa« sei[308]. Kurze Zeit, nachdem das »Europa-Flugblatt« abgeworfen worden war, erschien der »Erlaß des Reichsministers Goebbels an alle Reichsleiter, Gauleiter und Gaupropagandaleiter« vom 15. Februar 1943 über die »Behandlung der europäischen Völker«[309]. Dieser Erlaß war von einem völlig neuen Geist in Sachen Ostpolitik beseelt, von einem Geist, der bis zu diesem Zeitpunkt als schlimmster Defaitismus in der Ostfrage betrachtet wurde:

»... Man kann diese Menschen der Ostvölker, die von uns ihre Befreiung erhoffen, nicht als Bestien, Barbaren usw. bezeichnen und dann von ihnen Interesse am deutschen Sieg erwarten. (...) Äußerungen, daß Deutschland im Osten Kolonien errichten und Kolonialpolitik betreiben werde, das Land und seine Bewohner als Ausbeutungsobjekt betrachte, sind völlig verfehlt.«

Es gelang dem Propagandaminister trotz dieses Vorstoßes, der »aus dem Ernst der

Обращение Русского Комитета

к бойцам и командирам Красной армии, ко всему Русскому народу и другим народам Советского Союза.

Друзья и братья!

БОЛЬШЕВИЗМ — ВРАГ РУССКОГО НАРОДА. Неисчислимые бедствия принес он нашей Родине и, наконец, вовлек Русский народ в кровавую войну за чужие интересы. Эта война принесла нашему Отечеству невиданные страдания. Миллионы русских людей уже заплатили своей жизнью за преступное стремление Сталина к господству над миром, за сверхприбыли англо-американских капиталистов. Миллионы русских людей искалечены и навсегда потеряли трудоспособность. Женщины, старики и дети гибнут от холода, голода и непосильного труда. Сотни русских городов и тысячи сел разрушены, взорваны и сожжены по приказу Сталина.

История нашей Родины не знает таких поражений, какие были уделом Красной армии в этой войне. Несмотря на самоотверженность бойцов и командиров, несмотря на храбрость и жертвенность Русского народа, проигрывалось сражение за сражением. Виной этому — гнилость всей большевистской системы, бездарность Сталина и его главного штаба.

Сейчас, когда большевизм оказался неспособным организовать оборону страны, Сталин и его клика продолжают с помощью террора и лживой пропаганды гнать людей на гибель, желая ценою крови Русского народа удержаться у власти хотя бы некоторое время.

СОЮЗНИКИ СТАЛИНА — АНГЛИЙСКИЕ И АМЕРИКАНСКИЕ КАПИТАЛИСТЫ — ПРЕДАЛИ РУССКИЙ НАРОД. Стремясь использовать большевизм для овладения природными богатствами нашей Родины, эти плутократы не только спасают свою шкуру ценою жизни миллионов русских людей, но и заключили со Сталиным тайные кабальные договоры.

В то же время Германия ведет войну не против Русского народа и его Родины, а лишь против большевизма. Германия не посягает на жизненное пространство Русского народа и его национально-политическую свободу.

Национал-социалистическая Германия Адольфа Гитлера ставит своей задачей организацию Новой Европы без большевиков и капиталистов, в которой каждому народу будет обеспечено почетное место.

Место Русского народа в семье европейских народов, его место в Новой Европе **БУДЕТ ЗАВИСЕТЬ ОТ СТЕПЕНИ ЕГО УЧАСТИЯ В БОРЬБЕ ПРОТИВ БОЛЬШЕВИЗМА,** ибо уничтожение кровавой власти Сталина и его преступной клики — **В ПЕРВУЮ ОЧЕРЕДЬ ДЕЛО САМОГО РУССКОГО НАРОДА.**

Для об'единения Русского народа и руководства его борьбой против ненавистного режима, для сотрудничества с Германией в борьбе с большевизмом за построение Новой Европы, мы, сыны нашего народа и патриоты своего Отечества, создали РУССКИЙ КОМИТЕТ.

РУССКИЙ КОМИТЕТ ставит перед собой следующие цели:

а. Свержение Сталина и его клики, уничтожение большевизма.

б. Заключение почетного мира с Германией.

в. Создание, в содружестве с Германией и другими народами Европы, Новой России без большевиков и капиталистов.

РУССКИЙ КОМИТЕТ кладет в основу строительства Новой России следующие главные принципы:

1. Ликвидация принудительного труда и обеспечение рабочему действительного права на труд, создающий его материальное благосостояние;

2. Ликвидация колхозов и планомерная передача земли в частную собственность крестьянам;

3. Восстановление торговли, ремесла, кустарного промысла и предоставление возможности частной инициативе участвовать в хозяйственной жизни страны;

4. Предоставление интеллигенции возможности свободно творить на благо своего народа;

Der Smolensker Aufruf des Russischen Komitees: Flugblatt der Kategorie Nr. 4

5. Обеспечение социальной справедливости и защита трудящихся от всякой эксплоатации;

6. Введение для трудящихся действительного права на образование, на отдых, на обеспеченную старость;

7. Уничтожение режима террора и насилия, введение действительной свободы религии, совести, слова, собраний, печати. Гарантия неприкосновенности личности и жилища;

8. Гарантия национальной свободы;

9. Освобождение политических узников большевизма и возвращение из тюрем и лагерей на Родину всех, подвергшихся репрессиям за борьбу против большевизма;

10. Восстановление разрушенных во время войны городов и сел за счет государства;

11. Восстановление принадлежащих государству разрушенных в ходе войны фабрик и заводов;

12. Отказ от платежей по кабальным договорам, заключенным Сталиным с англо-американскими капиталистами;

13. Обеспечение прожиточного минимума инвалидам войны и их семьям.

Свято веря, что на основе этих принципов может и должно быть построено счастливое будущее Русского народа, Русский Комитет призывает всех русских людей, находящихся в освобожденных областях и в областях, занятых еще большевистской властью, рабочих, крестьян, интеллигенцию, бойцов, командиров, политработников ОБ'ЕДИНЯТЬСЯ ДЛЯ БОРЬБЫ ЗА РОДИНУ, ПРОТИВ ЕЕ ЗЛЕЙШЕГО ВРАГА — БОЛЬШЕВИЗМА.

Русский Комитет об'являет врагами народа Сталина и его клику.

Русский Комитет об'являет врагами народа всех, кто идет добровольно на службу в карательные органы большевизма — Особые отделы, НКВД, заградотряды.

Русский Комитет об'являет врагами народа тех, кто уничтожает ценности, принадлежащие Русскому народу.

Долг каждого честного сына своего народа — уничтожать этих врагов народа, толкающих нашу Родину на новые несчастья. Русский Комитет призывает всех русских людей выполнять этот свой долг.

Русский Комитет призывает бойцов и командиров Красной армии, всех русских людей переходить на сторону действующей в союзе с Германией Русской Освободительной Армии. При этом, всем перешедшим на сторону борцов против большевизма гарантируется неприкосновенность и жизнь, вне зависимости от их прежней деятельности и занимаемой должности.

Русский Комитет призывает русских людей вставать на борьбу против ненавистного большевизма, создавать партизанские освободительные отряды и повернуть оружие против угнетателей народа — Сталина и его приспешников.

Русские люди! Друзья и братья!

Довольно проливать народную кровь! Довольно вдов и сирот! Довольно голода, подневольного труда и мучений в большевистских застенках! Вставайте на борьбу за свободу!

На бой за святое дело нашей Родины! На смертный бой за счастье Русского народа!

Да здравствует почетный мир с Германией, кладущий начало вечному содружеству Немецкого и Русского народов!

Да здравствует Русский народ, равноправный член семьи народов Новой Европы!

Председатель Русского Комитета
Генерал-лейтенант (А. А. Власов)

Секретарь Русского Комитета
Генерал-майор (В. Ф. Малышкин)

27 декабря 1942 г.
г. СМОЛЕНСК

Stunde heraus«[310] eine Humanisierung der Ostpolitik aus pragmatischen Gründen erstrebte, allerdings nicht, eine politische Neuorientierung für die besetzten Ostgebiete bei Hitler durchzusetzen.

Die Neuorganisation der Propagandatruppen

Die Neugliederung der PK des Heeres

Der Versuch, die Aktivpropaganda in den Gegner erneut zu intensivieren, führte zu einer Neuorganisation im Bereich der Propagandatruppen.

Trotz der Erfolge der deutschen Aktivpropaganda im Osten lag der Arbeitsschwerpunkt der PK Anfang Januar 1943 immer noch bei der Berichterstattung der unterschiedlichen Sparten (Wort, Bild, Film, Rundfunk): nur 15,4 Prozent des Fachpersonals der Heeres-PK waren in der Aktivpropaganda eingesetzt, während 76,7 Prozent die Aufgaben der unterschiedlichen Berichterstattung erfüllten[311].

Eine wirkungsvolle Steigerung der Aktivpropaganda, die nach der Vernichtung der 6. Armee in Stalingrad von der Truppe besonders verlangt wurde, war nur möglich, wenn der Anteil der Berichterstattung der PK drastisch eingeschränkt wurde. Aus diesem Grunde löste die Amtsgruppe für Wehrmachtpropaganda die Berichterzüge der Heeres-PK auf und bildete für die sieben Heeresgruppen je einen Heereskriegsberichterzug. In den PK verblieben lediglich in der Regel zwei Wort- und ein Bildberichter.

Nach dieser Umgliederung bestand eine Heeres-PK nur noch aus einem Propagandazug, der durch eine verstärkte personelle und technische Ausstattung ausschließlich für aktivpropagandistische Aufgaben eingesetzt werden konnte. Dieser Propagandazug wurde bei propagandistischen Schwerpunkteinsätzen von Fall zu Fall von einem Propagandazug der 3. Kompanie der Prop.-Einsatzabteilung verstärkt, der jedoch nach Erfüllung seines Auftrages wieder nach Posen zurückkehrte, wohin inzwischen die Prop.-Einsatzabteilung verlegt worden war.

Die PK verfügten in der Regel ab Sommer 1943 noch zusätzlich über einen sog. Ostpropaganda-Zug unterschiedlicher Stärke, der aus landeseigenen Hilfskräften bestand und die PK bei der Erfüllung ihrer propagandistischen Aufgaben an der Front und im Armeegebiet unterstützte.

Der Stabsoffizier für Propagandaeinsatz

Eine weitere Voraussetzung für die Intensivierung der Aktivpropaganda bestand in einer Umorganisation der Führungsstruktur der Propagandatruppen im Bereich der kämpfenden Verbände. In die Stäbe der Heeresgruppen wurde die Dienststelle des »Stabsoffiziers für Propagandaeinsatz (St.O. Prop.)« eingegliedert, der am 17. November 1942 seine Dienstanweisung erhielt, aber erst ab Mai 1943 bei allen Heeresgruppen im Einsatz war[312].

Der St.O.Prop., der dem Chef des Stabes der Heeresgruppe disziplinarisch unterstand, übernahm die Leitung der gesamten Aktivpropaganda im Bereich seiner Heeresgruppe. Seine wichtigste Aufgabe bestand in dem Auftrag, den Einsatz der Propaganda-Einheiten zentral zu steuern und dadurch eine wirkungsvolle propagandistische Schwerpunktbildung mit allen zur Verfügung stehenden Propagandamitteln zu gewährleisten.

Die Dienststellung des St.O.Prop. nahm mit dieser Funktion eine Schlüsselstellung in der deutschen Wehrmachtpropaganda ein. Der St.O.Prop. war zwischen der Amtsgruppe für Wehrmachtpropaganda und den Propaganda-Einheiten die Instanz, über die OKW/WPr die PK an der Front besser führen konnte. Ein unmittelbarer Kontakt zu ihrer Berliner Zentrale war für die PK nun nicht mehr möglich. In der Regel liefen die Melde- und Befehlswege nur noch über den St.O.Prop.

Nach der erfolgten Umgliederung im Frühsommer 1943 unterstanden die Heereskriegsberichterzüge den St.O.Prop. Da sie die Verantwortung für die gesamte Aktivpropaganda in ihrem Bereich übernahmen, mußten den St.O.Prop. auch die Propaganda-Abschnitts-Offiziere unterstellt werden. Sie erhielten in Zukunft von den St.O.Prop. Weisungen, nach denen die propagandistische Arbeit ausgerich-

Gliederung der deutschen Wehrmachtspropaganda 1943 Zeichnung 24

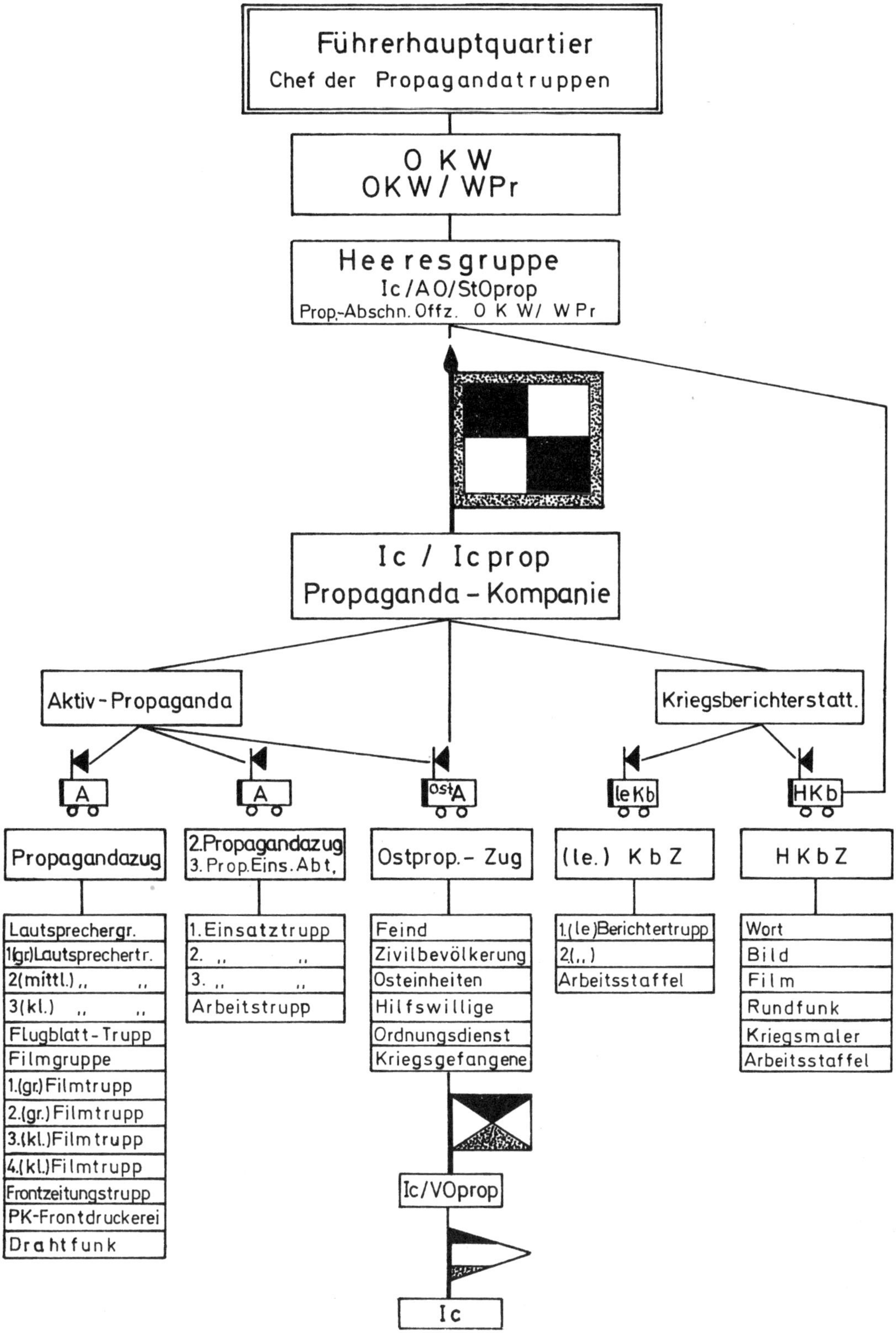

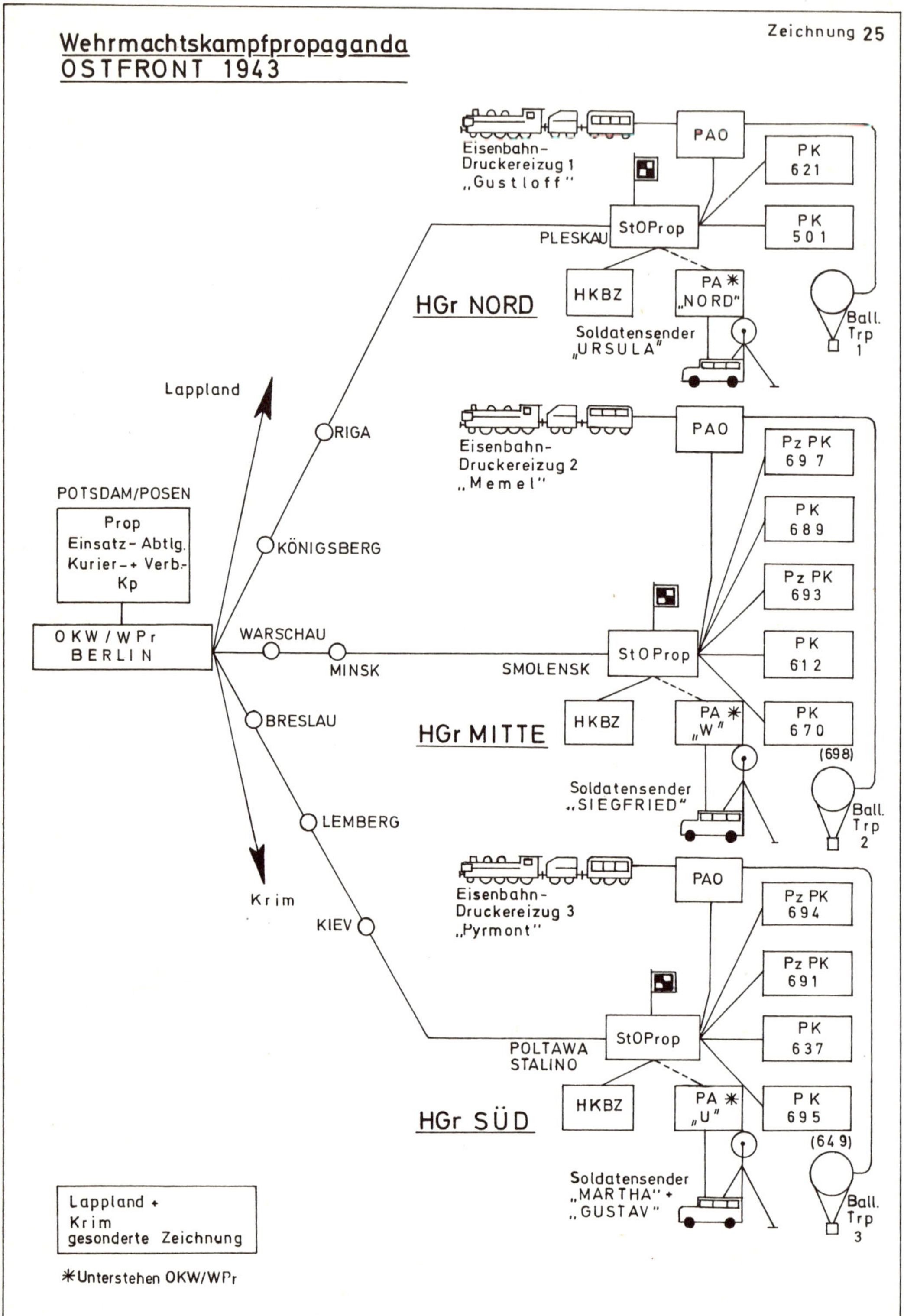

Wehrmachtskampfpropaganda
OSTFRONT 1943
Zeichnung 25
Eisenbahn-
Druckereizug 1
„Gustloff"
PAO
PK 621
PK 501
StOProp
PLESKAU
HKBZ
PA ✱ „NORD"
HGr NORD
Soldatensender
„URSULA"
Ball. Trp 1
Lappland
RIGA
Eisenbahn-
Druckereizug 2
„Memel"
PAO
Pz PK 697
PK 689
Pz PK 693
PK 612
PK 670
(698)
POTSDAM/POSEN
Prop
Einsatz-Abtlg.
Kurier-+ Verb.-
Kp
KÖNIGSBERG
OKW/WPr
BERLIN
WARSCHAU
MINSK
SMOLENSK
StOProp
BRESLAU
HGr MITTE
HKBZ
PA ✱ „W"
Soldatensender
„SIEGFRIED"
Ball. Trp 2
LEMBERG
Krim
KIEV
Eisenbahn-
Druckereizug 3
„Pyrmont"
PAO
Pz PK 694
Pz PK 691
PK 637
PK 695
(649)
StOProp
POLTAWA
STALINO
HKBZ
PA ✱ „U"
HGr SÜD
Soldatensender
„MARTHA" +
„GUSTAV"
Ball. Trp 3
Lappland +
Krim
gesonderte Zeichnung
✱Unterstehen OKW/WPr

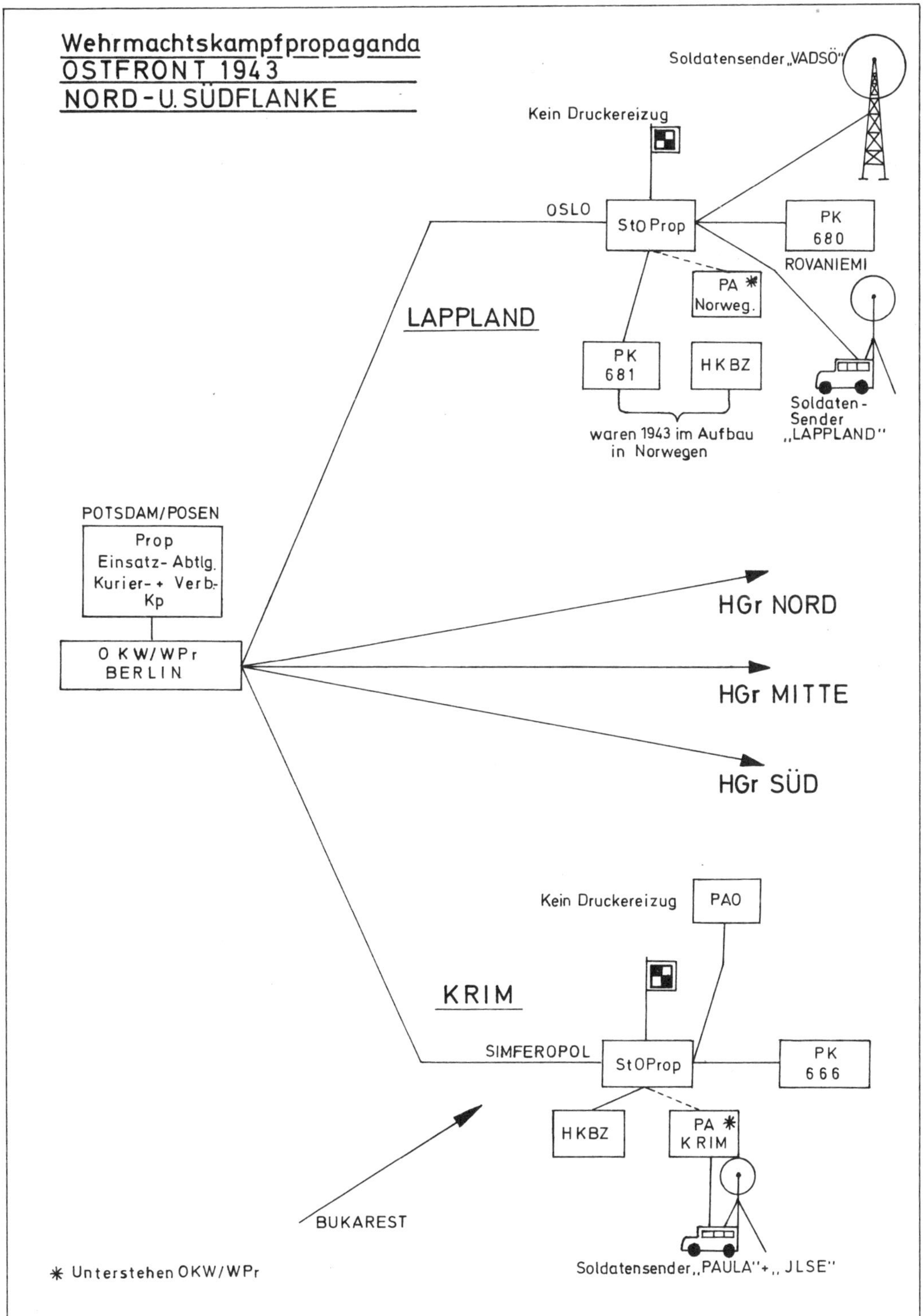

Zeichnung 26

tet werden mußte. Damit konnten die St.O.Prop. nicht nur den Einsatz und die Produktion der drei Eisenbahndruckereizüge »Gustloff« (Heeresgruppe Nord), »Memel« (Heeresgruppe Mitte) und »Pyrmont« (Heeresgruppe Süd) leiten und überwachen, sondern auch den Einsatz der drei Ballon-Trupps, die wie die Eisenbahn-Druckerei-Züge den Propaganda-Abschnitts-Offizieren unterstanden (vgl. Zeichnung 25, 26).

Trotz der notwendigen Zentralisierung des Propagandaapparates im Frontbereich wurden die Propaganda-Abteilungen im Osten (PA Krim; PA Ukraine; PA Weißruthenien; PA Ostland, später Nord,) den St.O.Prop. nicht unterstellt. Sie blieben »reichsunmittelbar«, d. h. das Unterstellungsverhältnis zu OKW/WPr wurde weiterhin beibehalten. Mit den St.O.Prop. waren sie auf Zusammenarbeit angewiesen. So erfolgte der Einsatz der Soldatensender im Bereich der Propaganda-Abteilungen ausschließlich durch die jeweilige Propaganda-Abteilung in Abstimmung mit OKW/WPr.

Als das Unternehmen »Silberstreif«, das im nächsten Kapitel behandelt werden soll, begann, war die Neuorganisation der Propagandatruppen in der Regel bereits vollzogen[313].

Das »zersetzende Gift«: Das Unternehmen »Silberstreif«

Vorbereitung

Nach dem offensichtlichen Mißerfolg der »Smolensker Flugblattserie« auf die Verbände der Roten Armee konzipierte der I a der Abteilung Fremde Heere Ost, Oberstleutnant i. G. Heinz Danko Herre, in enger Abstimmung mit seinem Abteilungschef Oberst i. G. Reinhard Gehlen, den Plan, einen erneuten propagandistischen Vorstoß größter Dimension im gesamten Ostfrontbereich durchzuführen, der die neue Wlassowpropaganda mit allen zur Verfügung stehenden Kräften gegen die Verbände der Roten Armee zum Einsatz bringen sollte[314]. Inzwischen war unter der Leitung von Strik-Strikfeldt durch die gemeinsame Initiative der Abteilung Fremde Heere Ost und OKW/WPr »ein russisches Zentrum für General Wlassow« im Süden von Berlin eingerichtet worden, die sogenannte Ostabteilung z.b.V. Dabendorf. Hier sollten die russischen Propagandisten für die Betreuung von landeseigenen Hilfswilligen in Speziallehrgängen ausgebildet werden[315].

Das geplante Propaganda-Unternehmen, das nach einer Idee von Herre den Namen »Silberstreif« erhielt, sollte den bisher ausgebliebenen psychologischen Einbruch in die Rote Armee erzielen.

Für die Planung von »Silberstreif« spielte die Überlegung eine entscheidende Rolle, daß ein Propaganda-Unternehmen von solchem Umfang, das ca. 400 Millionen Flugblätter zum Abwurf bringen wollte[316], nur dann einen durchschlagenden Erfolg haben konnte, wenn es in Verbindung mit einer erfolgreichen Offensive gestartet wurde. Aus diesem Grunde wählten die Verantwortlichen bei Fremde Heere Ost für den Beginn des Unternehmens den 6. Mai 1943 aus und damit einen Termin, an dem ebenfalls die geplante Zangenoffensive »Zitadelle« im Kursker Frontbogen starten sollte.

Wie im Jahre 1942 sollte eine neue Überläuferkampagne die geplante »Propaganda-Offensive-Silberstreif« vorbereiten. Dem Tagebuch von Herre ist zu entnehmen, daß Oberst Hasso von Wedel am 16. April 1943 seine Zustimmung für die geplante »Überläufer-Aktion größten Umfanges« erteilte[317]. So wurde nach der zusätzlichen Genehmigung durch den neuen Chef des Generalstabes General Zeitzler in den folgenden Tagen der »Grundsätzliche Befehl Nr. 13 des Oberkommandos der deutschen Wehrmacht über die Behandlung der auf deutsche Seite übergehenden Angehörigen der Roten Armee«[318] abgeworfen. Dieses Überläuferflugblatt, das bereits bis zum Monat Juni 1943 in 200 Millionen Exemplaren in den verschiedenen Ostsprachen zum Einsatz kam, war das Flugblatt mit der höchsten Druckauflage während des gesamten Ostfeldzuges.

Das »Unternehmen Silberstreif« war die erste Propaganda-Großaktion der deutschen Wehrmacht, die im gesamten Ostfrontbereich in enger Zusammenarbeit mit den kämpfenden Verbänden durchgeführt wurde.

Es stützte sich dabei im wesentlichen auf zwei Faktoren:

1. auf die Einschaltung der bereits erwähnten »Russischen Befreiungsarmee«, der »ROA« (Russkaja Oswoboditeljnaja Armija), als wesentlicher Propagandaträger
2. auf die propagandistische Verbreitung des »Grundsätzlichen Befehls Nr. 13«, der die Behandlung von Überläufern neu regelte.

Beide Faktoren besaßen nach der Auffassung der Planer einen großen propagandistischen Wert. Da nach der psychologischen Lagebeurteilung von OKW/WPr der Rotarmist als »kriegsmüde« beurteilt wurde, verfolgte »Silberstreif« trotz der völlig neuen politischen Propaganda vor allem die bereits bekannte Propagandatendenz, die noch immer vorhandenen Hemmungen zu beseitigen, die die Masse der Rotarmisten weiterhin vom Überlaufen abhielten. Diese bestanden in erster Linie in der Furcht vor Erschießung und in der Angst vor den deutschen Gefangenenlagern. Während der »Grundsätzliche Befehl Nr. 13« den überlaufenden Rotarmisten persönliche Sicherheit und gute Behandlung garantierte (Primärmotivation), sollte ihm der Beweis für die Existenz einer »Russischen Befreiungsarmee« der er sich als Freiwilliger anschließen konnte, die Gewähr dafür bieten, daß er selbst als freier Kämpfer an der Seite der deutschen Truppen gegen Stalin eingesetzt wurde (Sekundärmotivation).

Die Leitung des Unternehmens ging in ihrer psychologischen Lagebeurteilung von der Annahme aus, daß es trotz der großen Ausdehnung von »Silberstreif« (gesamter Ostfrontbereich von der Heeresgruppe Nord bis zur Heeresgruppe A) und trotz der durchaus neuen und wirksamen Argumente unwahrscheinlich war, daß mit dem Einsetzen der Aktion die Überläuferzahlen sprunghaft ansteigen würden. Ein derart plötzlicher Erfolg sei wegen des bekannten engmaschigen Überwachungssystems der Sowjetführung unwahrscheinlich. Es sei daher falsch, bei unmittelbarem Ausbleiben von sichtbaren Erfolgen sofort auf die Unwirksamkeit des Unternehmens zu schließen. Trotz der ungewöhnlich kurzen Vorbereitungszeit für »Silberstreif« biete seine völlig neue Konzeption schon durch den Überraschungseffekt die Möglichkeit für einen großen Propagandaerfolg, wenn das Unternehmen unbeirrt und im Sinne der Leitung durchgeführt werde.

Den Führern der Propaganda-Kompanien in den einzelnen Armeebereichen fiel eine besonders wichtige und verantwortungsvolle Aufgabe zu. Sie mußten als die örtlich zuständigen Führer der Propagandatruppe durch Anregung und Vorschläge für ihre Kommandobehörden, besonders für ihren Ic, die Grundlagen für ein reibungsloses und ununterbrochenes Zusammenwirken zwischen Propagandawaffe und kämpfender Truppe herstellen und dafür sorgen, daß alle Propagandamittel in zweckmäßiger und erfolgversprechender Weise eingesetzt werden konnten.

Maßnahmen

Bei den Divisionen, Durchgangslagern, Gefangenenstellen der Armee usw. mußten laut OKH-Befehl[319] sofort russische Betreuungsstaffeln aufgestellt werden. Die Offiziere dieser Betreuungsstaffeln rekrutierten sich zu einem erheblichen Teil aus dem Lager Dabendorf, wurden also von OKW/WPr (IV) und vom OKH zur Verfügung gestellt. Außerdem sollte die Truppe wiederholt und eindringlich über den Inhalt des »Grundsätzlichen Befehls Nr. 13« und über Sinn und Zweck von »Silberstreif« unterrichtet werden. Es war sicher kein Zufall, daß im Mai 1943 die Schrift »Die politische Aufgabe des deutschen Soldaten in Rußland« erschien[320].

Für die Durchführung des Unternehmens wurde im einzelnen befohlen:

1. Steuerung des Flugblattabwurfs durch die der Armee zur Verfügung stehenden Luftwaffeneinheiten.
2. Einsatz von Propagandamitteln unter Führung besonders qualifizierter Zug- und Truppführer der PK.
3. Abstellen einer Reserve von Flugblättern an bewegliche Propagandatrupps.
4. Intensive Befragung der Überläufer über Motivation und Umstände ihres Desertierens mit anschließender Auswertung der Ergebnisse.
5. Enge Zusammenarbeit und laufender Erfahrungsaustausch mit den russischen Betreuungsstaffeln.

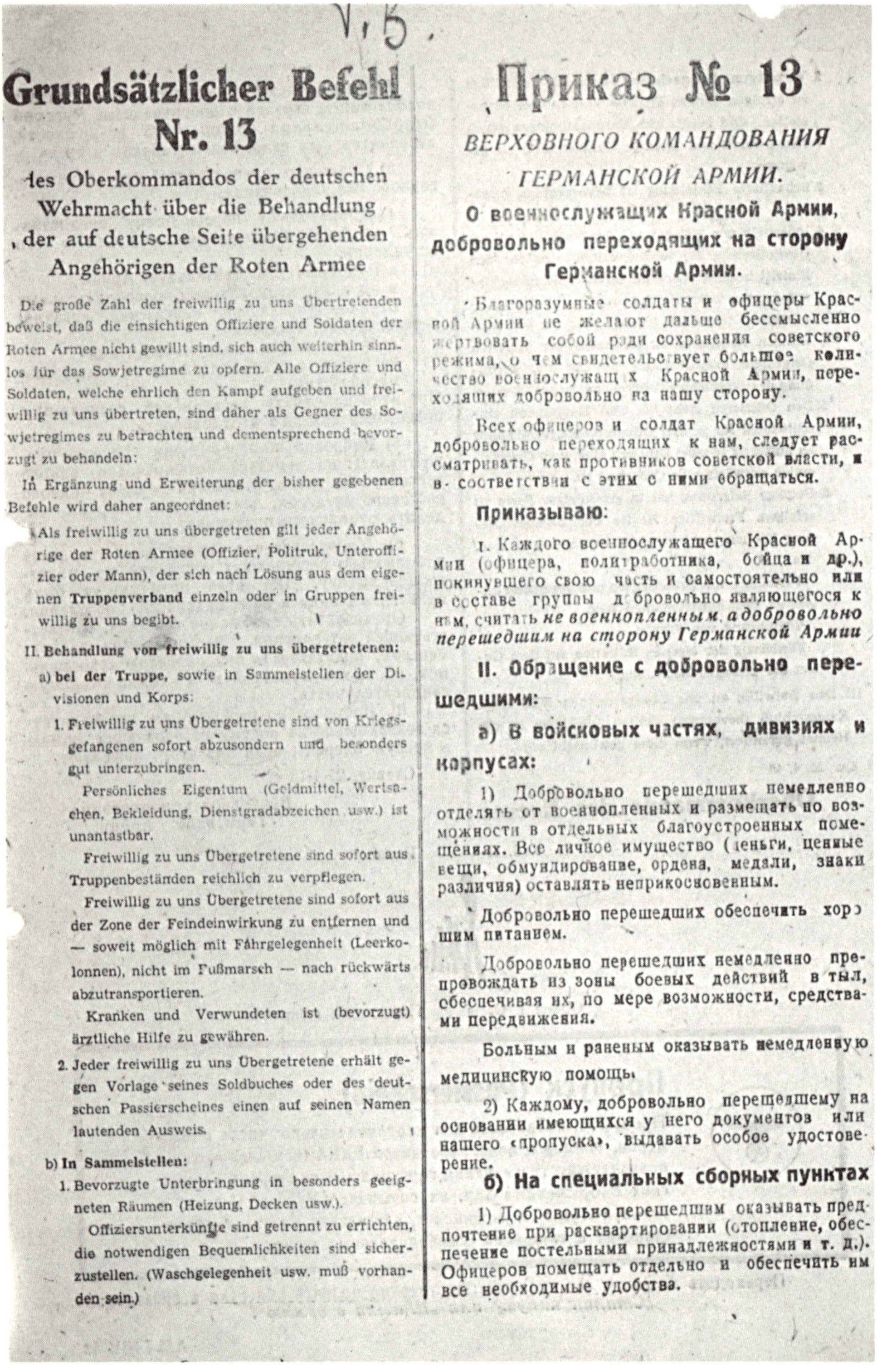

Grundsätzlicher Befehl Nr. 13

des Oberkommandos der deutschen Wehrmacht über die Behandlung der auf deutsche Seite übergehenden Angehörigen der Roten Armee

Die große Zahl der freiwillig zu uns Übertretenden beweist, daß die einsichtigen Offiziere und Soldaten der Roten Armee nicht gewillt sind, sich auch weiterhin sinnlos für das Sowjetregime zu opfern. Alle Offiziere und Soldaten, welche ehrlich den Kampf aufgeben und freiwillig zu uns übertreten, sind daher als Gegner des Sowjetregimes zu betrachten und dementsprechend bevorzugt zu behandeln:

In Ergänzung und Erweiterung der bisher gegebenen Befehle wird daher angeordnet:

I. Als freiwillig zu uns übergetreten gilt jeder Angehörige der Roten Armee (Offizier, Politruk, Unteroffizier oder Mann), der sich nach Lösung aus dem eigenen **Truppenverband** einzeln oder in Gruppen freiwillig zu uns begibt.

II. Behandlung von freiwillig zu uns übergetretenen:

a) **bei der Truppe**, sowie in Sammelstellen der Divisionen und Korps:

1. Freiwillig zu uns Übergetretene sind von Kriegsgefangenen sofort abzusondern und besonders gut unterzubringen.

   Persönliches Eigentum (Geldmittel, Wertsachen, Bekleidung, Dienstgradabzeichen usw.) ist unantastbar.

   Freiwillig zu uns Übergetretene sind sofort aus Truppenbeständen reichlich zu verpflegen.

   Freiwillig zu uns Übergetretene sind sofort aus der Zone der Feindeinwirkung zu entfernen und — soweit möglich mit Fahrgelegenheit (Leerkolonnen), nicht im Fußmarsch — nach rückwärts abzutransportieren.

   Kranken und Verwundeten ist (bevorzugt) ärztliche Hilfe zu gewähren.

2. Jeder freiwillig zu uns Übergetretene erhält gegen Vorlage seines Soldbuches oder des deutschen Passierscheines einen auf seinen Namen lautenden Ausweis.

b) In Sammelstellen:

1. Bevorzugte Unterbringung in besonders geeigneten Räumen (Heizung, Decken usw.).

   Offiziersunterkünfte sind getrennt zu errichten, die notwendigen Bequemlichkeiten sind sicherzustellen. (Waschgelegenheit usw. muß vorhanden sein.)

Приказ № 13

ВЕРХОВНОГО КОМАНДОВАНИЯ ГЕРМАНСКОЙ АРМИИ.

О военнослужащих Красной Армии, добровольно переходящих на сторону Германской Армии.

Благоразумные солдаты и офицеры Красной Армии не желают дальше бессмысленно жертвовать собой ради сохранения советского режима, о чем свидетельствует большое количество военнослужащих Красной Армии, переходящих добровольно на нашу сторону.

Всех офицеров и солдат Красной Армии, добровольно переходящих к нам, следует рассматривать, как противников советской власти, и в соответствии с этим с ними обращаться.

Приказываю:

1. Каждого военнослужащего Красной Армии (офицера, политработника, бойца и др.), покинувшего свою часть и самостоятельно или в составе группы добровольно являющегося к нам, считать *не военнопленным, а добровольно перешедшим на сторону Германской Армии*

II. Обращение с добровольно перешедшими:

а) В войсковых частях, дивизиях и корпусах:

1) Добровольно перешедших немедленно отделять от военнопленных и размещать по возможности в отдельных благоустроенных помещениях. Все личное имущество (деньги, ценные вещи, обмундирование, ордена, медали, знаки различия) оставлять неприкосновенным.

Добровольно перешедших обеспечить хорошим питанием.

Добровольно перешедших немедленно препровождать из зоны боевых действий в тыл, обеспечивая их, по мере возможности, средствами передвижения.

Больным и раненым оказывать немедленную медицинскую помощь.

2) Каждому, добровольно перешедшему на основании имеющихся у него документов или нашего «пропуска», выдавать особое удостоверение.

б) На специальных сборных пунктах

1) Добровольно перешедшим оказывать предпочтение при расквартировании (отопление, обеспечение постельными принадлежностями и т. д.). Офицеров помещать отдельно и обеспечить им все необходимые удобства.

Der »Grundsätzliche Befehl Nr. 13«: Zweisprachige Fassung

2. Verpflegung hat nach den Sätzen für Freiwillige zu erfolgen. Soweit örtliche Verhältnisse es gestatten, sind zusätzliche Vergünstigungen (auch Rauchwaren und sonstige Luxusartikel) zu gewähren.

3. Schadhafte Bekleidung ist bevorzugt zu ersetzen.

4. Innerhalb von 7 Tagen hat der freiwillig zu uns Übergetretene die Möglichkeiten, sich für den Eintritt in einen Verband der nationalen Befreiungsarmeen oder als Dobrowolez für die rückwärtigen Dienste der Truppe oder für den freiwilligen Arbeitseinsatz im Raum der befreiten Ostgebiete, möglichst der Neigung und Vorbildung des Einzelnen entsprechend, zu entscheiden.

5. Den Offizieren steht bis zum Hauptmann einschließlich für je drei Offiziere eine, vom Major an aufwärts je zwei Offiziere eine, vom Generalmajor aufwärts eine Ordonanz zu.

6. Geistige Betreuung hat in großzügiger Form zu erfolgen. Freiwillige Kräfte der Zivilbevölkerung können gegebenenfalls herangezogen werden.

Verteilung von Zeitschriften und geeigneter Literatur, Musikinstrumenten usw.

Vorführung von Filmen.

Förderung der eigenen Initiative auf dem Gebiet der geistigen Betreuung.

III. Den freiwillig zu uns Übergetretenen wird nach Kriegsschluß (bevorzugt) sichere Rückkehr in die Heimat garantiert, wenn diese gewünscht wird.

H. Qu., 21. 4. 43

Oberkommando des Heeres

f. d. R.

Oberst i. G.

2) Добровольно перешедших обеспечивать довольствием наравне с добровольцами *Русской Освободительной Армии* и, по возможности, дополнительным снабжением (табаком и пр.).

3) Оказывать преимущество при замене негодного обмундирования.

4) Добровольно перешедшему предоставлять 7-ми дневный срок для решения о его вступлении:

в Русскую Освободительную Армию,

в один из национальных освободительных отрядов (украинский, кавказский, казачий, туркестанский, татарский),

добровольцем в тыловую часть или

на работу в освобожденных от большевизма областях.

При этом принимать во внимание специальную подготовку каждого в отдельности.

5) Добровольно перешедшим офицерам предоставлять: до капитана включительно—одного вестового на троих, от майора и выше—одного вестового на двоих, для каждого генерала выделять отдельного ординарца.

6) Удовлетворение культурных запросов добровольно перешедших поставить на надлежащую высоту. Для этой цели могут быть привлечены лица и из гражданского населения.

Организовать снабжение газетами, соответствующей литературой, музыкальными инструментами, практиковать демонстрацию кино-фильмов, поощрять культурную и художественную самодеятельность.

III. Добровольно перешедшим гарантируется возвращение на родину по окончании войны в первую очередь, если они этого пожелают.

Ставка, 21-4-43 г.

Верховное командование Германской Армии.

Верно:

Полковник генштаба

Пропуск (Passierschein)

Пропуск действителен для неограниченного числа командиров, бойцов и политработников РККА (независимо от их принадлежности к партии), переходящих на сторону Германских Вооруженных Сил, их союзников, Русской Освободительной Армии и украинских, кавказских, казачьих, туркестанских и татарских освободительных отрядов.

Переходить можно и без пропуска: достаточно поднять обе руки и крикнуть; *„Сталин капут“ или „Штыки в землю“!*

AM 74/IV 43
56

ბ რ ძ ა ნ ე ბ ა No. 13.

გერმანიის არმიის უმაღლესი სარდლობისა.

წითელი არმიის იმ სამხედრო მსახურების შესახებ. რომლებიც ნებაყოფლობით გადმოდიან გერმანიის არმიის მხარეზე.

წითელი არმიის საღად მოაზროვნე ჯარისკაცებსა და ოფიცრებს უკვე აღარ სურთ თავიანთი სიცოცხლე შესწირონ საბჭოთა რეჟიმის შენარჩუნებისათვის ბრძოლაში; ამას ადასტურებს წითელი არმიის სამხედრო მსახურთა აუარებელი რაოდენობა, რომლებიც გადმოდიან ჩვენს მხარეზე ნებაყოფლობით.

წითელი არმიის ყველა ოფიცრები და ჯარისკაცები, რომლებიც ნებაყოფლობით გადმოდიან ჩვენს მხარეზე, ჩათვლილნი უნდა იქნან, როგორც საბჭოთა ხელისუფლების მოწინააღმდეგენი და ამიტომ მით მიმართ საჭიროა შესაფერი მოპყრობა.

ვ ბ რ ძ ა ნ ე ბ:

1. წითელი არმიის თვითეული სამხედრო მსახური (ოფიცერი, პოლიტმომუშავე და სხვა), რომლებმაც თავისი ნაწილი დასტოვა და დამოუკიდებლად თუ ჯგუფურად გადმოვიდა ჩვენსმხარეზე, ჩაითვალოს არა სამხედრო ტყვედ, არამედ როგორც ნებაყოფლობით გადმოსული პირი გერმანიის არმიის მხარეზე.

2. **მოპყრობა ნებაყოფლობით გადმოსულ პირთა მიმართ:**

ა. სამხედრო ნაწილებში, დივიზიებში და კორპუსებში:

1. ნებაყოფლობით გადმოსული პირები დაუყოვნებლივ უნდა გამოყოფილ იქნენ დანარჩენ სამხედრო ტყვეებისაგან და მოთავსებული შეძლებისდა გვარად ცალკე, სათანადოდ მოწყობილ ბინებში. ყველა პირადი კუთვნილი ქონება: ფული, ძვირფასი ნივთები, ტანსაცმელები. წოდების ნიშნები ხელუხლებელი უნდა იქნეს.

ნებაყოფლობით გადმოსულები უზრუნველყოფილნი იქნენ კარგი კვებით.

ნებაყოფლობით გადმოსულები დაუყოვნებლივ გაყვანილი უნდა იქნენ ზურგში, სამხედრო მოქმედებათა ზონიდან, გადასაყვან საშუალებათა მიწოდებით შეძლებისდა გვარად. ავადმყოფებსა და დაჭრილებს დაუყოვნებლივ უნდა გაეწიოთ საექიმო დახმარება.

2. ჩვენს მხარეზე გადმოსულთ, რომლებიც გადმოვიდნენ ჩვენი საბუთ-უპის თუ საშვისის საფუძველზე, უნდა მიეცეთ აგრეთვე განსაკუთრებული მოწმობაც.

ბ. სპეციალურ შესაკრებ პუნქტებზე:

ნებაყოფლობით გადმოსულებს მიენიჭებათ უპირატესობა დაბინავების დროს (გათბობა, საწოლი, საგნებით უზრუნველყოფა და სხვა).

.ოფიცრები მოათავსეთ ცალკე და უზრუნველჰყავით ყოველგვარი შესაფერი პირობებით.

2. ნებაყოფლობით გადმოსულები უზრუნველყოფილნი იქნენ რუსული განმანთავისუფლებელი არმიის მოხალისეების თანაბრად და მიეცეთ დამატებითი მომარაგება (თამბაქო და სხვა).

3. უპირატესობა მიეცეთ მათ ნახმარი ტანსაცმელის გამოცვლის შემთხვევაში.

4. ნებაყოფლობით გადმოსულ პირს უნდა მიეცეს 7 დღის ვადა იმის გადასაწყვეტად: სურს თუ არა მას შევიდეს რუსულ განმანთავისუფლებელ

დსს. ტ4

Der »Grundsätzliche Befehl Nr. 13« in georgischer Sprache

არმიაში, ერთ-ერთ ნაციონალურ განმანთავისუფლებელ ლეგიონში (უკრაინის, კავკასიის, კაზახების, თურქესტანის, თათრების), ნებაყოფლობით მოწყობილ ზურგის ნაწილებში ან და სამუშაოდ ბოლშევიზმისაგან განთავისუფლებულ ოლქებში.

ამასთანავე ერთად მიღებული უნდა იქნეს მხედველობაში თვითეული მათგანის სპეციალური მომზადება.

5. ნებაყოფლობით გადმოსული ოფიცრები უზრუნველყოფილ იქნენ ორდინარცებით (მსახურებით). კაპიტანის წოდების მქონეს—1 ორდინარცი სამ კაცზე, მაიორიდან და ზევით 1 ორდინარცი 2 კაცზე, თვითეულ გენერალს თითო ორდინარცი.

6. ნებაყოფლობით გადმოსულ პირთა კულტურული მოთხოვნილებანი მოგვარებული იქნეს შესაფერისად. ამ საქმეში შეიძლება ჩაბმულ იქნენ პირები სამოქალაქო მოსახლეობიდან. უზრუნველჰყავით ისინი გაზეთებით, ლიტერატურით, მუსიკალური ინსტრუმენტებით და ყოველმხრივ ხელი შეეწყოს მათ მხატვრულ თუ კულტურულ თვითშემოქმედებას.

3. ნებაყოფლობით გადმოსულებს ეძლევათ სრული გარანტია იმის შესახებ, რომ ომის დამთავრების შემდეგ ისინი პირველ რიგში გაიგზავნებიან თავიანთ სამშობლოში, თუ კი ისინი ამას მოისურვებენ.

გერმანიის არმიის უმაღლესი სარდლობა
ხწორეა: გენერალური შტაბის პოლკოვნიკი ჰელლენ.

მთავარი სადგომი, 21. 4. 48.

საშვები

საშვები გამოსადეგია გადმოსახვლელად განუსაზღვრელი რაოდენობით წითელი არმიის მეთაურებისათვის, მებრძოლებისათვის და პოლიტ-მუშაკებისათვის, რომლებიც გადმოდიან გერმანიის შეიარაღებული ძალების, მისი მოკავშირეების, რუსულ განმანთავისუფლებელ არმიის, უკრაინის, კავკასიის, ყაზახების, თურქესტანის და თათრების განმანთავისუფლებელი ლეგიონების მხარეზე.

გადმოსვლა შეიძლება აგრეთვე საშვების გარეშეც. ამისათვის საკმარისია ასწიოთ ორივე ხელები მაღლა და დაიძახოთ; „სტალინ კაპუტ", ან და „შტიკი ვ ზემლიუ".

Dieses Flugblatt enthält in russischer Sprache den Grundsätzlichen Befehl des Oberkommandos des Heeres Nr. 13 über die Behandlung der auf deutsche Seite übergehenden Angehörigen der Roten Armee. Demnach sind alle Offiziere, Politarbeiter und Soldaten, welche ehrlich den Kampf aufgeben und freiwillig zu uns übertreten als Gegner des Sowjetregimes zu betrachten und dementsprechend bevorzugt zu behandeln, u. a.: gesonderte und besonders gute Unterbringung, Unantastbarkeit des persönlichen Eigentums (Geldmittel, Wertsachen, Bekleidung, Dienstgrad- und Rangabzeichen), sofortige reichliche Verpflegung aus Truppenbeständen, ärztliche Hilfe, sofortiger Abtransport aus der Zone der Feindeinwirkung, Ausstellung eines namentlichen Ausweises.

690 G. V. 43

№ 5

Май 1943

ИЛЛЮСТРИРОВАННЫЙ
БОЕВОЙ ПУТЬ

Большевизм погибнет,
Русский народ будет жить!

Смерть
Сталина
Спасет
Россию!

ГЕНЕРАЛ-ЛЕЙТЕНАНТ Андрей Андреевич ВЛАСОВ
(бывший заместитель Командующего Волховским фронтом и Командующий 2-й Ударной армией РККА)
РУКОВОДИТЕЛЬ РУССКОГО ОСВОБОДИТЕЛЬНОГО ДВИЖЕНИЯ
И КОМАНДУЮЩИЙ РУССКОЙ ОСВОБОДИТЕЛЬНОЙ АРМИЕЙ

Flugblattzeitung Nr. 659 ZJ/V 43
Illustrierter »Kriegspfad« mit der »Großen Wlassow-Ausgabe«. Titelseite und letztes Blatt
Bildunterschrift: Gen.-Lt. Andrej Andrejewitsch Wlassow (der ehemalige Stellvertreter des Oberbefehlshaber der Wolchow-Front und Oberbefehlshaber der 2. Stoßarmee der Roten Arbeiter- und Bauernarmee), der Führer der Russischen Befreiungsbewegung und Befehlshaber der Russischen Befreiungsarmee.

Letzte Seite: Die Seite zeigt Köpfe von Angehörigen der Russischen Befreiungsarmee und deren Namen. Schräges Schriftband: Wir alle kämpfen für die Befreiung unserer Heimat

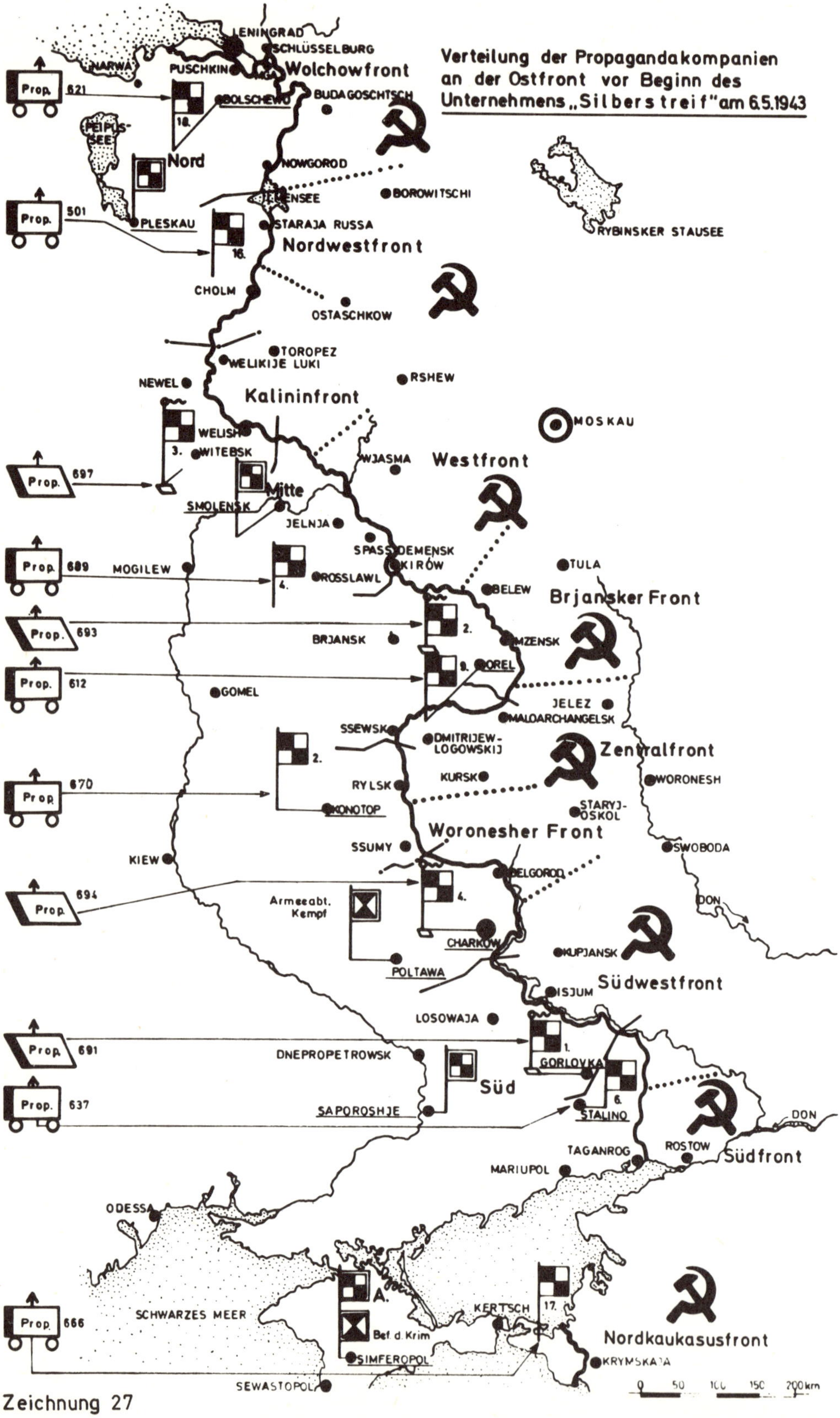

Zeichnung 27

Zeitlicher Ablauf

Das Unternehmen wurde in drei Zeitperioden eingeteilt[321]:

Erste Periode

Schlagartiges Einsetzen der Flugblattverteilung über der gesamten Front durch die Luftwaffe, Einsatz der Erdverteilungsgeräte ohne erkennbare Schwerpunktbildung, d. h. »Abtasten der Front« nach schwachen, der propagandistischen Beeinflussung besonders zugänglichen Stellen.

Zweite Periode

Bei Weiterführung des allgemeinen Flugblattabwurfs durch die Luftwaffe Bildung von propagandistischen Schwerpunkten an erkannten Einbruchstellen. Heranziehung der in Reserve gehaltenen Propagandamittel an diesen Stellen, konzentrierter Einsatz von Lautsprechern, Transparenten, Sprechchören und russischen Propagandatrupps, die als Propaganda-Stoßtrupps Fühlung mit dem Gegner aufnehmen sollten.

Propagandistische Bearbeitung der Überläufer durch Einsatz der Propagandamittel in den Lagern, intensive Betreuung durch Aktivpropagandisten zwecks Informationsgewinnung für die Herstellung von Flugblättern mit neuen auf die psychologische Lage des Gegners bezogenen Argumenten.

Die zweite Periode sollte die Periode des örtlich begrenzten, aber konzentrierten und intensiven Propagandakampfes sein. Die Periode fand ihr Ende, wenn sich auswertbare örtliche Erfolge eingestellt hatten und sich hieraus die Grundlagen für neue und erfolgversprechende Propagandatendenzen ergaben.

Dritte Periode

Produktion des neuen Propagandamaterials unter Einsatz aller vorhandenen Herstellungsmöglichkeiten (Eisenbahndruckerei-Züge, mobile und stationäre Druckereien usw.). Abwurf bzw. Verschuß dieses neuen Materials an der ganzen Front. Erneutes Abtasten nach schwachen Stellen. Erweiterung der örtlichen Erfolge unter Ausnutzung aller sich neu abzeichnenden Einbruchstellen.

Koordinierung

Um eine einheitliche Führung des »Unternehmens Silberstreif« im gesamten Heeresgruppenbereich sicherzustellen, mußten die Armeen das Oberkommando der Heeresgruppe laufend über alle Vorgänge unterrichten, die für die weitere Planung und Ausrichtung des Unternehmens wichtig waren.

Die Führer der Propaganda-Kompanien erhielten daher den Auftrag, über ihre Armeen bzw. über ihren Ic Erfahrungen und Anregungen schnellstens weiterzugeben. Sie sollten einen engen Kontakt zu dem Stabsoffizier für Propagandaeinsatz (St.O.Prop.) bei der Heeresgruppe herstellen, damit der für eine bewegliche Propagandaführung notwendige persönliche Gedankenaustausch sichergestellt werden konnte.

Die russischen Betreuungsstaffeln

Um die Behandlung von Überläufern im Sinne des »Grundsätzlichen Befehls Nr. 13« durchführen zu können, mußten laut OKH-Befehl Nr. II/12024/43 vom 20. April 1943 alle Armeen im Osten je eine russische Betreuungsstaffel für ihre Divisionen, Durchgangslager und Armee-Gefangenen-Sammelstellen aufstellen.

Betreuungsstaffel bei der Division
Stärke: 1 russischer Führer
4 russische Unterführer
20 russische Mannschaften

Aufgabe:

1. Einsatz aller Mittel der Aktivpropaganda, die zur Erhöhung der Überläuferzahlen beitragen konnten
2. Schnelle und möglichst schonende Überführung und Betreuung der anfallenden Überläufer
3. Wenn möglich, zusätzlicher Einsatz für Propagandaaufgaben in die Bevölkerung
4. Arbeit in zwei Trupps:
   - Trupp Aktivpropaganda in den Feind und in die Zivilbevölkerung
   - Trupp Betreuung und Überführung der Überläufer

Für Dulag u. Sammelstellen

Merkblatt

über

Behandlung von Überläufern

Überläufer — auch Polit. Kommissare und Politruks — müssen von der Richtigkeit ihres Entschlusses überzeugt werden! Überläufer **vertrauen** den Versprechungen der deutschen Propaganda! Propaganda spart eigenes Blut und schädigt die Widerstandskraft des Feindes. Wer Überläufer enttäuscht, zerschlägt die Wirkung der deutschen Propaganda!

Deshalb:

1. Keine ablehnende oder schroffe **Behandlung.**
   Eindruck der Überläufer entscheidet über Glaubwürdigkeit unserer Propaganda.
2. Offensichtliche **Bevorzugung** der Überläufer **gegenüber Kriegsgefangenen** bei Aufnahme, Verpflegung, Unterbringung, Transport, Fürsorgemaßnahmen aller Art, z. B. Tabakwaren, Erfrischungen, Rücksichtnahme auf körperlichen Zustand.
   Russische Betreuungsstaffeln verantwortlich **einschalten und ihnen stärkste Einwirkungsmöglichkeit** verschaffen.
3. Persönliches **Eigentum** (Geld, Wertsachen, Dienstgradabzeichen, Ehrenzeichen, persönliche Erinnerungen (Fotos), Uniformstücke (auch Stiefel!) belassen!
4. Etwa noch vorhandene behelfsmäßige **Ausweise** gegen **vorschriftsmäßige** (Muster umseitig) einzutauschen. — Formulare vorbereiten!
5. Überläufer **sofort reichlich** verpflegen (Schwerarbeitersätze). Soweit möglich zusätzliche Vergünstigungen (Tabakwaren usw.).
6. Ersatz für schadhafte, abgerissene oder fehlende **Bekleidung** (z. B. aus Kgf.-Beständen).
7. Beschleunigte **ärztliche Hilfe** für verwundete und kranke Überläufer.
8. **Keine Sammeltransporte** gemeinsam mit Kriegsgefangenen.
   Sichtbare Trennung, besonders belehrte Begleiter, Offiziere abgesetzt von Mannschaften.
   Durch Landeseinwohner angebotene Erfrischungen nicht hindern.
9. Keine Überläufer zurückhalten (Abwehrgründe!). — Keine unnötigen Verzögerungen!
   Schnellste Weiterleitung! Alle möglichen **Transportbequemlichkeiten** ausnutzen (Fußmärsche vermeiden).
10. Überläufern in den ersten Tagen **Ruhe** gönnen!
    Gelegenheit geben, sich zu **entscheiden:**
    a) für den Eintritt in einen Verband der nationalen Legionen,
    oder b) als Hilfswillige der rückw. Dienste der Truppe,
    oder c) für den geschlossenen Arbeitseinsatz im rückw. Armeegebiet oder Heeresgebiet.
    Entscheidung auf Ausweis eintragen. Schnellste Zuführung entsprechend Verwendungswunsch.
    Bis dahin nur leichte Arbeit nach Neigung und Vorbildung.
11. Eine Ordonnanz (auch auf Transport):
    für je 3 Offiziere (bis einschl. Hauptmann) — je 2 Stabsoffiziere — je 1 General.
12. **Geistige Betreuung** in großzügiger und mannigfaltiger Form! Mitarbeit der Betreuten anregen!
    Verteilung von Zeitschriften, geeigneter Literatur, Musikinstrumenten usw. — Filmvorführungen.
13. Immer daran denken: Je **besser** Überläufer **behandelt** werden, um so **mehr kommen.**

Je mehr Überläufer, desto weniger kämpfende Feinde!

Daher:

Überläufern ein ihre Erwartungen übersteigendes Gefühl des Geborgenseins geben und erhalten! / Über Inhalt und Sinn des grundlegenden Befehls Nr. 13 immer wieder Offiziere, Beamte, Unteroffiziere und Mannschaften belehren.

H. Qu. OKH., den 6. 5. 1943.

OKH./GenStdH./GenQu.

Ausweis

(Muster)

Der .... ist bei der Einheit ....

Fp. Nr. .... am .... bei .... übergelaufen.

Er gibt an — ist .... Nationalität — zu sein.

Geb. .... in ....

Heimatort .... Beruf ....

Sämtliche Truppenteile und Dienststellen werden gebeten, ihn nach den für Überläufer erlassenen Sonderbestimmungen bevorzugt zu behandeln.

....
(Einheit)

(Dienststempel)

....
(Unterschrift, Dienstgrad)

bitte wenden!

(Rückseite)

Verwendung ....
(Unter Berücksichtigung des Wunsches des Überläufers)

Bemerkung: Dieser Ausweis darf dem Inhaber von keiner Dienststelle abgenommen werden und ist auch dann vollgültig, wenn Eintragungen teilweise oder vollständig fehlen, sofern nur Feldpostnummer und Unterschrift der ausstellenden Dienststelle vorhanden sind. Hat der Überläufer einen Propaganda-„Passierschein", so ist ihm dieser ebenfalls zu belassen.

Das Merkblatt des Unternehmens »Silberstreif« über die Behandlung von Überläufern

Betreuungsstaffeln bei den Armee-Gefangenen-Sammel- und Durchgangslagern (Dulags)
Stärke: 3 russische Propagandisten (aus dem Lager Dabendorf), V-Leute (Überwachung der Überläufer)

Aufgaben:
Die Hauptaufgabe der Betreuungsstaffeln bei den Dulags und Armee-Gefangenen-Sammelstellen bestand in der propagandistischen Einwirkung auf die eingelieferten Überläufer und in ihrer zusätzlichen Betreuung. Zu diesem Zweck wurden in jedem Armeebereich »Freiwilligen-Sammelstellen« aufgebaut, die sich bereits äußerlich besonders günstig von den übrigen Gefangenenlagern abheben mußten. In diese »Sammelstellen« wurden zunächst alle Überläufer aus dem Armeebereich überführt, um dort nach den Richtlinien des »Befehls Nr. 13« behandelt zu werden. Alle zugesagten Erleichterungen und Vergünstigungen sollten in vollem Umfange gewährt werden. Dabei erläuterten die Propagandisten der Betreuungsstaffeln bei zwanglosen Unterhaltungen, Ansprachen und Diskussionen die verschiedenen Verwendungsmöglichkeiten als Freiwillige in landeseigenen Verbänden. Hierdurch sollte das Mißtrauen bei den Überläufern abgebaut werden, das ggf. noch durch die intensive sowjetische Greuelpropaganda bei ihnen nachwirkte.

Letzte Vorbereitungen

Der erste Schock traf die Planer von »Silberstreif«, als am 4. Mai 1943 der Ic der Heeresgruppe Süd, Oberstleutnant i.G. Blumröder, mitteilte, daß bei der Luftwaffe noch ein anderes Stichwort »Silberstreif« existiere, durch das die Eröffnung des Gaskrieges ausgelöst werde[322]. Nachdem diese Verwechslungsgefahr durch klärende Telefonate und Fernschreiben beseitigt worden war, traf die Planer ein zweiter Schock. Sie erhielten die Nachricht, daß auf Befehl Hitlers das Unternehmen »Zitadelle« verschoben werden müsse[323]. Damit war der Erfolg von »Silberstreif« ohne eine durchschlagende Angriffsoperation von Beginn an in Frage gestellt. Da jedoch die Vorbereitungen der Propagandatruppen bereits ihren Abschluß gefunden hatten, entschloß man sich dazu, das Unternehmen »Silberstreif« wie geplant unabhängig von »Zitadelle« als ein propagandistisches Einzelunternehmen auszulösen.

Wirkung des Unternehmens »Silberstreif«

Das Unternehmen »Silberstreif« begann schlagartig in der Nacht vom 6./7. Mai 1943 im gesamten Ostfrontbereich mit dem Abwurf von 18 Millionen Flugblättern. Zehn Tage später erließ das Pz AOK 2 bereits einen Befehl für die »Weiterführung der Propagandaaktion ›Silberstreif‹«, der u. a. anordnete[324]:

– Intensivierung der Überläuferpropaganda
– Erkennen und Bilden von Propaganda-Schwerpunkten
– Einsatz von Überläufern bei der Gestaltung der Flugblattpropaganda
– Analyse der feindlichen Gegenpropaganda durch besonders sorgfältige Überläuferbefragung
– Einleiten von Gegenmaßnahmen

Durch diese forcierten Überläuferbefragungen versuchte die Leitung von »Silberstreif«, eine Wirkungsanalyse der eigenen Propaganda zu gewinnen. Aus den verschiedenen Ic-Akten, die Vernehmungsprotokolle von Überläufern enthalten, lassen sich folgende Aussagen zusammenstellen, die ihrem Tenor nach am häufigsten wiederkehren[325]:

»... Der Überläufer sagt aus, daß die deutsche Flugblattpropaganda recht wirksam ist. Insbesondere findet der Aufruf des General Wlassow Zustimmung in den Reihen der Rotarmisten. Dennoch verhält sich die Masse der Soldaten unter Einfluß der sowjetischen Greuelpropaganda mißtrauisch den von der deutschen Seite gegebenen Versprechungen gegenüber.« (15. Mai 1943)

»... Die Stimmung ist schlecht, die ›Silberstreifen-Aktion‹ wirkt sich aus. Es sind auffallend viele Flugblätter abgeworfen worden, die von den Leuten begierig gelesen werden.« (17. Mai 1943)

»... Seit mehreren Wochen reifte in ihm der Entschluß zum Überlaufen, hauptsächlich durch die Flugblattpropaganda und Wlassow-Aufruf. Am Tage vor seiner Flucht fand er ein Flugblatt mit dem Befehl Nr. 13, das ihm den letzten Anstoß zum Überlaufen gab.« (28. Mai 1943)

»... Unserer vermehrten Propaganda begegnet der Russe durch folgende Maßnahmen: täglich zwei Mal politischer Unterricht, niemand darf den ihm zugewiesenen Posten verlassen. Betreten der HKL nur aufgrund schriftlicher Genehmigung durch den Regiments-Kommandeur. Niemals Einzelposten, niemals Einzelmelder. Statt der früher üblichen Erschießungen für Aufbewahren von Flugblättern jetzt zehn Jahre Gefängnis, die in Frontbewährung umgewandelt werden. Von Wlassow wird behauptet, er sei längst tot, die Bilder von ihm gefälscht.« (4. Juni 1943)

»... Den deutschen Versprechungen auf gute Behandlung der Überläufer wird insbesondere daher wenig Glauben geschenkt, weil sich in der Truppe verschiedene Soldaten befinden, die im Jahre 1941 vorübergehend in deutscher Gefangenschaft waren. Diese berichten über außerordentlich schlechte Behandlung und auch darüber, daß sie vollkommen unzureichend Verpflegung erhalten haben. Die Erzählung dieser Männer über ihre Erfahrungen unterstützen auf das Wirksamste die amtliche Greuelpropaganda.« (1. Juli 1943)

»...Unsere Propaganda in den Feind soll auf russischer Seite gefürchtet sein, und ein Befehl von höchster Stelle soll auf sie als beispielhaft für die russische Propaganda hingewiesen haben. Der Überläufer warnt vor Flugblättern mit sehr langem Text in kleiner Druckschrift, da der einfache Rotarmist zum Teil das Lesen mangelhaft beherrsche, buchstabieren müsse und beim Durchlesen eines langen Textes die Geduld dazu verliere. Da andererseits das Lesen von Flugblättern strengstens untersagt sei, bemühe jeder sich, dieselben möglichst schnell zu lesen, um sie dann verschwinden zu lassen. (...) Den größten Eindruck hinterlasse die Lautsprecherpropaganda, die nach Ansicht des Überläufers viel zu wenig betrieben würde.« (12. Juli 1943)

Über die Wirkung des Unternehmens »Silberstreif« informieren am besten die offiziellen Überläuferzahlen, die für die einzelnen Heeresgruppen von Mai bis Oktober 1943 wie folgt lauteten:

	Mai	Juni	Juli	August	September	Oktober
Heeresgruppe A:	410	568	388	184	80	197
Heeresgruppe Süd:	831	665	3543	2140	560	480
Heeresgruppe Mitte:	899	1087	2345	1424	539	518
Heeresgruppe Nord:	284	235	298	299	68	138

Die Erfolgsschwerpunkte lagen wie erwartet bei den Heeresgruppen, die bei der Offensive »Zitadelle« Anfang Juli beteiligt waren: so stiegen die Überläuferzahlen im Bereich der Heeresgruppe Süd von 665 im Juni (vor der Offensive) auf 3543 im Juli um ca. 532 Prozent, um dann nach dem Scheitern des Angriffs auf 560 Überläufer im September zurückzufallen[326].

Ein Ansteigen der Überläuferzahlen war auch bei der Heeresgruppe Mitte zu registrieren, wo die Steigerungsquote von Juni bis Juli ca. 215 Prozent betrug, um dann wie bei der Heeresgruppe Süd bis September stark zu fallen. Im Bereich der Heeresgruppen A und Nord wirkte sich das Unternehmen »Silberstreif« nur unwesentlich aus und war bei dem gewaltigen Propagandaeinsatz ein völliger Mißerfolg. Wenn man berücksichtigt, daß in den Monaten Mai bis Juli 1943 bei einer Planung von 400 Millionen in Wirklichkeit 1 Milliarde Flugblätter eingesetzt wurden, dann war dieser Propagandaeinsatz in der Tat ungewöhnlich hoch (von Juni bis Dezember 1941 betrug der Flugblatteinsatz von OKW/WPr-Blätter ca. 390 Millionen).

Für die Heeresgruppe Mitte liegen die Überläufer- und Gefangenenzahlen gemeinsam vor:

	Gefangene	davon Überläufer	Prozent
Januar	8044	643	7,9
Februar	7564	510	6,7
März	9382	598	6,4
April	1935	703	36,3
Mai	2338	1323	56,5
Juni	2087	1713	82,1
Juli	12120	2357	19,4
August	4940	1404	28,4
September	4900	531	10,8
Oktober	8347	501	6,0
November	5500	386	7,0
Dezember	5743	375	6,5
Summe	72900	11044	15,1

Auch in diesem Bereich sanken die Überläuferzahlen im Februar, um ab März wieder zu steigen[327]. Der Beginn von »Silberstreif« wirkte sich sofort spürbar in den Überläuferzahlen dadurch aus, daß sie sich fast verdoppelten. Sie erreichten ihren Höhepunkt mit 82,1 Prozent im Monat Juni. Im Juli schlug sich in den Gefangenenzahlen der Beginn des Unternehmens »Zitadelle« nieder, unter denen sich allerdings nur 19,4 Prozent Überläufer befanden. Diese Zahl war nach den Erfahrungen des Jahres 1942 äußerst ungewöhnlich und zeigte die hohe Kampfmoral der sowjetischen Verbände in diesem Bereich.

Das »Unternehmen Silberstreif« wurde durch einen besonderen Befehl nicht beendet, sondern es »lief langsam aus«. Es kann bei dem vorliegenden Zahlenmaterial im Monat September als abgeschlossen betrachtet werden. Die großen Hoffnungen der deutschen Aktivpropaganda erfüllten sich durch dieses Unternehmen nicht[328], dessen Erfolgsaussichten von Anfang an stark gemindert waren. Es war jedoch auch mittelfristig in dem Augenblick zum Scheitern verurteilt, in dem die politische Führung offiziell die Aufstellung einer »Russischen Befreiungsarmee« verbot[329].

Von der Aktiv- zur Kampfpropaganda: Die SS-Standarte »Kurt Eggers«

Der Anteil der Kriegsberichte der unterschiedlichen Sparten über den Einsatz der Waffen-SS während des Polenfeldzuges erschien dem Reichsführer SS Heinrich Himmler zu gering. Zu diesem Zeitpunkt verfügte die Waffen-SS noch nicht über eigene Kriegsberichtereinheiten wie sie die Luftwaffe und Kriegsmarine seit Beginn des Krieges besaßen.

Um in Zukunft für den Bereich der Waffen-SS dieses Informationsdefizit zu beheben, befahl auf die Initiative Himmlers hin im Januar 1940 das Kommandoamt der Waffen-

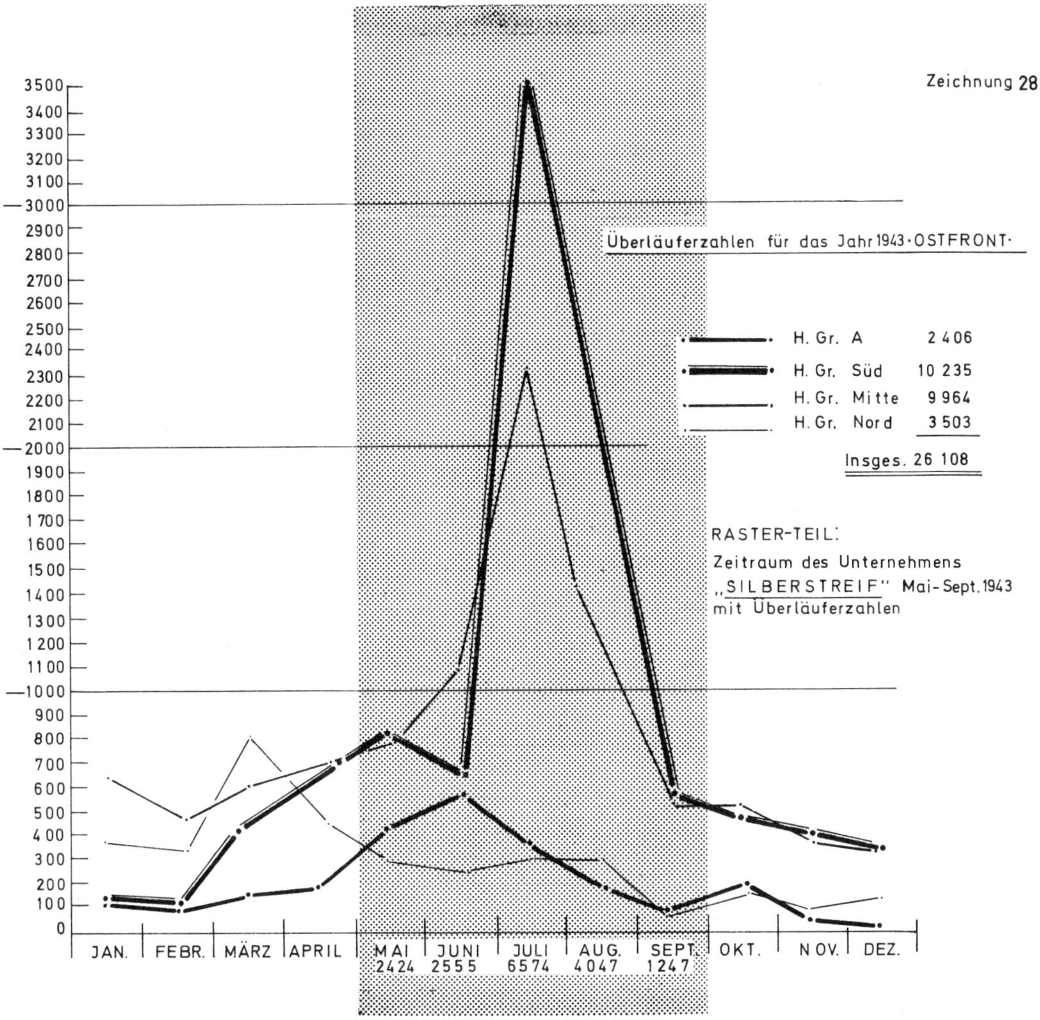

SS die Aufstellung einer Kriegsberichter-Kompanie (KB-Kompanie) im Unterkunftsbereich der »Leibstandarte-SS Adolf Hitler« (LAH) in Berlin-Lichterfelde. Das Rahmenpersonal stellten das Ersatz-Bataillon und die Genesenenkompanie, die infanteristische Ausbildung erfolgte durch abkommandierte Offiziere der LAH. Die zukünftigen Wort-, Bild-, Film- und Rundfunkberichter waren ausschließlich Freiwillige aus entsprechenden Berufen. Chef der KB-Kompanie wurde der damalige Untersturmführer Gunther d'Alquen. Die Ausbildung dieser Berichter begann Anfang März 1940 und fand durch die Abschlußbesichtigung am 4. Mai 1940 durch den Chef des Kommandoamtes der Waffen-SS ihr Ende[330]. Im Anschluß daran wurden die drei ersten selbständigen Kriegsberichter-Züge (KB-Züge) den drei SS-Divisonen »Leibstandarte-SS Adolf Hitler«, SS-Division »Das Reich« und der SS-Division »Totenkopf« zugeführt.

Sie erhielten den Auftrag, über die »militärische Tätigkeit der SS-Kampfverbände« zu berichten[331]. Ausdrücklich wurde angeordnet, daß die »aktive Propaganda in die feindliche Wehrmacht und in die Bevölkerung des Kampfgebietes im Operationsgebiet« nicht zu dem speziellen Aufgabenkatalog der SS-Berichterkompanie gehören sollte, so daß die Aktivpropaganda im alleinigen Zuständigkeitsbereich der Wehrmacht verblieb[332]. Die allgemeinen Propagandaanweisungen für die Berichterstattung erhielt die SS-Berichterkompanie von OKW/WPr.

Mit der Aufstellung neuer Frontdivisionen

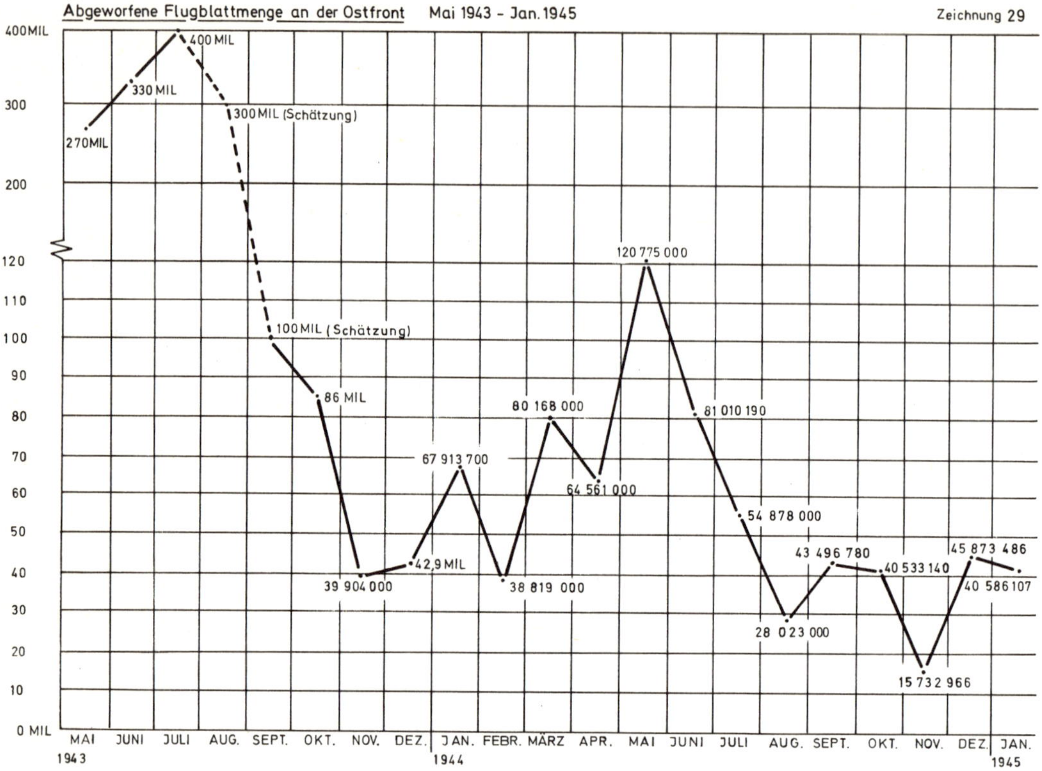

Zeichnung 30

Stellenwert des Unternehmens ·SILBERSTREIF·
in der Jntensitätskurve der deutschen Propaganda im Osten

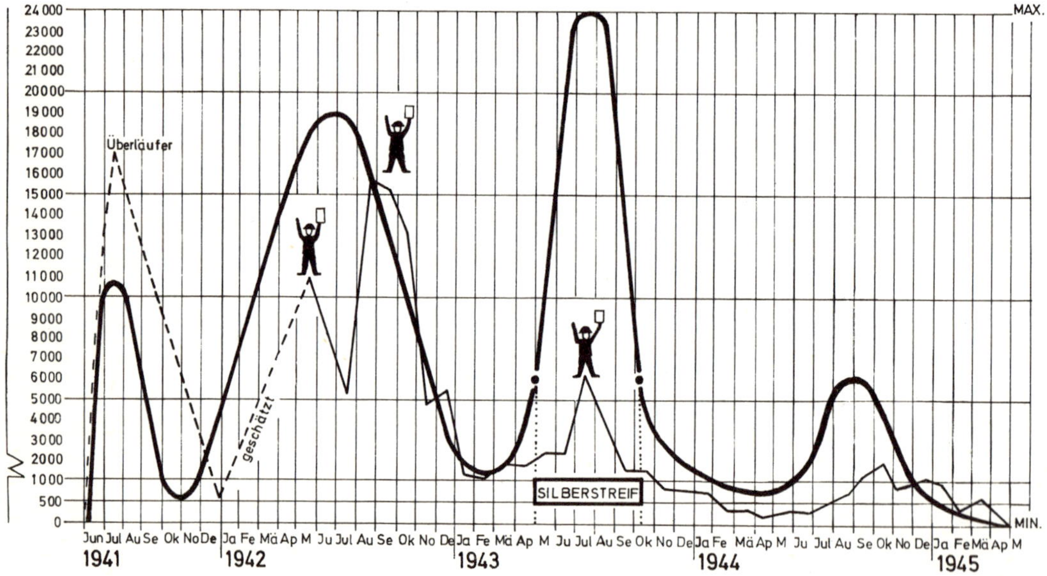

AKTIVPROPAGANDA			KAMPFPROPAGANDA
Flugblattabwurf: 430 Mill. (OKW/WPr)	Flugblattabwurf: ca. 1 Milliarde	Flugblattabwurf: ca. 1,8 Milliarden (von Mai-Juli: 1 Milliarde)	Flugblattabwurf: ca. 800 Millionen

der Waffen-SS waren gleichzeitig die Aufstellung, Ausbildung und Ausrüstung weiterer KB-Züge aus der Ersatz-Einheit der Kriegsberichter-Kompanie verbunden.

Im Oktober 1941 waren zum Beispiel folgende Züge im Einsatz:

1. Zug bei der SS-Division »Reich«
2. Zug bei der SS-Totenkopf-Division
3. Zug bei der SS-Division »Leibstandarte SS Adolf Hitler«
4. Zug bei der SS-Division »Nord«
5. Zug bei der SS-Division »Wiking«
6. Zug bei der 1. SS-Brigade »Nord«
7. Zug bei der SS-Polizei-Division
8. Zug a) 1. Trupp bei der »Freiwilligenlegion Nederland«
   b) 2. Trupp bei dem »Freikorps Danmark«
9. Zug a) 1. Trupp bei der »Freiwilligenlegion Norwegen«
   b) 2. Trupp bei dem »Finnischen Freikorps«
   Ersatzzug z.b.V. in Berlin

Die Kriegsberichter-Kompanie verfügte zu diesem Zeitpunkt über einen Personalbestand von 400 Offizieren, Unteroffizieren und Mannschaften mit ca. 200 Kraftfahrzeugen. Kurze Zeit später wurde auf Befehl des Kommandoamtes der Waffen-SS die KB-Kompanie in eine Kriegsberichter-Abteilung umgebildet. Der Berliner Ersatzzug wurde Ersatzkompanie, ein umfangreicher Abteilungsstab lag in Berlin-Zehlendorf, Heimat 27. Er bestand aus einem Wortreferat für alle europäischen Sprachen, aus Bild-, Filmlabors, einer Funkstation und einem Ersatzteillager. Das gesamte Bildmaterial der KB-Züge wurde im Gegensatz zu den Propagandatruppen nicht im Frontbereich, sondern in der Berliner-Zentrale entwickelt. Zensurinstanz war weiterhin OKW/WPr. Befanden sich mehrere SS-Divisionen in Korps- oder Armeeverbänden im Einsatz, wurden aus den zugeteilten KB-Zügen entsprechende KB-Kompanien zur Schwerpunktbildung eingesetzt. Mit den Neuaufstellungen der Waffen-SS im Jahre 1941 und 1942 wurden die KB-Einheiten kleiner, da auf das Rahmenpersonal verzichtet werden konnte.

Im Sommer 1943 stand die Kriegsberichter-Abteilung mit insgesamt 27 Feldeinheiten auf jedem europäischen Kriegsschauplatz. Durch einen Erlaß Hitlers wurde den KB-Einheiten der Name »Kurt Eggers« verliehen. Am 3. November 1943 erhielt die Abteilung den Status eines selbständigen Regimentsverbandes der Waffen-SS mit einem Ersatzbataillon und Regimentsstab in Berlin.

Die unangefochtene Monopolstellung, die die Propagandatruppen der Wehrmacht auf dem Gebiet der Aktivpropaganda bis zum Sommer 1943 besaßen, sollte in der Folgezeit durch die SS-Standarte »Kurt Eggers« erschüttert werden. Bis zu diesem Zeitpunkt hatten sich die KB-Einheiten der Waffen-SS gewissenhaft an ihren Auftrag des Jahres 1940 gehalten und ausschließlich Berichte der unterschiedlichen Sparten geliefert.

Nach der Niederlage von Stalingrad und den schweren Rückschlägen im Osten wurde jedoch mit steigender Intensität die Praxis der psychologischen Kampfführung der Propaganda-Kompanien des Heeres an der Front im Bereich der SS-Kriegsberichter diskutiert, die auf Grund ihrer vielfältigen Fronterlebnisse die überragende Bedeutung dieser »neuen Waffe« erkannt hatten.

Die »größte Propagandaschlacht aller Zeiten«: Die Weidemann-Denkschrift

Es sollte dem Untersturmführer Hans Weidemann[333] vorbehalten bleiben, als erster SS-Kriegsberichter durch eine Denkschrift den entscheidenden Denkanstoß für eine Beteiligung der Waffen-SS bei der Durchführung psychologischer Operationen gegen den Feind zu liefern.

Hans Weidemann wurde als Rundfunkberichter zum ersten Mal im Winter 1941/1942 mit der Praxis der Aktivpropaganda konfrontiert[334]. Da sich zu diesem Zeitpunkt auch die Rundfunkpropaganda auf dem bereits beschriebenen Nullpunkt befand, ergriff Weidemann in dieser Phase der Untätigkeit eigene Initiative und organisierte mit dem beim 7. KB-Zug vorhandenen Personal und der zur Verfügung stehenden Technik Lautsprechereinsätze, um die gegenüberliegenden Russen zum Überlaufen zu ermuntern. Die unmittelbaren – wenn auch geringen – Erfolge dieser Lautsprechereinsätze, die er im übrigen auftragswidrig durchführte, waren für Weidemann das entscheidende Schlüsselerlebnis, das ihm die Möglichkeiten der Aktivpropaganda plastisch vor Augen führte.

Allerdings vergingen noch etwa 18 Monate reger Berichtertätigkeit bei verschiedenen SS-Divisionen, bis Weidemann seine Propaganda-Denkschrift abfassen konnte. Anfang Juni 1943 wurde er in die Zentrale der damaligen SS-Kriegsberichterabteilung nach Berlin-Zehlendorf kommandiert und übernahm dort die Gruppe Aktivpropaganda. Diese neue Gruppe, die in aller Stille und ohne Unterrichtung der Abteilung Wehrmachtpropaganda von der SS-Kriegsberichterabteilung eingerichtet worden war, befaßte sich zunächst noch mit theoretischen Vorarbeiten für den Bereich Aktivpropaganda. Als Gruppenleiter verfaßte hier Hans Weidemann seine Denkschrift »Vorschläge zur Einleitung einer Propagandaschlacht an allen Fronten[335]«.

In diesem Zusammenhang ist bemerkenswert, daß diese Denkschrift, die ein leidenschaftliches Plädoyer für den überragenden Stellenwert der Aktivpropaganda darstellt, im Juli 1943 geschrieben wurde, als sich das Propaganda-Großunternehmen »Silberstreif« der deutschen Wehrmachtpropaganda auf seinem Höhepunkt befand.

Völlig unbeeindruckt von dieser Tatsache vertritt Weidemann in der Einleitung der Denkschrift (Grundsätzliches zur Frontpropaganda) die Ansicht, daß die Schlagkraft der deutschen Propagandawaffe im Verlauf des Krieges immer mehr nachgelassen habe. Diese Auffassung stimmte in dieser Verallgemeinerung für den östlichen Kriegsschauplatz sicherlich nicht. Allerdings kritisiert Weidemann durchaus zu Recht den Tatbestand, daß die Propagandawaffe bisher nicht als ein »ebenbürtiger Partner neben der kämpfenden Truppe« von der militärischen Führung anerkannt worden sei:

»Oberstes Gesetz der propagandistischen Strategie ist das gemeinsame Operieren der Propagandawaffe mit der kämpfenden Truppe.

Es darf keine militärische Kampfhandlung ohne eine propagandistische Kampfplanung geben. Militärische und propagandistische Aktionen müssen zu einer Ganzheit werden.«

Weidemann verlangt, daß bei diesem Stellenwert die Propaganda offensiv eingesetzt werden und unablässig auf den Gegener »einhämmern« müsse, ohne ihm Ruhe zu gönnen. »Gelegentliche Großaktionen« müßten daher in ihrer Wirkung »verpuffen«, wenn sie nicht durch kontinuierliche propagandistische Kleinarbeit ihre notwendige Ergänzung fänden. Mit dieser Feststellung übt Weidemann »zwischen den Zeilen« scharfe Kritik an dem Unternehmen »Silberstreif«, das seiner Ansicht nach als ein einmaliges Propaganda-Großunternehmen ohne eine entsprechend intensive Vorlaufphase nur geringe Erfolgschancen haben könne:

»Nur die Kontinuierlichkeit der propagandistischen Angriffe, das dauernde Ineinanderfließen von Groß- und Kleinangriffen kann die Feindmoral untergraben.«

Eine erfolgreiche Propagandaoffensive müsse sich auf eine oder mehrere »Grundparolen« stützen. Diese »Grundparolen« bildeten den »großen Zielpunkt im strategischen Kampfplan«[336] und verliehen der Propaganda die durchschlagende Dynamik. Unter den »Grundparolen« versteht Weidemann die eigentlichen Aussagen der Aktivpropaganda in den unterschiedlichen Medien. Hierbei liegt der Schwerpunkt für Weidemann nicht im politischen, sondern im operativ-taktischen Bereich. Er konzentriert sich daher fast ausschließlich auf die Bedingungen der taktischen Gefechtsfeldpropaganda, die in besonderer Weise von den Kategorien »Aktualität« und »Schnelligkeit« bestimmt sind.

Um eine entscheidende Wirkung für die »größte Propagandaschlacht aller Zeiten« zu erzielen, fordert Weidemann die Sicherstellung folgender Voraussetzungen:

1. Eine Aufklärungskampagne in der Truppe über den einmaligen Stellenwert der Propaganda als Waffe.
2. Die Ausstattung der Truppe mit den notwendigen Propaganda-Einheiten; Mindestbedarf: ein Aktivpropagandazug möglichst für jede Division, in jedem Fall aber für jedes Korps.
3. Schnelle Ausrüstung der Truppe mit entsprechendem Fachpersonal und Material und verstärkter Einsatz von landeseigenen Hilfskräften.

4. Massenabwurf der Flugblätter durch die Luftwaffe.

Der Propagandaplan, den Hans Weidemann im zweiten Teil seiner Denkschrift entwickelt, stützt sich auf das bereits von der Wehrmachtpropaganda entwickelte Verfahren des kombinierten Einsatzes von Flugblatt- und Lautsprecherpropaganda, die nach den Größen von Ort und Zeit geschickt aufeinander abgestimmt sein muß. Dabei konzentriert sich Weidemann besonders auf den Einsatz der Lautsprecherpropaganda, die ihm von seiner eigenen Propagandaarbeit vom Nordabschnitt der Ostfront her vertraut war. Da der Lautsprecher für Weidemann das einzige Medium ist, das den Rotarmisten akustisch erreicht, muß es zur Steigerung seiner Wirkung besonders abwechslungsreiche und eindrucksvolle Programme ausstrahlen (Überläuferlieder, Volkslieder, Chöre, aktuelle Informationen usw.) und darf dabei auf den Einsatz von Frauenstimmen nicht verzichten.

Den dritten und abschließenden Teil der Denkschrift bildet ein besonderer Abschnitt über die Probleme der Nachrichtengewinnung und Lageauswertung der Aktivpropaganda, die Informationen über den Gegner schnell und gezielt erhalten und entsprechend auswerten sollte. Unabdingbare Voraussetzung hierfür ist eine möglichst enge Zusammenarbeit mit dem Ic-Bereich. Hierfür erarbeitete Hans Weidemann einen Fragenkatalog für die Vernehmung von Überläufern und Gefangenen, um die Aussagen zu erhalten, die für die Aktivpropaganda dringend notwendig sind und zur Formulierung der »Grundparolen« benötigt werden.

Die Denkschrift des Untersturmführers Hans Weidemann war die erste Studie über Aktivpropaganda, die in dieser programmatischen Weise eine Intensivierung der Propagandaarbeit nicht nur emphatisch forderte, sondern auch praktische Vorschläge für eine durchschlagende Verbesserung der propagandistischen Praxis erarbeitete. Die Tatsache, daß Weidemann im Gegensatz zur Wehrmachtpropaganda keine neuen Erkenntnisse entwickelte, war relativ bedeutungslos, da der Wert und die Bedeutung dieser Denkschrift in erster Linie darin bestand, bewährte und erprobte Verfahren der Propagandaarbeit nicht nur zu beschreiben, sondern vor allem eine gewaltige Steigerung der Propaganda überhaupt zu verlangen. Diese Denkschrift sollte die militärische Führung »aufrütteln« und ihr endlich »die Augen über den Stellenwert der Propaganda öffnen«[337]. Aus diesem Grunde waren die Forderungen von Weidemann nach dem qualitativen und quantitativen Einsatz der Aktivpropaganda »bewußt utopisch hoch« gestellt, um wenigstens eine spürbare Steigerung für die personelle und materielle Ausstattung der Aktivpropaganda zu erreichen.

»Nicht kleckern, sondern klotzen«: Das Sonderkommando »Wintermärchen«

Planung

Heinrich Himmler war von dem Inhalt der Weidemann-Denkschrift so beeindruckt, daß er nach einem längeren Gespräch mit Gunther d'Alquen sein Einverständnis erteilte, an einem bestimmten Abschnitt der Ostfront nach den Vorstellungen, die Weidemann entwickelt hatte, Kampfpropaganda gegen Verbände der Roten Armee durchzuführen[338].

Nach längeren Überlegungen, in welchem Abschnitt der Ostfront ein Kampfpropaganda-Unternehmen gestartet werden sollte, entschied sich d'Alquen schließlich für den Bereich der 18. Armee im Nordabschnitt. Der starre Frontverlauf des Oranienbaumer Kessels westlich von Leningrad, an dem das L.AK eingesetzt war, bot für ein solches Unternehmen günstige Voraussetzungen. Außerdem sollte dieser Abschnitt vom III. (Germ.) SS-Panzerkorps übernommen werden, das von Obergruppenführer Felix Steiner befehligt wurde. Gunther d'Alquen kannte Steiner persönlich gut und war aufgrund seiner persönlichen Beziehung zu Steiner davon überzeugt, daß er im Bereich seines Panzerkorps ungestört arbeiten konnte.

Die Lage am Oranienbaumer Kessel – so glaubte d'Alquen – war ruhig und das Hinterland partisanenfrei, so daß die Vorbereitungen auf die geplanten kampfpropagandistischen Einsätze unter günstigen Bedingungen verlaufen konnten. Was d'Alquen zum

Zeitpunkt der Planung noch nicht wußte, war die Tatsache, daß die Ruhe im Oranienbaumer Kessel eine »Ruhe vor dem Sturm« war.

Etwa ab September 1943 bereitete sich die Gruppe Kampfpropaganda unter der Leitung von Hans Weidemann mit Intensität auf ihren ersten großen Einsatz am Oranienbaumer Kessel vor. Zu diesem Zweck stellte die SS-Standarte »Kurt Eggers« das Sonderkommando »Wintermärchen« auf. Der provisorische Deckname sollte im Sinne einer »konkreten Utopie« die neue Dimension der Kampfpropaganda andeuten.

Die gesamte technische und materielle Ausrüstung des Kommandos übernahm die Standarte. Die Amtsgruppe Wehrmachtpropaganda wurde über den geplanten Einsatz zu diesem Zeitpunkt noch nicht informiert. Sie registrierte die Vorbereitung auf das Unternehmen, erhob jedoch gegen die kampfpropagandistischen Aktivitäten der SS-Standarte »Kurt Eggers« keine Einwände, sondern unterstützte das Unternehmen dadurch, daß sie vorübergehend nicht nur die Druckkapazität des 1. Eisenbahn-Druckereizuges »Gustloff« der Heeresgruppe Nord, sondern noch zusätzlich einen mobilen Druckereizug auf LKW für den Druck der Flugblattserien zur Verfügung stellte[339].

Militärische Lage am Oranienbaumer-Kessel

Anfang Oktober 1943 war im Oranienbaumer-Kessel die Küstenoperationsgruppe Primorski durch die zweite sowjetische Stoßarmee abgelöst worden[340]. Die Verbände der zweiten Stoßarmee gliederten sich mit dem XXXXIII. S.K. in ihrer Masse in die 71. Schützen-Brigade, 50. Schützen-Brigade und in die 168. Schützen-Division mit ihren Reserven.

Die Feindtätigkeit bestand hauptsächlich in sporadischen Angriffen in Bataillons-Stärke, die nach der Beurteilung durch das L.AK den Zweck verfolgten, die Stärke der deutschen Verteidigungsstellungen festzustellen. Vor allem durch die Nachrichtenaufklärung der Lauschtrupps, die ein präzises Bild über den Gegner vermittelten, gewann das L.AK bereits ab Oktober 1943 den Eindruck, daß der Gegner größere Angriffsabsichten verfolgte. Als die zweite Stoßarmee, die wiederholt von der sowjetischen Führung zu Großangriffen eingesetzt worden war, in den als ruhigen Abschnitt betrachteten Oranienbaumer-Kessel verlegt wurde, und Anfang Dezember der Stab des XXXXIII. S.K. dort eintraf, begann im Kessel eine rege Tätigkeit: laufend wurden neue Truppen, besonders Artillerieeinheiten nachgeführt.

Die deutsche Luftaufklärung ermittelte zahlreiche neue Batterie- und Salvengeschützstellungen. Intensive Schanzarbeiten, der Bau von Knüppeldämmen und die Verbreiterung von Wegen wurden vom L.AK als eindeutige Angriffsvorbereitungen angesprochen.

Am 12. Dezember 1943 übergab das L.AK die Befehlsführung am Oranienbaumer-Kessel an das III. (Germ.) SS-Panzerkorps und wies bei der Übergabe mit besonderem Nachdruck auf einen in naher Zukunft zu erwartenden Großangriff der zweiten Stoßarmee hin.

Propagandalage

Bis zum Erscheinen des Sonderkommandos »Wintermärchen«, das etwa am 15. Dezember 1943 am Oranienbaumer-Kessel eintraf, wurden vor allem Lautsprechereinsätze der PK 621 in diesem Bereich durchgeführt. Als Sprecher waren neben Überläufern (Dolmetscher) teilweise auch Angehörige der seit dem Unternehmen »Silberstreif« aufgestellten russischen Betreuungsstaffeln und vereinzelt ROA-Offiziere der Propaganda-Staffel Pleskau eingesetzt. Der Schwerpunkt der von Oktober bis zum 12. Dezember 1943 durchgeführten 150 Lautsprechereinsätze lag allerdings an der Leningrader Front; am Oranienbaumer-Kessel konnten mit 70 Watt-Geräten nur am äußersten rechten und linken Flügel Sendungen ausgestrahlt werden.

Der Abwurf von Flugblättern erfolgte nach dem Ic-Bericht des L.AK »in großem Umfang«, wobei zahlreiche Flugblattentwürfe sowohl vom L.AK als auch von den Divisionen der 18. Armee eingereicht wurden.

Der Erfolg dieser Propaganda war allerdings äußerst gering, am Oranienbaumer-Kessel sogar »völlig bedeutungslos«. Die Überläuferzahlen betrugen in diesem Bereich:

	Leningrader Front		Oranienbaumer-Kessel	
	Gefangene	Überläufer	Gefangene	Überläufer
Oktober	33	19	9	3
November	16	2	54	–
Dezember	25	15	1.–12. 12. 4	2

Damit hatte sich der Oranienbaumer-Kessel bis zu diesem Zeitpunkt als besonders immun gegenüber der deutschen Propaganda gezeigt.

Gliederung und Einsatz

Das Sonderkommando »Wintermärchen« bezog sein Hauptquartier in dem kleinen Dorf Gubanizy, das zwölf Kilometer südöstlich vom Gefechtsstand des III. (Germ.) SS-Panzerkorps entfernt lag.

Das Sonderkommando gliederte sich in den Stab und vier Einsatztrupps, die wie folgt zusammengesetzt waren[341]:

Stab

1. Leitung: Obersturmbannführer Gunther d'Alquen
2. Stellvertreter
3. Adjudant
4. Ia: Untersturmführer Hans Weidemann
5. Ic
6. Ic-Gehilfe
7. Ic-Gehilfe
8. Dolmetscher
9. Techniker
10. Drucker
11. Drucker
12. Zeichner
13. russischer Propagandist
14. russischer Propagandist
15. russischer Schreiber
16. russischer Schreiber
17. russischer Setzer
18. russischer Setzer

19.–23. Fahrer (PKW und LKW)

1. Einsatztrupp

24. Einsatzführer
25. Dolmetscher
26. Lautsprecher-Techniker
27. Werferschütze (Vierlingswerfer)
28. Werferschütze (Vierlingswerfer)
29. Fahrer des Lautsprecherwagens

30.–32. Fahrer (PKW und LKW) und zwei russische Hilfswillige (Hiwi) als Werferbedienung

Die drei übrigen Einsatztrupps gliederten sich wie der 1. Einsatztrupp. Die vier Einsatztrupps wurden kurze Zeit nach Eintreffen des Sonderkommandos bei den am Oranienbaumer-Kessel stehenden Kampfverbänden eingesetzt, und zwar bei der SS-Brigade Nederland, der SS-Panzer-Gren.-Division Nordland, der 10. Lw.-Feld-Division, der 61. Infanterie-Division und der 9. Lw.-Feld-Division.

Konzeption

Das Sonderkommando »Wintermärchen« sollte als ein spezielles Testunternehmen der SS-Standarte »Kurt Eggers« zum ersten Mal experimentell prüfen, ob eine Kampfpropaganda nach der Konzeption von Hans Weidemann einen »durchschlagenden Erfolg« haben konnte. Wie bereits erwähnt, wußte d'Alquen bei der Planung allerdings noch nicht, daß die sowjetische zweite Stoßarmee im »ruhigen Oranienbaumer-Kessel« sich auf einen Großangriff vorbereitete. Das bedeutete, daß das Unternehmen unter den denkbar ungünstigsten psychologischen Voraussetzungen starten mußte, da ein Gegner, der sich in Angriffsvorbereitungen befand, erfahrungsgemäß nur schwer propagandistisch zu beeinflussen war. Als der Ic des Panzerkorps d'Alquen in die Lage einwies, ließ er sich durch diese Lagebeurteilung nicht entmutigen. Gerade in einer solchen schwierigen Situation konnte die Qualität der Kampfpropaganda unter Beweis gestellt werden.

Durchführung

Da die wichtigsten Kategorien dieser Kampfpropaganda aus den Größen »Aktualität« und »Intensität« bestanden, begann das

Kommando sofort mit intensiven Gefangenenvernehmungen in den Dulags[342]. Insgesamt wurden nach einem Fragebogen, der 140 Fragen enthielt, etwa 8000 Einzelvernehmungen durchgeführt. Nach kurzer Zeit erhielt der erstklassige Ic des Sonderkommandos, der selbst perfekt Russisch beherrschte, eine Fülle von Informationen über die Verbände im Oranienbaumer-Kessel, die nun durch den Einsatz von abschnittsgebundenen Flugblättern und Lautsprechersendungen propagandistisch bearbeitet wurden.

Beim Abfassen der Flugblattexte, die in kürzester Zeit gedruckt wurden und anschließend sofort mit den Vierlingswerfern (Prop-Werfer 41) von den Einsatztrupps in den Kessel verschossen werden konnten, leistete das russische Hilfspersonal wertvolle Dienste. Die russischen Hilfskräfte übernahmen auch den größten Teil der Lautsprecherdurchsagen, die sich eng an den Tenor der Flugblattpropaganda hielten. Kurz vor Weihnachten 1943 lief das Sonderkommando »Wintermärchen« bereits auf Hochtouren. Der kombinierte Einsatz von Flugblatt- und Lautsprecherpropaganda konnte in dieser massierten Form über einen längeren Zeitraum hinweg in der Tat zum erstenmal am Oranienbaumer-Kessel durchgeführt werden.

Als Beispiel für den Wortlaut einer Lautsprecherdurchsage von »Wintermärchen« sei folgender Sprechtext zitiert[343]:

Sprechtext Nr. 51

»Der Schütze Maxim Jewgrafow von der 131. SD, 482. SR, 2. Batl., 5. Kompanie, 2. Zug, teilt Euch folgendes mit:

Ich bin in deutscher Gefangenschaft. Bei dem Angriff auf Iwanowska wurde mein Zug völlig zusammengeschossen.

Von 20 Mann blieben nur noch zwei Kameraden übrig. Alle anderen waren tot oder verwundet. Und da sagte man uns vorher, wir brauchten nur anzugreifen und die Deutschen würden laufen gehen!

Unser Zugführer, der Leutnant Juchnow – merkt Euch genau den Namen – betrank sich vor dem Angriff auf Iwanowska und nannte die deutschen Soldaten Feiglinge.

Als aber der Angriff losging, da befahl er uns, ins Feuer zu gehen und er selbst blieb hinten!

Für solche Offiziere zu sterben lohnt sich nicht. Ich habe hier in der Gefangenschaft Ruhe, über alles nachzudenken – ich wurde nicht von den Deutschen erschossen. Auch wurde ich nicht gequält oder zu Tode gefoltert, wie das von unseren Politruks immer behauptet wird. Da sind wir alle beschwindelt worden.

Ich bin gesund und freue mich, daß der Krieg für mich endlich zu Ende ist.

Euch, Kameraden an der Oranienbaumer Front, kann ich nur raten: Laßt Euch nicht mehr von Euren feigen Offizieren, die ja nur die Brust voller Orden haben möchten, ins Feuer schicken.

Macht Schluß mit dem Krieg und kommt zu den Deutschen. Die nehmen Euch gut auf. Meldet Euch zu Spähtrupps und verschwindet dann in der Dunkelheit zu den deutschen Linien!

Ruft: ›Krieg kaputt‹. Dann wird kein deutscher Soldat mehr auf Euch schießen.«

Der Schütze Jewgrafow geriet am 7. Januar 1944 in deutsche Gefangenschaft, wurde am selben Tag noch eingehend vernommen und sprach einen Tag später bereits über den Lautsprecher zu seinen ehemaligen Kameraden.

In vielen Fällen wurde der Text der Flugblätter im vollen Wortlaut noch einmal über den Lautsprecher abgestrahlt[344]:

Füllnummer (für Prop-Werfer 41) W 323
Sprechtext Nr. 54:

»Kämpfer der zweiten Stoßarmee!

Eure große Offensive, die in der Neujahrsnacht begann, hat sich schon festgefahren. Ein Dutzend Regimenter sind zerschlagen worden. Eure Tanks sind in den Minenfeldern in die Luft geflogen oder abgeschossen worden. Was habt Ihr erreicht?

Wir haben ein paar Dörfer aufgegeben. Ihr habt in den Häusern nachgesucht, ob die deutschen Soldaten dort vielleicht Brot und Butter vergessen haben. Denn Ihr habt Hunger. Nicht viele von Euch konnten etwas finden. Die meisten waren vorher schon tot. Ihr Überlebenden werdet das nächste Mal fallen.

Das wißt Ihr auch ganz genau. So sagt z. B. der bei Iwanowska gefangene Schütze E. (wir

Unternehmen „WINTERMÄRCHEN" (Lage vom 16.1.1944) der ϟϟ-Standarte „Kurt Eggers"

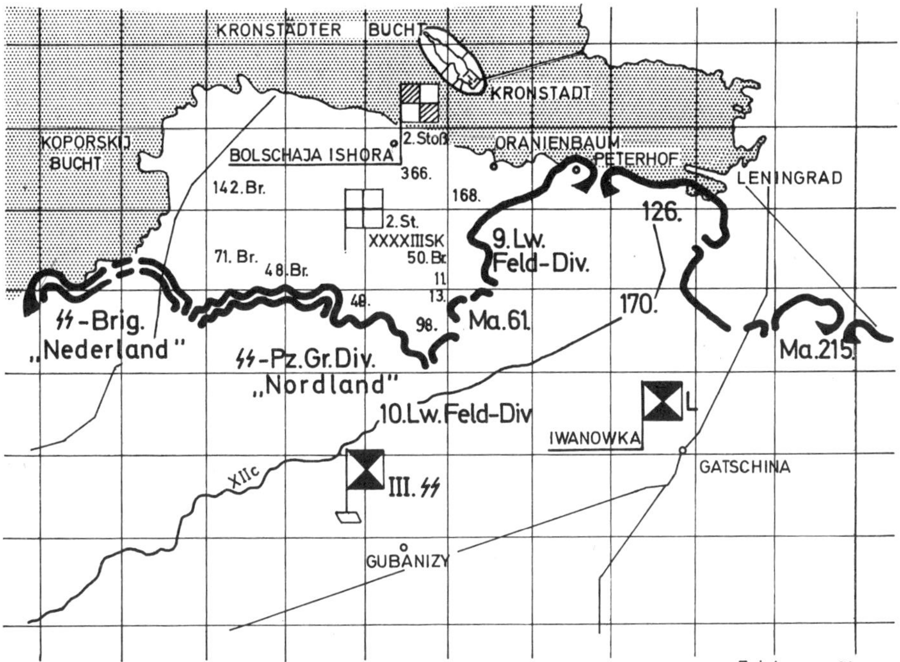

Zeichnung 31

nennen seinen Namen nicht, um seine Frau nicht den Bluthunden von der NKWD auszuliefern!) vom 2. Zug, 5. Komp., 2. Batl., 482. Schützenregiment in der 131. Schützendivision, daß von seinem Zuge beim Angriff nur zwei Mann am Leben geblieben sind. Schon am 2. Tage haben die besoffenen Offiziere ihre Männer mit der Pistole ins Feuer getrieben. Wir haben den Schützen E. gefragt, wann wohl der Krieg zu Ende wäre, er hat geantwortet: ›Ich denke darüber gar nicht mehr nach. Ich lebe hier gut und danke Gott, daß ich nicht länger ein Todeskandidat in der Roten Armee bin.‹

Der Schütze E. ist glücklich darüber, daß er nicht länger das verhaßte Gesicht seines Leutnants sehen muß, der den Schützen Iwanoff schwer mißhandelt hat. Jetzt ist Iwanoff schon gefallen. Und niemand weiß wofür.

Das meint auch der Obersergeant Murrschoff, einer der wenigen Überlebenden der 2. Komp., 48. Sonderpanzerbataillon, 52. Panzerbrigade. Er bittet uns, Euch seinen Namen zu nennen, weil er keine Familie im Lande der NKWD hat. Es ist seine Meinung, daß die Rote Armee sich so lange verbluten soll, bis die kapitalistischen Konservenlieferanten in Amerika mit ihrer frischen Armee selbst über Rußland herfallen werden.

Denkt Ihr nicht auch über diese Dinge nach? Wollt Ihr denn unbedingt sterben? Vergeßt doch nicht die vielen tausend Toten, die Eure lächerliche Offensive gekostet hat!

Und merkt Euch eins: Ihr könnt nur weiterleben, wenn Ihr sofort aufhört mit diesem Krieg, werft die Waffen fort! Kämpft nicht länger für eine Regierung, die Eure Kinder hungern läßt!

Kommt zu uns, hier ist Friede!«

Im Mittelpunkt dieser Kampfpropaganda standen Informationen über die Lage der Rotarmisten im Oranienbaumer-Kessel und über die »wirklichen Verhältnisse in der Sowjetunion«, die mit Zersetzungsparolen durchsetzt waren[345]. Hier bediente sich das Sonderkommando des Repertoires, das bereits in der Aktivpropaganda der Wehrmacht ausgiebig benutzt wurde.

Einen besonderen Stellenwert nahm hierbei die sogenannte Simulationspropaganda ein[346]. Die Grundlage für diese Propaganda bildete die Tatsache, daß die Kampfkraft einer Truppe durch Erkrankungen oder Verletzungen ihrer Soldaten geschwächt wurde. Die Angst vor dem Einsatz führte bei vielen Soldaten zu der Neigung, sich durch simulierte Krankheiten oder Selbstverstümmelungen dem Kampfgeschehen zu entziehen. Da in allen Armeen Simulation und Selbstverstümmelung streng bestraft wurde, mußte eine Propaganda, die den feindlichen Soldaten zur Simulation oder Selbstverstümmelung anleitete, nicht nur geschickt getarnt sein[347], sondern vor allem überzeugende Ratschläge enthalten, so daß die simulierten Krankheiten einer genauen ärztlichen Prüfung standhalten konnten.

Zu diesem Zweck setzte das Sonderkommando »Wintermärchen« die Flugblattserie W 329–W 341 mit dem Slogan »Dieses Mittel kann Dir Dein Leben bewahren!« ein, die in erster Linie durch den Prop-Werfer 41 verschossen wurde[348]:

Füllnummer W 320:

Dieses Mittel kann Dir Dein Leben bewahren! Ratschlag Nr. 2

Wenn Du Dir einen Heimatschuß machen willst, so lege an den Arm oder an das Bein einen Laib Brot oder einen nassen Lappen ...

... und Du kommst ins Lazarett.

Der Arzt kann Deine Selbstverstümmelung nicht bestimmen!

Füllummer W 340

Dieses Mittel kann Dir Dein Leben bewahren! Ratschlag Nr. 9

Du kannst einen Nervenanfall simulieren. Nimm in den Mund ein Stück Seife und kaue sie. Dann fall auf den Rücken und fang an zu zittern und laß aus dem Mund allmählich den Schaum herausquellen ...

... und Du kommst ins Lazarett.

Der Arzt kann Deine Selbstverstümmelung nicht bestimmen!

Schon sehr bald liefen nach den Kampfpropaganda-Einsätzen des Sonderkommandos »Wintermärchen« die ersten Rotarmisten aus dem Oranienbaumer-Kessel über[349]. Diese Erfolge versöhnten den Ic der 18. Armee, der die Kampfpropaganda von »Wintermärchen« zunächst mit Skepsis beobachtet hatte.

Leider lassen sich die Erfolge des Sonderkommandos »Wintermärchen« durch genaue Überläuferzahlen nicht belegen, da sich in den Aktensplittern der SS-Standarte »Kurt Eggers« keine Angaben finden, und diese Überläufer in der offiziellen Überläuferstatistik des Heeres für die Heeresgruppe Nord nicht aufgeführt sind. Von den ehemaligen Beteiligten werden diese Erfolge als »beachtlich« geschildert.

Als am 15. Januar 1944 die russische Offensive wie erwartet einsetzte, mußte am 21. Januar 1944 auf den dringenden Rat des Panzerkorps hin der Stützpunkt Gubanizy geräumt werden und zunächst ein 35 Kilometer abgesetzter neuer Stützpunkt bezogen werden[350]. Im Verlauf der allgemeinen Absetzbewegung bezog das Sonderkommando schließlich in Narwa ein neues Quartier, nachdem bei den schweren Abwehrkämpfen das Kommando zeitweilig sogar infanteristisch eingesetzt werden mußte.

Anfang Februar wurden von Narwa aus weitere kampfpropagandistische Einsätze gestartet. Von einem vorderen Stützpunkt in einem »gut ausgebauten Keller« in Narwa wurden die vier Einsatztrupps gelenkt und eingesetzt. In dem Augenblick, in dem die Kampfpropaganda wieder ihre Intensität der ersten Januarwochen erreicht hatte, wurde Gunther d'Alquen völlig unerwartet durch einen Führerbefehl nach Italien kommandiert, um an der Cassino-Front ein neues Propaganda-Unternehmen, das Unternehmen »Südstern« aufzubauen, das die polnischen Truppen des Anders-Korps zersetzen sollte[351].

Auswirkungen

Das Sonderkommando »Wintermärchen«, das in Abwesenheit von d'Alquen im März 1944 beendet wurde, hatte trotz der militärischen Rückschläge seine Bewährungsprobe bestanden. Über den Ablauf des Unternehmens hatte d'Alquen in regelmäßigen Abständen Tätigkeitsberichte in das Führerhauptquartier geschickt, die Himmler bei Gelegenheit Hitler vorlegte, der für diese Berichte ein reges Interesse bekundete und anerkennend bemerkte, hier seien offenbar »echte Spezialisten« am Werk[352]. Die unmittelbare Folge dieser Einschätzung war die

Abkommandierung d'Alquens nach Italien, um das Unternehmen »Südstern« zu starten.

Erst am 13. Februar 1944 wurde Generalmajor Wedel in Rastenburg über den Verlauf von »Wintermärchen« offiziell unterrichtet[353]. Der Chef der Propagandatruppen zeigte während des Vortrages »großes Interesse« und versprach auch weiterhin »jede mögliche Unterstützung«. Das heikle Problem der Kompetenzüberschreitung in Sachen Kampfpropaganda wurde mit keinem Wort erwähnt. Von Wedel akzeptierte widerspruchslos die neuen kampfpropagandistischen Initiativen der SS-Standarte »Kurt Eggers«.

Am 16. Februar 1944 wurde der Kommandeur der Propaganda-Ersatz- und Ausbildungsabteilung in Potsdam, Oberst Blume, über »Wintermärchen« informiert, der sich besonders für die Methoden des Einsatzes, die Tendenz der Flugblätter und »auch für kleinste Einzelheiten der Technik«[354] interessierte. Blume betonte, daß er in Zukunft den Begriff »Kampfpropaganda« anstelle von »Aktivpropaganda« übernehmen wolle[355].

Ab April 1944 wurde der neue Begriff der Kampfpropaganda auch in den offiziellen Verlautbarungen von OKW/WPr übernommen[356]. Von diesem Zeitpunkt an übernahm die SS-Standarte »Kurt Eggers« die Initiative auf dem Gebiet der Kampfpropaganda.

Der Ausklang: Das Unternehmen »Skorpion Ost«

Die deutsche Kampfpropaganda des Jahres 1944 stand zusammen mit der Truppe an der Ostfront in schweren Abwehrkämpfen. Um bei der schwierigen Frontlage überhaupt noch kampfpropagandistische Initiativen entwikkeln zu können, entschloß sich die SS-Standarte »Kurt Eggers« dazu, im Anschluß an die Erfahrungen des Unternehmens »Wintermärchen« ein neues Kampfpropaganda-Unternehmen an der Ostfront zu starten. Durch eine letzte Mobilisierung und Konzentration aller zur Verfügung stehenden propagandistischen Kräfte sollten die Verbände der Roten Armee in einem bestimmten Abschnitt durch einen Schwerpunkteinsatz der Kampfpropaganda angeschlagen werden.

Das neue Unternehmen erhielt den Decknamen »Skorpion Ost«[357]. Eine wichtige Voraussetzung für die Planung von »Skorpion Ost« war die Tatsache, daß es vor allem durch die Bemühungen von Gunther d'Alquen gelungen war, Generalleutnant Wlassow erneut für die deutsche Propaganda nutzbar zu machen[358]. Wlassow erhielt allerdings erst am 14. November 1944 durch die Verkündung des Prager Manifests seine offizielle politische Anerkennung[359].

In enger Zusammenarbeit mit Wlassow-Offizieren des Lagers Dabendorf liefen die propagandistischen Vorbereitungen für »Skorpion Ost« ab Mai 1944 auf Hochtouren. Das geplante Unternehmen verlor jedoch einen seiner besten Propagandisten, als dieser am Abend vor seinem Abrücken an die Front auf rätselhafte Weise verschwand[360]. Eine wesentliche Unterstützung für die kampfpropagandistischen Aktionen bildete die Mitarbeit von General Shilenkow, einem engen Vertrauten Wlassows, der sich als Flugblatt-Texter zur Verfügung stellte.

Die Standarte »Kurt Eggers« stellte für »Skorpion Ost« den Kommandeur, 32 Offiziere und über 500 Mann Mannschaften. Die Amtsgruppe für Wehrmachtpropaganda unterstützte das Unternehmen mit 60 Offizieren und fast 800 Unteroffizieren und Mannschaften der PK. Die Luftwaffe erklärte sich bereit, trotz der angespannten Lage die dringend benötigten Maschinen für den Flugblattabwurf zur Verfügung zu stellen. »Skorpion Ost« bestand aus einer »Einsatz-Kompanie«, deren Chef die Disziplinarbefugnisse eines Bataillons-Kommandeurs besaß. Der umfangreiche Kompanie-Arbeitszug produzierte auf einem mobilen Druckerei-Zug die Masse der Flugblätter[361], die nach den neuen kampfpropagandistischen Grundsätzen in enger Zusammenarbeit mit dem Ic der Heeresgruppe und den Ic der übrigen Korps und Divisionen getextet wurden.

Die Kompanie bestand aus vier Einsatzzügen, die jeweils mit vier Lautsprecherfahrzeugen und vier Prop-Werfern 41 ausgerüstet waren. Jeder Zug verfügte über vier Einsatztrupps, die mit jeweils einem Lautsprecherwagen und einem Prop-Werfer bei den einzelnen Divisionen an der Front standen.

Außerdem setzte »Skorpion Ost« nicht nur

Der Chef der SS-Standarte »Kurt Eggers« Gunther d'Alquen

einen eigenen Kurzwellen-Sender (80 KW), sondern auch die beiden stationären Sender »Presov« und »Banska Bijstrika«[362] ein. Der mobile Kampfsender strahlte drei verschiedene Programme aus:

1. Nachrichten: spezielle Nachrichten für die Rotarmisten
2. Die Sendung »Hier spricht London«, die als eine Sendung des englischen Rundfunks getarnt war
3. Deutsche Nachrichten für die Rote Armee

Die erste Sendung, die von dem russischen Major G., einem »mit allen Wassern gewaschenen Propagandisten« moderiert wurde, brachte offizielle sowjetische Nachrichten, die jedoch mit Informationen »zersetzenden Inhalts« vermischt waren (Meldungen über die katastrophale Ernährungslage im sowjetischen Hinterland, Urlaubssperre für Soldaten und Sonderurlaub für Vorgesetzte, Privilegien von Parteifunktionären usw.)[363].

Die Sendung »Hier spricht London« wurde nach dem Zeitzeichen (Big-Ben-Glockenschlag) mit der englischen Nationalhymne eröffnet. Die Ansage »Hier spricht London in einer Sendung für unsere sowjetischen Freunde und Verbündeten« erfolgte erst in Englisch und anschließend in Russisch. Die Sendung versuchte, den Gegensatz zwischen Russen und Engländern durch eine entsprechende Spaltungspropaganda[364] zu vertiefen.

Die »deutschen Nachrichten für die Rote Armee« hielten sich streng an die Tatsachen. Sie betonten allerdings in ihren Kommentaren, was die sowjetischen Völker nach einem gewonnenen Krieg zu erwarten hätten: hohe Auslandsverschuldung, Ernährungsengpässe und als »Ausgleich« dafür eine im Überfluß lebende Parteihierarchie.

Die Erfolge von »Skorpion Ost« sind nach einer Anlaufzeit von zwei Monaten deutlich in der offiziellen Überläuferstatistik ablesbar. Sie erreichten im Oktober 1944 mit 1698 Überläufern ihren Höhepunkt und lagen damit im Vergleich zu den Überläuferzahlen der übrigen Heeresgruppen weit an der Spitze (Heeresgruppe Süd/Südukraine: 84 Überläufer; Heeresgruppe Mitte: 304; Heeresgruppe Nord: 199). Dieser deutliche Vorsprung konnte bis Ende Dezember gehalten werden. Bei der allgemeinen Frontlage konnte das Unternehmen jedoch trotz dieser Erfolge keinen entscheidenden propagandistischen Einbruch erzielen[365].

Immerhin gewann die deutsche Kampfpropaganda im Osten in den Monaten Januar, Februar und März 1945 jeweils noch 988, 422 und 565 Rotarmisten als Überläufer[366], die in der Masse durch »Skorpion Ost« eingebracht wurden, das bis April 1945 im Einsatz war.

Doch die totale militärische Niederlage warf ihre Schatten bereits voraus. Wie hoffnungslos die Lage für die deutsche Propaganda im Osten im Jahr 1945 war, zeigte ein Fernschreiben des StOProp. der Heeresgruppe Nord. Am 27. Februar 1945 setzte Major Laufer folgende Meldung ab:

»Eigene Propagandaarbeit leidet an Mangel an Prop.-Granaten, Ballons sowie jedweder Hilfsmittel. Es bleibt nur Flugzeugabwurf, Lautsprecherpropaganda mit unzulänglichen Möglichkeiten. Prop.-Staffel W versprengt, ebenso technische Staffel. Verblieben außer Leutnant Korn nur müder kleiner Haufen. Der Absatz von Funksprüchen mit eigener Station klappt nur jubiläumsmäßig. Prop.-Meldungen bleiben liegen und veralten. So unregelmäßig funktionierender Funk-

Sowjetische Überläufer/Gefangene im Bereich der Heeresgruppen 1943/44

Zeichnung 32

Heeresgruppen	vom 5.7.-31.12.43	vom 1.1.-30.6.44	vom 1.7.-31.7.44	vom 1.8.-31.8.44	vom 1.9.-30.9.44	vom 1.10.-30.10.44	vom 1.11.-30.11.44	vom 1.12.-31.12.44
H. Gr. Süd / Südukraine	61 222 (855) 1,5%	22 625 (340) 1,5%	361 (56) 15,5%	390 (26) 6,7%	2 101 (96) 4,6%	12 502 (84) 0,7%	2 495 (93) 3,7%	3 943 (391) 9,9%
H. Gr. A / Nordukraine	128 679 (7 506) 5,8%	32 657 (681) 2,1%	1 446 (95) 6,6%	4 694 (107) 2,3%	4 461 (698) 15,6%	3 794 (1 698) 44,8%	1 272 (533) 41,9%	1 559 (536) 34,4%
H. Gr. Mitte	44 518 (5 559) 12,5%	15 349 (966) 6,3%	2 516 (79) 3,1%	6 771 (547) 8,1%	1 631 (99) 6,1%	4 826 (304) 6,3%	870 (85) 9,8%	159 (33) 20,8%
H. Gr. Nord	4 840 (1 032) 21,3%	8 786 (688) 7,8%	1 736 (133) 7,7%	2 508 (121) 4,8%	2 792 (334) 11,9%	2 814 (199) 7,1%	1 389 (108) 7,8%	1 046 (77) 7,4%
Summe	239 259 (14 932) 6,2%	79 417 (2 675) 3,4%	6 059 (363) 5,9%	14 363 (801) 5,6%	10 985 (1 227) 11,2%	23 936 (2 285) 9,5%	6 026 (819) 13,6%	6 707 (1 037) 15,5%

1944 INSGESAMT 147 493 (9 207) 6,2%

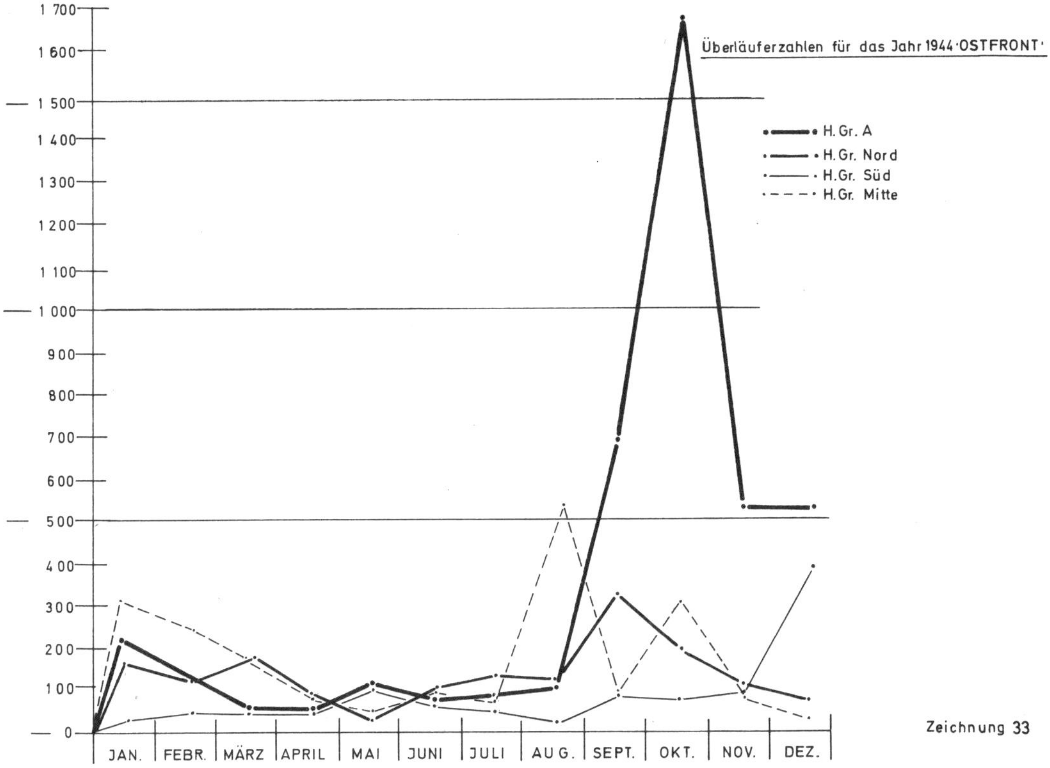

Zeichnung 33

verkehr hat keinen Zweck. Meist meldet sich die Gegenfunkstelle nicht oder ist Fliegeralarm, den wir trotz ständiger Bomben- und Tieffliegerangriffe nicht kennen[367]«.

In den Vernichtungskämpfen der letzten Kriegsmonate konnte die Mehrzahl der im Osten eingesetzten PK aus Personal- und Materialmangel kaum noch kampfpropagandistische Aufgaben erfüllen. In dieser chaotischen Endphase wurden die PK fast ausschließlich für Propagandaaktionen eingesetzt, die sich an die eigene Truppe wandten und versuchten, deren angeschlagene Kampfmoral zu stärken[368].

Einheitsführer der Front-PK

Von September 1939 bis Mai 1945 gab es bei den Propagandatruppen insgesamt etwa 250 Offiziere, die zeitweise Verwendung als Einheitsführer von Kompanien und Abteilungen (Bataillone) fanden. In dieser Summierung sind diejenigen nicht berücksichtigt, die zwar selbständig operierende, aber nur kurzfristig bestehende Sonderkommandos führten und lediglich aus Disziplinargründen mit der Vollmacht eines Kompanieführers ausgestattet waren.

Ab Mitte 1944 trat dann eine Art Inflation von Kompanieführerstellen ein, was weder durch die Anzahl der unterstellten Offiziere, Unteroffiziere und Mannschaften, noch durch die zu bewältigenden Aufgaben begründet war, sondern nur die Existenz-Rechtfertigung der mäßig personell ausgedünnten Stäbe bei OKW/WPr und der Standarte »Kurt Eggers« mit überhöhten Dienstgraden bis zum Generalsrang abdecken sollte.

Die Richtzahl von 250 »echten« Einheitsführern bezieht sich auf die von Kriegsbeginn bis zur Kapitulation bestehenden Stamm-Kompanien und auf die mindestens ab 1941 aufgestellten bis 1944 personell aufgefüllten aktiven Verbände (für die Ostfront vgl. Zeichnungen 37–55). Im Durchschnitt hatten sie im Verlauf ihres Einsatzes einen dreimaligen Führungswechsel. Als Einheitsführer in den Propagandatruppen dienten in der Regel während der ersten Phase 1939–1941 Journalisten, Rundfunk- und Filmleute, die bei Ende des Ersten Weltkrieges Leutnant waren und inzwischen ab 1933 Reserveübungen abgeleistet hatten. Die Qualifikation für ihre Aufgaben war höchst unterschiedlich und erforderte dann eine ab Mitte Mai 1940 einsetzende dringliche Ablösung durch befähigtere Kräfte, die die entsprechende Eignung in den PK als Zugführer bewiesen hatten.

Ab Mitte 1942 wurden daher bis auf wenige Ausnahmen alle Einheiten durch »Aufsteiger« aus den eigenen Truppengattungen geführt. Zu dieser Generation stieß im weiteren Verlauf eine noch jüngere Generation nach oben durch, die als »Eigenbau« der Propagandatruppen mit vielfältiger Frontbewährung und nach Besuch der Kriegsschule (PK-Inspektion) nun auch neben der Kriegsberichterstattung die Aufgaben der Psychologischen Kampfführung bewältigen konnten.

Die verhältnismäßig große Selbständigkeit in der Führung der Propaganda-Kompanien, weitab von höheren Fachvorgesetzten, ergab in der Praxis, daß sich – im allgemein gegebenen Rahmen – automatisch ein uneinheitlicher Charakter in den Einheiten herausbildete, der durch die unterschiedliche Individualität ihrer Chefs stark geprägt wurde. Eine weitere wesentliche Rolle spielten die Eigenarten des Frontabschnitts, das Feindverhalten und das verständnisvolle oder gespannte Verhältnis zum jeweiligen Armeestab, dem die Einheit unterstellt war.

Es läßt sich daher kein allgemeingültiges Schema für die Propagandatruppen und die Typologie ihres Führerkorps in der mittleren Ebene dokumentieren.

Aus der Vielzahl der Persönlichkeiten von PK-Chefs reizt als Darstellungsmuster die Persönlichkeit des bereits erwähnten Oberleutnant Reinhard Sunkel, der die PK 621 (AOK 18) an der Leningradfront und in Kurland führte. Seine Einheit zeichnete sich dadurch aus, daß sie unter seiner Führung die in ihrem Bereich sehr unterschiedlichen PK-Aufgaben jeweils optimal lösen konnte:

1. Kriegsberichterstattung[368a]
über die Medien Presse, Foto, Film, Rundfunk, Grafik für Heimat, verbündetes, besetztes und neutrales Ausland.
2. Aktuelle Information
durch Frontzeitung und Frontnachrichtenblatt mit Redaktion, Herstellung und Vertrieb für die eigene Truppe.
3. Truppenbetreuung
durch Produktion von Büchern und Bildwerken, sowie Filmvorführung bei Fronttruppen, in Soldatenheimen und Lazaretten.
4. Psychologische Kampfführung
mit Einsatz von Lautsprechern und Flugblättern (Einsatz durch Raketen, Ballons, Flugzeuge und Streuung). Nachrichtengewinnung durch kompanieeigene Verhöre von Überläufern und Gefangenen. Russische Textredaktion, Papierbeschaffung und Druck. Ab 1944 Eingliederung eines Ost-Propagandazuges aus russischen Freiwilli-

Tagung des Heeres PK-Führer vom 7. bis 13. Dezember 1942 in der Propaganda-Ersatz-Abteilung in Potsdam

gen (auch Mädchen).

5. Betreuung
kurzfristig im Armeebereich weilender deutscher und ausländischer Sonderreporter, Künstler und Fronttheater-Gruppen (Transport, Unterbringung, Verpflegung).
6. Kontaktpflege
mit weiteren Propagandadiensten und deren Unterstützung im Raum der 18. Armee: Spanische Division, estnische und lettische Brigaden, Luftwaffen-Felddivisionen, Marine-Artillerie, dänische, norwegische, flämische und wallonische Waffen-SS-Legionen, Außenstelle der Propaganda-Abteilung Ostland für die Einwirkung auf die russische und karelische, ab 1944 auch auf die estnische und lettische Zivilbevölkerung.
7. Verbindungsnutzung
zwischen der 18. Armee und den Dienststellen des Reichskommissariats Ostland, in deren Bereich die Masse der Versorgungs-, Instandsetzungs- und Erholungseinrichtungen der Fronttruppe angesiedelt waren (Druckereien der PK). An anderen Frontabschnitten waren die Verbindungen zwischen Front und deutscher Zivilverwaltung im Besetzungsgebiet oftmals stetigen Reibungen und Spannungen ausgesetzt. Da Sunkel alle führenden Persönlichkeiten beim Reichskommissariat Ostland persönlich kannte, gab es durch seine häufigen Interventionen keinen Zwist, sondern zweckmäßig Hilfen für die Front.

Ab 1943 traten die Punkte 2. und 4. immer stärker hervor und wurden schließlich die wichtigsten Aufgaben der PK 621.

Reinhard Sunkel als Beispiel für viele

Reinhard Sunkel wurde am 9. Februar 1900 als Sohn eines Obersten geboren. Seine Kindheit verlebte er in Diedenhofen/Lothringen, wo sein Vater Kommandeur eines Infanterie-Regiments war. Eine harte Jugend als Kadett schloß für Sunkel mit dem Abitur in Lichterfelde ab. Er nahm als Freikorpssoldat an Kämpfen in Halle/Merseburg und in Oberschlesien teil. Danach studierte er Jura an den Universitäten in Greifswald, Kiel und Erlangen. Mit dem Historiker Dr. Joachim Haupt gehörte er ab 1921 zum »Norddeutschen Direktorium«, einem Gründungskader der NSDAP, das sich nicht nur aus taktischen Gründen, sondern auch in grundsätzlichen Fragen vom süddeutschen Flügel der Partei um Hitler unterschied. Die Spannung hielt auch weiter an, nachdem Sunkel Hitler auf der Festung Landsberg besucht hatte, um die Programmpunkte, die den »preußischen Rebellen« wesentlich erschienen, zu klären. Diese Gegensätze führten zu einer totalen inneren Entfremdung, als der schlichte und einfache Studentenführer Sunkel sich gegen Byzan-

Das Geschäftszimmer einer PK

tinismus und pathetischen Überschwang des späteren Reichsjugendführers von Schirach wandte, der unter den konservativen Intellektuellen der Partei als »Baldur von Schilda« markiert wurde.

Ende 1932 trat Sunkel in den Dienst des preußischen Kultusministeriums, in dem er schnell bis zum Ministerialdirektor aufstieg.

Sunkels Tätigkeit als Leiter des Ministerbüros und als Mitbegründer und Vize-Inspekteur der Napola wurde jäh auf seinen eigenen Wunsch unterbrochen, als sich bei Erstellung eines »arischen Nachweises« ergab, daß die Mutter seines Vaters, eine geborene von Halpern, aus einer vom preußischen König Friedrich Wilhelm IV. geadelten jüdischen Familie stammte. Sunkel zog sich daraufhin in die »innere Emigration« zurück und wohnte fast nur noch in einem Holzhaus am Oderiner See bei Königswusterhausen, wo er allerdings keineswegs vereinsamte, sondern von einem großen Bekanntenkreis aufgesucht wurde, der seinen Rat und Unterstützung suchte.

Als der Zweite Weltkrieg ausbrach, gelang es Sunkel, durch seine zahlreichen Beziehungen, in die Wehrmacht einzutreten und nach dem Polenfeldzug, dessen Endphase er beim Infanterie-Regiment 6 erlebte, eine Verwendung beim Heeres-Waffenamt zu erhalten. Er empfand jedoch die Bürotätigkeit als unbefriedigend und fand schließlich eine Frontverwendung bei den Propagandatruppen als Zugführer bei der PK 621.

Sein erster Einsatz führte ihn nach Gatschina/Krasnowardeisk. Seine Aufgaben im Raum der Duderdorfer Höhe bis zum Leningrader Vorort Uritzk umfaßten Kriegsberichterstattung, vor allem aber psychologische Kampfführung mit Flugblättern (Ballon-Abwurf) und Lautsprechern.

Mitte 1943 übernahm Sunkel dann die Führung der PK 621, die überaus vielgestaltige Aufgaben zu bewältigen hatte. Die Armeefront dehnte sich über 500 Kilometer von Nowgorod/Ilmensee am Wolchow entlang bis zu dem weiten Bogen, der südlich des Ladogasees und an der Newa Leningrad bis zum Finnischen Meerbusen umschloß.

Nach dem Rückzug im Januar 1944 auf die

Reinhard Sunkel (rechts); neben ihm der Höhere Heeresberichter Günther Heysing

Linie Welikaja-Peipussee-Narwa folgte eine Phase schwerer Abwehrschlachten im Baltikum bis zur Einkesselung in Kurland. Von der PK 621 unter Sunkels Führung wurden ständig neue Erkenntnisse und Erfahrungen auf dem Gebiet der psychologischen Kampfführung nach der Wende des Kriegsglückes gesammelt und ausgewertet. Obwohl die eigene Truppe nicht mehr offensiv war und im Stellungskrieg verharrte, erreichte die Sunkel-PK durch ihren Einsatz, daß immer noch Überläufer eingebracht werden konnten, die eigene Truppe keine Zersetzungserscheinungen zeigte und die Zivilbevölkerung ruhig blieb.

Als die Kurland-Armee am 8. Mai 1945 kapitulierte, verabschiedete sich Sunkel von jedem seiner Kompanieangehörigen. Ein Drittel waren russische Freiwillige und Mädchen. Sunkel trug einen Befehl der Armee in der Tasche, der es ihm ermöglichte, als besonders gefährdete und von den Sowjets gesuchte Fachkraft mit einer der letzten Transportmaschinen nach Holstein auszufliegen. Dieser Ausweg war für Sunkel ebenso unmöglich wie der Marsch in die Gefangenschaft. Er erschoß sich am 8. Mai 1945 und wurde noch von Angehörigen seiner Kompanie mit militärischen Ehren beigesetzt.

Sunkel galt als einer der fähigsten Einheitsführer der Propagandatruppen.

Sechster Teil
Der Garten Eden: Die Propaganda in den besetzten Ostgebieten

»Aus den neugewonnenen Ostgebieten müssen wir einen Garten Eden machen . . .«

Adolf Hitler

Die psychologische Ausgangslage

Wie groß die Kluft zwischen dem Tenor der deutschen Propaganda und der Behandlung der Bevölkerung durch bestimmte deutsche Dienststellen war, soll an folgendem Beispiel verdeutlicht werden[369]: Am 22. September 1943 wurde der Generalkommissar von Weißruthenien, Wilhelm Kube, das Opfer eines Sprengstoffattentates in Minsk. Etwa 14 Tage vorher detonierte in einem Dienstgebäude des SD eine Mine. Als Vergeltung für diesen Anschlag verhaftete der SD in Minsk aus der Puschkin-Siedlung wahllos Männer, Frauen und Kinder. Alle wurden ohne Ausnahme erschossen. Nur Personen, die sich an Ort und Stelle als Angehörige deutscher Dienststellen ausweisen konnten, entgingen den Hinrichtungen.

Ein weißruthenisches Mädchen, das sich während der Razzia als eine deutsche Behördenangestellte zu erkennen gab, sollte entlassen werden. Auf seine Frage, was mit seiner mitverhafteten Mutter geschähe, erhielt es die Antwort, daß diese »natürlich« erschossen werde. Nach dieser Erklärung bestand das Mädchen darauf, dieses Schicksal mit seiner Mutter teilen zu wollen, da es »ohne sie« nicht leben könne. Dem Wunsch wurde entsprochen und beide kurze Zeit später erschossen.

Die psychologischen Auswirkungen dieser Exekutionen auf die Bevölkerung in Minsk waren katastrophal. Für die Arbeit der deutschen Propaganda bedeutete das Massaker einen schweren Rückschlag. In einer amtlichen Stellungnahme zu diesem Vorfall heißt es[370]:

»Der Tod des Mädchens, das für die deutsche Dienststelle arbeitete und lieber mit seiner Mutter erschossen als gerettet werden wollte, ist eine Tragödie, deren schwere psychologische Auswirkungen in irgendeiner Form deutsche Soldaten mit ihrem Blut bezahlen müssen. Man bedenke, daß die Mutter mit höchster Wahrscheinlichkeit ebenfalls deutschfreundlich war; denn das Mädchen wäre nicht deutsche Behördenangestellte gewesen, wenn es nicht aus einer deutschfreundlichen Familie gestammt hätte. Man bedenke ferner, daß dieser Vorgang nicht eine abnorme Ausnahme darstellt, sondern sich in ganz ähnlicher Form täglich, man möchte fast sagen stündlich, in den besetzten Ostgebieten wiederholt. Solche Tragödien sind es, die von freiheitsliebenden Völkern in den Liedern besungen werden und ganze Generationen zum Volkskrieg auf Leben und Tod gegen ihre Bedrücker aufbringen. Das ist Märtyrerblut von unschuldigen Deutschfreunden eines von uns befreiten Volkes. Solche Taten schaffen Klüfte zwischen den Völkern, die kaum jemals wieder zu schließen sind.«

Der begeisterte Empfang, den die Bevölkerung im Baltikum und in der Ukraine den deutschen Truppen bereitete, war ein eindrucksvoller Beweis für die Tatsache, daß nach offizieller Schätzung etwa 75 Prozent der Balten und Ukrainer[371] die deutsche Wehrmacht »aufrichtig als Befreier« begrüßten. Das erste Plakat, das von dem damaligen Generalreferat Ostraum des Propagandaministeriums in einer Massenauflage gedruckt und für die besetzten Ostgebiete ausgeliefert wurde, zeigte ein Großporträt Adolf Hitlers mit der verheißungsvollen Unterschrift »Adolf Hitler der Befreier«. An diese klingende Parole glaubte die Bevölkerung im Baltikum und in der Ukraine besonders deshalb, weil diese Gebiete unter der sowjetischen Herrschaft stark gelitten hatten.

Allerdings fanden die »ersten Flitterwochen der Befreiung«[372] mit ihren jubelnden Menschenmengen und Freudenfeiern schon bald ein jähes Ende. In dem Augenblick, in dem große Teile der besetzten Gebiete unter deutsche Zivilverwaltung und damit in den Einflußbereich der Reichskommissare Ostland und Ukraine gerieten, lernte die dortige Zivilbevölkerung sehr schnell den grauen und deprimierenden Alltag der deutschen Besatzungspolitik kennen.

Mit der Winterkrise an der Front erreichte auch die psychologische Krise in den besetzten Ostgebieten ihren ersten Höhepunkt. Besonders in den Städten brach eine Hungersnot aus, der die Propaganda-Abteilungen völlig hilflos gegenüberstanden. Die schlechte Versorgung der Stadtbevölkerung (Rationen von 200 bis 300 Gramm Brot für jedes arbeitende Familienmitglied täglich und gelegentlich ein Kilo Kartoffeln; in vielen Fällen aber nur 100 Gramm Brot, die nur unregelmäßig verteilt wurden) ließ einen Schwarzmarkt aufblühen, der zu Höchstpreisen die fehlenden

Begeisterter Empfang deutscher Truppen in der Ukraine am 26. 6. 1941

Lebensmittel anbot. Immer häufiger brachen Menschen auf den Straßen vor Erschöpfung tot zusammen. Der Abtransport der vielen Leichen, die notdürftig in Lumpen oder Papier gehüllt waren, gehörte schon bald zum gewohnten Bild in den Städten[373].

Die Versorgungslage in vielen Dörfern war ebenfalls völlig unzureichend. In Weißruthenien gehörte Brotgetreide zur absoluten Mangelware, obwohl die Ernte im Herbst 1941 gut gewesen war. Die Bauern brachten die wenigen Eier und Milcherzeugnisse in die größeren Städte und tauschten sie gegen Sachwerte ein, die wiederum in den westlichen Gebieten Weißrutheniens gegen Brot und Mehl eingehandelt wurden.

Ganz besonders verbitterte die Bevölkerung die geringen Lohnsätze, die in keinem Verhältnis zu den hohen Lebenskosten standen:

»Die vom OKH-Quartiermeister vorgeschriebenen Lohnsätze liegen z. B. für Putzfrauen und Handwerker zwischen RM 3,60 und RM 12,00 pro Woche. Der Preis für ein Brot auf dem schwarzen Markt liegt mindestens zwischen 6–8 RM. Oder ein zweites Beispiel: In 17 Tagen hat ein ungelernter Arbeiter 132 Stunden zu arbeiten zu einem Stundenlohn von 8 Pfennig = RM 10,56. Für das kärgliche Essen (Brot und Mittagssuppe) werden ihm pro Tag 60 Pfennig vom Lohn einbehalten, das macht in 17 Tagen RM 10,20, so daß ihm in 17 Tagen ein Barbetrag von 0,36 RM bleibt, von dem er Steuern, Miete, Heizung, Licht, zusätzliches Essen usw. bestreiten muß. Die Bevölkerung ist gezwungen, entweder die oben angegebenen oder noch höhere Phantasiepreise zu zahlen oder im Tauschhandel ihre letzten Kleider oder sonstige Besitzstücke für Lebensmittel herzugeben, um ihr Leben fristen zu können.«

Dieser Ausschnitt aus einem Stimmungsbericht der Propaganda-Abteilung Weißruthenien[374] spricht für sich selbst und bedarf keines weiteren Kommentars.

Die Preise auf dem Schwarzmarkt betrugen in der Regel das fünfzig- bis sechzigfache der Normalpreise. Mitte Februar 1942 verlangten Schwarzhändler in Charkow für:

1 Kilo Brot	300 Rubel	(= 30 RM)
1 Kilo Speck	1500 Rubel	(= 150 RM)
1 Liter Milch	200 Rubel	(= 20 RM)
1 Päckchen Tabak	100 Rubel	(= 10 RM)
1 Schachtel Streichhölzer	50 Rubel	(= 5 RM)

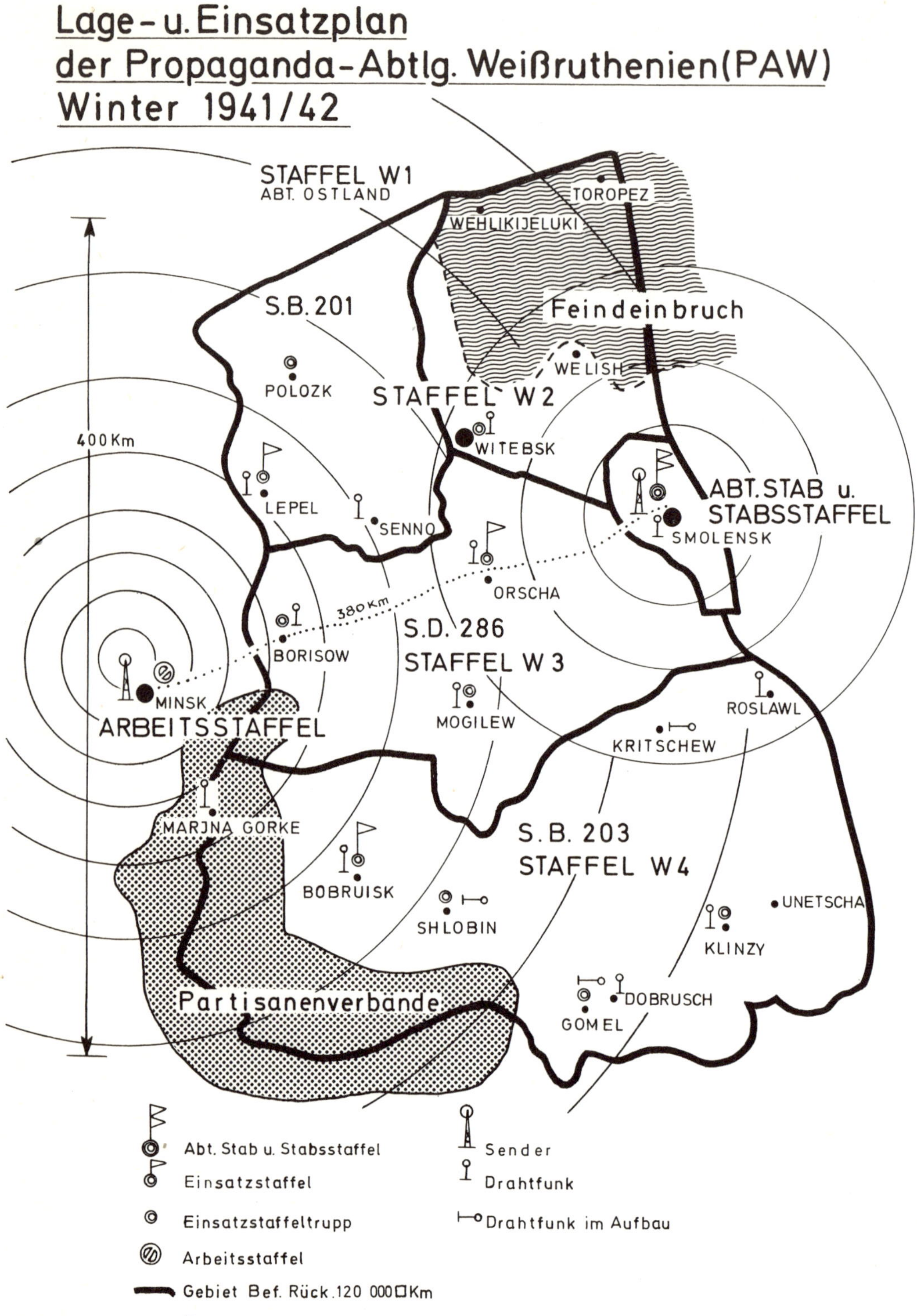

Zeichnung 34

Das waren Überpreise, die nur von einem Bruchteil der Bevölkerung aufgebracht werden konnten, wenn man berücksichtigt, daß die tariflichen Löhne für einen höheren Beamten 90 Mark im Monat, für einen selbständigen Handwerker 25 Pfennig in der Stunde und für einen Hilfsarbeiter 17 Pfennig betrugen[375].

In Estland verdiente ein Familienvater mit vier Kindern z. B. 80 RM. Ein Akkordarbeiter erhielt in Lettland im November 1941 einen Lohn von 72 RM. Auch hier blühte ein Schwarzmarkt »in kaum vorstellbarem Maße« (1 Kilo Schweinefleisch: 7 bis 12 RM; 1 Kilo Butter: 10 bis 12 RM). Das durchschnittliche Monatseinkommen lag während der deutschen Besetzung in Lettland unter 400 Rubel (= 40 RM).

Bei diesen düsteren Lebensbedingungen versuchte die Bevölkerung, durch den Verkauf von Gebrauchsgegenständen aller Art das nötige Bargeld für den Schwarzmarkt zu bekommen und erhielt ihrerseits von den Bauern »horrende Preise«.[376]

Die deutschen Behörden hatten für die Reichsmark einen Kurswert von 10 Rubel festgesetzt. Bei einem Vergleich der Kriegspreise mit den Friedenspreisen in der Sowjetunion kam man allerdings zu dem Ergebnis, daß der Kaufpreis von 10 Reichsmark dem eines Rubels der Vorkriegszeit entsprach.

Die unmittelbare Folge der katastrophalen Ernährungslage in den besetzten Ostgebieten bestand in einem spürbaren Stimmungsumschwung zu Ungunsten der deutschen Besatzungsmacht. Etwa ab Herbst 1941 wurde die Stimmung der Bevölkerung in den Lageberichten der Propaganda-Abteilungen als »gedrückt«, »undurchsichtig«, »ungünstig«, »ernst und abwartend«, »beunruhigt«, »passiv« oder »feindselig« geschildert. Ganz besonders schlecht war die Stimmung im Reichskommissariat Ukraine, wo inzwischen der Reichskommissar Erich Koch als einer der eifrigsten Repräsentanten der Hitlerschen Ausbeutungs- und Vernichtungspolitik die deutschfreundliche Bevölkerung zu Gegnern des deutschen Regimes umfunktioniert hatte. Im Jahre 1942 betrug das Durchschnittseinkommen in der Ukraine 200 Rubel (= 20 RM). Die stereotype Frage der ukrainischen Bevölkerung an die Propagandisten, die gegen die zahllosen Willkürmaßnahmen der deutschen Zivilverwaltung nichts unternehmen konnten, lautete: »Wo ist unsere Befreiung? Welcher Unterschied besteht zwischen der früheren Herrschaft der Bolschewisten und der heutigen Herrschaft der Deutschen?« Die Bevölkerung antwortete: »Vielleicht nur darin, daß jetzt die Leute in die Kirche gehen dürfen[377] ...«

In Reval kursierte 1942 folgender Witz: »Frage: Worin besteht der Unterschied zwischen der bolschewistischen und der deutschen Regierung? Antwort: in neun Zentimetern – nämlich der Breite der Eisenbahnschienen[378]!«

Bei einer solchen Lage, die eindeutig und jederzeit überprüfbar von der Tatsache gekennzeichnet war, daß die besetzten Ostgebiete von Deutschland als Kolonialland betrachtet wurden, erhielt die intensive sowjetische Propaganda ideale Möglichkeiten, mit allen ihr zur Verfügung stehenden Mitteln propagandistisch auf die Bevölkerung einzuwirken[379]. Nach Auffassung der deutschen Propaganda-Dienststellen konnte sie sich auf folgende antideutsche Gruppen stützen[380]:

1. auf Personen, die von den Sowjets Pension erhalten hatten, auf die sie nunmehr verzichten mußten.
2. auf Familien, deren Angehörige in der Roten Armee dienten.
3. auf Familien von mehr als sieben Mitgliedern, die von den Sowjets eine Jahresrente bis zu 1000 Rubel bezogen.
4. auf Witwen kommunistischer Funktionäre, die eine staatliche Unterstützung erhielten.
5. auf Familien, deren Angehörige in Gebieten lebten, die noch nicht von der deutschen Wehrmacht besetzt worden waren.
6. auf »Faultiere und Hulligane«, die als ehemalige Beschäftigte bei kommunistischen Organisationen Unterstützungen bezogen.
7. besonders aber auf Jugendliche, die einer völlig ungewissen Zukunft ausgesetzt waren, da ihnen jegliche Ausbildungsmöglichkeiten fehlten.

Für das Jahr 1943 wurde die Zusammensetzung der Bevölkerung im Ingermanland (Reichskommissariat Ostland) z. B. wie folgt beurteilt[381]:

1. Sowjetfreundliche Elemente:
Diese rekrutierten sich vor allem aus den jüngeren Jahrgängen zwischen 15 und 30 Jah-

Plakat P 5
Format DIN A 1
Sprachen: Russisch, Ukrainisch, Weißruthenisch. Übersetzung des Textes: Soldaten Hitlers sind Freunde des Volkes

ren, die den deutschen Behörden durch »dreistes Verhalten, schlecht verhehlte Aufsässigkeit, schadenfrohes Glossieren deutscher Verlustmeldungen, heimliche Drohungen gegenüber russischen Kollaborateuren« auffielen. Die Stärke dieser Gruppe schwankte. Während sie in Gatschina mindestens 50 Prozent der Bevölkerung ausmachte, war sie in ländlichen Gebieten geringer.

2. Politisch Passive:
Zu dieser Gruppe zählte die überwiegende Mehrheit der Landbevölkerung, die sich deutschen Dienststellen gegenüber besonders zurückhaltend verhielt.

3. Deutschfreundliche Elemente:
Diese bildeten eine unbedeutende Minderheit und lebten in ständiger Angst vor dem Einmarsch der Roten Armee, da sie »keine Gnade« erwarten konnten.

Die sowjetfreundliche Gruppe, die den Propagandisten die größte Sorge bereitete, waren die Jugendlichen in den Städten. Sie waren vor allem deshalb überzeugte Kommunisten, weil sie unter der Sowjetherrschaft viele Aufstiegschancen hatten, die es unter der deutschen Besetzung nicht mehr gab.

Der Wehrmachtpropaganda-Lagebericht mußte bereits im Januar 1942 melden[382]:

»Der Bevölkerung der besetzten Gebiete geht es wirtschaftlich zur Zeit nicht besser als in der bolschewistischen Epoche, vielfach noch schlechter, da auch das Letzte an Lebensmittel und Kleidung genommen ist. In den Städten und größeren Ortschaften herrscht bitterste Not. Um die Stimmung, die sich im Augenblick von Tag zu Tag versteift, nicht ganz zum Erliegen zu bringen, ist es nötig, feste Versprechungen zu machen und ein klar umrissenes Programm für die Zukunft der russischen Bevölkerung und des russischen Staates zu geben.«

Der Lebensstandard der Arbeiter war während der deutschen Besetzung niedriger als unter der sowjetischen Herrschaft. Wie stark der negative Stimmungsumschwung der Bevölkerung bereits im Dezember 1941 im Baltikum war, zeigte ein Vorfall in Lettland: Bei einer Weihnachtsfeier der Ostland-Filmgesellschaft kam es zu Tumultszenen, als einer der Angestellten ein Hoch auf die Wehrmacht als Befreier des Ostlandes ausbringen wollte[383].

Einer der Gründe für die schnelle Stimmungsverschlechterung der Bevölkerung war auch das Verhalten von Wehrmachtsangehörigen, das in den Lageberichten der Propaganda-Abteilungen und der VAA kritisiert wurde. Die Propaganda-Abteilung Weißruthenien meldete in einem Stimmungsbericht[384] folgenden Vorfall:

»Welch niederschmetternden Eindruck muß es auf den Bauern machen, wenn z. B. deutsche Wirtschaftsoffiziere den Rat erteilen, das Saatgetreide nicht an dem dazu geeigneten Ort aufzubewahren, sondern es so zu verstecken, daß es der Soldat nicht findet. In anderen Fällen sind Bauern mit gefälschten Requisitionsscheinen betrogen worden. Man hat sinnlos hochtragende Kühe abgeschlachtet, wiederholt Kartoffelmieten, in einem Falle zehn, geöffnet, obwohl eine Miete für die – wenn auch unberechtigte Entnahme – völlig genügt hätte, und den übrigen kostbaren Lebensmittelvorrat dem Verderb preisgegeben.

Stimmungskurve der Bevölkerung im Generalbezirk ESTLAND vom August 1941 - Dezember 1942

Zeichnung 35

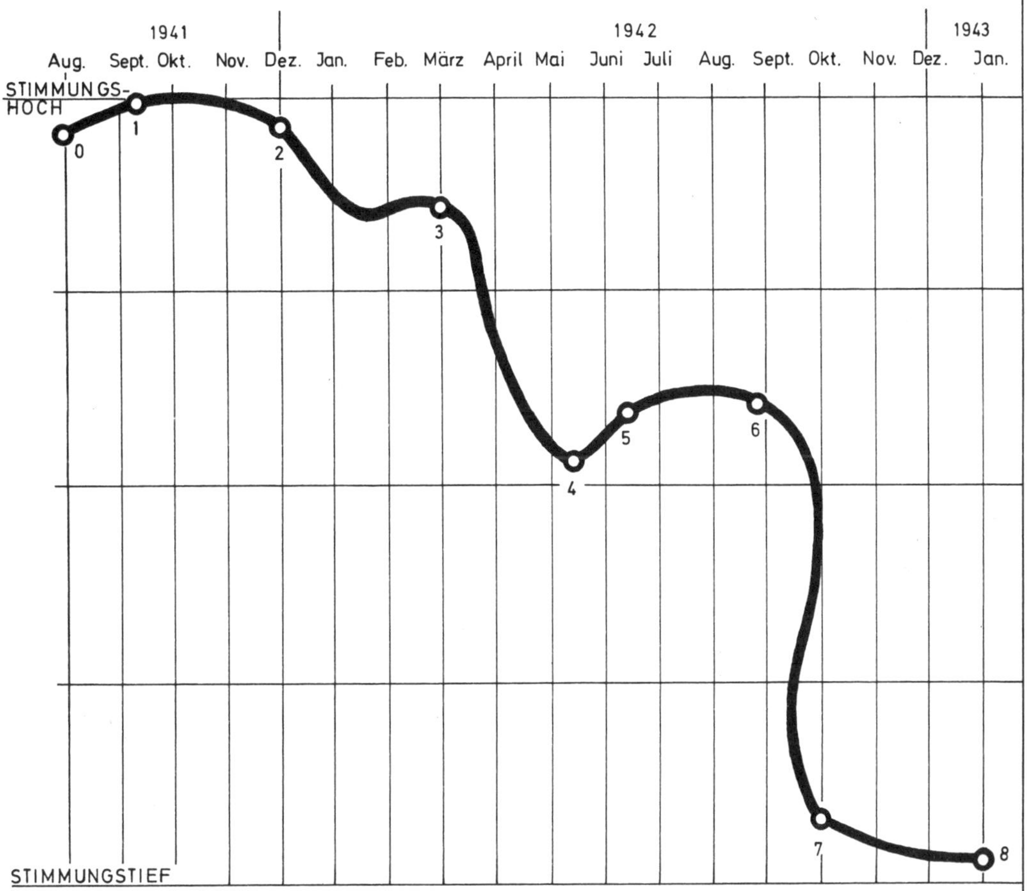

0 - 1 Befreiung durch die deutsche Wehrmacht. Jntensive deutsche Propaganda.

1 - 2 Verschlechterung der Ernährungslage.

2 Ankunft der Zivilverwaltung.

3 Feier des Tages der Selbständigkeit Estlands (24. 2.).

3 - 4 Verzögerung der versprochenen Reprivatisierung, (trotz Agrarreform).

4 - 5 Einführung der Grundbücher in den Gehöften.

5 - 6 Verbesserung der Ernährungslage.

6 - 7 Schwierigkeiten der Ernährung und Bekleidung in den Städt. und auf dem Lande. Das estnische Volk verliert den Glauben an die deutschen Politik; es empfindet, daß es als Volk zweiten Ranges behandelt wird.

7 - 8 Furcht vor der Rückkehr des Kommunismus. Fronterfolge der Roten Armee. Start der Feindpropaganda. Scharfe Kritik an der deutschen Verwaltungspolitik.

Die Aufzählung solcher Sinnlosigkeiten könnte beliebig fortgesetzt werden. Wo dergleichen passiert, bildet das den Gesprächsstoff für Tage. Dort noch die Dorfältesten z. B. das Buntplakat »Hitlers Soldaten sind Freunde des Volkes« zum Aushang bringen zu lassen, hieße unser Ansehen und unsere Glaubwürdigkeit mit Vorbedacht zerstören . . .«

Fast zur gleichen Zeit beklagte sich der VAA beim AKO 16 heftig über das Verhalten einzelner Soldaten[385]. Für viele Wehrmachtsangehörige sei der Russe »schlechthin ein gemeiner Hund«, der eine entsprechende Behandlung verdient habe. Eine stichhaltige Begründung für Lebensmittelplünderungen gebe es nicht. Mit vorgehaltener Pistole würden »letzte Hühner und Eier« geraubt, das Inventar bei den Durchsuchungen mutwillig zerstört und die Besitzer verprügelt. Auf entsprechende Vorwürfe erhielte man stets dieselbe Antwort: »Die Schweinehunde sind schuld daran, daß wir hier sind!« Im übrigen könne man beobachten, daß Soldaten einzelner Einheiten mit oder ohne Befehl bei der Quartiernahme die Bauern mit ihren Familien rücksichtslos aus ihren Häusern trieben, weil sie mit dem »Lausepack« nicht unter einem Dach sein wollten. Viele Soldaten »fielen aus allen Wolken«, wenn man ihnen erzähle, wie andere Wehrmachtsangehörige »als Befreier verwöhnt« wurden. Die Bevölkerung sei wegen der Plünderungen deutscher Soldaten deshalb so schockiert, weil sie in den Deutschen »eine überlegene Kulturnation« erblicke und im übrigen ein ausgesprochenes »Gerechtigkeitsgefühl« besäße.

Übergriffe dieser Art blieben allerdings in der Regel Ausnahmeerscheinungen und wurden in der überwiegenden Mehrheit der Fälle von den verantwortlichen Vorgesetzten streng bestraft.

Weit nachteiliger als diese Übergriffe wirkte sich jedoch auf die Stimmung der Zivilbevölkerung die bereits dargestellte Behandlung der sowjetischen Kriegsgefangenen aus. Die zahlreichen Fälle von Mißhandlungen gefangener Rotarmisten, die sich häufig mitten in den Städten vor den Augen der Bevölkerung abspielten, riefen Entsetzen und Abscheu hervor[386]. Erschießungen von erschöpften Kriegsgefangenen, die ebenfalls ohne Hemmungen in Anwesenheit von Zivilpersonen vorgenommen wurden, bildeten wochenlang das Tagesgespräch der Einheimischen. In diesem Zusammenhang muß festgestellt werden, daß das Klischee »Gute Wehrmacht – böse Zivilverwaltung« in dieser Vereinfachung für die besetzten Ostgebiete nicht aufrecht erhalten werden kann.

Auch die Massenerschießungen der Juden durch die Einsatzgruppen[387] lösten große Bestürzung aus. Diese radikalen Maßnahmen stießen auf ein völliges Unverständnis und hatten nicht nur »stimmungsmäßige Rückschläge« zur Folge, sondern auch große Befürchtungen der Bevölkerung hinsichtlich ihres eigenen Schicksals.

Eine der größten Belastungen für die Zivilbevölkerung der besetzten Ostgebiete bildete der Kampf der deutschen Besatzungsmacht gegen die Partisanen[388]. Die »Partisanenfrage« oder das »Bandenproblem« schlug sich in den Berichten der unterschiedlichen militärischen und zivilen Dienststellen im Osten als das wichtigste Problem überhaupt nieder. In der Mehrzahl der Fälle gerieten große Teile der unbeteiligten Zivilbevölkerung in das Spannungsfeld zwischen der deutschen Besatzungsmacht und den Partisanen. Da die Partisanen rücksichtslos und brutal physischen wie psychischen Terror einsetzten, um aktive Sympathisanten, die mit den Deutschen zusammenarbeiteten, »auszuschalten«, nahm dieser »Krieg hinter der Front« sehr bald eine Schreckensdimension an, die sich in erster Linie auf die Zivilbevölkerung erstreckte. Wehrmachtsteile, die durch einen weitgehend unsichtbaren Feind empfindliche Personalverluste erlitten, reagierten sehr oft übernervös und unterschieden daher nicht mehr zwischen unbeteiligter Bevölkerung und Partisanen.

Strafexpeditionen (»Kollektivmaßnahmen«) und Säuberungsunternehmen beider Teile, der deutschen Sicherungstruppen wie der Partisanen, führten dazu, daß zahllose Dörfer niedergebrannt, die Bewohner ermordet oder verschleppt und dadurch ganze Landstriche menschenleer wurden.

Da die deutsche Wehrmacht Bevölkerungsteile, die sich für eine Zusammenarbeit bereit erklärten, in den Bandengebieten nicht wirkungsvoll schützen konnte, wurde die Bevölkerung zwangsläufig »zum Spielball der Ver-

Hinrichtung von Partisanen

Folgen eines Partisanen-Überfalls

hältnisse«: sie wollte es weder mit den Partisanen noch mit der deutschen Besatzungsmacht verderben. Eine amtliche Stellungnahme[389] beschreibt treffend die psychologische Auswirkung dieser Situation:

»Auch wenn ich mich völlig neutral verhalte, brav für die Deutschen arbeite, jede Verbindung mit der Gegenseite unterlasse, ist es eine Frage des Zufalls, ob ich nicht morgen oder übermorgen von den Deutschen erschossen werde. Es braucht den Bolschewiken nur einzufallen, mal wieder eine Bombe zu schmeißen, dann werde ich von den Deutschen als Repressalie erschossen. Ich bin also, obwohl ich neutral bin und für die Deutschen arbeite, durch die Deutschen aufs schwerste gefährdet. Da ich keine Lust habe, morgen oder übermorgen erschossen zu werden, noch dazu unschuldig bin, werde ich zu den Partisanen gehen. Während ich bei den Deutschen von den Deutschen der größten Lebensgefahr ausgesetzt bin, bin ich bei den Partisanen von den Partisanen wenigstens keiner Lebensgefahr ausgesetzt. Bleibe ich bei den Deutschen, so werde ich, wenn die Bolschewisten kommen, von diesen erschossen; wenn die Bolschewisten aber nicht kommen, früher oder später von den Deutschen. Bei den Deutschen bleiben bedeutet also sicheren Tod, zu den Partisanen gehen höchstwahrscheinlich Rettung.«

Die zwingende Logik dieser Überlegungen bot sich den unmittelbar Betroffenen aus ihren täglichen Erfahrungen geradezu an. Hinzu kam, daß ein wesentlicher Grund für das lawinenartige Anschwellen der Partisanenbewegung nicht so sehr die persönliche Bedrohung des einzelnen war, sondern die verheerenden Auswirkungen des Programms zur Beschaffung von Arbeitskräften aus den besetzten Ostgebieten. Das sogenannte Ostarbeiterprogramm, dessen Durchführungsbestimmungen am 24. Februar 1942 erlassen wurden, sollte den Einsatz russischer Arbeitskräfte und Kriegsgefangener für die deutsche Kriegsindustrie sicherstellen, d. h. die in den eroberten sowjetischen Gebieten vorhandenen Arbeitsreserven »voll ausschöpfen«. Der Generalbevollmächtigte für den Arbeitseinsatz, Fritz Sauckel, wollte dieses Programm zunächst auf einer freiwilligen Basis durchführen. Die geforderten hohen Quoten konnten jedoch nur durch Zwangsaushebungen erfüllt werden. Die nun einsetzende allgemeine Menschenjagd und die unmenschliche Behandlung der Ostarbeiter[390] ließen die Stimmung in den besetzten Ostgebieten auf einen erneuten Nullpunkt sinken.

Der »Kampf um die Bevölkerung«

Voraussetzungen

Wie bereits erwähnt, wurde die russische Zivilbevölkerung in den militärisch verwalteten rückwärtigen Heeresgebieten und zum Teil in den rückwärtigen Armeegebieten (vgl. Zeichnung 9) von den Propaganda-Abteilungen der Wehrmacht betreut[391]. Die Propaganda in den Reichskommissariaten Ostland und Ukraine übernahmen die dortigen Dienststellen des Reichsministeriums für die besetzten Ostgebiete und ab Herbst 1943 die vom Propagandaministerium eingerichteten Landespropagandaämter.

Zu Beginn und während ihrer Tätigkeit kannten die Propagandisten die deutschen Kriegsziele für den russischen Raum in ihrem vollen Umfang noch nicht. Diese Kriegsziele waren ein Ergebnis des rassenideologischen Ostprogramms Adolf Hitlers, das von den Grundsätzen der Ausrottung der »jüdisch-bolschewistischen« Führungsschicht, der Erschließung neuer Gebiete für deutsche Siedler, der Dezimierung und Unterwerfung der »slawischen Massen« und der Ausbeutung der eroberten Ostgebiete als gewaltige Rohstoff- und Nahrungsmittelräume ausging[392]. Da überdies die gesamte deutsche Wehrmacht aus Rußland ernährt werden sollte, gehörte die offizielle Prognose, daß bei einem solchen Programm »zweifellos zig Millionen[393]« in Zukunft in den besetzten Ostgebieten verhungern würden, zum festen Bestandteil dieser Konzeption.

Ausbeutungs- und Vernichtungspläne dieses gigantischen Ausmaßes waren den Propaganda-Abteilungen trotz der inzwischen im Reichsgebiet einsetzenden »Untermenschen-Propaganda« unbekannt. Ein eindeutiger Beweis für diese Unkenntnis sind ihre Lage- und Tätigkeitsberichte, in denen sie ihre vorgesetzte Dienststelle (OKW/WPr) immer

Plakat P 30
Format: DIN A 2
Sprachen: Russisch, Ukrainisch, Weißruthenisch. Übersetzung des Textes: Die Mauer ist gestürzt. Stalin hat Euch mit einer Steinmauer umgeben. Er wußte, daß Ihr bei der geringsten Bekanntschaft mit der anderen Welt den gemeinen Betrug des bolschewistischen Regimes aufdecken werdet. Jetzt ist diese Mauer gestürzt und vor Euch liegt eine glückliche Zukunft.

wieder mit Vorschlägen bedrängten, eine Änderung der Besatzungspolitik bei der militärischen und politischen Führung durchzusetzen, um die eigene Propaganda-Arbeit weiterhin sinnvoll bewältigen zu können. Dabei sahen sich die deutschen Propaganda-Dienststellen von Beginn ihres Einsatzes an mit einem Auftrag konfrontiert, der unter den geschilderten Verhältnissen einem Himmelfahrtskommando gleichkam. Auf eine Kurzformel gebracht lautete er: »Der Grundsatz aller Propagandatätigkeit muß sein, daß der Sieg der deutschen Wehrmacht der Bevölkerung nützt, und nur er ihr Leben, Freiheit und Eigentum sichert[394].«

Information und Propaganda

Die Propagandisten konzentrierten sich zunächst darauf, einen Propaganda-Apparat aufzubauen, über den die Bevölkerung im Sinne des Auftrages beeinflußt werden sollte. Nach der fast 25jährigen totalen Isolierung vom westlichen Ausland zeigte die Bevölkerung ein gewaltiges Informationsbedürfnis, das befriedigt werden mußte. Nach dem relativ zügigen Aufbau des Drahtfunknetzes (Rundfunk) in den Städten und der Versorgung der Bevölkerung mit Zeitungen, Plakaten, Broschüren, Flugblättern und Ausstellungen konnte die Stadtbevölkerung nach den Anfangsschwierigkeiten des ersten Jahres ab Sommer 1942 propagandistisch in einem befriedigenden Umfang angesprochen werden.

Vor dem Hintergrund einer chronisch schlechten Wirtschaftslage besaß die zum Teil hektische Betriebsamkeit der Propagandisten einen mehr oder minder dekorativen Wert. Daran änderte auch die Tatsache wenig, daß die Propaganda-Abteilungen Ostland und Weißruthenien mit großer Energie zwei Mustergüter aufbauten, die dem Wohl der dort ansässigen Bevölkerung dienten. Der Aufbau der beiden Güter Polonje und Sloboda blieb – wenn auch eine erfreuliche – Ausnahmeerscheinung mit eng begrenzter lokaler Bedeutung[395]. Die wirkliche Lage schlug sich in einem Stimmungsbericht der Propaganda-Abteilung Ukraine nieder: »Die Sorge um das tägliche Brot steht so beherrschend über alle anderen Interessen, daß ein Kilo Kartoffeln immer noch leichter die Herzen gewinnt als ein zündendes Flugblatt[396].«

Der Informationshunger der Bevölkerung war nicht nur in den Städten, sondern auch auf dem Lande ungewöhnlich hoch. Bei den Informationseinsätzen der Propagandastaffeln, die von den Lautsprechertrupps übernommen wurden, zeigte sich immer wieder, daß die Bevölkerung vor allem an folgenden Themen interessiert war[397]:

1. Gründe für den deutschen Angriff auf die Sowjetunion.
2. Deutsche militärische Erfolge.
3. Ausbeutung der Arbeiter und Bauern in der Sowjetunion.
4. Deutschland und der Nationalsozialismus:
   1. Lage der Arbeiter und Bauern
   2. Soziale Einrichtungen
   3. Kaufkraft und Löhne
   4. Schulverhältnisse und Stipendien
   5. Die deutsche Familie
   6. Die Persönlichkeit des Führers

Diese Informationseinsätze sollten die Bevölkerung nicht nur im Sinne des Auftrages »informieren«, d.h. beeinflussen, sondern auch die Wirkung der starken sowjetischen Gegenpropaganda[398] abschwächen, die vor allem durch eine »Flut von Gerüchten«[399] spürbar war und sich in entsprechenden Fragen der Bevölkerung niederschlug, die teilweise eine gewisse Komik nicht verleugnen konnten.

In einem Erfahrungsbericht über Bevölkerungs-Propaganda wurden folgende »Punkte« genannt, auf die die deutsche Propaganda »besonders eindringlich«[400] eingehen müsse:

1. Der Führer: hat nicht nur ein Auge, hinkt nicht, ist nicht verwandt mit dem Kaiser, ist kein Bourgeois usw.
2. Die Frau: wird sie vom Mann geknechtet, hat sie irgendwelche Rechte, kann sie in die Schule gehen, studieren, arbeiten?
3. Schule: kann jeder ohne Rücksicht auf seinen Stand eine Schule besuchen, kann er jeden beliebigen Rang erreichen? Wer bezahlt die Ausbildungskosten? Gibt es Stipendien? Welche Schulen sollen in den besetzten Gebieten eröffnet werden? Können auch Russen in Deutschland lernen und studieren?
4. Warenaustausch: wie wird sich die wirtschaftliche Zusammenarbeit entwickeln? Werden deutsche Waren importiert?

5. Bauernfrage: was geschieht nach Auflösung der Kolchosen?
6. Die Judenfrage: wie lebt der Jude in Deutschland, was erwartet ihn in Rußland?

Ein Teil dieser Fragen wurde in der Folgezeit durch die Praxis der deutschen Besatzungspolitik für die Betroffenen überdeutlich beantwortet.

Utopie und Scheinwelt: Die »Deutschland-Propaganda«

Die deutsche Propaganda, die der Bevölkerung eine »heile Welt« des Wohlstands und Glücks unter dem Schutz der deutschen Wehrmacht verkündete, versuchte, durch den massierten Einsatz aller zur Verfügung stehenden Medien begeisternde Scheinwelten oder Utopien aufzubauen. Diese Scheinwelt-Propaganda bestand weitgehend in der Aussage, daß über die Zukunft der besetzten Ostgebiete keine verbindlichen Angaben gemacht werden könnten, da zunächst noch »kriegsentscheidende Schlachten« gewonnen werden müßten. Aus diesem Grunde stelle die ungenügende Versorgungslage der Bevölkerung nur einen »Übergangszustand« dar, weil der Kampf und der Sieg über den Bolschewismus viele Opfer verlange. Die Versprechungen der deutschen Propaganda könnten sich daher nur auf die Zeit nach einem gewonnenen Krieg beziehen und würden erst dann erfüllt[401].

Aus diesem Grund entschlossen sich die Propagandisten dazu, nicht nur die militärische Stärke der deutschen Wehrmacht als den besten Garanten für einen Sieg über den Bolschewismus herauszustellen, sondern vor allem die »großen Leistungen der wirtschaftlichen und sozialen Verhältnisse in Deutschland« zu propagieren.

Eine eindrucksvolle Ergänzung dieser »Deutschland-Propaganda« bildeten die sogenannten »Deutschlandfahrten«[402], die ab Frühjahr 1942 in regelmäßigen Abständen durchgeführt wurden. Die Kosten dieser Reisen übernahm das Propagandaministerium. Die Teilnehmer, die sich aus »ausgewählten Abordnungen« aus allen Bevölkerungsschichten zusammensetzten, lernten auf diesen Deutschlandfahrten die »hervorragenden sozialen Einrichtungen in den deutschen Betrieben, die Arbeitersiedlungen, den kleinbürgerlichen Eigenbesitz, die Bauten des Neuen Deutschland, seine schönen Landschaften, die Organisation, die Stärke und Macht und den unbeugsamen Siegeswillen des deutschen Volkes«[403] kennen. Die Reisegruppen besuchten in der Regel die Reichshauptstadt Berlin und weitere ein bis drei Gaue. Nach der Rückkehr der Gruppen, die in ihrer Mehrheit stark beeindruckt waren, stellten sich sehr oft Teilnehmer spontan als Propagandaredner zur Verfügung, die auf Versammlungen einer staunenden Zuhörerschaft begeistert von den »Errungenschaften des nationalsozialistischen Deutschlands« berichteten.

Außerdem ließ die Abteilung Ost über diese Deutschlandreisen Wochenschauen und Bildserien herstellen, die von den russischen Propagandisten bei ihren Vorträgen vorgeführt wurden. Für spezielle Informationseinsätze mit Lautsprecherfahrzeugen wurden Spezialplatten produziert. In den Kinos liefen als Ergänzung Dokumentarfilme, die über den Ablauf dieser Fahrten berichteten.

Allerdings löste der dauernde Appell, nur der »Kampf im Rahmen eines freien Europas« mit seiner »ernsten, immerwährenden schweren Arbeit«[404] könne eine grundlegende Besserung der Verhältnisse garantieren, bei der Bevölkerung nur eine gedämpfte Begeisterung aus. Der häufig vorgebrachte Einwand »Was nützen uns alle diese phantastischen Schilderungen, wenn wir verhungern müssen?« führte zu der offiziellen Warnung an die Propagandisten, »übertriebene Schilderungen der Versorgungslage im Reich« seien unzweckmäßig[405], da die Bevölkerung dabei auf den Gedanken komme, daß von dem geschilderten Überfluß an sie abgegeben werden könne.

Neue Feiertage

In enger Abstimmung mit der »Deutschland-Propaganda«, die auch versuchte, durch den Einsatz deutscher Spielfilme die Bevölkerung »wenigstens stundenweise« ihre schwierige Lage vergessen zu lassen[406], erhielten drei Feiertage in den besetzten Ostgebieten einen besonderen propagandistischen Stellenwert: dies waren das Osterfest, der 1. Mai und der

Plakat P 77
Format: DIN A 2
Sprachen: Russisch, Ukrainisch, Weißruthenisch

Übersetzung des Textes: Deutschland wird stärker mit jedem Tag . . .
. . . darum gewinnt Deutschland den Krieg!

Plakat P 89
Format: 42 x 59,4 cm
Sprachen: Russisch, Ukrainisch, Weißruthenisch

Übersetzung des Textes: Im Schutz des deutschen Adlers arbeitet das neue Europa für Freiheit und neue Zukunft. Reihe Dich ein in diese Aufbaufront!

Propaganda für die russische Bevölkerung

Zeichnung 36

Plakatpropaganda 1941–1943

Broschüren-Propaganda 1941–1944

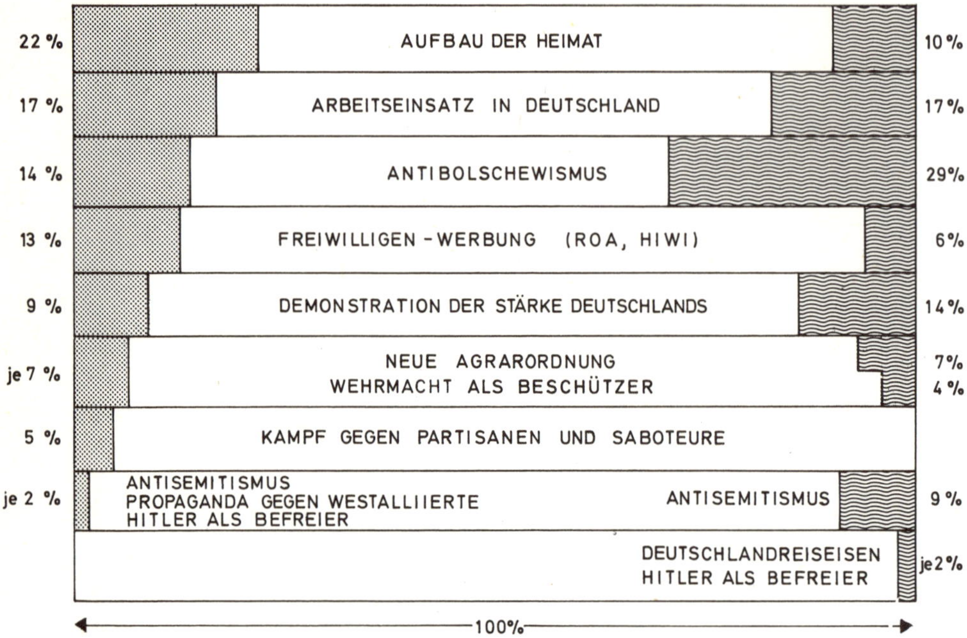

22. Juni, die nach Auffassung der Propagandisten »besonders günstige Ansatzpunkte für die deutsche Propaganda«[407] liefern konnten.

Das orthodoxe Osterfest, das 1942 wieder »groß gefeiert« wurde, sollte der Bevölkerung verdeutlichen, daß es nicht nur ein »Fest der Wiedergeburt Christi«, sondern auch eine »Wiedergeburt der Bevölkerung« der vom Bolschewismus befreiten Gebiete sei. Durch besondere Vergünstigungen sollte die Bevölkerung »mehr als bisher« für die deutsche Sache gewonnen werden. Diese Vergünstigungen bestanden in Landzuteilungen, in Renten- und Unterstützungszahlungen, in der Aufhebung der Sperrstunden für den Gottesdienst in der Osternacht und vor allem in »Sonderzuteilungen«: im Bereich der Heeresgruppe Süd wurden z. B. Ostern 1943 pro Kopf der Bevölkerung 500 Gramm Hirse oder Buchweizen und 300 Gramm Salz verteilt.

Der 1. Mai 1942 stand unter der Parole »Befreiung der Arbeit von der Sklaverei des bolschewistischen Systems«. Die Bevölkerung, die einen arbeitsfreien Nachmittag erhielt, wurde durch die Presse, den Drahtfunk, Plakate, Flugblätter und Spruchbänder nicht nur über die Bedeutung dieses Tages, sondern auch über die wirtschaftlichen und sozialen Leistungen des »Neuen Deutschland« informiert[408]. Gesonderte Brotzuteilungen unterstrichen die Bedeutung dieses Tages. Ein Jahr später, am 1. Mai 1943 – kurz vor Beginn des Unternehmens »Silberstreif« – wurde dieser Tag erheblich aufwendiger gefeiert. Dieses Mal lauteten die Tagesparolen »Kampf der Werktätigen aller Völker gegen den gemeinsamen bolschewistischen Feind« und »Der Kampf Europas für eine neue soziale Ordnung und ein friedliches Zusammenleben der Völker gegen das bolschewistisch-jüdisch-plutokratische Ausbeutersystem«[409]. Die großzügige Verteilung von Nahrungs- und Genußmitteln und feierliche Landzuteilungen sollten beweisen, daß sich der inzwischen in den besetzten Ostgebieten bekanntgewordene Erlaß des Reichsministers Dr. Goebbels über die »Behandlung der europäischen Völker«[410] bereits ausgewirkt hatte.

Weit festlicher als der 1. Mai wurde der

Plakat P 111
Format: DIN A 1
Sprachen: Russisch
Übersetzung des Textes: 22. Juni 1941

Tag des deutschen Angriffs auf die Sowjetunion, der 22. Juni, von der deutschen Propaganda begangen. Als »Tag der Befreiung« wurde er 1943 zum höchsten Feiertag in den besetzten Ostgebieten erklärt. Während am 22. Juni 1942 nur »kurze Betriebsappelle« und Versammlungen an die Bedeutung dieses Tages erinnerten, erhielt der »Jahrestag des Kampfes der deutschen Truppen gegen den Bolschewismus« ein Jahr später einen hervorragenden Stellenwert für die deutsche Propaganda. Er sollte für die »befreiten Ostgebiete« die gleiche Bedeutung gewinnen wie der 30. Januar als Tag der Machtübernahme im Deutschen Reich[411]. Nach einer intensiven Vorbereitung stellten die Medien die »Bemühungen und Leistungen der deutschen Verwaltung um die Herbeiführung einer Besserung der Verhältnisse«[412] heraus. Der Grundtenor dieser Propaganda mit ihren feierlichen Versammlungen, »begeisternden Ansprachen« der russischen Betreuungstrupps und der gemeinsamen Paraden von deutschen Soldaten und russischen Hilfswilligen bestand in der bereits bekannten These, daß »alle Schwierigkeiten ihren Grund in der Tatsache des totalen Krieges« hätten. Nach dem Krieg beginne jedoch eine »Neue Zeit«, die alle Mühen und Anstrengungen reich belohnen werde.

Ein Jahr später ließ die Großoffensive der Roten Armee gegen die Verbände der Heeresgruppe Mitte den Anbruch dieser »Neuen Zeit« auch als hypothetische Größe für die Propaganda unbrauchbar werden.

Die Ostarbeiter-Propaganda

Die erste überzeugende Propaganda-Aktion, die die Abteilungen in den besetzten Ostgebieten starten konnten, bestand in der Propaganda-Kampagne, die mit der Verkündung der Agrarordnung verbunden war[413]. Der Überraschungseffekt war zunächst groß. Endlich dröhnten wieder »donnernde Hochs« auf Führer und Wehrmacht, die von Bauernversammlungen ausgebracht wurden. Außerdem nützten die Propaganda-Abteilungen die günstige psychologische Lage, die durch das Festlaufen der sowjetischen Winteroffensive für sie entstanden war. Sie eröffneten ihrerseits eine Propaganda-Kampagne, die von der Propaganda-Abteilung Weißruthenien mit der »Aktion Maulhelden«[414] gestartet wurde. Dabei stellte sie die »verlogene Großmäuligkeit der Kremlmacher« heraus und betonte die Richtigkeit der deutschen Prognosen, die das Scheitern der sowjetischen Winteroffensive immer wieder prophezeit hatten.

Die Monate März und April brachten eine Beruhigung an der Front und ganz offensichtlich auch einen Stimmungsumschwung der Bevölkerung: »Es ist zweifellos eine wesentliche Verbesserung der Stimmung innerhalb der russischen Zivilbevölkerung zu verzeichnen« – meldete zum erstenmal eine Propaganda-Abteilung[415] nach einer Serie von ungünstigen Berichten.

In dieses sich abzeichnende Stimmungshoch, das zunächst noch durch den verheißungsvollen Wortlaut der Agrarreform und den Mißerfolg der Roten Armee gekennzeichnet war, stieß eine neue Propaganda-Kampagne, die das Ostarbeiter-Programm unterstützen sollte. Sie wurde zum erstenmal in der Ukraine als Testfall in der zweiten Aprilhälfte des Jahres 1942 eröffnet und sollte die freiwillige Bereitschaft der Ukrainer wecken, sich für den Arbeitseinsatz in Deutschland zu melden. Unter der Parole »Arbeit in Deutschland ist Frontdienst gegen den Bolschewismus« lief diese Kampagne in drei Wellen ab[416]:

Erste Welle

In Deutschland lieferten Bild- und Wortberichter aus Betrieben, in denen bereits ukrainische Arbeiter »leidlich zufriedenstellende« Arbeits- und Lebensbedingungen gefunden hatten, entsprechendes Material, das die »Zufriedenheit der Arbeitskräfte« zum Ausdruck bringen mußte. Diese Berichte über Verpflegung, Unterbringung, Freizeitgestaltung und vieles andere mehr wurden in der Presse der besetzten Ostgebiete veröffentlicht. Die Ostsender erhielten Aufnahmen aus den Arbeitslagern, die die Berichte von Ukrainern über ihr »Leben in Deutschland« enthielten. Sie klangen in einem »Aufruf zur freiwilligen Mitarbeit im Kampf gegen den Bolschewismus durch den Arbeitseinsatz in Deutschland« aus.

Gleichzeitig wurden für die Bevölkerung spezielle Bildflugblätter gedruckt, die unter dem Motto standen: »Arbeit in Deutschland ist Kampf gegen den Bolschewismus«.

Zweite Welle

Bereits während der ersten Welle begannen die Vorbereitungen für die zweite Welle. Unter stärkster Betonung der Tatsache, daß der Arbeitseinsatz in Deutschland eine »Ehre für jeden Ukrainer« sei, wurden die finanziellen und materiellen Vorteile des Ostarbeiter-Programms für die Freiwilligen herausgestellt: freie Unterbringung, freie Verpflegung, Versorgung der zurückbleibenden Familien, feste Löhne und vor allem »ein eisernes Sparkonto«, auf das monatlich ein bestimmter Betrag eingezahlt werde, der nach der Rückkehr zur Verfügung stehe.

In den größeren Städten und Ortschaften organisierten die Propagandisten Versammlungen, auf denen »authentische Berichte« aus deutschen Lagern verlesen wurden. Vorbereitete Plakat-, Broschüren- und Flugblattpropaganda unterstrichen die Glaubwürdigkeit dieser Berichte.

Unterdes marschierten die Freiwilligen-Kolonnen »mit Musik« zu den Verladebahnhöfen, wo sie im Rahmen eines »kurzen Appells« verabschiedet wurden. Über den Abtransport der Freiwilligen berichteten lokale Bildreporter. Außerdem erhielten Journalisten der örtlichen Presse die Gelegenheit, besondere Arbeitslager in Deutschland zu besuchen, um den Einsatz der ukrainischen Freiwilligen zu schildern.

Dritte Welle

Die abschließende dritte Welle, die eine Ergänzung der beiden vorhergehenden war, setzte das inzwischen produzierte Wort-, Bild- und Filmmaterial in den unterschiedlichen Medien ein. Eine besondere Wanderausstellung sollte die Propagandawirkung vertiefen.

Wirkung

Der Erfolg dieser ersten großen Werbekampagne für das Ostarbeiter-Programm war beachtlich. Die ersten Monate brachten eine größere Anzahl von Freiwilligen-Meldungen, die allerdings die geforderten hohen Kopfquoten nicht abdecken konnten. Die nun einsetzenden Rekrutierungsmaßnahmen, die mit unvorstellbarer Brutalität die Zusammengetriebenen in Güterwagen einpferchten und unter den unwürdigsten Bedingungen in das Reichsgebiet verfrachteten, wo sie im Gegensatz zu den Versprechungen der Propaganda den schwersten Repressalien ausgesetzt waren[417], machten die Werbepropaganda schon nach kurzer Zeit wirkungslos. Zum Entsetzen der Propagandisten erhielt die Bevölkerung sehr schnell die deprimierenden und schockierenden Berichte der Betroffenen aus den deutschen Arbeitslagern.

Propaganda gegen Partisanen

Das sprunghafte Ansteigen der Partisanenbewegung im Jahre 1942 stellte nicht nur die militärischen Sicherungsorgane, sondern auch die Propagandisten vor fast unlösbare Probleme.

Am 11. November 1942 erließ das Oberkommando der Wehrmacht die neue »Kampfanweisung für die Bandenbekämpfung im Osten«, die am 1. Dezember 1942 in Kraft trat[418]. Die Ziffern 92–99, die von OKW/WPr verfaßt wurden, gingen in ihren Richtlinien für die »Propagandistische Beeinflussung der Bevölkerung« von der Voraussetzung aus, daß die »Vernichtung des Bandenwesens« nur erreicht werden könne, wenn die Wehrmacht das Vertrauen der Bevölkerung gewinne. Das könne erreicht werden, wenn die Bevölkerung den Eindruck gewinne, »unter deutscher Herrschaft besseren Zeiten als bisher entgegenzugehen«.

Die »Sicherstellung des nötigen Lebensbedarfes« und eine »schnelle und durchgreifende Änderung der Sowjetverhältnisse« seien die besten Mittel, die Bevölkerung zur aktiven Mitarbeit, d. h. zur Unterstützung des Kampfes gegen die Partisanen zu gewinnen: »Tatkräftige und richtige Propaganda ist bei der Behandlung der Bevölkerung von entscheidender Wichtigkeit«[419].

Um überhaupt bei den geschilderten Verhältnissen nach den Vorschriften dieser Kampfanweisung eine Propaganda durchführen zu können, setzten die Propagandisten auch hier die »Deutschland-Propaganda« ein:

»Die Bevölkerung muß ferner über die tat-

Plakat P 25
Format: DIN A 1
Sprachen: Russisch, Ukrainisch, Weißruthenisch
Übersetzung des Textes: Deine Arbeit in Deutschland verkürzt den Krieg!

Plakat P 26
Format: DIN A 1
Sprachen: Russisch, Ukrainisch, Weißruthenisch

Übersetzung des Textes: Deine Arbeit in Deutschland hilft den Bolschewismus vernichten!

sächliche Lage in Deutschland, insbesondere über die Lebenshaltung des deutschen Bauern und Arbeiters, unterrichtet und auf den Unterschied zu den bolschewistischen Verhältnissen hingewiesen werden. Dabei ist zu betonen, daß die deutsche Aufbauarbeit sich infolge der Nachwirkungen des Sowjetsystems und der durch den Krieg bedingten Sonderverhältnisse nur langsam auswirken kann, und eine Besserung der Lebensbedingungen des russischen Volkes seine willige und fleißige Mitarbeit erfordert.«

Dieses propagandistische »Vertrösten« auf eine Zeit, die in ungewisser Zukunft lag, sollte die Bevölkerung dazu beeinflussen, die Wehrmacht bei ihrem Kampf gegen die Partisanen »willig und fleißig« zu unterstützen. Außerdem sollte die Bevölkerung den Eindruck gewinnen, daß die Partisanen ihre gefährlichsten Feinde seien, da der Partisanenkrieg ganz besonders die Zivilbevölkerung treffe.

Besonders eindringlich wandte sich diese Propaganda an die Ehefrauen von Russen, die als Partisanen kämpften[420]. Sie wurden sehr oft mit Propagandamaterial »in die Wälder geschickt«, um ihre Männer »nach Hause zu holen«. In mehreren Fällen gelang es diesen Frauen, ihre Männer zurückzuholen, die nach ihrer Rückkehr als Überläufer bevorzugt behandelt wurden. Allerdings kam es immer wieder vor, daß Sicherungseinheiten Frauen verdächtigten, mit Bandenmitgliedern konspiriert zu haben und sie »erledigten«, obwohl die Frauen versicherten, sie befänden sich auf dem Weg zu ihren Männern, um sie im Sinne der deutschen Propaganda nach Hause zu holen[421].

Im Jahre 1942 war immerhin noch ein kleiner Teil der Bevölkerung bereit, sich beim Kampf gegen die Partisanen aktiv zu beteiligen. Sie wurden in der Regel als V-Leute[422] eingesetzt. Da die Wehrmacht ihre aktiven Sympathisanten nicht wirkungsvoll schützen konnte, wurde ein erheblicher Teil dieser Hilfskräfte von den Partisanen ermordet. Die psychischen Auswirkungen dieser Vergeltungsmaßnahmen führten zu einer tiefgreifenden Verunsicherung kooperationsbereiter Bevölkerungsteile, die sich inzwischen auch durch die allgemeine deprimierende Lage in den besetzten Ostgebieten in eine passive und abwartende Haltung zurückzogen.

Der »Kampf um die Bevölkerung«, der nicht nur von der deutschen Wehrmacht, sondern weit intensiver von den Partisanen geführt wurde, mußte bei der geschilderten Lage von den Partisanen gewonnen werden.

Nach der Niederlage von Stalingrad änderten plötzlich die Partisanen ihr Verhalten nicht nur der Bevölkerung, sondern auch den deutschen landeseigenen Verbänden gegenüber, die gegen sie eingesetzt waren[423]. Die Terrorisierung der Bevölkerung wurde weitgehend eingestellt, Plünderungen und Zwangsrequirierungen fanden nicht mehr statt. Die Partisanen besuchten in größerer Zahl die Gottesdienste und hielten ihrerseits sogar die Bauern zum Kirchgang an. Sie wollten mit diesem Verhalten die »neue kirchenfreundliche Einstellung Stalins« betonen und unter Beweis stellen, daß ein »neuer Geist« ausgebrochen sei. Durch abgesetzte Agenten und durch eine intensive Mundpropaganda wurden folgende Thesen verbreitet[424]:

»Das russische Volk sei der bolschewistischen Herrschaft zwar schon lange überdrüssig, und namentlich jenseits der Front herrsche eine starke Stimmung gegen Stalin, aber man wisse dort, daß Stalin der einzig mögliche Retter Rußlands gegen die deutsche Eroberung sei, und deshalb müßten alle Russen, auch wenn sie gegen den Bolschewismus und gegen Stalin seien, sich fest zusammenschließen und zunächst die deutschen Eroberer vertreiben. Erst wenn Deutschland geschlagen sei, könne das durch den Kampf gestählte Volk auch die bolschewistische Oberschicht beseitigen und dann ein nationales Rußland aufbauen.

Die Deutschen seien gar nicht in der Lage, das Land zu befreien. Es sei ihnen in 1½ Jahren nicht gelungen, der Banden Herr zu werden. Es sei ihnen nicht gelungen, eine gut arbeitende Verwaltung aufzubauen. Sie würden nur Schwächlinge und Schmeichler an die Spitze der russischen Verwaltung setzen. Sie würden große Versprechungen machen, aber wenige halten. Vor einem Jahr sei beispielsweise die Agrarreform verkündet worden, aber in Wirklichkeit könne der Bauer noch nicht über sein Land und über die Erträgnisse seines Landes verfügen. Man entblöße das Land von Arbeitskräften, die gewaltsam von ihren Familien getrennt und nach Deutschland deportiert würden, und im übrigen seien die Deutschen nicht so hervorragende Menschen, wie man im ersten Augenblick angenommen habe. Jeder einzelne habe nur Interesse, das Land auszuplündern, um irgend etwas in die hungernde deutsche Heimat zu schicken ...«

Die deutsche Propaganda konnte diesen außerordentlich wirksamen Parolen nichts Wirkungsvolles gegenüberstellen. Nach den Rückschlägen an der Front hatte die deutsche Propaganda bereits im Sommer 1943 den »Kampf um die Bevölkerung« gegen die Partisanen hoffnungslos verloren[425].

Beim Kampf gegen Partisanen wurden sehr oft auch Propaganda-Staffeln eingesetzt. Sie versuchten, mit Flugblatt- und Lautsprecherpropaganda die Kampfmoral der Partisanen zu zermürben. Die Flugblätter wurden von Flugzeugen abgeworfen, durch Rot-Weiß-Granaten oder Propaganda-Werfer 41 verschossen, durch Spähtrupps ausgelegt oder an die Bevölkerung in den Partisanengebieten verteilt. Diese Propaganda-Einsätze sollten die Partisanen zum Überlaufen bewegen.

Erstaunlicherweise gelang es den Propaganda-Trupps immer wieder, Partisanen-Überläufer zu gewinnen. Bei den Unternehmen »Freischütz« und »Zigeunerbaron« im Bereich der 2. Pz Armee liefen 1943 immerhin 869 Partisanen über[426]. Allerdings gab es noch keine offizielle Verfügung des OKH, die diesen Überläufern eine bevorzugte Behandlung garantierte. Die Truppe handelte hierbei nach freiem Ermessen[427].

Ein typisches »Partisanen-Flugblatt«, das im April 1943 von der 3. Pz Armee eingesetzt wurde, lautete[428]:

Partisanen!

Der deutschen Führung stehen starke, gut bewaffnete Kräfte zur Verfügung. Hiervon konnten sich Eure Abteilungen im Raum zwischen Polozk, Witebsk, Surash und Newel überzeugen, wo 4892 Partisanen bei den Kämpfen Ende Februar vernichtet worden sind.

Dies ist aber nur der Anfang von dem gewesen, was Euch bevorsteht. Mit Eurer Ruhe ist es vorbei. Ihr werdet weiterhin unablässig bis zu Eurer Vernichtung gejagt werden. Euer Leben wird dem eines gehetzten Wildes gleichen. Ständige Flucht, Verbergen in sumpfigen Wäldern, Hunger, schwerste Strapazen und zum Schluß Tod in irgendeinem Kessel – so sieht die nächste Zukunft für Euch aus!

Ist es da nicht vernünftiger, rechtzeitig überzulaufen?

Wenn Ihr nicht glaubt, daß Euch Euer Leben als Überläufer garantiert wird, so fragt doch mal die Partisanenüberläufer in Bytschicha, die haben Brot, Arbeit, Ruhe und ein gutes Quartier. An Sonntagen können sie mit ihren Frauen und Angehörigen zusammenkommen.

Deshalb macht Schluß mit dem Partisanenkrieg!

Kommt freiwillig zu uns!

Die deutsche Führung

Erst in Verbindung mit dem Unternehmen »Silberstreif« erließ das Oberkommando des Heeres einen Befehl, der die Behandlung von Partisanen-Überläufern eindeutig und unmißverständlich regelte. Es war dies der »Grundlegende Befehl Nr. 13a«, der den psychologischen Operationen gegen Partisanen eine neue Dynamik verleihen sollte[429]:

»Überläufer ist jeder Partisan, der sich außerhalb von Kampfhandlungen mit oder ohne Waffe – einzeln oder in Gruppen, gleichgültig in welcher Bekleidung – einer deutschen, verbündeten oder ROA-Einheit freiwillig stellt.«

Die Partisanen-Überläufer mußten wie die Überläufer aus der Roten Armee behandelt werden. Persönliches Eigentum konnten sie grundsätzlich behalten; sie erhielten wie die Rotarmisten einen Überläufer-Ausweis. Außerdem konnten sie sich entweder für die Teilnahme am Partisanenkampf, für einen Arbeitseinsatz in den besetzten Ostgebieten oder als Hilfswillige oder Freiwillige in der ROA melden.

Auch die Frage, welcher Partisan als Kriegsgefangener behandelt werden sollte, wurde geregelt: als Kriegsgefangener galt in Zukunft nur der Partisan, der sich in sowjetischer Uniform im Kampf ergab oder aufgegriffen wurde. Partisanen jedoch, die in deutscher Uniform gestellt, bei Sabotage-Unternehmen gefaßt oder denen »heim-

Übersetzung des Textes: Kampf den Banditen und ihren Helfershelfern unter Euch – sie schaden Euch selbst am meisten! Wer Banditen gewähren läßt, ist mitschuldig! Meldet alles Verdächtige der nächsten deutschen Dienststelle, der Wehrmacht oder der Polizei!

Plakat P 40
Format: 61 x 86 cm
Sprachen: Russisch, Ukrainisch, Weißruthenisch

Plakat P 149
Format: DIN A 2
Sprachen: Ukrainisch
Übersetzung des Textes: Kommt aus den Wäldern!

tückische Akte« nachgewiesen werden konnten, wurden wie bisher erschossen.

Bei der Gewinnung von Partisanen-Überläufern im Sommer und Herbst 1943 bewährte sich nicht nur eine entsprechende Flugblatt- und Lautsprecherpropaganda, sondern auch der Einsatz von Partisanen, die bereits übergelaufen waren, und die sich für die Überläufer-Propaganda als Flugblatt-Texter und als Sprecher zur Verfügung stellten.

Eine unmittelbare Wirkung der neuen Überläuferbestimmungen für Partisanen zeigte sich bereits im Monat August 1943: bei Unternehmen gegen Partisanen liefen 1200 Bandenmitglieder über, die sich alle mit Flugblättern bei den deutschen Sicherungseinheiten meldeten[430].

Trotz dieser Teilerfolge gegen Partisanen, die vor allem dadurch entstanden, daß die Versprechungen der Propaganda im vollen Umfang eingehalten wurden, konnte der eigentliche Grund für die starke Verbreitung des »Bandenunwesens« nicht beseitigt werden. Er lag »in den Mängeln der politischen Kriegführung überhaupt«. So scheiterte die deutsche Propaganda auch in diesem Bereich an der »negativen Einstellung zum Menschen« und an einer »klaren Zielvorstellung für die Zukunft des Ostens«[431].

Schlußbetrachtung: Die »Quadratur des Kreises«

In den ersten Monaten des Ostfeldzuges waren die Voraussetzungen für eine erfolgreiche deutsche Propaganda in der Sowjetunion geradezu ideal.

Die deutsche Propaganda, die in erster Linie mit den Schlagworten »Befreiung« und »Kampf gegen den Bolschewismus« arbeitete, traf auf eine Bevölkerung, die in ihrer Masse nicht nur die Beseitigung des Stalinistischen Terrors, der vor allem die Rote Armee schwer angeschlagen hatte, sondern auch eine grundlegende Änderung der politischen Verhältnisse zu ihren Gunsten von der Wehrmacht erwartete.

Die großen Erfolge, die die deutsche Aktivpropaganda trotz ihrer anfänglichen Schwächen in den Sommermonaten des Jahres 1941 erzielte, sind vor dem Hintergrund der schweren Niederlagen der Roten Armee zu beurteilen. Sie können allerdings für diesen Zeitraum nicht präzise in Überläuferzahlen ausgedrückt werden, da es im ersten Jahr des Ostfeldzuges noch keine prinzipielle Unterscheidung zwischen Überläufern und Gefangenen gab. Die gewaltigen Gefangenenzahlen ließen eine gesonderte Registrierung von Überläufern überflüssig erscheinen. Es kann jedoch mit Sicherheit angenommen werden, daß der Anteil der Überläufer, der sich in der Regel mit Passierscheinen bei den deutschen Truppenteilen einfand, beachtlich war. Die Mehrzahl dieser Rotarmisten wurde durch die Überlebens-Propaganda mit ihren verlockenden Versprechungen angesprochen. Hier muß noch einmal besonders der Einsatz der deutschen Lautsprecher erwähnt werden: Allein die PK 621 konnte im Nordabschnitt mit ihren Lautsprechertrupps im Jahr 1941 fast 12 000 Überläufer gewinnen.

In dieser Anfangsphase des Ostkrieges begünstigte die Lage der Rotarmisten den Einsatz der Propaganda als Waffe: Verlustreiche Niederlagen, schlechte Versorgung, ungerechte Behandlung durch Vorgesetzte und die Zwänge der politischen Überwachung bildeten für die deutsche Flugblatt- und Lautsprecherpropaganda günstige Ansatzpunkte für psychologische Operationen.

Nach den schweren Rückschlägen des ersten Rußlandwinters mit dem katastrophalen Massensterben der sowjetischen Kriegsgefangenen in den deutschen Lagern und den damit verbundenen negativen psychologischen Auswirkungen auf die Rote Armee erscheint es fast wie ein Wunder, daß nach dem militärischen und propagandistischen Nullpunkt dieses Winters die Sommermonate des Jahres 1942 für die deutsche Propaganda einen neuen Erfolgshöhepunkt an der Front brachten. Es gelang der Wehrmachtpropaganda, ihre Schlagkraft zu steigern. Die formale und inhaltliche Qualität der Flugblattserien wurde verbessert; die Propaganda-Organisation im Frontbereich (Einsatz von Propaganda-Abschnittsoffizieren) konnte das schwierige Nachschubproblem lösen und ihre Produktionskapazitäten (Eisenbahndruckereizüge, mobile Druckereien) erhöhen. Das stumpf

Plakat P 150
Format: DIN A 2
Sprachen: Ukrainisch
Übersetzung des Textes: Aus den Wäldern!

gewordene Propagandaschwert erhielt einen neuen Schliff.

Allerdings gelang es der Wehrmachtpropaganda nie, den Abwurf der Flugblätter durch die Luftwaffe befriedigend organisieren zu können. Hier machte sich das Fehlen einer besonderen Flugzeugstaffel, die ausschließlich für den Flugblattabwurf eingesetzt werden konnte[432], als ein entscheidender Mangel bemerkbar. Aus diesem Grund kann von der Annahme ausgegangen werden, daß ein Teil der produzierten Flugblattserien in bestimmten Phasen des Ostfeldzuges nicht zum Abwurf gelangten[433]. Auch die geplante Ausstattung der PK mit einem standardisierten Lautsprecherfahrzeug, das den russischen Gelände- und Witterungsverhältnissen gewachsen war, scheiterte an dem mangelnden Verständnis der zuständigen Stellen[434].

Die Erfolge der deutschen Aktivpropaganda, die durch die Sommeroffensive im Jahr 1942 an Durchschlagskraft gewann, schlugen sich plastisch in den Überläuferzahlen nieder. Nach der offiziellen Statistik betrugen sie fast 80 000 Rotarmisten.

Der zweite Kriegswinter im Osten brachte jedoch wieder einen empfindlichen Rückschlag. Nach der Niederlage von Stalingrad mobilisierte die deutsche Propaganda in einer letzten Kraftanstrengung noch einmal alle Energien. Die Führungsorganisation der Propagandatruppen im Bereich der Heeresgruppen wurde zentralisiert, die Gliederung der PK zu Gunsten einer Steigerung der Aktivpropaganda verändert. Außerdem setzte die Wehrmachtpropaganda in enger Zusammenarbeit mit dem OKH eine neue propagandistische Größe ein, um endlich die dringend von der Truppe geforderte »zwingende politische Alternative« liefern zu können: Generalleutnant Wlassow. Im Mai 1943 startete die Wehrmacht mit dem Unternehmen »Silberstreif« ihr bisher größtes Propaganda-Unternehmen, das sich vor allem auf die Persönlichkeit Wlassows und seine angebliche russische Befreiungsarmee abstützte. Dieses Unternehmen war jedoch bereits in dem Augenblick zum Scheitern verurteilt, als nicht nur der erwartete militärische Erfolg des Unternehmens »Zitadelle«, sondern vor allem die dringend benötigte politische Unterstützung ausblieben. Die psychologischen Folgen der gescheiterten Wlassow-Propaganda des Jahres 1943 wirkten sich nicht nur auf die deutsche Propaganda an der Front, sondern auch in den besetzten Gebieten verhängnisvoll aus.

Die Verfeinerung der propagandistischen Methoden im Sinne der Weidemann-Denkschrift, die durch die neue Bezeichnung »Kampfpropaganda« verdeutlicht werden sollte, führte im Jahre 1944 dazu, daß die PK sich nunmehr ausschließlich auf ihre kampfpropagandistischen Aufgaben konzentrieren konnten. Den entscheidenden Anstoß für diese Umstellung gab die SS-Standarte »Kurt Eggers«. Ihr gelang es auch, allen Widerständen zum Trotz Generalleutnant Wlassow erneut für die Propaganda einzusetzen und ihm die notwendige politische Anerkennung zu verschaffen. Mit dem Testunternehmen »Wintermärchen« und dem Einsatz der Wlassow-Propaganda waren die Voraussetzungen für das größte Kampfpropaganda-Unternehmen an der Ostfront des Jahres 1944 gegeben: Als in der zweiten Jahreshälfte das Unternehmen »Skorpion Ost« im Bereich der Heeresgruppe Nordukraine anlief, ergriff die deutsche Propaganda noch einmal neue Initiativen. Die Überläufer, die dieses Unternehmen gewann, ließen die Statistik ein letztes Mal ansteigen. »Skorpion Ost« konnte aber trotz dieser erstaunlichen Erfolge in einer Phase ständiger deutscher Niederlagen keinen entscheidenden propagandistischen Einbruch erzielen.

Parallel zur deutschen Aktiv- bzw. Kampfpropaganda muß die Propaganda in den besetzten Ostgebieten gesehen werden. Die verheerenden politischen Fehler in den besetzten Ostgebieten konnten jedoch durch keine noch so geniale Propaganda kompensiert werden. In der schwierigen Lage, die durch den Zwang gekennzeichnet war, eine zunehmend unwirksamer werdende Propaganda weiterhin einsetzen zu müssen, gerieten die Propagandisten selbst in einen Konflikt ohne Ausweg. Zu diesem politisch-propagandistischen Problem, das in seiner Ausweglosigkeit dem der »Quadratur des Kreises« glich, äußerten sich zwei unmittelbar Beteiligte aus dem zivilen und militärischen Bereich. Ihre Aussagen sollen im folgenden zitiert werden, da sie die angesprochene Problematik besonders verdeutlichen:

»Der Propagandist ist auf der politischen Bühne stets der zweite Mann. Er kann nur die Gedanken propagieren, die der Politiker ihm zwecks Verbreitung zuleitet. Ist die politische Grundidee falsch, so kann der Propagandist sie zwar technisch so weit vorbereiten, wie es überhaupt nur möglich ist, aber nicht verhindern, daß die Fehlerhaftigkeit der Grundidee seiner Propaganda anhaftet. Der Propagandist kann keine Mohrenwäsche waschen[435].«

Wie hilflos vor allem der militärische Bereich dieser Problematik gegenüberstand, wird durch den Wortlaut des Protokolls einer Ic-Tagung deutlich[436], in dem es u. a. heißt:

»Oberstleutnant Pantenius:

Die politischen Fragen sind von entscheidender Wichtigkeit. Wir als Soldaten haben jedoch keine Politik zu treiben. Daß sie uns brennend interessiert, ist ganz klar. Wir müssen uns davor hüten, uns zu stark ins politische Fahrwasser zu begeben bzw. von uns aus hier im Osten Politik zu betreiben. Wir Soldaten dürfen nichts anderes tun, als die Befehle und Weisungen, die von oben gegeben werden, so gut wie nur irgendmöglich auszuführen. Wir müssen in dem Sinne handeln, wie dies auch die Verfügung des Wehrmachts-Führungsstabes ausdrückt, daß in der Propaganda die Notwendigkeit des Kampfes mit dem Bolschewismus herausgestellt werden soll. Es gibt natürlich viele, die es für richtig halten, jetzt klar zu sagen, was aus den Russen werden soll. Aber wir sind nicht ermächtigt, in diese hochpolitischen Dinge einzugreifen. Wir müssen sie der Reichsleitung bzw. dem Führer selbst überlassen. (. . .) Diese rein politischen Fragen müssen deshalb von der Aussprache ausgeschlossen sein, weil uns das nicht zukommt, wenn wir uns darüber auch unsere Gedanken machen.

Der Ic des I. Korps: Die Propaganda kann nur dann Wirkung haben, wenn wir wirklich positive Antworten geben können oder zumindest solche, die den Anschein des Positivismus haben.

Oberstleutnant Pantenius:

Die Führung des Reiches und der Führer selbst sind der Ansicht, daß man nichts versprechen soll. Die Russen müssen sich zunächst einmal bedingungslos für den Kampf gegen den Bolschewismus zur Verfügung stellen. Was aus ihnen später wird, richtet sich danach, inwieweit sie das tun und welche Leistungen sie aufzuweisen haben.«

Der Mißerfolg der deutschen Propaganda im Osten, der bereits am 16. Juli 1941 durch die richtungsweisenden Ausführungen Hitlers im Führerhauptquartier[437] vorprogrammiert war, kann den Propagandisten nicht angelastet werden. Er war von Faktoren abhängig, die nicht ihrem Einflußbereich oder ihrer Kontrolle unterstanden: Selbst die Propagandisten wurden ein Opfer der »hohen Politik«. Auch wenn man von der Annahme ausgehen könnte, daß es eine propagandistische Idealfigur im Osten gegeben hätte, die ein umfassendes Bild ihrer Zielpersonengruppe besessen, deren geheimste Gedanken, Sehnsüchte, Wünsche, Verhaltensmuster und Reaktionen im voraus gekannt und dieses Wissen jeweils optimal hätte einsetzen können, wäre sie unter den geschilderten Umständen gescheitert. Auch ihr hätte die notwendige Unterstützung durch die politische Führung gefehlt, die bei der Maßlosigkeit ihres Denkens und der Unbegrenztheit ihres Herrschaftsanspruchs nicht nur die kämpfende Truppe, sondern auch die Propagandisten in die Niederlage trieb. Das »Offenlassen der späteren Zustände« als eine Antwort auf die wichtigste Frage der Bevölkerung nach der politischen Gestaltung der Ostgebiete ließ dort ein politisches Vakuum entstehen, das sofort geschickt von der sowjetischen Gegenpropaganda ausgenutzt wurde.

Auf eine prägnante Kurzformel gebracht, bestand der eigentliche Grund für das Scheitern der deutschen Propaganda im Osten in der Tatsache, daß sie trotz ihrer tönenden Parolen und Programme »kein Ethos« besaß. Durch diesen Mangel, der nur aus dem Wesen des Nationalsozialismus erklärt werden kann, wurden die Propagandisten wie die Bevölkerung im Osten »zum Spielball der Verhältnisse« und damit »zum Spielball der Politik«.

Die deutsche Propaganda im Osten mußte trotz ihres großen Kräfteeinsatzes die unvermeidlichen Folgen eines Grundsatzes an sich selbst erfahren, den Carl von Clausewitz in seinem bekanntesten Aphorismus formuliert hat: »Der Krieg ist eine bloße Fortsetzung der Politik mit anderen Mitteln[438].« Gerade der Feldzug im Osten stellt für die moderne Kriegsgeschichte ein überzeugendes Beispiel für die Richtigkeit dieser Aussage dar.

Nachwort

Als am 8. September 1977 der ehemalige Verteidigungsminister Leber während der Diskussion über die Neutronenbombe im Bundestag feststellte, daß jede Waffe inhuman sei, beendete er mit dieser Aussage frühzeitig eine Diskussion, die unergiebig, ja lächerlich geworden wäre, den Versuch nämlich, die moralische Rangfolge in den Tötungsapparaten festzulegen.

Die Dimension der psychologischen Kampfführung wäre mit Sicherheit bei einer solchen Diskussion vergessen worden. Ihr größter Erfolg ist bekanntlich dann erreicht, wenn es ihr gelingt, daß der Feind sein Gewehr vor dem Schuß wegwirft, ja wenn er es nicht einmal in die Hand nimmt. Truppen der psychologischen Kampfführung sind nach wie vor ein Bestandteil der Streitkräfte im Westen wie im Osten. Aber sie wirken im Verborgenen. Sie paradieren nicht mit klingendem Spiel.

Zu dieser neuen Waffengattung gehörten während des Zweiten Weltkrieges in Deutschland die Propagandatruppen der Wehrmacht.

Über die Ereignisse des letzten Krieges, über die verschiedenen Kampfhandlungen und über jede Waffengattung gibt es eine Fülle von Publikationen. Die vorliegende Arbeit von Ortwin Buchbender ist das erste Buch, das in exemplarischer Form über den Einsatz der deutschen Propagandatruppen an der Ostfront berichtet.

Die ehemaligen Propagandatruppen verfügen über keine Traditionsverbände. Ist das ungewöhnlich? Ich glaube nicht, wenn man berücksichtigt, daß die Propagandatruppen schon durch ihre Bezeichnung Mißtrauen und Abwehr bei Vorgesetzten und Kameraden erregten, und ihr Einsatz häufig als unnötig und lästig, ja sogar als gefährlich beurteilt wurde.

Durch den Einsatz dieser Truppe verlor die Rote Armee jedoch den Personalbestand von elf Divisionen während der Kämpfe im Osten. Die Sowjetsoldaten kamen freiwillig – als Überläufer! Bei solchen Erfolgen wäre eine andere Waffengattung selbstverständlich im Wehrmachtsbericht genannt worden. Anerkennung dieser Art blieb der Propagandatruppe jedoch versagt. Sie mußte sich nicht nur gegen das mangelnde Verständnis hoher Vorgesetzter wehren, sondern sich auch gegen den Herrschaftsanspruch des Propagandaministeriums behaupten.

Mit der vorliegenden Publikation »Das tönende Erz« werden Einsatz und Kampf, Erfolge und Mißerfolge der PK zuverlässig gewürdigt. Ortwin Buchbender hat mit erstaunlichem Fleiß und großer Energie das umfangreiche Quellenmaterial durchforstet und zahlreiche Personen befragt. Er stößt bei seiner Arbeit auf unerfreuliche Tatsachen, die eine zusätzliche aber unwiderlegbare Anklage gegen das damalige System darstellen. Er bleibt dabei kühl, objektiv, vermeidet Superlative. Die Fakten dieses Buches sprechen für sich. Sie werden von einem erdrückenden Aktenmaterial abgestützt und sind damit unwiderlegbar.

Ich habe als Offizier im damaligen Kriegsministerium die Gründung der Propagandawaffe miterlebt. Ab April 1942 leitete ich zwei Jahre lang als Abteilungs-Chef die Abteilung IV für Ausland- und Kampfpropaganda in der Amtsgruppe für Wehrmachtpropaganda im Oberkommando der Wehrmacht. Als dienstältester zur Zeit noch lebender Offizier der ehemaligen Propagandatruppen danke ich Herrn Ortwin Buchbender auch im Namen meiner gefallenen Kameraden für dieses Buch.

Hans-Leo Martin
Oberst a. D.

Dokumente

Die vorliegende Auswahl enthält wichtige Dokumente, die zur Ergänzung des Textes beitragen sollen. Orthographische Fehler wurden im Original ohne besondere Kennzeichnung beseitigt. Unterstreichungen im Original sind durch Kursivdruck hervorgehoben.
Für Dokumente, die in unterschiedlichen Aktenbeständen aufgefunden wurden, wird die am leichtesten verifizierbare Fundstelle genannt. Bereits früher erfolgte Editionen oder auszugsweise Abdrucke werden nicht nachgewiesen.

Dokument 1

Befehl Adolf Hitlers vom 8. 9. 1939, betr. den Stellenwert der Propaganda

Auszug aus dem Befehl des Führers

Berlin, den 8. 9. 39

1. Die Propaganda ist ein wichtiges Instrument der Führung zur Förderung und Festigung des eigenen Siegeswillens und zur Zerstörung des Siegeswillens und der Moral der Gegner. Es gibt im Kriege keine Kompetenzprobleme. Entscheidend ist, daß das Instrument der Propaganda wirksam gehandhabt wird. Alle anderen Fragen sind demgegenüber bedeutungslos.
2. Der im Laufe der Jahre aufgebaute Propagandaapparat des Propagandaministeriums ist die zentrale Einrichtung für die praktische Durchführung der Propaganda. Seine Zerschlagung im Kriege würde ähnlich sein einer Zerschlagung bestimmter Wehrmachtsteile.
3. Insoweit auf einem Gebiet durch die praktische Entwicklung sich parallele Erscheinungen mit gleicher Aufgabenstellung ergeben haben, müssen diese Einrichtungen eine Koordinierung erfahren und in praktischer Zusammenarbeit die wenn auch gleichen Aufgaben erfüllen.
4. Für die Führung der Propaganda im Innern, d. h. für ihre geistige Ausrichtung, sind die mit der Innenpolitik beauftragten Stellen verantwortlich, soweit ich es mir nicht vorbehalte, persönliche Anweisungen zu geben. Die Koordinierung dieser Richtlinien in ihrer praktischen propagandistischen Auswirkung obliegt dem Propagandaminister.
5. Auf dem Gebiet der außenpolitischen Propaganda, d. h., jener Propaganda, die sich direkt oder indirekt an das Ausland wendet, erteilt die allgemeinen Richtlinien und Anweisungen der Reichsaußenminister, insoweit ich mich nicht veranlaßt sehe, persönliche Anordnungen zu treffen. Der gesamte Propaganda-Apparat des Reichspropagandaministeriums steht der praktischen Durchführung dieser Anweisungen zur Verfügung. Soweit das Auswärtige Amt ähnliche Einrichtungen bereits besitzt, soll ihre Wirksamkeit nicht unterbunden werden. Ihr weiterer Ausbau ist jedoch unerwünscht, sondern es ist vielmehr anzustreben, die nun vorhandene zentrale Propagandaeinrichtung unter allen Umständen in ihrem Werte zu erfassen und den gegebenen Propaganda-Aufgaben dienstbar zu machen.
6. Um die einheitliche Ausrichtung der Außenpropaganda in Flugblatt, Film, Rundfunk, Presse usw. sicherzustellen, gibt der Reichsaußenminister – wenn irgend möglich, persönlich – dem Reichspropagandaminister seine Wünsche und seine Anordnungen bekannt. Von ihm oder in seiner Vertretung gezeichnete Propaganda-Artikel, Flugblätter, Rundfunkreden usw. sind durch den Apparat des Propagandaministeriums, insoweit nicht das Auswärtige Amt selbst auf seinen Wegen für die notwendige Verbreitung sorgt – unverändert zu übernehmen und zu verwerten.
7. Um die praktische Zusammenarbeit in diesem Sinne zu gewährleisten, hat der Außenminister aus seinem Apparat des Außenministeriums notwendige und befähigte Beamte als Verbindungsmänner an das Propagandaministerium abzustellen.

Quelle: Privatarchiv Heysing

Dokument 2

Der »Kommissarbefehl« vom 6. 6. 1941

Geheime Kommandosache
Anlage zu OKW/WFSt/Abt. L IV/Qu
Nr. 44 822/41 g.K.Chefs

Chefsache!
Nur durch Offizier!

Richtlinien für die Behandlung politischer Kommissare.

Im Kampf gegen den Bolschewismus ist mit einem Verhalten des Feindes nach den Grundsätzen der Menschlichkeit oder des Völkerrechts *nicht* zu rechnen. Insbesondere ist von den *politischen Kommissaren aller Art* als den eigentlichen Trägern des Widerstandes eine haßerfüllte, grausame und unmenschliche Behandlung unserer Gefangenen zu erwarten. Die Truppe muß sich bewußt sein:

1. In diesem Kampf ist Schonung und völkerrechtliche Rücksichtnahme diesen Elementen gegenüber falsch. Sie sind eine Gefahr für die eigene Sicherheit und die schnelle Befriedung der eroberten Gebiete.
2. Die Urheber barbarisch asiatischer Kampfmethoden sind die politischen Kommissare. Gegen diese muß daher sofort und ohne weiteres mit aller Schärfe vorgegangen werden.
   Sie sind daher, wenn im Kampf oder im Widerstand ergriffen, grundsätzlich sofort mit der Waffe zu erledigen.

Im übrigen gelten folgende Bestimmungen:

I. Operationsgebiet

1. Politische Kommissare, die sich *gegen unsere Truppe* wenden, sind entsprechend dem »Er-

laß über Ausübung der Gerichtsbarkeit im Gebiet Barbarossa« zu behandeln. Dies gilt für Kommissare jeder Art und Stellung, auch wenn sie nur des Widerstandes, der Sabotage oder der Anstiftung hierzu verdächtig sind. Auf die »Richtlinien über das Verhalten der Truppe in Rußland« wird verwiesen.

2. Politische Kommissare als *Organe der feindlichen Truppe* sind kenntlich an besonderen Abzeichen – roter Stern mit goldenem eingewebtem Hammer und Sichel auf den Ärmeln – (Einzelheiten siehe »Die Kriegswehrmacht der UdSSR« OKH/Gen.St.d.H.O.Qu IV Abt. Fremde Heere Ost (II) Nr. 100/41 g. vom 15. 1. 1941 unter Anlage 9d). Sie sind aus den Kriegsgefangenen *sofort*, d. h. noch auf dem Gefechtsfelde, abzusondern. Dies ist notwendig, um ihnen jede Einflußmöglichkeit auf die gefangenen Soldaten zu nehmen. Diese Kommissare werden nicht als Soldaten anerkannt; der für Kriegsgefangene völkerrechtliche Schutz findet auf sie keine Anwendung. Sie sind nach durchgeführter Absonderung zu erledigen.

3. *Politische Kommissare, die sich keiner feindlichen Handlung schuldig machen oder einer solchen verdächtig sind,* werden zunächst unbehelligt bleiben. Erst bei der weiteren Durchdringung des Landes wird es möglich sein, zu entscheiden, ob verbliebene Funktionäre an Ort und Stelle belassen werden können oder an die Sonderkommandos abzugeben sind. Es ist anzustreben, daß diese selbst die Überprüfung vornehmen.
Bei der Beurteilung der Frage, ob »schuldig oder nicht schuldig«, hat grundsätzlich der persönliche Eindruck von der Gesinnung und Haltung des Kommissars höher zu gelten, als der vielleicht nicht zu beweisende Tatbestand.

4. In den Fällen 1. und 2. ist eine kurze Meldung (Meldezettel) über den Vorfall zu richten:
a) von den einer Division unterstellten Truppen an die Division (Ic),
b) von den Truppen, die einem Korps-, Armeeober- oder Heeresgruppenkommando oder einer Panzergruppe unmittelbar unterstellt sind, an das Korps- usw. Kommando (Ic).

5. Alle oben genannten Maßnahmen dürfen die Durchführung der Operationen nicht aufhalten. Planmäßige Such- und Säuberungsaktionen durch die Kampftruppe haben daher zu unterbleiben.

II. Im rückwärtigen Heeresgebiet.
Kommissare, die im rückwärtigen Heeresgebiet wegen zweifelhaften Verhaltens ergriffen werden, sind an die Einsatzgruppe bzw. Einsatzkommando der Sicherheitspolizei (SD) abzugeben.

III. Beschränkung der Kriegs- und Standgerichte.
Die Kriegsgerichte und die Standgerichte der Regiments- usw. Kommandeure dürfen mit der Durchführung der Maßnahmen nach I und II nicht betraut werden.

Quelle: OKW/WFSt/L IV, Chefsachen Barbarossa, BA-MA RW 4/ v. 578

Dokument 3

Befehl Nr. 270 des Oberkommandos der Roten Armee vom 16. 8. 1941

Auszugsweise Übersetzung eines Befehls des Oberkommandos der Roten Armee vom 16. 8. 41, Nr. 270.

Nicht nur die Freunde geben zu, sondern auch die Feinde müssen eingestehen, daß die überwiegende Mehrheit der Kommandeure, Kommissare und Soldaten unserer Armee sich in diesem Kriege einwandfrei, tapfer und zuweilen geradezu heldenhaft führen. Sogar die Einheiten unserer Armee, welche zufällig absplitterten und in eine Einkreisung gerieten, bewahren ihre Standhaftigkeit und Tapferkeit, ergeben sich nicht in Gefangenschaft, versuchen dem Feinde möglichst viel Schaden zuzufügen und kommen aus der Einkreisung heraus. Der Stellvertreter des Oberbefehlshabers der Westfront, Generalleutnant Boldin, befand sich im Gebiet der 10. Armee bei Belostok in der Einkreisung, organisierte im Rücken des Feindes Trupps, die 45 Tage lang in der feindlichen Etappe kämpften und zu den Hauptkräften der Westfront durchstießen. Diese Trupps vernichteten die Stäbe zweier deutscher Regimenter, 26 Panzerwagen, 1049 Kraftwagen, 147 Motorräder, 5 Batterien, 4 Granatwerfer, 15 schwere und 8 leichte MGs., ein Flugzeug auf dem Flugplatz und ein Lager Flugzeugbomben. Am 11. August durchstieß Generalleutnant Boldin die feindliche Front von hinten und führte aus der Einkreisung 1654 bewaffnete Rotarmisten und Kommandeure, darunter 103 Verwundete, unseren Hauptkräften zu, nachdem von seinen Trupps über 1000 deutsche Soldaten und Offiziere getötet worden waren.
Der Kommissar des 8. mech. Korps, Popel, und der Kommandeur des 406. Sch.Rgt., Oberst Nokinow, führten 1778 bewaffnete Männer aus der Einkreisung heraus, nachdem sie im Rücken des

Feindes 650 km zurückgelegt und ihm riesige Verluste beigebracht hatten.
Der Oberbefehlshaber der 3. Armee, Generalleutnant Kusnitzow, und das Mitglied des Kriegsrats, Kommissar Birjukow, organisierten den Durchbruch der 108. und der 64. Sch.Div. aus der Einkreisung und führten selbst 498 bewaffnete Männer, die der 3. Armee angehörten, aus der Einkreisung wieder heraus.
Einzelne Generäle gaben dagegen ein schlechtes Beispiel unseren Truppen. Generalleutnant Katschalow, OB. der 28. Armee, geriet mit seinem Stabe in eine Einkreisung, zeigte dabei Feigheit und ergab sich den deutschen Faschisten, wogegen sein Stab es fertigbrachte, sich aus der Einkreisung durchzuschlagen.
Generalleutnant Ponedelin, OB. der 12. Armee, hatte die Möglichkeit, sich aus der Einkreisung zu unseren Truppen durchzuschlagen, wie es die Mehrheit seiner Regimenter auch tat. Er ließ es aber fehlen an Festigkeit und an Siegeswillen, verfiel in Panik und ergab sich feige dem Feinde, womit er seinen Soldateneid gebrochen hat und als Verbrecher vor dem Vaterlande dasteht. Der Kommandierende General des 13. Sch.Korps, Generalmajor Kirilow, geriet in eine Einkreisung und verließ daraufhin das Schlachtfeld, um sich selbst dem Feinde zu ergeben. Hierdurch wurden Teile des Korps vernichtet und einzelne Einheiten gerieten ohne ernstlichen Widerstand zu leisten in Gefangenschaft.
Es ist festzuhalten, daß in allen genannten Fällen der Gefangengabe hoher Offiziere die Mitglieder der Kriegsräte der Armee, Offiziere, Politische Arbeiter, Angehörige der »Besonderen Abteilung«, die in eine Einkreisung gerieten, eine unerlaubte Niedergeschlagenheit und verwerfliche Feigheit zeigten und keinen Versuch unternahmen, ihre feigen Vorgesetzten daran zu hindern, sich dem Feinde zu ergeben.
Feiglinge und Deserteure müssen vernichtet werden. Wenn man diesen Elementen freien Lauf ließe, würden sie in kurzer Frist unsere Armee in eine Kanzlei verwandeln. Diese Elemente sind sofort ihrer Posten zu entheben, zu degradieren, zu Schützen zu machen und erforderlichenfalls auf der Stelle zu erschießen, an ihre Stelle sind tapfere und kühne Männer aus den Reihen der Unterführer und der einfachen Rotarmisten zu setzen.

Es wird befohlen:

1. Kommandeure und politische Arbeiter, die während des Kampfes ihre Dienstgradabzeichen abreißen und in die Etappe fliehen oder sich dem Feinde ergeben, sind als üble Deserteure zu betrachten, deren Familien zu verhaften sind, als Angehörige von Deserteuren, die ihren Eid brachen und ihr Vaterland verrieten. Alle Vorgesetzten, Kommandeure und Kommissare sind verpflichtet, derartige Deserteure, die dem Offizierskorps angehören, auf der Stelle zu erschießen.
2. Einheiten, die in eine feindliche Einkreisung geraten, haben mit Selbstaufopferung bis zur letzten Möglichkeit zu kämpfen, ihre Ausrüstung wie den eigenen Augapfel zu schonen und durch die feindliche Etappe zu den eigenen Kräften durchzustoßen, dabei den faschistischen Hunden Verluste beizubringen.
Jeder Angehörige der Roten Armee, unabhängig von seinem Dienstgrad, hat von seinem Vorgesetzten, im Falle, daß die Einheit in eine Einkreisung gerät, zu fordern, daß der Kampf weitergeführt wird bis zur letzten Möglichkeit, um zu den eigenen Kräften durchzustoßen. Wenn ein solcher Vorgesetzter oder die Einheit es vorziehen sollte, statt dem Feinde zu widerstehen, sich ihm zu ergeben, ist jeder Angehörige der Roten Armee verpflichtet, dieselbe mit allen Mitteln, zu Lande und aus der Luft, zu vernichten, während die Angehörigen der Rotarmisten, die sich in Gefangenschaft begeben, keinerlei staatliche Unterstützung oder Hilfe bekommen werden.
Die Kommandeure und Kommissare der Division sind verpflichtet, Regiments- und Batl.-Kommandeure, die sich während des Kampfes verkriechen und Angst haben, den Kampf an der Front zu leiten, auf der Stelle ihrer Posten zu entheben, zu degradieren, zu gewöhnlichen Schützen zu machen und nötigenfalls sofort zu erschießen; an ihre Stelle sind tapfere und kühne Männer aus den Reihen der Unterführer und bewährten Rotarmisten zu setzen.
Der Befehl ist allen Komp., Schwadr., Battr., Staffeln, Kommandos und Stäben zu verlesen.

(Unterschriften:)
Das Oberkommando der Roten Armee:
Vorsitzender des staatl. Verteidigungskomitees: J. Stalin,
stellv. Vorsitzender des staatl. Verteidigungsgungskomitees: W. Molotow,
Marschall der Sowjetunion: S. Budjenny,
Marschall der Sowjetunion: K. Woroschilow,
Marschall der Sowjetunion: S. Timoschenko,
Marschall der Sowjetunion: B. Schaposchnikow,
General der Armee: G. Shukow.

Übersetzt:
gez. Flocken, Sdf.

Quelle: XXIII. AK, Ia, Anlage 11 zum KTB Nr. 8 vom 1. 4.–31. 10. 1941, BA-MA RH 24-23/239

Dokument 4

Der Befehlshaber des rückwärtigen Heeresgebiets Mitte vom 30. 11. 1941, betr. Verpflegungssätze sowjetischer Kriegsgefangener

Der Befehlshaber des rückw.
Heeres-Gebietes Mitte
Abt. IVa Az. 62/Gfg/41
Br. B. Nr. 503/41 geh.
O.U., den 30. Nov. 1941

GEHEIM!

An Verteiler
Betr.: Verpflegung sowjetrussischer Kriegsgefangener

OKH/Gen Qu IV Az. 960, I/36 760/41 v. 26. 11. 41 teilt mit: »Mit sofortiger Wirkung sind allen russischen Kriegsgefangenen, die in Kriegsgefangenenlagern ohne Arbeit untergebracht sind, folgende Verpflegungssätze für 7 Tage zu gewähren:

Brot	2250	Gramm
Fleisch- und Fleischwaren	200	Gramm
Fett	130	Gramm
Magerkäse	30,25	Gramm
Quark	31,25	Gramm
Zucker	225	Gramm
Marmelade	175	Gramm
Nährmittel	150	Gramm
Frischgemüse	1125	Gramm
Sauerkohl in Fässern	75	Gramm
Kartoffeln	8500	Gramm
Deutscher Tee	28	Gramm
Salz	175	Gramm

Gewürz nach Bedarf und Vorratslagern.
Für Schwerarbeiter sind folgende Zulagen für 7 Tage zu den Sätzen zu 1) zu gewähren:

Brot	600	Gramm
Fleisch	150	Gramm

Zur Herstellung der Arbeitsfähigkeit sind zu den Sätzen zu 1) Zulagen für 7 Tage zu geben:
50 Gramm Klippfisch oder Fleisch
100 Gramm Kunsthonig
3500 Gramm Kartoffeln oder Rüben

Soweit einzelne Verpflegungsmittel nicht im Lande vorhanden sind, sind sie weitgehend durch andere zu ersetzen, insbesondere durch Mehl. Die Zubereitung von Mehlsuppen zur Herstellung der Arbeitsfähigkeit ist weitgehend in die Wege zu leiten.
H. Gr. Mitte I B Nr. 2880/41 geh.«

Für den Befehlshaber
des rückwärtigen H.Geb.Mitte
Intendant
i.V.
K.V.R.

Quelle: 221. Sich.Div., Ia, Anlagen zum KTB Nr. 2 vom 21.10.–13.12.1941, BA-MA 16748/13

Dokument 5

Lage-Bericht Nr. 31 des V.A.A. beim AOK 2, Oberleutnant Graf Bossi-Fedrigotti, vom 9. 12. 1941

Geheim

Armee-Oberkommando 2
A.H.Qu., am 9. 12. 41
Abt. Ic/VAA

Bericht Nr. 31

Bestimmte Eindrücke, die man aus der ständigen Verbindung mit der vorderen Front und den die Soldaten der Front bewegenden Probleme erhält, verpflichten die Verbindungsoffiziere des Auswärtigen Amtes zu einer gewissenhaften Darstellung der tatsächlichen Verhältnisse im Kampfgebiet, soweit sie natürlich Gegebenheiten berühren, die für die politische Beurteilung des Gegners weiter des Kampfgebietes und seiner Bewohner von Wichtigkeit sind.
Der durch die Witterungsunbilden verursachte Stillstand der so glänzend begonnenen Oktoberoffensive und die Unmöglichkeit, auch mit den besten Soldaten und dem besten Material den russischen Schlamm zu meistern, hat ebenso völlig geänderte Verhältnisse im Frontgebiet geschaffen, wie der so früh und teilweise mit unerbittlicher Härte eingetretene russische Winter.
Zwei besonders eindrucksvolle Momente sind es nun, denen sich unsere Soldaten seit Wochen gegenübersehen. Einmal die meisterhafte Fähigkeit der russischen Führung, zu organisieren und aus den Resten einer vernichteten Heeresmacht ein neues, angriffsgewilltes Heer aus dem Boden zu stampfen, und zweitens, die Unmöglichkeit, aufgrund der Witterungsverhältnisse ihre alte Schlagkraft und ihre Überlegenheit der Waffenführung zum vorwärtsführenden Siege weiter auszunutzen.
Unsere Soldaten sehen sich daher plötzlich zwei hauptsächlichen Gegebenheiten gegenüber, mit denen sie letzten Endes in dieser Auswirkung doch nicht gerechnet haben, und die in der in der Heimat offiziell ausgegebenen Propaganda einfach nicht so zum Ausdruck kommt, wie es der Frontsoldat nicht nur erwartet, sondern vielleicht

schon morgen verlangt.
Der Frontsoldat kann natürlich nicht wissen, aus welchen höheren Gesichtspunkten die offizielle Propaganda immer noch schreibt, daß der Russe vernichtend geschlagen sei und sich nicht mehr aufraffen könne; über die augenblicklichen Angriffsversuche hinaus, eine Entscheidung herbeizuführen. Der Frontsoldat sieht nur, daß vor ihm Tag um Tag neue gegnerische Kräfte auftauchen, daß Divisionen und Regimenter, die längst totgesagt wurden, neu aufgefrischt vor ihm auftauchen und daß diese neuen russischen Truppen nicht nur numerisch überlegen kämpfen, sondern daß der Russe ein gelehriger Schüler der deutschen Taktik gewesen ist und sehr viel hinzugelernt hat. Der deutsche Frontsoldat sieht weiter, daß seine Reihen so bedrohlich gelichtet sind, daß er bei aller Tapferkeit einfach der Masse des neu auftauchenden Gegners nichts zahlenmäßig Ausreichendes gegenüberstellen kann. Der Frontsoldat empfindet dazu noch, daß er in einem Gelände kämpft, das ihn wochenlang im glänzendsten Angriffsschwung behindert und zuletzt sein Vorwärtskommen einfach im Dreck und Schlamm erstickt hat. Nun aber steht er allein, mit gelichteten Reihen im Fernen Osten, er empfindet die Kälte eines russischen Winters, der hart und früh hereinbrechend derartige Ausfälle forderte, daß Divisionen in einer Nacht 800 Ausfälle hatten und zwei Regimenter 1200 Mann im gleichen Zeitraum verloren. Bei Kompaniestärken von 50 Mann sind derartige Ausfälle, die sich als Folge einer plötzlichen Minustemperatur von 34 Grad ereigneten, besorgniserregende Tatsachen. Dabei hat der Soldat das Empfinden, daß der Gegner sich dieses Winters zu bedienen wissen wird, um nicht nur in Generalangriffen planmäßig und systematisch die allzu dünne deutsche Verteidigungsfront zu berennen, sondern daß ihm der Winter Gelegenheit geben wird, in Hunderten von geschickten Kleinaktionen mit schnellen Truppen unsere Linie zu beunruhigen. Wie sehr der Russe das kann, beweist er bereits täglich durch kleine Überfälle und Nadelstichaktionen. Eine neue, heftig geführte russische Fliegertätigkeit, die in letzter Zeit durchaus unerfreuliche Formen annimmt, erhöht den Eindruck, daß der Russe den Kampf noch lange nicht aufgibt.
Wie stellt sich nun der deutsche Soldat zu den, nur in ganz allgemeinen Zügen geschilderten tatsächlichen Verhältnissen an der Front? Der Soldat kämpft einmal nach wie vor mit der sich stets gleichbleibenden Tapferkeit. Sein Vertrauen in die Führung ist nach wie vor unerschüttert und er sieht, bei notwendigen Zurücknahmen der Front, um schmerzliche Verluste zu ersparen, durchaus ein, daß der Winter ein Erstarren der Front und eine Preisgabe verschiedener, oft auch hart erkämpfter Gebietsteile erfordert. Sein Geist ist ungebrochen und seine Haltung nach wie vor vorbildlich. Aber der Soldat ist sich auf der anderen Seite aller bevorstehenden Schwierigkeiten vollends bewußt und erwartet ein hundertprozentiges Verständnis der Heimat und der von ihr geleiteten öffentlichen Meinung. Er verlangt darüberhinaus ein verständnisvolles Einfühlen der Propaganda in die Stimmung der Front, wobei er absolutes Verständnis dafür hat, wenn außenpolitische Gesichtspunkte der Propaganda oft Wege vorschreiben, die der Auffassung des Frontsoldaten vom Frontkrieg und seinen unmittelbaren Auswirkungen entgegenlaufen. Der Soldat wehrt sich aber dagegen, wenn ihm in Schilderungen über die Verhältnisse an der Front Dinge aufgetischt werden, die seinem eigenen Empfinden glatt widersprechen. Er will, daß man der Heimat im verstärkten Maße zeigt, wie schwer er es hat. Dabei verzichtet er durchaus auf Schilderungen oder Bilder sensationellen Inhalts, die nach seiner Auffassung die eigene Frau, Braut oder Mutter daheim beunruhigen können. Der Soldat würde es z. B. nicht verstehen, wenn heute die Wochenschauen Bilder zeigen, wie die wenigen glücklichen Urlauber in die Heimat gelangen und dort Mittelpunkt der Familienfreude sind, während er selbst zurückbleiben und seine harte Pflicht erfüllen muß, denn er denkt daran, daß seine Frau und seine Kinder im Kino sitzend sofort sagen würden: »Warum der, und unser Vater nicht«. Oder man stelle die Großartigkeit heimatlicher Weihnachtsfeiern ja nicht zu sehr in den Vordergrund, denn was die Unendlichkeit des Raumes im Osten an Schwierigkeiten in der »Fest«versorgung der kämpfenden Truppe auferlegen wird, dürfte bedeutend sein. Das Kapitel Heimat gehört überhaupt zu den Dingen, die den Frontsoldaten viel ernster bewegen, als man in der Heimat vielleicht annimmt. Der Soldat sieht und empfindet täglich die schweren Verluste, die ihm der Ostkrieg immer wieder auferlegt. Er fragt auch nach dem Ersatz und sieht, daß kein Ersatz herankommt. Er hört aber viel zu viel von großen Einsatzstäben der Zivilverwaltung, die sich in seinem Rücken einrichten. Das Wort von den Angehörigen dieser Stäbe, die »reich heim wollen«, während die befreiten Russen »heim ins Reich wollen«, während er, der Frontsoldat sagt: »Bloß heim, uns reichts!« ist ein äußerst ernst zu bewertender Gradmesser der Frontstimmung. Der Frontsoldat spricht heute ganz offen davon, daß dieser Feldzug noch lange nicht aus sein wird, er erlebt täglich den erbitterten Einsatz des Gegners, und darum empfindet er es als geradezu beleidigend, wenn rückwärts

eine Etappe im Gebiet der Zivilverwaltung entsteht, in der er kaum beachtet wird, die zivilen Stäbe aber »Herren der Lage« sind. Dinge, die sich die Front über Minsk und Riga erzählt, fördern nicht das Vertrauen des Frontsoldaten in diese Einrichtungen. Dann fragt sich der Soldat aber auch: »Wieso können so viele junge und gesunde Männer in diesen Verwaltungsstellen unabkömmlich sitzen, während bei uns die Pakbedienung zum Teil schon von russischen Kriegsgefangenen ersetzt werden muß?«

Das Kapitel der Unabkömmlichen beginnt überhaupt mehr und mehr angesichts der vielen Gräber der Besten einen breiten Raum in den Gesprächen einzunehmen. Hier fällt auch oft das Wort von den Parteidienststellen. Bezeichnend ist dabei, daß der Soldat ein ungemein feines Gefühl dafür hat, wer in der Parteileitung wirklich unabkömmlich ist und wer nicht. Gerade, daß es die wirklichen Nationalsozialisten sind, die gleichgültig, ob sie einen hohen Rang in der Partei einnehmen, oder als einfache Frontsoldaten ihre Pflicht tun, stellt der Soldat in seinen Gesprächen immer heraus (Waffen-SS Oberst Neufville, Urban, Usadel usw. usw.). Man hört auch Worte, daß viele, die in Parteistellen heute rückwärtig tätig sind und die nach Ansicht des Soldaten durchaus nicht unabkömmlich sind, nicht zu den echten Nationalsozialisten gehören, sondern Mitläufer seien. Hier einmal Ordnung, dann aber eine aufrichtige, richtige und einleuchtende Aufklärung zu schaffen, wäre allerernsteste Pflicht aller alten Nationalsozialisten.

Ein eigenes Kapitel bedeutet für den Frontsoldaten auch die Behandlung der Kriegsgefangenen. So hart, so unerbittlich der Frontsoldat den Gegner anpackt, so wenig hat er Verständnis für das Bild des Kriegsgefangenenelends, dessen Augenzeuge er täglich ist. Die tatsächlichen Vorkommnisse von Kannibalismus, die eine Folge des entsetzlichen Hungers der Kriegsgefangenen in den Lagern waren, haben sich mit unerfreulicher Schnelligkeit in der Truppe herumgesprochen und eine allgemeine Ablehnung hervorgerufen. Der Soldat weiß aus ureigenster Erfahrung, wie hart die Versorgung in diesem Lande ist, und er weiß auch, daß die Hungersnot, die ihre Anzeichen bereits vorausschickt, eine Folge des bolschewistischen Zerstörungssystems ist. Aber er empfindet es als für die deutsche Wehrmacht beschämend, wenn unter deren Augen die Gefangenen sterben wie die Fliegen. Es gibt Soldaten, die offen erklären, sie könnten das Elend der vorbeischleichenden ausgehungerten Gestalten einfach nicht mehr mitansehen.

Der Soldat weiß nur allzugut, daß der gefangene Rotarmist den Bolschewismus ebenso ablehnt wie er. Er weiß, daß dieser Rote die Deutschen ebenso als Befreier betrachtet wie die Bevölkerung, die ihre ganze Hoffnung in eine von den Deutschen gelenkte Zukunft setzt. Der Soldat weiß auch, daß militärische, vielleicht auch politische Gesichtspunkte eine Dezimierung des russischen Volkes für notwendig erscheinen lassen. Aber er gehört aus den Erfahrungen heraus zu denjenigen, die ganz eindeutig sagen: Laßt sie doch ihre eigenen Roten totschlagen! Der Soldat tut das nicht aus dem Gefühl heraus, daß er es nicht mehr schaffe, sondern aus dem Eindruck, den er von der wirklichen Stimmung der russischen Soldaten gewonnen hat. Seitdem im roten Lager das Massensterben der russischen Kriegsgefangenen bekannt geworden ist, lockt unsere Propaganda keinen Hund mehr hinter dem Ofen bei den Rotarmisten hervor. Überall aber dort, wo Russen andere Russen auf unserer Seite auftauchen sehen, gehen die roten Russen über und ersparen deutsches Blut. Die Aufstellung von Kosakeneinheiten zur Säuberung des rückwärtigen Gebietes von Partisanen hat nicht nur unter den Kriegsgefangenen hundertprozentige Zustimmung gefunden, sondern wirkt sich einsatzmäßig überaus vorteilhaft aus. Der Soldat sagt offen: »Schafft große russische Verbände, setzt sie an und ihr werdet sehen, die dezimieren die Roten!« Die einzige Parole, die diese russischen Verbände führen brauchen, ist die des Eigentumsrechts für den Bauern. Die alte englische Methode, andere für sich kämpfen zu lassen, ist in Rußland durchaus am Platze, besonders, da die Fertigkeit, sich im Russischen Winter als Kampftruppe zu bewegen, den russischen Einheiten durchaus zuzusprechen ist. Je mehr Russen als Soldaten gegen die Roten sterben, desto weniger verhungern und desto mehr Russen verpflichten sich uns gegen die Roten. Drüben erschießt man sie, hier haben sie Land in Aussicht, also werden sie kämpfen! Sorge um Verpflichtungen, die man damit selbst diesen Russen gegenüber eingeht, braucht man nicht zu haben, denn der Russe erwartet auch von sich aus eine deutsche Führung der Zukunft. Er erkennt die deutsche Überlegenheit an, er lehnt lediglich die Emigration ab. Auch dieses weiß der Frontsoldat und deshalb setzt er den Russen als Kriegsgefangenen heute überall bereits dort an, wo Ersatz für Munitionsträger, Fahrer und Nachschubausfälle nicht mehr heranzubringen ist. Eine politische Unterstützung dieses aus der Frontnotwendigkeit geborenen Russeneinsatzes würde dem Feldherr viel Blut ersparen und der Gegenseite noch Wind aus den Segeln nehmen. Auch auf die Bevölkerung würde ein Verschwinden der Hungerlager nur positiv wirken. Dieses

Volk hier glaubt an die Deutschen. Es sieht in ihnen die Befreier und es ist bereit, den Deutschen zu dienen. Um nationale allrussische Tendenzen wieder aufleben zu lassen, fehlt diesem Volke die Intelligenz. Richtig geführt und so behandelt, daß es im bescheidenen Rahmen seiner materiellen Ansprüche ein friedliches Auskommen findet, wird es dem deutschen Herrn von morgen ein zwar stets etwas träger, aber bedingungslos ergebener Untertan sein.
Es waren Erwägungen, die von der Verantwortlichkeit der Aufgabe des Verbindungsoffiziers des Auswärtigen Amtes getragen waren, die zur Niederschrift dieses allgemein gehaltenen Stimmungsbildes führten. Die ganze Sorge, die ganze Verantwortlichkeit und die ganze Bereitschaft, das Opfer des Frontsoldaten zum großen politischen Erfolg zu erweitern, müssen in den kommenden Wochen und Monaten über die Vorgänge im Osten die richtige Beurteilung verlangen.

Quelle: AOK 2, Ic/AO, Anlage 748 zum KTB vom 18. 11.–31. 12. 1941, BA-MA 16 690/231

Dokument 6

Befehl Nr. 227 des Volkskommissars
für Verteidigung J. W. Stalin vom 28. 7. 1942

Übersetzung des Befehls
des Volkskommissars
der Verteidigung der UdSSR Nr. 227
28. VII. 1942, Stadt Moskau

Der Feind wirft dauernd neue Kräfte an die Front. Ungeachtet der für ihn großen Verluste dringt er vorwärts und in die Tiefe der Sowjet-Union ein. Er besetzt neue Gebiete, verödet und zerstört unsere Städte und Dörfer, vergewaltigt, beraubt und erschlägt die sowjetische Bevölkerung. Die Kämpfe finden statt im Gebiet Woronesch, am Don, im Süden, an den Toren des Südkaukasus. Die deutschen Eindringlinge drängen nach Stalingrad und zur Wolga und wollen um jeden Preis Kubj erobern, den wirklichen Kaukasus mit seinen Reichtümern an Erdöl und Getreide.
Der Feind hat schon Woroschilowgrad, Starabols, Rossosch, Kupinsk, Waluiki, Nowotscherkass, Rostow am Don und halb Woronesch genommen. Ein Teil der Truppen an der Südfront hat sich hinter die Panikmacher gestellt und Rostow, Nowotscherkass ohne ernstlichen Widerstand aufgegeben, ohne Befehl von Moskau und seine Fahnen mit Schande bedeckt. Die Bewohner unseres Landes, die der Roten Armee Liebe und Hochachtung entgegenbringen, beginnen sich in ihr enttäuscht zu fühlen und verlieren das Vertrauen zur Roten Armee. Viele aber verwünschen die Rote Armee, weil sie unser Volk unter das Joch der deutschen Bedrücker stellt und selbst nach Osten entweicht. Einige unvernünftige Menschen an der Front trösten sich mit dem Gerede, daß wir uns weiter zum Osten zurückziehen können, weil wir ein großes Territorium, viel Land, viele Einwohner besitzen, und daß wir unbegrenzt viel Brot haben werden. Hiermit wollen sie ihre entehrende Handlungsweise an der Front rechtfertigen, jedoch erweisen sich solche Redensarten als durch und durch falsch und verlogen, die nur unseren Feinden nützen.
Jeder Kommandeur, Rotarmist und politische Arbeiter müssen begreifen, daß unsere Mittel nicht unbegrenzt sind. Das Territorium des Sowjetstaates ist keine Wüste, sondern Menschen, Arbeiter, Bauern, Intelligenz, unsere Väter, Mütter, Frauen, Brüder, Kinder. Das Territorium der UdSSR, das der Feind besetzt hat und besetzen will, das sind Brot und andere Produkte für die Armee und die Heimat, Metalle, Heizmaterial für die Industrie, Fabriken, Werke, die Versorgung der Armee mit Waffen und Munition, sowie Eisenbahnen.
Nach dem Verlust der Ukraine, Weißrußlands, des Baltikums, des Donez-Beckens und anderer Gebiete verblieb uns ein viel geringeres Territorium, viel weniger an Menschen, Brot, Metall, Werken und Fabriken. Wir haben über 70 Mill. Einwohner verloren, über 800 Mill. Pfd. Brot und 10 Mill. to Metall jährlich. Wir sind schon jetzt den Deutschen nicht mehr an menschlichen Reserven und an Brotessern überlegen. Weiter zurückweichen bedeutet, sich selbst und damit unser Vaterland zu vernichten. Jeder Fetzen des uns verbliebenen Territoriums wird in gleicher Weise den Druck des Feindes verstärken, wie er die Verteidigung unserer Heimat schwächt. Aus diesem Grunde muß das Gerede, daß wir ein großes Territorium und die Möglichkeit haben, uns unbegrenzt zurückzuziehen, mit der Wurzel ausgerottet werden. Unser Land ist groß und reich, wir haben viele Einwohner, wir werden immer Brot im Überfluß haben. Solches Gerede erweist sich als verlogen und schädlich: Sie schwächen uns und stärken den Feind; denn beenden wir nicht das Zurückziehen, verbleiben wir ohne Brot, ohne Heizmaterial, ohne Metall, ohne Rohstoffe, ohne Werke, ohne Fabriken und ohne Eisenbahnen.
Daraus muß gefolgert werden, daß es Zeit ist, den Rückzug zu beenden, keinen Schritt zurück. Das muß unsere erste Aufgabe sein. Jede Stellung muß bis zum letzten Blutstropfen verteidigt werden, ebenso jeder Meter des sowjetischen Territoriums. Wir müssen uns an jeden Fetzen sowjetischer Erde klammern und ihn bis zur letzten Möglichkeit verteidigen.

Unser Vaterland erlebt schwere Tage. Wir müssen stehenbleiben und darnach den Feind zurückwerfen und ihn zerschlagen, was es auch kosten möge. Die Deutschen sind nicht so stark, wie es den Panikmachern erscheint, sie setzen die letzten Kräfte ein. Ihrem Schlag jetzt und in den nächsten paar Monaten standhalten, d. h. uns den Sieg sichern. Können wir den Schlag aushalten und anschließend den Feind zurückwerfen? Ja, das können wir, denn unsere Werke und Fabriken in der Heimat arbeiten jetzt ausgezeichnet und unsere Front bekommt mehr und mehr Flugzeuge, Panzer, Artillerie und Minenwerfer. Woran mangelt es denn bei uns?

Es mangelt an Ordnung und Disziplin in den Kompanien, Bataillonen, Regimentern, Divisionen, Panzer-Abteilungen und Flieger-Staffeln. Darin liegt jetzt unser Hauptmangel.

Wir müssen in unserer Armee strengste Ordnung und Disziplin errichten, wenn wir die Lage retten und unser Vaterland verteidigen wollen. Es dürfen von jetzt an keine Kommandeure, Kommissare, pol. Arbeiter, Abteilungen und Vereinigungen weiterhin geduldet werden, die bereit sind, Kampfstellungen aufzugeben. Es darf nicht mehr geduldet werden, daß Kommissare, pol. Arbeiter es zulassen, daß einige Panikmacher die Lage auf dem Schlachtfeld bestimmen, indem sie sich im Rückzug von den anderen Soldaten losreißen und dem Feind die Front öffnen. Panikmacher und Schwätzer sind auf der Stelle zu erschießen.

Von jetzt an muß nach eisernem Gesetz an jeden Kommandeur, Rotarmisten und pol. Arbeiter die Forderung gestellt werden, keinen Schritt zurück, ohne Befehl der höchsten Kommandostelle. Die Zugführer, Btl.-, Rgts.-, Div. Kommandeure, verantwortlichen Kommissare und pol. Arbeiter, die ohne höheren Befehl aus der Kampfstellung zurückweichen, gelten als Vaterlandsverräter. Mit solchen Kommandeuren und pol. Arbeitern ist in gleicher Weise zu verfahren wie mit Landesverrätern. Das ist die Forderung unseres Vaterlandes. Diese Forderung erfüllen, heißt unsere Ehre zu verteidigen, unser Vaterland zu retten, den gehässigen Feind zu vernichten und zu besiegen.

Nach dem Winterrückzug unter dem Druck der Roten Armee, als sich bei den deutschen Truppen die Disziplin lockerte, statuierten die Deutschen zur Wiedererrichtung der Disziplin einige strenge Exempel, die keine schlechten Resultate brachten. Sie errichteten über 100 Strafkompanien für Soldaten, die sich gegen die Disziplin vergangen hatten durch Geschwätz oder Wankelmut, brachten sie in gefährliche Frontabschnitte und befahlen ihnen, sich von ihren Vergehen durch Blut loszukaufen. Sie stellten die Strafbataillone aus Kommandeuren zusammen, die sich gegen die Disziplin vergangen hatten durch Geschwätz oder Wankelmut, brachten sie in noch gefährlichere Frontabschnitte und befahlen ihnen, sich durch Blut von ihren Vergehen loszukaufen.

Letzten Endes richteten sie Spezial-Sperrabteilungen ein, stellten sie in den Rücken wankelmütiger Divisionen und befahlen ihnen, auf der Stelle Panikmacher zu erschießen, im Falle des Versuches, selbständig die Stellungen zu räumen und freiwillig in Gefangenschaft zu gehen. Wie bekannt verfehlten diese Beispiele ihre Wirkungen nicht, und jetzt schlagen sich die deutschen Truppen besser als im Winter. So ergibt es sich denn, daß die Truppen eine gute Disziplin haben, wenn ihnen auch das hohe Ziel, die Vaterlandsverteidigung fehlt. Sie haben nur das eine räuberische Ziel, ein fremdes Land zu unterjochen, unsere Truppen dagegen, die das hohe Ziel haben, ihr beschimpftes Vaterland zu verteidigen, besitzen nicht eine solche Disziplin und erleiden in Anbetracht dessen Niederlagen. Müssen wir nicht infolgedessen in diesen Sachen bei unseren Feinden lernen, wie dies in der Vergangenheit unsere Vorfahren bei den Feinden taten und dann über sie den Sieg errangen?

Ich bin der Meinung, daß wir es müssen.

Das Oberkommando der Roten Armee befiehlt:

1. Den Kriegsräten der Front und vor allem dem Kommandeur der Front
   a. Unbedingt die Rückzugsstimmung bei der Truppe zu beenden und mit eiserner Hand die Propaganda zu unterbinden, daß wir uns weiter nach Osten zurückziehen können und müssen, als ob aus einem Rückzug kein Schaden entstände.
   b. Unbedingt Armee-Kommandeure, die einen selbständigen Rückzug aus den besetzten Stellungen ohne Befehl des Frontkommandeurs dulden, ihres Postens zu entheben und sie zur Aburteilung vor das Kriegsgericht zu stellen.
   c. An der Grenze der Front 1–3 Strafbataillone aufzustellen, je nach Lage, in Stärke von 8000 Mann. In diesen die mittleren und höheren Führer und die verantwortlichen politischen Arbeiter aller Waffengattungen unterzubringen, die sich gegen die Disziplin durch Geschwätz oder Wankelmut vergangen haben, und sie in den schwierigen Frontabschnitten einzusetzen, um ihnen die Möglichkeit zu geben, sich durch Blut von ihren Sünden gegen das Vaterland loszukaufen.
2. Den Kriegsräten der Armee, und vor allem dem Kommandeur

a. Unbedingt ihres Postens zu entheben die Kommandeure und Kommissare der Korps und Divisionen, die den selbständigen Rückzug der Truppen aus den besetzten Stellungen dulden, ohne Befehl des Armee-Kommandeurs, und sie dem Frontkriegsrat zu übergeben zur Vorführung vor das Kriegsgericht.

b. An den Grenzen der Armee 3–5 gut bewaffnete Sicherungs-Abteilungen von je 200 Mann aufzustellen, sie unmittelbar im Rücken der wankelmütigen Divisionen aufzustellen und sie zu verpflichten, im Falle eines ungeordneten Zurückweichens von Abteilungen der Divisionen auf der Stelle die Panikmacher und Schwätzer zu erschießen und damit den ehrenhaften Soldaten der Division zu helfen, ihre Pflicht dem Vaterland gegenüber zu erfüllen.

c. An den Grenzen der Armee 5–10 Strafkompanien je nach Lage in Stärke von je 150 bis 200 Mann aufzustellen, in denen die Mannschaften und die Unteroffiziere unterzubringen sind, die sich durch Lockerung der Disziplin, durch Geschwätz oder Wankelmut vergangen haben und sie in schweren Frontabschnitten der Armee einzusetzen, um ihnen die Möglichkeit zu geben, sich von ihrem Vergehen gegen das Vaterland durch Blut loszukaufen.

3. Den Kommandeuren und Kommissaren der Korps und Divisionen

a. Unbedingt die Regiments-, Bataillons-Kommissare und Kommandeure ihres Postens zu entheben, die ein selbständiges Rückgehen von Abteilungen dulden, ohne Befehl des Korps- oder Divisions-Kommandeurs. Ihnen die Orden und Medaillen abzunehmen und sie an die Frontkriegsräte abzugeben zur Weiterleitung an das Kriegsgericht.

b. Den Sicherungs-Abteilungen der Armee jede Hilfe und Unterstützung zu gewähren, in Sachen Festigung der Ordnung und Disziplin in den Abteilungen. Den Befehl allen Kompanien, Schwadronen, Batterien, Staffeln und Kommandos bekanntzugeben.

Der Volkskommisar für Verteidigung
J. Stalin

Quelle: Pol. Arch. Kult Pol. geheim, Bd. 172, Berichte der V.A.A. bei den AOK

Dokument 7

Stimmungsbericht der Propaganda-Abteilung Weißruthenien für den Monat August 1942
Propaganda-Abteilung W
O.U., den 4. September 1942

Stimmungsbericht für den Monat August 1942.

1. Die Stimmung der russischen Zivilbevölkerung im Heeresgebiet Mitte hat sich zweifellos gegenüber dem Vormonat im Durchschnitt verschlechtert. Dabei ist sie aus vielerlei Gründen uneinheitlich, nicht zuletzt der Banden-(Partisanen-)Tätigkeit wegen, die in bestimmten Gebieten sich stärker auswirkt als in weniger betroffenen Bezirken.

Die Bandentätigkeit steigerte sich im abgelaufenen Monat wiederum erheblich und hat einen Stand erreicht, der in jeder Weise zu Besorgnissen Anlaß geben muß. Die Tätigkeit und die unbestreitbaren Erfolge der Banden, sowie die Tatsache, daß die deutsche Wehrmacht mit der Bandengefahr aufzuräumen nicht imstande war, erschüttert das Vertrauen weiter Kreise der Bevölkerung in wachsendem Maße. Die Angst vor den »Partisanen« in Stadt und Land ist sehr groß. Es ist auch nicht daran zu zweifeln, daß die überwiegende Mehrheit vor allem der Landbevölkerung gegen die Banden gestimmt ist. Jedermann stellt sich die Frage: »Warum werden die Deutschen mit den Banden nicht fertig?« Der einfache Mann, auch der Bauer, antwortet darauf: »Die Deutschen sind zu schwach«. Der weiter denkende und intelligente Russe fügt hinzu: »Die Deutschen verstehen es nicht, die einheimischen Kräfte zur Bekämpfung der Banden zu erfassen und zu organisieren«.

Besonders prekär ist die Lage der Bauern in den Bezirken, in denen die Banden den Ton angeben, was in einem großen Teil des Heeresgebietes Mitte ohne jeden Zweifel der Fall ist. Hier steht die, wie gesagt, an sich friedliebende Bevölkerung zwischen zwei Feuern. Einerseits haben sie von unserer Seite keinerlei Schutz, werden aber andererseits von uns bestraft, wenn sie den »Partisanen« etwas geben, die in diesen Gebieten uneingeschränkt herrschen, Vieh requirieren und auch Menschen ausheben. Wer nicht freiwillig mitgeht, wird gebunden und in den Wald geschleppt. Es sind Fälle vorgekommen, daß diese mobilisierten Bandenmitglieder auszureißen versuchen, aber dann von den Wachen sofort erschossen werden. Häufig sind die Bürgermeister entweder geflohen oder von den Banden festgesetzt. Auch die Polizeibeamten (O.D.) haben in solchen Gebieten oft entweder die Flucht ergriffen oder aber bei den deutschen Dienststellen ihre Ausweise und Waffen wieder abgeliefert. Selten nur ist vorgekommen, daß die Bauern passive Resistenz ausgeübt oder sogar zur Bekämpfung der Banden von sich aus eingegriffen haben. Fälle völlig unzweckmäßiger und den Vorschriften widersprechender Behandlung gelegentlich der Unternehmungen gegen Banden durch militärische Einheiten haben dazu in verschiedenen Gebieten sehr viel Unheil angerichtet. In unseren Flugblättern heißt es, daß »Partisanen«, die sich ergeben, wie Kriegsgefangene behandelt werden und daß Frauen, die ihre Männer aus den Wäldern holen, keine Strafen zu erwarten haben. Dem steht entgegen, daß militärische Einheiten in Dörfern Angehörige von Bandenmitgliedern, selbst solcher, die gezwungenerweise weggeführt worden sind, erledigten. Ebenso ist es vorgekommen, daß Frauen verdächtigt wurden, mit Bandenmitgliedern im Bunde zu sein und erschossen wurden, obwohl sie gerade unter Bezug auf unsere Propaganda auf dem Weg zu ihren Männern in den Wäldern waren. In den Landstrichen, wo derartige Fälle passiert sind, verhält sich nunmehr der Bauer uns gegenüber passiv und bemüht sich, was ihm an sich schon liegt, nach beiden Seiten neutral zu sein. Ihn interessiert sein Acker und er will möglichst frei von allem Zwang sein. Wenn er den Bandenmitgliedern Lebensmittel aushändigt, so tut er es auf ihren Druck hin und weil er fürchtet, die Sowjets könnten sich später an ihm rächen.

Die Bandenbewegung erstreckt sich inzwischen auch über die Städte. Von den zu den Banden übergelaufenen, aus der Stadt stammenden Jugendlichen, die den Hauptteil der freiwillig zu den Banden stoßenden Kräfte bilden, wird aus Vernehmungen festgestellt, daß fast alle herübergegangen sind, weil sie in der Stadt entweder schlecht behandelt wurden, weil sie keinen ausreichenden Lebensunterhalt finden konnten, im besonderen aber, da mehr und mehr die feindliche Propaganda mit dem Aufruf zum »vaterländischen Krieg« an Boden gewinnt. Ein siebzehnjähriger Überläufer sagt aus: »Besser in einem schlechten Rußland leben, als unter der Knute der Deutschen oder Menschen dritter Klasse sein.«

Der Hauptgrund in der außerordentlichen Verbreiterung des Banden-Unwesens liegt in den Mängeln unserer politischen Kriegführung überhaupt. In russischen Kreisen, sehr deutlich im besonderen unter der Intelligenz, werden mehr und mehr diese Mängel erkannt und diskutiert. Für diese Kreise, die uns im allgemeinen keineswegs ablehnend gegenüberstehen, sondern vielmehr einen eigenen neuen Standpunkt im Wirrwarr der Ereignisse suchen, ist die Frage vordringlich: »Was soll mit uns geschehen?« Diese Frage wird auch durchaus im Zusammenhang mit der Entwicklung der militärischen Ereignisse immer aktueller.

Mehr und mehr ergibt sich aus der Stimmungs-Erkundung, daß in letzter Zeit die Festigung des nationalen Elementes innerhalb der russischen Bevölkerung sich klar herausstellt, beeinflußt auch z. T. durch die Appelle, die Stalin in der letzten Zeit häufig an den Patriotismus der sowjetischen Völker richtet und die durch Feind- und Banden-Propaganda bis in die besetzten Gebiete hinüberwirken. Es muß damit gerechnet werden, daß diese nationalen Bestrebungen noch prägnantere und für die politische und propagandistische Führung nachteilige Formen annehmen, wenn von deutscher Seite wie bisher gegen diese Waffe der Sowjets nichts unternommen wird. Selbst russische Kreise halten es für unbegreiflich, daß sie nicht entweder zum aktiven Kampf gegen den Bolschewismus herangezogen werden, oder, daß nicht ein Auffangbecken für die nationale Strömung geschaffen wird. Solche Bestrebungen auf russischer Seite werden von der Wehrmacht noch wenig beachtet. Sie äußern sich teilweise für uns positiv in der Forderung nach Aufstellung einer national-russischen Armee oder auch, weniger günstig, nach einer eigenen Regierung. Tatsächlich hat heute der überlegende Russe Gewissenskonflikte, auf welche Seite er sich innerlich stellen soll, da ihm ein nationales Symbol oder eine Organisation, die etwa eine Erhebung gegen Stalin darstellen könnte, fehlt. Ein russischer V-Mann äußert sich dazu wie folgt: Alle Russen versetzt die »Perspektivlosigkeit« des Krieges in große Sorge. Insbesondere jedoch die Intelligenz und die Arbeiterschicht empfindet die Frage über das Schicksal Rußlands sehr bedrohlich. Wenn das deutsche Oberkommando sofort die Losung des Kampfes für ein neues Rußland verkünden würde, so würde die Front sehr bald zerplatzen. Die Russen ohne Unterschied des Standes würden fühlen, daß zu ihnen keine fremden Eroberer, sondern Bundesgenossen und Befreier kommen. Immer wieder hört man die Frage: Warum sind die Offiziere antibolschewistischer Abteilungen nicht in russische Uniformen gekleidet; warum haben sie keine Fahne?

Einsichtige Russen erkennen klar, daß wir Rußland gegenüber keine Kriegsziele nennen und bringen diese Tatsache in logischen Zusammenhang mit unseren Mißerfolgen hinsichtlich der Befriedung des Landes.

Die Propaganda-Abteilung hat fast ihre gesamte Arbeit auf die Bekämpfung des Bandenunwesens konzentriert. Aus der vorstehenden Schilderung ergeben sich die umfrangreichen Schwierigkeiten, die der Arbeit entgegenstehen. Die Staffeln und Einsatzgruppen der Abteilung befinden sich, wie schon früher berichtet, laufend im aktiven Einsatz gegen Banden, überwiegend gelegentlich militärischer Aktionen, die in großer Zahl in von Banden verseuchten Gebieten und gegen Bandenherde zur Durchführung kommen. Über diese Tätigkeit der Abteilung werden laufend Sonderberichte vorgelegt, auf die im Zusammenhang verwiesen wird.

2. Die Ernährungslage, besonders in den Städten, ist weiterhin ein stark stimmungsdrückender Faktor. Dazu gehören die Wohnungs- und Beheizungsfragen, die der Bevölkerung zu Besorgnissen in Bezug auf den kommenden Winter Anlaß geben. Die Bevölkerung hatte im vorigen Jahr geglaubt, daß wir in kurzer Zeit trotz des Krieges das Problem der Lebenssicherung schnell und erfolgreich lösen würden. Nachdem man sich den Winter über auf den kommenden Sommer verlassen hat, die Schwierigkeiten jedoch bisher nicht abgenommen haben, sieht man jetzt dem neuen Winter mit Sorge entgegen, da man im allgemeinen nicht mehr erwartet, daß wir die Preis- und Marktfrage noch lösen werden. Hinweise darauf, daß nach der Einbringung der Ernte für die Ernährung der Bevölkerung Sorge getragen wird, werden mit Skepsis zur Kenntnis genommen. In den Städten ist jeder Einwohner leider auf die freien Märkte angewiesen, da die von der Stadt zur Verfügung gestellten Lebensmittel (200–300 gr. Brot pro arbeitendes Familienmitglied täglich und dazu gelegentlich 1–2 Pfund Kartoffeln) unzureichend sind. Die vom OKH-Quartiermeister vorgeschriebenen Lohnsätze liegen z. B. für Putzfrauen und Handwerker zwischen RM 3,60 und RM 12,00 pro Woche. Der Preis für ein Brot auf dem Schwarzen Markt liegt zwischen 6–8 RM. Oder ein zweites Beispiel: In 17 Tagen hat ein ungelernter Arbeiter 132 Stunden zu arbeiten zu einem Stundenlohn von 8 Pfg. = RM 10,56. Für das kärgliche tägliche Essen (Brot und Mittagssuppe) werden ihm pro Tag 60 Pfg. vom Lohn einbehalten, das macht in 17 Tagen RM 10,20, so daß ihm in 17 Tagen ein Barbetrag von 0,36 RM bleibt, von dem er Steuern, Miete, Heizung, Licht, zusätzliches Essen usw. bestreiten muß. Die Bevölkerung ist gezwungen, entweder die oben angegebenen oder noch höhere Phantasiepreise zu zahlen oder im Tauschhandel ihre letzten Kleider oder sonstige Besitzstücke für Lebensmittel herzugeben, um ihr Leben fristen zu können. Hierzu nachstehend die Wiedergabe eines Gespräches zwischen einem russischen V-Mann der Abteilung und einer Angestellten der Smolensker Stadtverwaltung:

»Zur Zeit gibt es hier in der Stadt mehr ›Rote‹ als früher. Unter der sowjetischen Macht haben viele auf Stalin geschimpft, jetzt haben sie schon Heimweh nach ihm.«

»Wie ist das zu erklären?«

»Nur durch die materielle Lage. Die letzten Monate vor dem Krieg war Smolensk gut versorgt. Es gab genügend Lebensmittel in der Stadt; jetzt gibt es überhaupt nichts. Als der ›Nowy Putj‹ neulich eine Notiz darüber brachte, daß in Moskau außer Brot auch Fett und Zucker auf Karten ausgegeben werde, da sagten alle: Stalin ist zwar ein Hundesohn, aber er ernährt das Volk doch irgendwie. Wir haben aber überhaupt nichts mehr zu beißen. Bei uns gibt es nur einen Markt, und der ist eine wahre Teufelei!«

Die Abteilung ist weiterhin, im besonderen mit der Presse und dem Drahtfunk, zur Bekämpfung des Schleichhandels tätig, erzielt aber praktisch wenig Wirkung, da der Nahrungsmangel die Bevölkerung doch immer wieder zu solcher Handlungsweise treibt.

3. Stimmungsdrückend wirken weiterhin Nachrichten, die immer wieder durchsickern, und durch die Feindpropaganda verstärkte Gerüchte über schlechte Behandlung der Freiarbeiter im Reich. Da aus hier unverständlichen Gründen, wie aus Urlauber-Berichten usw. hervorgeht, die Behandlung der Freiarbeiter tatsächlich sehr unzweckmäßig erscheint, ist das Durchsickern von Briefen, die durch die Feldpost an deutsche Soldaten kommen und von diesen in Unkenntnis des russisch-geschriebenen Inhalts an die eigentlichen Empfänger, meistens Angehörige der schreibenden Freiarbeiter, weitergegeben werden, sehr gefährlich. Die Abteilung ist in dieser Frage bei dem Befehlshaber vorstellig geworden und hat wiederholte Belehrungen der Truppe über das Unverantwortliche dieser Handlungsweise erreicht. Zur Zeit werden aus dem Heeresgebiet Freiarbeiter für das Reich nicht mehr geworben aufgrund eines Befehls des Komm. Generals, um nicht noch mehr hier dringend notwendige Arbeitskräfte abzuziehen.

4. Die Stimmung unter der Landbevölkerung leidet unter der Sorge über die Höhe der zu erwartenden Kriegsabgabe von der diesjährigen Ernte. Die Bauern befürchten, daß das Ablieferungssoll sehr hoch sein wird und daß insbesondere die Abgaben an Schlachtvieh die letzten Bestände, die noch aus dem vergangenen Winter gerettet werden konnten, erschöpfen.

Nachdem inzwischen die genauen Sollzahlen vorliegen, bereitet die Propaganda-Abteilung eine Aufklärungsaktion vor, die bereits in den ersten Tagen des September beginnt, um den russischen Bauern die Notwendigkeit der Abgaben klar zu machen unter besonderem Hinweis darauf, daß die deutsche Kriegsabgabe im Ganzen nicht höher ist als die Addition der verschiedenen jährlich von den Sowjets früher erhobenen Abgaben, daß sie gegen Bezahlung erfolgt und daß dem Bauern neben dem notwendigen Saatgut Produkte für seine Ernährung und die seines Viehes bleiben.

5. Die Stimmungserkundung im abgelaufenen Monat ergab, daß die erfolgreichen militärischen Operationen im Süden der Ostfront auf die Stimmung der Bevölkerung im Heeresgebiet Mitte überraschend wenig nachhaltig wirken. Mit Ausnahme einer kleinen Schicht, die entweder dem Deutschtum gegenüber gebunden ist oder über gewisse Beweglichkeit in der Auffassung militärisch-politischer Zusammenhänge verfügt, werden die Ereignisse an der Südfront im allgemeinen wenig diskutiert. Nach Beginn der Offensive im Süden hat man allgemein erwartet, daß auch im mittleren Frontabschnitt große Erfolge bevorstünden und daß auch Moskau noch in diesem Jahre fallen würde. Weiterhin ist hier die bolschewistische Propaganda, die ihre Angriffe bei Rshew und Wjasma als große Erfolge bezeichnet, nicht unbeteiligt, wenngleich die dadurch hervorgerufene Beunruhigung nicht überbewertet werden darf. Um das Interesse der Bevölkerung auf die bedeutenden Ausmaße des siegreichen Ausgangs der Sommer-Offensive hinzulenken, und um überhaupt der »Stimmungsflaute« entgegenzuwirken, bereitet die Abteilung unter Zusammenfassung aller Mittel eine Propaganda-Aktion vor, die mit dem Fall Stalingrads beginnen wird.

Quelle: Propagandatätigkeit im Bereich des Befehlshabers im rückwärtigen Heeresgebiet Mitte, BA-MA RW 4/v. 327

Dokument 8

Flugblatt »Töte!« von Ilja Ehrenburg (Sommer 1942)

Übersetzung

Tod den deutschen Okkupanten!

Töte!

Nachstehend folgende Abschnitte aus 3 Briefen, die bei gefallenen Deutschen gefunden wurden:

Der Verwalter Reinhardt schreibt an Ltn. Otto von Schirach: »Die Franzosen sind uns fortgenommen und in eine Fabrik gesteckt worden. Ich habe mir 6 Russen aus dem Minsker Bezirk ausgesucht. Sie sind bedeutend widerstandsfähiger als die Franzosen. Nur einer von ihnen ist gestorben, die übrigen setzen die Arbeit auf den Feldern fort. Ihre Verpflegung kostet nichts, und wir brauchen nicht darunter zu leiden, daß diese Tiere, deren Kinder vielleicht unsere Soldaten töten, das deutsche Brot essen. Gestern habe ich zwei dieser russischen Bestien einer leichten Strafexekution unterzogen, da sie heimlich die Milch aufgefressen hatten, die für die Mutterschweine bestimmt war ...«
Mathias Zimlich schreibt seinem Bruder, dem Gefr. Heinrich Zimlich: »In Leyden gibt es ein Russenlager, wo man sie sehen kann. Vor dem Gewehr fürchten sie sich nicht, wir sprechen mit ihnen jedoch mit einer guten Knute ...«
Irgendein Otto Essmann schreibt an Ltn. Weygand: »Wir haben hier russische Kriegsgefangene. Diese Typen fressen Regenwürmer auf dem Flugplatz, sie stürzen sich auf das Spülwasser. Ich sah, wie sie dreckiges Gras aßen. Kaum zu glauben, daß es Menschen sind ...«
Die Sklavenhalter wollen unser Volk in Sklaven verwandeln. Sie führen die Russen zu sich, verspotten sie, bringen sie durch Hunger zum Wahnsinn und dazu, daß diese Leute in ihrer Todesangst Gras und Würmer essen, und der verfluchte Deutsche philosophiert mit einer erloschenen Zigarre zwischen den Zähnen: »Sind das überhaupt Menschen?«
Wir wissen alles. Wir erinnern uns an alles. Wir haben begriffen. Die Deutschen sind keine Menschen. Von jetzt ab ist das Wort »Deutscher« für uns der allerschlimmste Fluch. Von jetzt ab bringt das Wort »Deutscher« ein Gewehr zur Entladung. Wir werden nicht sprechen. Wir werden uns nicht aufregen. Wir werden töten. Wenn Du nicht im Laufe eines Tages wenigstens einen Deutschen getötet hast, so ist es für Dich ein verlorener Tag gewesen. Wenn Du glaubst, daß statt Deiner der Deutsche von Deinem Nachbarn getötet wird, so hast Du die Gefahr nicht erkannt. Wenn Du den Deutschen nicht tötest, so tötet der Deutsche Dich. Er wird die Deinigen festnehmen und sie in seinem verfluchten Deutschland foltern. Wenn Du den Deutschen nicht mit einer Kugel töten kannst, so töte ihn mit dem Seitengewehr. Wenn in Deinem Abschnitt Ruhe herrscht und kein Kampf stattfindet, so töte den Deutschen vor dem Kampf. Wenn Du den Deutschen am Leben läßt, wird der Deutsche den russischen Mann aufhängen und die russische Frau schänden. Wenn Du einen Deutschen getötet hast, so töte einen zweiten – für uns gibt es nichts lustigeres als deutsche Leichen. Zähle nicht die Tage. Zähle nicht die Kilometer. Zähle nur eines: Die von Dir getöteten Deutschen! Töte den Deutschen! – dieses bittet Dich Deine greise Mutter. Töte den Deutschen! – dieses bitten Dich Deine Kinder. Töte den Deutschen! so ruft die Heimaterde. Versäume nichts! Versieh Dich nicht! Töte!

Ilja Ehrenburg

Quelle: Pol. Arch. Kult Pol. geheim, Bd. 148, Berichte der V.A.A. bei den AOK

Dokument 9

Flugblatt 480 RAB/IX. 42 des ehemaligen sowjetischen Generalleutnants A. A. Wlassow vom 10. 9. 1942

Übersetzung des Flugblattes 480 RAB/IX. 42

Tendenz:
Das vom ehem. Befehlshaber der 2. Sowjet-Stoßarmee persönlich unterzeichnete Flugblatt stellt in besonders eindringlicher Form die Schuld Stalins an diesem Kriege fest und fordert alle Patrioten auf, sich mit allen Kräften für die Niederringung des verhaßten Stalin-Regimes einzusetzen.

Genossen Kommandeure!
Genossen der Sowjet-Intelligenz:

Ich, der Unterzeichnete, Gen.Lt. A. A. Wlassoff, bin der ehemalige Befehlshaber der 2. Stoß-Armee und Stellvertreter des OB. der Wolchow-Front — heute bin ich als Kriegsgefangener Nr. 16 901 in Deutschland.
In der RA bin ich vom Schützen zum Armee-Befehlshaber aufgerückt. Ich war Kdr. der 99. Schtz.-Div., die ausbildungsmäßig den ersten Platz in der RA einnahm.
Während des Krieges befehligte ich die 37. Armee. Über zwei Monate lang verteidigte ich Kijeff.
Nach der Zertrümmerung der Südwestfront habe ich mich, gemäß dem Befehl Stalins, kämpfend aus der Einkesselung durchgeschlagen. Unter meinem Befehl verteidigte die 20. Armee in schweren Tagen Moskau und hat im Gegenangriff u. a. Ssoinetschnorgorssk und Wolokolamssk genommen. Schließlich habe ich als Befehlshaber der 2. Stoß-Armee eingekesselt, ununterbrochen bis zum äußersten gekämpft. Kämpfend geriet ich in Gefangenschaft.
Angesichts der unermeßlichen Leiden unseres Volkes in diesem Kriege, unsere militärischen Mißerfolge schmerzlich empfindend, stellt man sich die natürliche Frage: »Wer trägt hier die Schuld?«
Wenn man auf die letzten 12 bis 15 Vorkriegsjahre zurückblickt, zieht man unwillkürlich den Schluß: An all diesem Unglück ist lediglich die Stalin-Clique schuld. Sie hat das Land durch das Kolchosensystem ruiniert. Sie hat Millionen ehrlicher Menschen vernichtet. Sie hat den besten Stamm der Armee in den Jahren 1937–1938 ermordet. Indem das Kriechertum großgezogen und das Mißtrauen gesät wurde, ist durch falsche Erziehung und Ausbildung das Volk und die Armee zersetzt worden. Jeder lebendige Gedanke im Volke wurde erstickt. Sie ist es, die durch ihre Abenteuerpolitik das Land in einen unnützen und sinnlosen Krieg für landfremde Interessen hineingerissen hat. Jetzt führt sie das Land der Niederlage entgegen, nachdem sie die Unterstützung der Massen verloren, den Verwaltungsapparat zerrüttet und die Wirtschaft untergraben hat. Die deutschen Armeen sind nach der Eroberung der Krim und nach der Vernichtung der Südwestfront bis zur Wolga vorgedrungen und haben, ohne auf wesentlichen Widerstand zu stoßen, den Nordkaukasus besetzt. Die Mannschaften, nicht mehr gewillt, für fremde Interessen zu kämpfen, werfen Waffen und Ausrüstung fort und ergeben sich in Massen.
Stalins Clique ist nicht in der Lage, die weitere Verteidigung des Landes zu organisieren. Keinen anderen Ausweg vor Augen sucht sie lediglich die Macht zu behalten. Der Tod vieler Millionen Menschen und die völlige Vernichtung des in Jahrhunderten erworbenen Volksvermögens ist der Preis. Immer neue, in Eile aufgestellte nicht ausgebildete Einheiten werden planlos eingesetzt.
Die Lage des Offiziers an der Front ist aussichtslos. Die Stalin-Clique schreibt ihm die Schuld an allen Mißerfolgen zu. Dabei ist er in seinen Handlungen durch den Kommissar, die Politische Abt. und die NKWD gebunden, die alle nichts von militärischen Dingen verstehen. Häufig verüben solche ehrlichen Leute, die keinen Ausweg aus dieser Lage finden – darunter Offiziere, Ingenieure, Ärzte, Wissenschaftler – Selbstmord.
In der Heimat – völliges Chaos und ein heraufziehender, nie dagewesener Zusammenbruch.
Viele Millionen verhungern, vor allem – eure Familien, die fast keine Hilfe von seiten der Regierung und der Behörden erhalten.
Die Stalin-Clique hofft stark auf die Hilfe durch England und Amerika und die aufzurichtende zweite Front. Die Mehrzahl von euch kennt genau die Politik Englands und Amerikas – bis zum letzten russischen Soldaten zu kämpfen, sich die Kastanien aus dem Feuer holen zu lassen, Deutschland durch die Russen zu erschöpfen – und letzteren dafür eine sagenhafte zweite Front zu versprechen.
Blickt zurück auf die Geschichte! Es ist nicht das erste Mal, daß das russische Volk sein Blut für die englisch-amerikanischen Interessen vergießt! Eine lügenhafte Propaganda will euch mit dem Faschismus, mit Erschießungen und Grausamkeiten in deutscher Gefangenschaft schrecken. Sie berichtet vom Hunger und von der Erschöpfung der Reserven in Deutschland. Millionen Gefangener können das Gegenteil bezeugen. Sie erleben Deutschland so, wie es ist, wo man den Krieg kaum spürt, wo jeder Soldat wenigstens zweimal im Kreise seiner Familie den Urlaub verbrin-

gen konnte. Von deutscher Kultur, Organisation, und Disziplin zu reden, erübrigt sich – dieses ist allgemein lange bekannt.
Welchen Ausweg gibt es aus dieser Sackgasse, in die die Stalin-Clique unser Land geführt hat? Es gibt nur einen Ausweg. Einen anderen zeigt die Geschichte uns nicht. Wer sein Vaterland noch liebt, wer sein Volk glücklich sehen will – der muß sich mit allen Kräften und Mitteln für die Niederringung des allen verhaßten Stalin-Regimes einsetzen, der muß die Bildung einer neuen, gegen Stalin eingestellten Regierung anstreben, der muß für die Beendigung des verbrecherischen, den Interessen Englands und Amerikas dienenden Krieges, für einen ehrenvollen Frieden mit Deutschland eintreten.
Die Besten des Landes – wie in den noch von Stalin beherrschten Gebieten, als auch in Gefangenschaft, denken – und arbeiten teils bereits – in dieser Richtung.

Es liegt jetzt an euch!
Der ehemal. Befh. der 2. Stoßarmee der RA.
Gen.-Lt./gez.: Wlassoff

10. Sept. 1942

Quelle: Privatarchiv Heysing

Dokument 10

Dienstanweisung für den Stabsoffizier
für Propagandaeinsatz vom 17. 11. 1942

Oberkommando der Wehrmacht
Nr. 11 010/42 WFSt/WPr (Ia)
Berlin, den 17. November 1942

Dienstanweisung
für den Stabsoffizier
für Propagandaeinsatz (St. O. Prop.) bei einer Heeresgruppe

1. Der Stabsoffizier für Propagandaeinsatz ist ein Organ des Chefs der Propagandatruppen. Er ist Berater und Sachbearbeiter des Ic/AO für alle Propagandaangelegenheiten, die das Gebiet der Heeresgruppe berühren. Disziplinarisch untersteht er dem Chef des Generalstabes der Heeresgruppe.
2. Aufgabe des Stabsoffiziers für Propaganda-Einsatz ist es insbesondere, der Heeresgruppe (Ic/AO) Vorschläge zu machen,
   a) für Maßnahmen, durch die die propagandistische Betätigung der der Heeresgruppe unterstellten Kommandobehörden und deren Propaganda-Einheiten sowie aller im Bereich der Heeresgruppe befindlichen Kommandobehörden und Dienststellen anderer Wehrmachtteile mit den Richtlinien des Oberkommandos der Wehrmacht und mit den Absichten und besonderen Weisungen der Heeresgruppe in Einklang gebracht und einheitlich ausgerichtet werden,
   b) für Weisungen zur Vereinheitlichung des Einsatzes der Propaganda-Truppen sowie für solche propagandistischen Maßnahmen, die geeignet sind, den Widerstandswillen der der Heeresgruppe gegenüberstehenden Feindkräfte zu zermürben und die Befriedung und Mitarbeitsbereitschaft der Bevölkerung in den besetzten Armee- und Heeresgebieten zu fördern.
3. Zur Ausrichtung der Propaganda in die Bevölkerung der besetzten Armee- und Heeresgebiete hält der Stabsoffizier für Propagandaeinsatz Fühlung mit dem Oberquartiermeister der Heeresgruppe, mit der dem Oberquartiermeister zugeteilten Einzelgruppe »Militärverwaltung VII«, mit den im Bereich der Heeresgruppe befindlichen Vertretern des Reichsministeriums für die besetzten Ostgebiete, mit den Heeresgruppen-Wirtschaftsführern sowie mit den für die Heeresgruppe zuständigen Höheren SS- und Polizeiführern.
4. Der Stabsoffizier für Propagandaeinsatz ist verpflichtet, sich ein zuverlässiges und lückenloses Bild über die Propagandalage zu verschaffen.
   Die Ergebnisse der Gefangenenvernehmungen und die Berichte der Kommandanturen, der Wirtschafts- und Polizei-Dienststellen sowie anderer berichtender Dienststellen sind ihm, soweit sie für die Propaganda in den Feind oder in die Bevölkerung der besetzten Gebiete von Interesse oder Bedeutung sind, zugänglich zu machen.
   Der Stabsoffizier für Propagandaeinsatz ist über alle Propagandamaßnahmen zu unterrichten, die von Kommandobehörden und Einheiten getroffen werden, die der Heeresgruppe unmittelbar oder mittelbar unterstellt oder im Heeresgruppenbereich propagandistisch tätig sind.
5. Der Stabsoffizier für Propagandaeinsatz ist berechtigt, an Propagandaeinsätzen persönlich teilzunehmen, um ein eigenes Urteil über die Zweckmäßigkeit der für die Aktivpropaganda in Feind und Bevölkerung getroffenen Maßnahmen zu gewinnen.
6. Der Stabsoffizier für Propagandaeinsatz erteilt im Rahmen seines Aufgabengebietes dem Propagandaabschnittsoffizier Weisungen.
7. Der Stabsoffizier für Propagandaeinsatz berichtet unmittelbar an den Chef der Propa-

gandatruppen und legt dem Ic/AO Abschrift seiner Berichte vor.
Der Chef des Oberkommandos der Wehrmacht
I. A.
von Wedel

Quelle: Privatarchiv Heysing

Dokument 11

Studie der Abteilung Fremde Heere Ost vom 25. 11. 1942 (Auszug)

Abt. Fremde Heere Ost (Ia)
Nr. 3220/42 g.Kdos.
H.Qu.,

den 25. 11. 1942

Dringende Fragen des Bandenkrieges und der »Hilfswilligen«-Erfassung

I. Bandenkrieg und »Hilfswilligen«-Werbung
Der Bandenkrieg im rückwärtigen Gebiet des Ostheeres wird sich bei weiterer Zunahme auf die Dauer zu einer ernsthaften Bedrohung der gesamten Kriegführung im Osten entwickeln. Er wird stetig und sichtbar trotz aller Gegenmaßnahmen ansteigen, wenn ihm nicht die Grundlagen entzogen werden, auf denen die Sowjets nach ihren eigenen Angaben die weitere Ausgestaltung dieses Kriegsmittels mit aller Energie »unter Anwendung aller Errungenschaften der modernen Technik« betreiben. Auch die erfolgreiche Erfassung der freiwilligen russischen »Hilfswilligen« (für Arbeitsdienst, Verwaltung, Selbstschutz) im erforderlichen großen Rahmen hat grundlegend neue Vorausmaßnahmen zur Voraussetzung.

a) Bandenkrieg:
Stalin selbst hat mehrfach als *Hauptziel* des Bandenkrieges die Bindung starker deutscher Kräfte im Hinterland bezeichnet; die derzeitige Entwicklung des Krieges unterstreicht die Bedeutung der Auswirkung einer solchen Zielsetzung. Dazu ist in großem Umfang Verzögerung wichtiger Truppen- und Materialtransporte, sowie die Beeinflussung der Versorgungsbevorratung getreten, die z. Z. in kritischen Lagen zu entscheidender Bedeutung gelangen können. Eine weitere schwerwiegende Folge ist, trotz steigenden Bedarfs, die Schrumpfung der Bestände an rollendem Material durch ihre Zerstörung (vor allem Lokomotiven). Die Bedeutung aller dieser Faktoren wird mit der Eröffnung neuer Kriegsschauplätze in West-Europa ständig und rasch wachsen, die verfügbare Zahl deutscher Soldaten im Sicherungsdienst immer niedriger werden. Gleichzeitig ist mit weiterer Ausweitung des Bandenwesens zu rechnen, wenn eigene Krisen auf den alten oder neuen Kriegsschauplätzen feindliche Siegeshoffnungen aufkommen lassen. Deutsche Krisen werden nachweislich in kurzer Zeit der gesamten Bevölkerung bekannt und beeinflussen bereits jetzt ihre Haltung. Eine ernste Gefahr zeichnet sich hier immer deutlicher ab, die rasch wachsen und stellenweise zu entscheidender Bedeutung gelangen kann.

b) Der Masseneinsatz russischer *»Hilfswilliger«* in allen rückwärtigen Arbeitsgebieten im Ostraum stellt die einzige Möglichkeit dar, deutsche Kräfte in großem Umfange für den Fronteinsatz freizumachen. Ein anderer Weg zur fühlbaren Erhöhung der Kampfkraft des Ostheeres ist nicht erkennbar. Damit erlangt die Frage Gewicht, welche Maßnahmen erforderlich sind, um zusätzlich Hunderttausende von Russen in den Hilfsdienst (Arbeitsdienst, Verwaltung, Selbstschutz) bei der deutschen Wehrmacht bzw. Zivilverwaltung zu bringen, ohne daß sie die erste Fluchtmöglichkeit ergreifen, in der zu fordernden kämpferischen Haltung gegenüber den Sowjets wankend werden oder darüber hinaus in kritischen Lagen eine Bedrohung im eigenen Rücken bilden.
Es ist erkennbar, daß die augenblickliche deutsche Steuerung aller geistigen und materiellen Probleme im Ostraum dem Bandenwesen ständig günstigere Voraussetzungen schafft und die Einsatzbereitschaft der Bevölkerung für den »Hilfswilligen«-Dienst rapide absinken läßt. Die Entwicklung ist also genau umgekehrt, wie sie die Lage des Ostheeres erfordert.

II. Die Grundlagen des Bandenwesens
sind die kämpferische Haltung der eingesetzten Banden und ihre Unterstützung durch die Bevölkerung. Zieht die Masse der abgeworfenen Banditen eine deutsche Gefangenschaft dem erbitterten Kampf vor, erhalten die Banden keinen laufenden personellen Zuzug, keine ständige materielle und kämpferische Unterstützung aus der Bevölkerung, so verliert das Bandenwesen rasch seine Bedeutung; lehnt die Bevölkerung es geschlossen ab und unterstützt sie energisch und einheitlich dem Kampf dagegen, so existiert kein Bandenproblem.
Voraussetzung des Massenaufgebotes zuverlässiger »Hilfswilliger« ist die grundsätzliche Einsatzbereitschaft der russischen Gesamtbevölkerung des besetzten Gebietes zum deutschen Dienst. Sie ist erreichbar; liegt sie nicht vor, so ist bei etwaiger Zwangsaushebung von Hilfs- und Arbeitskräften mit folgenden Gegebenheiten zu rechnen: hoher Bedarf an deutschem Bewachungsper-

sonal; geringe Arbeitsleistung; starker Zustrom von Flüchtlingen zu den Banden; zunehmende Resistenz der gesamten Bevölkerung auf allen Gebieten (starke Ertragsrückgänge). Es ist fraglich, ob hier die Vorteile der Aushebung ihre Nachteile überwiegen.

Zusammenfassend ergibt sich, daß die beiden Probleme des Bandenwesen und der »Hilfswilligen« letzten Endes im gleichen geistigen Problem wurzeln: *Der Einstellung des russischen Menschen zur deutschen Macht.*

Diese Einstellung muß richtig erkannt und berücksichtigt werden. Ihre Erkenntnis erfordert einen kurzen Querschnitt durch die geistige Haltung des Russen; ihre Berücksichtigung in Form zweckmäßiger Maßnahmen kann große Erfolge auf dem Wege zeitigen, der z. Z. in entgegengesetzter Richtung beschritten ist.

III. Die russische Mentalität:

Bei Beurteilung der russischen Mentalität ist ein Unterschied zu machen zwischen dem Jahrzehnte hindurch westlich beeinflußten Emigrantentum, dessen Mitarbeit aus den verschiedensten Gründen scharf abzulehnen ist, und der in ihrem Lebensraum verbliebenen russ. Masse. Das Objekt der folgenden Betrachtung bildet nur die letztere.

Der Russe ist anders als wir: er *fühlt,* wo wir *denken* (ohne deshalb etwa in der Erkenntnis-Bilanz »dümmer« zu sein); er läßt Dinge treiben, wo wir organisieren; er trägt lange, wo wir uns aufbäumen; er bewahrt noch Reserven, wo wir ihn »zerbrochen« wähnen; und er bewertet vor allem anders, als wir es tun. Sehen wir die Dinge vom Standpunkt der Gemeinschaft, so sieht er sie vom Persönlichen. Wird er nach seiner Auffassung gut regiert, fühlt er sich nicht zum »Volk niederer Ordnung« deklassiert, und liegt seine Führung wenigstens äußerlich teilweise in russischen Händen, so ist sein politischer Ehrgeiz im wesentlichen befriedigt. Niemals würde das »Dardanellen-Problem« für den Russen die Bedeutung gewinnen wie für uns der »Ostraum«. Sein Nationalismus ist somit anders als der unsrige, aber auch er existiert und führt zu klaren Forderungen; werden sie erfüllt, so folgt er willig dem Erfüller unter größter Einsatz- und Opferbereitschaft und mit erstaunlicher Zuverlässigkeit. Zweifelt er an ihrer Erfüllung, so wird er langsam aber sicher zum Werkzeug des Gegners, und zwar dank seiner Zähigkeit und Todesverachtung zu einem sehr gefährlichen.

Der Russe fordert von der Führung, der zu folgen er bereit ist: Gerechtigkeit

Organisationskraft
Verständnis
Fürsorge

Genügt seine Führung diesen Forderungen, so billigt er ihr das Recht zur Strenge und Härte zu, unterwirft sich Entbehrungen und erfüllt willig und ausdauernd hohe Leistungen.

Das Sowjet-System entsprach diesen Forderungen in wesentlichen Zügen nicht. Das vom Russen gewünschte »väterliche« Moment in der Führung war im Bolschewismus durch kalte Brutalität ersetzt. Der Mensch wurde zur wesenlosen Nummer, die man je nach Nutzwert verwertete oder achtlos fallenließ; seelische und Gefühlsmomente zählten nicht, sondern nur der nüchterne Leistungseffekt. Das sehr starke religiöse Bedürfnis blieb unbefriedigt und wurde bekämpft. Diese *Eisatmosphäre* ist der wesentliche Grund, aus dem heraus das russische Volk in kein positives inneres Verhältnis zum bolschewistischen Staat gelangte. Sie ist zugleich der Grund dafür, daß zur Aufrechterhaltung der bolschewistischen Herrschaft ein millionenstarker Überwachungsapparat erforderlich war. In dieser inneren Ablehnung des roten Staates liegt auch die Erklärung für die erstaunliche Bereitschaft russischer Soldaten bis zu den höchsten Führern, sofort nach Gefangennahme ihr Können bis zum Einsatz des Lebens in den Dienst der Gegenseite zu stellen. Unzählige praktische Beispiele hierfür liegen vor. Es darf aber nicht verkannt werden, daß der Russe im bolschewistischen Staat auch positive Momente empfand, die ihm vermutlich erst als solche z. Z. voll zum Bewußtsein kommen: es sind vor allem die herkunftsmäßig unbegrenzte Aufstiegsmöglichkeit für die junge Generation, der kostenlose Bildungserwerb bis zum Abschluß des Studiums und die allerdings begrenzte Berücksichtigung des Nationalitäten-Prinzips in der Verwaltung. Diese positiven Faktoren vermochten aber die staats-fremde bis ablehnende Haltung der Bevölkerung zum bolschewistischen Staat nicht grundsätzlich zu ändern.

Die Vorstellung der russischen Masse vom Deutschen war verschwommen. Sie beruhte teils auf dem hohen organisatorischen und kulturellen Ruf des Deutschen und auf günstigen Aussagen ehemaliger Kriegsgefangener, teils auf einer jahrzehntelangen negativen Propaganda seitens der russischen Staatsführung. Ein wichtiges Moment des Zweifels bildete für die russischen Massen besonders die Agrarfrage, da hier die Reprivatisierung des enteigneten Landes an die emigrierten Großgrundbesitzer durch Deutschland ständig befürchtet wurde. Der Kriegsausbruch traf somit das russische Volk in indifferenter, zweifelnder Haltung dem deutschen Volk gegenüber. Es kämpfte, durch Greuelmärchen noch stark beeindruckt, zunächst zäh und todesverachtend wie stets. Unverkennbar war trotzdem bei der Bevölkerung und den Gefangenen die gespannte Erwartung, ob nicht vielleicht doch von deutscher Seite her etwas Neues und Besseres zu erwarten sei. Die bewußte Ausschaltung der russischen Emigration und die bald verkündete Haltung in der Agrarfrage (Prinzip der Reprivatisierung) schufen überaus günstige Voraussetzungen für uns, die abklingend noch heute nachwirken und sicher auf roter Seite als ernste Gefahr empfunden wurden. Sofort aber traten zu dem günstigen Auftakt von deutscher Seite neue Momente, die sich rasch und gründlich negativ auswirken mußten. Zur Basis der gesamten östlichen Verwaltungsmaxime wurde der Grundsatz erhoben: *»Der Russe ist objektiv minderwertig: er ist somit als rechtloses Ausbeutungsobjekt anzusehen, zwecks hoher Arbeitsleistung kärglich am Leben und auf niedrigstem Wissensniveau zu erhalten.«*

Diese unstreitbare Auffassung wird daher unbestreitbar zu einem Fehler schwerster Art, wenn sie der betroffenen russischen Masse aus sämtlichen getroffenen Maßnahmen leicht *erkennbar* wird. Und hierfür wurde in der Tat allenthalben ausreichend gesorgt. Anders gar nicht deutbare derartige Maßnahmen sind: Abbau der Bildungsstätten aller Art durch Schließungen oder systematische Unterrichtseinschränkungen; Festsetzung von Ernährungssätzen, die selbst weit unter dem bolschewistischen Niveau liegen; Jagden zur Erfassung von Arbeitskräften vor Kinos und auf den Straßen und ihr sofortiger Abtransport ohne jede Rücksicht auf häusliche Bindungen in das Reich; gemeinsame Beschäftigung von ukrainischen und polnischen Arbeitskräften im Reich, wobei den Ukrainern Bruchteile der Verpflegungssätze der Polen zugebilligt werden. Das Systematische dieser Maßnahmen läßt sich anhand zahlreicher weiterer Beispiele erweisen. Von weiten Teilen der Bevölkerung sind diese Dinge in ihrer Bedeutung erkannt, Teile stehen ihnen noch zweifelnd und sorgenvoll fragend gegenüber. Hier setzt die bolschewistische Propaganda mit ihrer schnellen Wendigkeit und Schlagkraft ein und hämmert unter Abkehr von verbrauchten Parolen und Thesen: »Der Deutsche braucht Land und Sklaven; das sind unser Land und wir«; »Sklaven müssen dumm gehalten werden, deshalb schließt er die Schulen«; »Sklaven werden ausgesogen, aber sie haben keine Hoffnung; man verschickt sie wie Vieh, deshalb müssen wir hungernd in Deutschland arbeiten«; »Wollen wir nicht lieber stehend sterben, als knieend leben?«; »Lieber von eigenem Gesindel als von Fremden beherrscht werden«.

Dieser Entwicklung steht die deutsche Verwaltung hilflos gegenüber. Sie glaubt in der Linie ihrer Maßnahmen verharren zu müssen, und irrtümlicherweise anscheinend auch, es auf die Dauer widerstandslos zu können. In einer überall erkennbaren Unterschätzung des volklich-nationalen Lebenswillens des Russen und besonders des Ukrainers und in völliger Nichtbeachtung des geistigen Elementes findet sie nicht den Absprung, der feindseligen Entwicklung energisch durch rasche und klare Propaganda und praktische Maßnahmen entgegenzutreten. Eine fortlaufende Versteifung in der Haltung der Bevölkerung und wachsender Kampfwille müssen die Folge sein. Die Führung des Ostheeres wird daher damit rechnen müssen, den Bandenkrieg rasch anwachsen, das »Hilfswilligen«-Aufgebot aber absinken zu sehen. Es ist dabei zu beachten, daß die Ukraine bisher fast bandenfrei war; ändert sich dieses Bild grundlegend, so würde das bei dem augenblicklichen Kräftestand verhältnismäßig rasch der deutschen Herrschaft in der Ukraine den Boden entziehen und sich auf sämtliche Ostoperationen stärkstens auswirken. Die Entwicklung läuft in dieser Richtung.

IV. Erforderliche Gegenmaßnahmen.

Von Unkundigen wird eingewendet, daß nur der intelligente Teil der Bevölkerung so »problematisch« und »anspruchsvoll« denkt, der primitivere lasse sich um ein Stück Brot leicht lenken und zu allem bringen; konsequenterweise müsse man deshalb die »Intelligenz« ausrotten, um leichtes Spiel zu haben. Hierbei wird Wesentliches übersehen: Intelligenz und Bildung sind nicht identisch; eine dünne Bildungsschicht läßt sich vielleicht beseitigen, nicht aber die Gesamtheit der Begabten, und diese sind es, die bereits einheitlich mit kritischen Augen und voll Mißtrauen der Entwicklung folgen. Sie bestimmen die Haltung der primitiven Masse und sind dem deutschen Zugriff gar nicht erfaßbar. Bereits das Sowjet-System hat erfahren, daß es sich auf der Terror-Basis nur mit dem gewaltigen NKWD-Apparat von $1^1/_2$ Millionen Stärke durchsetzen konnte. Hierzu fehlt uns die kräftemäßige Voraussetzung. Somit verbleibt nur die Möglichkeit, die russische Masse zur freiwilligen Mitarbeit zu gewinnen. Der Weg dazu liegt darin, dem Russen ein anderes Zukunftsbild aufzuzeigen, als er es jetzt mit der deutschen Herrschaft verbindet. Denn, wohl gemerkt, es ist die *Zukunftsfurcht*, die den Russen wieder dem Bolschewismus in die Arme treibt; daß die Gegenwart durch den Krieg bedingte schwere Lasten bergen muß, ist ihm klar, erst der Gedanke ihrer Verewigung erfüllt ihn mit Haß. Als die entscheidende Bestätigung dieses Gedankens erscheint dem Russen das eiserne deutsche Schweigen zu jedem Zukunftsproblem.

Mit vollem Recht weist der Russe darauf hin, daß alle deutsche Maßnahmen genau den täglich dafür aus Moskau gegebenen Erklärungen entsprechen und knüpft daran die Feststellung, daß man von deutscher Seite dem auch niemals zu widersprechen wagte.
»Was wollt Ihr denn in Wirklichkeit aus uns machen, wenn nicht Sklaven?« ist die stereotype Frage aller intelligenten Russen. Die Wohlgesinnten unter ihnen bitten seit einem Jahr immer dringlicher um die Beantwortung dieser Frage, die Offiziere, Soldaten, Bauern, Arbeiter, Lehrer und Handwerker von Leningrad bis Rostow beschäftigt. Sie fügen hinzu, daß eine kurze *programmatische Erklärung* der deutschen Führung die Lage noch wandeln und ihnen selbst und vielen anderen die innere Voraussetzung zur Mitarbeit schaffen würde. Aus dieser Erklärung erwarten sie nur die Zusicherung, daß Rußland im Rahmen des von Deutschland geführten Europa sein Eigenleben auf der Basis der Selbstverwaltung besitzen und nicht deutsche Arbeiterkolonie sein würde; daß also der Russe auch seine russische Heimat haben und nicht nur rechtloser Helot sein werde. Mit dieser offiziellen Zusicherung wäre das erlösende Wort gesprochen, auf das die russische Masse wartet. Daß es durch weitere Ausführungen über wirtschaftliche Zusammenarbeit mit Deutschland, Aufstiegsmöglichkeiten für alle Russen nach dem Leistungsprinzip, spätere völlige Reprivatisierung des bäuerlichen Besitzes, völlige Ausmerzung des Bolschewismus u. a. wirkungsvoll erweitert werden kann, liegt auf der Hand; entscheidend ist der erste Passus. Etwaigen deutschen Hemmungen ist entgegenzuhalten, *daß z. Z. die Heranziehung aller erkennbaren Mittel zur Erzwingung einer siegreichen Kriegsentscheidung das einzige Ziel aller Überlegungen zu sein hat.* Es ist völlig gleichgültig, ob wir 1955 durch eine Maßnahme Schwierigkeiten haben, wenn sie nur 1943 zum Siege beitrug. Darüber hinaus wäre es ein schwerer Fehler zu glauben, daß wir durch jetzige brutale Niederhaltung jeder nationalen Zukunftshoffnung damit für alle Zeit der Auseinandersetzung mit dem russischen Nationalismus entgehen. Für die Dauer dieses Krieges aber wäre mit der deutschen Erklärung dem bolschewistenfeindlichen Russen das ersehnte Kampfziel gegeben, das die rote Seite für sich in der so erfolgreichen Parole des »vaterländischen Befreiungskrieges« längst gefunden hat.
Als wirkungsvolle Unterstreichung einer derartigen Erklärung kann die fiktive Bildung einer *nationalrussischen Scheinregierung* dienen, die als »Nationalkomitee zur Befreiung der Heimat« in Erscheinung treten und allein durch papiermäßige Existenz und vaterländische Erlasse diesseits und jenseits der Front propagandistisch wirken kann. Einsatzbereite Persönlichkeiten mit Namen von Klang stehen hierfür in der gefangenen Generalität ausreichend zur Verfügung.
Weiter erscheint dringend erforderlich der Anlauf einer *umfassenden Propaganda* mit dem Ziel, der Bevölkerung alle derzeitigen Härten als *zeitgebundene* Kriegsnotwendigkeiten darzustellen, die späterhin einem allgemeinen Aufschwung weichen werden. Die russische Bevölkerung besitzt für kriegsnotwendige Härten, dank 20jähriger Erfahrung im Bürgerkrieg und Bolschewismus, weitgehendes Verständnis; das Fehlen jeder intensiven deutschen Beeinflussung der russischen Massen in diesem Sinne aber bestärkt die allgemeine Befürchtung, daß es sich nicht um vorübergehende Härten handelt, sondern um die grundsätzliche Deklassierung für alle Zukunft.
An praktischen Maßnahmen ist die rücksichtslose Ausmerzung diffamierender Behandlungsmethoden von »freiwilligen« russischen Arbeitskräften im Reich erforderlich, besonders soweit sie die Russen auf oder gar unter das Niveau der feindlichen Polen herabdrücken. Schlechtere Verpflegung, körperliche Züchtigungen, völlige Einsperrung sind Maßnahmen, die maßlose Erbitterung anfänglich Wohlgesinnter hervorgerufen haben, bereits im besetzten Gebiet bekannt sind und als Zukunftslos befürchtet werden. Sie, genau so wie anfängliche Fehlmaßnahmen in der Kriegsgefangenenbehandlung, sind nach sowjet-russischem Urteil die »besten Partisanenfabriken«.
Eine stärkere *mitverantwortliche Beteiligung* der Bevölkerung, besonders in der Ukraine, an der Gestaltung ihres Geschicks durch Bildung entsprechender Verwaltungskörper würde die Hoffnung auf spätere Eigenständigkeit beleben und der bolschewistischen National-Propaganda Wind aus den Segeln nehmen. Sie würde auch die Möglichkeit eröffnen, unerfreuliche Maßnahmen der Selbstverwaltung zuzuschieben. Eine derartige Maßnahme erfordert allerdings die bewußte Abkehr von solchen deutschen Maximen, die vielleicht nach gewonnenem Kriege Geltung erhalten können, die z. Z. aber eine tödliche Gefahr heraufbeschwören.
Über den Rahmen dieser Arbeit hinaus geht die Prüfung der Frage, wie weit die derzeitige *wirtschaftliche Ausschöpfung* des besetzten Gebietes den tragbaren Rahmen überschreitet, und starke Ertragsrückgänge in Zukunft zeitigen muß. Nachweisbar ist jedenfalls, daß bereits besitzlose Russen stellenweise kostenfreie Landzuweisungen ablehnen, weil sie nach ihrer Begründung praktisch für 1 geernteten Zentner deren 2 abliefern müssen. Auf kurze Sicht gesehen sind derar-

tige Erfassungsmethoden sicher voll gerechtfertigt; in unserer Lage sind sie falsch, wenn dadurch der für Deutschland verfügbare Ertrag nach hohen Anfangsergebnissen absinkt.
Erforderlich sind *bildungsmäßige* und kulturelle *Konzessionen* durch Verzicht auf die systematische Drosselung des Schulwesens, damit *mindestens für Kriegsdauer* der Eindruck einer bewußten fortschreitenden Herabsetzung des geistigen Niveaus verwischt wird.
Lediglich vom augenblicklichen Nutzeffekt ist auch das *Kirchenproblem* zu bewerten. In klarer Erkenntnis seiner hohen Bedeutung für die russische Masse ist die Kirchenführung in Moskau nunmehr bereits von roter Seite durch volle Begünstigung und Einspannung für bolschewistische Zwecke ausgenützt. Der russischen Kirche im besetzten Gebiete dagegen steht die deutsche Verwaltung nur mit sehr zurückhaltender Duldung gegenüber, anstatt die gesamte Kirchenorganisation durch lebhafte Förderung in den »Befreiungskampf gegen den atheistischen Bolschewismus« einzubeziehen. Es wäre verfehlt, wenn hier verfrühte Zukunftserwägungen als Versäumnisquelle maßgebend wären.

Quelle: BA-MA Fremde Heere Ost, H 3/191

Dokument 12

Der »Smolensker Aufruf des Russischen Komitees« vom 27. 12. 1942
(Flugblatt 1–5: gleichlautender Text)

Das Flugblatt 1–5: Der »Smolensker Aufruf des Russischen Komitees«

Aufruf des Russischen Comité an die Soldaten und Offiziere der Roten Armee, an das ganze russische Volk und die anderen Völker der Sowjetunion.

Freunde und Brüder!

Der Bolschewismus ist der Feind des russischen Volkes. Unübersehbares Elend hat er über unsere Heimat gebracht und das russische Volk schließlich in einen blutigen Krieg für fremde Interessen verwickelt. Durch diesen Krieg ist ein noch nie dagewesenes Leid über unser Vaterland gekommen. Für das verbrecherische Streben Stalins nach der Weltherrschaft, für die Riesengewinne der anglo-amerikanischen Kapitalisten haben Millionen russischer Menschen mit ihrem Leben bezahlen müssen. Millionen sind zu Krüppeln geworden und haben für immer ihre Arbeitsfähigkeit eingebüßt. Frauen, Greise und Kinder starben infolge von Hunger, Kälte oder untragbar gewordener Arbeitsüberlastung. Hunderte russischer Städte, tausende von russischen Dörfern sind auf Befehl Stalins zerstört, gesprengt oder niedergebrannt worden.
Die Rote Armee hat in diesem Kriege Niederlagen erlitten, wie sie unsere Geschichte vorher nicht kannte. Trotz der Selbstaufopferung unserer Soldaten und Offiziere, trotz der Tapferkeit und Opferbereitschaft des russischen Volkes wurde eine Schlacht nach der anderen verloren. Die Schuld trifft allein das verfaulte bolschewistische System, sie trifft Stalin und seinen Stab.
Stalin und seine Clique haben es nicht verstanden, die Verteidigung des Landes zu organisieren. Sie versuchen jetzt die Dauer ihrer Herrschaft im Blutblad des russischen Volkes zu verlängern. Durch Terror und Lügenpropaganda werden die Menschen ins Unglück hineingetrieben.
Das russische Volk ist von den Verbündeten Stalins, den anglo-amerikanischen Kapitalisten, verraten worden. Diese Plutokraten retten nicht nur ihre eigene Haut, indem sie Millionen russischer Menschen opfern, nein, sie strecken mit Unterstützung des Bolschewismus nunmehr auch ihre Hände nach den Reichtümern unserer Heimat aus und haben mit Stalin Geheimverträge abgeschlossen.
Deutschland dagegen kämpft nicht gegen das russische Volk und unsere Heimat, sondern nur gegen den Bolschewismus. Deutschland erhebt keinen Anspruch auf den Lebensraum des russischen Volkes oder seine nationale und politische Freiheit. Das nationale Deutschland Adolf Hitlers hat sich die Neuordnung Europas ohne Bolschewisten und Kapitalisten zur Aufgabe gestellt und in diesem neuen Europa wird jedem Volk sein ihm zukommender Platz angewiesen. Die Stellung des russischen Volkes in der europäischen Völkergemeinschaft wird von dem Maß seiner Mitarbeit im Kampf gegen den Bolschewismus abhängen, denn die Vernichtung Stalins und seiner Verbrecherclique ist vor allen Dingen eine Sache des russischen Volkes. Um das russische Volk im Kampf gegen das verhaßte Regime zu einen und zu führen, haben wir – Söhne dieses Volkes und Patrioten – ein Russisches Comité zur Zusammenarbeit mit Deutschland zwecks Bekämpfung des Bolschewismus und Aufbau des neuen Europas gebildet.
Das Russische Comité legt dem Neuaufbau Rußlands folgende Richtlinien zugrunde:
a) Die Vernichtung des Bolschewismus – Stalins und seiner Clique.
b) Die Herbeiführung eines ehrenvollen Friedens mit Deutschland.
c) In Zusammenarbeit mit Deutschland und den Völkern der europäischen Neuordnung ein neues Rußland ohne Bolschewisten und

Kapitalisten zu schaffen.

Das Russische Comité legt dem Neuaufbau Rußlands folgende Richtlinien zugrunde:

1. Abschaffung der Zwangsarbeit – freies Recht auf Arbeit – die Sicherstellung des materiellen Wohlergehens aller Werktätigen.
2. Aufhebung der Kolchos-Wirtschaft und planmäßige Übergabe des Landes in den Besitz der Bauern.
3. Wiederaufrichtung von Handel, Handwerk und Heimindustrie. Das Wirtschaftsleben des Landes soll durch private Initiative wieder belebt werden.
4. Die Intelligenz soll die Möglichkeit erhalten, sich freischöpferisch für das Volkswohl zu betätigen.
5. Soziale Gerechtigkeit und Schutz aller Werktätigen gegen Ausbeutung.
6. Allen Werktätigen ihr gutes Recht zur Weiterbildung; Sicherung von Urlaub und Altersversorgung.
7. Beseitigung des Terrors und der Vergewaltigung, Religionsfreiheit, Gewissensfreiheit, Freiheit des Wortes, der Versammlung, der Presse, Unantastbarkeit der Person und des Heimes.
8. Garantierung der völkischen Freiheit.
9. Amnestie für durch den Bolschewismus verurteilte politische Gefangene, Rückkehr in die Heimat aller im Kampfe gegen den Bolschewismus Verurteilten aus den Gefängnissen und Konzentrationslagern.
10. Wiederherstellung der während des Krieges zerstörten Städte und Dörfer auf Staatskosten.
11. Wiederherstellung der dem Staat gehörenden und während des Krieges zerstörten Fabriken und Werke.
12. Keine Schuldenzahlung laut Geheimverträgen, die Stalin mit den anglo-amerikanischen Kapitalisten abgeschlossen hat.
13. Sicherstellung eines Existenzminimums für alle Kriegsinvaliden und deren Angehörige.

In der heiligen festen Überzeugung, daß auf der Grundlage dieser Richtlinien eine glückliche Zukunft für das russische Volk aufgerichtet werden kann, fordert das Russische Comité alle russischen Menschen sowohl in den befreiten als auch in den noch von den Bolschewisten besetzten Gebieten, alle Arbeiter und Bauern, die Intelligenz, Soldaten, Offiziere und Politruks auf, sich im Kampf für das Vaterland und gegen dessen ärgsten Feind, dem Bolschewismus, zu vereinen.

Das Russische Comité erklärt Stalin und seine Clique zu Volksfeinden.

Das Russische Comité erklärt zu Volksfeinden diejenigen, welche sich freiwillig in die Straf- und Vollzugsorgane des Bolschewismus, die besonderen Abteilungen, das NKWD, und in die Sperrverbände einreihen.

Das Russische Comité erklärt zu Volksfeinden diejenigen, welche Volkswerte vernichten.

Pflicht jedes aufrechten Sohnes seines Volkes ist es, diese Volksfeinde zu vernichten, die unser Vaterland immer wieder in neues Unglück stürzen.

Das Russische Comité fordert alle Russen auf, dieser Pflicht nachzukommen.

Das Russische Comité fordert alle Soldaten und Offiziere der Roten Armee auf, zur russischen Befreiungsarmee überzutreten, die an der deutschen Seite kämpft.

Allen, die sich auf die Seite des antibolschewistischen Kampfes stellen, wird das Leben garantiert, unabhängig von ihrer früheren Tätigkeit und der von ihnen innegehabten Stellung.

Das Russische Comité ruft alle Russen auf, den Kampf gegen den verhaßten Bolschewismus aufzunehmen, antibolschewistische Partisanenabteilungen zu gründen und die Waffen gegen Stalin und seine Anhänger zu wenden.

Russen, Freunde und Brüder!

Genug des Blutvergießens! Genug der Witwen und Waisen! Genug des Hungers, der Zwangsarbeit und der Qualen in den bolschewistischen Gefängnissen!

Erhebt Euch zum Kampfe für die Freiheit!

Auf in den Kampf für die heilige Sache unserer Heimat und unseres Volkes!

Es lebe ein ehrenvoller Friede mit Deutschland für alle Zeiten!

Es lebe das russische Volk als gleichberechtigtes Mitglied der Völkerfamilie des neuen Europa!

Vorsitzender des Russischen
Comités
gez. Gen.-Lt. A.A. Wlassoff
Sekretär des Russischen Comités
gez. Generalmajor W. Malyschkin

Smolensk, 27. Dezember 1942

Quelle: Privatarchiv Heysing

Dokument 13

Befehl der Heeresgruppe A, betr. Behandlung der Zivilbevölkerung

Oberkommando der Heeresgruppe A
Ia / Ic / O Qu / Qu 2
Nr. 1112/43 geh.

St.Qu., den 17. Februar 1943

Bezug: OKH/Gen. StdH/Gen.Qu. Abt. Kr. Verw. (Qu 4) Nr. II / 647 / 43 vom 9. 2. 43

Betr.: Behandlung der Zivilbevölkerung im Operationsgebiet

1. Der Verlauf der Operationen dieses Winters hat einen Rückschlag in der Stimmung der Zivilbevölkerung uns gegenüber hervorgerufen. Wir sind aber nach wie vor, heute sogar mehr denn je, auf eine positive Einstellung der Bevölkerung angewiesen.
Eine gleichgültige oder gar feindliche Haltung bedeutet vermehrte Bandentätigkeit, verminderte Bereitwilligkeit als Hilfswillige in unsere Dienste zu treten, Abnahme der Produktions- und Ablieferungsfreudigkeit. Auf der anderen Seite steht mit Sicherheit zu erwarten, daß der Krieg dann in sein entscheidendes Stadium tritt, wenn der Rotarmist die Überzeugung gewinnt, daß es ihm unter deutscher Herrschaft besser geht als unter dem bolschewistischen System.
Unsere Haltung der Bevölkerung gegenüber muß ferner dem Rechnung tragen, daß bereits jetzt tausende von Angehörigen der Ostvölker als Bundesgenossen in unseren Reihen gegen den Bolschewismus kämpfen und sich bisher bewährt haben.

2. Aus zwingenden militärischen Gründen und zur Aufrechterhaltung von Ruhe und Sicherheit wird aufgrund dieser Tatsachen und der bisher gemachten Erfahrungen befohlen:
1) Die Bewohner der besetzten Ostgebiete des Bereiches der Heeresgruppe A sind als Bundesgenossen zu behandeln.
Eine Behandlung als minderwertige Menschen stärkt den feindlichen Abwehrwillen und kostet deutsches Blut.
2) Die Versorgung der Zivilbevölkerung mit Lebensmitteln, besonders mit Brot, ferner mit Bekleidung, Heizmaterial und den Gegenständen des täglichen Bedarfs ist innerhalb der durch den Krieg gesetzten Grenzen zu verbessern. In erster Linie ist auf die Personen Bedacht zu nehmen, die für deutsche Belange tätig sind
3) Die soziale Fürsorge ist auszubauen und hat sich in erster Linie auf Kranke, schwangere Frauen, stillende Mütter und Kinder zu erstrecken, u. a. Versorgung der Krankenhäuser mit Arzneimittel, der Frauen und Kinder mit Milch.
4) Die Bezahlung der für Deutschland arbeitenden Personen hat in steigendem Maße in Naturalien zu erfolgen, oder es ist ihnen die Möglichkeit zu geben, für den Lohnbetrag Lebensmittel und Gebrauchsgüter zu amtlichen Preisen einzukaufen. In erster Linie sind Werks- oder Gemeinschaftsküchen zu betreiben.
5) Kleingewerbe- und Handwerksbetriebe der einheimischen Bevölkerung sind zu fördern (Zuteilung von Rohstoffen und Handwerksgerät, womöglich bevorzugte Zuteilung von Wohn- und Arbeitsräumen, steuerliche Begünstigung usw.).
6) Von allen in Gang gesetzten Betrieben, die Konsumwaren herstellen, sind grundsätzlich 20% für die Zivilbevölkerung abzuzweigen.
Besonders ist dafür zu sorgen, daß die Bevölkerung Gegenstände erhält, die selbst wieder produktionsfördernd wirken, wie Ersatzteile für landwirtschaftliche und andere Maschinen, Klein-Eisenwaren, wie Nägel, Schrauben usw.
7) Die Agrarordnung ist beschleunigt durchzuführen. Im Jahre 1943 sind mindestens 50% der Gemeinwirtschaften in Landbau-Genossenschaften umzuwandeln. In den vorläufig verbleibenden Gemeinwirtschaften ist die Hoflandvergrößerung unverzüglich vorzunehmen und das Hofland dem Bauern als steuerfreies Eigentum zu übergeben. In geeigneten Fällen sind Einzelhöfe zu bilden.
In erster Linie sind diese Maßnahmen der Hoflandvergrößerung und Zuteilung von Einzelhöfen anzuwenden auf: Besonders bewährte Ostlegionäre, Hiwi, Personen, die sich bei der Partisanenbekämpfung ausgezeichnet haben, an hervorragend arbeitende Bauern und nach Deutschland abgestellte freiwillige Arbeiter.
Durch Schenkung von Nutz- bzw. Zugtieren, landwirtschaftliches Gerät usw. als besondere Auszeichnung kann der Aufbau der Eigenwirtschaft gefördert werden.
8) Die Ablieferungspflicht landwirtschaftlicher Erzeugnisse soll grundsätzlich auf keinem Gebiete 80% der Erzeugung überschreiten, in der Regel soll sie nicht höher sein als z. Z. der Bolschewisten, wo die Abgaben auf vielen Gebieten wesentlich geringer waren. Falls auf Produkte des Hoflandes zurückgegriffen werden muß, darf die Abgabe 30% des einzelnen Erzeugnisses nicht überschreiten.
Eine feste Abgrenzung der Abgabeverpflichtungen wird in hohem Maße produktionsfördernd wirken.
Der Bauer nimmt hohe Abgaben willig hin, will aber genau wissen, welcher Teil seiner Produktion ihm selbst zur freien Verfügung verbleibt.
9) Unter keinen Umständen darf dem Bauern die letzte Kuh, Schwein, Schaf etc. genommen werden, die auch zur bolschewistischen Zeit zu seiner ausschließlichen Verfü-

gung stand.
Damit aber das Rindvieh geschont werden kann, ist die Schweine- und Schafzucht, wo dies möglich, mit allen Mitteln zu fördern.

10) Der Handel ist grundsätzlich frei.
Auswüchsen in der Preisgestaltung kann begegnet werden, wobei im allgemeinen die hohen Preise nicht durch Zwangsmaßnahmen oder Preisverordnungen, sondern durch vermehrte Marktbelieferung zu steuern sind.
Ein generelles Verbot der freien Märkte darf in keinem Fall erfolgen.

11) Arbeiterwerbungen für das Reich haben ausschließlich auf freiwilliger Grundlage oder aufgrund der Verordnung des OKH über Arbeitspflicht und Arbeitseinsatz vom 6. 2. 43 zu erfolgen.
Die vielfach geübten, bisherigen Methoden haben der gegnerischen Propaganda ein überaus wirksames Mittel zur Stärkung des feindlichen Widerstandes an die Hand gegeben und somit deutsches Blut gekostet. Schuldige sind daher künftig rücksichtslos zu bestrafen.

12) Das Schulwesen ist weitgehend zu fördern. Die 4klassige Grundschule ist allgemein einzuführen, darüber hinaus sind auch nach und nach die höheren Schulklassen bis zur 10klassigen, sowie Fachschulen einzurichten. Durch Wiedereröffnung der technischen, medizinischen, tierärztlichen, pharmazeutischen, land- und forstwirtschaftlichen Fakultäten ist unserem starken Bedarf an Technikern, Ärzten, Tierärzten, Apothekern und Agronomen und Forstleuten Rechnung zu tragen.

13) Allen wissenschaftlichen, besonders den pädagogischen Instituten, Bibliotheken, Museen, Ausstellungen u. dgl. ist besondere Aufmerksamkeit und Pflege zu widmen.

14) Die Religionsausübung ist frei und in keiner Weise zu behindern. Kirchengebäude sind auf Wunsch zurückzugeben.

15) Der Ausbau des Theater- und Lichtspielwesens, sowie von Musikveranstaltungen ist von großer Bedeutung für die Stimmung der Bevölkerung und bietet wertvolle Propagandamöglichkeiten, er ist daher nach Kräften zu fördern.

3. Verstöße irgendwelcher Dienststellen gegen diesen Befehl sind Heeresgruppe A zu melden. Ferner ist in der Qu 2-Meldung über die Durchführung und die Auswirkungen der befohlenen Maßnahmen zu berichten. Diese Berichte haben auch etwaige Abänderungswünsche oder sonstige Vorschläge zu enthalten.
4. Die Vergrößerung des Hoflandes, Zuweisung von Einzelhöfen als Privateigentum an besonders bewährte Ostlegionäre usw. gemäß Ziffer 2 (7) ist, wie folgt durchzuführen:
   a) Soweit bewährte Ostlegionäre und Hiwi aus dem Bereich der Heeresgruppe A beheimatet sind, ist die Vergrößerung des Hoflandes beschleunigt durchzuführen.
   Von den der Heeresgruppe A unmittelbar unterstellten Truppen sind die Anträge an die zuständigen Territorial-Befehlshaber zu stellen.
   b) Für Ostlegionäre und Hiwi aus anderen von der deutschen Wehrmacht besetzten Gebieten sind die Anträge über Heeresgruppe A an die zuständigen territorialen Dienststellen zu leiten.
5. Zur propagandistischen Auswertung dieser Maßnahmen ist dafür zu sorgen, daß solche Belohnungen vor den versammelten Ostlegionären bzw. Hiwi einer Einheit ausgesprochen werden und in den Heimatorten Grund und Art der Belohnung öffentlich bekanntgemacht wird.

v. Kleist

Quelle: Heeresgruppe A,
Behandlung der Zivilbevölkerung, BA-MA RH 19 V/95.

Dokument 14

Erlaß des Propagandaministers Dr. J. Goebbels vom 17. 2. 1943, betr. Behandlung der europäischen Völker

Abschrift

Oberkommando des Heeres
Gen. St. d. H./Gen. Qu.
Az. Abt. K.Verw. (Verw. [Verw.])
Nr. II / 1321 / 43 geh.
H.Qu.,
den 15. 3. 1943

Geheim!

Betr.: Behandlung der europäischen Völker

Nachfolgende Abschrift eines Erlasses des Reichspropagandaleiters der NSDAP, Reichsminister Dr. Goebbels, an alle Reichsleiter, Gauleiter und Gaupropagandaleiter vom 15. 2. 43 wird zur Kenntnis übersandt.
»Der Führer hat in seiner Proklamation zum 30. Januar 1943 in eindeutiger Weise auf die *Bedeutung des nationalsozialistischen Kampfes* in der Vergangenheit, Gegenwart und Zukunft *nicht nur für Deutschland*, sondern darüber hinaus für ganz Europa hingewiesen:
›Heute erkennen wir aber erst ganz, was aus

Deutschland und aus ganz Europa geworden wäre, wenn am 30. Januar 1933 die Vorsehung durch den Reichspräsidenten Generalfeldmarschall von Hindenburg dem Nationalsozialismus die Macht nicht übertragen haben würde.‹

›Was wäre aus dem deutschen Volke und aus Europa geworden, wenn am 22. Juni 1941 nicht in letzter Minute die neue deutsche Wehrmacht ihren Schild vor den Kontinent gehalten hätte? Wer will glauben, daß die lächerlichen Garantien und ebenso belanglosen papierenen Erklärungen angelsächsischer Staatsmänner die Welt gerettet hätten vor dem Überfall durch die Macht, die, wie es heute amerikanische Korrespondenten ruhig aussprechen, seit zwanzig Jahren nur ein Ziel hatten ... Europa zu überfallen und seine Kultur zu vernichten.‹

›So gibt es auch heute nur diese beiden Alternativen: *Entweder es siegen Deutschland, die deutsche Wehrmacht und die mit uns verbündeten Länder und damit Europa, oder es bricht von Osten her die innerasiatisch-bolschewistische Welle über den ältesten Kulturkontinent herein, genau so zerstörend und vernichtend wie das in Rußland selbst schon der Fall war.*‹

Hieraus ergeben sich für die Behandlung der außerhalb Deutschlands lebenden europäischen Völker einschließlich der Ostvölker sowie für die Behandlung von Plänen des Reiches im Osten in Reden, Aufsätzen und sonstigen Veröffentlichungen folgende klare Forderungen:

1. Es müssen für den Sieg nicht nur alle noch irgendwo vorhandenen und verfügbaren Kräfte des deutschen Volkes mobilisiert werden, sondern auch die jener Völker, welche die bisher im Verlauf des Krieges von uns besetzten oder eroberten Länder bewohnen. Jede Kraft des europäischen Kontinents, also auch vor allem der Ostvölker, muß in den Kampf gegen den jüdischen Bolschewismus eingesetzt werden.

2. Die gesamte Propagandaarbeit der NSDAP und des nationalsozialistischen Staates muß daher darauf ausgerichtet werden, nicht nur dem deutschen Volk, sondern auch den übrigen europäischen Völkern einschließlich der Völker in den besetzten Ostgebieten und den noch bolschewistischer Herrschaft unterstehenden Ländern den Sieg Adolf Hitlers und der deutschen Waffen als in ihrem ureigensten Interesse liegend klarzumachen.

3. Es verträgt sich hiermit nicht, diese Völker, insbesondere die Angehörigen der Ostvölker, direkt oder indirekt, vor allem in öffentlichen Reden oder Aufsätzen herabzusetzen und in ihrem inneren Wertbewußtsein zu kränken. Man kann diese Menschen der Ostvölker, die von uns ihre Befreiung erhoffen, nicht als Bestien, Barbaren usw. bezeichnen und dann von ihnen Interesse am deutschen Sieg erwarten. Wie wir in der Kampfzeit in Deutschland zwischen dem System der demokratisch-marxistischen Partei einerseits und den von ihnen irregeführten deutschen Menschen andererseits unterschieden haben, so muß auch jetzt immer nur die Bestie Stalin und die Bestialität des bolschewistischen Systems angegriffen werden, nicht aber die Völker, die von ihm unterworfen wurden.

4. Ebenso unangebracht ist eine Darstellung der künftigen Neuordnung Europas, aus der die Angehörigen fremder Völker den Eindruck gewinnen könnten, als ob die deutsche Führung sie in einem dauernden Unterwerfungsverhältnis zu halten beabsichtige.

   Äußerungen, daß Deutschland im Osten Kolonien errichten und Kolonialpolitik betreiben werde, das Land und seine Bewohner als Ausbeutungsobjekt betrachte, sind völlig verfehlt. Sie würden der Sowjetpropaganda nur eine willkommene Gelegenheit zu der Behauptung bieten, daß Deutschland die Völker des Ostens auf eine Stufe mit den Negern stelle. Dies würde bei der Bevölkerung wie bei den Sowjettruppen nur eine Stärkung des Widerstandswillens gegen die deutsche Wehrmacht und das Deutsche Reich zur Folge haben.

5. Ebenso abwegig ist es, von neuen deutschen Siedlungen oder gar Großsiedlungen und Landenteignung zu sprechen oder theoretische Aufsätze über die Frage zu verfassen, ob man die Völker oder den Boden germanisieren müsse. Gerade der nationalsozialistische Grundsatz, daß nur der Boden germanisiert werden kann, wird ohnehin von feindlicher Seite dahin ausgewertet, daß eine riesige Aussiedlung der Völker als Plan des Reiches verkündet werde. Der feindlichen, insbesondere der Sowjet-Propaganda, darf hierzu keine Handhabe geboten werden, da auch hier das Ergebnis eine Stärkung des Widerstandswillens der Ostvölker wäre.

   Erst recht kann eine Verschickung der alteingesessenen Bevölkerung nicht erörtert werden.

6. Demgegenüber ist bei allen sich bietenden Gelegenheiten der Freiheitswille, der Kampfwille gegen das bolschewistische Terrorregiment, wie er die von den Sowjets unterdrückten Völker beseelt, ihr Soldatentum sowie ihre Arbeitswilligkeit hervorzuheben. Als Beweis ist der Einsatz der Ostvölker in landeseigenen Truppenkontingenten, wie ihn der Wehrmachtsbericht bereits hervorhebt, der

Einsatz der Ostarbeiter im Reichsgebiet und die Arbeit anzuführen, durch die die Ostvölker in industriellen oder landwirtschaftlichen Betrieben ihrer Heimat unter deutscher Führung das Ihre für den Sieg, für die deutsche Rüstung und die Sicherung des Ernteertrages leisten.

7. Die besetzten Ostgebiete werden nach ihrer planmäßigen Zerstörung durch den Bolschewismus (entsprechend Stalins Befehl der verbrannten Erde) unter deutscher Führung wieder aufgebaut. Dies sichert mit den Reichtümern des Bodens Deutschland, ganz Europa und damit auch den im Osten lebenden Völkern die Nahrungs- und Rohstofffreiheit und den sozialen Aufstieg für alle Zukunft.

Alles, was die notwendige Mitarbeit aller europäischen Völker, insbesondere der Ostvölker, für den Sieg gefährdet, muß also unterlassen werden. Jede Entgleisung würde der Sowjetpropaganda die Handhabe geben, womöglich auf das Zeugnis führender Persönlichkeiten des Reiches hinzuweisen, welche die Knechtung der Völker des Ostens zum Ziele hätten. Jede Vorsicht in Äußerungen hilft dagegen deutsches Blut sparen und den Sieg erringen.

Im Einvernehmen mit dem Leiter der Partei-Kanzlei bitte ich um strengste Beachtung aller dieser Folgerungen aus den Richtlinien des Führers im Gesamtbereich der Parteiarbeit und insbesondere der Propaganda.

Die die Ostvölker betreffenden Ausführungen entsprechen den an die Obersten Reichsbehörden ergangenen Richtlinien des Reichsministers für die besetzten Ostgebiete über das Verhalten aller verantwortlichen Stellen zum Problem der Ostpolitik, insbesondere zur Frage der Behandlung der Ostvölker.«

I.A.
gez. Unterschrift

Quelle: PzAOK 2, Ia, Anlageband 105 vom 20. 3.–1. 8. 1943, BA-MA 37 075/118

Dokument 15

Stellungnahme des AOK 2 vom 6. 4. 1943, betr. Behandlung der Zivilbevölkerung

Armee-Oberkommando 2
O.Qu./Ic/A.O.Nr. 1353/43 geh.
A.H.Qu.,
am 6. 4. 1943

Betr.: Behandlung der Zivilbevölkerung

Die weiten besetzten Ostgebiete können ohne vertrauensvolle, freiwillige Mitarbeit der Bevölkerung weder dauernd befriedet, noch wirtschaftlich voll erschlossen werden. Ausgehend von dieser Erkenntnis hat die Armee in ihrem alten Gebiet zwischen Kursk und Woronesh besonderen Wert auf gerechte und anständige Behandlung der dortigen großrussischen Bevölkerung gelegt. Das hat sich nicht nur in ruhigen Zeiten, sondern sogar noch auf dem Rückzug bestens bewährt. Es gab keine Banden, die Bevölkerung verhielt sich beim Rückzug der Armee mindestens neutral, in vielen Fällen half sie unseren Männern, warnte und unterstützte sie.

Ganz anders war das Verhalten der ukrainischen Bevölkerung in den altbesetzten Gebieten, durch welche die Armee später zurückging und welche jetzt das rückwärtige Armeegebiet bilden. Überall flammte Bandentätigkeit auf. Die bewaffnete einheimische Polizei lief an vielen Orten zu den Banden über. Ablehnung und Feindseligkeit war an vielen Stellen offen zu fühlen. Hier müssen Fehler gemacht worden sein, welche die an sich friedliche Bevölkerung gegen uns aufbrachte. Diese Fehler sind zum Teil in falscher Behandlung durch untergeordnete Dienststellen, zu einem größeren Teil in nicht eingehaltenen Versprechungen und getäuschten Vertrauen, zum allergrößten Teil aber in der mangelnden, bei langer Kriegsdauer dringend notwendigen klaren Zielsetzung auf weiter Sicht zu suchen.

Die *Grundlage,* auf der allein eine umfassende tätige Mitarbeit der Bevölkerung erreicht werden kann, ist die klare politische Zielsetzung für die spätere Stellung der einzelnen Ostvölker zum Reich. Nach 1¾jähriger Besetzung geht es nicht mehr an, ein Volk, dessen wirtschaftliche und militärische Kraft in unseren Dienst gestellt werden soll, über seine Zukunft völlig im Unklaren zu lassen. Heute genügt es nicht mehr, das Volk zum Kampf gegen den Bolschewismus aufzurufen, während sich seine wirtschaftliche, rechtliche und kulturelle Lage vom Zeitpunkt der »Befreiung« an gegenüber der bolschewistischen Herrschaft auf den meisten Gebieten nur verschlechtert hat. Dazu kommt, daß die Feindpropaganda, abgesehen von vielen Versprechungen, nunmehr den Kampf Slaventum-Germanentum als Parole wählt, die seine Zugkraft sicher nicht ganz verloren hat.

Der Erlaß des Reichsministers Dr. Goebbels vom 15. 2. 43 über die Behandlung der europäischen Völker (bekanntgegeben mit OKH Gen.St.d.H./Gen.Qu.Az. Abt. I Verw. (Verw.) Nr. II 1321/43 geh. vom 15. 3. 43) entspricht hinsichtlich der Ostvölker durchaus den Erkenntnissen, die die Truppe im Laufe ihres nunmehr zweijährigen Kampfes gegen den Bolschewismus gewonnen hat.

Nach Ansicht der Armee genügt es aber nicht, diesen Standpunkt nur in Reden, Aufsätzen und sonstigen Veröffentlichungen zu vertreten, sondern den Worten müssen auch baldmöglichst Taten folgen. Die Armee hat bereits mit ihrem Jahresbericht über die Stimmung der Zivilbevölkerung darauf hingewiesen, daß mit zunehmender Dauer des Kampfes gegen den Bolschewismus eine *überzeugende Tatpropaganda* immer dringlicher erforderlich wird. Im Zuge der von Reichsminister Dr. Goebbels gestellten Forderungen erscheinen vor allem folgende Punkte vordringlich, um sie einer Lösung näher zu bringen.

1. Schaffung einer staatsrechtlichen Idee und Erweiterung der russischen bzw. ukrainischen Selbstverwaltung durch Einsetzen einer höheren Verwaltungsinstanz. Es erscheint vor allem höchste Zeit, den besetzten Gebieten eine umfassende Selbstverwaltung, mindestens in den mittleren Instanzen zu geben. Wir neigen viel zu sehr dazu, alles selbst machen zu wollen, und setzen uns damit zwangsläufig dem Unwillen der Bevölkerung aus, wenn wir unbequeme Maßnahmen verlangen müssen. Außerdem ist es gar nicht zu vermeiden, daß die deutschen Dienststellen psychologische Fehler machen, weil man von ihnen eine umfassende Kenntnis der russischen Mentalität gar nicht verlangen kann. Man gebe dafür den Russen eine Selbstverwaltung und stelle die für die Kriegsbedürfnisse und Ernährungsnotwendigkeiten nötigen Forderungen! Dieser Gesichtspunkt gewinnt besonders bei der Ukraine erhöhte Bedeutung.
   Von besonderer Bedeutung ist auch die einheitliche Regelung des Polizeiwesens. Wiederholt vorgenommene Erschießungen z. B. früherer Kommunisten ohne Untersuchung müssen den Eindruck der Willkürlichkeit erwekken und erinnern die Bevölkerung an die verhaßten GPU-Methoden. Nicht nur strafend, sondern vor allem schützend muß sich die Polizei dem Volke vorstellen.
   In Verbindung damit ist die Einführung einer einheitlichen Rechtsprechung erforderlich, gleichgültig, ob diese durch russische oder deutsche Stellen geschieht. Die bisherige Handhabung der Strafjustiz ist uneinheitlich und vielfach nicht geeignet, das Vertrauen in die Gerechtigkeit der Deutschen zu stärken.
2. Die bisherige Art der Durchführung der *Agrarreform* war ein Fehlschlag. Wenn die Bevölkerung der besetzten Gebiete wirklich an die Ehrlichkeit unserer Agrarversprechungen glauben soll, so müssen die Kolchosen nicht nur dem Namen nach, sondern auch in der Praxis aufgehoben werden. In der Landzuteilung darf nicht kleinlich verfahren werden, dem Bauern darf an Steuern und Abgaben nicht mehr auferlegt werden, als zur Zeit des bolschewistischen Regimes. Auch die sonstigen Bestrebungen der Bevölkerung auf Ingangsetzung der Wirtschaft müssen nachhaltig unterstützt werden. Wenn die nach unserem Einrücken von der Bevölkerung aufgezogenen Wirtschaftsbetriebe regelmäßig von uns enteignet und zu Wehrmachtsbetrieben erklärt werden, dann kann man es der Bevölkerung nicht verdenken, wenn sie keine Initiative mehr zeigt. Schon zur Deckung des notwendigsten Bedarfs an Verbrauchsgütern ist es notwendig, die Bevölkerung, wenn auch zunächst noch in bescheidenem Umfang, an den Erzeugnissen der gewerblichen Wirtschaft des Landes teilhaben zu lassen. Bei der völligen Verarmung der Bevölkerung und dem damit in Zusammenhang stehenden Wunsch, Klarheit über die zukünftige wirtschaftliche Stellung des russischen Volkes zu gewinnen, erscheint eine klare Richtunggebung hier unerläßlich. Die Geldentwertung schreitet in erschreckendem Umfang immer noch fort. Unsere Zahlungsmittel gelten nicht als voll. Die Löhne halten mit den Preisen nicht Schritt, der Warenhunger ist gerade in den primitivsten Artikeln des täglichen Lebens ungeheuer. Nicht einmal Salz ist in vielen Gegenden zu haben. Einmal hat die Leidensfähigkeit auch hier ihre Grenze. Das Volk muß wissen, ob die Aufnahme eines regulären Handelsverkehrs mit dem Osten beabsichtigt oder ob eine der derzeitigen Form ähnliche Zwangsbewirtschaftung zu erwarten ist. Der Frage der Gewährung von Geld- oder Warenkrediten schon während des Krieges ist hier besondere Bedeutung beizumessen, da sie gleichzeitig die Voraussetzung für die Anerkennung unserer Zahlungsmittel bildet.
3. Die Art des *Arbeitseinsatzes der Bevölkerung* muß nach einheitlichen Gesichtspunkten geregelt werden. Die Bedürfnisse, die Industrie und Landwirtschaft in Deutschland haben, müssen mit den Bedürfnissen der von uns besetzten Ostgebiete in Übereinstimmung gebracht werden. Die augenblickliche Methode der »Werbung« von »freiwilligen« Arbeitskräften durch Erteilung von *Auflagen,* die immer nur einzelne trifft, wird von vielen als Abart der früheren Verschickung empfunden. Daher muß eine Erfassung *aller* Arbeitskräfte, auch der Jugendlichen, erfolgen zur Erzielung von Arbeitsleistungen, die wenigstens z. T. auch der Bevölkerung zugute kommen müssen, oder aber, wie schon von der Armee früher

vorgeschlagen, eine Art Arbeitsdienstpflicht, die einen bestimmten Personenkreis und bestimmte Jahrgänge umfaßt. Hier öffnet sich dem R.A.D. mit seinen Erfahrungen ein umfangreiches Tätigkeitsgebiet. Gelingt es uns, die jungen Jahrgänge einen geregelten Arbeitsdienst durchlaufen zu lassen, dann bekommen wir sie in die Hand. Dann können wir der Ideologie des Bolschewismus, in der sie erzogen sind, die Ideale des Nationalsozialismus entgegensetzen. Dann bekommen wir aus den so geschulten Kräften erst die richtigen Mitkämpfer gegen den Bolschewismus in einer ausschlaggebenden Zahl.

4. Aber auch auf *kulturellem und sozialem Gebiet* muß den Bedürfnissen der Bevölkerung Rechnung getragen werden. Durch Anerkennung der altrussischen Kultur und Kunst, insbesondere der großen Dichter und Komponisten, muß das Streben der Bevölkerung, an dem ungleich höheren Stand der Kultur des Reiches teilzuhaben, angeregt werden. Die einzige bisher von uns gegebene Zusage auf freie kirchliche Betätigung berührt nur die ältere Bevölkerung, während sie für die Masse der Jugendlichen vorläufig noch nichts bedeutet. Auf der anderen Seite hat der Bolschewismus auf einzelnen kulturellen Gebieten (Schulen!) so viel getan, daß jegliche Zurückhaltung unsererseits in dieser Beziehung als Mangel empfunden wird. Abgesehen davon dürfte auch in Zukunft nicht ohne einen akademisch gebildeten Personenkreis aus der Bevölkerung auszukommen sein, man denke nur an Ärzte, Tierärzte, Ingenieure und dgl. Infolgedessen muß die Wiedereröffnung der Schulen und höhere Lehranstalten in Angriff genommen werden. Im Vordergrund müßte dabei medizinische und landwirtschaftliche Hochschulausbildung stehen.

Die noch reichlich unsicheren Zustände in dem von uns besetzten Gebiet erklären sich zum Teil daraus, daß die Bevölkerung eine praktische Auswirkung der wenigen von uns gemachten Versprechungen nicht zu sehen bekommen hat und darüber hinaus feststellen kann, daß unabhängig von allen kriegsbedingten Notwendigkeiten von den deutschen Verwaltungsdienststellen neben- und durcheinander gearbeitet wird. Das, was Reichsminister Dr. Goebbels im Punkt 4 seiner Forderungen erwähnt, nämlich, daß Deutschland das Ostland und seine Bewohner nicht als Ausbeutungsobjekt betrachte, ist bisher praktisch in der Tat nicht durchgeführt worden, soweit sich das vom Standpunkt des A.O.K. beurteilen läßt.

Hierin grundlegenden Wandel zu schaffen, dürfte höchste Zeit sein. Denn nur dann ist eine völlige Befriedung des von uns besetzten Gebietes zu erwarten. Darüber hinaus gewinnt aber auch der Kampf der Freiwilligen eine Untermauerung, indem diese ein Ziel bekommen, für das es sich lohnt, den Bolschewismus endgültig zu vernichten.

Grundsätze der Tat-Propaganda müssen jetzt sein:

1. Alles vermeiden, was verstimmt.
2. Es muß gehalten werden, was versprochen wird.
3. Daher Eigenwirtschaft des Einzelnen und Selbstverwaltung des Landes nach deutschen Richtlinien.

Auf dieser Basis läßt sich der Reichtum des Landes an Erzeugung und Arbeitskraft allein nutzbringend ausschöpfen.

gez. WEISS

Quelle: Public Record Office, London, Foreign Office (FO) 898/532, ERD/2254

Dokument 16

Denkschrift des Hauptmann Dr. Th. Oberländer »Bündnis oder Ausbeutung« vom 22. 6. 1943

Bündnis oder Ausbeutung

1. Europa steht im Kampf an zwei Fronten:
Gegen die kulturfeindliche, auf der willenlosen Masse begründete Militärmaschine des Bolschewismus aus dem Osten und der technischen Massenzivilisation Amerikas aus dem Westen. Zwar hat das Reich auf dem Kontinent, von den Partisanen des Ostens abgesehen, keine militärischen Gegner, aber statt des für die siegreiche Verteidigung der Festung Europa unerläßlich freudigen Einsatzes aller Kräfte aller Belagerten stoßen wir auf Gleichgültigkeit oder verborgene Gegnerschaft.

Denn den meisten Angehörigen der europäischen Völkergemeinschaft ist die Tatsache der gemeinsamen Belagerung noch nicht zum Bewußtsein gekommen; die deutsche Führung hat sich dieser zentralen Frage bisher nur in fragmentarischen Erklärungen zugewandt. Es ist aber notwendig, die Europäer durch unmißverständliche Maßnahmen zu überzeugen

a) von der Größe der allen gemeinsamen äußeren Gefahr,
b) von der hieraus folgenden Gleichartigkeit der Interessen der Völker Europas,
c) von der Notwendigkeit eines Zusammenwirkens unter deutscher Führung.

2. Was umfaßt aber Europa?
Kleineuropa ohne die befreundeten Ostgebiete

hat im Kampf der Großräume der Erde die Bedeutung einer Halbinsel, etwa der Größe und der machtpolitischen Potenz des klassischen Griechenland innerhalb der römischen Welt. Die befreiten Ostgebiete haben sich heute noch nicht für die Zugehörigkeit zu Europa oder Sowjetasien entschieden. Ihre wirkliche Hinwendung zu Europa und die allein dadurch bewirkte Ausweitung des Kontinents zum weltpolitisch-konkurrenzfähigen Großraum ist an die innere freiwillige Option der befreiten Völker gebunden. Man kann diese Entscheidung auch tätiges Vertrauen zu Deutschland nennen.

3. *Der Krieg im Osten kann durch rein militärische Erfolge nicht gewonnen werden, sie müssen durch politische Maßnahmen ergänzt und unterstützt werden.* Der Krieg im Osten ist einer Zange vergleichbar, die nur wirksam wird durch den gleichzeitigen Ansatz des militärischen *und* des politischen Hebels. Die heutige Lage weist eine überraschende Ähnlichkeit mit dem militärischen Kampf um die Behauptung des Bolschewismus auf. Damals vernichtete Lenin durch geschickte Anwendung der Themen »Freiheit den Völkern« und »Land den Bauern« während des Bürgerkrieges die militärisch gefährlichen weißrussischen Armeen, indem er ihnen politisch den Wind aus den Segeln nahm.

4. In folgendem werden die wichtigsten politischen Waffen, deren sofortiger Einsatz die ständige Begleiterin der militärischen Maßnahme bilden muß, genannt.
Hierzu sei vorausgeschickt:
Bei politisch geschickter Verkündung und Durchführung der nachstehenden Maßnahmen läßt sich die vielfach befürchtete und unerwünschte Festlegung der deutschen Ostpolitik nach dem Sieg durchaus vermeiden.
Hierzu gehören:

a) *Restlose Aufgabe der* (in der Tat durch nichts begründeten) *Auffassung, daß die Ostgebiete nur von »unterwertigen Menschen« bewohnt seien* und daher im Kolonialstil des 19. Jahrhunderts regiert werden können. Wir müssen uns entschließen, in den Völkern der Ostgebiete politische Faktoren zu erblicken. Ihre Reaktion auf unsere Maßnahmen ist für den Endsieg von entscheidender Bedeutung und muß daher von uns in Rechnung gestellt werden.

b) *Beschleunigte Agrarreform.*
Die vorhin angedeutete Schwebelage zwischen Europa und Sowjetasien erzeugt unter anderem eine gefährliche Anfälligkeit, bei der erfahrungsgemäß politische Maßnahmen zu besonders spürbaren Ausschlägen führen. Den ersten Rang nimmt hier die Agrarfrage ein.
Das beweist:
aa) die Unfähigkeit zur Lösung der Bauernfrage hat gewaltigen Anteil am gesellschaftlichen und staatlichen Zusammenbruch des Zarenreiches.
bb) ihre geschickte taktische Lösung durch den Ruf »Das Land den Bauern« führte die an sich konservative Landbevölkerung in die Arme der Bolschewiken.
cc) die Einführung des Kolchossystems machte den Bauern schlagartig zum erbitterten Feind des Bolschewismus. Der für die europäische Nahrungsfreiheit entscheidende freiwillige Einsatz des osteuropäischen Landvolkes kann nach diesen Erfahrungen nur durch Wiedererweckung der bäuerlichen privatwirtschaftlichen Instinkte erreicht werden. Durch den verspäteten Erlaß und die schleppende und ungenügende Durchführung der an sich richtigen neuen Agrarordnung ist das nicht gelungen. Gespräche mit der Bevölkerung lassen erkennen, daß auch der Agrarerlaß vom 3. 6. 43 keine Durchschlagskraft hat. Er wird als neuerliches Versprechen empfunden, ein bisher nicht gehaltenes Versprechen nun doch zu erfüllen.
Notwendig ist daher nunmehr die kompromißlose Durchführung der längst befohlenen Agrarordnung.

c) *Wiederentwicklung der Selbstverwaltung.*
Die landeseigenen Kräfte, die sich in freudiger Bereitwilligkeit für den Aufbau der Selbstverwaltung zur Verfügung stellten, wurden überall ausgeschaltet; sie stehen in wachsender Enttäuschung gegen Deutschland verbittert beiseite. Von den an ihrer Stelle ins Land geholten 200 000 Deutschen sind bei Aufbau einer landeseigenen Selbstverwaltung in den befreiten Ostgebieten 3/4 für den Aufbau 10 neuer Divisionen freizumachen.
Um nur ein Beispiel herauszunehmen:
Durch die hervorragenden Führungseigenschaften der Deutschen in der Donaumonarchie gegenüber fremdem Volkstum war es möglich, mit wenig deutschen Kräften bei weitgehender landeseigener Selbstverwaltung vorbildlich zu regieren.

d) *Positive Kultur- und Sozialpolitik.*
Die kriegswirtschaftlichen Notwendigkeiten legen der Bevölkerung der befreiten Ostgebiete harte Beschränkungen auf. Umso wichtiger ist es – selbstverständlich ohne Beeinträchtigung der Erfordernisse des totalen Krieges – ihr auf anderen Gebieten, besonders dem der Kultur- und Sozialpolitik, entgegenzukommen.
Hier insbesondere muß die junge, sowjetisch

erzogene Generation bis zu 30 Jahren intensiv erfaßt und für uns gewonnen werden, da sie die entscheidende Menschenschicht ist, mit der wir in Zukunft zu arbeiten haben. Ferner ist es von besonderer Bedeutung, die Frauen für uns zu gewinnen, die an Energie und Charakterstärke den Männern oft gleichkommen und als Folge der Kriegsverhältnisse zahlenmäßig besonders ins Gewicht fallen. Zahlreiche Maßnahmen der Ostverwaltung, insbesondere des Reichskommissars für die Ukraine, widersprechen kraß diesem Gebot politischer Klugheit. Sein Erlaß gegen Mutterschutz und Säuglingspflege vom Nov. 42, der Schulschließungserlaß (24. 10. 42) und der Hochschulschließungserlaß (20. 6. 42) haben Millionen von Ukrainern in ihrem gläubigen Vertrauen auf Deutschland erschüttert und Tausende in die Reihen des Partisanentums getrieben. Der Versuch, ein entwickeltes, sozial differenziertes Volk in Europa durch Zwangsdegeneration zu schwächen, ist absurd. Solche Maßnahmen sind nur Nadelstiche, verheerend nicht nur für die betroffenen Völker, sondern lediglich in der politischen Auswirkung gegen uns.

e) *Siedlungspläne gemäß der Volkskraft.*
Unsere Siedlungspläne sind von unserer Volkskraft abhängig, die begrenzt ist. Daher darf die Erreichung kriegswichtiger Nahziele nicht durch Propagandierung uferloser Siedlungsziele unmöglich gemacht werden. Die Erörterung und Durchführung von Siedlungsmaßnahmen sollte während des Krieges auf das unbedingt notwendige Maß beschränkt werden. Die daraus entstehenden kriegshemmenden Schwierigkeiten stehen in keinem Verhältnis zu ihrem bevölkerungspolitischen Nutzen.

f) *»Wahres Herrentum«.*
Die Völker des Ostens kannten den Deutschen als harten aber gerechten Herrn. Sie haben ihn daher oft nicht geliebt, aber immer geachtet. Nur diese innere Einstellung ermöglicht uns die Bewältigung der Führungsaufgaben im Osten. Wegen Unsauberkeit und Korruption in den eigenen Reihen muß daher nach den Grundsätzen des Kriegsrechts unnachsichtig durchgegriffen werden.

5. Die geforderte Entscheidung ist nicht ohne Einfluß auf die Leistung der besetzten Ostgebiete für die europäische Kriegswirtschaft. Bei den bisher vom Reich aus der ernährungswirtschaftlichen und arbeitseinsatzmäßigen Enge diktierten Lieferungsauflagen an Lebensmitteln und Arbeitskräften lag die Vorstellung zugrunde, daß es sich um kurzfristig erreichbare kriegswirtschaftliche Ziele zur Vorbereitung militärischer Schläge handelt, zu deren Erreichung jedes Mittel recht ist. Die Wahl der Mittel war bei den Ausführenden entsprechend verschieden, weil der östliche Mensch verschieden beurteilt wurde und die einheitliche politische Steuerung, die allein auch die Gleichheit der Mittel gewährleistet, fehlte. Jetzt, wo sich ganz klar die Möglichkeit einer langfristigen Verteidigung Großeuropas abzeichnet, muß an die Stelle des kurzfristig erzwungenen Wirtschaftserfolges die langfristige Planung mit entsprechender Menschenbehandlung treten. Jetzt wird die Wahl der Mittel entscheidender als der blitzschnelle Erfolg. Die Umstellungszeit mag durch das Nachlassen drastischer Arbeiterfangmethoden und wirtschaftlicher Erfassungsmaßnahmen vorübergehend einen geringeren Ertrag für das Reich erbringen, sie schafft aber zugleich mit einer die politischen und wirtschaftlichen Gebiete erfassenden Erziehung die Garantie für eine Dauerleistung.

6. Um Blut zu sparen und die Unterwanderung des geschlossenen deutschen Siedlungsraumes durch fremdes Volkstum in erträglichen Grenzen zu halten, müssen wir versuchen, nicht nur die Arbeitskraft, sondern auch die Kampfkraft fremden Volkstums für uns einzusetzen. Die Aufstellung fremder Verbände, insbesondere der russischen Befreiungsarmee und die Unterstützung ihres Führers Gen.-Ltn. Wlassow ist über das Stadium der Propaganda hinausgewachsen und bereits eine politisch militärische Realität. Die Zahl der 800 000 landeseigenen Freiwilligen an der Ostfront kann wesentlich vermehrt werden, wenn sie wissen, wofür sie kämpfen. Denn es ist nicht zu erwarten, daß Russen, Ukrainer, Letten oder Tataren für uns kämpfen und sterben, während ihre Völker in einem Helotendasein dahinleben. Ein Zurück kann es auf dem Gebiete der militärischen Zusammenarbeit mit den landeseigenen Freiwilligen nicht geben. Jeder Fehler in der Behandlung oder jede Zwangsüberführung von Kämpfern zur Arbeitskraft bedeutet die Gefahr des Abgleitens ins Partisanentum.

7. Eine angemessene Politik als Folge eines entschlossenen Umbruchs in unserem Verhältnis zum Bewohner der befreiten Ostgebiete verwandelt ihn zu einem krisenfesten Europäer. Sie beseitigt dadurch seine Anfälligkeit gegenüber dem massiven Ansturm der auf allen Registern spielenden Sowjetpropaganda; sie macht ihn zu einem einsatzfreudigen und daher leistungsfähigen Arbeiter; sie führt die kämpferischen Elemente in die Reihen der Wehrmacht und spart somit kostbares deutsches Blut.

8. Dieser Umbruch in der Ostpolitik muß erkennbar und total sein. Es wäre verhängisvoll,

diese uns noch verbliebenen politischen Mittel in Form von Teilkonzessionen als Kleingeld ohne greifbaren Erfolg aus der Hand zu geben. Alle Teillösungen würden von der Bevölkerung als Eingeständnis unserer Schwäche empfunden, ihre Begehrlichkeit reizen und mit neuen Forderungen beantwortet werden.

9. Es wäre ein folgenschwerer Irrtum, die Dynamik zu verkennen, die der gegenwärtigen Lage im Osten innewohnt; sie bewegt sich einer Entscheidung zu. Fällt sie nicht für uns aus, so wird sie gegen uns sein. Erfolgt eindeutig und rechtzeitig daher der geforderte Umbruch in der Ostpolitik nicht, so sind die Sowjetlosungen: »Zweiter vaterländischer Krieg«, »Sowjetnationalstaat«, »Jeder Sowjetbürger ein Partisan«, »Slawen vereinigt Euch«, die heute zum Teil noch bloße Parolen sind, die bittere Wirklichkeit von morgen. Wie ernst man eine solche Lage nehmen muß, zeigt folgende Äußerung eines führenden Kommunisten:
»Wir haben das russische Volk wirklich schlecht behandelt, so schlecht, daß es eine Kunst ist, es noch schlechter zu behandeln. Die Deutschen haben diese Kunst fertiggebracht. Auf die Dauer wählt ein Volk von zwei Tyrannen den, der seine eigene Sprache spricht; also werden wir den Krieg gewinnen.«
Das taktisch kluge Verhalten der Roten Armee bei der Besetzung Charkows (16. 2.–12. 3. 43) hat seine Wirkung auf die Bevölkerung nicht verfehlt und zeigt, zu welch weitgehenden Konzessionen der Bolschewismus heute bereits fähig ist.
Die heute vertretene Auffassung von dem angeblichen geschichtslosen Menschenmaterial Osteuropas gleicht verhängnisvoll der Vorstellung Josephs II von der kulturellen Primitivität der Nationalitäten seines Reiches, deren bis heute nachwirkende Folgen uns eindringlich warnen sollten.

10. Es gibt Augenblicke in der Geschichte, die einmalig sind. Generationen können sich mühen, aber die Vorsehung gibt nicht wieder, was sie kurz vorher zu schenken bereit war.
Allem Anschein nach durchleben wir zur Stunde noch den letzten geschichtlichen Augenblick, um die einmalige Chance, die uns der Bolschewismus durch seine Politik der Menschenvernichtung und der Verachtung der Persönlichkeitswerte in den Schoß gelegt hat, zu nutzen und die Bevölkerung Osteuropas für uns und Europa trotz aller gemachten Fehler als Verbündete zu gewinnen.
Dies wird entscheiden, ob wir im Zusammengreifen von Waffe und Politik den Bolschewismus schlagen, oder ob wir uns im Kampf mit dem Slawentum für Kleineuropa gegen Osteuropa verbluten.
Die augenblickliche innere Lage der Sowjetunion verspricht für eine politische Offensive im Sinne der vorgeschlagenen Maßnahmen einen besonderen Erfolg.
Im Felde, 22. 6. 43,
dem Jahrestag des deutsch-europäischen Kampfes gegen die Sowjets.
Oberländer
Hauptmann

Quelle: Handakten Dr. Bräutigam, Bd. 2, BA R6/70

Dokument 17

Denkschrift des Untersturmführers H. Weidemann »Vorschläge zur Einleitung einer Propagandaschlacht an allen Fronten« vom Juli 1943

Vorschläge zur Einleitung
einer Propagandaschlacht
an allen Fronten

Grundsätzliches zur Frontpropaganda

Es ist viel darüber geschrieben und geredet worden, daß der Zusammenbruch Deutschlands 1918 zum erheblichen Teil ein Erfolg der alliierten Propaganda war. Zweifellos ist das richtig. Die nationalsozialistische Bewegung hat im Kampf um die Macht bewiesen, daß sie die Schlagkraft der Propaganda erkannt hat, und so erhob sie diese Waffe zum wichtigsten Rüstzeug des politischen Kampfes.
Die Propaganda wurde, das beweist die Gründung der Propagandakompanien, zur Waffe erklärt.
Zu Beginn dieses Krieges konnten wir uns rühmen, den besten Kriegspropagandaapparat der Welt zu besitzen. Das war auch die Meinung unserer Feinde. Mit der Ausweitung und langen Dauer dieses Krieges aber hat die Schlagkraft unserer Propagandawaffe mehr und mehr nachgelassen. Lange, schwere Kämpfe nutzen das Schwert ab und machen den Soldaten umso empfindlicher für die Angriffe der Propagandawaffe. Es wäre also natürlich gewesen, wenn mit der längeren Dauer des Krieges die Propagandawaffe intensiver und in größerem Umfange ins Feld geführt worden wäre. Warum das nicht geschehen ist, kann an dieser Stelle nicht untersucht werden.
Fest steht, daß die Propagandawaffe nicht als ebenbürtiger Partner neben der kämpfenden Truppe in Erscheinung getreten ist.
Fest steht auch, daß es nicht an Männern gefehlt hat, die immer wieder einen stärkeren Ausbau

und Einsatz der Propagandawaffe gefordert haben.
Feindpropaganda muß großzügig, dauernd und intensiv betrieben werden.
Gelegentliche Großaktionen verpuffen, wenn sie nicht fortlaufend durch Kleinarbeit, d. h. bis zu den Feindkompanien hinüber, untermauert werden.
Nur die Kontinuierlichkeit der propagandistischen Angriffe, *das dauernde Ineinanderfließen von Groß- und Kleinangriffen kann die Feindmoral untergraben.*
Klare, wahre oder wahrheitserscheinende Grundparolen müssen dem Feind, *in stetem Angriff*, eingehämmert werden. Aufgabe der *Kleinangriffe* ist es, die *Grundparolen aufzugreifen* und sie unter Ausnutzung der örtlichen Gegebenheiten zu variieren.
Die *Grundparole* muß der große *Zielpunkt im strategischen Kampfplan* der Propaganda sein.
Den taktischen Einsatz hat die Kleinarbeit zu leisten. Nur wenn eine propagandistische Offensivschlacht größten Ausmaßes, zum Beispiel von der Eismeerstraße bis zum Schwarzen Meer durchgeführt wird, kann mit der Schwächung des Feindes gerechnet werden.
Von gelegentlichen Einzelaktionen erholt sich der Gegner schnell, zumal wenn seine propagandistischen Gegenschläge rechtzeitig und in starkem Maße einsetzen.
Oberstes Gesetz der propagandistischen Strategie ist das gemeinsame Operieren der Propagandawaffe mit der kämpfenden Truppe.
Es darf keine militärische Kampfplanung ohne eine propagandistische Kampfplanung geben. Militärische und propagandistische Aktionen müssen zu einer Ganzheit werden.
Das gilt vom Angriff wie von der Verteidigung, nur mit dem Unterschied, daß die Propagandawaffe, auch wenn sich die eigene Truppe in der Verteidigung oder gar in der Lösung vom Feind befinden sollte, offensiv bleiben muß.
Wirksame Propaganda kann nur offensiv geführt werden. Ist der Feind angeschlagen, oder befindet er sich auf dem Rückzug, so ist er für die Angriffe einer klug geführten Propagandawaffe besonders empfänglich. Das besagt aber nicht, daß er unempfindlich wäre, sobald er sich auf dem Vormarsch befindet.
Durch geeignete Parolen kann auch der vormarschierende Feind, zumal, wenn er nach hinhaltendem Widerstand blutige Verluste erleidet und sich überdies bei ihm Kriegsmüdigkeitserscheinungen zeigen, mit Erfolg bekämpft werden.
Die Ansicht, daß der schlachtengewinnende Feind über unsere Versuche, ihn durch propagandistische Parolen zu schwächen, nur lacht, ist falsch.
Es darf nicht vergessen werden, daß z. B. der sowjetische Soldat trotz seiner Erfolge die Auswirkungen zweier überaus harter Kriegsjahre spürt und somit den Keim der Demoral in sich trägt.
Sobald die Ostfront zum Stehen kommt, Kälte, Hunger und Blutvergießen auf der anderen Seite weitergehen, und die deutsche Kriegsführung an irgendeinem Frontabschnitt einen Offensiverfolg haben sollte, dann ist die Zeit gekommen, um die größte Propagandaschlacht aller Zeiten einzuleiten.
Dieses dauernde Ineinanderfließen von Propaganda-Groß- und Kleinangriffen darf nicht eher ruhen, bis der Feind die Waffen streckt.
Das gleiche gilt von der Front in Italien.
Um diese Schlacht einleiten zu können, ist folgendes zu tun:

1. Es ist der Truppenführung klarzumachen, daß die Propaganda im fünften Kriegsjahr eine der wichtigsten Waffen ist.
   (Ein Aktivpropagandazug ist mindestens ebenso wichtig wie der Zug einer Panzerkompanie. Bei klugem Einsatz kann er ein ganzes Regiment wert sein.)
2. Um den Anforderungen der Aktivpropaganda gerecht zu werden, d. h. den Feind auf der ganzen Front ansprechen zu können, *muß möglichst jede kämpfende Division, bestimmt aber jedes Korps, einen Aktivpropagandazug*, bestehend aus einem Lautsprecherwagen (300 Watt), 6 Granatwerfern 41 und einer ambulanten Typendruckerei zur Herstellung von Kleinflugblättern, sowie die dazu gehörigen Geräte, Fahrzeuge, Waffen, Fachkräfte und Bedienungsmannschaften besitzen.
3. Es ist erforderlich, daß Geräte und Fahrzeuge für die AP-Züge schnell, gut und in den erforderlichen Mengen geliefert werden.
4. Lautsprecherwagen, ambulante Typendruckereien auf LKW, Prop.-Granatwerfer und die dazu gehörige Munition werden rohstoff- und herstellungsmäßig wie wichtige Waffen behandelt.
   (Man kann mit Recht behaupten, daß ein Lautsprecherwagen den Einsatzwert eines Panzers besitzt. Es wäre also an der Zeit, diese Waffe »Lautsprecherwagen« in großen Serien herzustellen.)
5. Die fehlenden Fachkräfte (Propagandisten, Dolmetscher, Tontechniker usw.) werden aus der kämpfenden Truppe herausgezogen und zu den Propagandaeinheiten versetzt.
6. Stärkerer Einsatz von propagandistisch geschulten Gefangenen und Überläufern als Redner. Ebenso rednerischer Einsatz von Frauen und Kindern, die dem von uns bekämpften Lande angehören (Ansprachen auf

Schallplatten).

7. Die Luftwaffe stellt Maschinen zum Massenabwurf von Flugblättern zur Verfügung.

Während diese Forderungen Zug um Zug erfüllt werden, d. h. ist der größte Teil unserer kämpfenden Divisionen mit AP-Zügen versehen, so kann mit dem massierten Einsatz aller Propagandamittel begonnen werden.

Soll die Propagandaschlacht *eine entscheidende Wirkung erzielen,* so müssen die unter Punkt 1 bis 7 erhobenen Forderungen *bald* voll und ganz erfüllt werden.

Der Plan

1. AP-Züge sind den Divisionen resp. Korps zugeteilt und arbeiten nach den Richtlinien des OKW/WPr IV (bei der Waffen-SS nach den aus der Zusammenarbeit mit OKW/WPr IV entstandenen Befehlen der SS-KB-Abtlg. Gruppe AP) in Zusammenarbeit mit dem Ic den Plan für den Divisionsabschnitt aus.

a) *Flugblätter und Broschüren*
Abwerfen durch Flugzeuge und Abschießen durch Prop-Granatwerfer

b) *Lautsprecherpropaganda*
(Musiksendungen in russischer Sprache – Versorgung der feindlichen HKL mit Nachrichten, Ansprachen usw.)
Der Einsatz von Propagandamitteln muß täglich von Bataillonsabschnitt zu Bataillonsabschnitt wechseln, so daß jede Feindstelle im Abschnitt angesprochen wird. Die günstigsten Punkte zur Aufstellung der Lautsprecherwagen und Prop-Granatwerfer sind vorher auszumachen.

Zur Flugblatt- und Lautsprecherpropaganda

2. Flugblätter mit den großen Grundparolen werden in Millionenauflage gedruckt und über den Fronten und dem Hinterlande durch die Luftwaffe abgeworfen. Die Auflagen werden im Reich und in den Großdruckereien im rückwärtigen Heeresgebiet hergestellt. Der Abwurf wird zentral von den Armeen geleistet.

3. Die *Propagandaschlacht* wird durch den Massenabwurf von Flugblättern eingeleitet. Gleichzeitig setzen die AP-Züge, unter Berücksichtigung der örtlichen Verhältnisse, mit den *propagandistischen Kleinangriffen* ein. Die AP-Züge fertigen Kleinflugblätter an. Die Auflagen werden auf der ambulanten Typendruckmaschine hergestellt und mit Prop-Granatwerfern zur feindlichen HKL hinübergeschossen.
Die Wirkung der Flugblätter auf den Feind ist von Überläufern und Gefangenen in Erfahrung zu bringen. Unter Ausnutzung dieser Erfahrungen sind weitere Auflagen zu drucken.
Feindliche Parolen und Argumente, die auf unsere Propaganda eingehen, sind schnellstens zu widerlegen.

4. Mit dem Flugblattangriff (Prop-Granatwerfer), der unaufhörlich auf den Feind eintrommeln muß, setzt auch die Lautsprecherpropaganda ein. Zu bestimmten Tageszeiten, oder, wenn es der gut eingeschlossene Feind nicht erlaubt, an nichtgleichbleibenden Zeiten, sind die Feindbataillone mit Nachrichten, Reden (Ansprachen von frisch eingetroffenen Überläufern, Musik usw.) zu versorgen.
In dieser Versorgung dürfen keine größeren Pausen entstehen.
Diese tägliche Erfassung soll ein Ersatz für das fehlende Erfassen besonders des Sowjetsoldaten durch den Deutschen Rundfunk sein. Die feindliche HKL soll also ihr tägliches Rundfunkprogramm haben.
Der Inhalt der Sendungen muß die großen Grundparolen, gemischt mit den örtlichen negativen Erscheinungen bei der feindlichen Truppenführung und den Zuständen im Hinterland enthalten.

5. Außer dem Redner, der die feindliche HKL mit Nachrichten, Ansprachen (schnelle Widerlegung von Feindparolen und Gerüchten) zu versorgen hat, liefert das OKW Schallplatten folgender Art:
a) *Überläuferlied*
Ein Lied, von einer Frauenstimme gesungen, welches die feindlichen Soldaten zum Überlaufen veranlassen soll.
b) *Kriegsberichte* in der Sprache des Feindes von anderen Frontabschnitten.
c) *Zeitfunkberichte* in der Sprache des Feindes (Ostarbeitereinsatz im Reich, Tag in einem englischen Gefangenenlager, Grußsendungen, Bilder aus den besetzten Gebieten, aus den landwirtschaftlichen Aufbaugebieten im Osten, Aufbau in anderen von deutschen Truppen besetzten Ländern usw.).
d) *Volkslieder, Chöre, Lieder mit propag. Text usw.* gesungen von bekannten Sängern und Sängerinnen des Feindvolkes, die im Reiche leben.
e) *Kurze Ansprachen*
mit ständig aktuellem Inhalt
(Stalin und die Juden, Stachanowsystem, Eigentum Rußland verblutet, der Sowjetsoldat blutet für den kapitalistischen Krieg Roosevelts, Gegensätze zwischen Buren und Engländern, de Gaullisten und Giraudisten,

Kanadiern und Engländern in der 8. Armee, Gegensätze zwischen Engländern, Amerikanern und Bolschewisten. Warum bekommt der Sowjetsoldat keinen Urlaub? Was treiben die Bonzen im Hinterland? Wofür kämpft der amerikanische Soldat? usw.)

Zu 5 a)

Die Tatsache, daß in den von uns besetzten Ostgebieten hunderttausende von Familien leben, deren männliche Angehörige in der Roten Armee kämpfen, ist von unserer Propaganda wenig genutzt worden.

Die auf der anderen Seite kämpfenden Ukrainer, Ruthener usw. möchten gerne wissen, wie es in ihrer Heimat aussieht.

Ein Lied, von einer schönen Frauenstimme gesungen, inhaltlich auf das Heimweh, auf den sinnlosen Tod der Sowjetsoldaten und auf die friedliche Arbeit unter deutschem Schutz abgestellt, kann von großer Wirkung sein.

Das Tagesfunkprogramm müßte mit diesem Lied beginnen und enden. Die Sowjetkommandeure und Politruks können ihren Soldaten das Lesen von Flugblättern verbieten. Einem Text aber, der ihnen hinübergesungen wird, stehen sie machtlos gegenüber.

Die Melodie hat den Sinn, den Sowjetsoldaten seinen Überläufertext unvergeßlich sicher einzuprägen.

Dieses Lied, tagtäglich vom Eismeer bis zum Schwarzen Meer zur Sowjet — HKL hinübergesungen, wird bald zum musikalischen Repertoire des Sowjetsoldaten gehören.

Zu 5 b)

An Frontabschnitten, die für die Sowjets besonders verlustreich sind, müssen *Frontberichte in russischer Sprache* entstehen. Die Folien müssen so schnell wie möglich nach Berlin geschafft und dort auf Hartplatte gepreßt werden. Die Platten müssen ebenso schnell zu den AP-Zügen gelangen und dort zur feindlichen HKL hinübergesendet werden. Es wäre z. B. genug Gelegenheit gewesen, über die blutigen Verluste und über die Stärke der deutschen Abwehr am Ladogasee und am Kubanbrückenkopf zu berichten. Die Verwirklichung dieses Vorschlages hat nur einen Sinn, wenn

1. Temperamentvolle, mitreißende russische Sprecher oder Sprecherinnen zur Verfügung stehen,
2. Die Organisation der Kurierwege, das Umpressen von Folien auf Hartplatte und die Verteilung auf die einzelnen AP-Züge reibungslos und schnell funktioniert.

Es wird auf den Sowjetsoldaten Eindruck machen, wenn er von seinen Landsleuten eine Schilderung von verlustreichen Kämpfen bekommt, über die er durch seine Politruks nur verschwommene und optimistische Andeutungen hört.

Diese Berichte wären auch zur Sondersendung im deutschen Rundfunk für die im Reiche eingesetzten Ostarbeiter zu verwenden.

Ebenso zur Verbreitung durch unsere AP-Züge in den besetzten Ostgebieten (Verbreitung durch den Drahtfunk).

Zu 5 c)

Über die im Reiche eingesetzten Ostarbeiter gehen in nichtbesetzten russischen Gebieten die tollsten Gerüchte um. Dafür sorgt die Sowjetpropaganda. Es wäre nützlich, wenn die Sowjetsoldaten von ihren eigenen Volksgenossen über die wahren Verhältnisse informiert würden.

Zu diesem Zweck muß *ein Stab von russischen Zeitfunkberichtern,* der sich nur mit dem Ostarbeitereinsatz und den Aktualitäten im Reiche befaßt, herangebildet werden. Andere sprechen Zeitfunkberichte aus den besetzten Gebieten. Zum Beispiel: Ein ukrainischer Berichter macht eine Aufnahme über die Verteilung von Land an eine Dorfbevölkerung. Zum Schluß läßt er einige Frauen und Männer dieses Dorfes ihre Ansicht sagen, den Soldaten in der russischen HKL und besonders denen, die aus diesem Dorfe bei der Roten Armee vermutet werden, Grüße ausrichten mit der Aufforderung, zu den Deutschen überzulaufen, um ihr Land in Empfang zu nehmen und an dem friedlichen Aufbauwerk unter dem Schutz der Deutschen Wehrmacht teilzunehmen.

Oder:

Besuch eines russischen Gefangenenlagers mit Ansprachen von Gefangenen an ihre Kameraden in der russischen HKL, die da sinnlos für den Bolschewismus sterben sollen.

Zu 5 d)

Im Reiche leben verschiedene russische Sänger, die zum Teil an der Moskauer Staatsoper tätig waren und daher in der gesamten Sowjetunion bekannt sind.

Diese Sänger singen auf Platten Volkslieder, Arien aus russischen Opern und Lieder, die eine kluge propagandistische Färbung im Sinne des Antibolschewismus haben. Die Sänger sind vorher mit Namensnennung der sowjetischen HKL bekanntzugeben.

Man muß sich einmal vorstellen, die Sowjets würden unseren Landsern folgendes ankün-

digen:
»Achtung, Achtung – deutsche Kameraden! Es singt jetzt der Tenor der Berliner Staatsoper ... das Lied ›Hitlersoldat, Du stirbst im Osten ...‹.«

Zu 5 e)

Ansprachen mit ständig aktuellem Inhalt müssen bei den AP-Zügen in großer Auswahl und vielen Variationen vorhanden sein. Sie müssen von temperamentvollen russischen Rednern gesprochen werden.

Der Redner muß namentlich der Sowjet-HKL angekündigt werden.

(Wenn hier vorwiegend das russische Beispiel zitiert wird, so darf die anglo-amerikanische HKL nicht vergessen werden. Die propagandistischen Methoden sind auch hier die gleichen.)

Die Themen sind so mannigfaltig und reichhaltig, so daß an dieser Stelle näher darauf einzugehen nicht notwendig erscheint.

Vorschläge zur Materialbeschaffung für Flugblatt- und Lautsprecherpropaganda im frontpropagandistischen Kleinangriff, innerhalb der Propagandaschlacht.

6. *Die großen Grundparolen werden vom OKW/WPr IV ausgegeben* und in Massenauflagen durch die Luftwaffe über der feindlichen HKL und im feindlichen Hinterlande abgeworfen.
7. Die genaue Kenntnis der Verhältnisse beim Feind, die für die *persönliche Ansprache des Gegners* unbedingte Voraussetzung ist, kann eingeholt werden durch:
   1. *Intensive Vernehmung von Überläufern und Gefangenen!*
   2. *Deutsche Agenten, die hinter der feindlichen HKL oder weit im Hinterlande abgesetzt werden.*
   3. *Abhören der feindlichen Telefongespräche oder Funkwege.*
   (Im Stellungskrieg ist das Telefonabhörgerät von unschätzbarem Wert für den propagandistischen Kleinkrieg.)
8. Die Auswertung aller Gefangenenaussagen oder des anfallenden Materials des unter Punkt 2 und 3 Aufgezeichneten kann nur erschöpfend sein, *wenn die Propagandisten mit den I c der Divisionen auf das engste zusammenarbeiten.*
   Die AP-Zugführer bzw. Einsatztruppführer müssen täglich mit dem I c bzw. mit den zuständigen Führern der Regiments- und Bataillonsstäbe zusammen sein, um das *anfallende Material für ihre rein propagandistischen Pläne auswerten zu können.*
9. *Der AP-Zug hat sein ständiges Quartier bei der 1. bzw. 2. Führungsstaffel.*
   Von dort aus kann der Einsatz bei den Regimentern bzw. Bataillonen am schnellsten erfolgen. Durch die ständige Zusammenarbeit der AP-Zugführer mit dem I c der Division bzw. mit den Regiments- und Bataillonsstäben wird das propagandistische Interesse der militärischen Führer, soweit es nicht schon vorhanden ist, bald voll und ganz geweckt werden.
10. Während die militärischen Führer, Überläufer und Gefangene fast ausschließlich nach militärisch-strategischen Gesichtspunkten vernehmen, haben die AP-Zugführer bzw. Einsatztruppführer denselben folgende Fragen vorzulegen, die nach eigenem Gutdünken noch erweitert und vertieft werden können:
   a) Name, Alter, Zivilberuf, Heimat, seit wann Soldat, welcher Truppenteil, Frau und Kinder, Verwandte und wo befinden sich diese?
   b) Warum sind Sie übergelaufen bzw. gefangen genommen worden? Warum haben Sie nicht bis zum Tode gekämpft?
   c) Sind Sie politisch geschult? Mitglied der komm. Partei oder Komsomolzenbewegung? Wenn Ja oder Nein, warum?
   d) Wie heißen die Führer Ihrer Einheit?
   e) Wie sind sie charakterlich (mutig, feige, brutal, asozial, herrschsüchtig, Säufer usw.)? Sind Juden unter ihnen?
   Wie heißen Ihre Kommissare und Politruks? Welche sind als Idealisten oder als Karrieremacher anzusprechen?
   Stimmt es, daß sich die meisten Juden im Hinterlande unabkömmlich machen?
   f) Welche Führer werden von den Sowjetsoldaten geschätzt, gefürchtet, oder gehaßt?
   g) Sind Flintenweiber, Telefonistinnen oder andere weibliche Helferinnen bei Ihrer Einheit? Wie heißen sie (auch der Vorname und die Beschreibung der Person genügen)? Welche negative Wirkung strahlen sie auf die Truppe aus (Liebeshändel mit Offizieren, Kommissaren oder Politruks, Einmischen der Weiber in die Personalpolitik, Cliquenbildungen, Saufereien usw.)?
   h) Wie ist die Verpflegung? Welche amerikanischen Lebensmittel und Genußmittel kommen vor (Genaue Bezeichnung erforderlich, Fleisch-, Tabak- und Brotsorten.)?
   i) In welchem Maße sind Krankheiten, besonders Geschlechtskrankheiten verbreitet? Wie ist die Behandlung durch die Ärzte? Sind genügend Medikamente, Verbands-

zeug usw. vorhanden? Sind amerikanische Medikamente vorhanden? In welchem Zustand sind die Lazarette?

k) Leben die Offiziere besser als die Mannschaften? Bekommt der Sowjetsoldat Heimaturlaub? Wenn nicht, bekommen ihn Offiziere, Kommissare oder Politruks?

l) Wie ist das Leben der Offiziere, Verwaltungsführer, Ausbilder usw. in der Etappe (Weibergeschichten, bessere Verpflegung, Saufereien, Schiebungen usw.)?

m) Welche Tapferkeitsauszeichnungen gibt es und werden Offiziere und Politruks bei der Verleihung bevorzugt?

n) Wie funktioniert die Feldpost? Gibt es eine Zensur? Sind Soldaten abgeurteilt worden wegen defaitistischer Äußerungen in Feldpostbriefen?

o) Wurden Todesurteile wegen Fahnenflucht, Überlaufversuch, politischer Vergehen, Gehorsamsverweigerung usw. vollstreckt? Wie ist die Stimmung bei ihrer Einheit? Glauben die Soldaten an den Sieg der Sowjetunion?

p) Werden in Ihrer Einheit politische Vorträge gehalten? Wenn ja, welchen Inhalts? Wie heißen die Vortragenden und wie sind sie charakterlich beschaffen?

qu) Was wissen Sie von Deutschland?

r) Gibt es in Ihrer Einheit politische oder persönliche Meinungsverschiedenheiten zwischen den militärischen und politischen Führern?

s) Werden deutsche Flugblätter in der Sowjetarmee behandelt und widerlegt? Was halten Sie von der deutschen Propaganda? Welche Truppenzeitungen gibt es?

t) Welche deutschen Waffen fürchtet der Sowjetsoldat besonders?

u) Was sagt die Bevölkerung der ehemals von den deutschen Truppen besetzten Gebiete über die deutschen Soldaten und über die Methoden der deutschen Zivilverwaltung? Wünscht die Bevölkerung, welche heute wieder unter der Sowjetherrschaft lebt, die deutschen Soldaten und die deutsche Verwaltung wieder zurück? Lebte man unter den Deutschen besser?

(Positive Äußerungen müssen sofort propagandistisch ausgenutzt und gegen die Sowjetverwaltung ausgespielt werden.)

v) Ist der Betreffende Techniker, Lehrer, gehört er überhaupt einem geistigen Berufe an, so ist er außerdem noch nach folgenden Punkten zu vernehmen:

1. In welchem Betrieb haben Sie zuletzt gearbeitet?
2. Was wurde dort erzeugt (Genaue Beschaffenheit der Waffen erkunden!)?
3. Wie ist die soziale Lage der Arbeiter im Kriege, und wie war sie vor dem Kriege (Löhnung, Arbeitszeit, Ernährung, Familie, Wohnung, Kleidung, Urlaub, Krankenkassen)?
4. Wie leben die roten Direktoren? Welche Führer sind Juden und wie benehmen sie sich? Wie leben ihre Familien? (Bei Beschuldigungen jüdischer oder anderer roter Führer, genaue Personalien, Wohnort und Tätigkeitsfeld geben lassen. Später zu vernehmende Gefangene aus dem gleichen Gebiet nach diesen Führern fragen und vergleichen, ob die Aussagen übereinstimmen.)
5. Korruptionserscheinungen, Hunger, Einzelschicksale sowjetischer Rüstungsarbeiter, Defaitismus, Gerüchte um hohe bolschewistische Führerpersönlichkeiten im sowjetischen Hinterlande genau erforschen!
   Was wissen Sie über den Terror der NKWD im Hinterlande?
6. Was versprach die Oktoberrevolution den russischen Völkerschaften?
7. Wie wollen die Sowjets den Krieg gewinnen und was versprechen sie ihren Völkern für die Nachkriegszeit?
8. Was haben Sie zu der scheinnationalen Propaganda Stalins, zu den neuen Uniformen und Orden der Sowjetarmee zu sagen?
9. Glauben Sie an die von den Sowjets erfundenen deutschen Greuel?
10. Glauben Sie an die Vernichtungszahlen, die der sowjetische Wehrmachtsbericht verbreitet?
11. Was denkt der Sowjetsoldat bzw. das Sowjetvolk über die Hilfe der Engländer und Amerikaner? Wie denken Sie sich die Weiterentwicklung des Sowjetsystems nach einem etwaigen Siege der Kapitalisten und Bolschewisten? Sind Sie auch der Überzeugung, daß Sie dann noch einen blutigen Krieg gegen die kapitalistischen Länder zu führen haben?
12. Ist der Überläufer bzw. Gefangene Nichtrusse, (Turkmene, Usbeke, Tatare, Kaukasier usw.) so ist er besonders über die Verhältnisse seines Volksstammes zu den Russen zu befragen:

a) Worin bestehen die Gegensätze zwischen Ihrem Volk und den Russen?

b) Wird Ihr Volk von den Russen für dumm, faul, kurz für zweitrangig gehalten und danach behandelt?

c) Werden Soldaten Ihrer Heimat von den russischen Soldaten zweitklassig behandelt (Beförderung, Verpflegung usw.)?

d) Kann Ihr Volksstamm russisch sprechen und lesen? Ist es ihm besonders angenehm, wenn er von uns in seiner Stammessprache angesprochen wird?

e) Wann, wie und warum haben sich Ihre Landsleute gegen das Großrussentum oder gegen die Sowjets erhoben?

13. Briefe von Gefangenen sind genau zu studieren und ev. brauchbare Äußerungen von Menschen aus dem sowjetischen Hinterland propagandistisch auszuwerten.

14. Gefangene und Überläufer sind, mit geringen Ausnahmen, nur zur Aussage zu bewegen, wenn ihnen konkrete Fragen gestellt werden.
Die Unterhaltungsführung über einen Dolmetscher ist mühevoll, darf aber kein Grund sein, die Masse der Fragestellungen nachlässig zu behandeln.

15. Überläufer und Gefangene sind durch kluge Behandlung (gute Verpflegung, Alkohol, Tabak) zu bewegen, unmittelbar nach der Vernehmung über den Lautsprecher zu ihren ehemaligen Einheiten zu sprechen.

16. Einige Namen von Offizieren und Mannschaften, die sich noch in der feindlichen HKL befinden, sind zu erforschen und zur persönlichen Ansprache durch Flugblätter und Lautsprecher zu benutzen.

17. Das durch eben bezeichnete Fragestellungen anfallende Material ist zur Erreichung folgender Ziele propagandistisch zu verarbeiten:

a) *Demoralisierung der feindlichen Fronttruppe.*
Herbeiführung der Uneinigkeit zwischen Truppenführung und Truppe.
Aufwiegelung der Truppe gegen ihre Offiziere und politischen Leiter.

b) *Aufwiegelung der Fronttruppe gegen die Etappe.*

c) *Aufwiegelung der Fronttruppe gegen die Moskauer Parteizentrale und ihr Oberhaupt Stalin.*

Es bleibt der schöpferischen Kraft, der Klugheit und der Geschicklichkeit eines jeden Aktivpropagandisten überlassen, in welchem Maße er das anfallende Material in schlagkräftige Propagandamittel umzuwandeln versteht.
Die großen Richtlinien können von oben angegeben werden, den propagandistischen Kleinkrieg aber kann man nur mit Erfolg führen, wenn man dauernd am Pulse des Feindes ist und fortgesetzt seine verwundbaren Stellen angreift. Nur der ununterbrochene und klug geplante Angriff wird seine Wunden weiter aufreißen und ihn am Ende tödlich treffen.
gez. Weidemann
SS-Untersturmführer und
Gruppenleiter AP

Quelle: The Library of Congress, Washington D.C., Mikrofilm, Captured German Documents, Box 403, folder 69: German and foreign propaganda: morale at the front, 1942–1944

Dokument 18
Grundlegender Befehl Nr. 13a des OKH vom 1. 7. 1943

Oberkommando des Heeres H. Qu., den 1. 7. 43

Grundlegender Befehl Nr. 13a über die Behandlung von Partisanen.

Die Sowjetpropaganda hat die falsche Vorstellung erweckt, daß jeder Partisan, der in deutsche Gefangenschaft gerät oder überläuft, erschossen wird. In Ergänzung zum grundlegenden Befehl Nr. 13 über die Behandlung von Überläufern der R.A. und den bereits bestehenden Bestimmungen, befehle ich folgendes:

1. Überläufer ist jeder Partisan, der sich außerhalb von Kampfhandlungen mit oder ohne Waffen – einzeln oder in Gruppen, gleichgültig in welcher Bekleidung – einer deutschen, verbündeten oder ROA-Einheit freiwillig stellt.

2. Partisanen-Überläufer sind wie folgt zu behandeln:
a) persönliches Eigentum, wie Geldmittel, Bekleidung, Wertsachen und Auszeichnungen sind ihnen zu belassen.
b) Verpflegung und Unterbringung ist den Überläufern der Roten Armee gleichzustellen. Kranken und Verwundeten ist sofort jegliche ärztliche Hilfe zu gewähren.
c) Jeder Partisanen-Überläufer erhält einen auf seinen Namen lautenden Ausweis nach anliegendem Muster (Eintragung in persönlichen Ausweis des Überläufers, oder falls solcher nicht vorhanden, Ausstellung eines neuen Ausweises mit Beifügung des Dienststempels).
d) Der Überläufer hat die freie und ungezwungene Wahl:
sofort auf deutscher Seite an der Bandenbekämpfung teilzunehmen oder

im Arbeitseinsatz beim Wiederaufbau seiner Heimat in den befreiten Gebieten mitzuarbeiten, oder
als Hilfswilliger bzw. Freiwilliger in einen Verband der ROA eingereiht zu werden.
e) Bevor der Überläufer in den Arbeitseinsatz oder als Freiwilliger in die ROA eingereiht werden kann, hat er die Ehrlichkeit seiner Gesinnung nachzuweisen. In dieser Zeit ist der Überläufer zu geeigneten Arbeitsaufgaben heranzuziehen.

3. Als Kriegsgefangene sind zu behandeln:
Jeder Partisan, der sich in sowjetischer Uniform im offenen Kampf ergibt oder ergriffen wird.
4. Den Partisanen-Überläufern und Kriegsgefangenen wird nach Kriegsschluß sichere Rückkehr in die Heimat garantiert, wenn dies gewünscht wird.
5. Dem Tode durch Erschießen verfällt
jeder Partisan, der in der Uniform der deutschen, einer verbündeten Wehrmacht oder der ROA gefangen wird;
jeder Partisan, der bei Durchführung eines Sabotage- oder dergleichen Unternehmens auf frischer Tat ertappt wird;
jeder Partisan, dem nachgewiesen wird, daß er an einem heimtückischen Akt gegen Deutsche oder Verbündete oder gegenüber der Ostbevölkerung teilgenommen hat.

Oberkommando des Heeres

Dienststempel

Quelle: BA-MA, Fremde Heere Ost, H 3/746

Dokument 19
Bericht des Luftwaffenkommandos 4/Gruppe Flugblattpropaganda vom 21. 9. 1943

Luftwaffenkommando 4
Gruppe Flugblattpropaganda
Br.B.Nr. 148/43 geheim

Gef.St, den 21. 9. 43

An den
Herrn Chef des Generalstabes
der Luftflotte 4

Betr.: Neue Belege für die Ursachen des gefährlichen Zunehmens der Agenten- und Partisanentätigkeit.

Die folgenden Angaben beruhen in der Hauptsache auf Äußerungen deutscher Sachkenner zu dem Unterzeichneten. Aussagen ukrainischer Einwohner ergaben neue Bestätigungen des dabei Festgestellten.
Auch im Bereich von Kriwoj-Rog wird von verschiedenen Persönlichkeiten und Dienststellen außerhalb der Wehrmacht *nach dem verhängnisvollen Verfahren gehandelt und regiert, das in den Ukrainern ein schlecht zu behandelndes Sklavenvolk sieht.* Vertreter der Zivilverwaltung mit anderen vernünftigen Ansichten können sich dagegen meist gar nicht oder nicht ausreichend durchsetzen.
Zur zweiten Jahresfeier des Einmarsches der Deutschen wurde in Kriwoj-Rog eine propagandistisch geschickte *Feier* veranstaltet. Infolge des guten Verhältnisses der Wehrmacht zur Bevölkerung gelang es dabei, trotz anderer so unerfreulicher Dinge einen gewissen *Erfolg* zu erzielen. Dieser wurde aber bald darauf durch folgendes *zerstört:*
Bei der Mobilmachung von Arbeitskräften des Jahrgangs 1926 für den Arbeitseinsatz im Reich wurden die *Mobilisierten* zunächst *einige Tage eingesperrt, ohne* dabei wenigstens für ihre *Verpflegung* durch die verantwortlichen deutschen Zivilstellen zu sorgen. Die *Angehörigen* der Mobilisierten brachten diesen dann von ihren eigenen meist kärglichen und unzureichenden Vorräten *Lebensmittel,* wobei sich propagandistisch sehr schädliche Wein- und Abschiedsszenen abspielten. Nach der Angabe des Leiters einer deutschen Heeresdienststelle wurde ein Zug solcher Mobilisierter danach nach einem benachbarten anderen Bahnhof geschafft. Das dauerte nach diesem Bericht *24 Stunden, ohne* daß die Mobilisierten während dieser Zeit *irgendwelche Verpflegung* erhielten. Daraufhin *rissen* begreiflicherweise von dem fraglichen Bahnhof her einige der Mobilisierten *aus.* Dabei wurde auf diese *geschossen* und ein ukrainisches *Mädchen* in den Bauch getroffen, das bald an ihren schweren Verletzungen *starb.* Die Wirkung auf die Stimmung der Bevölkerung war *verheerend.* Propagandistisch unterrichtete Männer rechnen in Kriwoj-Rog damit, daß *etwa 60 v. H. einer Bevölkerung, die ursprünglich zu etwa 94 v. H. ehrlich für uns war, z. Zt. die Rote Armee als Befreier erwarten.*
Äußerungen von Einheimischen wie: »Auf den roten *Terror* folgte der deutsche Terror und wenn wir schon terrorisiert werden müssen, dann *lieber durch Menschen, die wenigstens unsere Sprache verstehen«* – sind an der Tagesordnung.
Sehr ungünstig wirken sich auf die Stimmung der Zivilbevölkerung auch drakonische Strafbestimmungen wegen eines Nichterfüllens manchmal schwer einzuhaltender Anordnungen ziviler Dienststellen aus. Vertreter der für den Erlaß dieser Strafen verantwortlichen Gerichte betonen zum Teil mit besonderem Stolz, daß ihre Behörde eine hervorragende Einnahmequelle für die deut-

sche Verwaltung ist, wie es sonst Gerichte nie seien.

Auch die Verwaltung der wohl zu den Hermann-Göring-Werken gehörigen Hütten-Direktion von Kriwoj-Rog läßt es weitgehend an dem nötigen Verständnis für die Bevölkerung fehlen. Einer Propagandadienststelle des Heeres wurden die Durchführungen sehr vernünftiger und notwendiger propagandistischer Maßnahmen innerhalb der Belegschaft der Hütten durch Gewinn und Einsatz innerhalb der Belegschaft zu suchender Propagandisten unmöglich gemacht. Es wurde dabei betont, daß die von allen Wehrmachtteilen für erforderlich gehaltene Art von Propaganda nur die Arbeit aufhalte und störe. *Der Stadtkommissar von Kriwoj-Rog* soll in engeren Kreisen geäußert haben, daß wir die *Ukrainer nur als Sklavenvolk zu behandeln* hätten.

Eine unkrainische Schauspielerin, die für die deutsche Wehrmacht unter deutscher Oberleitung arbeitenden ukrainischen Theater in Kriwoj-Rog spielt, klappte in diesen Tagen durch Entkräftung und Überanstrengung zusammen. Ein deutscher Heeresdienststellenleiter nahm sich ihrer an und redete ihr zu. Er erhielt darauf die Antwort: »Was wollen Sie? *Ihr seid die Herren und wir nur Hunde. Das spüren wir,* deshalb haben wir nicht genug Verpflegung und deshalb leiden wir.« Ein Feldwebel, der mit dieser Schauspielerin sprach, berichtete mir, daß er selbst nicht gewußt habe, was er ihr erwidern soll, da die Vorwürfe der Schauspielerin im Hinblick auf das Verhalten eines Teils ziviler Dienststellen leider berechtigt seien. Sehr ungünstig hat sich auf die Stimmung der Bevölkerung fernerhin ausgewirkt, daß *neuerdings Zivilpersonen,* die früher als Wehrmachtsgefolge galten und durch die Wehrmacht verpflegt werden konnten, teilweise jetzt nicht mehr so behandelt werden dürfen und nur noch Geldscheine für ihre gute und fleißige Arbeit bei der deutschen Wehrmacht erhalten, mit deren Hilfe sie sich nicht ausreichend ernähren können. Es sind dadurch z. B. schon Dolmetscherinnen einiger Dienststellen weggelaufen.

Die gesamten ständigen schweren Mißgriffe im Behandeln der Bevölkerung vermehren nachweislich auch im Bereich von Kriwoj-Rog die Neigung der Bevölkerung, Agenten und Partisanen zu unterstützen. Nur ein grundsätzlicher Wandel des ganzen verhängnisvollen Systems auf persönlichen Befehl des Führers dürfte in der Lage sein, sehr ernste neue Schäden und Gefahren wenigstens für die Zukunft in zwölfter Stunde zu vermeiden.

Es mehren sich auch Fälle, wo an der Front eingesetzte Offiziere, Unteroffiziere und Soldaten von sich aus mit ernsten Sorgen und manchmal bitteren Worten über die verhängnisvoll verkehrte Behandlung der Bevölkerung durch gewisse zivile Dienststellen (Verhärtung der feindlichen Kampfkraft, Zunahme der Agenten- und Partisanentätigkeit usw.) aufgrund ihrer eigenen Feststellungen sprechen.

Diese Tatsache wird auch durch den Abw. Offz. III, Luft, bei der Luftflotte 4 bestätigt.

gez.
Frhr. v. Richtshofen
Rittmeister

Quelle: YIVO INSTITUTE FOR JEWISH RESEARCH, New York, Ukraine-Politik, Occ E 4—1

Dokument 20
Bericht der Amtsgruppe für Wehrmachtpropaganda vom 27. 4. 1944 (Auszug)

Kampfpropaganda in den Feind

I. Ostfront

Die Kampfpropaganda hat seit Beginn des Ostfeldzuges durch erfolgreiche Zersetzung des Gegners eine von der Truppe anerkannte blutsparende Wirkung erzielt. Von Ic's höherer Stäbe ist wiederholt bestätigt worden, daß durch *Überläuferpropaganda* die Feindlage in bestimmten Fällen soweit geklärt werden konnte, daß der Einsatz eigener Spähtrupp- oder Stoßtruppunternehmen und damit das Risiko deutscher Verluste sich erübrigte. Durch Überläufer wurden mehrfach bevorstehende Angriffe des Gegners so rechtzeitig bekannt, daß die nötigen Abwehrmaßnahmen ergriffen werden konnten.

Die Erfolge der Überläuferpropaganda können in Zahlen nur annähernd angegeben werden, da zahlreiche Truppenteile Überläufer als Gefangene melden. Die Überläuferzahlen wechseln je nach der militärischen Lage und der Intensität der Propaganda.

In der zweiten Hälfte des Jahres 1942 wurden insgesamt 61 364 Überläufer gezählt, die Monate August-September wiesen mit einem Durchschnitt von über 15 000 Überläufern das beste Ergebnis aus. Im Jahre 1943 betrug die Zahl der Überläufer insgesamt 28 994, den höchsten Durchschnitt erzielte die Propaganda-Großaktion »Silberstreif« im Juli und August mit je rund 6500 Überläufern. Im ersten Viertel des Jahres 1944 sind bisher 2202 Überläufer gemeldet. Eine Erhöhung dieser Zahl ist zu erwarten, da für März Nachmeldungen noch ausstehen.

Die Wirksamkeit der Kampfpropaganda ist von zahlreichen Überläufern bestätigt worden, die entweder deutsche Flugblätter vorwiesen oder sich auf ihren Inhalt beriefen. Beispiele für Propagandaerfolge sind folgende Vorfälle aus den Jahren 1943/44:

Aufgrund der Überläuferpropaganda war in einer Nacht im Abschnitt der Heeresgruppe Mitte eine geschlossene Feindgruppe übergelaufen. In der nächsten Nacht meldeten sich zwei Offiziere der gleichen Einheit als Überläufer mit der Begründung, daß sie sich damit der zu erwartenden strengen Bestrafung wegen des Überlaufens ihrer Untergebenen entziehen wollten. (Aus einer Meldung der Heeresgruppe Mitte vom 18. 6. 1943)

Am 15. 7. 1943 meldeten sich bei den Vorposten einer LwFD 7 Sowjetsoldaten unter Führung eines Sergeanten. Sie gaben an, schon seit längerer Zeit im Bunker des Sergeanten gemeinsam deutsche Flugblätter gelesen und darüber diskutiert zu haben. Sie alle hätten schon vor dem Kriege durch das Sowjetregime großes Leid erfahren und hätten deshalb die deutsche Propaganda begrüßt, die ihnen die Möglichkeit in Aussicht stellte, auf deutscher Seite gegen den Bolschewismus zu kämpfen. Sie bäten deshalb, sofort in die Reihen der Kämpfer gegen den Bolschewismus aufgenommen zu werden. Es handelte sich um Leute in mittleren Jahren. (Aus einer Meldung des Panzer AOK 2 vom 1. 8. 43)

Aussage des Hauptfeldwebels Lasaroff, übergelaufen 23. 7. 43: Seit der großen deutschen Flugblattaktion im Juli 1943 wurde befohlen, daß die Soldaten meiner Kompanie unter meiner Aufsicht täglich früh die Flugblätter einzusammeln hatten. An der Art, wie die Leute das Aufsammeln besorgten, merkte ich, daß sie alle an den Flugblättern Interesse hatten und sich bemühten, das eine oder andere Blatt unbemerkt verschwinden zu lassen. Bald darauf verschwanden mehrmals während der Nacht einzelne Leute, einmal sogar eine ganze Gruppe. Ich wurde abgelöst und sollte vor ein Kriegsgericht gestellt werden. Um dem zu entgehen, bin ich selbst übergelaufen. (Aus einer Meldung des Panzer AOK 2 vom 1. 8. 1943)

Bei einem Stoßtruppunternehmen des Gegners liefen 13 Mann über. Es konnte festgestellt werden, daß dieser Entschluß auf deutsche Flugblätter zurückzuführen war, die in »Anweisungen für Überläufer« die freiwillige Meldung zu Spähtrupp- oder Stoßtruppunternehmen als besten Weg zum Überlaufen empfahlen. Kriegsgefangene bestätigten, daß durch diese Propaganda Unsicherheit und Mißtrauen in die gegenüberliegende Truppe getragen worden war. (Aus einer Meldung des AOK 4 vom 18. 7. 1943)

Der Kriegsgefangene Unterleutnant W. Puminow, eingebracht am 28. 9. 1943, sagte aus:

Ich war im Sommer für sechs Wochen zu einem Kursus kommandiert. Als ich zurückkam, stellte ich bei allen Offizieren und Sergeanten große Nervosität fest. Es wurde mir bald klar, daß sie auf vermehrte deutsche Flugblatt- und Lautsprechertätigkeit zurückzuführen sei. Die Offiziere verhielten sich den Soldaten gegenüber viel strenger als früher, manchmal sogar ausgesprochen grob. Ich wurde von meinem Kompaniechef angewiesen, die Leute hart anzufassen, da sonst die Disziplin nicht aufrechtzuerhalten wäre. Täglich wurden die Soldaten nach Flugblättern durchsucht. Als man einmal festgestellt hatte, daß Flugblätter in der Erde versteckt wurden, wurde bald an dieser, bald an jener Stelle die Erde umgegraben. Ich gewann den Eindruck, daß durch dieses nervöse Verhalten der Vorgesetzten die Leute veranlaßt wurden, die deutschen Flugblätter erst recht zu lesen. (Aus einer Meldung des Panzer AOK 3 vom 5. 10. 1943)

Lt. Stalinbefehl Nr. 139 vom 29. 10. 1942 soll jeder Soldat, der sich in der HKL ohne Erlaubnis mehr als 20 Meter von seinem Platz entfernt, von jedem Vorgesetzten oder Kameraden, der ihn beobachtet, niedergeschossen werden.

In der Überläuferpropaganda hat es sich als zweckmäßig erwiesen, die einzelnen Waffengattungen getrennt anzusprechen. Es wurden besondere Verhaltensmaßnahmen für Infanteristen, Panzerbesatzungen und Flieger in Flugblättern abgeworfen. Der Erfolg blieb nicht aus. Nach Meldung der 3. I.D. (mot) konnten z. B. 2 feindliche Panzer, die übergefahren waren, mit eigener Besatzung sofort im Kampf eingesetzt werden.

Lt. Meldung der 16. Panzer-Division fuhr 1 Panzer T 34 über, schloß sich mit sowjetischer Besatzung dem Kampf an und schoß 2 Feindpanzer ab.

Die Zahl der Überflieger hat zugenommen, seitdem sich die Kampfpropaganda besonders an die Flugzeugbesatzungen richtet. Auch unter den psychologisch ungünstigen Bedingungen dieses Jahres sind für die Zeit vom 1. 1. bis Anfang April 1944 – 20 sowjetische Überflieger gemeldet. Im Jahre 1943 betrug die Zahl der Überflieger 66. Nach den bisherigen Beobachtungen sind illustrierte Flugblätter mit Hinweisen auf gute Behandlung von Überfliegern sowie Darstellungen vom fliegerischen Einsatz solcher Überflieger auf deutscher Seite besonders wirkungsvoll. Rundfunkansprachen von Überfliegern wurden lt. Aussagen von Gefangenen von sowjetischen Besatzungen während des Fluges abgehört. (Aus einer Meldung des Luftwaffenführungsstabes vom 24. 4. 1944)

Für die Überläuferpropaganda ergibt sich die Erfahrung, daß ihre Wirkung überall dort abnimmt, wo die den Überläufern durch Flugblatt oder Lautsprecher gemachten Versprechen offensichtlich nicht eingehalten werden. Über die Flüsterbrücke verbreitet sich die Kunde davon verhältnismäßig schnell in die gegenüberliegenden Truppenteile.

Für die Wirkung der Lautsprecherpropaganda in den Feind liegen zahlreiche Beweise vor. Durch einen Lautsprechereinsatz konnte ein eigenes größeres Stoßtruppunternehmen getarnt und dadurch erfolgreich durchgeführt werden.

(Aus der Meldung einer P.K.)

Nach gelungenen Lautsprechereinsätzen wurden verschiedentlich sowjetische Truppenteile zwecks politischer Überholung aus der Front zurückgezogen. Das traf insbesondere für nichtrussische Einheiten zu, die durch Landsleute in ihrer Sprache angeredet wurden. Nach Aussage von 5 Kriegsgefangenen des Schützen-Regiments 338 wurde z. B. dieses Regiment im Oktober 1943 aus der HKL gezogen, weil es durch deutsche Propaganda zersetzt war. Die Kompanien wurden aufgelöst und neu aufgestellt.

Im allgemeinen konnte festgestellt werden, daß landeseigene Sprecher, vor allem Frauen, beim Gegner erhöhte Aufmerksamkeit erzielten, so daß stellenweise das befohlene Störungsfeuer nur in geringem Umfang durchgeführt wurde.

(Aus einer Meldung des AOK 16 v. 22. 12. 1943)

Die Wirkung der auf weite Sicht betriebenen allgemeinen Zersetzungspropaganda konnte wiederholt durch Überläufer und Gefangenenaussagen festgestellt werden, wobei von den Aussagen abgesehen wird, die übertriebene Angaben enthalten, womit der betreffende Gefangene sich eine besonders gute Behandlung zu sichern hofft. Die Erfolge der Anweisungen zur Selbstverstümmelung und zur Vortäuschung von Krankheiten beweist eine Meldung des Kommandeurs der 149. sowjetischen Schützen-Division an die 61. sowjetische Armee vom August 1943 über häufige Fälle erfolgreicher Simulation. (Es handelt sich um Fälle, die den von der deutschen Propaganda gegebenen Ratschlägen entsprechen.)

Die von der Kampfpropaganda immer wieder behandelten Themen, wie die vom Deutschen Reich gewährte neue Agrarordnung, der jüdische Einfluß auf Stalin und den Bolschewismus, die Hinterhältigkeit der englischen Politik, die Zwecklosigkeit der schweren Blutopfer des russischen Volkes finden immer stärkeren Widerhall. Das gilt besonders für die wachsende Abneigung gegen England und das Zunehmen des Antisemitismus, der anfangs nur ganz vereinzelt feststellbar war. Die Vorstellung, daß die Sowjetarmee für seine Verbündeten den Blutzoll des Krieges leiste, daß die Amerikaner sich aber darüber hinaus für ihre Nachlieferungen Flottenstützpunkte, Häfen, Bergwerke und Ölgebiete der Sowjetunion vertraglich gesichert hätten, ist durch die deutsche Kampfpropaganda mit Erfolg in die Reihen des Feindes getragen worden.

In letzter Zeit mehren sich die Anzeichen dafür, daß die Aufforderungen zur Bildung von Partisanengruppen im Rücken der Sowjetunion, die durch Flugblätter und V-Männer verbreitet wurden, auf fruchtbaren Boden gefallen sind. Nach Gefangenenaussagen hat sich in der Sowjetarmee für diese Banden die Bezeichnung »Wlassowcy« (Anhänger Wlassows) eingebürgert. Ein als Feindagent entlarvter »übergelaufener« Sowjetmajor hat bei seiner Vernehmung gestanden, daß er u. a. beauftragt war, festzustellen, wie es den Deutschen gelungen sei, im Rücken der Sowjetarmee Banden zu bilden und wie die Befehlswege zu diesen Banden liefen.

Die Wirkung der deutschen Kampfpropaganda spiegelte sich wiederholt in erbeuteten Sowjetbefehlen, die nachdrückliche Maßnahmen gegen die deutsche Propaganda fordern. Ein Befehl der sowjetischen 348. Schützen-Division vom 15. 4. 1942 verlangt laufend Versammlungen der Partei- und Komsomolzmitglieder zwecks Abwehr der deutschen Propaganda.

Lt. Geheimbefehl Nr. 00135 vom August 1943 an die Truppen der Woronesch-Front wurden zwei Offiziere verurteilt, die durch ihr laues Verhalten das Lesen deutscher Flugblätter und damit das Überlaufen von Sowjetsoldaten begünstigt haben.

Vor besonders wirksamen Flugblättern, wie z. B. den als Ausschnitte aus Sowjetzeitungen getarnten, wurde ausdrücklich gewarnt. Mittelbar läßt sich die Wirkung deutscher Propagandamaßnahmen auch daran erkennen, daß sie von der Sowjetpropaganda unverzüglich nachgeahmt worden sind. (Tarnflugblätter, Befehl über bevorzugte Behandlung der Überläufer, Verhaltensmaßregeln für Überläufer, Passierschein.)

Quelle: wie Dokument 17

Dokument 21

Arbeitsbericht des Unternehmens »Skorpion Ost« der SS-Standarte »Kurt Eggers« vom Dezember 1944

»Skorpion« nimmt Stellung zu dem Thema:

Kampfpropaganda im Osten

Die Form der psychologischen Kriegführung, die mit geistigen Mitteln der Zersetzung, der Beunruhigung und zuletzt der positiven Werbung die moralischen und physischen Kräfte des Gegners zu schwächen versucht, nennen wir Kampfpropaganda. Dabei kann übersehen werden, daß die wissenschaftliche Begriffsbestimmung für Propaganda, streng abgegrenzt gegen Agitation und Reklame, enger gefaßt ist als die Summe der Maßnahmen, die unsere Propaganda in den Feind zum Ansatz bringt: schon deshalb, weil die Wahl der kampfpropagandistischen Methoden sich pragmatisch, d. h. gemessen am Erfolg, bestimmt. Aus diesem Grunde ist auch unsere kampfpropagandistische Lehrauffassung und Anschauungswelt empirisch aus den Erfahrungen gewonnen worden. Geltende Gesetze wurden erwogen und ausschließlich nach ihrer aktuellen Gültigkeit und Brauchbarkeit angewandt oder beiseite geschoben.

Diese elastische Auffassung war bei allen Kampfpropagandaunternehmungen im Osten die einzig mögliche. Es mußten Menschen angesprochen werden, deren mentales Bild erst zu zeichnen war. Aus einer großen Anzahl von Vernehmungen und in ständiger Kontrolle der werbenden Mittel durch Angehörige des zu beeinflussenden Volkstums wurden systematisch die Wege begrenzt, die zum Erfolg führten. Es ergab sich im einzelnen, daß der azivilisierte Bolschewik, gleich welcher völkischen Abstammung, eine gewisse Empfindlichkeit im Formalen besitzt. Flugblätter und Texte, die mit schimpfendem Ton, mit Drohungen arbeiten oder aber überlegen und sarkastisch geringschätzig wirken, sind von vornherein ungeeignet. Die Weichheit und Empfindlichkeit des mentalen Bereiches, den man literarisch »russische Seele« nennt, empfehlen die Schaffung einer Atmosphäre des Vertrauens, der Achtung vor technischen Leistungen, von Diskussionsmöglichkeiten, in denen die übermittelten Werbeinhalte nur die eine Hälfte, also die Anregung zu später zu führenden Gesprächen sein dürfen.

Aus dieser Kenntnis wurde zunächst mit allen Mitteln versucht, die gegnerische Agitation zu paralysieren oder wenigstens in ihrer Wirkung abzuschwächen. Die Angst vor den Deutschen, die Angst vor der Gefangenschaft, vor erfundenen Greueltaten und dem Hungergespenst in den Lagern wurde ausgeräumt. Grundsätzliche Befehle ließen sich mischen mit Erfahrungsaussagen von Gefangenen und Überläufern, denen die Möglichkeit gegeben wurde, sich direkt an ihnen bekannte Kameraden auf der anderen Seite zu wenden. So ist es vorgekommen, daß Lautsprecherübertragungen frisch eingebrachter Gefangener und Überläufer Gruppen und Kompaniereste dazu bewegten, überzulaufen.

In die so geschaffene und stets weiter zu fördernde Vertrauensgrundlage hinein wurden dann die übrigen kampfpropagandistischen Hebel angesetzt. Auf dem breiten Gebiet der moralischen Zersetzung wurde damit begonnen, von drüben bekannte allgemeine und örtliche Mißstände anzuprangern und die Diskussion darüber zu entfachen. Über Nacht ist beispielsweise die Judenfrage aufgrund deutscher Propagandaeinwirkungen zu einem der Hauptprobleme der Diskussion der Rotarmisten geworden. Durch genaue Kenntnis der Zustände im sowjetischen Hinterland, gewonnen aus Gefangenenaussagen und ergänzt aus der eigenen Vorstellung, wurde versucht, eine Angststimmung zu erzeugen. Auf Flugblättern und in Sprechtexten wurden beispielsweise im ukrainischen Sektor Evakuierungs- und Deportationsdaten in den Feind gebracht. Besonders in letzter Zeit ist aus allen Gefangenenaussagen als deutlicher Erfolg dieser Maßnahmen eine Massenflucht neu eingezogener Westukrainer in die Wälder zu beobachten.

In die Tiefe des feindlichen Hinterlandes gerichtete Aufrufe und Ansprachen stärken die nationalen Banden in ihrem Selbstbewußtsein, in ihrer Aktionsbereitschaft und machen sie zugleich auf diese Weise zum Anziehungspunkt für Deserteure und Defaitisten.

Eine besondere Rolle spielt die schnelle Reaktion auf feindliche Propagandathesen. Mit der Stabilisierung der Ostfront in den letzten Wochen war der Zeitpunkt gekommen, den künstlich erzeugten Siegesrausch der Roten Armee ins Gegenteil umschlagen zu lassen. Allein in den ersten zwanzig Septembertagen dieses Jahres steigerte sich, überwiegend aufgrund dieser Tatsache, die Überläuferzahl im Bereich von Skorpion-Ost auf über 500.

In der Bewertung der Erfolge spielen allerdings die Überläuferzahlen nur eine zweitrangige Rolle. Das Hauptgewicht fällt auf gewisse, schwer zu überprüfende Zersetzungseffekte. Ebenfalls anhand von Gefangenenaussagen ist zeitweilig zu ersehen, daß beispielsweise Aufforderungen zur Selbstverstümmelung in hohem Maße befolgt werden.

Um die Frage der speziellen Methodik insoweit zu streifen, als der geheime Charakter des Gesamtkomplexes dies zuläßt, sei darauf hingewiesen, daß alle in den Feind wirkenden Werbemittel mit Fachleuten der gegnerischen Propaganda abzustimmen sind, auch dann, wenn das Propagandaerzeugnis deutlich als deutscher Herkunft zu erkennen sein soll. Aus diesem Grunde arbeiten beispielsweise im Stab und in den Kompanien von Skorpion-Ost ausgesuchte russische und ukrainische Fachleute. Teils in selbständiger Arbeit, teils als Edelkorrektoren sichern sie die

Echtheit des mentalen Propagandabildes.
In dieser Phase des Krieges, in der politische Entscheidungen und Aspekte immer mehr an Gewicht zunehmen, weitet sich die propagandistische Aufgabe aus und überschneidet die Grenzen der großen Politik. Hierzu ist andeutungsweise zu sagen, daß auf vielen Gebieten der Kampfpropaganda, vor allem, wo sie sich an von Moskowitern unterdrückte Völkerschaften wendet, die breitere politische Plattform bis heute fehlt. In höherem Maße als bisher müssen Versprechungen und Garantien die Aufnahmebereitschaft des Anzusprechenden wecken. Vor allem im polnischen Raum genügen heute nicht die negativen Hinweise auf die Schrecken des Bolschewismus. Das gleiche gilt unbedingt für die Ukrainer. Daß sich in dieser Richtung Entwicklungen angebahnt haben, verrät die Aktion Wlassow, die in kürzester Zeit die Kampfpropaganda im Osten auf eine breitere Basis stellen wird.
Das Vorstehende will nicht bewertet sein als ein Leitfaden oder ein systematischer Arbeitsbericht. Es soll ein Streiflicht auf das werfen, was sich die Kampfpropaganda der SS-Standarte »Kurt Eggers« im Verlauf von zehn Monaten erarbeitet hat und was nicht mehr sein will als ein Grundstock für die großen Aktionen, die dann endlich der psychologischen Kriegführung, d. h. in diesem Falle der Kampfpropaganda, das Gewicht geben, was ihr fraglos politisch und militärisch zukommt.

Quelle: Privatarchiv Heysing

Dokument 22
Übersicht aller in den besetzten Ostgebieten eingesetzten Massenmedien des Propagandaministeriums

Der Rundfunk in den besetzten Ostgebieten

Stand: 15. April 1943

Über folgende Sender wurden Ostfremdsprachendienste ausgestrahlt:

GRUPPE I
Pflichtübernahmen für die aufgeführten Sender:
Estnisch
13.00–13.15 Uhr über Sender Weichsel und DX 2 zur Übernahme durch Reval I, Reval II und Dorpat
21.30–21.45 Uhr über Sender DXP
Lettisch
6.30–6.45 Uhr über Sender Weichsel und DXX
16.30–16.45 Uhr über Sender Weichsel und DXZ zur Übernahme durch Riga, Libau, Goldingen und Modohn
21.15–21.30 Uhr über Sender DXP
Litauisch
6.45–7.00 Uhr über Sender Weichsel und DXX
16.45–17.00 Uhr über Sender Weichsel und DXZ zur Übernahme durch Kauen und Wilna
Weißruthenisch
10.45–11.00 Uhr über Sender Weichsel, DZH und DXL 7
14.15–14.30 Uhr über Sender Weichsel und DXC 2
18.15–18.30 Uhr über Sender Weichsel und DXZ zur Übernahme durch Minsk und Baranowitsche
Russisch
12.00–12.15 Uhr über Sender Weichsel, Modohn (Mogilew), Minsk, Baranowitsche, DXC 2, DZH und DXL 7
17.45–18.00 Uhr über Sender Weichsel, Modohn (Mogilew), Minsk, Baranowitsche und Soldatensender »Ursula«
Ukrainisch
10.15–10.30 Uhr über Sender Weichsel, Donau, DZH und DXL 7
12.15–12.30 Uhr über Sender Weichsel, Donau, Lemberg, Winniza, Kiew, Soldatensender »Gustav«, DXC 2, DXL 7 und DZH
18.00–18.15 Uhr über Sender Weichsel, Donau, Lemberg, Winniza, Soldatensender »Gustav« und DXZ

GRUPPE II
Diese Sendungen mußten von den übrigen zivilen Sendern und den Sendern der Wehrmacht in den besetzten Ostgebieten zur zusätzlichen Verbreitung oder bei Empfangsschwierigkeiten mit den Pflichtübernahmen als Ausweichmöglichkeiten benutzt werden.
Russisch
6.15–6.30 Uhr über Sender Weichsel, Modohn und DXX
7.30–7.45 Uhr über Sender Weichsel und DXZ
9.15–9.30 Uhr über Sender Weichsel, Modohn, DZH und DXL 7
15.45–16.00 Uhr über Sender Modohn und DXZ
17.15–17.30 Uhr über Sender Weichsel, Modohn, Soldatensender »Siegfried« und »Ursula« und DXZ
20.15–20.30 Uhr über Sender Weichsel, Modohn, DXP und Soldatensender »Ursula«
22.30–22.45 Uhr über Sender Modohn und DXP
23.45–00.00 Uhr über Sender DXP
Ukrainisch
7.15–7.30 Uhr über Sender Weichsel und DXZ
8.15–8.30 Uhr über Sender DZH, DXL 7 und DXL 13
22.15–22.30 Uhr über Sender Donau, Lemberg, Winniza, Kiew und DXP
Ossetinisch (Montag, Dienstag, Donnerstag, Freitag)

5.30–5.45 Uhr über Sender DXL 7, DXL 24 und DXB
Armenisch (Mittwoch, Sonnabend, Sonntag)
5.30–5.45 Uhr über Sender DXL 7, DXL 24 und DXB
Aserbaidschanisch
19.15–19.30 Uhr über Sender DXL 13, DXL 7 und DXC 2
Georgisch
19.45–20.00 Uhr über Sender DXC 2, DXP und DXB
Usbekisch
20.00–20.15 Uhr über Sender DXL 13 und DXL 25
Wolgatatarisch
20.15–20.30 Uhr über Sender DXL 13, DXL 25, DXB und DXC 2
Kalmückisch
23.00–23.15 Uhr über Sender DXP
Tschetschenisch
23.15–23.30 Uhr über Sender DXP
Karatschaisch
23.30–23.45 Uhr über Sender DXP

GRUPPE III
Für die Verbreitung in den besetzten Ostgebieten gesperrt:
Russisch
2.15–2.30 Uhr über Sender DXM 2
4.15–4.30 Uhr über Sender DXM 2
5.15–5.30 Uhr über Sender DXM 2

Abhördienste
Durch ein Übereinkommen zwischen dem Reichsministerium für die besetzten Ostgebiete und dem Oberkommando der Wehrmacht erhielten die zivilen und militärischen Dienststellen in den besetzten Ostgebieten den Auftrag, in ihrem Bereich den Rundfunkempfang für die Bevölkerung sicherzustellen.
In den besetzten zivilen Gebieten wurden folgende Sender unterhalten:

I. Reichskommissariat Ostland

Die Sendergruppe »Ostland« mit dem
Hauptsender Riga
Strahlungsanlagen in Riga, Libau, Goldingen und Modohn
Landessender Reval
Strahlungsanlagen in Reval (Stadtsender und Großsender) und Dorpat
Landessender Kauen mit Besprechungsstelle Wilna
Strahlungsanlagen in Kauen und Wilna
Landessender Minsk mit Besprechungsstelle Baranowitsche
Strahlungsanlagen in Minsk und Baranowitsche

II. Reichskommissariat Ukraine

Die Sendergruppe »Ukraine« mit dem
Hauptsender Ukraine mit Besprechungsstelle Winniza
Strahlungsanlagen in Kiew (Mittel- und Kurzwellensender) und Winniza

Die Wehrmacht setzte an der Ostfront und in den rückwärtigen Heeresgebieten folgende Sender ein:

Soldatensender »Ursula«	668 kHz	449,1 m	20 kW
Soldatensender »Siegfried«	610 kHz	491,8 m	20 kW
Soldatensender »Gustav«	767 kHz	391,1 m	20 kW
Soldatensender »Krim«	877 kHz	342,1 m	2,4 kW
Fahrbarer Sender X	253 kHz	1186 m	20 kW

Wellentabelle

DXL 6	15130 kHz	19,83 m	100 kW
DXH 2	15200 kHz	19,84 m	12 kW
DZH	14460 kHz	20,75 m	50 kW
DXF 2	11900 kHz	25,21 m	
DXL 7	11885 kHz	25,24 m	100 kW
DJD	11770 kHz	25,49 m	50 kW
DXC 2	11740 kHz	25,55 m	50 kW
DJW	9650 kHz	31,09 m	
DXL 24	9620 kHz	31,19 m	100 kW
DXB	9610 kHz	31,22 m	50 kW
DXZ	9570 kHz	31,35 m	75 kW
DXK 2	9527 kHz	31,49 m	
DXL 13	9520 kHz	31,51 m	

DXL 25	7280 kHz	41,29 m	
DXM 2	6200 kHz	48,39 m	
DXX	6640 kHz	48,86 m	50 kW
Kiew, Kurzwelle	6070 kHz	49,42 m	15 kW
DXP	6030 kHz	49,75 m	50 kW
Libau	1429 kHz	209,9 m	1 kW
Reval II (Großsender)	1348 kHz	222,6 m	20 kW
Riga	1258 kHz	238,5 m	15 kW
Goldingen	1104 kHz	271,7 m	50 kW
Winniza	977 kHz	306 m	10 kW
Donau	922 kHz	325,4 m	100 kW
Krim	877 kHz	342,1 m	2,4 kW
Hauptsender Ukraine	832 kHz	360,6 m	20 kW
Soldatensender »Gustav«	767 kHz	391,1 m	20 kW
Reval I (Stadtsender)	731 kHz	410,4 m	0,5 kW
Soldatensender »Ursula«	668 kHz	449,1 m	20 kW
Soldatensender »Siegfried«	610 kHz	491,8 m	20 kW
Modohn	583 kHz	514,6 m	50 kW
Wilna	536 kHz	560 m	50 kW
Baranowitsche	520 kHz	577 m	50 kW
Dorpat	512 kHz	585,9 m	0,5 kW
Fahrbarer Sender X (Mogilew)	253 kHz	1186 m	20 kW
Weichsel	224 kHz	1339 m	120 kW
Minsk	208 kHz	1442 m	35 kW
Kauen	153 kHz	1961 m	7 kW

Die Presse in den besetzten Ostgebieten
Stand: April 1944

I. Die deutsche Presse
Die deutsche Presse in den besetzten Ostgebieten galt als Inlandspresse. Das DNB und andere deutsche Nachrichtendienste, insbesondere das »Berliner Büro der deutschen Ostzeitungen«, versorgte sie mit Informationsmaterial.
Folgende deutsche Zeitungen und Zeitschriften erschienen:
1. »Deutsche Zeitung im Ostland«, Riga
2. »Kauener Zeitung«, Kauen
3. »Minsker Zeitung«, Minsk
4. »Ostland«, Riga
5. »Revaler Zeitung«, Reval
6. »Wilnaer Zeitung«, Wilna

II. Fremdsprachliche Presse
Die Nachrichtenversorgung der fremdsprachlichen Presse erfolgte über das »Nachrichtenbüro Estland«, das »Nachrichtenbüro Lettland«, das »Nachrichtenbüro Litauen« und durch das DNB in Minsk. Sie verbreiteten ferner den Dienst »Ostland-Nachrichten« (O.N.).
In den besetzten Ostgebieten erschienen im April 1944 folgende fremdsprachige Zeitungen und Zeitschriften:

Estland
1. »Ajakiri Naisel« (»Frauenzeitschrift«), Dorpat
2. »Eesti Arst« (»Der estnische Arzt«), Dorpat
3. »Eesti Mets« (»Der estnische Wald«), Reval
4. »Eesti Pildileht« (»Estnische Illustrierte«), Reval
5. »Eesti Söna« (»Das estnische Wort«), Reval
6. »Eesti Statistika« (»Estnische Statistik«), Reval
7. »Haridusdirektooriumi Teataja« (»Anzeiger des Bildungsdirektoriums«), Reval
8. »Järva Teataja« (»Järvescher Anzeiger«), Weißenstein
9. »Lääne Söna« (»Das Wort des Westens«), Hapsal
10. »Maa Söna« (»Das Wort des Landes«), Reval
11. »Meie Maa« (»Unser Land«), Arensburg
12. »Otepää Teataja« (»Odenpehscher Anzeiger«), Odenpeh
13. »Poellumajandus« (»Die Landwirtschaft«), Reval
14. »Postimees« (»Der Postbote«), Dorpat
15. »Rindeleht« (»Das Frontblatt«), Reval
16. »Sakala« (»Sakala«), Fellin
17. »Tehnika Kuukiri« (»Technische Monatsschrift«), Reval
18. »Tervis« (»Gesundheit«), Dorpat
19. »Uehistu« (»Genossenschaftswesen«), Reval
20. »Uus Elu« (»Neues Leben«), Pernau
21. »Uus Rada« (»Der neue Weg«), Petschur
22. »Valga Teataja« (»Anzeiger von Walk«), Walk
23. »Virumaa Teataja« (»Wirländischer Anzeiger«), Wesenberg

24. »Vörumaa Teataja« (»Werroscher Anzeiger«), Werro

Lettland

1. »Bauskas Vestnesis« (»Bausker Bote«), Bausk
2. »Baznicas Zinas« (»Kirchennachrichten«), Riga
3. »Cesu Vestis« (»Wendener Nachrichten«), Wenden
4. »Darbs un Zeme« (»Arbeit und Land«), Mitau
5. »Daugavas Vanagi« (»Habichte der Düna«), Riga
6. »Daugavas Vestnesis« (»Der Düna-Bote«), Dünaburg
7. »Izglitibas Menesraksts« (»Monatszeitschrift für Bildung«), Riga
8. »Jekabpils Vestnesis« (»Jakobstädter Bote«), Jakobstadt
9. »Junda« (»Der Zapfenstreich«), Laudon
10. »Kurzemes Vards« (»Das Kurländische Wort«), Libau
11. »Laikmets« (»Das Zeitalter«), Riga
12. »Latvju Jaunatne« (»Lettische Jugend«), Riga
13. »Latvju Menesraksts« (»Monatszeitschr. der Letten«), Riga
14. »Latvju Tautsaimnieks« (»Der lettische Volkswirt«), Riga
15. »Lauksaimnieks« (»Der Landwirt«), Riga
16. »Lidums« (»Das Neuland«), Riga
17. »Malienas Zinas« (»Marienburger Nachrichten«), Marienburg
18. »Mana Maja« (»Mein Heim«), Riga
19. »Meza Dzive« (»Das Waldleben«), Riga
20. »Rezeknes Zinas« (»Rositter Nachrichten«), Rositten
21. »Satiksme un Technika« (»Verkehr und Technik«), Riga
22. »Smiltenietis« (»Der Smiltener«), Smilten
23. »Sporta Pasaule« (»Die Sportwelt«), Riga
24. »Talavietis« (»Talaver«), Wolmar
25. »Talsu Vards« (»Das Talsensche Wort«), Talsen
26. »Tevija« (»Das Vaterland«), Riga
27. »Tukuma Zinas« (»Tuckumer Nachrichten«), Tuckum
28. »Ventas Balss« (»Windauer Stimme«), Windau
29. »Zemgale« (»Semgallen«), Mitau

Litauen

1. »Ateitis« (»Die Zukunft«), Kauen
2. »Balsas« (»Die Stimme«), Ponewiesch
3. »Bibliografijos Zinios« (»Bibliographische Nachrichten«), Kauen
4. »Frontas ir Tevyne« (»Front und Heimat«), Kauen
5. »Karys« (»Der Krieger«), Wilna
6. »Lietuviai« (»Der Litauer«), Kauen
7. »Lietuviskoji Medicina« (»Litauische Medizin«), Kauen
8. »Naujosios Birzu Zinios« (»Neueste Birsener Nachrichten«), Birsen
9. »Naujoji Lietuva« (»Neues Litauen), Wilna
10. »Naujoji Sodyba« (»Der neue Bauernhof«), Kauen
11. »Savaite« (»Die Woche«), Kauen
12. »Savitarpines Pagalbos Zinios« (»Selbsthilfewerknachrichten«), Kauen
13. »Studiju Biuras« (»Studien-Büro«), Wilna
14. »Teviske« (»Vaterland«), Schaulen
15. »Ugniagesys« (»Der Feuerwehrmann«), Kauen
16. »Ukininko Patarejas« (»Bauernberater«), Kauen
17. »Zemaiciu Zemes« (»Die Erde der Zemaiten«), Telschen
18. »Ziburelis« (»Das Leuchttürmchen«), Kauen

Polnische Presse

1. »Goniec codzienny« (»Der Tagesbote«), Wilna

Russische Presse

1. »Dlja wsjech« (»Für alle«), Riga
2. »Dobrowoljez« (»Der Freiwillige«), Berlin
3. »Dobrowoljez« (»Der Freiwillige«), Pleskau
4. »Dwinskij Wjestnik« (»Dünaburger Nachrichten«), Dünaburg
5. »Kasatschij Klinok« (»Die Kosakenklinge«), Feldpost-Nummer
6. »Kasatschij Wjestnik« (»Kosakennachrichten«), Prag
7. »Na dosugje« (»In der Freizeit«), Berlin
8. »Na kasatschjem postu« (»Auf der Kosakenwacht«), Feldpost-Nummer
9. »Na strashe rodinyj« (»Auf der Heimatwacht«), Bobruisk
10. »Nasch putj« (»Unser Weg«), Feldpost-Nummer
11. »Nowyj putj« (»Der neue Weg«), Riga
12. »Nowyj putj« (»Der neue Weg«), Baranowitschi
13. »Nowoje Slowo« (»Neues Wort«), Berlin
14. »Parishskij Wjestnik« (»Pariser Nachrichten«), Paris
15. »Paschnja« (»Der Acker«), Berlin
16. »Prawda« (»Die Wahrheit«), Riga
17. »Rjetsch« (»Die Rede), Bobruisk
18. »Russkij Wjestnik« (»Russische Nachrichten«), Riga
19. »Sarja« (»Das Morgenrot«), Berlin
20. »Sa rodinu« (»Für die Heimat«), Pleskau
21. »Sewernoje Slowo« (»Das nördliche Wort«), Bobruisk

22. »Shalo« (»Der Stachel«), Bobruisk
23. »Shiwoje Slowo« (»Das lebendige Wort«), Bobruisk
24. »Trud« (»Die Arbeit«), Berlin
25. »Wolnyj Pachar« (»Der freie Pflüger«), Riga

Ukrainische Presse

1. »Chliborob« (»Der Landmann«), Berlin
2. »Doswillja« (»Nach der Arbeit«), Berlin
3. »Holos« (»Die Stimme«), Berlin
4. »Krakiwski Wisti« (»Krakauer Nachrichten«), Krakau
5. »Lwiwski Wisti« (»Lemberger Nachrichten«), Lemberg
6. »Nasche Slowo« (»Unser Wort«), Brest-Litowsk
7. »Nowa Doba« (»Die neue Zeit«), Berlin
8. »Pinska Hazeta« (»Pinsker Zeitung«), Pinsk
9. »Sa nowu Jewropu« (»Für das neue Europa«), Berlin
10. »Ukrainez« (»Der Ukrainer«), Berlin
11. »Ukrainskij Dobrowoljez« (»Der ukrainische Freiwillige«), Feldpost-Nummer
12. »Ukrainskij Wisnik« (»Das ukrainische Mitteilungsblatt«), Berlin
13. »Wisti« (»Nachrichten«), Berlin

Weißruthenische Presse

1. »Baranowizkaja Hazeta« (»Baranowitscher Zeitung«), Baranowitschi
2. »Bielaruskaja Hazeta« (»Weißruthenische Zeitung«), Minsk
3. »Bielaruski Holos« (»Weißruthenische Stimme«), Wilna
4. »Bielaruski Rabotnik« (»Der weißruthenische Arbeiter«), Berlin
5. »Bielarusj na Wartje« (»Weißruthenien auf der Wacht«), Minsk
6. »Hazeta Sluccyny« (»Sluzker Zeitung«), Sluzk
7. »Holos Wioski« (»Die Dorfstimme«), Minsk
8. »Lidski Tydniowik« (»Lidaer Wochenblatt«), Lida
9. »Nascha Praza« (»Unsere Arbeit«), Minsk
10. »Nowaja Daroga« (»Der neue Weg«), Bialystok
11. »Nowyj Schljach« (»Der neue Weg«), Minsk
12. »Pahonia« (»Pahonia«), Baranowitschi
13. »Ranica« (»Der Morgen«), Berlin
14. »Sa Prawdu« (»Für die Wahrheit«), Nowogrudok
15. »Shywe Bielarusj« (»Es lebe Weißruthenien«), Minsk
16. »Slonimski Kurjer« (»Slonimer Kurier«), Slonim

Der Einsatz von Filmen
in den besetzten Ostgebieten

Stand: Juni 1944

I. Die Auslandswochenschau wurde regelmäßig in Ukrainisch, Russisch, Weißruthenisch, Litauisch, Lettisch und Estnisch synchronisiert.

II. Propagandafilme
Bisher wurden folgende, speziell für den Ostraum bestimmte Propagandafilme hergestellt:

1. »Arbeiterfilm«. Arbeits- und Lebensbedingungen des deutschen Industriearbeiters.
2. »Bauernfilm«. Lebensbedingungen der deutschen Landbevölkerung unter Hinweis auf die neue Agrarreform.
3. »Der Führer und sein Volk«. Der Führer im deutschen Volk ohne Leibgarde.
4. »Waldarbeitslager«. Das Schicksal einer sowjetischen Dorfgemeinschaft, die zu Waldarbeitern gepreßt wird und zugrunde geht. (Der Film wird vorübergehend nicht geliefert.)
5. »Genosse Edelstein«. Der Film prangert das Stachanowsystem an.
6. »Der letzte Hammerschlag«. Im ersten Teil: Vernichtung einer Dorfgemeinschaft durch Einführung des Kolchossystems; im zweiten Teil: Befreiung durch die deutsche Wehrmacht und Erlösung der Landbevölkerung durch die neue Agrarordnung.
7. »Dubinuschka«. Lustiger Zeichentrickfilm gegen das Kolchossystem. Länge 130 m, in russischer und ukrainischer Sprache.
8. »Schweinepech«. Humoristischer Kurzfilm gegen den Schwarz- und Schleichhandel (nur lettisch, estnisch, litauisch).
9. »Mit eigenen Augen«. Besichtigungsfahrt einer Gruppe russischer Arbeiter durch Deutschland. Länge 900 m, in russischer und ukrainischer Sprache.
10. »Wir haben Deutschland gesehen«. Besichtigungsfahrt einer Gruppe russischer Arbeiter durch Deutschland. Länge 1 100 m, russisch.
11. »Deutschland«. Ein Gesamtüberblick über Deutschlands Landschaft, Städte, Siedlungen, Industrien und soziale Einrichtungen, zusammengestellt aus deutschen Kulturfilmen. Länge 2 300 m, russisch.
12. »Wir fahren nach Deutschland«. Ukrainische Arbeiter im Arbeitseinsatz in Deutschland. Länge 1 100 m, russisch und ukrainisch.
13. »Wir schaffen in Deutschland«. Arbeitseinsatz lettischer, litauischer und estnischer Arbeiter im Reich (nur in den genannten drei Sprachen).
14. »Grüße in die Heimat«. Film zur Anwerbung

von Ostarbeitern. Länge 800 m, russisch und ukrainisch.

15. »Arbeitstag des deutschen Bauern«. Film zur Anwerbung von Landarbeitern. Länge 450 m, russisch, ukrainisch, weißruthenisch.
16. »Donbaß-Arbeiter«. Arbeiterwerbefilm. Der Film zeigt russische Bergbauarbeiter aus dem Donbaß bei einer Besichtigung der Arbeits- und Lebensverhältnisse der deutschen Bergarbeiter. Länge 350 m, russisch und ukrainisch.
17. »Kosakenlied«. Hilfswilligenwerbefilm. Der Film zeigt die Ausbildung, Freizeitgestaltung und den Einsatz der Freiwilligen-Kosaken-Verbände. Länge 420 m, russisch.
18. »Flüchtlinge«. Antibolschewistischer Propagandafilm. Der Film zeigt die Flucht der russischen Bevölkerung vor der Roten Armee. Länge 400 m, russisch.
19. »Unsere Freunde«. Lieferbar Herbst 1944. Antibolschewistischer Propagandafilm. Der Film zeigt die Ausbildung, den Arbeits- und Kampfeinsatz der russischen Polizei (OD) gegen das Bandenunwesen an der Seite der Sicherheitspolizei und des SD. Länge 700 m, russisch und deutsch.
20. »Wölfe«. Ein Propagandafilm gegen das Bandenunwesen im Rahmen einer dramatischen Spielhandlung. Länge etwa 2 500 m, russisch.

III. Spiel-, Kultur- und Dokumentarfilme
Deutsche Spiel-, Kultur- und Dokumentarfilme wurden mit Untertiteln in den einzelnen Ostsprachen versehen oder in entsprechender Synchronisation eingesetzt.

Bildwesen
in den besetzten Ostgebieten

Stand: Juli 1944

I. Aushangbilderdienst Deutschland

1. An einen festen Empfängerkreis gingen 14-tägig in einer größeren Auflage Serien von Originalfotos, 18 x 24 cm.
Der Aushangbilderdienst Deutschland sollte die Bevölkerung über die Verhältnisse in Deutschland informieren.

2. *Sonder-Bildserien*
Neben dem laufenden Bilderdienst wurden folgende Sonderserien hergestellt:
   1. Der Führer und seine Soldaten
   2. Der Führer und die Arbeiter
   3. Der Führer und die Kinder
   4. Deutsche Jugend, Deutsche Landschaft
   5. Der 1. Mai
   6. Der Führer bei seinen Arbeitern
   7. Der Arbeiter in Deutschland
   8. Kuh-Anspannung (nur für die Ukraine)
   9. Deutsche Theater – Deutsche Künstler
   10. Ausländische Arbeiter in Deutschland
   11. Zehn Jahre Nationalsozialismus
   12. So wohnt der Führer (Reichskanzlei)
   13. Islam
   14. Warum wird Deutschland siegen?
   15. Ostarbeiter im Arbeitseinsatz
   16. Freiwillige
   17. Deutsche Bauern
   18. Deutsche Stadt
   19. Der deutsche Bauer
   20. Ostarbeiter im Reich
   21. Ostarbeiter im landwirtschaftlichen Einsatz
   22. Jungens aus dem Osten werden in Deutschland erzogen
   23. Die Russen und ihre Religion in Deutschland
   24. Kindergärten
   25. Die deutsche Frau im Rüstungseinsatz
   26. Die deutsche Frau im Intelligenzberuf
   27. Russische Arbeitskräfte in Deutschland
   28. Reichsautobahn (Die Straßen des Dritten Reiches)
   29. Deutsche Technik
   30. Europa arbeitet für den Sieg
   31. Ausgrabung von Winniza
   32. Obsternte in Deutschland
   33. Der schöne Arbeitsplatz
   34. Großstadt, Kleinstadt und Dorf in Deutschland
   35. Ostarbeiter erhalten Kleidungsstücke
   36. Ausländische Arbeitskräfte in den verschiedenen Berufen
   37. Wieder freier Bauer auf eigener Scholle
   38. Ukrainer in der Freizeit
   39. Was kann ein Ukrainer in Deutschland sein?
   40. Russische Arbeitskräfte in Deutschland
   41. Ostarbeiterleben in Deutschland
   42. Lehrlingsausbildung
   43. Kindergärten
   44. Hier Deutschland, da Rußland
   45. Vom Schraubstock zum Konstruktionszeichner
   46. Ukrainerinnen in der Landwirtschaft
   47. Deutsche Stadt, deutsches Land
   48. Berufsausbildung
   49. Russische Arbeitskräfte in Deutschland
   50. Arbeiterinnen aus den befreiten Ostgebieten leben in Deutschland
   51. Lehrlingsausbildung
   52. Kindergärten
   53. Hier Deutschland – da UdSSR
   54. Vom Schraubstock zum Konstruktions-

zeichner
55. Ukrainerinnen in der Landwirtschaft
56. Deutsche Stadt – Deutsches Land
57. Berufsausbildung
58. Die Marine bildet ihren Nachwuchs
59. Ein Sonntagnachmittag zweier Freundinnen aus Dnepropetrowsk in Deutschland
60. Die deutsche Frau im Kriegseinsatz
61. Gewerbetreibende im Lande
62. Die deutsche Reichsbahn
63. Deutsche Bekleidung im fünften Kriegsjahr
64. Sportleben im fünften Kriegsjahr in Deutschland
65. Eine deutsche Großstadt im fünften Kriegsjahr
66. Ukrainerinnen bei deutschen Bergbauern
67. Die Frau im technischen Beruf
68. Nachwuchs in einem Flugzeugwerk
69. Ukrainische Arbeiter als Künstler in ihrer Freizeit
70. Deutsches Flugzeugwerk
71. Deutsche Frau im Rüstungsbetrieb
72. Vorbildliche Arbeiterbetreuung
73. Ostarbeiter feiern Weihnachten
74. Deutschland arbeitet für den Sieg
75. Betreuung der Mütter und Kinder von Ostarbeitern
76. Soldaten auf Heimaturlaub
77. Ostarbeiterinnen als Stütze der deutschen Hausfrau
78. Frauen werden umgeschult
79. Arbeiter aus den befreiten Ostgebieten in Deutschland
80. Der Nachwuchs wird gefördert
81. Arbeiterfürsorge
82. OT. im Kriege
83. Estnische Arbeitskräfte im Reich
84. Weißruthenen arbeiten in Deutschland
85. Frühjahrsbestellung
86. Kroatische Freiwillige
87. Lehrlingsausbildung weißruthenischer Jugendlicher
88. Die deutsche Frau im 5. Kriegsjahr
89. Reichsarbeitsdienst für die weibliche Jugend
90. Weißruthenen als Gäste in Deutschland
91. Deutsche Technik
92. Ostarbeiterfürsorge

3. *Sonder-Bilddienst*
Der Sonder-Bilddienst erfüllte nach Möglichkeit Bildwünsche, die im Rahmen der Sonder-Bildserien nicht geliefert werden konnten.

II. *Bild-Berichter*
Die Abteilung Ost stellte in Ausnahmefällen eigene Bildberichter zur Verfügung, die für Sonderreportagen ihr Bildmaterial in erster Linie zivilen Dienststellen lieferten.

Quelle: Lager-Verzeichnis Ostpropaganda, BA R 55/1299

Einsatz der Propagandakompanien an der Ostfront

Zeichnung 37

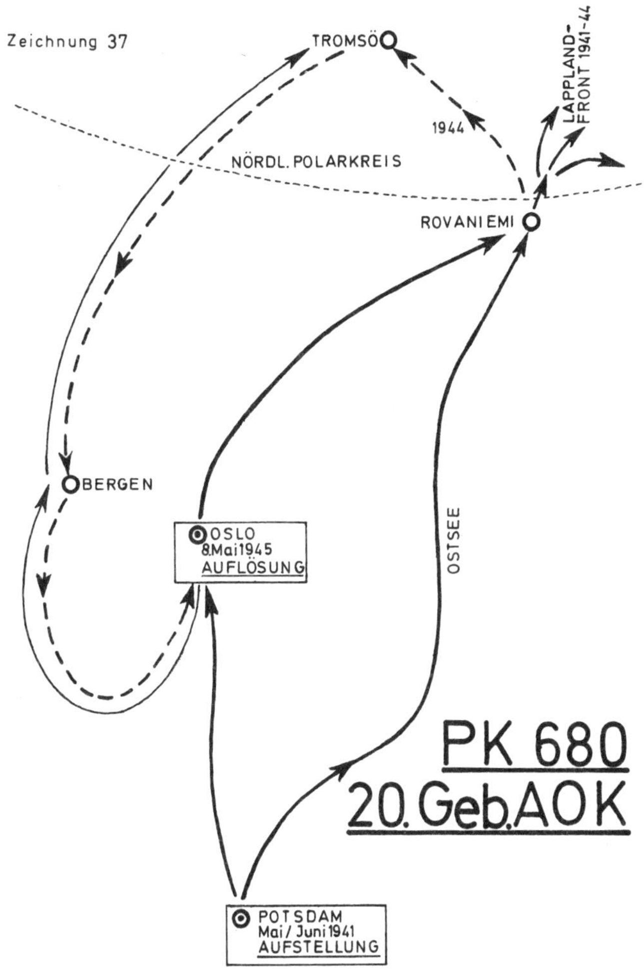

Zeichnung 38

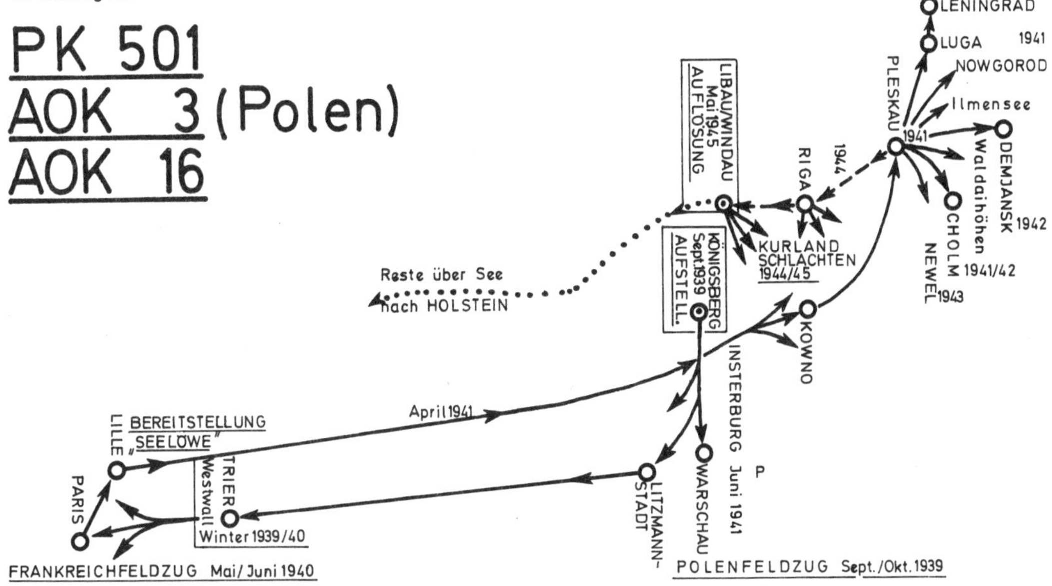

Zeichnung 39

PK 621
AOK 14 (Polen)
AOK 18

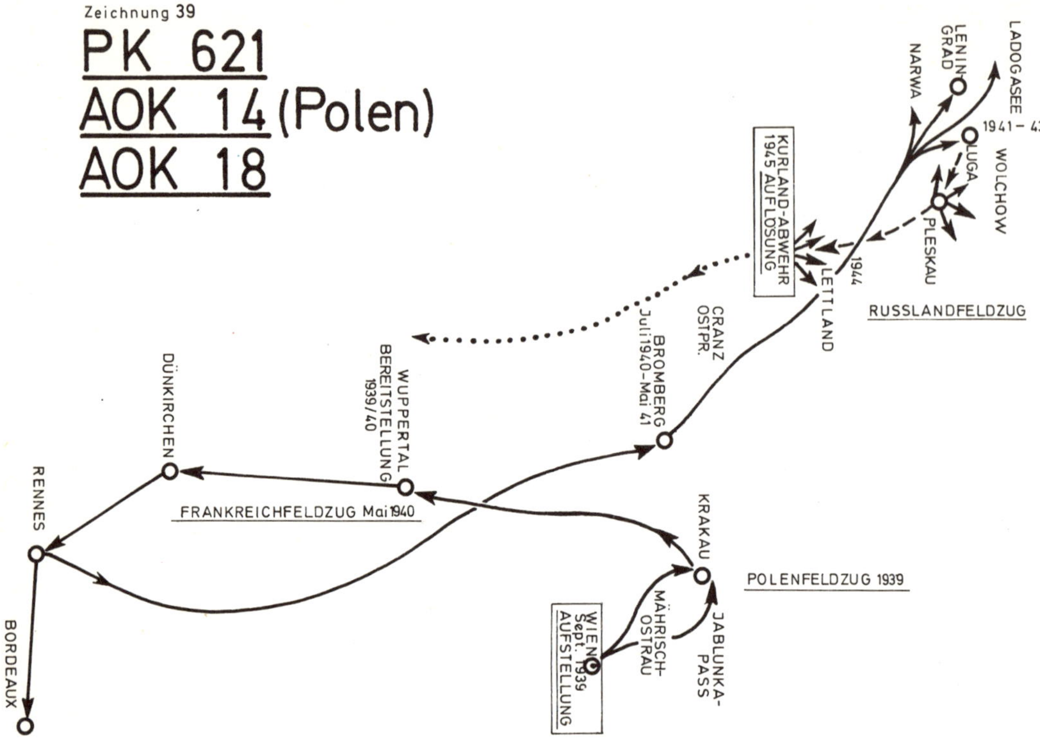

Zeichnung 40

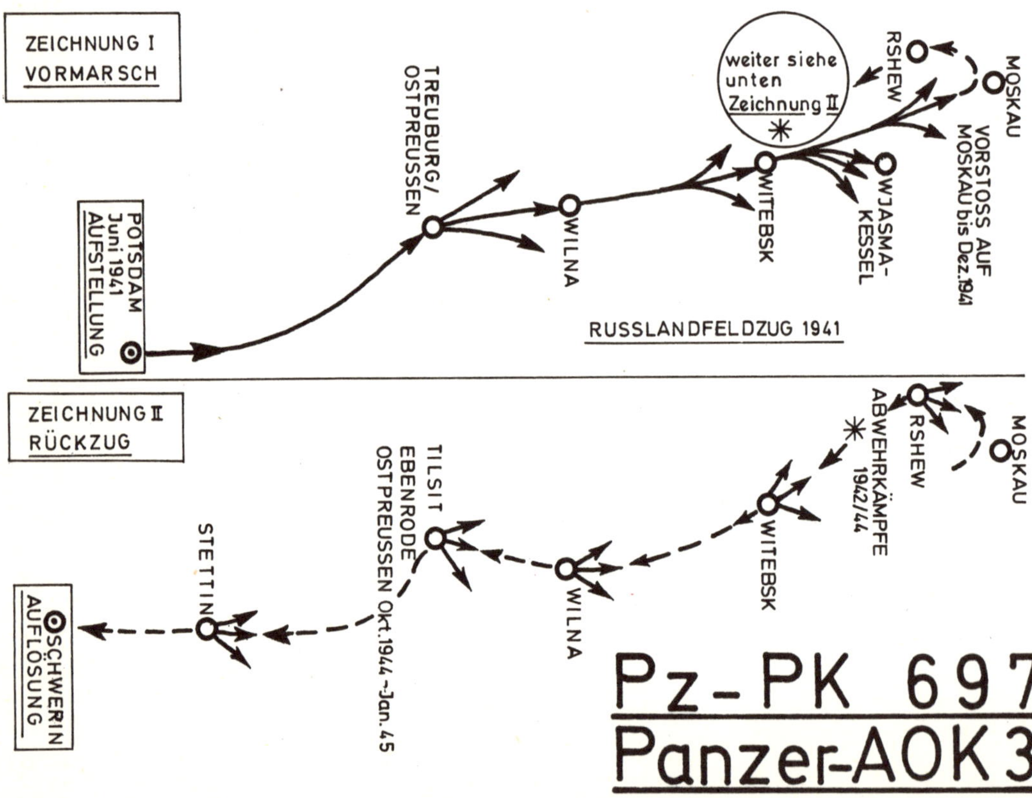

Pz - PK 697
Panzer-AOK 3

Zeichnung 41

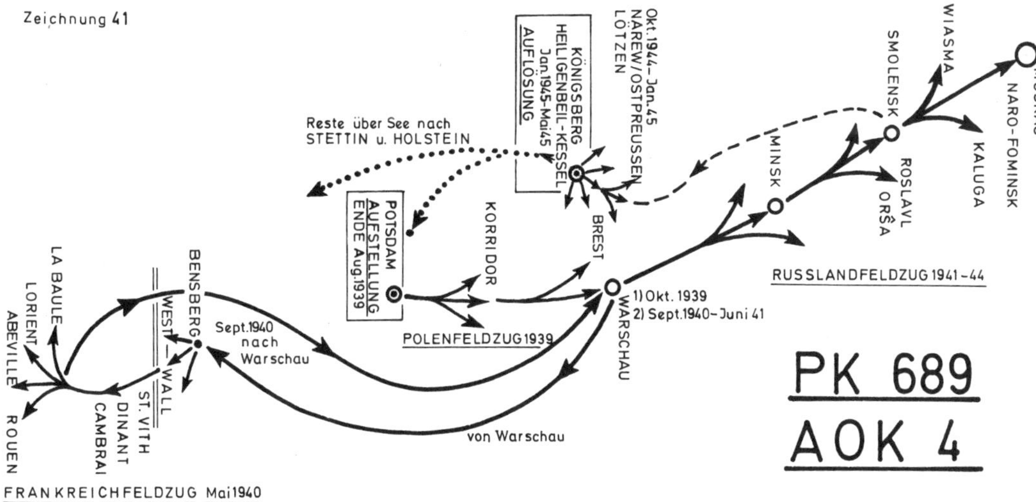

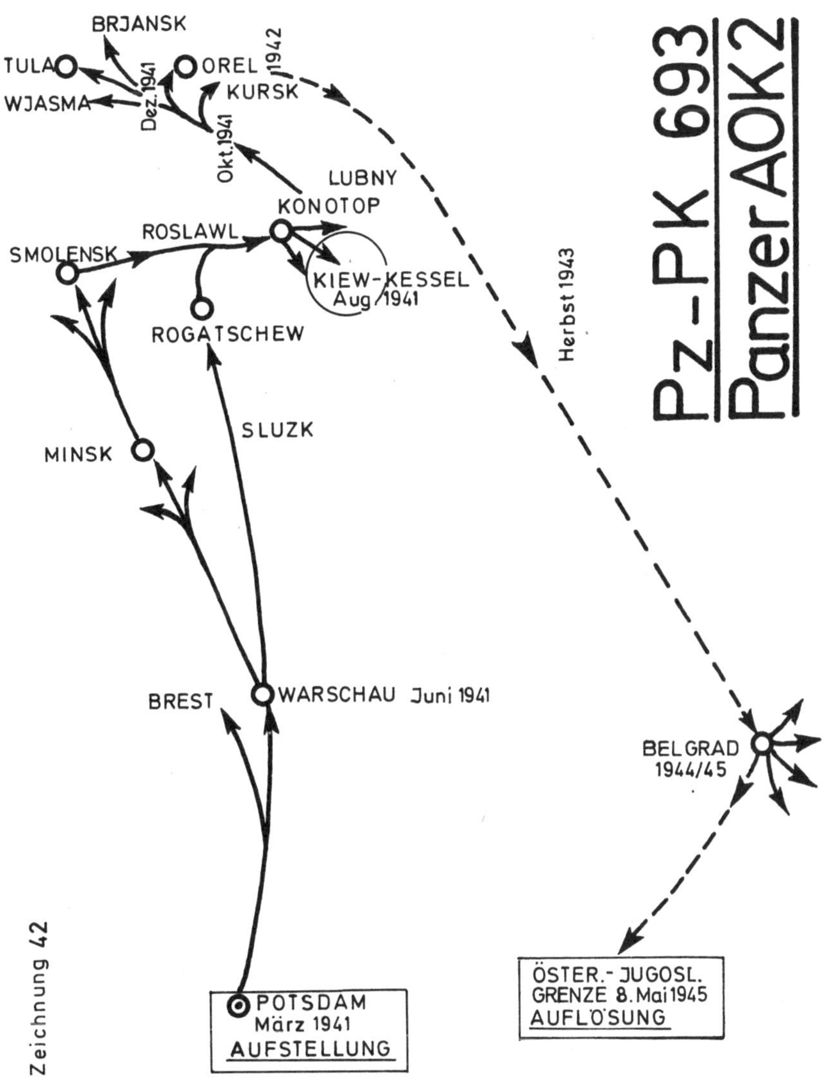

Zeichnung 42

Zeichnung 43

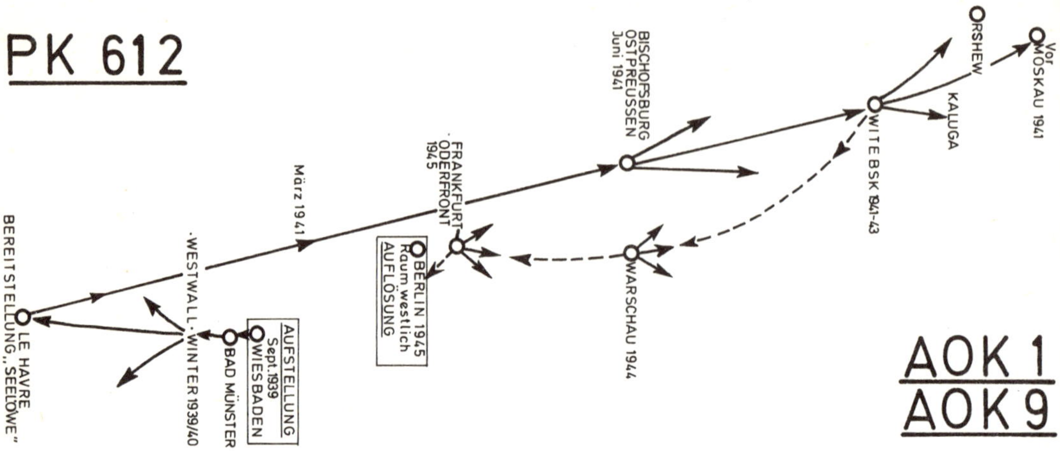

Zeichnung 44

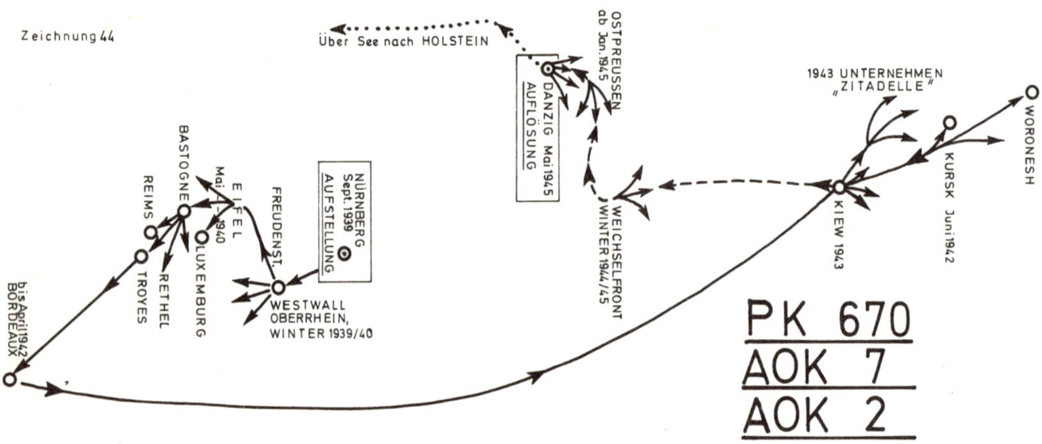

Zeichnung 45

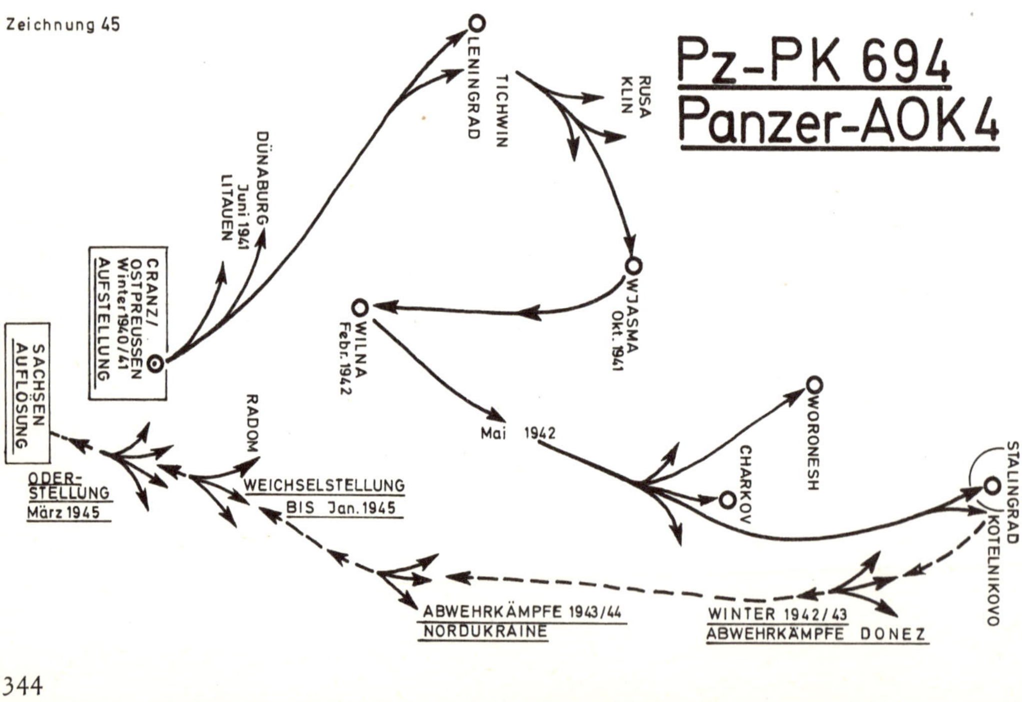

Zeichnung 46

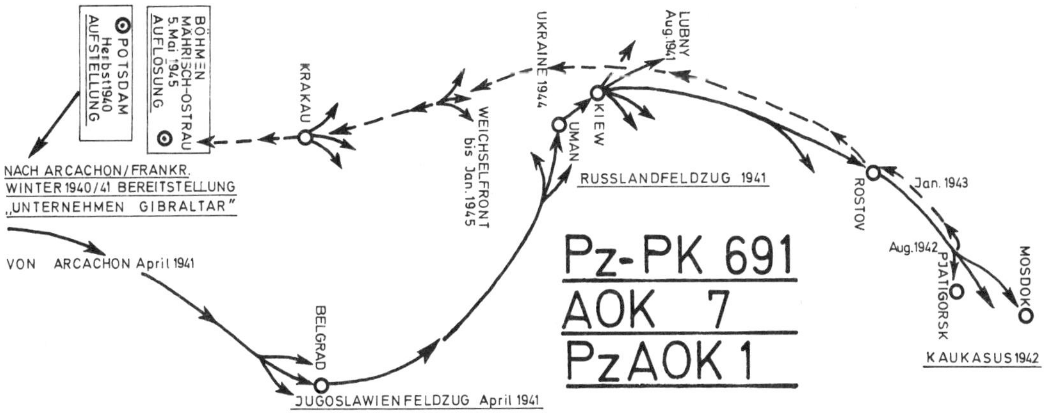

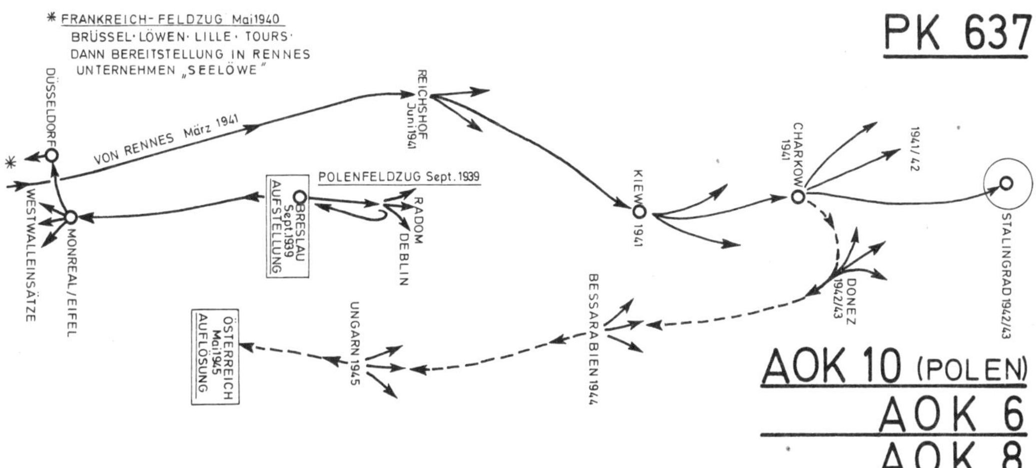

Zeichnung 47

Zeichnung 48

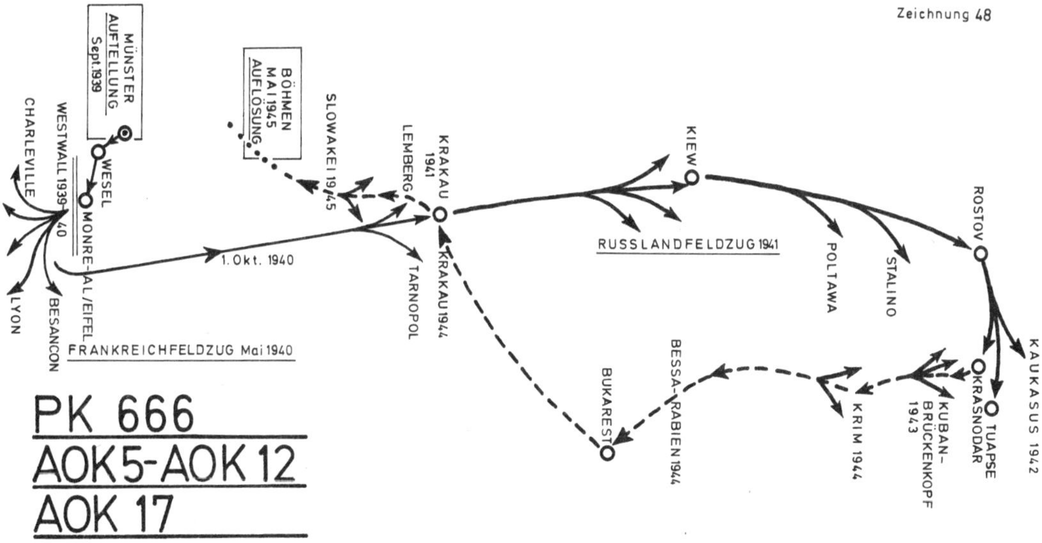

Zeichnung 49

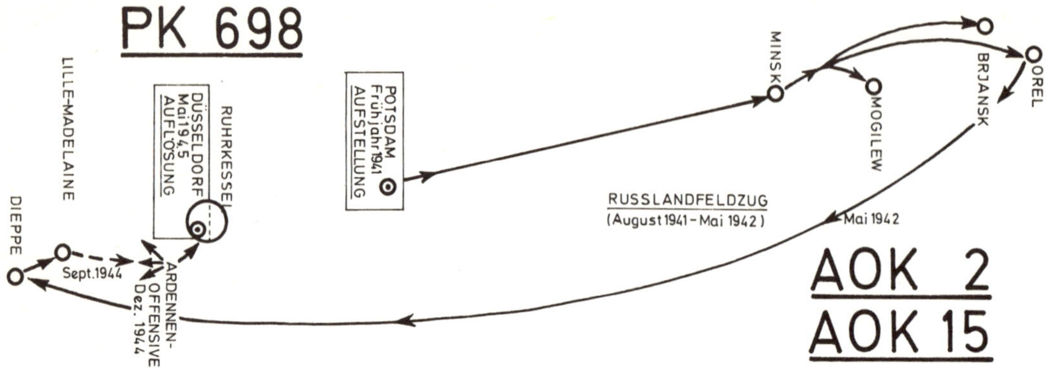

Zeichnung 50

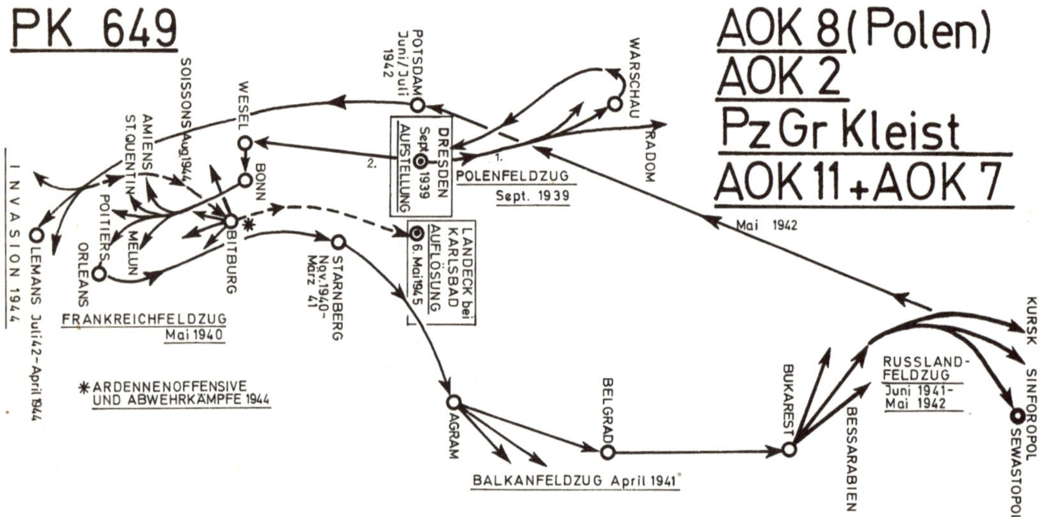

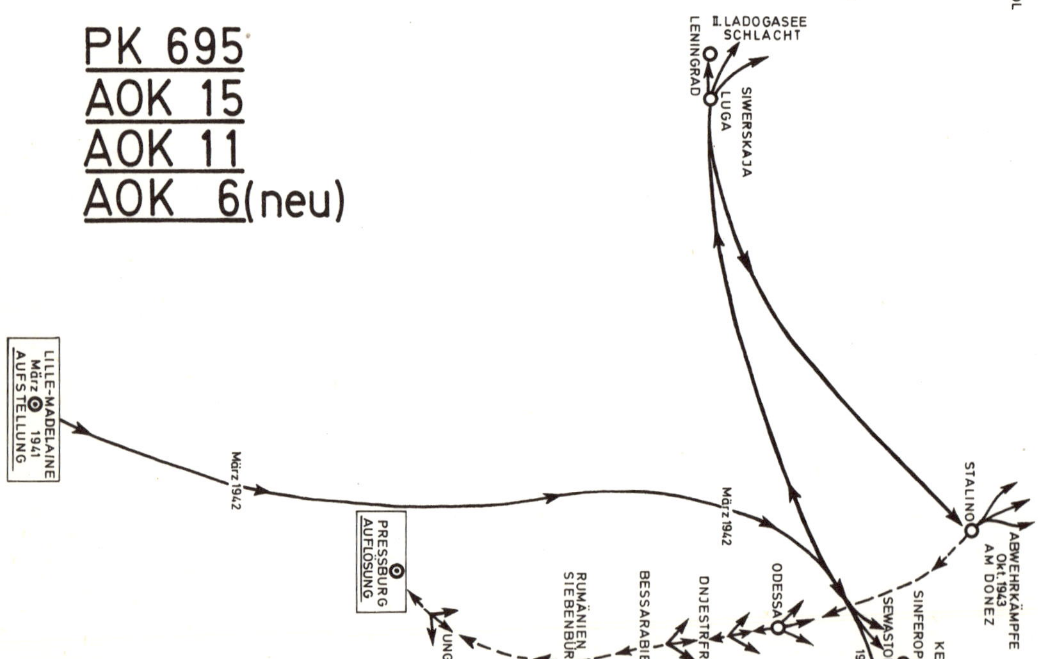

Zeichnung 51

Zeichnung 52

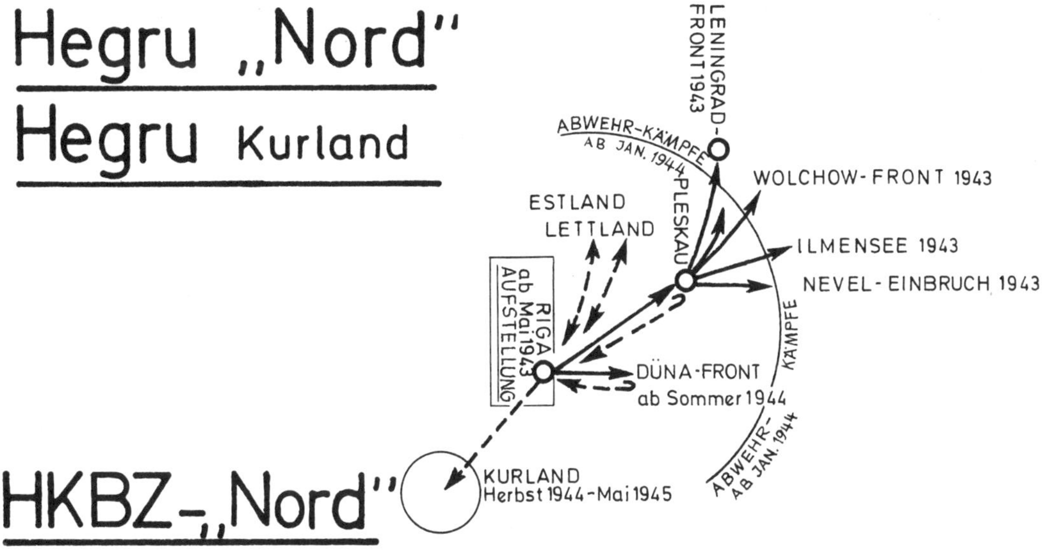

Zeichnung 53

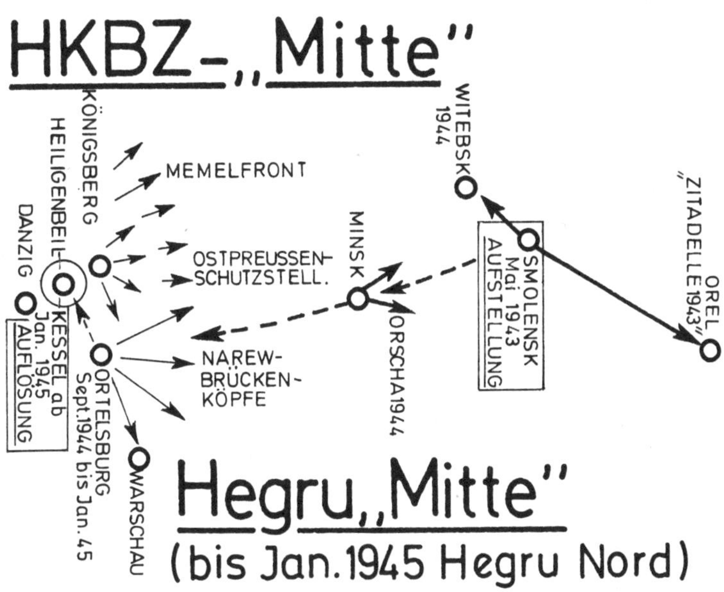

Zeichnung 54

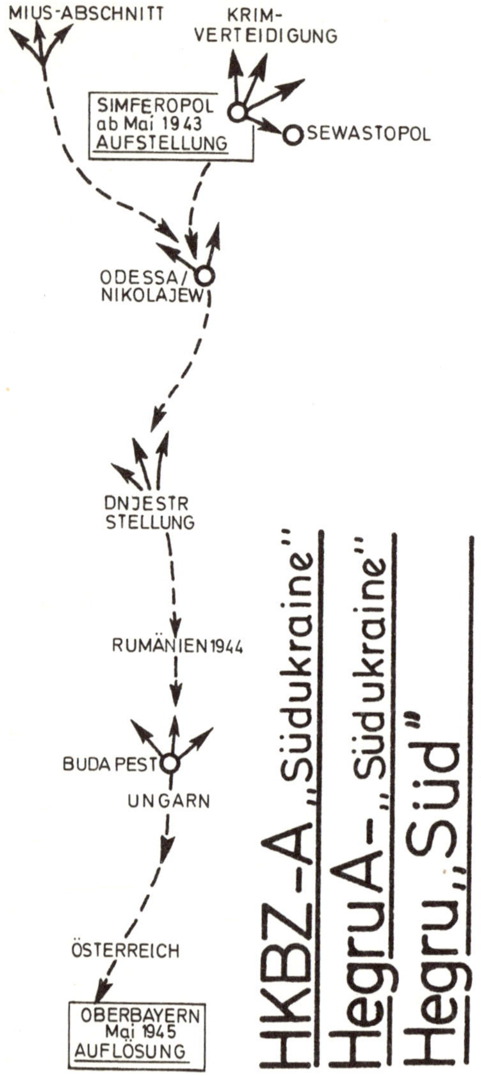

Zeichnung 55

HKBZ-B „Nordukraine"

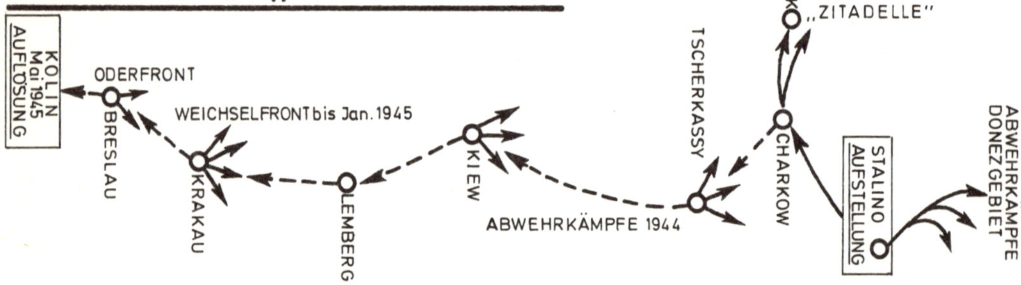

·Hegru-B · Hegru Nordukraine·
·Hegru Mitte (bis Jan. 1945)· Hegru Schörner·

Abkürzungen

a. a. O.	am angegebenen Ort
Abt.	Abteilung
Abw.	Abwehr
Abw.Kdo	Abwehr-Kommando
AM	Propaganda-Abschnitts-Offizier Mitte
AN	Propaganda-Abschnitts-Offizier Nord
AS	Propaganda-Abschnitts-Offizier Süd
Ag.	Amtsgruppe
AK; A. K.	Armeekorps
Anm.	Anmerkung
AOK; A. O. K.	Armee-Oberkommando
AP	Aktivpropaganda
ArbStff	Arbeitsstaffel
Az.	Aktenzeichen
b	beim
BA	Bundesarchiv
Ball.Trp.	Ballon-Trupp
BA-MA	Bundesarchiv – Militärarchiv
Bef.	Befehl
Befh.	Befehlshaber
betr.	betreffend
Batl.; Btl.	Bataillon
bes.	besonders
brit.	britisch
bzw.	beziehungsweise
Chefs.	Chefsache
Chef Pr. Tr.	Chef der Propagandatruppen
Div.	Division
DNB	Deutsches Nachrichten Büro
Dok.	Dokument
DPA	Deutsches Propaganda Atelier
Dulag	Durchgangslager
ff.	und folgende Seiten
F. H. Qu.	Führerhauptquartier
FüSt	Führungsstaffel
Geb.	Gebirgs-; Gebiet
g.; geh.	geheim
Gen; Gen.	General
Gen.Kdo.	Generalkommando
GenQu.; GenQ	Generalquartiermeister
GenSt	Generalstab
GenStdH	Generalstab des Heeres
Ges.	Gesandte
gK; g. K.; g. Kdos.	geheime Kommandosache
G. P. U.	Glawnoje Polititscheskoje Uprawlenije: Politische Hauptverwaltung
Grp	Gruppe
HDv.; H.Dv.	Heeres-Druckvorschrift
HGeb.; rückw. HGeb.	rückwärtiges Heeresgebiet
HGr.; Hgr.; Hegru.	Heeresgruppe
HKL	Hauptkampflinie
HKbZ; HKBZ	Heereskriegsberichterzug
hrsg.	herausgegeben
HQu	Hauptquartier
HWesAbt.	Heereswesenabteilung
ID; I. D.; Inf. Div.	Infanteriedivision
IfZ	Institut für Zeitgeschichte
IMT	Internationales Militärtribunal
IR; I. R.	Infanterieregiment
i. V.	in Vertretung
KB	Kriegsberichter
Kb-Zg	Kriegsberichter-Zug
Kdr. Gen.	Kommandierender General
Kgf	Kriegsgefangener; Kriegsgefangene
Kp	Kompanie
KpTrp	Kompanie-Trupp
KStN; KSTN	Kriegsstärkenachweisung
KTB	Kriegstagebuch
K.Verw.	Kriegsverwaltung
K.V.R.	Kriegsverwaltungsrat
KW	Kilowatt
L	Landesverteidigung
LAH	»Leibstandarte-SS Adolf Hitler« (1. SS-Division)
LtSprGrp	Lautsprechergruppe
Lw	Luftwaffe
LwFeldDiv	Luftwaffenfelddivision
mech.	mechanisiert
MGFA	Militärisches Forschungsamt
Min.Dir.	Ministerialdirektor
Min.Rat	Ministerialrat
Mob.	Mobilmachung
mot	motorisiert
NKWD	Narodnyj Komissariat Wnutrennych Del: Volkskommissariat für Innere Angelegenheiten
OB., O.B.	Oberbefehlshaber
ObdH; Ob. d. H.	Oberbefehlshaber des Heeres
ObdL	Oberbefehlshaber der Luftwaffe
ObKdo	Oberkommando
O.D.	Ordnungsdienst
OKH	Oberkommando des Heeres
OKL	Oberkommando der Luffwaffe
OKW	Oberkommando der Wehrmacht
OpAbt	Operationsabteilung

OQu	Oberquartiermeister
OrgAbt.; Org	Organisationsabteilung
O. U.	Ortsunterkunft
OWI	Office of War Information
P.A.O.	Propaganda-Abschnittsoffizier
PAK	Propaganda-Abteilung Kaukasus
PAO	Propaganda-Abteilung Ostland
PAU	Propaganda-Abteilung Ukraine
PAW	Propaganda-Abteilung Weißruthenien
PEA	Propaganda-Ersatzabteilung
PK	Propaganda-Kompanie; Propaganda-Kompanien
Pol. Arch.	Politisches Archiv des Auswärtigen Amtes
Prop.	Propaganda
Prop.Abt.	Propaganda-Abteilung
Prop.Ausb.Kp	Propaganda-Ausbildungs-Kompanie
PropZg	Propaganda-Zug
PWD	Psychological Warfare Division
PWE	Political Warfare Executive
PzDiv.	Panzerdivision
PzGrenDiv.	Panzergrenadier-Division
PzPK	Propaganda-Kompanie bei einer Panzerarmee
Qu.	Quartiermeister
QuAbt	Quartiermeisterabteilung
R.A.D.	Reichsarbeitsdienst
RAM	Reichsaußenminister
Ref.	Referent
resp.	respektive, beziehungsweise
Rfk	Rundfunk
Rgt	Regiment
RKO	Reichskommissar Ostland
RKU	Reichskommissar Ukraine
RMbO	Reichsministerium für die besetzten Ostgebiete
RMVP	Reichsminister für Volksaufklärung und Propaganda
ROA	Oswobodiel'naja Russkaja Armija: Russische Befreiungsarmee
RV	Reichsverteidigung
SD	Schützendivision

S.D.	Sicherheitsdienst
Sdf.	Sonderführer
Sich.Div.	Sicherheitsdivision
Sich.Tr.; Sich.Trp.	Sicherungstruppen
Sipo	Sicherheitspolizei
S.K.	Schützenkorps
Stalag	Stammlager
StOProp; St.O.Prop.	Stabsoffizier für Propagandaeinsatz
SS	Schutzstaffel
Trp	Trupp; Truppe
u. a.	unter anderem
UdSSR	Union der Sozialistischen Sowjetrepubliken
VAA; V.A.A.	Verbindungsoffizier des Auswärtigen Amtes
Verpfl	Verpflegung
vgl.	vergleiche
V-Leute	Vertrauensleute (Agenten)
VO	Verbindungsoffizier
WFA	Wehrmachtführungsamt
WFSt	Wehrmachtführungsstab
WiRüAmt; Wi-Rü-Amt	Wehrwirtschafts- und Rüstungsamt
WPr	Wehrmachtpropaganda
zbV; z.b.V.	zur besonderen Verwendung (bzw. Verfügung)
Ia	1. Generalstabsoffizier (Führungsabteilung)
Ib	2. Generalstabsoffizier (Versorgungsabteilung)
Ic	3. Generalstabsoffizier (Bearbeiter für Feindnachrichten und Abwehr)
Ic/AO	3. Generalstabsoffizier (Abwehroffizier)
Id	4. Generalstabsoffizier (Ausbildung)

Anmerkungen

Einführung

1 Den besten Überblick über diese Thematik nach dem Krieg bietet immer noch: Jürgen Schröder, Der Kriegsbericht als propagandistisches Kampfmittel der deutschen Kriegführung im Zweiten Weltkrieg, Phil. Diss. Berlin 1965. Die beste komprimierte Zusammenfassung über die Kriegsberichterstattung der Propagandatruppen bietet das Manuskript von Werner Stephan, der als »Fachprüfer Wort« für die Zensur der Wortberichte im Propagandaministerium zuständig war: Werner Stephan, Kriegsberichterstattung zwischen Faschismus und Reaktion. Eine Kopie dieses Manuskripts befindet sich im Privatarchiv Heysing.
Vgl. auch: Heinz-Werner Eckhardt, Die Frontzeitungen des deutschen Heeres, 1939–1945. Schriftenreihe des Instituts für Publizistik der Universität Wien, Bd. 1, Wien – Stuttgart 1975, und die Arbeiten von Günther Heysing, die sich mit der Kriegsberichterstattung der Marine- und Luftwaffenkriegsberichter-Kompanien befassen: Günther Heysing, Propagandatruppen der deutschen Kriegsmarine, Hamburg 1962, und Ders., Adler gegen Falken. Sonderdienste der deutschen Luftwaffe im Krieg gegen die Sowjetunion, Hamburg 1967.
Vgl. weiterhin: Werner Stephan, Einsatz und Bewährung der Propaganda-Kompanien, Zeitungswissenschaft, 18, 1943, S. 305–316; Hasso von Wedel, Die Propaganda-Kompanien der Wehrmacht, Die Wehrmacht, Berlin 1940, S. 23–40; Joseph Goebbels, P. K., Das Reich, Nr. 20, 1941, S. 1/2 (Leitartikel). Im Bundesarchiv finden sich die Berichte folgender Wortberichter:
Lorenz Bersch, Anton Braeg, Anton Dietz, Ottmar Haas, Hans Henne, Günther Heysing, Kiekheben-Schmidt, Albert Klapproth, Karl Klaus Krebs, Hans Kreten, Walter Möller, Hans Rechenberg, Wilhelm Reinartz, Hans Georg Schnitzer, K. G. von Stackelberg, Kurt Stolzenberg, Job. Zimmermann, Hermann Ziock: R 55/1057–1124. PK-Berichte, Presseausschnitte und Belege nach Kriegsberichtern geordnet sind in: R 55/1341. Weitere PK-Wortberichte, ihre Registrierung nach fortlaufenden Nummern mit Informationen über Verfasser, Titel, Prädikat und Verteiler enthalten: R 55/1055 und 1056, während eine Sammlung »besonders guter PK-Berichte« in R 55/1051 zu finden ist.
Über den Einsatz eines Bildberichters informiert der Erlebnisbericht eines ehemaligen Bildberichters: Georg Schmidt-Scheeder, Reporter der Hölle. Die Propaganda-Kompanien im Zweiten Weltkrieg, Stuttgart 1977.

2 Hierzu vor allem: Kurt Hesse, Die deutsche Wehrmachtpropaganda im Zweiten Weltkrieg, 1939–1945, Military Study D-423, Militärgeschichtliches Forschungsamt, Freiburg/Br. (MGFA): Bd. 3, Vol. II, (Rückblick auf Erfahrungen, Entwicklung und Leistungen der deutschen Wehrmachtpropaganda), S. 2, und vor allem: August Winter (Hrsg.), Das OKW. Organisation, Aufgaben und Arbeitsweise der obersten Kommandobehörde der deutschen Wehrmacht, Anlageband II, Nr. 10: Die Amtsgruppe Wehrmachtpropaganda, S. 314–406, bes. S. 390 ff. (Erkenntnisse, die sich aus der Organisation und Arbeitsweise der deutschen Wehrmachtpropaganda ergaben), Military Study T-401, MGFA.

3 Vgl. das Kapitel: Der Kampf um die Bevölkerung, S. 272.

4 Zitiert nach Ernst Nolte, Der Faschismus in seiner Epoche, München 1965, S. 436.

5 Zur »Propaganda der Tat« vgl. S. 133.

6 Die beste Übersicht bietet immer noch: Hasso von Wedel, Die Propagandatruppen der deutschen Wehrmacht. Die Wehrmacht im Kampf, Bd. 34, Neckargemünd 1962. Diese Darstellung des ehemaligen Chefs der deutschen Propagandatruppen, die erst nach seinem Tode veröffentlicht wurde, ist aus einer umfangreichen Studie zusammengestellt worden, bei deren Abfassung ehemalige PK-Offiziere mitarbeiteten: Generalmajor a. D. Hasso von Wedel, Die Wehrmachtpropaganda 1939–45. I. Teil: Die Abteilung für Wehrmachtpropaganda im Oberkommando der Wehrmacht (OKW/WPr); Teil II: Die Propagandatruppe, Bundesarchiv-Militärarchiv, Freiburg (BA-MA), R 4/v. 157/158. Vgl. auch: Kurt Hesse, Die deutsche Wehrmachtpropaganda im Zweiten Weltkrieg, 1939–1945, 3 Bde., Military Study D-423, MGFA, und Ders., Die deutsche Wehrmachtpropaganda im 2. Weltkrieg, Allgemeine Schweizerische Militärzeitschrift, 116, 1950, Nr. 8, S. 566–579. Besonders instruktiv ist die Studie von John H. Buchsbaum, German Psychological Warfare on the Russian Front 1941–1945, US Army Center of Military History, Washington D. C., der als erster Bearbeiter Akten der Propagandatruppen benutzen konnte. Die folgenden Aufsätze stützen sich weitgehend auf die gedruckten Beiträge von Hasso von Wedel und Kurt Hesse und enthalten daher keine neuen Erkenntnisse: Cl. Lévy, L'organisation de la propagande allemande avant le 22 juin 1941, Revue d'histoire de la deuxième guerre mondiale, 16, 1966, S. 7–28; M. Pevsner, Les thèmes de propagande avant le 22 juin 1941, Revue d'histoire de la deuxième guerre mondiale, 16, 1966, S. 29–38; P. Mermet, und Y. M. Danan, Les thèmes de la propagande allemande après le 22 juin, Revue d'histoire de la deuxième guerre mondiale, 6, 1966, S. 39–62; J. Defrasne, L'organisation et l'emploi de l'arme psychologique dans la Wehrmacht, Revue d'histoire de la deuxième guerre mondiale, 18, 1968, S. 31–49. Vgl. ferner die beiden Aufsätze der DDR-Historiker: Gerhard Kaiser, Geistige Kriegführung und die Amtsgruppe Wehrmachtpropaganda des OKW im Zweiten Weltkrieg, in: Der deutsche Imperialismus und der Zweite Weltkrieg, Bd. 3, Berlin (Ost) 1962, S. 171–180, und Klaus Scheel, Der Aufbau der faschistischen PK-Einheiten vor dem Zweiten Weltkrieg, Zeitschrift für Militärgeschichte, 4, 1965, S. 444–455. Eine kurze journalistische Einführung bietet die Artikelserie von Manfred R. Beer, Glanz und Elend der Propagandatruppe, I–VI, Die Welt Nr. 101–106, Mai 1970. Der weitaus beste und inhaltsreichste Beitrag stammt von Volker R. Berghahn, Tendances de la »Wehrmachtpropaganda«, Revue d'histoire de la deuxième guerre mondiale, 21, 1971, S. 55–74.

7 Besonders instruktiv sind die Nummern 24–28.

8 Vgl. bes. die Zeichnungen Nr. 24; 25; 26 und die Zeichnungen Nr. 37–55, die in dieser Form zum ersten Mal nach den Unterlagen des Heysing-Archivs angefertigt werden konnten.

9 Die Initiative für die Sichtung und Einordung der umfangreichen Flugblattserien der am Propagandakrieg beteiligten Mächte ging nicht von Historikern, sondern von Flugblattsammlern aus. Ihr Interesse an der Flugblattpropaganda führte im Jahre 1958 in England zur Gründung der »PSYWAR SOCIETY«. Diese Gesellschaft, die heute ca. 300 Mitglieder zählt, ist eine Vereinigung von Flugblattsammlern aus aller Welt, die sich nicht nur auf das Sammeln von Kriegsflugblättern, sondern auch auf die Dokumentation und Analyse der Flugblattpropaganda spezialisiert haben. Dabei liegt der Schwerpunkt ihrer Untersuchungen bei der Geschichte der psychologischen Kriegführung im Zweiten Weltkrieg. Publikationsorgan der »PSYWAR-SOCIETY« ist das Magazin »THE FALLING LEAF«, das mehrmals

jährlich erscheint. Es enthält instruktive Beiträge zu allen Problemen der Flugblattpropaganda und kann über den Herausgeber R. G. Auckland, 60, High Street, Sandridge, St. Albans, Herts., England, bestellt werden. Herausgeber und Mitglieder der Gesellschaft haben sich durch zahlreiche Beiträge zur Geschichte der Flugblattpropaganda verdient gemacht. Ihre Arbeiten sind für den Historiker eine wesentliche Grundlage für die Datierung, Einordnung und Beurteilung der westalliierten Flugblattpropaganda. Allerdings fehlt auch hier bisher eine Untersuchung der deutschen Flugblattpropaganda gegen Verbände der Roten Armee.

10 Grundlegend für die Datierung der westalliierten Flugblattpropaganda im europäischen Bereich ist: A Complete Index of Allied Airborne Leaflets and Magazines, 1939–1945. Diese Zusammenstellung enthält die Flugblattserien der anglo-amerikanischen Propaganda-Organe (PWE; OWI; PWE/OWI; PWD/SHAEF) während des Zweiten Weltkrieges mit ihren Kodierungen und den Angaben über Beginn und Ende des Abwurfs. Er katalogisiert jedoch nicht die Flugblattmuster der Täuschungspropaganda oder der sogenannten Schwarzen Propaganda. Der »Index« kann über die PSYWAR-SOCIETY bezogen werden.
Eine gute Einführung in die Probleme der Kodierung, Datierung und des Einsatzes von Flugblättern vermittelt: Francis C. W. Field, Aerial Propaganda Leaflets. A Collector's Handbook, Sutton Coldfield 1954.
Klaus Kirchner arbeitet an einer zwölfbändigen Edition, die einen großen Teil der im Zweiten Weltkrieg eingesetzten Flugblattserien enthalten soll. Bisher sind zwei Bände erschienen: Klaus Kirchner, Flugblattpropaganda im 2. Weltkrieg. Bd. 4: Flugblätter aus England G-1942; Bd. 6: Flugblätter aus den USA 1943/44, Erlangen 1974 und 1976.
Die bedeutendste Flugzeitung des Zweiten Weltkrieges, die von den Westalliierten gegen deutsche Verbände an der Westfront eingesetzt wurde, ist inzwischen als Nachdruck publiziert worden:
Nachrichten für die Truppe, London, 1944/1945, No. 9–381, 3 Bde., Kraus Reprint Nendeln/Liechtenstein 1973.

11 Deutsche Flugblattpropaganda für die Verbände der Roten Armee und für die Zivilbevölkerung der von der deutschen Wehrmacht besetzten und unbesetzten Teile der Sowjetunion befinden sich vor allem in folgenden Akten des Bundesarchiv-Militärarchivs in Freiburg (BA-MA):
PzAOK 3, Ic/AO, Anlageband F zum Tätigkeitsbericht Nr. 7 vom 1. 10. 1942–18. 1. 1943, BA-MA 29 195/31; PzAOK 3, Ic/AO, Anlageband G zum Tätigkeitsbericht Nr. 8 vom 22. 1.–30. 6. 1943, BA-MA 35568/52; PzAOK 4, Propaganda in den Feind vom 25. 9.–5. 12. 1941, BA-MA 22457/32; PzAOK 4, Propaganda in die feindliche Truppe vom 6. 12. 1941–27. 4. 1942, BA-MA 22457/62; PzAOK 4, Deutsche Propaganda in die feindliche Zivilbevölkerung vom 6. 12. 1941–27. 4. 1942, BA-MA 22457/63. Die umfangreichste und beste Zusammenstellung von deutschem Propagandamaterial für die Ostfront enthalten folgende Akten des Geb. AOK 20:
Geb. AOK 20, Ic, Anlage 6 zum Tätigkeitsbericht vom 1. 4.–31. 12. 1942 (Aktivpropaganda), BA–MA 27252/28; GebAOK 20, Ic, Anlage 4 zum KTB vom 1. 1.–30. 6. 1943 (Berichte über Aktivpropaganda), BA-MA 35560/13; GebAOK 20, Ic, Anlage 2 zum Tätigkeitsbericht vom 1. 7.–31. 12. 1943, BA-MA 48871/13; GebAOK 20, Ic Anlage 4 zum KTB vom 1. 1.–30. 6. 1944, BA-MA 58631/5; GebAOK 20, Ic, Anlage 4–6 zum Tätigkeitsbericht vom 15. 10.–18. 12. 1944, BA-MA 65636/4; 3. PzDiv., Ic, Anlage VIII zum Tätigkeitsbericht vom 26. 6. 1941–6. 6. 1942, BA-MA RH 27-3/173; 3. PzDiv., Ic, Anlage XII zum Tätigkeitsbericht vom 5. 12. 1941 –31. 12. 1942, BA-MA RH 27-3/193; 3. PzDiv., Ic, Anlage XIII zum Tätigkeitsbericht vom 6. 2.–31. 12. 1942 (Eigene Flugblattentwürfe), BA-MA RH 27-3/194; 3. PzDiv., Ic, Anlage XIV zum Tätigkeitsbericht vom 6. 2.–31. 12. 1942 (Eigene Flugblattentwürfe), BA-MA RH 27-3/195; 4. PzDiv., Ia, Anlage IV zum Tätigkeitsbericht vom 26. 5. 1941–31. 3. 1942, BA-MA RH 27-4/119; 4. PzDiv., Ic, Anlageband zum Tätigkeitsbericht vom Juni 1941 bis März 1942, BA-MA RH 27-4/120.
Ein umfangreicher Flugblattbestand der deutschen Propaganda an der Ostfront befindet sich in: BA ZSg. 2/242 (Flugblätter für die Rote Armee und die Bevölkerung); vgl. ebenfalls: BA Reichsministerium für die besetzten Ostgebiete R 6/36 und 38.
Wichtige Informationen über die deutsche Propaganda im Osten enthält: OKW/WPr IV C 2, Die Entwicklung der deutschen Flugblattpropaganda in die Sowjetarmee, BA-MA RW 4/v. 263.
Lothar Leser stellte aus den Akten des GebAOK 20 eine Übersicht der von der dortigen PK 680 eingesetzten Flugblattserien zusammen (Januar 1942 bis August 1944), die allerdings nur die Flugblattüberschriften enthält:
Lothar Leser, Deutsche Flugblattpropaganda im Bereich der 20. (Gebirgs-)Armee (Propaganda-Kompanie 680), Jahresbibliographie der Bibliothek für Zeitgeschichte, 46, 1974, S. 573–586. Zum Einsatzraum der PK 680 vgl. Zeichnung 37.
Die umfangreichste Sammlung von OKW/WPr-Flugblättern für den Kriegsschauplatz Ost befindet sich in der Bundesrepublik im Flugblattarchiv Lothar Leser, Wiesbadener Straße 59, D-7500 Karlsruhe 21.

Hauptteil

1 Adolf Hitler, Mein Kampf. XXXIX. Auflage, Berlin 1933, S. 194 (6. Kapitel: Kriegspropaganda).

2 Das Referat ist abgedruckt in: Der Prozeß gegen die Hauptkriegsverbrecher vor dem Internationalen Militärgerichtshof (IMT), Bd. XXXVI, S. 410 ff. (Dok. 405 EC).

3 Zur Entstehungsgeschichte der deutschen Wehrmachtpropaganda vgl.: Erich Murawski, Mit einer Grüblergruppe begann es, Die Wildente, Nr. 7, August 1954; Günther Heysing, Die PK als Führungstruppe, Die Wildente, Nr. 15, Mai 1957, S. 20–22 und Albert Benary, Basis für OKW/WPr. Die Nachrichtenstelle des Reichswehrministeriums, Die Wildente, Nr. 17, Februar 1958, S. 40–43.

4 Interview Dr. Taubert am 10. 10. 1976.

5 Die Studie ist abgedruckt in: IMT, Bd. XXXVIII, Dok. 211-L, S. 35–50.

6 Diese grundlegende Verfügung des OKW befindet sich in der Akte: Generalkommando Wehrkreis VII, Presse-Propaganda, August–Oktober 1938, BA-MA RH 53-7/346.

7 Zum Folgenden wurde der Bericht von Oberstleutnant Bruno Wentscher, des damaligen Referenten für die Reichsverteidigung im RMVP, über seine Tätigkeit vom 15. 7. 1938–31. 1. 1940 herangezogen, BA-MA RW 4/v. 243. Vgl. auch: Günther Heysing, Propagandatruppen eine deutsche Erfindung, Die Wildente, Nr. 26, Dezember 1963, S. 36–40.

8 HGrKdo 3, Ic/AO, Nr. 300/38 geh. vom 24. 10. 1938, BA-MA H 1/345.

9 KStN Nr. 825 vom 1. 3. 1938, BA-MA RH 53-13/v. 866.

10 Vgl. Hasso von Wedel, Die Propagandatruppen der deutschen Wehrmacht, a. a. O., S. 63 ff. Eine Übersicht über die Dislozierung der Propagandatruppen des Heeres vom September 1939 bis Mai 1945 findet sich in: Die Wildente, Nr. 26, Dezember 1963, S. 152–156.

11 Befehl des OKW, Nr. 4600/44 geh., WFSt/AgWPr (FüSt) vom 1. 9. 1944, SS-Standarte »Kurt Eggers«, BA-MA RS 4/46.

12 Befehl des OKW, Nr. 5029/44 geh., WFSt/AgWPr (FüSt) vom 9. 10. 1944, SS-Standarte »Kurt Eggers«, BA-MA RS 4/46.

13 Handbuch für den Generalstabsdienst im Krieg = HDv. g92 Berlin 1939, S. 22 ff.

14 Vgl. hierzu besonders: Angaben, Gliederung und Stellenbesetzung der Abteilung/Amtsgruppe für Wehrmachtpropaganda im OKW (OKW/WPr) in: W. Keilig, Das deutsche Heer 1939–1945. Gliederung, Einsatz, Stellenbesetzung, 3 Bde. (Loseblatt), Bad Nauheim 1956–1970; Lieferung 42/II, 1–19.

15 Die Geschäftverteilungspläne von OKW/WPr für April 1939, Januar 1940 und Juni 1944 befinden sich in: BA-MA RW 4/v. 149; der Geschäftsverteilungsplan für Juni 1941 befindet sich auf dem Mikrofilm: BA-MA C 213 P

16 Der Befehl befindet sich in: HGr Nord, Propaganda Befehle 1 vom 25. 1. 1940–18. 10. 1942, BA–MA RH 19 III/483.

17 Vgl. das Kapitel: Von der Aktiv- zur Kampfpropaganda. Die SS-Standarte »Kurt Eggers«, S. 244 ff.

18 Keilig, a. a. O., 42/II/–10–: »Die Gruppen V (Heer), VI (Luftwaffe) und VII (Kriegsmarine) wurden Ende 1942 aufgelöst, da sie nach Ansicht des Leiters WPr eine Fehlorganisation gewesen waren, die Doppelarbeit verursacht und die Schlagkraft der Wehrmachtpropaganda zersplittert hatte. Das Personal wurde mit Masse in die Abteilung I–IV eingegliedert.«

19 Für die Darstellung des Ersatz- und Ausbildungswesens der Propagandatruppen wurden herangezogen: Generalmajor a. D. Hasso von Wedel, Die Wehrmachtpropaganda 1939–1945. Zweiter Teil: Die Propagandatruppe, S. 18–32, BA–MA 4/v. 157; Kurt Hesse, Das Ersatz- und Ausbildungswesen der Wehrmachtpropaganda im Kriege, in: Deutsche Wehrmachtpropaganda im Zweiten Weltkrieg, Military Study D–423, MGFA; Otto Behrens, Gründungstag der PEA vor fünfzehn Jahren, Die Wildente, Nr. 7, August 1954; Günther Heysing, PK als Lehrmeister, Die Wildente, Nr. 10, August 1955, S. 26–31; H. Gerzer, und L. Noack, Erster PK-Lehrgang in der Berliner Alexanderkaserne 1939, Die Wildente, Nr. 19, Dezember 1958, S. 26–32. Die Kriegsstärkenachweisung Nr. 6465 vom 1. 4. 1942 für die Propaganda-Ausbildungskompanie und die Kriegsstärkenachweisung Nr. 6466c vom 1. 11. 1942 der 1. bis 3. Propaganda-Ausbildungskompanie befinden sich in: OKH/KStN Bd. 16, BA–MA H 1/24.

20 »Chef L weist (. . .) Oberst v. Wedel in ›Marita‹ und in großen Zügen in ›Barbarossa‹ ein. Anschließend Hinweis auf die von OKW bearbeitete Feindtäuschung.« Kriegstagebuch des OKW, Bd. 1. Hrsg. von H.-A. Jacobsen, Frankfurt 1965, S. 331 (Lagebesprechung vom 21. 2. 1941). Zum Täuschungsunternehmen »Seelöwe« dieses Zeitraums vgl. Hasso von Wedel, Die Propagandatruppen der deutschen Wehrmacht, a. a. O., S. 50 und Ders., Westwall und Seelöwe, Zwei der größten Täuschungsmanöver der PK, Die Wildente, Nr. 18, Juli 1958, S. 8–12; ebenfalls Kurt Hesse, Die Verschleierung der Absichten gegen die Sowjetunion, in: Deutsche Wehrmachtpropaganda im Zweiten Weltkrieg, Bd. 1, Kap. C VI/5, Military Study D-423, MGFA; zum Stellenwert des Aufsatzes von Joseph Goebbels »Kreta als Beispiel« im Rahmen der Täuschungsmaßnahmen »Seelöwe« vgl. Hans-Leo Martin, Unser Mann bei Goebbels. Die Wehrmacht im Kampf. Bd. 49, Neckargemünd 1973, S. 79 ff.

21 Hans-Leo Martin, a. a. O., S. 115.

22 »Keitel: Im übrigen muß ich allerdings auch sagen, daß ich von seiten des Nachrichtendienstes des OKW, Admiral Canaris, wenig oder weniger Material zur Verfügung bekam, oder dem Heer zur Verfügung gestellt werden konnte, wegen der sehr starken Abschließung des russischen Raumes gegen deutsche Feststellungen.« Aussage Keitels vor dem Internationalen Militärtribunal in Nürnberg, IMT, Bd. X, S. 596; vgl. auch die Aussage von Brauchitsch in Nürnberg, IMT, Bd. XX, S. 630. Zur Einschätzung des russischen Gegners vgl. die Besprechung über den Fall »Barbarossa« und »Sonnenblume« bei Hitler am 3. 2. 1941 (Kräfteverhältnisse der Kriegführenden), IMT, Bd. XXVI, Dok. 872–PS, S. 391–399 und besonders die instruktive Darstellung von Klaus Reinhardt, Die Wende vor Moskau. Das Scheitern der Strategie Hitlers im Winter 1941/42, Stuttgart 1972, S. 18 ff.

23 Dr. Blau galt als ein Spezialist für den Bereich der psychologischen Kampfführung. Diesen Ruf hatte er sich durch die Publikation von zwei Büchern erworben: Albrecht Blau, Propaganda als Waffe. Hrsg. vom Psychologischen Laboratorium des Reichskriegsministeriums, Berlin 1935, und Ders., Geistige Kriegführung, Potsdam 1937. Die Studie »Sowjetunion. Staatsgebiet und Bevölkerung« befindet sich in der Akte OKW/WFSt L IV, Chefsachen »Barbarossa«, BA–MA RW 4/v. 578.

24 Studie Sowjet-Union, S. 6.

25 Studie Sowjetunion, S. 7.

26 Studie Sowjet-Union, S. 9.

27 Studie Sowjet-Union, S. 3.

28 Die Darstellung des Generalreferats Ostraum und der späteren Abteilung Ost stützt sich in erster Linie auf die Auswertung folgender Akten: Bundesarchiv Koblenz (BA), Reichsministerium für Volksaufklärung und Propaganda, R 55/90; 449; 450; 516; 564; 565; 798; 799; 907; 1288; 1289; 1290; 1292; 1297; 1298; 1355; 1359; 1434; 1463. Besonders aufschlußreich sind die Ausarbeitungen bzw. Vorträge von Dr. Taubert: Vortrag von Dr. Taubert über die Abteilung Ost vor den Leitern der Reichspropagandaämter am 13. 7. 1943 (R 55/606); Querschnitt durch die Tätigkeit des Arbeitsgebietes Dr. Taubert (Antibolschewismus) des RMVP (R 55/450); Dr. Taubert, Der antisowjetische Apparat des deutschen Propagandaministeriums. Diese Ausarbeitung schrieb Dr. Taubert 1948 (Kopie im Besitz des Verfassers). Sie wurde in die französische Sprache übersetzt und abgedruckt in: Revue d'histoire de la deuxième guerre mondiale, 14, 1974, Heft 96, und befindet sich in: R 55/Kl. Erw. 617.
Zur Arbeitsweise Dr. Tauberts informieren: R 55/10; 193; 281; 310; 333; 347; 450; 509; 513; 515; kl. Erw. 617; 1295; 1355; 1445.

29 Interview Dr. Taubert am 10. 10. 1976.

30 Gliederung nach: Reichsministerium für Volksaufklärung und Propaganda. Verordnungen, Erlasse und Anweisungen für die Propagandaarbeit in den besetzten Ostgebieten, April 1944, in: YIVO INSTITUTE FOR JEWISH RESEARCH, New York, 8/31999.

31 Interview Bernhard Woischnik am 6. 9. 1975.

32 Interview Dr. Taubert am 10. 10. 1976.

33 Zu den Ministerkonferenzen vgl.: Willi A. Boelcke (Hrsg.), Kriegspropaganda 1939–1941. Geheime Ministerkonferenzen im Reichspropagandaministerium, Stuttgart 1966, und: Wollt Ihr den totalen Krieg? Die

geheimen Goebbels-Konferenzen 1939–1943. Hrsg. von Willi A. Boelcke, Stuttgart 1967.

34 Interview Dr. Taubert am 10. 10. 1976. Vgl. hierzu: Reimund Schnabel, Mißbrauchte Mikrofone. Rundfunkpropaganda im Zweiten Weltkrieg, Wien 1967, S. 95; S. 123/124. Willi A. Boelcke, Die Macht des Radios. Weltpolitik und Auslandsrundfunk 1924–1976, Frankfurt–Berlin–Wien 1977, S. 250 ff.; Werner Schwipps, Wortschlacht im Äther. Der deutsche Auslandrundfunk im Zweiten Weltkrieg, Berlin 1971 und Klaus Scheel, Krieg über Ätherwellen. NS-Rundfunk und Monopole 1933–1945, Berlin (Ost) 1970. Die beiden letzten Darstellungen berichten jedoch nichts über die Tarnsender der Abteilung Ost.

35 Karl I. Albrecht, Der Verratene Sozialismus. Zehn Jahre als hoher Staatsbeamter in der Sowjetunion, Nibelungen Verlag Berlin. Die erste Auflage erschien im November 1938.

36 Reimund Schnabel, a. a. O., S. 95; Willi A. Boelcke, Die Macht des Radios, a. a. O., S. 253; Zur Persönlichkeit von Ernst Torgler während des Zweiten Weltkrieges vgl. bes.: Karl Drechsler, Die Zersetzungsarbeit der Geheimsender des Goebbels-Ministeriums in Frankreich Mai/Juni 1940, Zeitschrift für Geschichtswissenschaft, 9, 1961, S. 1597 ff., bes. S. 1601, Anmerkung 23.

37 Über die Dienststelle Vineta informieren bes.: BA R 55/565; 567; 1296. Besonders inhaltsreich ist die umfangreiche Ausarbeitung, die Dr. Taubert kurz vor seinem Tode im November 1976 verfaßte: Dr. Taubert, Struktur, Organisation und Funktion der Ostabteilung des Reichspropagandaministeriums. Eine Kopie befindet sich im Besitz des Verfassers (im folgenden als Taubert Manuskript zitiert).

38 Taubert Manuskript, S. 9.

39 in: BA R 55/567.

40 in: BA R 55/567.

41 Schreiben an Ministerialdirektor Haegert vom 31. 8. 1944, betr. Auskämm-Aktion in der Vineta und Bericht über den Apparat der Ostpropaganda, BA R 55/567.

42 Vgl. hierzu S. 220 ff.

43 Zur Antikomintern: BA R 55/DC 184.

44 Interview Dr. Taubert am 10. 10. 1976; Arbeitsverteilungsplan der Antikomintern und der Antijüdischen Aktion, S. 5, in: BA R 55 DC/184.

45 Über das Deutsche Propaganda-Atelier informieren: BA R 55/525 und 907.

46 Interview Dr. Taubert am 10. 10. 1976 und bes. Taubert-Manuskript, S. 21/22.

47 Ein Exemplar dieses Lagerverzeichnisses OSTPROPAGANDA befindet sich in: BA R 55/1299.

48 Schreiben von Dr. Taubert an den Herrn Reichsminister vom 20. 3. 1942, BA R 55/608.

49 Haushaltsvoranschlag der Abteilung Ost vom 1.4.1943 bis zum 31. 3. 1944, BA R 55/1290.

50 Die Verfügung befindet sich in: BA–MA RW 4/v. 187.

51 »Es wird vorgeschlagen, die bisherigen Propaganda-Kompanien in Zukunft als ›Kriegsberichter-Kompanien‹ zu bezeichnen. Dieser Antrag stützt sich im einzelnen auf folgende Punkte:

1) Die sogenannte Propaganda stellt bei den Kompanien nur einen kleinen Ausschnitt ihrer Aufgaben dar. Ihre Hauptaufgabe ist die Kriegsberichterstattung in Wort, Bild und Funk. (. . .) Die Propaganda-Kompanien tragen daher einen Namen, der ihrer Haupttätigkeit nicht gerecht wird.« Schreiben OKH, Heerwesen-Abt. GenStdH Nr. 3301/40 II vom 7. 10. 1940 an OKW/WPr, in: Privatarchiv Heysing. Die vom OKH beantragte Namensänderung wurde vom OKW nach einer Stellungnahme der Abteilung Wehrmachtpropaganda nicht genehmigt.

52 Wehrkreiskommando III, Abt. Ib/Mob. Az. II A Nr. 06975/41 geh. vom 4. 7. 1941, BA–MA RW 4/v. 190. Für die Darstellung der Propaganda-Abteilungen wurde herangezogen: Generalmajor a. D. Hasso von Wedel, Die Wehrmachtpropaganda 1939–1945. Teil II: Die Propagandatruppe, S. 32 ff., BA–Ma RW 4/v. 157; Kurt Hesse, Deutsche Wehrmachtpropaganda im Zweiten Weltkrieg, Bd. 1, D III/6, Military Study D-423, MGFA; Edgar Stahf, Wie man Herzen erobern kann. Aus der Geschichte der Prop. Staffel Estland, Die Wildente, Nr. 17, Februar 1958, S. 16–22. Zur Propaganda-Abteilung W (= Weißruthenien) vgl. bes.: Günther Heysing, Soldatensender Siegfried, Die Wildente, Nr. 24, Juli 1961, S. 4–20, und Ders., Entwicklungshilfe 1942–1944, Die Wildente, Nr. 27, Mai 1965, S. 31–48; zur Propaganda-Abteilung Ukraine: Karl W. Rendenbach, Soldatensender Gisela in Charkow, Die Wildente, 21, 1959, S. 20 ff. Grundlegend für eine Darstellung über den Einsatz der Propaganda-Abteilungen in den besetzten Ostgebieten sind jedoch ihre Lage- und Tätigkeitsberichte, die sie an OKW/WPr schickten. Sie sind für die Propaganda-Abteilung Ostland (ab August 1943 Prop.Abt. Nord) bis August 1943 vorhanden:

Lagebericht Nr. 2–5 mit Anlagen, August bis Oktober 1941, BA–MA RW 4/v. 233; Lageberichte Nr. 6–9 und Stimmungsberichte Oktober bis Dezember 1941, BA–MA RW 4/v. 234; Lage- bzw. Stimmungsberichte Nr. 10–21, Dezember 1941 bis September 1942, BA–MA RW 4/v. 235; außerdem Lagebericht Nr. 22, BA–MA RW 4/v. 237; Nr. 24 und Nr. 26, in: Heeresgruppe Nord, Propaganda Bd. 3, BA–MA 75131/105; Nr. 27 und Nr. 28, Heeresgruppe Nord, Propaganda Bd. 4, BA–MA 75131/106; Nr. 29 und Nr. 31, Heeresgruppe Nord, Propaganda, BA–MA 75131/107; Erfahrungs- und Tätigkeitsbericht für den Monat August 1943, Heeresgruppe Nord, Propaganda, BA–MA RH 19 III/487; zur Propaganda-Abteilung Weißruthenien sind vorhanden: Lage- und Tätigkeitsberichte (mit umfangreichen Anlagen) vom 1. 11. 1941; vom 30. 11. 1941; vom 14. 12. 1941; vom 1. 1. 1942; vom 16. 1. 1942; vom 17. 2. 1942; vom 31. 3. 1942, BA–MA RW 4/v. 236; ebenfalls die Stimmungsberichte für die Monate Mai, Juli und August 1942, BA–MA RW 4/v. 306; Propaganda-Abteilung Ukraine: Stimmungsberichte für die Monate März und April 1942, BA–MA RW 4/v. 330; Propaganda-Tätigkeitsberichte für Juni 1942; Juli 1942, BA–MA RW 4/v. 237; September 1942; Dezember 1942, in: Bef.H. Gebiet B. Anlage zum KTB der Führungsabteilung, Dezember 1942, BA–MA RH 22/v. 120; Stimmungsberichte für die Monate März und April 1943, BA–MA RW 4/v. 309; zur Propaganda-Abteilung Kaukasus fand sich lediglich: Tätigkeitsbericht für Monat April 1943, BA–MA RW 4/v. 309. Über den Einsatz der Propaganda-Abteilung Kaukasus informierte weiterhin das Schreiben von Hans Moraing (Aktivpropagandist der Prop.Abt. Kaukasus) vom 20. 5. 1975 an den Verfasser.

53 Lagebericht Nr. 2 der PAO stammt vom 26. 8. 1941, BA–MA RW 4/v. 233.

54 Vgl. hierzu: Helmut Sündermann, Tagesparolen. Deutsche Presseweisungen 1939–1945. Hitlers Propaganda und Kriegsführung, Leoni am Starnberger See 1973, S. 182/183. Wie geschickt die englische Propaganda die vorschnelle Siegesmeldung Adolf Hitlers ausnutzte, zeigt eine Flugblattaktion der englischen Propaganda-Organe: vgl. O. Buchbender, u. H. Schuh, Heil Beil! Flugblattpropaganda im Zweiten Weltkrieg. Dokumentation und Analyse, Stuttgart 1974, S. 113/114.

55 OKW, Nr. 144/41g. Kdos. Chefs./WFSt/WPr, Juni 1941, BA–MA RW 4/v. 578; abgedruckt in: IMT, Bd.

XXXIV, Dok. 026–C, S. 191–195.

56 Interview Hans-Leo Martin am 15. 9. 1976 und Interview Nicolaus von Grote am 27. 9. 1973.

57 Berichte über die Tätigkeit der Gruppe I OKW/WPr in der Zeit vom 30. 6. – 6. 7. 1941, Pol.Arch. Pol. XIII, 25. Ein Flugblattabwurf durch die Luftwaffe erfolgte erst ab 30. Juni 1941.

58 OKW, Nr. 2160/41 g WFSt/WPr (Ib) vom 11. 6. 1941, betr. Weiß-Rot-Geschosse, BA–MA Mikrofilm C 207 P.

59 Schreiben WPr Ib vom 16. 6. 1941, betr. Weiß-Rot-Geschosse, BA–MA RW 4/v. 253.

60 Vgl. hierzu: O. Buchbender, und H. Schuh, Heil Beil! a. a. O., S. 31–35.

61 Schreiben OKW, Nr. 3763/41 g. WFSt (Id) vom 6. 6. 1941 an OKH/GenStOrgAbt, betr. Flugblattballontrupps 1–3, BA–MA RW 4/v. 189. Zum Einsatz von Ballons vgl. Günther Heysing, Ballons als Flugblatt-Träger, Die Wildente, Nr. 1, August 1952, S. 12–15, und Ders., Luftballons wieder moderne Vertriebsmittel, Die Wildente, Nr. 26, Dezember 1963, S. 24–31.

62 Wie Anmerkung 59.

63 Fernschreiben ObdL an OKH, Abt. Heerwesen vom 2. 8. 1941, betr. Flugblattbeförderung, BA–MA RW 4/v. 252; Auszug aus dem Bericht über die Tätigkeit der Gruppe I OKW/WPr in der Zeit vom 27. 7. – 3. 8. 1941, Pol. Arch. Pol. XIII, 9.

64 Die von OKW/WPr eingesetzten Flugblatt-Offiziere (Oberleutnant Mahl in Reichshof; Oberleutnant Warnecke in Warschau und Oberleutnant Vogelpoth in Königsberg-Devau) meldeten den erfolgten Start jedes Flugzeugs unter Angabe der Startzeit, des Zielflugplatzes und der abgegangenen Flugblattmenge: OKH/GenStdH/HWesAbt, Nr. 51/8. 41 geh. vom 6. 8. 1941, betr. Zusätzliche Zuführung von Abwurfflugblättern, BA–MA RW 4/v. 252.

65 Ein Exemplar dieses Flugblatts befindet sich in der Flugblattsammlung des Bundesarchivs Koblenz ZSg. 2/242 und in den Flugblattsammlungen Quadflieg und Leser.

66 In erster Linie übte das Auswärtige Amt an der Qualität der Flugblattexte von OKW/WPr starke Kritik. Vgl. hierzu S. 152. Das AOK 9 beurteilte das Flugblatt 000 111 RA wie folgt:

»1. Der Stil verrät eine genaue Übertragung aus dem Deutschen. Unangenehm wirkt die deutsche Satzkonstruktion im russ. Text.

2. Peinlich ist die große Anzahl von Druckfehlern. Einige wirken geradezu lächerlich, z. B. ›Krow‹ heißt Haus oder Wohnsitz, ›Krowj‹ dagegen – Blut! Im Text heißt es wörtlich: ›Durch die Politik Eurer Herrscher müßt Ihr Euer Haus (statt Blut) für die III. Internationale vergießen‹ (Seite 1). Auf der 2. Seite steht unter anderem ›Rodnije‹ – Verwandte – statt ›Rodina‹ – Vaterland.« Gutachten des AOK 9 zum Flugblatt 000 111 RA, Privatarchiv Heysing. Unabhängig von dieser Stellungnahme des AOK 9 kommt ein Gutachten des Slawisten Horst Hoffmann zu folgendem Ergebnis: »Das erste deutsche Flugblatt, das über den sowjetischen Linien abgeworfen wurde, enthält eine ganze Reihe grober Fehler. Art und Anzahl der Fehler können beim Soldaten der Roten Armee mit Volksschulbildung eigentlich nur schallendes Gelächter ausgelöst haben. (. . .) Selbst wenn man nicht gerade strenge Maßstäbe gelten läßt, kommt man auf ein paar Dutzend Fehler, die dieser Text enthält. So wird in diesem Text aus ›Blut‹ (krow') durch das fehlende weiche Zeichen hinter dem ›w‹ ein anderer Begriff, und zwar ›Obdach‹ bzw. ›Schutz‹ (krow). Ein anderes Beispiel ist die großzügige Handhabung der Groß- und Kleinschreibung. Russische Grammatik kann für den Übersetzer des Flugblattes auch nur ein Buch mit sieben Siegeln gewesen sein. Ein falscher Kasus ist keine Seltenheit. Falsch gewählte Präpositionen sind wohl auf wörtliche Übersetzung aus dem Deutschen zurückzuführen.« Schreiben des Slawisten Horst Hoffmann an den Verfasser vom 14. 4. 1977.

67 Bei der Auswertung dieser Flugblattmuster benutzte der Verfasser die Flugblattsammlung Lothar Leser in Karlsruhe, Erich Quadflieg in Bergisch-Gladbach und Flugblätter des Privatarchivs Heysing.

68 »Die Gefangennahme des Sohnes Stalins wurde für die Flugblattpropaganda durch Herstellung von 14 Millionen Flugblättern ausgenutzt.« Bericht über die Tätigkeit der Gruppe IV OKW/WPr für die Zeit vom 24. bis 30. Juli 1941, Pol. Arch. Pol. XIII, 25.

69 Diese Definition stammt von: 9. Inf. Div., Ic, Nr. 307/42 geh. vom 28. 8. 1942, betr. Behandlung von Überläufern, BA-MA RH 26-9/90.

70 Zum folgenden Vorgang vgl. das Kapitel: Die Ostpropaganda des Auswärtigen Amtes, S. 148 ff.: Schreiben von Großkopf an Botschaftsrat Hilger vom 11. 8. 1941, betr. Propaganda gegen Stalin. Entwurf eines Flugblattes gegen Stalin und die Konstitution. Auf diesem Schreiben befindet sich der handschriftliche Vermerk von Hilger: »Den von Großkopf gebilligten Gegenentwurf habe ich am 20. 8. dem Herrn RAM vorgetragen, der mich anwies, den Entwurf dem Führer vorzulegen.«, in: Pol. Arch. Pol. XIII, 9.

71 OKW, Nr. 486/41 g. K. WFSt (Ia) vom 21. 8. 1941, in: Heeresgruppe Nord, Propaganda Befehle 1, BA-MA RH 19 III/483.

72 »Der Inhalt dieser Weisungen stellt einen Kompromiß dar zwischen der Auffassung des Rußland-Gremiums und der Auffassung des Reichsministeriums für Ernährung und Landwirtschaft.« Aufzeichnung betr. Stellungnahme der Mitglieder des Rußlandgremiums zur Frage der Propaganda betr. Aufhebung des Kollektivsystems, Pol. Arch. Pol. XIII, 29.

73 Die Propaganda-Lageberichte befinden sich in: BA-MA W 01-5/166. Der Propaganda-Lagebericht erschien jeweils am 1. und 15. jeden Monats. Der letzte Propaganda-Lagebericht dieser Art behandelt den Zeitraum vom 1. bis 15. Dezember 1942.

74 OKH GenStdH, Nr. 248/7.41 geh. vom 27. 7. 1941 an OKW/WPr, betr. Auszüge aus Meldungen und Berichten unterstellter Dienststellen über Notwendigkeit und Erfolg großzügiger Flugblattpropaganda über den Sowjet-Truppen, BA-MA RW 4/v. 254.

75 Propaganda-Bericht der PzPK 691 vom 25. 7. 1941, BA-MA RW 4/v. 254.

76 Anlage 1 zu AOK 9, Ic/AO, Az. WPr Nr. 191/41 geh., BA-MA RW 4/v. 25.

77 Bericht AOK 2/Ic/AO vom 25. 7. 1941, betr. Bewährung des Flugblattabwurfs und der Rot-Weiß-Geschosse, KTB vom 23. 7.–11. 8. 1941, Bd. 2, Anlage 270, BA-MA 16690/227.

78 Generalkommando XXIII. AK, Ic, vom 16. 9. 1941, betr. Propagandamittel, KTB Nr. 8 vom 1. 4.–31. 10. 1941, Anlage 11, BA-MA RH 24-23/239.

79 Dieser Bericht befindet sich in: Beilage Nr. 3 zum Bericht Nr. 104 vom 15. 10. 1941 des VAA beim AOK 4 Schattenfroh, Pol. Arch. Pol. XIII, 16, Blatt 320979/320980.

80 Bericht AOK 2, Ic/AO, vom 1. 8., betr. Propaganda in den Feind, KTB vom 23. 7.–11. 8. 1941, Anlage 296, BA-MA 16690/227.

Im Propaganda-Lagebericht vom 16. 8. bis 31. 8. 1941 heißt es: »Über den Erfolg des Flugblatteinsatzes gingen erneut zahlreiche Meldungen ein. So wird das Nachlassen des feindlichen Kampfwillens bei Mogilew und die besonders große, von einer einzigen Armee gemachte Gefangenenzahl ausdrücklich zum großen

Teil dem Flugblatteinsatz zugeschrieben.« (BA-MA W 01-5/166).

81 »Der Propagandaeinsatz in der Sowjetunion durch Rundfunk und Flugblätter wurde weiter verstärkt und am 15. 7. zu einer schlagartigen Großaktion zusammengefaßt. Für diese Aktion wurden folgende Propagandainstrumente mit einheitlicher Sprachregelung benutzt: 1. Rundfunksender in Deutschland, Finnland, Ungarn und Rumänien, 2. durch die Sendebetreuungstrupps betriebene Sender im besetzten Sowjetgebiet, 3. Lautsprecher der PK an der Front, 4. Flugblätter.« Bericht über die Tätigkeit der Gruppe IV OKW/WPr für die Zeit vom 10. bis 16. 7. 1941, Pol. Arch. Pol. XIII, 25.

82 Wehrmacht-Propaganda-Lagebericht für die Zeit vom 16. 7. bis 31. 7. 1941, S. 11, BA-MA W 01-5/166.

83 Bericht AOK 2, Ic/AO, vom 16. 7. 1941, betr. Flugblatt-Propaganda, KTB vom 26. 6.–22. 7. 1941, Anlage 236, BA-MA 16690/226.

84 Tätigkeitsbericht der Gruppe I OKW/WPr vom 8. 9. bis 14. 9. 1941, Pol. Arch. Pol. XIII, 12, 1.

85 Befehl des OKW, Nr. 4710/41 geh. WFSt/WPr (Ia) vom 7. 7. 1941, BA-MA Mikrofilm C 208 P.

86 Eine Übersetzung des Timoschenko-Befehls befindet sich in: 4. PzDiv., Ia, Tätigkeitsbericht der Abt. Ic vom Juni 1941 bis März 1942, Anlage VII (Feindpropaganda), BA-MA RH 27-4/122.

87 Übersetzung des Befehls befindet sich in: XXIII. AK, Ia, KTB vom 1. 4.–31. 10. 1941, BA-MA RH 24-23/239.

88 »Der uns aufgezwungene Krieg hat grundlegend die Arbeit in der Roten Armee geändert. Der Krieg hat die politische Arbeit in unserer Armee erweitert und verlangt, daß die Politarbeiter nicht nur für die Propaganda, sondern auch für militärische Unternehmungen an der Front die Verantwortung tragen.
Die neuen Verordnungen erhöhen die Bedeutung und Verantwortung der Politarbeiter – so, wie es im Bürgerkrieg der Fall war.
Der Kommissar für die Verteidigung und Präsident des Obersten Rates der UdSSR hat beschlossen:
1.) Die Leitung in Abteilungen der politischen Propaganda zu reorganisieren in Politische Leitung und Politische Abteilung der Roten Armee.
2.) In alle Regimenter, Divisionen, Kriegsschulen usw. Kriegskommissare einzuführen, in den Kompanien, Bataillonen und Eskadronen Politleiter.«
Die zitierte Übersetzung dieser Verordnung ist der Inhalt eines Schreiben von AOK 16, Ic/AO vom 25. 8. 1941 an OKH Abt. Fremde Heere Ost, in: RW 4/v. 364.

89 »Die Propaganda gegen die Kommissare bildet das Kernstück der Flugblattpropaganda von OKW/WPr. Hierbei ist auch versucht worden, einen Keil zwischen Offiziere und Kommissare zu treiben.« Schreiben von OKW/WPr vom 12. 9. 1941 an Chef WFSt, betr. Propaganda gegen die Rote Armee und die sowjetische Zivilbevölkerung, BA-MA RW 4/v. 258.

90 Zur Genesis und Auswirkung des Kommissarbefehls vgl. den instruktiven Aufsatz von Helmut Krausnick, Kommissarbefehl und »Gerichtsbarkeitserlaß Barbarossa« in neuer Sicht, Vierteljahrshefte für Zeitgeschichte, 25, 1977, S. 682–738. Dort findet sich eine Zusammenstellung der für diese Thematik grundlegenden Literatur.
Für Sonntag, den 30. 3. 1941, findet sich im Halder-KTB folgende Eintragung: »11.00 Generalsversammlung beim Führer. (. . .) Vernichtendes Urteil über Bolschewismus, ist gleich asoziales Verbrechertum. Kommunismus ungeheure Gefahr für die Zukunft. Wir müssen von dem Standpunkt des soldatischen Kameradentums abrücken. Der Kommunist ist vorher kein Kamerad und nachher kein Kamerad. Es handelt sich um einen Vernichtungskampf. (. . .) Wir führen nicht Krieg, um den Feind zu konservieren.« Franz Halder, Kriegstagebuch Bd. II, Stuttgart 1963, S. 336/337

91 Zitiert nach Ernst Nolte, a. a. O., S. 436.

92 Das Protokoll dieser Besprechung, das Martin Bormann verfaßte, befindet sich in: IMT, Bd. XXXVIII, Dok. 221-L., S. 86–94.

93 OKW, Nr. 5460/41 g. WFSt (Ia) vom 31. 7. 1941, BA-MA RW 4/v. 252.

94 »OKW/WPr führt (. . .) an der gesamten Ostfront eine Propaganda-Großaktion mit dem für diesen Zweck geschaffenen Flugblatt Nr. 150 RA durch.« Fernschreiben von OKW/WPr (Ib) an Luftwaffenführungsstab Ia und Ic vom 2. 9. 1941, BA-MA RW 4/v. 364.
Diese Flugblätter wurden von 15 Flugzeugen an die Ostfront transportiert. Der erste Massenabwurf erfolgte im Bereich der Heeresgruppe Nord in der ersten Septemberhälfte.

95 »Das Flugblatt 150 RA wurde in einer Auflage von 160 Millionen Stück gedruckt. Davon sind 105 Millionen in Stangen verpackt, 50 Millionen in Flugblatthüllen und 5 Millionen in Flugblattpaketen.« Meldung OKW, Nr. 6518/41 g. WFSt/WPr (Ib) vom 3. 9. 1941, BA-MA RW 4/v. 252.
»Insgesamt wurden bis jetzt im Osten 65 Millionen Flugblätter abgeworfen (gegen 12 Millionen im Frankreich-Einsatz).« Bericht des Gesandten Großkopf über Feindpropaganda des OKW vom 24. 7.–30. 7. 1941, Pol. Arch. XIII, 9. Blatt 199986.
Der Wehrmacht-Propaganda-Lagebericht meldet für den Zeitraum vom 1. 9.– 15. 9. 1941: »Der Flugblatteinsatz an sämtlichen Teilen der Ostfront hat einen Umfang angenommen, wie er in keinem früheren Krieg oder Feldzug der letzten Jahre zu vergleichen ist.« (BA-MA W 01-5/166). Zu diesem Zeitpunkt konnten sich die Propagandisten bei OKW/WPr sicher noch nicht vorstellen, daß die Abwurfmenge von Flugblättern im Jahre 1943 in dem kurzen Zeitraum von drei Monaten 1 Milliarde betragen sollte (vgl. S. 232 ff.).

96 Schreiben von OKW, Nr. 7237/41 WFSt/WPr (Ia) vom 12. 9. 1941 an Chef WFSt, betr. Propaganda gegen die Rote Armee und die sowjetische Zivilbevölkerung, BA-MA RW 4/v. 364.

97 Bericht des XXIII. AK, Ic vom 30. 7. 1941 über die aus Gefangenenvernehmungen ersichtlich gewordenen Ursachen des versteiften Widerstandes der Roten Armee, XXIII. AK, Ia, Anlage 11 zum KTB Nr. 8 vom 1. 4.–31. 10. 1941, BA-MA RH 24-23/239.

98 OKH/General zbV beim ObdH, Az. 501 GenzbVbObdH, Nr. 516/41 gKdos. vom 23. 9. 1941, OKW/WFSt L IV, Chefsachen »Barbarossa«, BA-MA RW 4/v. 578.

99 Eines der Originale befindet sich im Privatarchiv Heysing.

100 Aus einer Meldung der 10. Inf. Div. (mot): vgl. Anmerkung 74.

101 XXXXVII. PzKorps, Ic, Tätigkeitsbericht vom 1. 11. 1941–31. 3. 1942, BA-MA 18107/17. Zu den geschilderten Vorgängen vgl. auch: Norbert Müller, Massenverbrechen von Wehrmachtsorganen an der sowjetischen Zivilbevölkerung im Sommer-Herbst 1941, Zeitschrift für Militärgeschichte, 8, 1969, S. 537–553.

102 »1. Der Bolschewismus ist der Todfeind des nationalsozialistischen deutschen Volkes. Dieser zersetzenden Weltanschauung und ihren Trägern gilt Deutschlands Kampf.
2. Dieser Kampf verlangt rücksichtsloses und energisches Durchgreifen gegen bolschewistische Hetzer, Freischärler, Saboteure, Juden und restlose Beseitigung jedes aktiven oder passiven Widerstandes.
3. Gegenüber allen Angehörigen der Roten Armee – auch den Gefangenen – ist äußerste Zurückhaltung

und schärfste Wachsamkeit geboten, da mit heimtückischer Kampfesweise zu rechnen ist. Besonders die asiatischen Soldaten der Roten Armee sind undurchsichtig, unberechenbar, hinterhältig und gefühllos.

4. Bei der Gefangennahme von Truppeneinheiten sind die Führer sofort von den Mannschaften abzusondern.« Richtlinien für das Verhalten der Truppe in der Sowjetunion, Abschnitt I–III aus: OKW. Besondere Anordnungen für die Versorgung, Teil C, BA-MA H 17/5.

103 Dieser Bericht der Heeresgruppe Mitte vom 11. 8. 1941 wurde General Jodl vorgelegt, der hierzu eine offizielle Stellungnahme von OKW/WPr verlangte. Der Kommentar von OKW/WPr zu den skandalösen Vorfällen auf dem Gefechtsfeld beschränkte sich auf die knappe Feststellung: »Die Abstellung der (...) erwähnten Zustände ist aus propagandistischen Gründen erwünscht, ist aber Sache der Truppe ...« Das Schreiben der Heeresgruppe Mitte vom 11. 8. 1941 und die Stellungnahme von OKW/WPr befinden sich in: BA-MA RW 4/v. 364.
Im Halder-KTB findet sich für den 11. 8. 1941 folgende Eintragung: »In der gesamten Lage hebt sich immer deutlicher ab, daß der Koloß Rußland, der sich bewußt auf den Krieg vorbereitet hat, mit der ganzen Hemmungslosigkeit, die totalitären Staaten eigen ist, von uns unterschätzt worden ist ...« Halder-KTB, Bd. III: Der Rußlandfeldzug bis zum Marsch auf Stalingrad (22. 6. 1941–24. 9. 1942), bearb. von H.-A. Jacobsen, Stuttgart 1964, S. 170.

104 OKW/Abt. Kriegsgefangene, Nr. 26/41 g.Kdos.Chefs. vom 16. 6. 1941, betr. Kriegsgefangenenwesen im Fall Barbarossa, OKW/WFSt L IV, Chefsachen »Barbarossa«, BA-MA RW 4/v. 578. Zum Schicksal sowjetischer Kriegsgefangener in deutschen Lagern: Grundlegend und am materialreichsten für dieses Thema ist die Untersuchung von Christian Streit, Die sowjetischen Kriegsgefangenen als Opfer des nationalsozialistischen Vernichtungskrieges 1941–1945, Phil. Diss. Heidelberg 1977; Alexander Dallin, Deutsche Herrschaft in Rußland 1941–1945. Eine Studie über Besatzungspolitik, Düsseldorf 1958, S. 422 ff.; Gerald Reitlinger, Ein Haus auf Sand gebaut. Hitlers Gewaltpolitik in Rußland 1941–1944, Hamburg 1962, S. 114 ff.; Hans-Adolf Jacobsen, Kommissarbefehl und Massenexekution sowjetischer Kriegsgefangener, in: Hans Buchheim (u. a.), Anatomie des SS-Staates. Bd. II: Konzentrationslager, Kommissarbefehl, Judenverfolgung, Olten und Freiburg i. Br. 1965, S. 163–279; Klaus Reinhardt, Die Wende vor Moskau. Das Scheitern der Strategie Hitlers im Winter 1941/42, Stuttgart 1972, S. 186 ff.; besonders: Fall 12. Das Urteil gegen das Oberkommando der Wehrmacht, Berlin (Ost) 1960; Schreiben Rosenbergs an Keitel vom 28. 2. 1942 über die Behandlung der Sowjet-Kriegsgefangenen, IMT, Bd. XXV, Dok. 081-PS, S. 156–161.

105 Dieser Stimmungsbericht befindet sich in: BA-MA RW 4/v. 236.

106 Vgl. hierzu: Henry Picker, Hitlers Tischgespräche im Führerhauptquartier. Dritte vollständig überarbeitete und erweiterte Neuausgabe, Stuttgart 1976, S. 224.

107 »Um die Fehler, durch welche 2 Millionen Kriegsgefangene ums Leben gekommen sind, wieder auszubügeln, muß das Überlaufen schmackhaft gemacht werden. Jeder Russe hat sich nach dem Winter 41/42 vor der Kriegsgefangenschaft gefürchtet und bis aufs Letzte gekämpft, um sich diesem Schicksal zu entziehen.« Ausführungen von Oberst i. G. Altenstadt auf einer Besprechung bei der Heeresgruppe B am 19. 4. 1943 in Kiew, AOK 9, Beilage zum KTB vom 28. 3.–21. 8. 1943, BA-MA 34426/12.

108 Bericht des VAA beim AOK 16 vom 30. 10. 1941 befindet sich in: Pol. Arch. Pol. XIII, 17.

109 Vgl. hierzu: Fall 12. Das Urteil gegen das Oberkommando der Wehrmacht, Berlin (Ost) 1960, S. 150 ff.; S. 168 ff.; S. 226 ff.; S. 246 ff.

110 Vgl. hierzu: IMT, Bd. XXVI, Dok. 502-PS, S. 111–115: Richtlinien von Amt IV vom 17. Juli über die Aufgabe der vom Chef der Sicherheitspolizei und des SD in Stalags einzusetzenden Kommandos: kommunistische Funktionäre, Juden und andere Gefangene sind zwecks Sonderbehandlung auszusondern, Personen, die nützlich sein könnten, sind sicherzustellen; IMT, Bd. XXVI, Dok. 495-PS, S. 86–95: Auszug aus dem Totenbuch sowjetischer Kriegsgefangener in Mauthausen mit Angabe der Todesursachen; bes. Hans-Adolf Jacobsen, a. a. O., S. 155 ff.; S. 217 ff.; Alfred Streim, Zum Beispiel: Die Verbrechen der Einsatzgruppen in der Sowjetunion, in: NS-Prozesse. Hrsg. von Adalbert Rückerl, Karlsruhe 1972, S. 65 ff.

111 Bericht befindet sich in: Pol. Arch. Pol. XIII, 17.

112 Die Hauptschriftleiterin der Monatsschrift »Aktion. Kampfblatt für das Neue Europa«, Frau Melitta Wiedemann, besuchte in den Wintermonaten 1941/42 zahlreiche politische und militärische Persönlichkeiten, um das Schicksal der sowjetischen Kriegsgefangenen im Reichsgebiet zu verbessern. Ihre Bemühungen blieben erfolglos. General Bodenschatz sagte ihr in einem »vertraulichen Gespräch« im Januar 1942: »Der Führer wünscht die Dezimierung der slawischen Massen. Das ist im übrigen der beste lautlose Weg, um diesem Ziel näherzukommen ...« Interview Frau Melitta Wiedemann am 14. November 1977.

113 OKH/GenStdH/GenQu/IVa (III, 2), Verpflegung sowjetrussischer Kriegsgefangener, 21. 10. 1941, BA-MA RH 19 VI/425.

114 Befehlshaber des rückwärtigen Heeresgebietes Nord, Ic, KTB vom Mai 1941 bis März 1942, BA-MA RH 22/v. 234.
Wie die »Lage« in den Kriegsgefangenenlagern, die sich auf dem Reichsgebiet befanden, wirklich war, wird durch ein Schreiben des Chefs der Sicherheitspolizei und des SD Obergruppenführer Heydrich deutlich. Über einen »Mord im Kriegsgefangenenlager 318 in Lamsdorf O/S.« berichtet er wie folgt:
»In dem mit zur Zeit 2160 sowjetrussischen Kriegsgefangenen belegten Stalag 318 Lamsdorf O/S. sind am 6. 9. 1941 in einem Erdloch mehrere von einer männlichen Leiche stammende Fleischteile, darunter die vollständigen Geschlechtsteile gefunden worden. (...) Diese Fälle kennzeichnen unwiderleglich die Vertiertheit der bolschewistischen Horden und beanspruchen im höchsten Maße propagandistisches Interesse, auch wenn die Ermittlungen noch nicht abgeschlossen sind.« Dieses Schreiben ist an den Reichsaußenminister Ribbentrop gerichtet. In dem Antwortschreiben vom 15. 10. 1941, das von Unterstaatssekretär Luther unterzeichnet wurde, beurteilt das Auswärtige Amt den geschilderten Vorfall offensichtlich etwas differenzierter als der Chef der Sicherheitspolizei:
»Im Auftrage des Herrn Reichsaußenministers bestätige ich dankend den Empfang des nebenbezeichneten Schreibens. Ich darf Ihnen dazu mitteilen, daß das Auswärtige Amt der Auffassung ist, daß sich die Tatsache eines Mordes in einem sowjetrussischen Kriegsgefangenenlager nicht zur politischen Verwertung eignet, da eine solche Mitteilung sicherlich von der gegnerischen Propaganda gegen uns ausgewertet werden würde. Die Gegenseite könnte dabei behaupten, daß es Deutschland an der notwendigen Fürsorge für die

Kriegsgefangenen fehlen lasse und daß insbesondere die Ernährung der Kriegsgefangenen völlig unzureichend sei.«
Beide Schreiben befinden sich in: Pol. Arch. Inland II g, Propaganda Allgemeines 18.

115 Vgl. hierzu: Joachim Hoffmann, Die Ostlegionen 1941–1943. Turkotartaren, Kaukasier und Wolgafinnen im deutschen Heer, Freiburg 1976, S. 82 ff. Hoffmann übersieht, daß die Verhältnisse in den Kriegsgefangenenlagern, die sich auf dem Reichsgebiet befanden, ebenso katastrophal waren wie an der Front, obwohl die Versorgungslage der Bevölkerung im Deutschen Reich im Winter 1941/1942 im vollen Umfang gewährleistet war.

116 AOK 2, Ic/VAA vom 9. 12. 1941, BA-MA 16690/231. Dieser Bericht ist ebenfalls abgedruckt in: Akten zur deutschen auswärtigen Politik 1918–1945. Aus dem Archiv des Auswärtigen Amtes. Serie E: 1941–1945. Bd. I: 12. Dezember 1941 bis 28. Februar 1942, Göttingen 1969, Dok. 122, S. 221–224.

117 Heeresgruppe Mitte, Ib, Nr. 2562/41 geh. vom 7. 2. 1942 an OKH/GenStdH/GenQ, betr. Kriegsgefangenenlage, Heeresgruppe Mitte, KTB Nr. 1 vom Dezember 1941, BA-MA III H 371/6.

118 OKW, Nr. 9963/41 g. WFSt (AP) vom 10. 11. 1941, betr. Propaganda in den Kriegsgefangenenlagern in der Nähe der Front, BA-MA RW 4/v. 364.

119 Dieser Bericht befindet sich in: BA-MA, RW 4/v. 236.

120 Schreiben von OKH/GenStdH/GenQ Abt. K. Verw. (Qu 4/Ausw.), Nr. II/1211/42 geh. vom 15. 2. 1942 an OKW/WPr, BA-MA RW 4/v. 254.

121 Ein Exemplar dieser Note befindet sich im Besitz des Verfassers.

122 Abhörbericht des Sonderdienstes Seehaus des Auswärtigen Amtes vom 25. 11. 1941, Pol. Arch. Pol. XIII, 15.

123 General a. D. Günther Blumentritt, Fragebogen für Zwecke einer kriegsgeschichtlichen Untersuchung über die Wechselbeziehungen zwischen operativer und propagandistischer Kriegführung, Military Study B-278, S. 62, MGFA: »Unser Lehrmeister hoch entwickelter, psychologisch packender Propaganda waren die Russen. Sie haben das seelisch Wirksamste auf den Soldaten am besten erfaßt.« (S. 54/55).

124 Diese zweite Note wurde als eine 48seitige kleinformatige Broschüre an der gesamten Ostfront in der ersten Januarhälfte 1942 abgeworfen. Eines der Originale befindet sich im Besitz des Verfassers.

125 Diese Propagandarichtlinien befinden sich in: Pol. Arch. Pol. XIII, 21 und 22.
Erst am 4. 4. 1942 berichtete OKW/WPr in einem Schreiben an das OKH über Gegenmaßnahmen gegen die Sowjetpropaganda. Es wird festgestellt, daß die Tendenz der Gegenmaßnahmen weniger in einer »Abwehrpropaganda« als vielmehr in einer »Schilderung bolschewistischer Greueltaten« bestanden habe: OKW, Nr. 1847/42 geh. WFSt/WPr (AP) vom 4. 4. 1942, betr. Gegenmaßnahmen gegen die Sowjet-Greuelpropaganda, Heeresgruppe Nord, Propaganda Befehle vom 25. 1. 1940–13. 10. 1942, BA-MA RH 19 III/483.

126 Eine spürbare Verbesserung der Verhältnisse in den Kriegsgefangenenlagern erfolgte durch die im Jahre 1943 einsetzende Wlassow-Propaganda. Vgl. hierzu Seite 220 ff.

127 Dieses Spezialflugblatt war das von der Abteilung Ost hergestellte Bildflugblatt 381 RA/vp, in dem es u. a. hieß: »Molotow sagt auf Befehl des Massenmörders Stalin, daß die Deutschen die Bevölkerung der befreiten Gebiete und die Kriegsgefangenen terrorisieren.
Wahrheit ist, daß Stalin die ausgehungerten Rotarmisten erbarmungslos in den Tod treibt. Wahrheit ist, daß der Bolschewismus und Stalin nach statistischen Angaben mehr als 32 Millionen Sowjetbürger durch Revolution, Hungersnöte und GPU-Terror ermorden ließ.« Ein Exemplar dieses Flugblatts befindet sich im Privatarchiv Heysing.

128 OKW, Nr. 933/41 geh. WFSt/WPr (AP) vom 10. 12. 1941, BA-MA RW 4/v. 190.

129 Propagandaweisungen vom 10. 12. 1941, S. 3.

130 OKW, Nr. 68/42 geh. WFSt/WPr vom 8. 1. 1942, betr. Propaganda gegen die Sowjettruppen während des Winters, Heeresgruppe Nord, Propaganda Befehle, BA-MA RH 19 III/483.

131 Wehrmacht-Propaganda-Lagebericht für die Zeit vom 1. 12. bis 15. 12. 1941, S. 9, BA-MA W 01-5/166.

132 Wehrmacht-Propaganda-Lagebericht für die Zeit vom 16. 12. 1941 bis 15. 1. 1942, S. 12/13, BA-MA W01-5/166.

133 Vgl. Anmerkung 120.

134 Der Bericht befindet sich in: BA-MA RW 4/v. 236.

135 Die Idee für dieses Propagandathema stammte von dem Generalreferat Ostraum des Propagandaministeriums. Bereits in der Rundfunkpropaganda seiner beiden Geheim-Sender wurde behauptet, die deutschen Winterstellungen würden von den Rotarmisten die »Blutmauer« genannt. Diese Rundfunkpropaganda sollte durch Bildflugblätter der gleichen Thematik wirkungsvoll ergänzt werden. Die Entwürfe stammten von dem bekannten Berliner Künstler Theo Matejko. Sie wurden vom Generalreferat Ostraum gedruckt und an die Propagandatruppen ausgeliefert. Vgl. hierzu: BA R 55/1289.

136 »Als besonders wirksam erwiesen sich das bunte Flugblatt ›Tod oder Leben – entscheide Dich!‹, in ähnlicher Weise das Flugblatt ›Die Blutmauer‹, das die deutsche Verteidigungslinie während des Winterfeldzuges als unüberwindlich darstellte.« Schreiben des Leiters der Abteilung Ost Dr. Taubert an den Propagandaminister vom 13. 7. 1943, betr. Flugblatt-Propaganda in den Feind, BA R 55/450.
Das Flugblatt »Tod oder Leben – entscheide Dich!« war das von der Abteilung Ost produzierte Flugblatt 365 RA/vp, das nach einer Idee Adolf Hitlers gestaltet wurde (Interview Dr. Taubert am 10. 10. 1976).

137 Zur Wirkung von angsterregenden Appellen vgl.: O. Buchbender, und H. Schuh, Heil Beil!, a.a.O., S. 92.

138 Vgl. hierzu: Seite 155 ff.

139 Schreiben OKH/GenzbV/H WesAbt (II), Nr. 270/2.42 geh. vom 24. 2. 1942 an OKW/WPr, BA-MA RW 4/v. 256. In der Anlage zu diesem Schreiben befindet sich ein Bericht des XXXXIII. AK vom 14. 2. 1942 an GenStdH/Op Abt, betr. Propaganda in den Feind, das den entscheidenden Anstoß für die Initiative des OKH vermittelt hat:
». . . Korps- und Divisions-Kommandeure der 4. Armee übereinstimmend der Meinung, daß sofortige Wiederaufnahme einer großzügigen, laufenden und intensiven Propaganda in den Feind (Stichwort: ›Weniger Bomben und mehr Flugblätter‹) sowohl nötig, als auch erfolgversprechend.
Begründung der Notwendigkeit:
Seit Aussetzen der Propaganda fast keine Überläufer mehr. Fanatischer Widerstandswille durch z. Z. nicht widerlegte Tatbestände ›Gefangenenschlachtung‹ geschickt angefacht. Hierdurch schwere und unersetzliche Blutopfer.«

140 Es war die Verfügung OKH GenStdH/GenQu/Abt. K. Verw. (Qu 4/B/Kgf), Nr. II/2710/42 vom 7. 3. 1942.

141 Die zitierten Flugblätter befinden sich im Flugblattarchiv Lothar Leser.
Bereits am 2. 4. 1942 erließ das Armee-Oberkommando 6 einen Befehl zur Gewinnung von neuen Überläufern, der auf die OKH-Verfügung ausdrücklich Bezug nahm:

»Es kommt darauf an, daß allen Dienststellen bis hinunter zur Kompanie eindeutig klar ist, daß Überläufer mit dem Zeitpunkt des Überschreitens der vordersten Linien *besser* behandelt werden als normale Kriegsgefangene und auch nach Möglichkeit besser als vorher bei ihrer eigenen Truppe. (. . .) Jeder Überläufer – auch Offizier – erhält einen Ausweis, auf dem vermerkt ist, daß er Überläufer ist, nach den dafür erlassenen Sonderbestimmungen zu behandeln ist, und daß ihm dieser Ausweis von keiner Dienststelle abgenommen werden darf.«
AOK 6, Qu/Qu 2 vom 2. 4. 1942, betr. Behandlung von Überläufern: zitiert nach 3. PzDiv., Ic, Tätigkeitsbericht vom 7. 2.–31. 8. 1942, Anlage II, BA-MA RH 27-3/182.

142 Zur »Denkschriften Schlacht« vgl. Alexander Dallin, a. a. O., S. 524 ff.

143 Studie des Sonderführers (Z) Sinnecker, XIII. AK, Bericht über deutsche Propaganda in Rußland vom 7. 2. 1942, BA-MA RW 4/v. 306.

144 »Das Reich hat (. . .) dazu beigetragen, Stalin seine propagandistische Kriegführung zu erleichtern und den Willen zum Durchhalten unter den Truppenmassen des Feindes zu stärken. Dies geschah durch unsere Proklamation einer künftigen Kolonialpolitik im russischen Raum; durch Ernennung von Reichs-, Generalkommissaren (usw.), durch Einrichtung eines Ostministeriums unter peinlicher Vermeidung des Wortes Rußland, womit im Effekt das nur schwach glimmende Feuer des russischen Nationalgefühls leidenschaftlich angefacht wurde.« Günther Kaufmann, Aufzeichnung zu den Fragen der deutschen Propaganda im Rußlandfeldzug, in: Pol. Arch. Pol. XIII, 2, Blatt 248032–248035.

145 Denkschrift vom 28. 10. 1941: »Voraussetzungen für die Sicherheit des Nachschubes und die Gewinnung höchster Ernährungsüberschüsse in der Ukraine«, in: Pol. Arch. Berichte der VAA's bei den AOK's, Kult Pol. geheim 99. Diese Denkschrift befindet sich weiterhin in: Pol. Arch. VAA beim Reichskommissar Ukraine 4, Blatt E 292566–292572 und in: BA-MA RW 4/v. 329.
Hauptmann Oberländer verfaßte insgesamt vier weitere Denkschriften. Im August 1942 schrieb er die Denkschrift: »Die Ukraine und die militärischen (psychologischen) Notwendigkeiten der weiteren Kriegführung im Osten, besonders im Kaukasus«. Ein Exemplar dieser Denkschrift befindet sich in: Heeresgruppe A, Behandlung der Zivilbevölkerung, BA-MA RH 19/V 95. Am 20. 11. 1942 folgte die dritte Denkschrift von Oberländer: »Die besetzten Gebiete Osteuropas und der weitere Verlauf des Krieges«. Eine Kopie dieser am Terek im Kaukasus entstandenen Denkschrift enthält: Heeresgruppe Nord, Ic, Propaganda 3, BA-MA 75131/105. Am 15. 3. 1943 schickte Hauptmann Oberländer bereits eine neue Denkschrift an militärische und politische Spitzenbehörden: »24 Thesen zur Lage«, die in einer Akte des Reichsministeriums für die besetzten Ostgebiete enthalten ist: BA R 6/60a fol. 1. Die letzte Denkschrift: »Bündnis oder Ausbeutung« entstand am Jahrestag des deutschen Angriffs auf die Sowjetunion, am 22. Juni 1943, auf der Krim. Eine Kopie befindet sich in: BA R 6/70 (Handakten des Ministerialdirigenten Dr. Bräutigam). In diesen Denkschriften, von denen Alexander Dallin nur drei erwähnt, versuchte Oberländer, die politische Führung über die »wirklichen« Verhältnisse im Osten nicht nur zu informieren, sondern zu einer Änderung des politischen Kurses zu bewegen. Vor allem durch seine letzte Denkschrift zog er sich den Haß des Reichskommissars in der Ukraine, Erich Koch, zu. Im Sommer 1943 wurde Hauptmann Oberländer aus der Wehrmacht entlassen.

146 Die Denkschrift des Hauptmann Dr. Pauls trägt keine Überschrift. Sie befindet sich in: BA-MA RW 4/v. 254.

147 Major Dr. Deckert, Kritische Bemerkungen zu der in den letzten Wochen beobachteten rapiden Stimmungsverschlechterung bei der ukrainischen Bevölkerung, 1. 4. 1942, in: BA-MA RW 4/v. 257.

148 Hierzu bes.: Theodor Oberländer, Voraussetzungen für die Sicherheit des Nachschubes und die Gewinnung höchster Ernährungsüberschüsse in der Ukraine, S. 6.

149 Ab Januar 1942 erhielt der neue Terminus »Propaganda der Tat« einen festen Stellenwert in den militärischen Verlautbarungen. Über den historischen Stellenwert dieses Ausdrucks, der aus dem Gedankengut des russischen Anarchismus stammte, war der militärische Bereich offensichtlich nicht unterrichtet:
»Neben der Wehrmacht ist die Propaganda das stärkste Kampfmittel. Sie wird nur Erfolg haben, wenn sie sich nicht auf Worte, sondern auf Taten stützen kann.« Vortragsnotiz für den Herrn General Quartiermeister vom 8. 1. 1942, BA R 90/238;
»Die beste Propaganda bleibt die der Tat, vor allem, wenn sie noch geschickt durch andere Propagandamittel unterstrichen wird.« Tätigkeitsbericht des Kommandierenden Generals der Sicherungstruppen und Befehlshabers im Heeresgebiet Mitte, BA-MA RH 22/v. 209;
»Worauf es jetzt entscheidend ankommt, ist, daß wir von einer Propaganda des Wortes zu der der Tat übergehen.« Bericht Nr. 276 vom 7. 4. 1942 des VAA/AOK 11 von Hentig, betr. die Krise der Propaganda, Pol. Arch. Kult Pol. geheim 142;
»Die Propaganda des Wortes hat aber stets nur dann Aussicht auf Erfolg, wenn ihr eine Propaganda der Tat entspricht.« Notiz des Luftwaffenkommandos 4 vom 17. 4. 1943, Pol. Arch. Kult Pol. geheim 98;
»Die beste Propaganda ist die Tat. Unter diesen Leitspruch müssen wir in Zukunft unsere ganze Propaganda stellen.« Heeresgruppe A, Ic/StOProp, Die Aufgaben der Wehrmachtpropaganda im Bereich der Heeresgruppe A, BA R 6/65 fol. 1;
»Alle positiven Maßnahmen sind nur dann wirksam, wenn hinter dem Wort auch die Tat steht.« AOK 16, Ic/AO, Abt. Presse vom 30. 4. 1943, betr. Propaganda in die russische Bevölkerung, BA-MA RH 19 III/659;
»Die ›Propaganda der Tat‹, d. h. eine unermüdliche Fürsorge nach deutschen soldatischen Grundsätzen in Verbindung mit einer gleichmäßigen streng gerechten Behandlung erweckt in den Menschen des Ostens das notwendige Vertrauen zur deutschen Führung.« Wehrgeistige Führung in der Praxis, aus: Mitteilungen für den deutschen Soldaten in Freiwilligenverbänden, Nr. 3, Mai 1944, BA R 6/73 fol. 1.

150 Aus: OKW, Nr. 1140/42 geh. WFSt/WPr (AP) vom 18. 2. 1942, betr. Propagandaweisung zur Neuregelung der Agrarordnung im Ostraum, BA-MA RW 4/v. 254.

151 Bericht OKW/Wi-Rü-Amt/Stab Ia vom 6. 10. 1941, BA-MA Mikrofilm C 209 P.

152 Vermerk über eine Unterredung beim Führer des Reichsministers für die besetzten Ostgebiete, BA R 6/213 fol. 1.

153 Zum Agrarerlaß vgl. Alexander Dallin, a. a. O., S. 332 ff.; Otto Bräutigam, a. a. O., S. 438 ff.

154 Zum folgenden wurden ausgewertet: BA R 6/78; 87; 206; 213; 270; 408 und die für diesen Zeitraum wichtigen Berichte der Propaganda-Abteilungen in den besetzten Ostgebieten (vgl. Anmerkung 52).

155 OKW, Nr. 1140/42 geh. WFSt/WPr (AP) vom 18. 2. 1942, betr. Propagandaanweisung zur Neuregelung der Agrarordnung im Ostraum, und OKW, Nr.

1160/42 geh. WFSt/WPr (Ia) vom 20. 2. 1942, betr. Weisungen für die Durchführung der Propagandaaktion für die neue Agrarordnung, BA-MA RW 4/v. 254.

156 Exemplare dieser Flugblätter befinden sich im Privatarchiv Heysing. Vgl. Wehrmacht-Propaganda-Lagebericht für die Zeit vom 16. 2. bis 28. 2. 1942, S. 6, BA-MA W 01-5/166.

157 Vgl. Anmerkung 150.

158 Für die Darstellung dieses Kapitals wurden interviewt: Eugen Dürksen am 26. 9. 1973; Dr. Nicolaus von Grote am 27. 9. 1973; Gerhard Fechner am 2. 10. 1973; Hans-Leo Martin am 5. 10. 1973, am 6. 9. 1976 und am 24. 11. 1976; Dr. Carl Alexander Roos am 15. 7. 1975. Außerdem wurde ein Teil der Manuskripte in der Sammlung »Thorwald-Material«, Institut für Zeitgeschichte (IfZ), München ausgewertet: in erster Linie wurden die Ausarbeitungen von Eugen Dürksen, IfZ, ZS 402 I, benutzt.

159 Interview Dr. Nicolaus von Grote am 27. 9. 1973; Zeugenschrifttum Eugen Dürksen.

160 Zeugenschrifttum Eugen Dürksen.

161 Vgl. hierzu vor allem: Hans-Leo Martin, Unser Mann bei Goebbels, Verbindungsoffizier des Oberkommandos der Wehrmacht beim Reichspropagandaminister 1940–1944, Neckargemünd 1973.

162 Interview Hans-Leo Martin am 6. 9. 1976.

163 Interview Gerhard Fechner am 2. 10. 1973 und Dr. Carl Alexander Roos am 15. 7. 1975.

164 Gerhard Fechner ist der Verfasser der beiden Ausarbeitungen: Die Entwicklung der deutschen Flugblatt-Propaganda in die Sowjetarmee, 3. 3. 1943, in: BA-MA RW 4/v. 263, und vor allem der bekannten und in einer hohen Auflage gedruckten Studie: Unterrichtsmaterial zum Kampf gegen die feindliche Propaganda (OKW/WFSt/WPr [IVA] Nr. 4500 geh.), in: BA-MA RW 4/v. 19 und 365.

165 Interview Hans-Leo Martin am 6. 9. 1976 und Gerhard Fechner am 2. 10. 1973.

166 Der Chef der Propagandatruppen, Nr. 3130/42 g. (Ib) vom 5. 6. 1942, betr. Dienstanweisung für Prop.-Abschnittsoffiziere, BA-MA RW 4/v. 256.

167 Dieser Bericht befindet sich im Privatarchiv Heysing.

168 Tätigkeitsbericht Nr. 3 des Propaganda-Abschnittsoffiziers-Süd für die Zeit vom 16. 6.–28. 6. 1942, BA-MA RW 4/v. 306.

169 Die folgende Darstellung stützt sich auf die Auswertung von Material, das sich im Privatarchiv Heysing befindet. Dieses Material besteht in erster Linie aus den Nachlässen ehemaliger Propaganda-Abschnittsoffiziere und ihren Mitarbeitern. Besonders inhaltsreich sind:
Die Probefahrt. Herausgegeben anläßlich der Probefahrt des ersten PK-Frontdruckereizuges auf Eisenbahnwagen der PEA Potsdam vom 8. Januar 1942;
Die Abnahme. Herausgegeben anläßlich der Abnahmebesichtigung der 1. PK-Frontdruckerei vom 20. Januar 1942;
Vor der Abfahrt. Herausgegeben anläßlich der Probefahrt des 2. PK-Frontdruckereizuges »Bad Pyrmont« vom 26. 3. 1942;
Rollender Einsatz. Mit dem PK-Frontdruckereizug 3 zwanzig Monate in Rußland.

170 Rudi von Endt, Die Geburtsstunde, in: Die Abnahme, S. 1.

171 Die Probefahrt, 8. Januar 1942, und Die Abnahme, 20. Januar 1942.

172 Hierzu bes.: Rollender Einsatz. Mit dem PK-Frontdruckereizug 3 zwanzig Monate in Rußland.

173 Ziffer 5 des Führerbefehls vom 8. 9. 1939 bestimmte: »Auf dem Gebiet der außenpolitischen Propaganda, d. h., jener Propaganda, die sich direkt oder indirekt an das Ausland wendet, erteilt die allgemeinen Richtlinien und Anweisungen der Reichsaußenminister ...« Eine Kopie dieses Führerbefehls vom 8. 9. 1939 befindet sich im Privatarchiv Heysing.

174 Für die Darstellung dieses Kapitels wurden folgende Akten ausgewertet: Pol. Arch. Inland II g 243a: Geheime Reichssachen des Ref. D IX; vor allem jedoch die Akten der Politischen Abteilung Pol. XIII, Band 1–24.

175 Schreiben des Gesandten Großkopf an Min.Dir. Schröder vom 4. 8. 1941, Pol. Arch. Pol. XIII, 29.

176 Schreiben des Gesandten Großkopf an den Reichsaußenminister vom 5. 5. 1941, betr. Rußland-Komitee, Pol. Arch. Pol. XIII, 29; und Inland II g 243a: Geheime Reichssachen des Ref. D IX.

177 Dienstanweisungen für die Vertreter des Auswärtigen Amtes bei den Armee-Oberkommandos und des VAA beim OKW befinden sich in: BA-MA Mikrofilm C 204 P und C 213 P. Über ihre Tätigkeit als VAA informierten den Verfasser folgende Schreiben:
Schreiben von Dr. W. O. von Hentig vom 11. 10. und 3. 11. 1976; Schreiben von Alfred E. Frauenfeld vom 18. 10., 19. 10. und 27. 10. 1976; Schreiben von Graf Bossi-Fedrigotti vom 31. 10. 1976.
Am 1. Juli 1942 befanden sich folgende Verbindungsoffiziere des Auswärtigen Amtes im Einsatz bei den ihnen zugeteilten Armeen:
1. Generalkonsul Dr. Lierau, AOK 1
2. Legationsrat Graf Bossi-Fedrigotti, AOK 2
3. Generalkonsul Schattenfroh, AOK 4
4. Legationsrat von Schubert, AOK 6
5. Generalkonsul Richter, AOK 7
6. Oberleutnant Schütt, AOK 9
7. Gesandter Dr. von Hentig, AOK 11
8. Gauleiter Frauenfeld, AOK 16
9. Legationsrat Dr. Pfleiderer, AOK 17
10. Legationssekretär von Ungern-Sternberg, AOK 18
11. Legationsrat Todenhöfer, AOK Norwegen
12. Gesandtschaftsrat Frhr. v. Neurath, Panzergruppe Afrika
13. Legationssekretär Dr. Lehmann, Panzer AOK 1
14. Legationsrat Ostermann von Roth, Panzer AOK 2
15. Regierungsrat Dr. von zur Mühlen, Panzer AOK 4
Die Berichte der Vertreter des Auswärtigen Amtes befinden sich in dem Aktenbestand Pol. Arch. Kult Pol. geheim Nr. 105 bis 174. Sie gehören zu den interessantesten und inhaltsreichsten Akten für den Bereich der deutschen Propaganda in den besetzten Ostgebieten.

178 Hierzu besonders aufschlußreich: Pol.Arch. Pol. XIII, 29.

179 Vortragsnotiz des Unterstaatssekretärs Luther vom 5. 7. 1941, Pol. Arch. Pol. XIII, 29.

180 in: Pol. Arch. Pol. XIII, 29.

181 in: Pol. Arch. Pol. XIII, 29.

182 Bericht des VAA beim OKW, Konsul Krug von Nidda, vom 14. 8. 1941 an Unterstaatssekretär Luther, betr. Abstimmung der Rußlandflugblätter, Pol. Arch. Pol. XIII, 29.

183 Schreiben des Gesandten Großkopf an Botschaftsrat Hilger vom 11. 8. 1941, betr. Entwurf eines Flugblattes gegen Stalin und die Konstitution, Pol. Arch. Pol. XIII, 9. Es handelt sich um das bereits vorgestellte Flugblatt 145 RAB. Vgl. hierzu: Seite 82, Anmerkung 70.

184 Pol. Arch. Pol. XIII, 19.

185 Die Ziffer 1 des Führer-Befehls vom 8. 9. 1939 lautet: »Die Propaganda ist ein wichtiges Instrument der Führung zur Förderung und Festigung des eigenen Siegeswillens und zur Zerstörung des Siegeswillens und der Moral des Gegners. Es gibt im Kriege keine Kompetenzprobleme. Entscheidend ist, daß das Instru-

ment der Propaganda wirksam gehandhabt wird. Alle anderen Fragen sind demgegenüber bedeutungslos.« Eine Kopie dieses Befehls befindet sich im Privatarchiv Heysing.

186 Zur »Adlon-Episode« vgl. Alexander Dallin, a. a. O., S. 143 ff.

187 Der Text dieser Anordnung befindet sich in: BA R 6/22 fol. 1, Blatt 175.

188 Diese Schilderungen stammen aus einer Studie von Dr. Matthiae, dem Rundfunkbeauftragten des Auswärtigen Amtes in der Ukraine: Wie ist der Widerstandswille der Roten Armee zu erklären?, Dezember 1941, S. 2/3; in: Pol. Arch. Pol. XIII, 1, Blatt 250854—250869.

189 Generalkommando XXIII. AK, Ic, vom 30. 7. 1941, betr. Ursachen des versteiften Widerstandes der Roten Armee, XXIII. AK, Ia, KTB vom 1. 4. — 31. 10. 1941, BA-MA RH 24—23/239.

190 wie Anmerkung 189.

191 Dr. Matthiae, Wie ist der Widerstandswille der Roten Armee zu erklären?, S. 8.

192 Der Widerstand des Rotarmisten, 11. 8. 1941. Diese Studie, deren Verfasser nicht genannt ist, befindet sich in: BA R 6/58 fol. 1.

193 Der Widerstand des Rotarmisten, S. 3.

194 Der Widerstand des Rotarmisten, S. 2/3.

195 Dr. Matthiae, Wie ist der Widerstandswillen der Roten Armee zu erklären?, S. 4.

196 ». . . Man hat in der letzten Zeit vielfach von einem Sowjetpatriotismus gesprochen und damit sagen wollen, daß es den Sowjets gelungen sei, an Stelle der normalen Vaterlandsliebe einen Patriotismus besonderer Art zu züchten, der weniger für das Vaterland als für das System sich begeisterte. Tatsache ist, daß besonders in den letzten Jahren die Herren des Kreml sich bemühen, derartige Gefühle in den Angehörigen der Völker der Sowjetunion zu wecken. Letzter Zweck dieser Maßnahme war auch hier, den Rotarmisten ein Ideal zu geben, für das er kämpfe, mit anderen Worten, die Schlagkraft der Roten Armee zu erhöhen. Es ist nicht zu bestreiten, daß diese Politik in den Reihen der Rotarmisten Früchte getragen hat.« Der Widerstand des Rotarmisten S. 3.

197 Hierzu vor allem: eine im Auftrag des Reichsführers-SS erarbeitete Studie über die »derzeitige Lage in der Sowjetunion«, die unter dem Titel: Allgemeines über den Aufbau in der UdSSR (NKWD) im Oktober 1942 Heinrich Himmler vorgelegt wurde. Am 24. 11. 1942 schickte der Chef der Sicherheitspolizei und des SD Heydrich diese Studie an den Reichsaußenminister. Sie ist eine Zusammenstellung des gesamten beim Reichssicherheitshauptamt eingegangenen politischen Nachrichtenmaterials und kommt zu dem nüchternen Ergebnis, daß der Russe im Herbst 1942 weder moralisch noch willensmäßig als »gebrochen« beurteilt werden könne. Diese in ihren Ergebnissen präzise Arbeit befindet sich mit dem Begleitschreiben in: Pol. Arch. Inland II g 430: Berichte und Meldungen zur Lage in und über Rußland 1942—1944.

198 Vgl. hierzu: Wollt Ihr den totalen Krieg? Die geheimen Goebbels-Konferenzen 1939—1943. Hrsg. von Willi A. Boelcke, Stuttgart 1967, S. 255—258.

199 Schreiben des RMVP vom 13. 7. 1942 an OKW/WPr, betr. Propagandaweisung des Herrn Ministers, BA-MA RW 4/v. 257.

200 wie Anmerkung 199.

201 Bericht Nr. 366 des VAA/AOK 11 von Hentig über die Widerstandskraft des Russen, Pol. Arch. Kult Pol. geheim 144. Der erste Bericht über Sewastopol war der Bericht Nr. 350 vom 6. 7. 1942, in dem von Hentig ausführte: ». . . Welche Kräfte waren es, die den Russen zu solchen Leistungen befähigten? Daß die Leistungen ungeheuerlich waren, wird gerade von den Frontsoldaten anerkannt. Wie oft habe ich nicht voll Staunen gehört: ›Das hätte kein Franzose und kein Engländer, das hätten wir nicht einmal ausgehalten!‹Die Pistole des Politruks oder des Kommandanten kann es nicht allein gewesen sein, was die Leute vorwärts trieb oder zum Aushalten veranlaßte.« Bericht Nr. 350 des VAA/AOK 11 vom 6. 7. 1942, betr. Betrachtungen zum Fall von Sewastopol, Pol. Arch. Kult Pol. geheim 144.

202 Diese Organisation wurde aus folgenden Akten rekonstruiert: Vortrag des Ic vor den Offizieren des Stabes vom 25. 10. 1941, Bef. rückw. HGeb. Süd, Ic, KTB Nr. 1 vom 1. 9. — 31. 12. 1941, BA-MA RH 22/v. 60;
Verhör von zwei sowjetischen Offizieren über die politische Arbeit der Kommissare in der Roten Armee, AOK 4, Ic, vom 6. 9. 1941, in: VAA/AOK 4, Pol. Arch. Kult Pol. geheim 162; Vernehmung eines Mitarbeiters der 7. Abteilung der 38. Armee, Anlage zum Feindnachrichtenblatt Nr. 95/41 des AOK 11, Ic, in: VAA/AOK 11, Pol. Arch. Kult Pol. geheim 140;
Vernehmungsbericht des Unterpolitruks Lowyhn vom 9. 10. 1941 der Einsatzgruppe D, VAA/AOK 11, Kult. Pol. geheim 140; Vgl. auch R. L. Garthoff, Die Sowjetarmee. Wesen und Lehre, Köln 1955; J. Erickson, The Soviet High Command. A Military Political History 1918—1941, London 1962 und vor allem: Die Streitkräfte der UdSSR. Abriß ihrer Entwicklung, Berlin (Ost) 1974.

203 Bericht Nr. 10 des VAA/AOK 2 vom 13. 8. 1941, S. 3/4, AOK 2, Ic/AO, Anlage 346 zum KTB vom 12. 8. — 13. 9. 1941, BA-MA 16690/228.

204 Aufschlußreich ist der Bericht über die Behandlung der Kommissarfrage (Verfasser und Zeitpunkt der Abfassung ist nicht angegeben). Er befindet sich in: Heeresgruppe Nord, Ic/AO, Propaganda Befehle, BA-MA RH 19 III/483; vgl. ebenfalls: R. C. Frhr. von Gersdorff, Soldat im Untergang, Frankfurt 1977, S. 101.

205 Vgl. hierzu: Walter Warlimont, Im Hauptquartier der deutschen Wehrmacht 1939—1945, Frankfurt 1962, S. 185/186.

206 Bericht über die Behandlung der Kommissarfrage, S.1.

207 Heeresgruppe Mitte, Ic/AO, Nr. 166/42 geh. vom 22. 6. 1942, betr. Flugblattwirkung auf Kommissare und Politruks, BA-MA RW 4/v. 255.

208 Bericht Nr. 19 des VAA/AOK 9 vom 25. 7. 1942, Pol. Arch. Kult Pol. geheim 168.

209 Dieser Befehl befindet sich u. a. beim VAA/AOK 6, Pol.Arch. Kult Pol. geheim 167, 4.

210 Exemplare dieser Flugblätter befinden sich im Privatarchiv Heysing.

211 Im Begleittext zur offiziellen Übersetzung dieser Flugblattmischung heißt es: »Die Frage, ob die Abschaffung des Instituts der Militärkommissare eine Schwächung oder Stärkung des Sowjetoffizierkorps und damit der Sowjetarmee zur Folge hat, steht nicht zur Debatte. Bei der propagandistischen Ausnutzung dieses Vorgangs besteht die Absicht, die Unsicherheit in der Sowjetführung zu verstärken sowie die Diskussion über den Befehl und seine Hintergründe wachzuhalten und zu fördern.«

212 Der Vorspann zum Befehl Nr. 307 beginnt mit folgender Feststellung: »Das System der Kriegskommissare, das in der Roten Armee während des Bürgerkrieges eingeführt wurde, war auf dem Mißtrauen begründet, das dem Kommandostand gegenüber bestand, in dessen Reihen alte Militärspezialisten standen, die damals noch gegen die Sowjetmacht eingestellt waren. (. . .)

Der gegenwärtige vaterländische Krieg gegen die deutschen Eindringlinge hat unsere Kommandostellen zusammengeschweißt und eine große Schicht neuer talentvoller Kommandeure herangebildet, die in den Kämpfen Erfahrungen gesammelt haben und ihrer Kriegspflicht und ihrer Offiziersehre bis zu ihrem Tode treu bleiben werden. (. . .)
Alle diese neuen Umstände, die mit dem Anwachsen unserer Kommando- und politischen Stellen zusammenhängen, zeugen davon, daß der Boden für das System der militärischen Kommissare vollständig illusorisch geworden ist.«
Diese Begründung übernahm unverändert die Sowjetische Militärenzyklopädie. Unter dem Stichwort Kriegskommissar (Wojennyj Kommisar), Bd. 2, Moskau 1976, S. 268/269 wird die Aufhebung des Instituts der Kriegskommissare wie folgt begründet: »Im Herbst 1942 waren die militärischen Führungskader der sowjetischen Streitkräfte durch die erworbenen Kampferfahrungen auch in politischer Hinsicht weiter gestärkt und gefestigt worden. Die Parteiorganisationen gingen ebenfalls gefestigt daraus hervor. Die Kampfmoral des Personals hatte sich erhöht. Daraufhin hob das Präsidium des Obersten Sowjet der UdSSR am 9. Oktober 1942 das Institut der Kriegskommissare auf.«

213 Aktennotiz über eine Besprechung vom 7. 6. 1940 bei OKW/WPr wegen erstmaligen Einsatzes von Ballon-Flugblattverteilern und Großlautsprechereinsätzen, BA-MA RW 4/v. 247; Erfahrungswerte über den Einsatz von Lautsprechern auf dem Gefechtsfeld finden sich in: AOK 2, Ic/AO, Anlage 250 zum KTB vom 26. 6.–22. 7. 1941, BA-MA 16690/226.

214 Tätigkeitsbericht der Gruppe I OKW/WPr vom 30. 6. bis 6. 7. 1941, Pol. Arch. Pol. XIII, 25.

215 Lagebericht Nr. 45 der Propaganda-Kompanien für die Zeit vom 1. 6. – 30. 6. 1941, S. 2, BA-MA RW 4/v. 338.

216 Lageberichte der PK vom 29. 8. 1939 – 15. 4. 1942, BA-MA RW 4/v. 338.

217 Lagebericht Nr. 46 der PK für die Zeit vom 1. 7. – 31. 7. 1941, S. 1.

218 Lagebericht Nr. 46 der PK, S. 4.

219 Lagebericht Nr. 47 der PK für die Zeit vom 1. 8. – 31. 8. 1941, S. 2.

220 Lagebericht Nr. 47 der PK, S. 3.

221 Lagebericht Nr. 47 der PK, S. 7.

222 Lagebericht Nr. 48 der PK für die Zeit vom 1. 9. – 30. 9. 1941, S. 4.

223 Lagebericht Nr. 48 der PK, S. 5.

224 Der Bericht über diesen Lautsprechereinsatz befindet sich in: Eugen Dürksen, War die Wlassow-Bewegung nur ein Propaganda-Unternehmen?, S. 3/4. Eine Kopie dieses Aufsatzes befindet sich im Privatarchiv Heysing.

225 Lagebericht Nr. 51 der PK für die Zeit vom 1. 12. – 31. 12. 1941, S. 3.

226 Der umfassendste Bericht über die Erfahrungen, die bei Lautsprechereinsätzen gesammelt werden konnten, stammt von Oberleutnant Sunkel, dem späteren Chef der PK 621: Olt. Sunkel, Erfahrungsbericht über die Lautsprecherpropaganda im Bereich des L. AK vom 27. 2. 1943. Der Bericht befindet sich in: L. AK, Ic, Anlagemappe 6 zum Tätigkeitsbericht vom 8. 11. 1942 – 25. 2. 1943, BA-MA 32340/22. Er wird im folgenden als Sunkel-Bericht zitiert.

227 »Der Fronteinsatz leidet durch den Mangel an Lautsprechern, die Armeen schreien nach Lautsprechern...« Eugen Hadamovski, und Dr. Eberhard Taubert, Bericht über die Propagandalage im Osten, 17. 9. 1942, S. 32. Dieser Bericht befindet sich in: BA R 55/1434; vgl. Anmerkung 261.

228 Sunkel-Bericht, S. 3.

229 Sunkel-Bericht, S. 5.

230 Sunkel-Bericht, S. 5.

231 Dieses Flugblatt befindet sich in: XII. AK, Ic, KTB vom 1. 6. – 31. 12. 1942, BA-MA RH 24–12/62.

232 Der Bericht über diese Propaganda-Aktion befindet sich in: X. AK, Ic, Anlage 11 zum KTB vom 8. 1. – 30. 12. 1942, BA-MA RH 24–10/355.

233 Dieser Vernehmungsbericht ist enthalten in: AOK 16, Ic, vom 24. 9. 1942, Anlage 2 zum Erfahrungsbericht über die Prop.-Aktion am 14. und 15. 9. 1942 im Abschnitt des I. R. 174, in: X. AK, BA-MA RH 24–10/355, Blatt 364/365.

234 OKW, Nr. 2666/42 g. WFSt/WPr (Ib) vom 23. 4. 1942, betr. Verstärkung der Propaganda in den Feind an der Ostfront, BA-MA RW 4/v. 256.

235 Vom Monat Juni bis Ende Dezember 1941 wurden von OKW/WPr ca. 170 verschiedene Flugblattmuster (von 000 111 RA bis ca. 280 RA) über den Verbänden der Roten Armee abgeworfen bzw. verschossen.

236 98. Inf.Div., Ic, vom 23. 5. 1942, betr. Erfahrungsbericht über den Propagandawerfer, in: XII. AK, Ic, KTB vom 1. 6. – 31. 12. 1942, BA-MA RH 24–12/62; 268. Inf.Div., Ic, vom 28. 5. 1942, betr. Erfahrungsbericht über den Einsatz des Propagandawerfers 41 und der Gewehr-Propaganda-Granaten, ebenfalls in: XII. AK, BA-MA RH 24–12/62. Diesen Erfahrungsberichten ist zu entnehmen, daß der Propagandawerfer 41 »seinen Zweck erfüllte«. Er wurde in den folgenden Jahren das wichtigste erdgebundene Einsatzmittel der Propagandatruppen, mit dem Flugblätter in den Gegner verschossen wurden.

237 OKW, Nr. 2666/42 g. WFSt/WPr (Ib) vom 23. 4. 1942 an Luftwaffenführungsstab, BA-MA RW 4/v. 256.

238 Heeresgruppe Süd, Ic/Pr, Nr. 1409/42 geh. vom 5. 5. 1942 an OKW/WPr, betr. Verstärkung der Propaganda in den Feind, BA-MA RW 4/v. 256.

239 Die Überläufer-Parole »Stalin kaputt« wurde auf Vorschlag des AOK 2 als neue Überläufer-Parole eingesetzt: AOK 2, Ic/AO, vom 3. 4. 1942 an OKW/WPr, betr. Propaganda, BA-MA Mikrofilm C 209 P. Die Überläufer-Parole »Bajonette in die Erde« wurde den im Osten eingesetzten Heeresgruppen und Armeen von OKW/WPr am 16. 4. 1942 befohlen: OKW, Nr. 3640/42 geh. WFSt/WPr (AP) vom 16. 4. 1942. Dieser Befehl befindet sich in: Heeresgruppe Nord, Propaganda Befehle, BA-MA RH 19 III/483.

240 Bericht Nr. 662 g vom 13. 10. 1942 des VAA/AOK 6, betr. Flugblattpropaganda im Armee-Bereich, Pol. Arch. Pol. XIII, 25. Dieser Bericht verwertete eine Meldung des AOK 6, Ic/Prop. Nr. 2398/42 geh. vom 20. 9. 1942, betr. Flugblattübersicht für Monat August 1942, BA-MA RW 4/v. 257.

241 Hierzu bes.: Bericht des Luftflottenkommandos 1, Führungsabteilung Ic, Nr. 1954/42 geh. vom 21. 3. 1942, betr. Eigene Propaganda beim Gegner, BA-MA RW 4/v. 255.

242 Ein Exemplar dieses Flugblattes befindet sich im Privatarchiv Heysing.

243 Diese Flugblattserie befindet sich im Flugblattarchiv Leser.

244 Vgl. zur Flugblattpropaganda dieser Art: O. Buchbender, und H. Schuh, Heil Beil!, a. a. O., S. 94–115.

245 Bericht Nr. 57 vom 10. 10. 1942 des VAA/AOK 9 betr. Sommerschlacht um Rshew, Pol. Arch. Kult Pol. geheim 168.

246 Ein Exemplar dieses Blattes befindet sich im Besitz des Verfassers. Auch die sowjetische Propaganda befaßte sich mit der Landung bei Dieppe. In der »Feldzeitung« Nr. 61 (317) vom 25. 8. 1942, einer sowjetischen kleinformatigen Flugblattzeitung für deutsche

Soldaten, wurde der »Englische Raid in den Raum von Dieppe« als eine größere »Aufklärungsaktion« beschrieben, die »erfolgreich verlaufen« sei. Diese Operation habe die »lügenhafte Behauptung über die Unzugänglichkeit der deutschen Küstenbefestigungen« widerlegt. In dieser propagandistischen Informationskampagne über die Vorgänge »im Raum Dieppe« war die deutsche Propaganda der sowjetischen überlegen, da die Fakten dieses gescheiterten Landungsunternehmens unwiderlegbar waren.
Ein Exemplar dieses sowjetischen Flugblatts befindet sich in der Anlage zum Bericht Nr. 57 des VAA/AOK 9 vom 10. 10. 1942. Vgl. hierzu: Wehrmacht-Propaganda-Lagebericht für die Zeit vom 16. 8. bis 31. 8. 1942, S. 1 und 9, BA-MA W 01-5/166.

247 Die Angaben stützen sich auf einen Bericht des Sonderführers Sievers vom 20. 3. 1942 über die Aufstellung von Tataren- und Kaukasierformationen im Bereich des AOK 11, Pol. Arch. Kult Pol. geheim 142. Vgl. ferner: Patrick von zur Mühlen, Zwischen Hakenkreuz und Sowjetstern. Der Nationalismus der sowjetischen Orientvölker im 2. Weltkrieg. Bonner Schriften zur Politik und Zeitgeschichte Bd. 5, Düsseldorf 1971; Joachim Hoffmann, Deutsche und Kalmyken 1942 bis 1945, Freiburg 1974 und Ders., Die Ostlegionen 1941–1943, Freiburg 1976.

248 Die Richtlinien für die Propaganda unter den Kaukasusvölkern wurden am 18. 2. 1942 vom Reichsministerium für die besetzten Ostgebiete an OKW/WPr geschickt. Sie gingen von dort am 19. 2. 1942 als Richtlinien für die Propaganda unter den kaukasischen Völkern an die Heeresgruppe Süd, den Befehlshaber des rückwärtigen Heeresgebietes Süd, an die Propaganda-Abteilung Ukraine, an die PK 649 (AOK 11), PK 637 (AOK 6), PK 666 (AOK 17) und an die PzPK 691 (PzAOK 1): OKW, Nr. 969/42 g. WFSt/WPr (AP) vom 19. 2. 1942, BA-MA RW 4/v. 254.

249 Kopien der Originalflugblätter befinden sich im Privatarchiv Heysing.

250 Die beiden Flugblätter befinden sich im Flugblattarchiv Leser.

251 Bericht des Sonderführers Sievers.

252 OKW, Nr. 4200 geh. WFSt/WPr (IV C) vom Juli 1942, betr. Der Kaukasus: Raum, Bevölkerung, Wirtschaft, BA-MA RW 4/v. 257.

253 Der Kaukasus: Raum, Bevölkerung, Wirtschaft, S. 3.

254 Merkblatt für die Kaukasus Armeen, in: 9. Inf. Div. Ic, KTB vom Dezember 1941 – Dezember 1942, BA-MA RH 26-9/90.

255 Das Unternehmen rekrutierte sich aus der Einheit Bergmann, die als einzige Einheit der deutschen Abwehr in der Masse aus Freiwilligen fremden Volkstums bestand. Im Oktober 1941 wurde die Aufstellung dieser Einheit unter dem Kommando von Hauptmann Dr. Oberländer befohlen. Ihr Spezialauftrag lautete, im Kaukasus über die Grusinische Heerstraße vorzustoßen, den Kreuzpaß zu nehmen und Tiflis zu erreichen, um damit den deutschen Verbänden den Weg in den Südkaukasus freizukämpfen. Allen Beteiligten bei dieser Planung war bewußt, daß dies ein »Himmelfahrtskommando« war, das ohne aktive Mithilfe der dort ansässigen Bevölkerung kaum durchführbar war. Im Oktober 1941 wurden in Poltawa geeignete kaukasische Freiwillige ausgesucht. Sie bestanden aus Georgiern, Aserbaidschanern, Armeniern und aus den Angehörigen kleinerer Stämme wie Inguschen, Tschetschenen oder Osseten, insgesamt etwa 800 Mann. Am 3. 11. 1941 verlegte die Einheit mit ihrem deutschen Rahmenpersonal nach Neuhammer in Schlesien, wo sie offiziell als neue kaukasische Freiwilligeneinheit aufgestellt wurde. Sie wurde dort durch 70 georgische Emigranten aus Paris verstärkt, die in der französischen Armee gedient hatten und als Unterführer und Offiziere übernommen wurden. Die Einheit bestand nun aus 5 Kompanien: aus der 1. und 2. Kompanie (Georgier), der 3. Kompanie (Aserbaidschaner), der 4. und 5. Kompanie (Georgier) und einem Zug von Armeniern. Am 10. 3. 1942 fand die Vereidigung statt. Die Eidesformel enthielt den entscheidenden Passus »Im Kampf um die Freiheit ihrer Heimat«, der dokumentieren sollte, daß das Deutsche Reich die Freiheit des kaukasischen Volkstums anstrebe. Um die Einheit Bergmann unmittelbar auf ihren hochalpinen Einsatz im Kaukasus vorzubereiten, bezog sie das Übungslager Luttensee bei Mittenwald. Bei der Abschlußbesichtigung bewies sie einen erstaunlich hohen Ausbildungsstand, von dem sich der Chef der deutschen Abwehr, Admiral Canaris, am 8. 7. 1942 persönlich überzeugte.
Im August 1942 verlegte die Einheit Bergmann in den Kaukasus. Sie konnte jedoch nicht wie geplant eingesetzt werden, sondern übernahm einen Frontabschnitt am Terek. Durch den unerwarteten Zustrom von georgischen und aserbaidschanischen Überläufern vergrößerte sich die Einheit trotz eigener Ausfälle auf 12 Kompanien, die fast komplett mit sowjetischem Material ausgerüstet waren, das die Überläufer mitgebracht hatten.
Als die Räumung des Kaukasus begann, zog sich die Einheit Bergmann über die Taman Halbinsel auf die Krim zurück. Aus den 12 Kompanien wurden 3 Bataillone aufgestellt, die in der Endphase des Krieges im Westen und Südosten eingesetzt wurden. Nach der Kapitulation wurde die Masse der kaukasischen Freiwilligen durch die Westalliierten an die Sowjetunion ausgeliefert.
Über das Unternehmen Bergmann informiert die Ausarbeitung von Professor Dr. Theodor Oberländer, Das Unternehmen Bergmann. Eine Kopie befindet sich im Besitz des Verfassers.

256 Bericht Nr. 662 des VAA/AOK 6 vom 13. 10. 1942 über Flugblatt-Propaganda im Armee-Bereich, Pol. Arch. Kult Pol. geheim 167, 4.

257 Vortragsnotiz von Oberst Martin vom 4. 8. 1942, BA-MA RW 4/v. 254.

258 Aufstellung von OKW/WPr (AP 7) vom 16. 8. 1942 über Auszüge aus sich widersprechenden Truppenberichten und Vorschlägen für die deutsche Propaganda in den Feind und Gefangenenaussagen, BA-MA RW 4/v. 257.

259 OKW, Nr. 4500/42 g WFSt/WPr (AP) vom 1. 9. 1942, BA-MA RW 4/v. 257.

260 Der Erlaß befindet sich in: BA R 6/206.

261 Für die Darstellung wurden folgende Akten ausgewertet: einen guten Überblick über die heftigen Kompetenzkämpfe zwischen Propagandaministerium und Ostministerium vermittelt der Aktenbestand: Reichsministerium für Volksaufklärung und Propaganda, Propaganda in den besetzten Ostgebieten, in: YIVO INSTITUTE FOR JEWISH RESEARCH, New York, Occ 18–19; Korrespondenz zwischen Goebbels und Rosenberg befindet sich in: BA R 55/799 und R 6/11. Eine wesentliche Ursache für die rapide Verschlechterung der Beziehungen zwischen den beiden Ministerien bildete ein umfangreicher Erfahrungsbericht über eine Dienstreise durch die besetzten Ostgebiete, die vom Leiter der Abteilung Ost Dr. Taubert und von dem Stabsleiter in der Reichspropagandaleitung der NSDAP, Eugen Hadamovski, angetreten wurde. Dieser Bericht enthielt eine scharfe Kritik an der »Unfähigkeit« des Ostministeriums in den besetzten Ostgebieten: Bericht über die Propagandalage im Osten, 17. 9. 1942. Eine Kopie dieses Berichts, der ein wichtiges Dokument für die Theorie und Praxis

der deutschen Propaganda in den besetzten Ostgebieten darstellt, befindet sich in: BA R 55/1435.
262 Die Führerweisung vom 15. August 1943 befindet sich in: BA R 55/799.
263 Am 23. 5. 1943 schrieb Goebbels an Hitler:
»Es liegt in der Natur der Sache, daß ich als Propagandaminister für die Propaganda im gesamten Machtbereich des Reiches verantwortlich gemacht werde. Demgegenüber besteht die Tatsache, daß ich trotz der Richtigkeit vieler dieser Vorschläge und trotz des bei mir bestehenden eingespielten Apparates nicht in der Lage bin, propagandistisch in dem gewünschten Maße tätig zu werden, da die augenblicklich bestehenden unklaren Verhältnisse auf dem Propagandasektor eine zielbewußte Durchführung propagandistischer Vorhaben in den Ostgebieten nicht gestatten. Aus dieser Diskrepanz zwischen Erkenntnis der propagandistischen Möglichkeiten und Vorhandensein des technischen Apparates auf der einen Seite und der durch die Verhältnisse gegebenen Möglichkeiten des Leistens praktischer Arbeit auf der anderen Seite ergibt sich für mich die Notwendigkeit, an Sie, mein Führer, heranzutreten und Sie um eine klare Entscheidung zu bitten.« Dieses Schreiben befindet sich in: BA R 55/799.
264 Schreiben von Rosenberg an Lammers vom 15. 3. 1944, BA R 6/11.
265 Nach der Entscheidung vom 15. 8. 1943 baute das Propagandaministerium in den Ostgebieten folgenden Propaganda-Apparat ab Herbst 1943 auf:

a) Landespropagandaamt Ostland:	Leiter Schierholz
b) Landespropagandaamt Ukraine:	Leiter Paltzo
c) Propagandaamt Riga:	Leiter Dressler
d) Propagandaamt Kauen:	Leiter Wellems
e) Propagandaamt Reval:	Leiter Irkowsky
f) Propagandaamt Minsk:	Leiter Dr. Fischer
g) Propagandaamt Luzk:	Leiter Maertins
h) Propagandaamt Kiew:	Leiter unbekannt
i) Propagandaamt Shitomir:	Leiter Mülberger
k) Propagandaamt Nikolajew:	Leiter Apitzsch
l) Propagandaamt Dnejpropetrowsk bzw. Rowno:	Leiter Schlech

Aufstellung nach: BA R 6/31.
266 Vereinbarung über die Presse und Propaganda im Ostraum vom 15. 1. 1944, BA R 6/11, Blatt 55–57.
267 Eine Übersetzung dieses Befehls, der sich in zahlreichen Akten befindet, enthält: VAA/AOK 18, Pol. Arch. Kult Pol. geheim, 172.
268 Bericht Nr. 80 vom 9. 9. 1942 des VAA/PzAOK 4, betr. Propagandistische Auswertung des Stalinbefehls Nr. 227 in der Roten Armee, Pol. Arch. Kult Pol. geheim, 148.
269 Bericht Nr. 112 vom 6. 10. 1942 des VAA/PzAOK 4, betr. Stimmung der russischen Truppe unter der psychologischen Wirkung des Stalin-Befehls, Pol. Arch. Kult Pol. geheim 148.
270 Diese Meldung enthält der Bericht Nr. 112 des VAA/PzAOK 4, S. 3–5.
271 Wie Anmerkung 270.
272 Bericht Nr. 9 AOK 2, Ic/AO, Nr. 4596/42 geh. vom 22. 10. 1942, betr. inneres Gefüge der Roten Armee und Stimmung der Zivilbevölkerung der unbesetzten Gebiete. Der Bericht befindet sich: VAA/AOK 2, Pol. Arch. Kult Pol. geheim, 110.
273 Zusammenfassender Bericht vom 5. 4. 1943 des VAA/AOK 16 über die Lage im Monat März 1943, Pol. Arch. Kult Pol., 130.
274 Wie Anmerkung 270.
275 Die Flugblattmischung Nr. 445–446 Sta/VIII. 42 enthält: Pol. Arch. Kult Pol. geheim, 144.
276 Formulierung stammt aus der Übersetzung des Flugblatts 446 Sta/VIII. 42 (Rückseite).
277 Ein Exemplar dieses Tarnflugblattes befindet sich im Privatarchiv Heysing. Vgl. hierzu die Abbildung 74; 75 in: O. Buchbender, und H. Schuh, Heil Beil!, a. a. O., S. 112. Das dort abgebildete Parteibuch 777 PB/VIII. 43 ist fast identisch in Text und Aufmachung mit dem Parteibuch 548 PB/X. 42.
278 Für den Ostfrontbereich wurden Rotarmisten, die »einwandfrei als Überläufer festgestellt« waren, zum ersten Mal für die Monate Mai bis Dezember 1942 statistisch festgehalten. Diese Angaben enthält: Die Entwicklung der deutschen Flugblatt-Propaganda in die Sowjetarmee (Verfasser Hauptmann Gerhard Fechner), BA-MA RW 4/v. 263.
Die Überläuferstatistik für die Heeresgruppen an der Ostfront von Januar 1943 bis März 1945 wird in folgenden Akten aufgeführt: OKH/GenStdH/Abt. Fremde Heere Ost (I), BA-MA H 3/105; 159; 161; 512; 1172.
279 »Der Inhalt spielt bei einem Flugblatt nicht einmal eine maßgebliche Rolle. So ist eines Tages ein Überläufer mit einem Zettel in der Hand erschienen, auf dem zu lesen stand ›Vorsicht Minen!‹« Bericht Nr. 327 des VAA/AOK 11, Pol. Arch. Kult Pol. geheim, 142.
280 Fernschreiben in: BA-MA RW 4/v. 257.
»Überläufer berichten immer wieder, daß die deutschen Flugblätter von fast allen russischen Soldaten, sogar von Offizieren und sogar mitunter von Politruks gelesen werden und Gesprächsthemen bieten.
Fast jeder Gefangene oder Überläufer hat ein oder mehrere Flugblätter bei sich, obwohl vielfach der Besitz von Flugblättern von der russischen Führung mit dem Tode bestraft wird.«
Bericht des VAA/AOK 16 vom 30. 7. 1942 über Propaganda in den Feind und Lage im Armeebereich, Pol. Arch. Kult Pol. geheim, 129.
281 Der Vorschlag für diese Propagandaaktion stammte von der Abteilung Fremde Heere Ost: Schreiben Abt. Fremde Heere Ost (II) vom 10. 8. 1942 an HWesAbt Gen zbV b OKH VO WPr (AP), betr. Flugblatt an sowjetische Panzerbesatzungen, BA-MA RW 4/v. 257. Zum Abwurf gelangten die beiden Flugblätter 483/484 Panz./IX. 42. Exemplare dieser Flugblätter befinden sich im Privatarchiv Heysing.
282 Zahlentabelle im Privatarchiv Heysing.
283 XII. AK, Ic, KTB vom 1. 6.–31. 12. 1942, BA-MA RH 24-12/62.
284 Statistik in: PzAOK 3, Ic, Anlageband F zum Tätigkeitsbericht Nr. 7 vom 1. 10. 1942–18. 1. 1943, BA-MA 29195/31.
285 »Über die Wirkung der deutschen Flugblattpropaganda befragt, bedauerte er (=der Überläufer) ihre geringe Tiefenwirkung, denn die deutschen Flugblätter würden immer nur an der eigentlichen Front abgeworfen und schon in den Ortschaften 50 bis 60 km hinter dem Operationsgebiet sei die Bevölkerung über die tatsächlichen Vorgänge nicht unterrichtet.« Bericht des VAA/PzAOK 4 vom 9. 7. 1942 über Propaganda, Pol. Arch. Kult Pol. geheim, 148.
286 Bericht des VAA/AOK 6 vom 13. 10. 1942 über Flugblattpropaganda im Armee-Bereich, Pol. Arch. Kult Pol. geheim, 167.
287 Diese Übersicht befindet sich in: LV. AK, Ia/Ic, Tätigkeitsbericht vom 1. 8.–30. 9. 1942, BA-MA 23898/7.
288 Gefangenen- und Überläuferzahlen im Bereich des AOK 2 sind aufgeführt in: AOK 2, Ic/VAA, vom 21. 11. 1942, Pol. Arch. Kult Pol. geheim, 116.
289 Bericht des VAA/PzAOK 4 vom 21. 10. 1942 über Zersetzungserscheinungen in der Roten Armee, Pol. Arch. Kult Pol. geheim, 149.
290 Hierzu bes.: Die Entwicklung der deutschen Flugblattpropaganda in die Sowjetarmee, BA-MA RW 4/v. 263.
291 »Aus Überläufer- und Gefangenenaussagen und anderem mir bei der Armee zugänglichem Material ha-

be ich den Eindruck gewonnen, daß es der deutschen Propaganda leider bisher noch nicht gelungen ist, einen wirklich entscheidenden Einbruch in die moralische Haltung und innere Widerstandskraft der Sowjetsoldaten zu erzielen. Es darf hervorgehoben werden, daß die deutsche Propaganda zwar außerordentlich rührig und wendig und auch alle irgendwie gegebenen Möglichkeiten ausnutzt, jedoch offenbar bisher auf das Denken und Trachten des Sowjetmenschen einen nachhaltigen Eindruck nicht ausüben konnte. In dieser Hinsicht sind wohl die innere Verfassung des Sowjetmenschen, vor allem des Soldaten, ebenso die äußeren Umstände, unter denen er lebt, arbeitet und kämpft, immer noch zu wenig erkannt worden, als daß sie wirksame Anhaltspunkte für eine erfolgreiche Propaganda bieten könnten.« Bericht des VAA/AOK 9 vom 23. 1. 1943 über Deutsche Propaganda in die Rote Armee, Pol. Arch. Kult Pol. geheim, 169.

292 Besonders prägnant wird diese Tatsache von dem Ic des PzAOK 3 formuliert:
»Die nicht zu leugnenden Mißerfolge in der Propaganda sind auf den Mangel an klaren Richtlinien, die teilweise negative Einstellung zum Menschen des Ostens (›Untermensch‹) und auf den Mangel an Zielen für die Zukunft des Ostens zurückzuführen. Den Russen bewegt die Zukunft seines Landes. Diese Frage müßte die Grundlage der Propaganda sein. Der Propaganda muß die Tat folgen, denn der Russe ist an Lüge gewöhnt und wertet dementsprechend Propaganda.« Bericht des PzAOK 3, Ic/AO, Nr. 4701/43 g. vom 21. 8. 1943 über Propaganda in die Bevölkerung und in die landeseigenen Verbände, BA-MA 62587/13.

293 Dieses Problem wurde im Sommer 1942 bei OKW/WPr IV C in der Viktoriastr. 10 heftig diskutiert: Interview Dr. Nicolaus von Grote am 27. 9. 1973 und Hans-Leo Martin am 6. 9. 1976.

294 Anfang August 1942 verfaßte Oberst Martin die Denkschrift: »Die Scheinregierung«, in der er die Bildung einer solchen Regierung entschieden ablehnte. Oberst Martin änderte jedoch schon vier Monate später seine Ansicht grundlegend, nachdem ihn Hauptmann Nicolaus von Grote und Oberleutnant Dürksen von der Notwendigkeit eines »geistig politischen Zentrums«, das inzwischen eng mit der Persönlichkeit des Generalleutnant Wlassow verbunden war, überzeugt hatten. Der Text der Denkschrift von Oberst Martin befindet sich in: Heeresgruppe Nord, Propaganda Befehle, BA-MA RH 19 III/483.

295 Über die autonome Verwaltung Lokotj und die Stellung von Bronislaw Kaminski informiert der Erfahrungsbericht der Militärverwaltung beim Oberkommando der Heeresgruppe Mitte für die Zeit vom 22. 6. 1941 bis August 1944, S. 17 ff., BA-MA 75857; vgl. Erich Hesse, Der Sowjetrussische Partisanenkrieg 1941–1944 im Spiegel deutscher Kampfanweisungen und Befehle, Göttingen 1969, S. 175 ff.

296 Ein grundlegendes Werk über die Persönlichkeit von Wlassow ist bisher noch nicht erschienen. Eine gute, knappe und inhaltsreiche Einführung in die komplexe Wlassow-Problematik vermittelt der Aufsatz von Hans-Erich Volkmann, Das Vlasov-Unternehmen zwischen Ideologie und Pragmatismus, Militärgeschichtliche Mitteilungen, Heft 2, 1972, S. 117–155. Vgl. ferner: Alexander Dallin, a. a. O., S. 567 ff.; Sven Steenberg, Wlassow. Verräter oder Patriot? Köln 1968; Wilfried Strik-Strikfeldt, Gegen Stalin und Hitler. General Wlassow und die russische Freiheitsbewegung, Mainz 1970, dessen Darstellung jedoch wegen ihrer unkritischen apologetischen Tendenz mit Vorbehalt gelesen werden muß; Jürgen Thorwald, Die Illusion. Rotarmisten in Hitlers Heeren, Zürich 1974.

297 Wilfried Strik-Strikfeldt, a. a. O., S. 71 ff.

298 Diese seltene Flugblattmischung befindet sich im Privatarchiv Heysing.

299 Vgl. Seite 60 ff.

300 Interview Dr. Nicolaus von Grote am 27. 9. 1973.

301 »Das Ergebnis: Zehntausende von Überläufern aus allen Frontabschnitten. Solche Zahlen hatte es seit Monaten nicht mehr gegeben!« Wilfried Strik-Strikfeldt, a. a. O., S. 84.

302 Wie Anmerkung 300.

303 Der »Smolensker Aufruf des Russischen Komitees« ist abgedruckt: Dokument 12, S. 312 f.

304 Fernschreiben von OKW/WPr an Heeresgruppe Nord, Mitte, A, Don Luftflotte 1, 4, PzAOK 1 vom 16. 1. 1943, betr. Flugblatt »Smolensker Aufruf des Russischen Komitees«, BA-MA RW 4/v. 258.

305 OKW, Nr. 229/43 geh. WFSt/WPr (Ig) vom 18. 1. 1943, betr. Flugblätter, BA-MA RW 4/v. 258.

306 Jürgen Thorwald, a. a. O., S. 146. Die falsche Einschätzung der Wirkung des »Smolensker Aufrufs« bei Eugen Dürksen wird auf die Tatsache zurückzuführen sein, daß er bei der Abfassung seiner Berichte noch nicht die deutschen Propagandaakten benutzen konnte.

307 Am 3. 2. 1943 schrieb Dr. Taubert an den Propagandaminister:
»Der von Oberst Martin herausgebrachte Aufruf des sogenannten Wlassof-Komitees, der Ihnen bekannt ist, hat bisher eine geradezu sensationelle Wirkung erzielt. So wird soeben aus Smolensk mitgeteilt:
›Versehentlich hinter Orel abgeworfen (hinter eigener Linie). Sensationeller Erfolg bei der gesamten Bevölkerung. Stärkster Eindruck seit deutschem Einmarsch. Bevölkerung veranstaltet Befreiungsfestlichkeiten und erklärt, daß unter diesen Umständen jegliche Partisanenerfolge und Rückkehr der Roten Armee abzulehnen seien.‹
Dies dürfte ein weiterer Beweis dafür sein, daß die von uns verfolgte Tendenz in der Ostpolitik richtig ist.« Das Schreiben befindet sich in: BA R 55/791.
Die Propaganda-Abteilung Kaukasus meldete für den Monat April 1943: »Das Interesse an der Wlassowbewegung ist ungewöhnlich groß und führt allenthalben zu lebhaften Diskussionen über die Person Wlassows, seine Ziele und Erfolgsaussichten.« Tätigkeitsbericht der Propaganda-Abteilung K für den Monat April, BA-MA RW 4/v. 309.
Die Propaganda-Abteilung Ostland berichtete: »Der Name Wlassow ist eindeutig zum Angelpunkt aller stimmungsbildenden Strömungen geworden.« Stimmungsbericht Nr. 28 der Propaganda-Abteilung Ostland vom 5. 4. 1943, in: Heeresgruppe Nord, Propaganda 4 vom 4. 3.–1. 6. 1943, BA-MA 75131/106.

308 Zur Tendenz dieses Flugblatts schrieb die offizielle Übersetzung von OKW/WPr: »Dieses ›Europa Flugblatt‹ wendet sich gegen den Pseudopatriotismus Stalins und zeigt, vom russischen Standpunkt aus, daß auch das russische Volk seinen Platz in der europäischen Völkerfamilie hat. Gleichzeitig widerlegt es die bolschewistische Propagandalüge über deutsche Kolonisations- und Germanisierungsabsichten.«
Ein Exemplar dieses Flugblatts befindet sich im Privatarchiv Heysing.

309 Dieser Erlaß findet sich in: BA R 6/139.

310 Zur Reaktion auf die Goebbels-Proklamation vgl.: Otto Bräutigam, So hat es sich zugetragen, a. a. O., S. 591 ff. Die Proklamation hatte nicht die gewünschte Wirkung und erwies sich als ein Fehlschlag.

311 Im Januar 1943 verteilte sich das Personal des PK:

1. Fachpersonal	
Führungspersonal	268
Wortberichter	546
Schreiber und Stenografen	382
Bildberichter	394
Laboranten	255
Pressezeichner	95
Filmberichter	305
Vorführer	243
Rundfunkberichter	145
Rundfunktechniker und Ingenieure	195
Aktivpropagandisten	219
Lautsprecher-Techniker	210
Dolmetscher und sprachkundige Hilfskräfte	91
Kriegsmaler	34
Summe:	3382
2. allgemeines Personal	
Kraftfahrer	2109
militärisches Personal	1947
Nachrichten-Helferinnen	18
Summe	4074

Diese Übersicht ist enthalten in: Schreiben von Leiter RV im Propagandaministerium vom 12. 1. 1943, betr. Zusammenkunft mit den Stabsoffizieren für Propaganda-Truppen der Wehrmachtsteile, BA R 55/53.

312 Die Dienstanweisung für den Stabsoffizier für Propagandaeinsatz vom 17. 11. 1942 war bisher verschollen, fand sich aber im Privatarchiv Heysing. Am 1. 2. 1945 befanden sich folgende StOProp bei den einzelnen Heeresgruppen:

Heeresgruppe Süd	SS-Sturmbannführer Wickel
Heeresgruppe A	SS-Hauptsturmführer Ackemann
Heeresgruppe Mitte	Major Laufer
Heeresgruppe Nord	Hauptmann von Fabeck
Wehrmachtsbefehlshaber Norwegen	Oberleutnant Strassl
OB West	Major Giessler
Heeresgruppen H und B	SS-Sturmbannführer Damrau
OB Oberrhein	SS-Hauptsturmführer Rolf d'Alquen
Heeresgruppe G	Major Remme
OB Südwest	Oberstleutnant Graf Bossi-Fedrigotti
OB Südost	Hauptmann Dierichs

aus: BA-MA RW 4/v. 153.

313 Vgl. Hasso von Wedel, Propagandatruppen der deutschen Wehrmacht, a. a. O., S. 63 ff.

314 Für die Darstellung wurden bes. ausgewertet: Sammlung »Thorwald-Material«, Institut für Zeitgeschichte (IfZ), Unterlagen von Heinz Danko Herre, IfZ ZS 406 (vor allem sein Tagebuch, ZS 406 IV), und Unterlagen Eugen Dürksen, IfZ ZS 402. Eine Übersicht des von Thorwald benutzten Materials ist abgedruckt in: Jürgen Thorwald, Die Illusion. Rotarmisten in Hitlers Heeren, Zürich 1974, S. 385 ff.

315 Zur Ostabteilung z. b. V. Dabendorf vgl.: Wilfried Strik-Strikfeldt, Gegen Stalin und Hitler. General Wlassow und die russische Freiheitsbewegung, Mainz 1970, S. 97 ff.

316 »Es sollen hierbei 400 000 000 Flugblätter an der Ostfront und im rückwärtigen Feindgebiet zum Abwurf kommen.« SS PzGrenDiv. Hohenstaufen, Ic, Tätigkeitsbericht für Mai 1943, betr. Aktivpropaganda in den Feind, BA-MA RS 3-9/10, Blatt 7.
Diese Schätzung wurde von der wirklichen Höhe der abgeworfenen Flugblattmengen weit übertroffen: Vom 7. 5. (Beginn des Unternehmens »Silberstreif«) bis Ende Juli 1943 wurden eine Milliarde Flugblätter abgeworfen oder verschossen.
Diese Angabe befindet sich in: Monatsbericht Juli 1943 der Abteilung Fremde Heere Ost, II b/Prop vom 5. 8. 1943, BA-MA 464, Blatt 675.

317 Eintragung vom 6. 4. 1943: »Morgens mit dem Chef bei Wedel. Neue Sache: Überläuferaktion größten Umfanges wird vorgetragen. Wedel einverstanden. Ich erhalte Vollmachten zur Durchführung der Angelegenheit.« Tagebuch Heinz Danko Herre, IfZ, ZS 406 (IV).

318 Der »Grundsätzliche Befehl Nr. 13« wurde in unterschiedlichen Formaten und in unterschiedlichen Papierstärken nicht nur in der deutsch-russischen oder russischen Fassung, sondern auch in den verschiedenen Ostsprachen abgeworfen. Die kaukasische Version dieses bedeutendsten Flugblatts der deutschen Wehrmachtpropaganda während des Zweiten Weltkriegs enthielten z. B. die Flugblätter 690 G. V. 43; 690 Kas. V. 43; 690 As. V. 43; 690 Tad. V. 43; 690 WTa. V. 43. Eine häufig gedruckte russische Version enthielt das Flugblatt 690/IV. 43. Der »Grundsätzliche Befehl Nr. 13« wurde jedoch in der Masse von den Eisenbahndruckerei-Zügen der einzelnen Heeresgruppen an der Front gedruckt. So stammte die zweisprachige Version AM 74/IV 43 aus der Produktion des Eisenbahndruckerei-Zuges »Memel« (Heeresgruppe Mitte).

319 OKH GenStdH/Org.Abt., Nr. II/12024/43 g.Kdos. vom 20. 4. 1943, betr. Aufstellung russ. Betreuungsstaffeln, in: AOK 18, BA-MA 64847.
Den besten Überblick über das Unternehmen »Silberstreif« vermitteln folgende Akten:
AOK 18, Ic/AO, Überläuferaktion »Silberstreif«, April – August 1943, BA-MA 64847;
PzAOK 2, Ia, Anlageband 94 zum KTB vom 3. 2. 1942 – 16. 7. 1943, BA-MA 37075/107 (= RH 21-2/535);
PzAOK 4, Ia, KTB vom 2. 4.–9. 6. 1943, Anlageband 19, Operation »Zitadelle«, BA-MA 34888/23;
AOK 4, Ia, Beilage 6 zum KTB Nr. 15 und 16 vom 1. 4.–31. 7. 1943, BA-MA 34558/23 und AOK 4, Ia, Tätigkeitsbericht Nr. 16 vom 9. 4.–28. 4. 1943, BA-MA 34579/19;
PzAOK 1, Ic, Tätigkeitsbericht vom 1. 5.–31. 8. 1943, BA-MA 36835/1.
Über die eingesetzte Flugblattpropaganda informieren:
Geb.AOK 20, Ic, Anlage 4 zum KTB vom 1. 1.–30. 6. 1943, BA-MA 35560/13 und Geb.AOK 20, Ic, Anlage 2 zum KTB vom 1. 7.–31. 12. 1943, BA-MA 43871/13;
PzAOK 3, Ic, Anlageband G zum Tätigkeitsbericht Nr. 8 vom 22. 1.–30. 6. 1943, BA-MA 35568/52;
ebenfalls: BA Koblenz, Reichsministerium für die besetzten Ostgebiete R 6/38.
Vgl. auch: Ernst Klink, Das Gesetz des Handelns. Die Operation »Zitadelle« 1943, Stuttgart 1966, S. 137 ff.

320 »Die politische Aufgabe des deutschen Soldaten in Rußland im Zeichen des totalen Krieges«, hrsg. vom PzAOK 3, Ic/AO, am 30. Mai 1943, in: PzAOK 3, Ic/AO, Tätigkeitsbericht vom 21. 1.–30. 6. 1943, BA-MA 35568/56. Diese Schrift war in der gleichen Tendenz abgefaßt wie die Goebbels-Proklamation vom 15. 2. 1943.

321 PzAOK 2, Ia, Anlageband 94 zum KTB vom 3. 2. 1942–16. 7. 1943, BA-MA 37075/107 (= RH 21-2 535).

322 Tagebuch Heinz Danko Herre, Eintragung vom 4. 5. 1943, IfZ, ZS 406 (IV).

323 Tagebuch Heinz Danko Herre, Eintragung vom 4. 5. 1943.

324 PzAOK 2, Ic/AO, Nr. 509/43 geh. vom 17. 5. 1943, BA-MA 37075/107 (= RH 21-2/535).

325 Die folgenden Befragungsergebnisse sind den Akten entnommen: XXVIII. AK, Ic, Gefangenen- und Überläufervernehmungen vom 1. 1.–31. 7. 1943, BA-MA 39242/12 und XLIX. Geb. AK, Ic, Gefangenenvernehmungen vom 8. 4.–1. 10. 1943, BA-MA 42047/18.

326 Nach: OKH/GenStdH, Abt. Fremde Heere Ost (I), BA-MA H 3/512.

327 Nach: OKH/GenStdH, Abt. Fremde Heere Ost, BA-MA H 3/161 (Gefangene und Beutezahlen der Heeresgruppe Mitte vom 1. 1. – 31. 12. 1943).

328 »Die Überläuferaktion (Unternehmen Silberstreif) hat nicht im entferntesten den gewünschten Erfolg gehabt.« Bericht Nr. 8/43 vom 26. 8. 1943 des Beauftragten des Ostministeriums beim Oberkommando der Heeresgruppe Süd, Major O. W. Müller, S. 5, BA R 6/52.

Während des Unternehmens »Silberstreif« wurde eine psychologische Operation gegen sowjetische Flieger (»Überflieger-Propaganda«) gestartet. Die sowjetischen Flieger wurden über Rundfunk und durch spezielle Flugblattserien zum Überfliegen aufgefordert. Diese Operation erreichte, daß 66 sowjetische Überflieger gewonnen werden konnten:

Bericht von WPr IV C vom 27. 4. 1944 über Kampfpropaganda in den Feind, S. 3. Dieser Bericht befindet sich auf dem Mikrofilm Captured German Documents, Box 403, folder 69: German and foreign propaganda; morale at the front, 1942–1944, The Library of Congress, Washington D. C. (vgl. S. 330 ff.).

Über die Überflieger-Propaganda informieren: LIII. AK, Ia, Nr. 133/43 g.Kdos. vom 31. 5. 1943, in: PzAOK 2, BA-MA 37075/107 (= RH 21–2/535) und die Monatsberichte für August und September 1943 der Abt. Fremde Heere Ost, BA-MA H 3/464.

329 Die entscheidende Besprechung über das Unternehmen »Silberstreif« und der damit verbundenen Propaganda fand am 8. 6. 1943 auf dem Berghof statt, an der Hitler, Generalfeldmarschall Keitel und General Zeitzler teilnahmen. Als Keitel die »russische Freiheitsarmee« erwähnte, äußerte sich Hitler wie folgt:

»Wir brauchen es auch nicht tragisch nehmen. Ich sehe aus dem Ganzen heute nur eines, und das ist für mich das Entscheidende: Es muß vermieden werden, daß hier eine falsche Meinung auf unserer eigenen Seite entsteht. Es ist zu unterscheiden zwischen der Propaganda, die ich hinüber mache, und dem, was wir endlich selber machen.«

Vgl. hierzu: Lagebesprechungen im Führerhauptquartier. Protokollfragmente aus Hitlers militärischen Konferenzen 1942–1945. Hrsg. von Helmut Heiber, Stuttgart 1962, S. 109–126; bes. S. 111, S. 119, S. 123. Nach den Ergebnissen dieser Lagebesprechung hatte die politische Propaganda des Unternehmens »Silberstreif« nur den Stellenwert einer großen Täuschungsoperation. Ein weiterer Einsatz der Wlassow-Propaganda wurde für den Bereich der besetzten Ostgebiete ausdrücklich verboten. Damit waren die Propagandisten von OKW/WPr mit der Konzeption ihrer Wlassow-Propaganda zunächst endgültig gescheitert. Die Reaktion auf dieses für die Propagandatruppen unverständliche Verbot waren zahlreiche Protestschreiben, die als Folge dieser Maßnahme die schwersten psychologischen Rückschläge bei der Bevölkerung ankündigten:

»Es muß immer wieder hingewiesen werden, daß auch diese Aktion ohne die Herausstellung klarer politischer Ziele wirkungslos bleiben muß. Damit steht und fällt letzten Endes auch der Erfolg der Aktion ›Silberstreif‹ und der Versuch der Aufstellung landeseigener Verbände.« Schreiben des StOProp der Heeresgruppe Nord an OKW/WPr vom 21. 6. 1943, BA-MA RW 4/v. 309.

Als diese wütenden Proteste der Propaganda-Abteilungen und der PK nicht länger zu ignorieren waren, erließ OKW/WPr eine offizielle Sprachregelung zum Thema Wlassow: General Wlassow verfolge »völlig freiwillig und unabhängig von der deutschen Regierung seine Ziele«. Er wechsle im übrigen häufig seinen Wohnsitz, um Mordanschlägen sowjetischer Agenten auszuweichen. Hinsichtlich der russischen Befreiungsarmee beschäftige sich Wlassow »vordringlich mit der Hebung des Niveaus der Offiziere«.

Mit den Argumentationshilfen dieser Sprachregelung konnten allerdings die »drängenden Fragen« der Bevölkerung nach dem Verbleib Wlassows nicht beantwortet werden. Die unmittelbare Folge bestand in einer rapiden Stimmungsverschlechterung in den besetzten Ostgebieten, die in den Lage- und Tätigkeitsberichten der Propaganda-Abteilungen und PK ab Juli 1943 eines der wichtigsten Themen wurde.

Die Sprachregelung von OKW/WPr über Wlassow (OKW/WFSt/WPr IV C vom 10. 7. 1943, betr. Unterrichtung über Generalleutnant Wlassow) befindet sich in: PzAOK 3, Ic/AO (Prop), Nr. 4659/43 geh. vom 21. 8. 1943, betr. Richtlinien für die Aktiv-Propaganda Nr. 2; PzAOK 3, Ic/AO, Tätigkeitsbericht Nr. 11 vom 1. 1.–30. 6. 1944, BA-MA 62587/13.

330 Den besten Überblick über die SS-Standarte »Kurt Eggers« geben zwei amerikanische G2-Informationen: besonders präzise informiert der CINFO-REPORT NO. 4 vom 14. 1. 1946: SS-Standarte »Kurt Eggers«, Office of Director Intelligence, The National Archives, Washington D. C.;

und G2-Intelligence Note NO. 57, SS Propaganda: KURT EGGERS und SKORPION, Operational Intelligence Sub-Division, The National Archives, Washington D. C.;

sehr informativ ist der Mikrofilm Captured German Documents, Box 403, folder 69: German and foreign propaganda: morale at the front, 1942–1944, The Library of Congress, Washington D. C.; ein kleiner Aktenbestand der SS-Standarte »Kurt Eggers« befindet sich in: BA-MA RS 4/42–47.

331 Bestimmung über die Zusammenarbeit von OKW/WPr mit Reichsführer-SS bezüglich SS-Berichterkompagnie, BA-MA RS 4/47.

332 »Die aktive Propaganda in die feindliche Wehrmacht und in die Bevölkerung des Kampfgebietes im Operationsgebiet gehören nicht zu den Aufgaben der SS-Berichterkompanie.« Bestimmungen über die Zusammenarbeit, Ziffer 2.

333 Interview Hans Weidemann am 9. 1. 1974.

334 Weidemann trat am 16. 8. 1941 in die damalige Kriegsberichter-Abteilung der Waffen-SS ein.

335 Die Denkschrift von Hans Weidemann war bisher verschollen und wurde vom Verfasser auf dem Mikrofilm Captured German Documents entdeckt.

336 Weidemann-Denkschrift, S. 2.

337 Interview Hans Weidemann am 9. 1. 1974.

338 Interview Gunther d'Alquen am 15. 9. 1976.

339 Interview Gunther d'Alquen am 15. 9. 1976.

340 nach: L. AK, Ic, Tätigkeitsbericht vom 1. 10. 1943 – 16. 2. 1944, BA-MA 47191/17.

341 Gliederung nach: SS-Standarte »Kurt Eggers«, BA-MA RS 4/42.

342 Interview Gunther d'Alquen am 15. 9. 1976.

343 Flugblatt- und Lautsprechertexte des Unternehmens »Wintermärchen« befinden sich auf dem Mikrofilm Captured German Documents.

344 Mikrofilm Captured German Documents.

345 Schreiben eines Kampfpropagandisten des Unternehmens »Wintermärchen« an den Verfasser vom 24. 11. 1974.

346 Mikrofilm Captured German Documents.

347 Vgl. hierzu: O. Buchbender, und H. Schuh, Heil Beil!, a. a. O., S. 133 ff.; Klaus Kirchner, Krankheit rettet. Psychologische Kriegführung, Erlangen 1976, S. 83 ff.

348 »Die Gesamtzahl der hier in Druck gegebenen Flugblätter 329 bis 345 beträgt 3.500.000. Neue Flugblatt-

entwürfe 346 bis 351 wurden in einer Auflagenhöhe von 88.000 von OStuf. Paeseler von Luschkowo in Druck gegeben. Insgesamt beträgt also die Menge der hergestellten Flugblätter 4.380.000 Stück. In zwei Einsätzen vom Flugplatz Reval aus wurden insgesamt abgeworfen 1.070.000 (inkl. Pleskau mit 700.000). Der Gesamtbestand an hier lagernden Flugblättern beträgt 3.310.000.« Telefonische Meldung über Lage »Wintermärchen« vom 17. 2. 1944, BA-MA RS 4/47.

349 Interview Hans Weidemann vom 9. 1. 1974 und Gunther d'Alquen vom 15. 9. 1976.

350 Besonders aufschlußreich für diese kritische Phase des Unternehmens war ein Schreiben von Gunther d'Alquen vom 6. 2. 1944 an Himmler. Das Schreiben befindet sich auf dem Mikrofilm Captured German Documents.

351 »Auf Befehl des Führers hat der Reichsführer-SS eine Aktion im italienischen Kampfraum mit der Bezeichnung ›Südstern‹ eingeleitet, die die Aufgabe hat, die an der Südfront auf anglo-amerikanischer Seite zum Einsatz gelangten polnischen Divisionen durch Kampfpropaganda so zu beeinflussen, zu zersetzen und zum Überlaufen zu bewegen, daß die polnischen Divisionen aus der Kampflinie herausgezogen werden müssen.«
Notiz über den Herrn Staatssekretär an den Herrn RAM vom 8. 3. 1944, Pol. Arch. Inland II g, 19.
Die Phase I des Unternehmens »Südstern« richtete sich gegen die polnischen Divisionen des Anders-Korps. Rundfunkpropaganda wurde über den Sender »WANDA« abgestrahlt. Phase II des Unternehmens »Südstern« konzentrierte sich auf die gegenüberliegenden amerikanischen und englischen Verbände (5. US-Armee: IV. US-Korps; II. US-Korps; brit. XIII. Korps; 8. brit. Armee: brit. X. Korps; brit. V. Korps). Ab 1. Juli 1944 stellte Hans Weidemann auf Anordnung des AOK 10 das Kampfpropaganda-Unternehmen »Südstern II« neu auf. Abdruck von Flugblättern dieses Unternehmens enthält: O. Buchbender, und H. Schuh, Heil Beil!, a. a. O., S. 180 ff.

352 Interview Gunther d'Alquen am 15. 9. 1976.

353 Aktennotiz für den Kommandeur vom 17. 2. 1944, BA-MA RS 4/47.

354 Aktennotiz für den Kommandeur vom 17. 2. 1944, BA-MA RS 4/47.

355 »Oberst Blume gab der Hoffnung Ausdruck, daß die Aktion »Wintermärchen« nicht nur ein unmittelbarer Erfolg im Einsatzraum würde, sondern darüber hinaus sich fruchtbar für die Prop.Arbeit auch der Heerespropaganda-Truppen auswirken möge.« Aktennotiz für den Kommandeur vom 17. 2. 1944.

356 Am 27. Januar 1944 erschienen noch unter der alten Bezeichnung die Richtlinien für Aktivpropagandisten Nr. 2, die aktuelle Arbeitshilfen für die Propagandatruppen lieferten: OKW, Nr. 6207/44g/WFSt/WPr (I/IV) vom 27. 1. 1944, BA-MA RW 4/v. 20.
Mit den Richtlinien für Kampfpropagandisten Nr. 3 vom April 1944 (OKW, Nr. 6207/44g/WFSt/WPr (I/IV), BA-MA RW 4/v. 267) wurde der Begriff Kampfprapaganda in den Bereich der Wehrmachtpropaganda verbindlich eingeführt. Es fällt bei der Lektüre dieser Richtlinien auf, daß ihre Herausgeber sich im Sinne der Weidemann-Denkschrift bemühen, die Techniken des Kampfpropagandisten »erlernbar« zu machen.
Am 27. 7. 1944 folgten die Richtlinien für Kampfpropagandisten Nr. 4 (OKW, Nr. 6207/44g/WFSt/WPr (I/IV), Mikrofilm Captured German Documents), die sich in einem umfangreichen theoretischen Teil mit der Praxis der Kampfpropaganda beschäftigten.
Wie stark zu diesem Zeitpunkt bereits der Einfluß der SS-Standarte »Kurt Eggers« auf die Wehrmachtpropaganda war, zeigte die Tatsache, daß der Chef der Propagandatruppen Hasso von Wedel die Richtlinien Nr. 4 am 26. 7. 1944 an Himmler »mit der Bitte um Kenntnisnahme« schickte.

357 »Auf Vorschlag des Reichsführers SS hat der Führer einen Propagandagroßeinsatz im Bereich der Heeresgruppe Nordukraine angeordnet. Das Unternehmen richtet sich in erster Linie gegen die unseren Truppen gegenüberliegenden ukrainischen Formationen und gegen das vom Feind besetzte ukrainische Hinterland.« Schreiben Leiter Ost an Propagandaminister vom 29. 6. 1944, betr. Propagandaunternehmen »Skorpion«, BA R 55/796.

358 Das Unternehmen »Skorpion Ost« wird erwähnt bei: Alexander Dallin, a. a. O., S. 619/620; Sven Steenberg, a. a. O., S. 149; Wilfried Strik-Strikfeldt, a. a. O., S. 200; Jürgen Thorwald, a. a. O., S. 247–250.

359 Zum Text des Prager Manifests vgl. Sveen Steenberg, a. a. O., S. 171/172.

360 Es war Miletij Alexandrowitsch Sykow, der Hauptschriftleiter der Zeitschriften »Dobrowoletz« (»Der Freiwillige« – für die russischen Freiwilligenverbände) und »Zarja« (»Die Morgenröte«). Sykow wird von den Beteiligten des damaligen Geschehens als »außergewöhnlich begabt« geschildert. Für das geplante Unternehmen »Skorpion Ost« hatte er bereits einen großen Teil des einzusetzenden Propagandamaterials hergestellt. Am Abend vor dem Abrücken an die Front verschwanden jedoch Sykow und sein Adjudant Noshin »spurlos«. Das Rätsel dieses Verschwindens konnte bisher trotz unterschiedlicher Spekulationen nicht geklärt werden. Vgl. hierzu: Alexander Dallin, a. a. O., S. 544; 619/620; Sven Steenberg, a. a. O., S. 49–52; 147/148; Wilfried Strik-Strikfeldt, a. a. O., 88/89; 111–113; 199.

361 Schreiben des Ic des Unternehmens »Skorpion Ost« vom 24. 11. 1974 an den Verfasser. Das Gliederungsschema des Unternehmens konnte gerettet werden und befindet sich in Besitz von Gunther d'Alquen.

362 Schreiben des Ic »Skorpion Ost« an den Verfasser.

363 »Sendung 1: Kaum geänderter Inhalt sowjetischer Nachrichten; dazwischen schlechte Nachrichten aus dem Hinterland, gute Nachrichten für Politruks und Offizierkorps: Hunger im Hinterland, Bevölkerung muß auf ärztliche Betreuung verzichten, Urlaubssperre für Soldaten, zusätzlicher Urlaub für Vorgesetzte. Es wird alles getan, um das wertvolle Leben der Parteimitglieder zu schonen. Das Material, das wir besaßen, war so gewaltig, daß wir aus dem Vollen schöpfen konnten.« Schreiben des Ic »Skorpion Ost« an den Verfasser.

364 »Diese Sendung bestand zu Anfang des Krieges tatsächlich: ›Gawarit London‹. Es waren englische Nachrichten von der Westfront. Die Sendung gab Gespräche des englischen Oberst Fuller mit russischen Partnern, meist Militärs oder Journalisten wieder. Oberst Fuller nahm seine russischen Partner nicht für voll und versuchte, ihnen die westliche Lebensart beizubringen. Er traf den Russen an seiner empfindlichsten Stelle, seinem Minderwertigkeitskomplex!« Schreiben Ic »Skorpion Ost« an den Verfasser.

365 Überläuferstatistik in: Abteilung Fremde Heere Ost, BA-MA H 3/1172. Die Feststellung von Thorwald, daß die Zahl der Überläufer im Bereich von »Skorpion Ost« innerhalb weniger Wochen »viertausendfünfhundert« erreicht habe, ist eine Illusion, wenn man die offizielle Überläuferstatistik auswertet: Jürgen Thorwald, a. a. O., S. 250.

366 Abteilung Fremde Heere Ost, BA-MA H 3/105.

367 Fernschreiben von StOProp/Heeresgruppe Nord an OKW/WPr IV vom 27. 2. 1945, betr. Prop.-Meldung vom 27. 2. 1945, BA-MA RS 4/46.

368 Die Verluste der deutschen Propaganda-Einheiten betrugen:

Verluste bis zum 31. 1. 1945

	Heer	Luftwaffe	Marine	St.KE	Summe
gefallen:	409	176	25	109	719
gefangen/vermißt:	199	15	45	29	287
verwundet:	428	70	5	112	615

Angaben nach: BA R 55/399.

Von Februar 1945 bis Mai 1945 fielen oder starben in Gefangenschaft ca. 1500 Angehörige der Propagandatruppen (Angaben im Privatarchiv Heysing).

Vom Ausbruch des Zweiten Weltkrieges bis zum 31. 12. 1941 fielen 175 Angehörige der PK. Die Durchschnitts-Gefallenenziffern von Heer, Luftwaffe, Marine und der SS-Kriegsberichter-Abteilung betrugen:

1. bei den insgesamt 3053 Propaganda-Fachkräften 4,85 Prozent
2. bei den insgesamt eingesetzten 3883 Mann des allgemeinen Truppendienstpersonals 0,70 Prozent
3. bei den insgesamt eingesetzten 6936 Angehörigen der Propaganda-Einheiten 2,52 Prozent

Angaben nach: BA-MA RW 4/v. 163.

368a Zu den Propagandatruppen (in der Masse Kriegsberichter) gehörten u. a.:
Franz Antel, Lothar Günther Buchheim, Gert Buchheit, Harald Busch, Kurt W. Marek (C. W. Ceram), P. C. Ettighofer, Joachim Fernau, Rudolf Hagelstange, Jürgen Hahn-Butry, Walter Henkels, Werner Höfer, Karl Holzamer, H. O. Holzner, Ernst Jünger, Werner Keller, Ernst von Khuon, Walter Kiaulehn, Helmut Kindler, Lambert Lensing, Heinz Maegerlein, Josef Müller-Marein, Henri Nannen, Heinz von Plato, Clemens Graf Podewils, Rudolf Poertner, Ernst Lothar Reich, Jürgen Roland, Ernst Rowohlt, Lothar Rübelt, Manfred Schmidt, Wilhelm Ritter von Schramm, Joachim Schwatlo-Gesterding, Karl Georg von Stackelberg, Walter Steigner, Werner Stephan, Jürgen Thorwald, Freiherr von Wechmar, Hans Weidemann, Erich Welter, Hugo Wellems, Kurt Wessel, Peter von Zahn.

369 Vgl. Anmerkung 52. Über die wirkliche Lage in den besetzten Ostgebieten informieren zuverlässig die Tätigkeits- und Lageberichte der Einsatzgruppen der Sicherheitspolizei und des SD in der UdSSR, die ab 1. 5. 1942 wöchentlich als Meldung aus den besetzten Ostgebieten vorgelegt wurden. Sie konnten bis zum 21. 5. 1943 (= Nr. 55) durchgesehen werden: Pol. Arch. Inland II g, Rußland. SD-Einsatzgruppen-Berichte, Bd. 431–437.
Die Berichte bzw. Meldungen der Einsatzgruppen vom 22. 6. 1941 bis zum 21. 5. 1943 (Ereignismeldung UdSSR 1–195; Meldungen aus den besetzten Ostgebieten ab Nr. 19–27; 36–55) befinden sich ebenfalls in: BA R 58/214–224.
Zu den Exekutionen in Minsk: Bericht Dr. Taubert über die Attentate Rowno-Minsk, YIVO INSTITUTE FOR JEWISH RESEARCH, New York, Ukraine Politik, Occ 4–1.

370 YIVO: Occ 4–1: Dr. Taubert, Aufzeichnung betreffend Attentate in Minsk.

371 Nach: Politischer Bericht von Professor Dr. Paul W. Thomson aus Kiew vom 19. Oktober 1941, IMT, Bd. XXV, Dok. 303-PS, S. 342–346.

372 Bericht Nr. 21 vom 23. 10. 1942 des VAA/PzAOK 2, betr. Propaganda und Stimmung in den besetzten Gebieten, Pol. Arch. Kult Pol. geheim, 152.

373 Bericht der Propaganda-Abteilung-Ukraine über Charkow, Anlage zum Stimmungsbericht für Monat März 1942, BA-MA RW 4/v. 236.
»Die Bevölkerung sieht auch den Hunger der Flüchtlinge, unter denen eine Mutter dem Ortskommandanten gesagt hat, er solle ihre beiden Kinder erschießen, da sie sie nicht ernähren könne. Vier bis fünf Personen sterben täglich vor Hunger. Besonders schwierig ist die Lage in der Stadt Gdow. In der Berichtzeit erhängten sich zwei Frauen, da sie nichts zu essen hatten. Sie ließen ihre Kinder zurück.« Stimmungsbericht Nr. 17 vom 3. 5. 1942 der Propaganda-Abteilung Ostland, BA-MA RW 4/v. 235.

374 Stimmungsbericht der Propaganda-Abteilung-Weißruthenien für den Monat August 1942 vom 4. 9. 1942, BA-MA RW 4/v. 327.

375 »Der augenblickliche Lebensstandard des Arbeiters ist bedeutend niedriger als zur Bolschewistenzeit. Unzufriedenheit, Gerüchtemacherei und Empfänglichkeit für kommunistische Ideen in der Arbeiterschaft sind gestiegen.« Stimmungsbericht zum Lagebericht Nr. 12 vom 31. 1. 1942 der Propaganda-Abteilung Ostland, BA-MA RW 4/v. 235.

376 Stimmungsbericht der Propaganda-Abteilung-Ukraine für Monat September 1942 vom 1. 10. 1942, BA-MA RW 4/v. 237.

377 OKH/Heerwesen-Abt (Abw) b Gen zbV b OKH, Az. Abw III, Nr. 460/4./42 geh. vom 11. 5. 1942, betr. Stimmungsberichte Ukraine: Das neue Agrargesetz in der Ukraine und seine Auswirkungen, BA-MA RW 4/v. 330.

378 Meldungen aus den besetzten Ostgebieten Nr. 15 vom 7. 8. 1942, S. 19/20, in: Pol. Arch. Inland II g, 433.

379 »Als Urheber der Feindagitation wird immer wieder das Abhören sowjetischer Sender festgestellt.« Meldungen aus den besetzten Ostgebieten Nr. 47 vom 26. 3. 1943, in: Pol. Arch. Inland II g, 437.

380 Anlage 1 zum Lagebericht Nr. 15 vom 13. 3. 1942 der Propaganda-Abteilung-Ostland (Stimmungsbericht für das Gebiet der Staffel Luga), BA-MA RW 4/v. 235.

381 Meldungen aus den besetzten Ostgebieten Nr. 48 vom 2. 4. 1943, in: Pol. Arch. Inland II g, 437.

382 Wehrmachtpropaganda-Lagebericht für die Zeit vom 1. 1. bis 1. 2. 1942, BA-MA RW 4/v. 254.

383 »Wie dies auf der Feier eines Unternehmens geschehen kann, welches von Deutschen geleitet wird, bleibt unverständlich.« Stimmungsbericht zum Lagebericht Nr. 12 vom 31. 1. 1942 der Propaganda-Abteilung-Ostland, BA-MA RW 4/v. 235.

384 Stimmungsbericht zum Propagandalage- und Tätigkeitsbericht vom 1. 12. bis 15. 12. 1941 der Propaganda-Abteilung-Weißruthenien, BA-MA RW 4/v. 236.

385 Bericht des VAA/AOK 16 Frauenfeld über Bevölkerungspropaganda vom 21. 12. 1941, Pol. Arch. Kult Pol. geheim, 125; dieser Bericht befindet sich ebenfalls in Pol. Arch. Politische Abteilung, Allgemeine Akten betr. Lage in den besetzten Ostgebieten, Pol. XIII, 17, Blatt 221865–221868.

386 »Es ist zu beachten, daß die Russen diesen Vorkommnissen völlig fassungslos gegenüberstehen, da sie dem Prestige widersprechen, das die deutsche Wehrmacht sich hier so schnell erworben hat.« Zur Lage und Stimmung der Bevölkerung in der Stadt Smolensk. Bericht der Propaganda-Abteilung-Weißruthenien, BA-MA RW 4/v. 253.

387 Zur Tätigkeit der Einsatzgruppen vgl.: Alfred Streim, Zum Beispiel: Die Verbrechen der Einsatzgruppen in der Sowjetunion, in: NS-Prozesse. Nach 25 Jahren Strafverfolgung: Möglichkeiten – Grenzen – Ergebnisse. Hrsg. von Adalbert Rückerl, Karlsruhe 1972, S. 65–106.

388 Vgl. S. 282 ff.

389 YIVO: Occ 4–1: Dr. Taubert, Aufzeichnung betreffend Attentate in Minsk und Rowno.

390 Vgl. hierzu: Lutz Ewerth, Der Arbeitseinsatz von

Landesbewohnern besetzter Gebiete des Ostens und Südostens im Zweiten Weltkrieg, Phil. Diss. Tübingen 1954; Alexander Dallin, a. a. O., S. 441 ff.; Gerald Reitlinger, a. a. O., S. 303 ff.; Norbert Müller, Wehrmacht und Okkupation 1941–1944. Zur Rolle der Wehrmacht und ihrer Führungsorgane im Okkupationsregime des faschistischen deutschen Imperialismus auf sowjetischem Territorium, Berlin (Ost) 1971, S. 178 ff.

Brief Rosenbergs an Sauckel vom 21. 12. 1942 über das rücksichtslose Vorgehen bei der Aushebung von Ostarbeitern, IMT, Bd. XXV, Dok. 018-PS, S. 74–79; Bericht der Zentralstelle für Angehörige der Ostvölker über die gesamte Ostarbeiterfrage vom 30. September 1942, mit Angabe der historischen und politischen Zusammenhänge, der geltenden Bestimmungen und Schilderungen der begangenen Grausamkeiten, IMT, Bd. XXV, Dok. US-84, S. 161–179.

391 Vgl. S. 51 ff.

392 Zur Ostpolitik Hitlers vgl.: Andreas Hillgruber, Hitlers Strategie, Politik und Kriegführung 1940 bis 1941, Frankfurt 1965, S. 516–535; S. 564–578; Ders., Die »Endlösung« und das deutsche Ostimperium als Kernstück des rassenideologischen Programms des Nationalsozialismus, in: Hitler, Deutschland und die Mächte. Materialien zur Außenpolitik des Dritten Reiches. Hrsg. von Manfred Funke. Bonner Schriften zur Politik und Zeitgeschichte, Bd. 12, Düsseldorf 1976, S. 94–114; Klaus Hildebrand, Deutsche Außenpolitik 1939–1945, Stuttgart 1971; Axel Kuhn, Hitlers außenpolitisches Programm, Stuttgart 1970; Ders., Das nationalsozialistische Deutschland und die Sowjetunion, in: Hitler, Deutschland und die Mächte, a. a. O., S. 639–653.

Besonders aufschlußreich über die politischen Zielvorstellungen einer »aus den Fugen geratenen Zeit« ist die Dokumentation von Helmut Heiber, Der Generalplan Ost, Vierteljahrshefte für Zeitgeschichte, 6, 1958, S. 281–325; Paul W. Blackstock, The Strategy of Subversion. Manipulating the Politics of other Nations, Chicago 1964, S. 142 ff.; Robert Gibbons, Allgemeine Richtlinien für die politische und wirtschaftliche Verwaltung der besetzten Ostgebiete, Vierteljahrshefte für Zeitgeschichte, 25, 1977, S. 253–261.

Ein Schlüsseldokument für die ostpolitischen Ziele Hitlers ist das sogenannte Bormann-Protokoll vom 16. 7. 1941, das eine Besprechung Hitlers mit Rosenberg, Keitel, Göring und Lammers aufzeichnete. Es befindet sich in: IMT, Bd. XXXVIII, Dok. 221-L, S. 86–94. In dieser Besprechung werden die Pläne Hitlers überdeutlich:

»Wir betonen, daß wir die Bringer der Freiheit wären. (. . .) Grundsätzlich kommt es darauf an, den riesigen Kuchen handgerecht zu zerlegen, damit wir ihn

erstens beherrschen
zweitens verwalten und
drittens ausbeuten können.

(. . .) Aus den neugewonnenen Ostgebieten müssen wir einen Garten Eden machen; sie sind für uns lebenswichtig; Kolonien spielen dagegen eine ganz untergeordnete Rolle.«

393 »Hierbei werden zweifellos zig Millionen Menschen verhungern, wenn von uns das für uns Notwendige aus dem Lande herausgeholt wird.« Aktennotiz über eine Besprechung der Staatssekretäre vom 2. 5. 1941, IMT, Bd. XXXVIII, Dok. 2718-PS, S. 84.

394 Ziffer 93 der Kampfanweisung für die Bandenbekämpfung im Osten vom 11. 11. 1942, S. 34. Ein Exemplar dieser Anweisung befindet sich in: Kdr. Gen.Sich.Tr.Süd, Ia, Anlage Bd. 41 vom 15. 4. 1941 –19. 1. 1942, BA-MA RH 22/v. 170.

395 »Am Sonntag, den 10. Mai 1942, übergab der Kommandeur des Wirtschaftskommandos Dno in Gegenwart von Ehrengästen der Wehrmacht in feierlicher Form das Staatsgut POLONJE bei Porchow seiner Bestimmung. Dieses Gut ist in zäher und harter Arbeit zum ersten Mustergut in Rußland geworden, das in Zukunft für alle Wirtschaften als Richtbetrieb dienen soll.« Bericht des VAA/AOK 16 vom 27. 5. 1942, betr. Haltung der Bevölkerung im Bereich der 16. Armee und ihre propagandistische Bearbeitung, Pol. Arch. Kult Pol. geheim 127. Zum Mustergut Sloboda, das die Propaganda-Abteilung-Weißruthenien aufbaute, vgl. Günther Heysing, Entwicklungshilfe 1942–1944, Die Wildente, 27, Mai 1965, S. 31–48.

396 Stimmungsbericht der Propaganda-Abteilung Ukraine für den Monat September 1942 vom 1. 10. 1942, BA-MA RW 4/v. 237.

397 Bericht des VAA/AOK 16 vom 21. 12. 1941, betr. Bevölkerungspropaganda, Pol. Arch. Kult Pol. geheim, 125. Der Bericht befindet sich ebenfalls in: Politische Abteilung Pol. XIII, 17, Blatt 221921–221924.

398 Immer wieder wird in den Berichten nicht nur der Propaganda-Abteilungen, sondern auch der Einsatzgruppen die sowjetische Propaganda gelobt: »Die intensive, gewandte und der deutschen Propaganda weitaus überlegene sowjetische Flugblatt- und Flüsterpropaganda vermochte einen Tiefstand in der Haltung und Stimmung der Bevölkerung zu schaffen.« Meldungen aus den besetzten Ostgebieten Nr. 49 vom 9. 4. 1943, Pol. Arch. Inland II g, 437.

399 »Die deutsche Propaganda ist nach wie vor nicht in der Lage, dieser Flut von Gerüchten wirksam genug entgegentreten zu können.« Meldungen aus den besetzten Ostgebieten Nr. 47 vom 26. 3. 1943, Pol. Arch. Inland II g, 437.

400 Wie Anmerkung 397.

401 »Besonders beachtenswert erscheinen die Ausführungen eines russischen Arztes zur Frage der deutschen Propaganda: Anknüpfungspunkt für eine deutsche Propaganda gegenüber der Zivilbevölkerung dürfte weder die Vergangenheit noch die ferne Zukunft eines neuen deutschen Sozialismus sein, sondern nur das Heute, die ›Realität‹ des Tages. Es müsse der Bevölkerung klar gemacht werden, in welcher Situation sie sich gegenwärtig befinde und was heute schon für sie die Befreiung vom bolschewistischen Joch durch die deutsche Wehrmacht bedeute. Dabei werde es besonders darauf ankommen, den Freiheitsbegriff (. . .) psychologisch richtig anzuwenden. Immer wieder müsse darauf hingewiesen werden, was die Deutschen der Zivilbevölkerung *jetzt schon* an Freiheiten geben.« Ereignismeldung UdSSR Nr. 121 vom 22. 10. 1941, BA R 58/218.

402 Über die Deutschlandfahrten mit ihren unterschiedlichen Programmen informieren besonders: BA R 55/791; 1289; 1292.

403 Text aus dem Anhang zum Lagerkatalog der Abteilung Ost (BA R 55/1299). Dem Katalog ist zu entnehmen, daß ab Januar 1943 in verstärktem Maße Deutschlandfahrten durchgeführt wurden. So organisierte die Abteilung Ost im 1. Vierteljahr 1943 17 Reisen mit 255 Teilnehmern, unter denen sich eine größere Anzahl ehemaliger Sowjetoffiziere und Politruks befanden, die anschließend als Propagandisten eingesetzt werden konnten. Über die Deutschlandreisen produzierte die Abteilung Ost zwei Propagandabroschüren, die in den besetzten Ostgebieten verteilt wurden. Es waren die Broschüren B 16 (Was wir in Deutschland sahen) und B 61 (Meine Reise nach Deutschland).

404 Stimmungsbericht der Propaganda-Abteilung-Weißruthenien für den Monat Juli 1942 vom 3. 8. 1942,

BA-MA RW 4/v. 236.
405 Meldungen aus den besetzten Ostgebieten Nr. 39 vom 29. 1. 1943, Pol. Arch. Inland II g, 436.
»Die Plakatpropaganda weist ebenfalls Mängel auf, die ihre Wirkung stark beeinträchtigten. Z. B. wird auf einem gut gelungenen Plakat das Leben des deutschen Arbeiters in Wort und Bild ausführlich behandelt: sonnige Arbeitsstätten, Freizeitgestaltung, Eigenheim usw. In Arbeiterkreisen findet diese Propagandaform etwa die Entgegnung: ›Was nützen uns alle diese phantastischen Schilderungen des deutschen Arbeiters oder Bauers, wenn wir verhungern müssen!‹.« Meldungen aus den besetzten Ostgebieten Nr. 19 vom 4. 9. 1942, Pol. Arch. Inland II g, 433.
406 »So wurde am 1. November ein Kino für die Zivilbevölkerung eröffnet, das einen außerordentlich starken Zuspruch hat. Den besten Erfolg hatten die Filme ›Sein bester Freund‹ und ›Sieben Jahre Pech‹.« Stimmungsbericht Nr. 24 vom 8. 12. 1942 der Propaganda-Abteilung-Ostland, in: Heeresgruppe Nord, Propaganda 3, BA-MA 75131/105.
407 OKW, Nr. 2414/42 geh. vom 14. 4. 1942, betr. Propaganda zum 1. Mai, BA-MA RW 4/v. 255.
408 Der 1. Mai 1942 stand unter der Parole »Befreiung der Arbeit von der Sklaverei des bolschewistischen Systems«. Die Propagandisten wurden ausdrücklich davor gewarnt, bei der Informationskampagne über die Leistungen des »Neuen Deutschlands« durch das »deutsche Beispiel« Bedürfnisse zu wecken, die »später« nicht befriedigt werden könnten.
409 AOK 16, Ic/AO, Nr. 2931/43 geh. vom 24. 4. 1943, betr. 1. Mai 1943, in: X. AK, Ic, Anlage 14 zum Tätigkeitsbericht vom 1. 1.–30. 6. 1943, BA-MA RH 24-10/389.
410 Vgl. Anmerkung 309.
411 Fernschreiben HOKW 283443 vom 11. 6. 1943 an StOProp HGr Nord, in: Heeresgruppe Nord, Ic/AO, Propaganda vom 25. 5.–13. 8. 1943, BA-MA 75131/107.
412 Einen Monat vorher meldeten die Einsatzgruppen über die Stimmung der Bevölkerung, die gerade den 1. Mai »aufwendig« gefeiert hatten: »In großen Teilen der Stadtbevölkerung, vor allem in Arbeiterkreisen, die nicht in der Lage sind, sich selbst zu versorgen, herrscht nach wie vor große Erbitterung über die Ernährungslage.« Meldungen aus den besetzten Ostgebieten Nr. 55 vom 21. 5. 1943, Pol. Arch. Inland II g, 437.
413 Vgl. Seite 133 ff.
414 »Nachdem die großen Versprechungen der gegnerischen Propaganda im Verlauf der Wintermonate sich nicht bewahrheitet haben, ist der Glaube an die gegnerischen Behauptungen stark erschüttert.« Tätigkeitsbericht für den Monat März 1942 vom 31. 3. 1942 der Propaganda-Abteilung-Weißruthenien, BA-MA RW 4/v. 236.
415 Stimmungsbericht der Propaganda-Abteilung-Weißruthenien, Anlage zum Propagandalage- und Tätigkeitsbericht für den Monat Februar 1942 vom 5. 3. 1942, BA-MA RW 4/v. 236.
416 Über diese Propaganda-Kampagne informiert: Befehl des Reichsministers für die besetzten Ostgebiete vom 15. 4. 1942, betr. Propagandamaßnahmen zur Lenkung des Arbeitereinsatzes von ukrainischen Arbeitskräften, BA R 6/408.
417 Vgl. Anmerkung 390.
418 OKW, Nr. 1216/42 WFSt/Op vom 11. 11. 1942: Kampfanweisung für die Bandenbekämpfung im Osten; vgl. Anmerkung 394.
Zum Einsatz der Propaganda im Partisanenkrieg in den besetzten Ostgebieten vgl. bes.: **J. A. Armstrong**, Soviet Partisans in World War II, Madison 1964; Erich Hesse, Der sowjetrussische Partisanenkampf 1941–1944 im Spiegel deutscher Kampfanweisungen und Befehle. Studien und Dokumente zur Geschichte des Zweiten Weltkrieges, Bd. 9, Göttingen 1969; Heinz Kühnrich, Der Partisanenkrieg in Europa 1939–1945, Berlin (Ost) 1968, S. 439 ff. Einen Überblick über die Planung und Durchführung von psychologischen Operationen gegen Partisanen vermitteln folgende Akten:
Heeresgruppe Mitte, Bandenbekämpfung vom 1. 8. –30. 9. 1943, BA-MA 65002/23;
Befehlshaber des rückwärtigen Heeresgebietes Nord, Ia, Anlage zum KTB vom 1. 1.–31. 3. 1942, BA-MA RH 22/v. 232; 235; 237; 239; 259;
besonders inhaltsreich: PzAOK 3, Ic/AO, Anlageband G zum KTB Nr. 8 vom 22. 1.–30. 6. 1943, BA-MA 35568/52;
Sich.Div. 221, Ic, Anlageband zum Tätigkeitsbericht vom 6. 7. 1942–5. 1. 1943, BA-MA 29380/9;
Sich.Div. 281, Ic, vom 1. 1.–31. 12. 1942, BA-MA 37996/9.
419 Ziffer 92 der Kampfanweisung für die Bandenbekämpfung im Osten vom 11. 11. 1942.
Der Textentwurf von OKW/WPr vom 11. 9. 1942 für den Abschnitt »Propagandistische Beeinflussung der Bevölkerung« befindet sich in: BA-MA RW 4/v. 254.
420 Befehlshaber des rückwärtigen Heeresgebiets Nord, Ia, Nr. 1502/42 geh. vom 10. 9. 1942, BA-MA RH 22/v. 237.
421 Stimmungsbericht für den Monat August vom 4. 9. 1942 der Propaganda-Abteilung-Weißruthenien, S. 2, BA-MA RW 4/v. 236.
422 Über den Einsatz dieser V-Leute (Vertrauens-Leute oder Agenten) bestimmt die Ziffer 11 der Kampfanweisung für Bandenbekämpfung im Osten:
»Als V-Leute können Angehörige der ansässigen Bevölkerung (möglichst solche, bei denen aus irgendwelchen Gründen eine sowjetfeindliche Einstellung angenommen werden kann), Gefangene oder Überläufer von den Banden verwandt werden. (. . .) Die V-Leute können als Vertrauensleute in den Ortschaften oder als Kundschafter, die in das Bandengebiet hineingeschickt werden, Verwendung finden.«
423 Stimmungsbericht Nr. 18 vom 4. 6. 1942 der Propaganda-Abteilung Ostland, BA-MA RW 4/v. 235.
424 Stimmungsbericht für die Zeit vom 27. 3.–27. 4. 1943 der Propaganda-Abteilung-Ostland (Anlage), S. 7, in: Heeresgruppe Nord, Propaganda 4, BA-MA 75131/106.
425 »Die Stimmung wird in erster Linie durch die Banden beeinflußt. (. . .) Es ist erstmalig vorgekommen, daß in einem Dorf die Banden feierlich begrüßt worden sind. Die Bevölkerung hat immer mehr den Eindruck, daß die Deutschen nicht in der Lage sind, der Banden Herr zu werden.« Stimmungsbericht Nr. 31 vom 3. 7. 1943 der Propaganda-Abteilung-Ostland, in: Heeresgruppe Nord, Propaganda, BA-MA 75131/107.
426 Vgl. hierzu: Erich Hesse, a. a. O., S. 227.
427 Das PzAOK 3 meldete für den Zeitraum vom 22. 1. –30. 6. 1943 für seinen Befehlsbereich folgende Ergebnisse:
Bandenüberläufer:

Februar	81
März	31
April	211
Mai	227
Juni	247

Am stärksten war die Erhöhung der Überläuferzahlen im Bereich der 201. Sich.Div. (Polozk und weitere Umgebung), die zahlreiche psychologische Operationen gegen Partisanen durchführte und auch entsprechend erfolgreich war (Steigerung von 3 Überläufern im März 1943 auf 142 Überläufer im April 1943).

Als besonders »bewährte« Maßnahmen wurden genannt:

1. Flüsterpropaganda durch Bevölkerung und landeseigene Verbände
2. Mitnahme von Überläufern bei Unternehmen gegen Banden zur Unterrichtung der Bevölkerung im Bandengebiet über die Überläuferbehandlung

aus: PzAOK 3, Ic/AO, Anlageband G zum KTB Nr. 8 vom 22. 1.–30. 6. 1943, BA-MA 35568/52.

Die Heeresgruppe Mitte meldete für die Monate Juli und August 1943:

Juli 1943	
2. Armee	105 getötete Partisanen kein Überläufer
2. PzArmee	201 Tote 49 Überläufer
4. Armee	95 Tote 54 Überläufer
3. PzArmee	126 Tote 121 Überläufer
Befehlshaber rückw. HGeb.	1889 Tote 143 Überläufer
August 1943	
2. Armee	62 Tote 28 Überläufer
9. Armee	230 Tote 115 Überläufer
4. Armee	103 Tote 432 Überläufer
3. PzArmee	275 Tote 202 Überläufer
Befehlshaber rückw. HGeb.	711 Tote 7 Überläufer

aus: HGr Mitte, Ia, Nr. 9842/43 g.Kdos. vom 4. 9. 1943, Heeresgruppe Mitte, Bandenbekämpfung, Heft 11 vom 1. 8.–30. 9. 1943, BA-MA 65002/23.

428 Übersetzung des Partisanenflugblattes 3693/Part./IV 43, das auf dem Eisenbahndruckerei-Zug »Memel« im April 1943 gedruckt wurde: PzAOK 3, Ic/AO, Anlageband G zum Tätigkeitsbericht vom 21. 1.–30. 6. 1943, BA-MA 35568/52.

429 Der Befehl befindet sich in: Abt. Fremde Heere Ost, BA-MA H 3/746. Diese Akte enthält zur Entstehungsgeschichte des Grundlegenden Befehls Nr. 13a wesentliche Unterlagen.

430 Bericht für den Monat August 1943 vom 8. 9. 1943 der Abteilung Fremde Heere Ost, BA-MA H 3/464, Blatt 661. Diese Erfolgsmeldung bezieht sich auf den Bereich des Wehrmacht-Befehlshabers-Ostland.

431 Einen hervorragenden Überblick über die Theorie und Praxis der deutschen Besatzungspolitik im Osten vermittelt: Erfahrungsbericht der Militärverwaltung beim Oberkommando der Heeresgruppe Mitte für die Zeit vom 22. 6. 1941 bis August 1944, BA-MA 75857.

432 Die Westalliierten setzten für den Massenabwurf ihrer Flugblattserien im Jahre 1944 eine eigene Staffel der 8. amerikanischen Luftflotte ein, die 422. Flugblattstaffel (422nd Special Leaflet Squadron), die aus B-17 und B-24 Superfestungen bestand. Vgl. hierzu: James Erdmann, Leaflet Operations in the Second World War, Denver 1969.

433 Interview Hans-Leo Martin am 6. November 1977.

434 Interview Hans-Leo Martin am 6. November 1977.

435 Querschnitt durch die Tätigkeit des Arbeitsgebietes Dr. Taubert (Antibolschewismus) des RMVP bis zum 31. 12. 1944, S. 25, BA R 55/450. Bereits im Juli 1942 sagte Dr. Taubert in einem Vortrag vor den Leitern der Reichspropagandaämter im Propagandaministerium: »Wir Propagandisten können nur das propagieren, was an politischer Linie da ist. Wenn keine politische Linie da ist, können wir auch keine Propaganda machen. Aber niemals können wir Mohrenwäsche machen und aus Schwarz Weiß machen.« Der Vortrag Dr. Tauberts über die Abteilung Ost befindet sich in: BA R 55/606.

436 Protokoll der Ic-Besprechung vom 30. 6. 1943 in Meshno beim AOK 18, in: Heeresgruppe Nord, Propaganda in die russische Zivilbevölkerung, April –August 1943, BA-MA RH 19 III/659.

437 Vgl. Bormann-Protokoll vom 16. 7. 1941, IMT, Bd. XXXVIII, Dok. 221-L, S. 86–94.

438 Carl von Clausewitz, Vom Kriege. Hrsg. von Werner Hahlweg, 18. Auflage, Bonn 1973, S. 210.

Quellen und Literatur

A. Ungedruckte Quellen

1. Politisches Archiv des Auswärtigen Amts, Bonn (Pol. Arch.)

Akten der Vertreter des Auswärtigen Amts beim Armee-Oberkommando (AOK)

Kult Pol. geheim:

109—118	Legationsrat Graf Bossi-Fedrigotti (AOK 2).
123—130	Gauleiter Frauenfeld (AOK 16).
135—136	Legationsrat Hellenthal (AOK 6).
140—144	Gesandter Dr. von Hentig (AOK 11).
148—149	Regierungsrat Dr. v. z. Mühlen (PzAOK 4).
152—153	Legationsrat Ostermann v. Roth (PzAOK 2).
154—156	Legationsrat Dr. Pfleiderer (AOK 17).
160—162	Generalkonsul Schattenfroh (AOK 4).
164—167	Legationsrat von Schubert (AOK 6).
168—169	Oberleutnant Schütt (AOK 9).
170	Legationsrat Todenhöfer (AOK Norwegen).
171—172	Legationssekretär von Ungern-Sternberg (AOK 18).

Politische Abteilung
Pol. XIII

1	Propagandarichtlinien in Ostfragen.
2	Deutsche antisowjetische Propaganda.
3	Flugblattaktion des Gremiums.
6	Die Agrarordnung in den Ostgebieten.
9—13	Allgemeine Akten.
15—22	Allgemeine Akten betr. Lage in den besetzten Ostgebieten.
25	Berichte der Vertreter des Auswärtigen Amts beim OKW und den Armee-Oberkommandos.

Inland II geheim

19	Propaganda Allgemeines.
431	Rußland: SD-Einsatzgruppen, Berichte.
433—437	Rußland: Meldungen aus den besetzten Ostgebieten.

Handakten Etzdorf, VAA beim OKH

23	Osten (Besetzte Gebiete Ost).
25	Rußland 1943/1944.

VAA beim Reichskommissar Ukraine

4	Berichte über die Lage in der Sowjetunion.

2. Bundesarchiv Koblenz (BA)

Reichsministerium für Volksaufklärung und Propaganda

R 55/84—90	333	515	791
193	347	516	796
221	399	564	798
281	449	565	799
307	450	567	907
310	509	568	964
323	513	601	996
997	1306	1344	1394
998	1307	1345	1395
1216	1308	1355	1434
1288	1310	1359	1445
1289	1311	1367	1463
1290	1313	1368	1483
1291—1299	1341	1390	

Reichsministerium für die besetzten Ostgebiete

R 6/15	58	139	259
18	60a	141	270
22	65	148	277
23	66—73	192	408
27	76—78	206	
31	87	213	
35—38	95	258	

Reichskommissar Ostland

R 92 vorl./69—117	1206	1276	1552
	1221	1294	1559
	1223	1332	1591
	1224	1460	1594

Der Gebietskommissar in Mitau

R 91/1	137
2	228

Flugblattsammlung

ZSg. 2/242 Deutsche Propaganda gegen die Sowjetunion.

3. Bundesarchiv-Militärarchiv, Freiburg/Br. (BA-MA)

OKW/Wehrmachtführungsstab / Abt. für Wehrmacht-propaganda

RW 4/v. 20	182	306	353
149	184—193	309	357
155—164	233—263	320	359
170	267	328—332	364
180	298	338—340	365

OKW/Wehrmachtführungsstab
RW 4/v. 578

SS-Standarte »Kurt Eggers«
RS 4/42—47

OKH/Abteilung Fremde Heere Ost

H 3/105	464
159	512
161	746
169	1172

Heeresgruppe Nord

75131/31 (= RH 19 III/483)	75131/118
75131/95	75131/119
75131/105	75131/120
75131/106	75131/128
75131/107 (= RH 19 III/659)	75133/23
75131/108	75136/8a

Heeresgruppe Mitte
65002/23
65002/48
75857
75858

Heeresgruppe A
RH 19 V/95

Befh. rückw. H.Geb. Süd
RH 22/v. 60

Befh. rückw. H.Geb. B
RH 22/v. 117
RH 22/v. 120

Kdr. Gen. Sich.Trp. Süd
RH 22/v. 170

Kdr. Gen. Sich.Trp. Mitte
RH 22/v. 209
RH 22/v. 211

Befh. rückw. H.Geb. Nord
RH 22/v. 232 RH 22/v. 237
RH 22/v. 234 RH 22/v. 239
RH 22/v. 235 RH 22/v. 259

221. Sich.Div.
16748/23
29380/9
36509/24

281. Sich.Div.
37996/9
37996/10
43494

2. Armee
16690/226—231 33553/98
23617/67 75152/1
33553/99

4. Armee
34558/23
34579/19

9. Armee
34426/12
34748/1

18. Armee
52614/255
64847

Geb. AOK 20
27252/28 58631/5
35560/13 65636/4
43871/13

1. Panzerarmee
36835/1
58685/1
58685/2

2. Panzerarmee
37075/107
37075/118

Panzergruppe 3 (3. Panzerarmee)
29195/31 40252/8
35568/52 49113/39
35568/54 62587/13
35568/56 62202/8

Panzergruppe 4 (4. Panzerarmee)
22457/32 22457/62
22457/61 34888/23

Generalkommando Wehrkreis VII
RH 53—7/346

I. Armeekorps
RH 24—1/228 RH 24—1/280
RH 24—1/240 RH 24—1/284
RH 24—1/270

II. Armeekorps
RH 24—2/344
RH 24—2/535

V. Armeekorps
RH 24—5/141

IX. Armeekorps
RH 24—9/183

X. Armeekorps
RH 24—10/319 RH 24—10/389
RH 24—10/355 RH 24—10/414
RH 24—10/386 RH 24—10/439

XII. Armeekorps
RH 24—12/62

XIII. Armeekorps
22367/2

XVII. Armeekorps
26236/10

XXIII. Armeekorps
RH 24—23/171
RH 24—23/239
RH 24—23/274

XXXVIII. Armeekorps
44651/26
48152/25

XXXXIII. Armeekorps
53979/5
53779/6

L. Armeekorps
47191/17

LII. Armeekorps
16041/54

LIII. Armeekorps
29373/44

LV. Armeekorps
23898/7

XXIV. Panzerkorps
30827/12
45391/23

XXXX. Panzerkorps
51231/8
51231/14

XXXXVII. Panzerkorps
18107/17

XXXXVIII. Panzerkorps
49011/21

2. Geb.Div.
RH 28–2/v. 53
RH 28–2/v. 66

7. Geb.Div.
RH 28–7/v. 28

6. Inf.Div.
RH 26–6/70

9. Inf.Div.
RH 26–9/90
RH 26–9/97

11. Inf.Div.
RH 26–11/63

12. Inf.Div.
RH 26–12/89

14. Inf.Div.
RH 24–14/64

24. Inf.Div.
RH 26–24/77
RH 26–24/79

26. Inf.Div.
RH 26–26/67

32. Inf.Div.
RH 26–32/85
RH 26–32/97
RH 26–32/102

35. Inf.Div.
RH 26–35/95
RH 26–35/96
RH 26–35/97
RH 26–35/104

3. PzDiv.
RH 27–3/172
RH 27–3/173
RH 27–3/181
RH 27–3/182
RH 27–3/191–195

4. PzDiv.
RH 27–4/120
RH 27–4/122

5. PzDiv.
RH 27–5/91

12. PzDiv.
RH 27–12/66

6. SS-Div. Nord
RS 3–6/31

SS-PzGrenDiv. »Hohenstaufen«
RS 3–9/10

4. Militärgeschichtliches Forschungsamt, Freiburg/Br. (MGFA)

Studien
Military Study B–278
Günther Blumentritt, Fragebogen für Zwecke einer kriegsgeschichtlichen Untersuchung über die Wechselbeziehungen zwischen operativer und propagandistischer Kriegführung.
Military Study D–036
Lothar Rendulic, Der Kampfwert des russischen Soldaten.
Military Study D–407
Rudolf Langhäuser, Studie über die Beschaffung von Feindnachrichten im deutschen Heer während des Zweiten Weltkrieges an der Ostfront.
Military Study D–423
Kurt Hesse, Deutsche Wehrmachtpropaganda im Zweiten Weltkrieg.
Military Study T–101
August Winter (Hrsg.), Das OKW.
Organisation, Aufgaben und Arbeitsweise der obersten Kommandobehörde der deutschen Wehrmacht 1939–1945.

5. The National Archives, Washington D.C.
Supreme Headquarters Allied Expeditionary Forces, G–2, Operational Intelligence Sub-Division.
Intelligence Note NO. 57 (SS-Standarte »Kurt Eggers«).
Office of Military Government for Germany, Office of Director of Intelligence, CINFO REPORT NO. 4, 14. January 1946 (SS-Standarte »Kurt Eggers«).
Army Forces Manual M 356–2K, 9 February 1944.
German Military Government over Europe.
Propaganda in Occupied Europe.

6. The Library of Congress, Washington D.C.
Captured German Documents, Box 403, folder 69: German and foreign propaganda; morale at the front, 1942–1944 (Mikrofilm).
Captured German Documents, Box 401, folder 57: Material concerning Occupied Eastern Territories, Relations Reichsführer-SS – Ostministerium (Mikrofilm).

7. U.S. Army Center of Military History, Washington D.C.
Studie
John Buchsbaum, German Psychological Warfare on the Russian Front, 1941–1945.

8. YIVO INSTITUTE FOR JEWISH RESEARCH, New York
Occ E 18–19:
Reichsministerium für Volksaufklärung und Propaganda: Propaganda in den besetzten Ostgebieten.
Occ E 4–1:
Ukraine Politik.
8/31999:
Reichsministerium für Volksaufklärung und Propaganda: Verordnungen, Erlasse und Anweisungen für die Propagandaarbeit in den besetzten Ostgebieten, April 1944.

9. Hoover Institution, Stanford, California
Reichsministerium für Volksaufklärung und Propaganda: Aufbau des Propaganda-Apparates im Ostraum aufgrund der Führerentscheidung.

10. Public Record Office, London
FO 898/532:
Armee-Oberkommando 2/O.Qu./Ic/A.O., Nr. 1353/43 geh. vom 6. 4. 1943 betr. Behandlung der Zivilbevölkerung (mit Anlagen).

B. Gedruckte Quellen

Boelcke, W. A., (Hrsg.), Kriegspropaganda 1939–1941. Geheime Ministerkonferenzen im Reichspropagandaministerium. Stuttgart 1966.
Boelcke, W. A., (Hrsg.), Wollt Ihr den totalen Krieg? Die geheimen Goebbels-Konferenzen 1939–1943. Stuttgart 1967.
Domarus, M., Hitler, Reden und Proklamationen 1932–1945. Kommentiert von einem deutschen Zeitgenossen. Bd. II: Untergang (1939–1945), Würzburg 1963.
Fall 12: Das Urteil gegen das Oberkommando der Wehrmacht, Berlin (Ost) 1960.
Gibbons, R., Opposition gegen »Barbarossa« im Herbst 1940. Eine Denkschrift aus der deutschen Botschaft in Moskau, Vierteljahrshefte für Zeitgeschichte, 23, 1975, S. 532–540.
Gibbons, R., Allgemeine Richtlinien für die politische und wirtschaftliche Verwaltung der besetzten Ostgebiete, Vierteljahrshefte für Zeitgeschichte, 25, 1977, S. 252–261.
Goebbels, Joseph, Tagebücher aus den Jahren 1942–1943. Mit anderen Dokumenten hrsg. von Louis P. Lochner, Zürich 1948.
Goebbels, Joseph, Tagebücher 1945. Die letzten Aufzeichnungen, Hamburg 1977.
Halder KTB = Franz Halder, Kriegstagebuch. Tägliche Aufzeichnungen des Chefs des Generalstabes des Heeres 1939–1942. Bearb. von H.-A. Jacobsen, 3 Bde., Stuttgart 1962–1964.
Heiber, H., Der Generalplan Ost, Vierteljahrshefte für Zeitgeschichte, 6, 1958, S. 282–325.
Heiber, H., (Hrsg.), Hitlers Lagebesprechungen. Die Protokollfragmente seiner militärischen Konferenzen 1942–1945. Stuttgart 1962.
Hillgruber, A., (Hrsg.), Staatsmänner und Diplomaten bei Hitler. Vertrauliche Aufzeichnungen über die Unterredungen mit Vertretern des Auslandes. Bd. I: 1939–1941, Frankfurt a. M. 1967; Bd. II: 1942–1944, Frankfurt a. M. 1970.
Hitler, Adolf, Mein Kampf, XXXIX. Auflage, München 1933.
Hubatsch, W., (Hrsg.), Hitlers Weisungen für die Kriegführung 1939–1945. Dokumente des OKW. Frankfurt a. M. 1962.
Krausnick, H., Zu Hitlers Ostpolitik im Sommer 1943. Auszug aus der Ansprache des Führers an die Heeresgruppenführer am 1. 7. 43, Vierteljahrshefte für Zeitgeschichte, 2, 1954, S. 305–312.
Picker, H., Hitlers Tischgespräche im Führerhauptquartier vom 21. 7. 1941 bis 11. 3. 1942. Dritte vollständig überarbeitete und erweiterte Neuausgabe, Stuttgart 1976.
Der Prozeß gegen die Hauptkriegsverbrecher vor dem Internationalen Militärgerichtshof (IMT), 42 Bde, Nürnberg 1947–1949.
Scheel, K., Dokumente über die Manipulierung der deutschen Bevölkerung für den Zweiten Weltkrieg durch die Wehrmachtpropaganda, Zeitschr. für Militärgeschichte, 10, 1971,. S. 324–347.
Schramm, P. E., (Hrsg.), Kriegstagebuch des Oberkommandos der Wehrmacht (Wehrmachtführungsstab) 1940–1945. In Zusammenarbeit mit A. Hillgruber, W. Hubatsch und H.-A. Jacobsen, 4 Bde, Frankfurt a. M. 1961–1965.

C. Literatur

Armstrong, J. A., Soviet Partisans in World War II, Madison 1964.
Baird, J. W., The Mythical World of Nazi War Propaganda 1939–1945, Minneapolis 1974.
Beer, M. R., Glanz und Elend der Propagandatruppe, in: Die Welt, Nr. 101–106, Mai 1970.
Benary, A., Basis für OKW/WPr. Die Nachrichtenstelle des Reichswehrministeriums, Die Wildente, 17. Februar 1958, S. 40–43.
Berghahn, V. R., Tendances de la »Wehrmachtpropaganda«, Revue d'histoire de la deuxième guerre mondiale, 21, 1971, S. 55–74.
Besymenski, L., Sonderakte »Barbarossa«. Dokumente, Darstellung, Deutung, Stuttgart 1968.
Blackstock, P. W., The Strategy of Subversion. Manipulating the Politics of other Nations, Chicago 1964.
Boelcke, W. A., Die Macht des Radios. Weltpolitik und Auslandsrundfunk 1924–1976, Frankfurt – Berlin – Wien 1977.
Bramstedt, K. R., Goebbels und die nationalsozialistische Propaganda 1925–1945, Frankfurt a. M. 1971.
Bräutigam, O., Überblick über die besetzten Ostgebiete während des Zweiten Weltkrieges. Studien des Instituts für Besatzungsfragen in Tübingen zu den deutschen Besetzungen im 2. Weltkrieg, Nr. 3, Tübingen 1954.
Ders., So hat es sich zugetragen. Ein Leben als Soldat und Diplomat, Würzburg 1968.
Buchbender, O., und H. Schuh, Heil Beil! Propaganda im Zweiten Weltkrieg. Dokumentation und Analyse, Stuttgart 1974.
Carell, P., Unternehmen Barbarossa. Der Marsch nach Rußland, Berlin – Wien 1963.
Clark, A., Barbarossa and the German Campaign in the East 1941–1945, London 1965.
Dallin, A., Deutsche Herrschaft in Rußland 1941 bis 1945. Eine Studie über Besatzungspolitik, Düsseldorf 1958.
Daugherty, W. E. (Hrsg.), A Psychological Warfare Casebook, Baltimore 1958.
Defrasne, J., L'organisation et l'emploi de l'arme psychologique dans la Wehrmacht, Revue d'hi-

stoire de la deuxième guerre mondiale, 18, 1968, S. 31–49.
Der deutsche Imperialismus und der Zweite Weltkrieg. Hrsg. von der Kommission der Historiker der DDR und der UdSSR. 3 Bde, Berlin (Ost) 1960–1962.
Dröge, F., Der zerredete Widerstand. Soziologie und Publizistik des Gerüchts im 2. Weltkrieg, Düsseldorf 1970.
Eckhardt, H.-W., Die Frontzeitungen des deutschen Heeres. Schriftenreihe des Instituts für Publizistik der Universität Wien, Bd. 1, Wien – Stuttgart 1975.
Erickson, J., The Soviet High Command. A Military Political History 1918–1941, London 1962.
Fischer, G., Soviet Opposition to Stalin. A Case Study in World War II, Cambridge/Mass. 1952.
Garthoff, R. I., Die Sowjetarmee. Wesen und Lehre, Köln 1955.
Gehlen, R., Der Dienst. Erinnerungen 1942–1971, Mainz 1971.
von Gersdorff, R. Chr., Soldat im Untergang, Frankfurt 1977.
Gerzer H., und L. Noack, Erster PK-Lehrgang in der Berliner Alexanderkaserne 1939, Die Wildente, 19, Dezember 1958, S. 26–32.
Geschichte des Großen Vaterländischen Krieges der Sowjetunion 1941–1945. 6 Bde. Hrsg. vom Institut für Marxismus-Leninismus beim ZK der KPdSU, Berlin (Ost) 1962–1968.
Grigorenko, P., Der sowjetische Zusammenbruch 1941, Frankfurt a. M. 1969.
Groehler, O., Zur Einschätzung der Roten Armee durch die faschistische Wehrmacht im ersten Halbjahr 1941, dargestellt am Beispiel des AOK 4, Zeitschrift für Militärgeschichte, 7, 1968, H. 6, S. 724–738.
von Hentig, W. O., Mein Leben eine Dienstreise, Göttingen – Zürich 1962.
Hesse, K., Die deutsche Wehrmachtpropaganda im Zweiten Weltkrieg, Allgemeine Schweizerische Militär Zeitschrift, Nr. 8, August 1950, S. 566–579.
Heysing, G., Ballons als Flugblatt-Träger, Die Wildente, 1, August 1952, S. 12–15.
Ders., Die PK als Lehrmeister, Die Wildente, 10, August 1955, S. 26–31.
Ders., Die PK als Führungstruppe, Die Wildente, 15, Mai 1957, S. 20–22.
Ders., PzPK 694: 40-Stunden-Woche in knapp 2 Tagen, Die Wildente, 23, Dezember 1960, S. 30–34.
Ders., PAW: Soldatensender Siegfried, Die Wildente, 24, Juli 1961, S. 4–20.
Ders., Luftballons wieder moderne Vertriebsmittel, Die Wildente, 26, Dezember 1963, S. 24–31.
Ders., Propagandatruppen eine deutsche Erfindung, Die Wildente, 26, Dezember 1963, S. 36–40.
Ders., Schwert und Feder. Die Berichterstaffel z. b. V. ObdH., Die Wildente, 26, Dezember 1963, S. 54–67.
Ders., Entwicklungshilfe 1942–1944, Die Wildente, 27, Mai 1965, S. 31–48.
Ders., Propagandatruppen der deutschen Kriegsmarine, Hamburg 1962.
Ders., Adler gegen Falken. Sonderdienste der deutschen Luftwaffe im Krieg gegen die Sowjetunion, Hamburg 1967.
Hildebrand, K., Deutsche Außenpolitik 1933–1945. Kalkül oder Dogma? Stuttgart 1973.
Hillgruber, A., Hitlers Strategie, Politik und Kriegsführung 1940–1941, Frankfurt a. M. 1965.
Ders., Die »Endlösung« und das deutsche Ostimperium als Kernstück des rassenideologischen Programms des Nationalsozialismus, in: M. Funke (Hrsg.), Hitler, Deutschland und die Mächte. Materialien zur Außenpolitik des Dritten Reiches. Bonner Schriften zur Politik, Bd. 12, Düsseldorf 1976, S. 94–134.
Hoffmann, J., Deutsche und Kalmyken 1942–1945. Einzelschriften zur militärischen Geschichte des Zweiten Weltkrieges, Bd. 14, Freiburg 1974.
Jacobsen, H.-A., Kommissarbefehl und Massenexekutionen sowjetischer Kriegsgefangener, in: H. Buchheim (u. a.), Anatomie des SS-Staates, Bd. II: Konzentrationslager, Kommissarbefehl, Judenverfolgung, Olten – Freiburg 1965, S. 163–279.
Jäckel, E., Hitlers Weltanschauung. Entwurf einer Herrschaft, Tübingen 1969.
Judd, D., Posters of World War Two, London 1972.
Kaiser, G., »Geistige Kriegführung« und die Amtsgruppe Wehrmachtpropaganda des OKW im Zweiten Weltkrieg, in: Der deutsche Imperialismus und der Zweite Weltkrieg, Bd. 3, Berlin (Ost) 1962.
Keilig, W., Das deutsche Heer 1939–1945. Gliederung, Einsatz, Stellenbesetzung, 3 Bde (Loseblatt), Bad Nauheim 1956–1970.
Kirchner, K., Krankheit rettet. Psychologische Kriegführung, Erlangen 1976.
Klink, E., Das Gesetz des Handelns. Die Operation »Zitadelle« 1943. Beiträge zur Militär- und Kriegsgeschichte, Bd. 7, Stuttgart 1966.
Krausnick, H., Kommissarbefehl und »Gerichtsbarkeitserlaß Barbarossa« in neuer Sicht, Vierteljahrshefte für Zeitgeschichte, 25, 1977, S. 682–738.
Kreidel, H., Agenten und Propaganda im Partisanenkampf, Allgemeine Militärrundschau, 1959, S. 196–204.
Kuhn, A., Hitlers außenpolitisches Programm, Stuttgart 1970.
Ders., Das nationalsozialistische Deutschland und die Sowjetunion, in: M. Funke (Hrsg.), Hitler, Deutschland und die Mächte. Materialien zur Außenpolitik des Dritten Reiches. Bonner Schriften zur Politik und Zeitgeschichte, Bd. 12, Düsseldorf 1976, S. 639–653.
Kühnrich, H., Der Partisanenkampf in Europa 1939–1945, Berlin (Ost) 1968.
Laqueur, W., Deutschland und Rußland, Berlin 1965.
Leser, L., Deutsche Flugblattpropaganda im Bereich der 20. (Gebirgs-)Armee (Propaganda-Kompanie 680), Jahresbibliographie der Bibliothek für Zeitgeschichte, 46, 1974, S. 573–586.
Levy, C., L'organisation de la propaganda allemande avant le 22 juin 1941, Revue d'histoire de la

deuxième guerre mondiale, 16, 1966, S. 7–28.
Martin, B. (Hrsg.), Tagebuch eines sowjetischen Offiziers vom 1. Januar bis 8. Februar 1942, Wehrwissenschaftliche Rundschau, 17, 1967, H. 6, S. 352–357; H. 7, S. 405–415; H. 8, S. 473–478.
Martin, H.-L., Unser Mann bei Goebbels. Verbindungsoffizier des Oberkommandos der Wehrmacht beim Reichspropagandaminister 1940–1944, Die Wehrmacht im Kampf, Bd. 49, Neckargemünd 1973.
Mermet, P., und Y. M. Danan, Les thèmes de propagande après le 22 juin 1941, Revue d'histoire de la deuxième guerre mondiale, 16, 1966, S. 39–62.
Messerschmidt, M., Die Wehrmacht im NS-Staat. Zeit der Indoktrination, Hamburg 1969.
von zur Mühlen, P., Zwischen Hakenkreuz und Sowjetstern. Der Nationalismus der sowjetischen Orientvölker im 2. Weltkrieg. Bonner Schriften zur Politik und Zeitgeschichte, Bd. 5, Düsseldorf 1971.
Müller, N., Massenverbrechen von Wehrmachtorganen an der sowjetischen Zivilbevölkerung im Sommer/Herbst 1941, Zeitschrift für Militärgeschichte, 8, 1969, H. 5, S. 537–553.
Ders., Wehrmacht und Okkupation 1941–1944. Zur Rolle der Wehrmacht und ihrer Führungsorgane im Okkupationsregime des faschistischen deutschen Imperialismus auf sowjetischem Territorium, Berlin (Ost) 1971.
Murawski, E., Mit einer Grüblergruppe begann es, Die Wildente, 7, August 1954.
Ders., Der deutsche Wehrmachtsbericht 1939–1945. Ein Beitrag zur Untersuchung der geistigen Kriegführung, Boppard 1962.
Nekritsch, A., und P. Grigorenko, Genickschuß. Die Rote Armee am 22. Juni 1941. Hrsg. und eingel. von G. Haupt, Wien – Frankfurt – Zürich 1969.
Nolte, E., Der Faschismus in seiner Epoche, München 1965.
Pevsner, M., Les thèmes de propagande avant le 22 juin 1941, Revue d'histoire de la deuxième guerre mondiale, 16, 1966, S. 29–38.
Philippi, A., und F. Heim, Der Feldzug gegen die Sowjetunion 1941–1945. Ein operativer Überblick, Stuttgart 1962.
Pruck, E., Der Rote Soldat, München 1961.
Prüfer, W., Rückzug aus dem hohen Norden. Der Marsch der PK 680 von Finnland nach Norwegen, Die Wildente, 15, Mai 1957, S. 32–37.
Reile, O., Geheime Ostfront. Die deutsche Abwehr im Osten 1921–1945, München-Wels 1961.
Reinhardt, K., Die Wende vor Moskau. Das Scheitern der Strategie Hitlers im Winter 1941/1942. Beiträge zur Militär- und Kriegsgeschichte, Bd. 13, Stuttgart 1972.
Reitlinger, G., Ein Haus auf Sand gebaut. Hitlers Gewaltpolitik in Rußland 1941–1944, Hamburg 1962.
Rhodes, A., Propaganda. The Art of Persuasion. An Allied and Axis Visual Record 1933–1945, London 1975.
Riegger, W., Propagandatruppen aus dem Boden gestampft, Die Wildente, 21, Oktober 1959, S. 50–62.
Rückerl, A. (Hrsg.), NS-Prozesse. Nach 25 Jahren Strafverfolgung: Möglichkeiten – Grenzen – Ergebnisse, Karlsruhe 1972.
Scheel, K., Der Aufbau der faschistischen PK-Einheiten vor dem Zweiten Weltkrieg, Zeitschrift für Militärgeschichte, 4, 1965, S. 444–455.
Ders., Krieg über Ätherwellen. NS-Rundfunk und Monopole 1933–1945, Berlin (Ost) 1970.
Schmidt-Scheeder, G., Reporter der Hölle. Die Propaganda-Kompanien im Zweiten Weltkrieg. Erlebnis und Dokumentation, Stuttgart 1977.
Schnabel, R., Mißbrauchte Mikrophone. Deutsche Rundfunkpropaganda im Zweiten Weltkrieg. Eine Dokumentation, Wien 1967.
Schröder, J., Der Kriegsbericht als propagandistisches Kampfmittel der deutschen Kriegführung im Zweiten Weltkrieg, Phil. Diss. Berlin 1965.
Schwipps, W., Wortschlacht im Äther. Der deutsche Auslandsrundfunk im Zweiten Weltkrieg, Berlin 1971.
Selmayr, K., Propaganda im Kriegvölkerrecht, Diss. Jur. München 1969.
Stahf, E., Wie man Herzen erobern kann. Aus der Geschichte der Prop. Staffel Estland, Die Wildente, 17, Februar 1958, S. 16–22.
Steenberg, S., Wlassow. Verräter oder Patriot? Köln 1968.
Streit, Chr., Die sowjetischen Kriegsgefangenen als Opfer des nationalsozialistischen Vernichtungskrieges 1941–1945, Phil. Diss. Heidelberg 1977.
Die Streitkräfte der UdSSR. Abriß ihrer Entwicklung, Berlin (Ost) 1974.
Strik-Strikfeldt, W., Gegen Hitler und Stalin. General Wlassow und die russische Freiheitsbewegung, Berlin 1971.
Sulzmann, R., Die Propaganda als Waffe im Krieg, in: Bilanz des Zweiten Weltkrieges, Oldenburg – Hamburg 1953, S. 381–402.
Sündermann, H., Tagesparolen. Deutsche Presseweisungen 1939–1945. Hitlers Propaganda und Kriegführung, Leoni am Starnberger See 1973.
Tessin, G., Verbände und Truppen der deutschen Wehrmacht und Waffen-SS im Zweiten Weltkrieg 1939–1945. Bd. I: Die Waffengattungen, Osnabrück 1977.
Thorwald, J., Die Illusion. Rotarmisten in Hitlers Heeren, Zürich 1974.
Volkmann, H.-E., Das Vlasow-Unternehmen zwischen Ideologie und Pragmatismus, Militärgeschichtliche Mitteilungen, 12, 1972, S. 117–155.
Warlimont, W., Im Hauptquartier der deutschen Wehrmacht 1939–1945. Grundlagen, Formen, Gestalten, Frankfurt a. M. 1963.
von Wedel, H., Westwallbluff und Seelöwentrick. Zwei der größten Täuschungsmanöver der PK, Die Wildente, 18, Juli 1958, S. 8–12.
Ders., Die Propagandatruppen der deutschen Wehrmacht. Die Wehrmacht im Kampf, Bd. 34, Neckargemünd 1962.
Werth, A., Rußland im Krieg 1941–1945, München – Zürich 1965.
Wittig, M., Bomber gegen Lautsprecher, Die Wildente, 19, Dezember 1958, S. 12–22.

Bildnachweis

Archiv Heysing 49
Bundesarchiv Koblenz 38
Bundesarchiv-Militärarchiv 7
Privatbesitz Gerhard Fechner 1
Privatbesitz Hans-Leo Martin 1
Privatbesitz Georg Schmidt-Scheeder 1

Heil Beil!

Flugblattpropaganda im Zweiten Weltkrieg

Dokumentation und Analyse

Herausgegeben von Ortwin Buchbender und Horst Schuh
Militärpolitische Schriftenreihe Band 1

Die Welt: »Die Autoren, ein Historiker und ein Psychologe, haben nicht nur aus den verschiedensten Quellen eine große Zahl deutscher, englischer und russischer Flugblätter zusammengetragen, die übrigens vorzüglich, zum Teil in den ursprünglichen Farben, wiedergegeben sind, sondern berichten auch über den Hintergrund bestimmter Aktionen, über Zielpersonen- und Psychostruktur-Analysen, die das Flugblatt weit über seine Primitivstufe etwa der ›Reichskußkarte‹ hinaus zu einem beachtlichen Mittel psychologischer Kampfführung werden ließ.«

Buchanzeiger für öffentliche Bibliotheken: »Besonders wirkungsvoll ist hier, daß z. B. Originale und deren Fälschungen einander gegenübergestellt und durch Erläuterung und Analyse der Gesamtzusammenhang und die Wirkung dargestellt werden. – Bereits für mittlere Bibliotheken empfehlenswert.«

Geschichte in Wissenschaft und Unterricht: »Aus der Fülle des Materials wurde sehr sorgfältig das für die verschiedenen kriegführenden Mächte Charakteristische ausgewählt. Eine Typologie der ›Propaganda im totalen Krieg‹ bietet Gesichtspunkte zur Einordnung und Interpretation der im Hauptteil des Bandes gebotenen Faksimiles. So zeigt es sich, daß die sowjetischen Flugblätter völlig an der Psyche der deutschen Soldaten vorbei – viel zu grobschlächtig – angelegt waren, während sowohl die deutschen Flugblätter gegenüber den Franzosen 1939/40 als auch die westalliierten gegenüber den Deutschen in der Schlußphase des Krieges und selbst noch die deutschen gegenüber den Alliierten in Italien 1943/44 psychologisch recht gut die schwachen Stellen der Gegner trafen.«

Süddeutscher Rundfunk: »Blättert man den Bildteil durch, so ist man erstaunt, wieviel ausgezeichnete werbetechnische Einfälle auf beiden Seiten zutage treten. Kurzum: die psychologische Kriegführung arbeitete mit einem Aufgebot von Lügen, Verfälschungen und Irreführungen, wie es die Welt noch nie gesehen hatte.«

Deutsche Gesellschaft für Filmdokumentation: »Der Historiker Buchbender und der Psychologe Schuh haben Flugblätter ausgewählt, die besonders eindrucksvoll die Stärken und Schwächen des Propagandakrieges zeigen. Darüber hinaus erhält der Leser viele aufschlußreiche Informationen, z. B. mit welcher Absicht sie in Bild und Text gestaltet und mit welchem organisatorischen und technischen Aufwand sie ans Ziel gebracht wurden.«

Schweizer Soldat: »Ein überaus aktuelles Buch.«

Wehrkunde: »Die verdienstvolle Arbeit erschließt nicht nur ein wichtiges Gebiet der Kriegsgeschichte, spannend und modern zugleich, sondern liefert auch Maßstäbe für heutige und künftige Aktionen dieser Art nach Art eines Standardwerkes, das auch als Nachschlagewerk nützlich ist.«

Seewald Verlag Stuttgart

Fred Hahn

Lieber Stürmer

Leserbrief an das NS-Kampfblatt 1924 bis 1945
Eine Dokumentation aus dem Leo-Baeck-Institut, New York
Bearbeitung der deutschen Ausgabe von Günther Wagenlehner
Zeitpolitische Schriftenreihe Band 19

Ein in seiner Primitivität und Gemeinheit, aber auch in seiner aufreizenden und vergiftenden Gefährlichkeit selbst für die NS-Sphäre einzigartiges Phänomen war das antisemitische Hetz- und Skandalblatt »Der Stürmer« des Gauleiters von Franken, Julius Streicher. Die Zügellosigkeit dieses »Kampfblattes«, zielgerichtet auf die niedrigsten Instinkte der Leser, war so brutal, daß sogar die NS-Prominenz im internen Kreis davon abrückte.

Diese Dokumentation aus dem Archiv des Leo-Baeck-Instituts in New York, herausgegeben von Fred Hahn, Professor der Geschichte am Trenton State College in Trenton, New Jersey, in der deutschen Ausgabe bearbeitet von Günther Wagenlehner von der Studiengesellschaft für Zeitprobleme in Bonn, stützt sich fast ausschließlich auf bisher unbekannte Originalquellen. Die größtenteils im Faksimile wiedergegebenen Leserbriefe an den »Stürmer« gewähren einen erschütternden Einblick in die Psyche der Menschen, die aus verschiedensten Gründen Anhänger oder Mitläufer Streichers wurden, sowie der anderen, die der »Aufklärung« des »Stürmer« nicht zum Opfer fielen und Widerstand leisteten.

Deutsche Tagespost: »Dessen (Streichers) unmittelbare Drachensaat tischt uns diese Dokumentation auf: ein erschütternder Einblick in die Psyche seiner Mitläufer auf dem Tiefpunkt menschlicher Abartigkeit, Beispiele der vielbesprochenen Ambivalenz der menschlichen Kreatur.«

Fuldaer Zeitung/Hünfelder Zeitung: »Diese Dokumentation aus dem Archiv des Leo-Baeck-Instituts in New York ist der 19. Band der renommierten ›Zeitpolitischen Schriftenreihe‹ des Seewald Verlages. . . . Und wer Gelegenheit hat, in sowjetische Zeitungen hineinzuschauen, meint bei manchen haßtriefenden Karikaturen, der ›Stürmer‹-Zeichner Fips arbeite heute für die ›Prawda‹ und sein ekliger Antisemitismus von einst hat sich mittlerweile zum ebenso abstoßenden Antizionismus im modernen ›realen Sozialismus‹ gemausert.«

Seewald Verlag Stuttgart

Hans-Christian Pilster

Friede und Gewalt

Der militärische Aspekt der sowjetischen Koexistenzpolitik

Europäische Wehrkunde: »... ein Buch, das bezüglich seines Reichtums an sorgfältig ausgewähltem Material und einer fachlich beachtenswerten Komplexität gegenwärtig zu den Spitzenwerken einschlägiger Literatur auf diesem Gebiet zu zählen ist. ... Besonderer Dank ist dem erfahrenen und versierten Verfasser für die generalstabsmäßig klaren und außerordentlich einprägsamen Kartenskizzen abzustatten, die dem Werk beigefügt sind.«

Evangelische Verantwortung: »Der Schwerpunkt der Abhandlung liegt auf dem Hauptinstrument der sowjetischen Politik: den nach modernsten technischen und führungsmäßigen Grundsätzen aufgebauten, ausgerüsteten und geführten Streitkräften. Der hier angestellte Vergleich mit dem militärischen und dem Gesamtpotential des Westens sowie die Bedeutung der Gespräche über Entspannung und Koexistenz in diesem Zusammenhang sind besonders beeindruckend.«

Die Bundeswehr: »Der Autor, ehemaliger Berufsoffizier und Militärwissenschaftler, wurde erst kürzlich von einer DDR-Fachzeitschrift als ›einer der führenden Militärstrategen der Bundesrepublik Deutschland‹« charakterisiert. Tatsächlich zeichnet sich in dieser neuesten Veröffentlichung dieses Generals ebensolcher Kenntnisreichtum über Einzelheiten sowjetischen Denkens und Wirkens ab, wie sie hilfreiche Denkvollzüge strategischer wie weltpolitischer Natur über die Grund- wie Zielvorstellungen der UdSSR anbietet. Diese ergebnisträchtigen Betrachtungen tragen schlechterdings dazu bei, die sowjetische Weltsicht klar zu kennzeichnen, sie verstehbarer zu machen, und zugleich illusionsloser und entschlossener der Zukunft entgegenzugehen. Anmerkungen zum Text und Karten bereichern diese Untersuchung, deren klare, sichere Sprachweise hervorzuheben ist.

Österreichische Militärische Zeitschrift: »Der Verfasser ist als ehemals ranghöchster G-2-Offizier der Bundeswehr sicherlich ein spezieller militärischer Insider. Er sagt, friedliche Koexistenz und militärisches Durchsetzungsvermögen sind zwei Seiten der gleichen Medaille. Sicherlich werden manche Ausführungen im Osten zurückgewiesen und manche auch bedrohungsbildlich reflektiert werden. Aber Konflikt und Auseinandersetzung werden, von den jeweiligen Positionen aus dargestellt, als gegeben erachtet. Aus allem tritt aber auch die Größenordnung der Aufgabe hervor, dem oszillierenden Begriff der Entspannung auch Entwicklungen folgen zu lassen, die eine pluralistisch-friedliche Entwicklung in einer differenten Welt ermöglichen.«

Mittelbayerische Zeitung Regensburg: »Das Buch schließt mit einer vorausschauenden Beurteilung der Lage. Klar spricht der erfahrene General aus, was der Westen tun und was er nicht tun sollte.«

Seewald Verlag Stuttgart

Gerhart Binder

Geschichte im Zeitalter der Weltkriege

Unsere Epoche von Bismarck bis heute
Band I: 1870 bis 1945. Band II: 1945 bis heute
(mit wissenschaftlichem Apparat für beide Bände)

Buchhändler heute: »Der Autor dieses zweibändigen Werks, der an der PH Weingarten Politische Wissenschaft und Geschichte lehrt, setzt einen neuen Maßstab für lebendige, ja packende Geschichtsschreibung. ... Die Zahl der angeführten Primärquellen ist imponierend. In kurzen Zusammenfassungen wird das Wesentliche rekapituliert. Im Zusammenhang mit der Aufbereitung des Stoffs verdient auch der Verlag ein hohes Lob. Es gibt nicht viele Verlage, die es einem Autor gestatten, Bilder und faksimilierte Dokumente großzügig einzubringen. Auch der Hersteller ›zog mit‹ und gestaltete einen vorbildlich lokkeren, überschaubaren Satz, er setzte auch die in die Tausende gehenden Marginalien sinnvoll ein, die eine optisch brillante ›Feingliederung‹ ergeben.

Aber das sind nicht die einzigen Vorzüge des Werks. Mit besonderer Aufmerksamkeit habe ich das Kapitel ›Das Dritte Reich‹ und im 2. Band das Kapitel ›Deutschland unter der Herrschaft der Sieger‹ gelesen. Gerhart Binder läßt an der Brutalität der Nazidiktatur keinen Zweifel aufkommen, keine Legende gelten. Die Zerschlagung der Demokratie in den Jahren 1933–1935 wird zum packenden Lesestoff. Auch der Alltag der Diktatur wird lebendig. Der Krieg, den Hitler haben wollte (wenn auch nicht mit England als Gegner), wird mit keinem Wort glorifiziert ...

Der 140 Seiten umfassende Anhang bietet für den raschen Überblick und die gelegentliche Rekapitulation eine brauchbare Zeittafel, ein reichhaltiges Literaturverzeichnis und ein Sach- und Personenregister, das in der Form eines Kurzlexikons zusätzlich informiert. Das preiswerte Werk kann Lesern von 16 bis 80 Jahren empfohlen werden. Wir sollten alles daran setzen, daß recht viele Jugendliche es erwerben: In Zukunft kann keiner von ihnen sagen, es existiere kein Werk, das die Geschichte des Naziregimes verständlich darstelle.«

Hessischer Rundfunk: »Dieses umfangreiche, übersichtlich gedruckte und gut bebilderte Werk ist eine Mischung aus Schulbuch und jener klassischen Rundfunk-Feature-Form, in der sich dokumentarische Texte und die Interpretation in etwa die Waage halten. ... So wird dieses Buch vor allem in Schulen, auch Volkshochschulen, willkommen sein.«

Rheinpfalz: »Am Ende des zweiten Bandes ist eine Art historisch-politisches Lexikon mit Zeittafeln und der Bibliographie angefügt. Auf diesen mehr als hundert Seiten findet der Leser nicht nur die Geschichtsdaten der letzten 100 Jahre, alle Persönlichkeiten mit biographischen Angaben und die geschichtlichen Ereignisse der vergangenen 100 Jahre, sondern auch kurze Definitionen wichtiger Begriffe wie Anarchismus, Föderalismus, Zentralismus, Faschismus und viele andere mehr. Beste lexikalische Information.

Seewald Verlag Stuttgart